La Shoah
Théâtre et cinéma aux limites de la représentation

Sous la direction
d'Alain Kleinberger et de Philippe Mesnard

COLLECTION ENTRE HISTOIRE ET MÉMOIRE

ÉDITIONS
KIMÉ

Avec le concours de

ISBN 978-2-84174-607-1

Transdisciplinaire et Transgénérique

La collection *Entre Histoire et Mémoire* regroupe des textes liés aux témoignages, à la mémoire et à l'histoire. Elle part d'un constat très simple : les thèmes et les questions de mémoire et d'histoire ne se laissent entièrement circonscrire dans aucune discipline et inclinent à ne jamais être ni seulement histoire, ni seulement mémoire. En ce sens, le lecteur y trouve des travaux, individuels ou collectifs, propres aux études littéraires ou aux arts aussi bien qu'aux sciences humaines et sociales. Au-delà des disciplines, donc. Cette originalité se double d'une autre. *Entre Histoire et Mémoire* n'est pas seulement trans- et interdisciplinaire, mais transgénérique. En effet, s'il existe déjà des conventions d'écriture mémorielle et tout un savoir sur l'écriture de l'histoire, la quantité de créations sur ces sujets prend forme dans une multitude de genres ou se donne pour vocation de les déborder. Ainsi, la collection accueille, certes, des essais venant de différentes disciplines, mais aussi des témoignages, des récits, des pièces de théâtre éventuellement, des analyses de films ou des scénarios, voire des biographies, des catalogues d'exposition ou des ouvrages à vocation pédagogique. Dans ces différents domaines, *Entre Histoire et Mémoire* confirme sa pluralité en pratiquant une politique soutenue de traduction.

Une collection dirigée par Philippe Mesnard.

Entre Histoire et Mémoire
Fondation Auschwitz
65, rue des Tanneurs
1000 Bruxelles
Belgique

Cette collection est une des activités de Mémoire d'Auschwitz ASBL / Fondation Auschwitz de Bruxelles, avec le soutien de la Communauté française et de Loterie Nationale créateur de chances

Sommaire

Présentation

Malgré le discrédit dont ils sont l'objet, au moins en France depuis le célèbre article de Jacques Rivette sur le travelling de *Kapo* (« De l'abjection », 1960) et en dépit des avertissements réitérés d'une grande partie de la critique et des intellectuels depuis *Shoah* (Claude Lanzmann, 1985), les films de fiction évoquant le sort des Juifs durant la Seconde Guerre mondiale ou mettant en scène les épisodes du génocide se sont multipliés.

En effet, pour la seule décennie 1985-1995, le département cinéma de Yad Vashem à Jérusalem a recensé plus de 1 100 films sur le sujet, tous genres confondus, et le rythme n'a pas baissé. La plupart du temps, les vagues filmiques arrivent des États-Unis, mais elles proviennent aussi du Royaume-Uni, d'Allemagne, d'Israël, d'Europe de l'Est. Et la France n'est pas en reste. Sans présumer de la constitution éventuelle d'un nouveau « genre cinématographique », à n'en pas douter la Shoah est un véritable sujet de représentation. Elle traverserait les genres sans s'y laisser enfermer, en imprégnerait certains, en conditionnerait d'autres. On peut difficilement penser qu'un jour, elle soit scellée dans un groupe, une catégorie ou un type tel que le film noir, le film de guerre, le péplum permettent d'en identifier. Les films sur les camps de concentration eux-mêmes ne suffisent à en circonscrire ni l'événement ni le processus, ni la souffrance inhérente à cette expérience collective qui dépasse sa fin historique et factuelle (la chute du IIIe Reich). Car la Shoah commence avec la persécution, la traque ou la fuite. Elle se poursuit avec l'internement dans les ghettos, la déportation et la mise à mort. Puis, il y a les survivants qui portent avec eux la trace – le stigmate – de la disparition d'un monde en même temps que celle des leurs. En ce sens, elle déborde le cadre strictement factuel et reste plus difficile à percevoir quand ces films l'abordent de façon allusive ou périphérique. Que penser des chiffres tatoués sur le bras de Maude dans *Harold et Maude* (1971), du projet d'abattage industriel dans *Chicken run* (2000), de la rafle des mutants de *X2* (2003), de la génération en péril du *Peut-être* de Cédric Klapisch (1999), etc. ? Nombreuses sont les productions qui portent en elles la Shoah comme sujet, référence, thème, motif. Autre facteur de brouillage générique ou catégoriel, la recrudescence de documentaires qui, depuis les années 1990, admettent des scènes de fiction et soulignent par là même combien les frontières esthétiques et génériques sont poreuses. Or, les réalisations de ce type sur la Shoah ne convoquent-elles pas la fiction pour colmater ce qui, dans ce sujet et avec ce sujet, demeure intraitable ?

À commencer par le choix de son système d'énonciation, censé déterminer la distinction documentaire / fiction, formes (ou statuts) que les théories du cinéma sont toujours en peine de définir rigoureusement. Que devons-nous entendre alors par ce mot, « fiction » ? Les connotations le plus souvent négatives qui lui sont associées semblent désormais bien détachées de son étymologie latine (*fingere* : « faire », « former ») d'emploi assez vague. Aujourd'hui, le mot désigne couramment une affirmation douteuse, voire fausse. Une telle démonétisation est encore sensible au niveau académique, notamment dans la réception des propos de l'historien Hayden White qui, considérant les textes historiques comme des « fictions verbales », souligne ainsi la dimension rhétorique de sa propre discipline. Sur le modèle de l'opposition anglaise *fictional / fictitious*, on a proposé de distinguer l'adjectif « fictionnel » qui relèverait de la littérature, de celui de « fictif » qui s'appliquerait à la vie. On comprendrait mieux ainsi qu'on puisse rencontrer des vérités fictionnelles, mais pas de vérité fictive. En philosophie, les emplois sont encore différents, on peut opposer la fiction d'un logicien à celle du poète, bien qu'on ait pu confondre les deux en arguant que fiction théorique et fiction littéraire étaient en définitive fondées sur la même structure du *comme si*. C'est précisément ce point que le texte fondateur de Käte Hamburger[1] a remis en question en proposant de lui substituer l'idée d'une structure en *comme* : dans un roman et *a fortiori* au cinéma, nous ne prenons pas l'illusion de la réalité dans un sens conditionnel mais nous l'acceptons *comme* une réalité aussi longtemps que nous restons absorbés en elle. Une conception finalement assez proche de celle de Jean-Marie Schaeffer qui considère justement l'expérience du spectateur, dans ce dispositif fictionnel particulier qu'est le cinéma, comme une *immersion perceptive*[2]. Mais l'immersion ne pose-t-elle pas des problèmes d'ordre éthique dès qu'il s'agit des représentations de violences extrêmes,

(1) Käte Hamburger, *Logique des genres littéraires*, traduit de l'allemand par Pierre Cadiot, Paris, Seuil, 1986.

(2) Jean-Marie Schaeffer, *Pourquoi la fiction ?*, Paris, Seuil, 1999, p. 296.

en général, et de la Shoah, en particulier ? Est-elle possible et à quelles conditions, sans que le spectateur tire sinon une satisfaction du spectacle qui lui est donné – ce serait le complexe d'Alypius fasciné devant le spectacle de l'arène[3] –, du moins, une sorte de consolation ?

Si les films étaient assimilables à des récits, la *mimesis* d'Aristote pourrait encore assez bien valoir pour nos modernes fictions, fussent-elles cinématographiques, comprises comme récits non référentiels, invérifiables et supposés insensibles aux jugements de vérité – deux critères naturellement remis en cause dans l'interprétation des fictions sur Auschwitz. Or, c'est souvent ces cas que les théoriciens investissent quand il s'agit d'essayer de comprendre la nature et le fonctionnement de la fiction. Le *Marbot* d'Hildesheimer ou le *Ronceraille* de Claude Bonnefoy[4] attirent alors moins l'attention que *Le Choix de Sophie* de William Styron[5], ou que le *Eichmann à Jérusalem* d'Hannah Arendt dont Dorrit Cohn retient le caractère homodiégétique de la narration[6], tandis que la *Liste de Schindler* (Steven Spielberg, 1993) ou *La Vie est belle* (Roberto Benigni, 1997) sont souvent privilégiés dans le cadre des théories de la fiction[7]. « [M]oins nous sommes directement concernés par un événement traumatique, et moins sa fictionnalisation nous heurte, tout simplement parce que plus nous sommes éloignés d'une expérience, fût-elle horrible, et plus sa teneur en réel s'atténue[8] », déclare Jean-Marie Schaeffer.

Mais à quoi les fictions sur la Shoah viennent-elles répondre ? On ne peut pas se limiter à des raisons de type économique et invoquer simplement l'audimat. Arguer de la demande de connaissance d'un public ignorant paraît nettement insuffisant ; comme serait insuffisant la recherche

(3) Saint-Augustin, *Confessions*, VI, 8.

(4) Wolfgang Hildesheimer, *Sir Andrew Marbot*, Paris, JC Lattès, 1984 ; Claude Bonnefoy, *Ronceraille*, Paris, Seuil, coll. écrivains de toujours n° 100, 1978 – deux ouvrages qui sont à leurs manières des canulars pseudo biographiques.

(5) Cf. Thomas Pavel, *Univers de la fiction*, Paris, Seuil, 1988, p. 114-115.

(6) Cf. Dorrit Cohn, *Le Propre de la fiction*, traduit de l'anglais par Claude Hary-Schaeffer, Paris, Seuil, 2001, p. 188.

(7) Films convoqués respectivement par Jean-Pierre Esquenazi, *La Vérité de la fiction*, Paris, Hermès, 2009, p. 96 et Nathalie Heinich, « Les Limites de la fiction », in *Vérité de la fiction*, *L'homme*, n° 175-176, juillet-décembre 2005, p. 63-64.

(8) Nathalie Heinich et Jean-Marie Schaeffer, *Art, création, fiction : entre sociologie et philosophie*, Paris, Jacqueline Chambon, 2004, p.158-159.

d'une émotion par sympathie, voire d'une catharsis. Si aucun de ces arguments ne résiste à l'analyse, c'est peut-être que chacun méconnaît à la fois la nature de l'événement et celle du cinéma ou du théâtre, car la Shoah est cet événement singulier qu'on ne peut pas objectiver, qu'on ne parvient pas à avoir sous les yeux. Qu'advient-il quand théâtre et cinéma prennent pour thème un réel réputé impossible à montrer ?

C'est là que le théâtre nous est indispensable car cet art vivant et du spectacle à la fois fait de nous d'autres spectateurs que le cinéma. Face à la scène, nous existons autrement que dans l'obscure salle où l'on nous projette des images en mouvement sur un écran et dont même la récente 3D (imaginerait-on la séquence des douches de *Schindler's List* en relief ?) ne se substituera jamais à la présence vivante de l'acteur. Le pouvoir de l'immersion mimétique totale s'arrête au fait même que le théâtre existe. Or, il existe un théâtre qui, de plus en plus, porte son attention vers la Shoah et se soumet à l'épreuve de la représenter. Précisément de la représenter, dans sa complexité, dans sa terreur, sans se heurter aux interdits qui menacent – même s'ils sont sans véritables conséquences – la production filmique. Peut-être son histoire, dès son origine transgressive, et sa longue tradition d'exposition de la cruauté sur scène ont-elles prémuni le théâtre contre les interdits de toute sorte qui font encore frémir ce jeune art, âgé d'un peu plus d'un siècle : le cinéma ? Mais peut-être aussi est-il déjà toujours damné et a-t-il bien moins à perdre que le cinéma, assujetti à la grande distribution ou prisonnier de ses règles ? Peut-être le théâtre détient-il donc un savoir qui puisse nous éclairer ? D'ailleurs, s'il y a, depuis Piscator, du documentaire projeté dans le théâtre, la question de la fiction ne se pose plus depuis longtemps comme un problème pour les gens de théâtre.

La fictionnalisation de la Shoah est une question doublement critique désormais présente, sinon incontournable dans et pour notre culture. Doublement critique, d'une part, au regard d'une violence dont la radicalité et le projet mêmes ont dépassé l'imagination, y compris l'imagination de la violence extrême et, d'autre part, par son histoire mais avec, trop souvent, des dérives polémiques qui en accompagnent et conditionnent la réception.

UN VÉRITABLE CHAMP ÉDITORIAL

Un certain nombre d'ouvrages, généralement académiques, tentent de récapituler et de problématiser ce corpus filmique. En présentant les plus exemplaires on peut essayer d'estimer ce qu'ils ont apporté, comme ce qui leur ferait défaut. À la fin des années 1980, la question de la représentation cinématographique de la Shoah avait déjà donné lieu à un certain nombre de publications savantes et universitaires, mais les ouvrages de référence sur le sujet étaient encore assez peu nombreux. Le panorama d'Annette Insdorf, *Indelible Shadows, Film and the Holocaust* (1983)[9], abordait une centaine de films américains, français, polonais, italiens et allemands traitant de l'Holocauste, certains directement, d'autres indirectement, suivant une approche qu'on peut qualifier de normative dès lors que l'auteure se demandait si ces films « répondent à des critères d'intégrité artistique et morale[10] ». Une version actualisée de son livre est parue deux ans plus tard en français, dans une ambiance politique détestable. Le début des années 1980 est en effet marqué par une résurgence des thèses « révisionnistes » dont Robert Faurisson, professeur à l'Université de Lyon II, est le principal porte-parole. Les allégations des négationnistes qui ont leur source dans les écrits de Paul Rassinier et que relaient les éditions de La Vieille Taupe, Pierre Guillaume, Serge Thion, etc., trouvent des partisans jusque dans les rangs de l'ultragauche[11] cependant que se multiplient à Paris les attentats antisémites[12].

Annette Insdorf choisit une approche thématique et envisage successivement la question du style hollywoodien et du poids de ses conventions, celle des « stratégies narratives » qui permettent aux scénaristes d'aborder l'histoire de la Shoah dans un cadre fictionnel, les différents effets de « l'atrocité nazie », du thème de la résistance à ceux du trouble de l'identité et de la culpabilité. La dernière partie de la réflexion, qui pose le problème de la forme filmique et de sa difficile adéquation au sujet, semble finalement annoncer une œuvre d'un genre nouveau, qui refuserait

(9) Annette Insdorf, *Indelible Shadows. Film and the Holocaust*, New York, Random House, 1983 ; traduction adaptée et actualisée, « L'Holocauste à l'écran », *CinémAction*, n° 32, Paris, Le Cerf, 1985.

(10) *Ibid.*, p. 9.

(11) C'est dans cette atmosphère d'exaspération qu'Alain Jaubert réalise son documentaire *Auschwitz l'album la mémoire*, en réponse aux assertions négationnistes tandis qu'Henri Roques présente, à Nantes en 1985, une thèse de doctorat qui nie l'existence des chambres à gaz, soutenance annulée par la suite sous la pression du ministère de l'Éducation Nationale.

(12) Rue de Médicis (1979), rue Copernic (1980), rue des Rosiers (1982).

les « clichés mélodramatiques » au profit de la « sobriété » et de la réalité historique – capable de rendre distinctes les « ombres indélébiles de l'histoire[13] ». Rétrospectivement, on ne peut s'empêcher de penser au film que Claude Lanzmann achève de monter à la même époque.

En 1988, paraît aux États-Unis l'ouvrage universitaire d'Ilan Avisar, *Screening the Holocaust*[14]. Trois domaines principaux que l'auteur désigne sous les noms anglais de *representation*, *presentation* et *comprehension,* retiennent son attention : ils sous-tendent respectivement la question esthétique de l'adéquation entre la réalité originale et sa représentation ; celle, plus politique, de la mise en évidence du rôle et de l'identité des parties prenantes du « drame historique » ; celle enfin de l'appréhension de l'événement catastrophique et de ses conséquences sensibles dans notre présent. Sa réflexion se déploie dans cinq directions complémentaires : elle concerne l'image photographique et le genre documentaire, les limites inhérentes aux films « narratifs », le cas particulier du cinéma tchèque, celui du cinéma hollywoodien et l'approche postmoderne. Ces différents chapitres s'enchaînent de manière à permettre une clarification progressive de la problématique et sont, à la fois, l'occasion de réflexions transversales sur la question de l'univers concentrationnaire et sur la singularité absolue du projet de génocide contre le peuple juif.

Dans son étude, Avisar manifeste un souci de rigueur historique en respectant au sein de chaque partie l'ordre chronologique. Sa volonté de proposer des analyses approfondies est manifeste ; c'est ainsi qu'il consacre la vingtaine de pages de son deuxième chapitre au seul examen de trois films importants qui lui paraissent illustrer, pour des raisons diverses, l'impossibilité d'un récit cinématographique de la Shoah : *La Dernière Étape*, *Rue de la frontière* et *Kapo*. On peut cependant se demander si ses analyses ne sont pas un peu trop nettement dictées par le présupposé théorique selon lequel, en dépit de la bonne volonté des auteurs, les œuvres cinématographiques, accablées par les contraintes de la narration, seraient condamnées à l'échec. On le voit, c'est moins le film pour lui-même qui intéresse le chercheur que ses limites, voire ses manquements.

---

(13) Annette Insdorf, « L'Holocauste à l'écran », *op. cit.*, p. 185.

(14) Ilan Avisar, *Screening the Holocaust. Cinema's Images of the Unimaginable*, Bloomington and Indianapolis, Indiana University Press, 1988.

En reconnaissant avoir sélectionné des œuvres susceptibles de servir son hypothèse de départ, Avisar a opéré des choix qui sont aussi ceux d'un cinéphile. Mais, si l'on cherche à saisir les formes de la *representation* que nos contemporains se sont faites du désastre, les films *a priori* les plus indifférents, et dont par conséquent personne ne parle plus, doivent eux aussi pouvoir être interrogés, sans préventions particulières. En outre, et dans cette même perspective, compte tenu de la dimension hautement traumatique de l'événement, à un niveau individuel autant que collectif, il a semblé important de nous ouvrir à des films qui, sans se situer nécessairement dans les parages historiques ou géographiques de la Shoah, en traduisent d'une manière ou d'une autre la hantise. C'est une des raisons qui a présidé au choix des sujets traités lors du colloque dont les contributions alimentent le présent recueil.

Entre la fin des années 1980 et le début des années 1990, avec le développement des *Holocaust studies*, de nouveaux travaux universitaires contribuent à défricher le terrain en proposant des enquêtes centrées sur des cinématographies particulières. Citons, par exemple, ceux de Judith E. Doneson, *The Holocaust in American film* (1987) ou d'André-Pierre Colombat, *The Holocaust in French film* (1993)[15]. La décade suivante voit se poursuivre la publication en France et aux États-Unis d'ouvrages qui sont aussi des usuels à portée pédagogique[16], question qui est abordée plus fréquemment à partir de ces années et dans des cadres qui débordent parfois largement ceux des études cinématographiques traditionnelles. C'est ainsi que se trouvent sollicitées les *Cultural studies* auxquelles se réfèrent, par exemple, les travaux de spécialistes des cinématographies européennes[17]

---

(15) Judith E. Doneson, *The Holocaust in American Film* [1987], Syracuse NY, Syracuse University Press, 2001 ; André Pierre Colombat, *The Holocaust in French Film*, Metuchen (NJ.), Scarecrow Press, 1993.

(16) Anne-Marie Baron, *La Shoah à l'écran: Crimes contre l'humanité et représentation,* Conseil de l'Europe, 2004 ; Claudine Drame, *Des Films pour le dire: Reflets de la Shoah au cinéma. 1945-1985*, Paris, Métropolis, 2007 ; Robert Eaglestone et Barry Langford (dir.), *Teaching Holocaust Literature and Film*, Basingstoke, Palgrave Macmillan, 2007.

(17) Millicent Marcus, *Italian Film in the Shadow of Auschwitz*, Toronto, University of Toronto Press, 2007 ; Giacomo Lichtner, *Film and the Shoah in France and Italy*, Portland, Vallentine Mitchell & Co Ltd, 2008 ; Marek Haltof, *Polish Film and the Holocaust: Politics and Memory*, New York, Berghahn Books, 2011 ; Ferzina Banaji, *France, Film, and the Holocaust: From Genocide to Shoah*, Basingstoke, Palgrave Macmillan, 2012.

ou ceux de Barbie Zelizer[18]. On compte ainsi des ouvrages relevant de la sociologie des médias[19], ou des approches psychanalytiques ou inspirées par la psychanalyse[20]. Certaines œuvres de fiction retentissantes telles que *La Liste de Schindler* (Steven Spielberg, 1993) ou *La Vie est belle* (Roberto Benigni, 1997) ont donné lieu à des publications collectives notables[21], tandis que l'*Holocaust* est de plus en plus souvent considéré comme une clé interprétative pour des films ou des corpus inattendus[22]. On compte encore des études de réception[23], des typologies ou des projets que semble motiver une ambition encyclopédique[24], des études qui s'intéressent aux genres[25] ou aux formes expérimentales ou post-modernes de la représentation[26]. D'autres travaux encore, tels ceux de Libby Saxton, font le choix délibéré

---

(18) Barbie Zelizer, *Remembering to Forget: Holocaust Memory Through the Camera's Eye*, Chicago, University of Chicago Press, 2000 ; Barbie Zelizer (dir.), *Visual Culture and the Holocaust*, New Brunswick, Rutgers University Press, 2000.

(19) Jacques Walter, *La Shoah à l'épreuve de l'image*, Paris, Presses Universitaire de France, 2005.

(20) Omer Bartov, *Murder in Our Midst: The Holocaust, Industrial Killing, and Representation*, Oxford, Oxford University Press, 1997 ; Joshua Hirsch, *Afterimage: Film, Trauma, and the Holocaust*, Philadelphia, Temple University Press, 2003 ; Janet Walker, *Trauma Cinema: Documenting Incest And The Holocaust*, Berkely and Los Angeles, University of California Press, 2005 ; Michael L. Morgan, *On Shame*, London, New York, Routledge, 2008.

(21) Yosefa Loshitzky, *Spielberg's Holocaust: Critical Perspectives on Schindler's List*, Indiana, Indiana University Press, 1997 ; Kobi Niv, *Life Is Beautiful, but not for Jews: Another View of the Film by Benigni*, Metuchen N.J., Scarecrow Press, 2003.

(22) Geoffrey Cocks, *The Wolf at the Door: Stanley Kubrick, History, & the Holocaust*, New York, Peter Lang, 2004.

(23) Alan Mintz, *Popular Culture and the Shaping of Holocaust Memory in America*, Washington, University of Washington Press, 2001.

(24) Caroline Joan Picart, *The Holocaust Film Sourcebook*, Westport, Greenwood Press, 2004 ; Toby Haggith et Joanna Newman, *Holocaust and the Moving Image: Representations in Film and Television Since 1933*, London, Wallflower Press, 2005 ; Robert C. Reimer et Carol J. Reimer, *Historical Dictionary of Holocaust Cinema*, Metuchen, Scarecrow Press, 2012.

(25) Caroline Joan Picart et David A. Frank, *Frames of Evil: The Holocaust As Horror in American Film*, Carbondale, Southern Illinois University Press, 2006.

(26) Lawrence Baron, *Projecting the Holocaust into the Present: The Changing Focus of Contemporary Holocaust Cinema*, Lanham, Rowman et Littlefield, 2005 ; Aaron Kerner, *Film and the Holocaust: New Perspectives on Dramas, Documentaries, and Experimental Films*, New York, Continuum Publishing Corporation, 2011 ; Matthew Boswell, *Holocaust Impiety in Literature, Popular Music and Film*, Basingstoke, Palgrave Macmillan, 2011.

du décloisonnement[27]. S'inscrivant à la suite d'une vaste littérature sur le cinéma allemand et le nazisme, plus riche d'ailleurs en articles qu'en livres, qui couvre aussi bien les productions nazies que, plus tard, celles d'Allemagne de l'Ouest ou de l'Est, de l'UFA à la DEFA, Sonja M. Schultz a publié récemment une somme au titre significatif : *Der Nationalsozialismus im Film. Von Triumph des Willens bis Inglorious Basterds* (2012)[28]. Si le titre est effectivement significatif, traçant une longue perspective de 1935 à 2012, c'est qu'il permet de mettre en évidence combien dans la grande filmothèque mondiale le cinéma dédié à la Shoah côtoie celui qui se consacre au nazisme, tous genres confondus, de l'épique au burlesque.

En France, la recherche a récemment été marquée par quelques ouvrages notables.

Les articles de différentes natures (essais, entretiens, conférences, conversations) recueillis dans le livre publié sous la direction de Jean-Michel Frodon, *Le Cinéma et la Shoah : Un Art à l'épreuve de la tragédie du 20e Siècle*[29], cherchent non seulement à comprendre comment le cinéma a rendu compte de « la tragédie du 20e siècle », mais surtout à percevoir les traces de l'influence de la Shoah sur le 7e art. Car il n'est pas indifférent de poser la question – qui est une « interrogation radicale » – au cinéma lui-même, au cinéma comme art, art de l'enregistrement, dès lors qu'on accepte de considérer la Shoah comme « une tragédie de l'humanité dans son rapport au visible[30] ». Le volume comprend cinq parties suivies d'un cahier iconogaphique et d'une filmographie utiles. La première, « Jalons », explore trois directions particulières. La philosophe Marie-José Mondzain y enjoint le lecteur à penser la Shoah comme une question et non comme un problème, comme une « épreuve » qui ne saurait légitimer « l'effondrement » du symbolique dans les représentations de nombreux artistes ou

(27) Libby Saxton, *Haunted Images: Film, Ethics, Testimony and the Holocaust*, London, Wallflower Press, 2008.

(28) Sonja M. Schultz, *Der Nationalsozialismus im Film. Von* Triumph des Willens *bis* Inglorious Basterds, Berlin, Bertz + Fischer, 2012.

(29) Jean-Michel Frodon, *Le Cinéma et la Shoah : Un Art à l'épreuve de la tragédie du 20e Siècle*, Paris, Cahiers du cinéma, 2007.

(30) Jean-Michel Frodon, « Chemins qui se croisent », in *Le Cinéma et la Shoah, op. cit.*, p. 13.

« prétendus tels », chez qui la Shoah a pu inspirer « les pires scénarios[31] ». Jacques Mandelbaum propose une lecture critique fondée sur le retour du motif du postiche qu'il repère et analyse dans un certain nombre de films et dont *Le Dictateur* fournit la matrice, tandis qu'Hubert Damisch interroge l'histoire du cinéma à l'aune de la catastrophe qui fait naître, en particulier avec *Shoah*, « un cinéma enfin parlant ». La deuxième partie, « 3 films », est consacrée aux œuvres documentaires, aux essais. Jean-Louis Comolli évoque les conditions de production et de réalisation de *Memory of the Camps*, composé sous l'égide de Sidney Bernstein à partir des documents tournés par les services cinématographiques des armées alliées en 1945 ; Sylvie Lindeperg revient sur les circonstances de la réalisation de *Nuit et Brouillard* pour montrer comment le grand film de Resnais a été l'objet de lectures et d'investissements parfois contradictoires, constructions *a posteriori* qui dessinent ce qu'elle appelle « un emboîtement des regards ». Les propos accordés par Claude Lanzmann, lors de plusieurs séances et mis en forme par l'éditeur, constituent le dernier volet de cette étape. La troisième partie, « Conversation au moulin », rend compte des échanges qu'ont entretenus, en septembre 2005, les contributeurs Jean-Michel Frodon, Sylvie Lindeperg, Jacques Mandelbaum, Marie-José Mondzain, Annette Wieviorka avec le cinéaste Arnaud Despleschin, conversations suscitées par la projection de *To Be Or not To be* (E. Lubitsch, 1942), *Nuit et Brouillard* (A. Resnais, 1956) et *L'Avventura* (M. Antonioni, 1960). Dans la quatrième partie, trois cinématographies particulières sont explorées dans leur rapport avec la Shoah : « Hollywood 1933-1945 » offre un panorama précieux, mais qu'on peut juger trop rapide, de la production américaine réputée silencieuse, à tort, comme le montre l'auteur Bill Krohn ; le cinéma israélien, que le spécialiste Ariel Schweitzer – qui contribue au présent recueil – situe entre « oubli, instrumentalisation et transgression » ; les films allemands produits par Artur Brauner que le travail de l'historien Ronny Loewy permet d'exhumer et de replacer en perspective. Dans la pénultième étape, « Outils pour l'histoire », Annette Wieviorka, notamment, prend appui sur la fiction. Son article met en regard la parole des témoins du procès de Nuremberg, telle que celle de Marie-Claude Vaillant-Couturier, survivante d'Auschwitz et de Ravensbrück, appelée à la barre

(31) Marie-José Mondzain, « La Shoah comme question de cinéma », *ibid.*, p. 33.

non pour « dire l'histoire » mais pour la compléter, avec sa représentation (via la comédienne Charlotte Gainsbourg) dans la mini-série canadienne d'Yves Simoneau *Nüremberg* (2000). Alors que la première dut subir les manifestations d'impatience du Président Jackson, son avatar est l'objet de toutes les préventions du Président qu'incarne Alec Baldwin à l'écran. L'auteure y voit le signe de cette sacralisation du témoin, dont le procès Eichmann serait l'origine faisant écho à sa propre thèse.

En décembre 2011, la *Revue d'histoire de la Shoah*[32] consacre un dossier qui a pour titre : *Les Écrans de la Shoah. La Shoah au regard du cinéma*. Dix-sept intervenants proposent vingt-trois contributions. Ce volume se décompose en trois parties qui adoptent, d'abord, un parti pris chronologique pour, ensuite, s'attacher à certaines œuvres, certains parcours ou tendances filmiques. La dernière partie se concentre sur quelques films.

« Premières images, premières expériences » ouvre le dossier en faisant remonter jusqu'à ce film de propagande, *Hitler donne une ville aux Juifs*, que vient ici interroger l'historienne Sylvie Lindeperg. Les papiers suivants sont dédiés aussi bien aux reportages réalisés dès l'ouverture des camps qu'aux premières fictions avec, si l'on peut dire, l'incontournable *Dernière étape* de Wanda Jakubowska (1947). Il est peut-être simplement regrettable que l'on en reste au seul constat, combien de fois émis, que les Juifs n'étaient pas – ou si peu – nommés dans ces premiers films – reportages, documentaires, fictions et productions inclassables. Toutes ces productions ne sont-elles pas plus le miroir d'une incapacité à concevoir, même artistiquement, l'ampleur du crime qui venait d'être commis, que d'occulter sciemment, ce que l'on nommera ultérieurement la Shoah ?

Un certain nombre de textes de la seconde partie portent l'écho d'une interrogation, elle aussi fréquemment reprise, qui s'applique à la présence, la permanence ou l' « empreinte » (terme du titre d'une des trois contributions d'Ophir Levy) de la Shoah dans le cinéma contemporain, en tant que référence, hantise ou souci. Les études de Tal Bruttmann sur les séries américaines, de Roland Bauman sur les films polonais, de Julie Maeck sur les séries télévisuelles françaises ou même celui d'Anne-Marie Baron sur la question des genres cinématographiques sont mues par des

---

(32) Antoine Germa et Georges Bensoussan (dir.), « Les Écrans de la Shoah. La Shoah au regard du cinéma », Paris, *Revue d'histoire de la Shoah*, n° 195, juillet-décembre 2011.

intentions similaires. D'autres textes s'attachent à une juste démarche archéologique qui reprend la question du premier regard porté sur les événements cinématographiques. C'est dans ce cadre que l'on retrouve *Kapo* de Gillo Pontecorvo et la désormais si célèbre polémique qu'il déclenche en 1961. Le Vélodrome d'hiver, son effacement des mémoires avant sa disparition physique, revient lui aussi dans le texte tout à fait éclairant de Claudine Drame mettant en évidence que la présence cinématographique de ce lieu emblématique de la collaboration de l'État français à la Shoah reste euphémiquement discrète jusqu'en 1974. C'est également Claudine Drame, signant elle aussi trois textes dans le même volume, qui revient sur *Le temps du ghetto* (1961) de Frédéric Rossif, film dont on parle peu aujourd'hui bien qu'il ait marqué les spectateurs des années 1960. Les textes qui closent ce volume, celui de Régine Robin sur *Voyages* d'Emmanuel Finkiel et de Catherine Coquio sur *Être sans destin* de Lajos Koltai, filent – à travers une fine analyse de leur corpus respectif – le thème dominant l'ensemble de ses contributions : le génocide des Juifs a non seulement pas été reconnu après la guerre, mais les témoins n'ont pas été écoutés.

De nombreux indices inciteraient pourtant à venir réinterroger ces affirmations – qui sont des lieux communs –, non pour les retourner en leur contraire, mais pour prendre en compte des facteurs d'ordre cognitif et épistémologique – écart maximum donc demandé à la compréhension. À ce titre, on peut se demander s'il ne faut pas, précisément, faire de telle sorte que les études sur la Shoah (témoignage et/ou mémoire, toute discipline confondue, tout genre et au-delà des genres et des partitions binaires documentaire *versus* fiction) se dotent d'un potentiel critique qu'elles adressent à elles-mêmes, notamment aux clichés et aux *topoï* avec lesquels on peut être tenté de penser par provision, autant qu'aux objets qu'elles se donnent. Ainsi, après la réception dont la complexité des conditions est souvent escamotée (il faudrait même arrêter de décrier systématiquement les films à grande distribution qui ont pour beaucoup joué un rôle majeur dans la conscience de la Shoah), on pourrait par exemple cesser de confondre image et représentation.

Pousser le questionnement au-delà des lieux communs, tenter par des mises en relation ou en convergence d'éclairer une œuvre par l'autre, tel est certainement le projet du livre de Sylvie Rollet, *Une éthique du regard.*

Le cinéma face à la catastrophe, d'Alain Resnais à Rithy Pan[33]. La première partie, offrant une approche répondant à une exigence théorique qui dépasse la représentation de la Shoah tout en la maintenant au centre, est suivie d'études où se croisent des films incontournables – au sens où ils se sont imposés dans la culture et par la culture – et rares : *Nuit et brouillard* (1956) d'Alain Resnais, *Images du monde et inscription de la guerre* (1988) et *En Sursis* (2007) d'Harun Farocki ; *Calendar* (1993) et *Ararat* (2002) d'Atom Egoyan ; *Shoah* (1985) de Claude Lanzmann et *S21* (2002) de Rithy Pan. Ce sont là autant de « films-témoins » qui résistent. Ils résistent à être circonscrits dans un « schéma explicatif », à s'inscrire dans une « chronologie narrative », à ce que leurs dernières images en soient la conclusion[34].

Du côté des études théâtrales, les livres de référence sont encore moins nombreux. Et, fait remarquable, il n'en existe pas en langue française. On soulignera ici le dynamisme et la souplesse de la recherche anglo-saxonne qui, même au-dehors des *Holocaust studies*, est ouverte à des sujets qui n'occupent qu'une infime partie de la scène théâtrale américaine et dont les dramaturges ne sont pas tous Américains.

L'anthologie *Plays of the Holocaust. An International Anthology*[35], dirigée par Elinor Fuchs, date de 1987. Elle présente six œuvres dont une partie est devenue emblématique de ce théâtre (ne parlons pas de « genre ») qui n'a pas été embarrassé ou encombré par des censures se donnant allures de polémiques. Avec pour souci de montrer la variété internationale de ces productions, Elinor Fuchs a fait traduire *Eli : A Mystery Play of Sufferings of Israel* de Nelly Sachs représentée à la fin des années 1970 en Allemagne, Suède et Angleterre avant de se faire connaître à Minneapolis en 1981 sur la scène du Guthrie Theater. Puis, suit *Monsieur Fugue ou le mal de terre* de Liliane Atlan, représenté en France en 1967 à Saint-Étienne et, l'année suivante, au TNP à Paris, dont le sujet est fortement inspiré de la vie de Janusz Korczak. La troisième pièce est *Auschwitz* de Peter Barnes, dramaturge britannique, représentée en 1978 au Royal Court Theater (Londres).

---

(33) Sylvie Rollet, *Une éthique du regard. Le cinéma face à la catastrophe, d'Alain Resnais à Rithy Pan*, Paris, Hermann, 2011.

(34) *Ibid.*, p. 245.

(35) Elinor Fuchs (dir.), *Plays of the Holocaust. An International Anthology*, New York, Theatre Communications Group, 1987.

Auschwitz occupe en fait la seconde partie d'un ensemble connu sous le nom de *Laughter* (rire) dont la première est intitulée *Ivan le Terrible* ; comme ce titre général le laisse entendre, il s'agit bien d'une approche par la satire et la dérision qui pourrait être rapprochée des pièces de George Tabori, lui-même n'étant pas présent dans l'anthologie. Si Barnes emprunte un traitement comique pour aborder l'univers d'Auschwitz, la quatrième œuvre, *Replika* du dramaturge polonais Jozef Szajna, répond à une exigence expérimentale permettant de plus vastes considérations sur la destruction. Elle a été accueillie à la Biennale de Venise en 1970, au festival d'Edinburgh en 1972 et aux États-Unis en 1975. Les deux dernières œuvres publiées par Elinor Fuchs sont *Ghetto* du dramaturge israélien Joshua Sobol qui introduit la question du théâtre dans le théâtre en traitant d'une pièce jouée en yiddish au ghetto de Vilnius, et *Cathédrale de glace* (*Cathedral of Ice*) de l'écrivain américain James Schevill, produite en 1975, dont le propos concerne déjà la question des héritiers. Ainsi, on peut voir à travers le choix d'Elinor Fuchs la variété des intérêts et des traitements dramaturgiques concernant la Shoah.

The Theater of the Holocaust que propose Robert Skloot est également pionnier. La première édition, en 1982, présente sous la forme d'un petit livre de cent-seize pages[36] quatre pièces : *Throne of Straw* (*Trône de paille*) d'Harold et Edith Lieberman, *Les Cannibales* de George Tabori, *Qui rapportera ces paroles ?* de Charlotte Delbo et *Resort 76* de Shimon Wincelberg. En 1999, Skloot présente à nouveau six autres pièces[37] élargissant considérablement le sujet tout en gardant le même titre. Le volume fait alors plus de quatre cents pages. Ce sont *H. I. D.* (*Hess is Dead*) d'Howard Brenton, *Camp Comedy* de Roy Kift qui se base sur la carrière du célèbre acteur juif allemand Kurt Gerron qui avait réalisé un film de propagande pour les nazis dans le ghetto de Theresienstadt. Puis, se suivent *Dreams of Anne Frank* de Bernard Kops, *The Model Apartment* de Donald Margulies, *Le Survivant et le traducteur* de Leeny Sack qui est une performance sur la grand-mère du dramaturge, survivante des camps, *The Portage to San Cristobal of A. H.* (*Le transport de A. H.*) de George Steiner adapté à la scène

---

(36) Robert Skloot (dir.), *The Theater of the Holocaust* : Four Plays, Madison, University of Wisconsin Press, 1982.

(37) Robert Skloot (dir.), *The Theater of the Holocaust* : Six Plays, Madison, University of Wisconsin Press, 1999.

par Christopher Hampton. Ce saut quantitatif et qualitatif souligne l'ouverture de l'attention à la scène théâtrale des *Holocaust studies* et, inversement, de la réflexion sur le théâtre qui actualise son rapport historique – et constitutif depuis l'antiquité grecque – à la violence extrême. C'est d'ailleurs dans ce sens qu'il faut entendre le dernier *opus* que Skloot consacra, en 2008, au théâtre sur les génocides, et non plus seulement à l' « *Holocaust* » avec quatre pièces sur le Rwanda, la Bosnie, le Cambodge et l'Arménie.

La tendance à ouvrir la réflexion au-delà de la spécificité de la Shoah se reconnaît également dans l'ouvrage de Gene A. Plunka, *Holocaust Drama : the Theater of Atrocity* (2009)[38] qui, concentrant l'attention sur des dramaturgies aussi différentes que *L'Atelier* de Jean-Claude Grumberg, *Qui rapportera ces paroles ?* de Charlotte Delbo ou *À la renverse* de Michel Vinaver, introduit la question des corps, ce que le théâtre bien plus que le cinéma peut et sait – avec un savoir quasiment immémorial – apporter à une approche de la violence extrême. Mentionnons également *Theatrical performance during the Holocaust: texts, documents, memoirs*[39] dirigé par Rebecca Rovit et Alvin Goldfarb, publié en 1999, qui s'attache à rassembler des pièces de théâtre, opéras, livrets de cabaret et autres représentations sur scène d'auteurs juifs ayant eu lieu sous le nazisme. Dans un esprit comparable, *Spectacular suffering. Theatre, Fascism, and the Holocaust* (1999)[40] de Vivian M. Patraka aborde la question des performances, du féminisme, des *Genders*, de la représentation de la douleur physique et, plus directement encore, du spectacle de la souffrance.

L'initiative de Claude Schumacher, professeur de théâtre à Cambridge, avec *Staging the Holocaust. The Shoah in drama and performance* (1998) marque un tournant important venant cette fois-ci de Grande-Bretagne. En effet, aux recueils qui se donnaient pour but de faire connaître les textes, succèdent les commentaires. *Staging the Holocaust*, dont le sous-titre mentionne d'ailleurs le mot « Shoah » qui n'est pas habituellement utilisé en anglais, rassemble dix-huit contributions qui couvrent autant des théma-

(38) Gene A. Plunka, *Holocaust Drama : the Theater of Atrocity*, Cambridge, Cambridge University Press, 2009.

(39) Rebecca Rovit et Alvin Goldfarb (dir.), *Theatrical performance during the Holocaust: texts, documents, memoirs*, Baltimore, Johns Hopkins University Press, 1999.

(40) Vivian M. Patraka, *Spectacular suffering. Theatre, Fascism, and the Holocaust*, Bloomington, Indiana University Press, 1999.

tiques liées à la représentation de l'*Holocaust* sur scène (la question de la justice, la fonction de la métaphore, l'introduction d'éléments fantastiques, la transgression...) qu'une grande variété d'œuvres (d'Armand Gatti à Primo Levi, de George Tabori et de *Bruder Eichmann* de Heinar Kipphardt à Charlotte Delbo). D'ailleurs, il faut rappeler que le plus grand nombre de commentateurs et promoteurs de l'œuvre de Charlotte Delbo s'est longtemps trouvé aux États-Unis, alors que la dramaturge, ancienne élève de Louis Jouvet et rescapée de Birkenau, restait peu connue dans les pays francophones[41]. On ne mentionne pas ici les nombreuses monographies, là encore pratiquement inexistantes en langue française, consacrées à des auteurs comme Peter Weiss, Rolf Hochhuth, George Tabori... qui ont des œuvres centrales dans la réflexion sur la représentation de la Shoah et des camps nazis, aussi bien que pour le théâtre en tant que tel.

DE QUOI EST-IL QUESTION ?

Le présent recueil est subdivisé en cinq parties dans lesquelles nous avons essayé de créer un dialogue entre des formes, des genres, des médias (théâtre/cinéma), des binômes (fiction/documentaire) que l'on a souhaité déconstruire. Ainsi, il faut considérer que les textes, dont nous livrons une présentation commentée dans les pages qui suivent, ont été écrits par leurs auteurs dans l'esprit d'un échange qui a véritablement eu lieu lors du colloque[42] qui sert de base à ce recueil.

Représentations, adaptations, fictions

La représentation de la Shoah passe nécessairement par celle de ses victimes juives, quand bien même chercherait-on cinématographiquement à leur conférer le rôle de bourreaux (Tarantino), à réduire leur présence à celle d'un kapo juif (*Le Vicaire*) ou à signifier leur absence en l'*adaptant* à l'écran et en imaginant une mise en scène qui les garde enfermés, invisibles, dans des wagons (*Amen*). C'est pourquoi la mise en perspective liminaire que propose le texte ouvrant le présent recueil s'avère éminemment fructueuse.

---

(41) Le premier dossier de revue consacré à l'œuvre de Charlotte Delbo date de 2009, cf. Philippe Mesnard (dir.), « Charlotte Delbo », *Témoigner entre histoire et mémoire*, Bruxelles - Paris, Fondation Auschwitz - éditions Kimé, n° 105, octobre-décembre 2009.

(42) Organisé par Alain Kleinberger et Philippe Mesnard les 8, 9 et 10 décembre 2010, à l'Université Paris Ouest Nanterre La Défense.

Dans *Murder in our Midst* (1996), **Omer Bartov** accordait déjà une place importante au cinéma et les figures des « *Heroes* » et des « *Villains* » que transmettent les « *Holocaust Films* » hollywoodiens nourrissaient notamment sa réflexion. Son livre qui fait référence, *The Jew in Cinema* (2005), aborde une centaine de films, fictions ou documentaires, réalisés depuis les années 1920 en Europe, en Union Soviétique, aux États-Unis et en Israël. Quatre stéréotypes principaux émergent de ce vaste panorama : le « Juif » comme criminel (*perpetrator*), comme victime, comme héros et comme anti-héros ; autant de représentations qui s'alimentent mutuellement et se reconfigurent sans cesse.

Sa présente contribution traduite en français, « Le "Juif" au cinéma : du *Golem* à *Don't Touch My Holocaust* », exemplifie cette typologie en évoquant successivement les personnages de Juifs du *Golem* (Paul Wegener, 1920), du *Prêteur sur gages* (Sydney Lumet, 1965), de *Korczak* d'Andrzej Wajda (1990) et, enfin, de deux films israéliens, *Hamsin* (Daniel Wachsmann, 1982) et *Don't Touch My Holocaust* (Asher Tlalim, 1994) d'après la pièce de théâtre de Dudi Maayan, *Arbeit macht frei vom Toitland Europa*. L'analyse fouillée et nuancée du film de Lumet – qui passe pour l'un des premiers films américains d'après-guerre à représenter les transports et la déportation – est naturellement centrée sur le personnage de Nazerman, stéréotypé aussi en cela qu'il apparaît fortement « déshumanisé ». Replaçant le film dans son contexte, celui des années 1960, on peut encore admettre, semble-t-il, que l'*Holocaust* participe d'un procédé rhétorique dans l'évocation du sort des minorités de Harlem. Quant au héros de Wajda, selon la puissante formule de l'auteur, il incarne, par excellence, le héros juif non-juif, l'effacement des signes de sa judéité étant la condition *sine qua non* de sa glorification.

À côté d'œuvres centrales et consensuelles comme celles de Claude Lanzmann, David Grossman ou Imre Kertész, **Susan Suleiman** distingue une production plus controversée qu'elle nous invite à ne pas ranger trop rapidement dans la catégorie des « sous-produits commerciaux sans aucun mérite ». Même médiocres, de telles œuvres sont instructives en cela qu'elles permettent d'entrevoir les critères éthiques et esthétiques qui président à leur condamnation et de penser – ici le cinéma – aux limites de la représentation.

Ses « Réflexions sur *Inglourious Basterds* » ne se résument donc pas à une défense et illustration, quand même l'auteure ne masquerait pas son admiration pour le film de Quentin Tarantino. La première partie, qui s'intéresse à la réception critique très contrastée, montre notamment que la catégorie de jugement fondée sur le « respect de la fidélité historique » tomberait en désuétude : signe encourageant pour Susan Suleiman pour qui le public connaît désormais « la véritable histoire ». L'apport de Tarantino doit surtout être examiné dans le cadre générique du film de guerre que cet *opus* contribue largement à renouveler en ménageant par exemple une place de choix aux dialogues, en intégrant savamment à l'histoire des personnages celle du cinéma. Les qualités intrinsèques d'*Inglourious Basterds*, sa profonde originalité, sont ensuite établies à travers l'analyse serrée et illustrée (voir le cahier photos) de quatre scènes clés qui témoignent, chacune à sa manière, du savoir-faire et de la grande subtilité du cinéaste, et de son exégète.

Si une importante littérature a déjà parlé de *L'Instruction* (*Die Ermittlung*) de Peter Weiss, en revanche, *Le Vicaire* (*Der Stellvertreter*) de Rolf Hochhuth est resté, pour le public français, une pièce sinon inconnue, du moins reléguée au purgatoire après l'intérêt qu'elle a suscité au début des années 1960. **Magali Chiappone-Lucchesi** a pris le parti de comparer la pièce et son adaptation filmique faisant ainsi pleinement écho à l'orientation du présent volume.

Publié à Hambourg en 1963 et immédiatement traduit en français, *Le Vicaire* se présente comme un fort volume de plus de 300 pages : 8 heures de représentation. Les indications scéniques concernent non seulement les jeux de scène, mais encore l'origine et la « psychologie » des personnages. Elles tiennent une place telle qu'on pourrait presque lire la pièce comme un roman. L'auteur, Rolf Hochhuth, consacre en outre les soixante dernières pages à des « éclaircissements historiques » qui, pour la plupart, n'ont rien perdu de leur terrible actualité. Ce que les spectateurs d'*Amen* ont pris, à tort, comme des « révélations » du scénario de Costa-Gavras et Jean-Claude Grumberg était, pour l'essentiel, clairement établi par Hochhuth, il y a un demi-siècle. Et il n'est que de relire ces pages fort denses pour se convaincre, non seulement que ce que d'aucuns semblent découvrir aujourd'hui était déjà très clair en 1963, mais encore qu'il n'y eut peut-être jamais de « découvertes » à proprement parler, puisque les menées meurtrières de l'Allemagne hitlérienne contre les Juifs étaient, selon le dramaturge, largement diffusées dès 1942. Mais ces vérités que l'auteur ne se résigne pas à passer sous silence, quitte – comme il le reconnaît lui-même – à « alourdir [sa] pièce d'un appendice historique », ne constituent pas l'unique enjeu de son travail.

L'analyse de Magali Chiappone-Lucchesi, « Palimpseste historique : du *Vicaire* de Rolf Hochhuth à *Amen* de Costa-Gavras », établit en effet la dualité de sa pièce qui, ostensiblement fondée sur des documents historiques, laisse pourtant une place à l'invention, car cette histoire – vraie – est tellement extravagante que sa seule véracité ne saurait, aux yeux du public, lui tenir lieu de garantie. Dans *Amen* (Costa-Gavras, 2002), la transposition cinématographique répond à d'autres règles encore, à la fois éthiques et esthétiques, qui voudraient résister au spectaculaire, tout en cédant au grand réalisme.

Engagements contemporains

On constatera facilement que le fil rouge reliant les textes de cette section tient à l'engagement qui s'y décline de différentes façons. C'est l'engagement d'un artiste à travers son œuvre sous-tendue par certaines de ses obsessions. Ou bien l'analyse de films à travers lesquels leurs auteurs manifestent un véritable souci de la forme, sans pour autant qu'ils évacuent l'éthique au profit de l'esthétique. Car le dépassement que l'on puisse attendre des interdits qui ont tenté de sceller la représentation d'Auschwitz doit justement être porté par le souci de maintenir ensemble forme et fond face à l'abîme de l'événement et, de même, tenir en tension éthique et esthétique sans céder aux complaisances à laquelle celle-ci invite. Peut-être est-ce à ce prix là que l'engagement acquiert une valeur contemporaine.

La question des rapports que Jean-Luc Godard entretient avec la Shoah en particulier et avec le sionisme, voire le monde juif, en général, fait retour de manière assez régulière dans la vie culturelle française. Dernièrement, c'est l'accusation d'antisémitisme qui a été relayée par les médias après la publication d'un livre d'Alain Fleischer[43]. C'est dire que la clarification apportée par **Antoine de Baecque**, « Godard et la Shoah », est particulièrement bienvenue. Du parcours intellectuel et créatif du cinéaste, l'auteur privilégie sept grands « moments » qu'il restitue chronologiquement et replace en perspective historique. Il s'agit de la réflexion d'ordre

(43) Alain Fleischer, *Réponse du muet au parlant*, Paris, Seuil, 2011.

moral entamée par Godard dès la fin des années 1950 et dont le fameux article de Rivette est l'écho ; du « procès d'Auschwitz » dont il est question dans *Une Femme mariée* (1964) ; de l'engagement pro-palestinien que devait manifester le film commandé par le Fatah et finalement inachevé : *Jusqu'*à la victoire (avec Jean-Pierre Gorin, 1969) ; de la réalisation d'*Ici et Ailleurs* (1974) où il « associe » les Palestiniens aux victimes juives de la Shoah ; des *Histoire(s) du cinéma* (1988) où il dénonce – et cherche à racheter – le silence du cinéma face à Auschwitz ; de la fameuse polémique avec Claude Lanzmann à propos des images de l'extermination ; de la théorie de la stéréo (*JLG/JLG. Autoportrait de décembre*, 1995) et de l'association Shoah/Nakba dans *Notre musique* (2004). L'étude, qui n'entend nullement entrer dans les polémiques récurrentes, montre que la question de la Shoah est une préoccupation à la fois très ancienne et très constante chez Godard. On trouverait sans doute ailleurs encore dans son œuvre des traces de cette hantise : que l'on songe, par exemple, à *Éloge de l'amour* (2001) qui s'ouvre par l'évocation d'une étoile jaune arrachée, fait bientôt allusion aux rafles de 1942, à Ruth Klüger, à *L'Imprescriptible* de Jankélévitch et contient des plans étranges et fugitifs d'un amoncellement de cadavres (images d'archives ?) qui pourraient passer pour une réponse à Lanzmann.

Reste cependant entière la lancinante question de la signification cinématographique du montage parallèle ou du champ contre champ, que le cinéaste voudrait non univoques. Est-ce bien à la « rhétorique officielle du cinéma » qu'il faut imputer « le blocage de la pensée » à cet égard, comme l'affirme Godard ? La limite n'incomberait-elle pas, *horresco referens*, au cinéma lui-même ? Il est permis de s'interroger.

Jean-Michel Frodon, à qui l'on doit l'édition récente d'un recueil qui fait date (cf. *supra*) revient également sur l'article fondateur « De l'abjection » – dont Rivette lui-même n'a pas nécessairement saisi toutes les implications – et l'inscrit dans une « généalogie » où figurent le projet et le film de Lanzmann. Au même titre que les autres arts, le cinéma, qui a été confronté à la « singularité » et à l'« exceptionnalité » de la Shoah, a pu choisir différentes voies. La grande majorité des cinéastes aura fait « comme si de rien n'était », condamnant ainsi leurs films à demeurer, à quelque date qu'ils puissent être réalisés, « d'avant Auschwitz », selon la saisissante formule de Maurice Blanchot. Les œuvres les plus rares auront choisi un autre chemin, celui de l' « ascèse », du « manque », de la disparition (Lanzmann, des Pallières, Finkiel) ou celui de l' « excès », des « pulsions » et de la « surenchère » (Pasolini, Fassbinder) : autant de tentatives jugées à la fois plus justes et toujours insuffisantes mais qui, dans tous les domaines de l'art, contribuent chacune fortement à penser « la Shoah comme discriminant esthétique ».

Difficile d'inscrire le film de Nicolas Klotz, *La Question humaine* (2007) dans une filiation générique. **Stéphane Bou** s'y emploie pourtant en remarquant que l'œuvre semble osciller entre deux traditions. D'une part, celle du « film d'entreprise » – et les guillemets sont ici des indices d'ironie puisque l'auteur pense évidemment davantage à *Ressources humaines* (Laurent Cantet, 1999) ou à *Violence des échanges en milieu tempéré* (Jean-Marc Moutout, 2004) qu'au *Chant du styrène*. D'autre part, celle du « thriller conspirationniste sophistiqué revisité par le cinéma d'auteur », à la manière de *La Sentinelle* (Arnaud Desplechin, 1992). Si le film transcende finalement ces catégories, l'auteur remarque qu'il est sensiblement contemporain de la sortie des films de Davide Ferrario, *Le Voyage de Primo Levi,* ou de Robert Thalheim, *Et puis les touristes,* qui marquaient, chacun à sa façon, le soixantième anniversaire de la libération d'Auschwitz.

Le film de Klotz est adapté du récit éponyme de François Emmanuel (2000), adaptation fidèle jusqu'à un point crucial : la judéité du personnage central n'appartient qu'au roman, différence essentielle dont Stéphane Bou met en évidence la signification. Son analyse minutieuse et très documentée, fondée sur les nombreuses déclarations du cinéaste et de sa coscénariste Élisabeth Perceval, permet de bien cerner les intentions des auteurs : « que la Shoah serve à opérer une surveillance du présent », qu'elle révèle au personnage « la vérité du système dont il est le serviteur ». Quant à la nécessité d'une telle référence, l'on ne saurait, en conscience, se contenter de parler de point Godwin. L'auteur suggère plutôt d'essayer de comprendre non pas la validité de l'analogie mais les raisons de son recours. Pour lui, « l'usage fait ici de la mémoire de la Shoah révèle une crise de la critique sociale et politique ».

La réflexion de **Matthias Steinle** le conduit à s'intéresser à la place accordée aux victimes dans les *Dokudramas*, dès lors que tend à s'imposer, aujourd'hui en Allemagne, la version simpliste et fallacieuse du « nous avons tous souffert ». De fait, les films antifascistes, auxquels l'article de

Frank Stern rend un hommage mérité, n'ont pas survécu à la chute du Mur : s'agissant de la Shoah, tout indique que « l'écran harmonieux » semble devoir se substituer à l' « écran démoniaque », jadis cher à Lotte Eisner.

L'auteur livre une définition originale de ce nouveau genre d'origine télévisuelle qui contamine désormais le grand écran. En repérant le recyclage de ce qu'il considère, avec Wolfgang Koeppen, comme des *hyper signes* de l'Holocauste, en étant attentif aux « processus de resémantisation des signes clés du passé », l'auteur pointe surtout les raccourcis, les aveuglements et les mensonges que véhiculent la plupart des productions de ces dix dernières années, finissant par confondre les victimes et leurs bourreaux. Revêtir sans distinction les oripeaux des victimes peut sembler propice à la réunification ; on peut douter qu'on évacue ainsi durablement les fantômes du passé et les hantises du présent.

Charlotte Bouteille Meister s'attache au spectacle *Kamp* de la compagnie néerlandaise *Hotel Modern*, joué en France en 2006 à la ferme du Buisson pour une unique représentation. Le spectacle met en scène la manipulation à vue de figurines humaines de 8 cm de haut dans une maquette des camps d'Auschwitz I et II, tandis que le spectateur peut voir projetées sur un écran en fond de scène des images en plans très rapprochés tournées en direct, sur le plateau, sans solution de continuité. Dans « Jouer (à) Auschwitz ou la valeur cognitive et éthique d'un théâtre d' "effigies" », Charlotte Bouteille-Meister analyse avec beaucoup de scrupules et de précisions cette proposition de « théâtre d'effigies filmé » et montre comment les auteurs Pauline Kalker, Herman Helle et Arlène Hoornweg échappent « au double écueil éthique d'un interdit perçu comme fétichiste [...] et d'une identification cathartique des spectateurs ». Plus de 3 000 figurines stylisées, en fil de fer et en résine, recouvertes de toiles rayées, et surmontées d'une tête d'argile individualisée ont été fabriquées à la main. Elles sont destinées à provoquer chez le spectateur ce trouble si particulier des spectacles de marionnettes, « entre le plus grand effet de réel et le plus grand effet d'irréalité ».

C'est pourquoi le spectacle et son dispositif – qui entendent contredire le topos de l'irreprésentable, voire de l'impensable – paraissent répondre « à cette double exigence du passé envers le présent : la représentation vivante *et* la césure », notion que l'on doit à Walter Benjamin et qui, comme le rappelle l'auteure, « permet de révéler le déchirement produit par la catastrophe dans l'histoire et, dans un même mouvement, de restituer au passé une actualité ».

Dans quelle mesure *Auschwitz* peut-il être un « effet de lecture sans avoir été une intention auctorale » ? Telle est l'interrogation qui anime la réflexion de **Christian Biet**. Dans son article « *The fiend of / in Bucky's life*. Le démon, la *nemesis*, le destin, *Auschwitz* », l'auteur interroge deux œuvres contemporaines dans lesquelles cette question paraît particulièrement centrale. Il s'agit du projet *Anathème* mené par Jacques Delcuvellerie depuis 2003 sous l'égide du Groupov. Là, et en dépit des dénégations du dramaturge, comment ne pas voir, entendre, comment ne pas penser à *Auschwitz* dans cette « figuration plastique » dont témoignent notamment les illustrations d'une performance dont Christian Biet reconnaît « le caractère insupportable » ? Nul déni, en revanche, chez le second auteur convoqué, Philip Roth pour son *Némésis* (Gallimard, 2012), mais « aucune mention explicite à l'*Holocaust* » non plus. Le roman est l'objet d'une analyse très fine qui montre qu'à l'instar de Cantor, son très œdipien personnage principal, on n'échappe pas à l'histoire, « au cancer des années 1940 ». Pour l'exégète, il en va finalement du désastre comme des mythes qui intéressent la mythocritique. Il convient d'envisager sa représentation dans les rapports dynamiques et créatifs qu'il tisse avec toutes les formes de l'art.

Archives, documentaires ou fictions

Les genres et les qualités sont une chose, mais l'usage qui en est fait modifie considérablement leur définition et leur fonction, tel est sur la base de cet énoncé abstrait le fil rouge qui traverse et rassemble les cinq études composant cette section. La distinction entre documentaire et fiction est-elle d'ordre générique ? Nous revenons ainsi aux questions évoquées au début de notre présentation sur ce qui distingue et rapproche le documentaire de la fiction. Quant aux archives, on sait que cette qualité reconnue à certains documents ou objets est étroitement liée au regard qui se porte sur elles et les identifie comme telles et selon l'usage qui en est fait.

L'ouverture que propose **Luba Jurgenson** nous renvoie au plus sombre des simulacres, dont les acteurs ont eux-mêmes été broyés par la machinerie nazie qui les avait asservis et dirigés – dirigé leur rôle. En effet, elle nous livre une analyse de la représentation du ghetto de Theresienstadt dans un des derniers films de propagande nazie connu sous le titre : *Hitler* *donne une ville aux Juifs*. Pour cela, elle procède à une analyse jusque-là inédite, ne se limitant pas à un point de vue historiographique, de l'histoire de ce mouroir embelli en ghetto « vitrine » en vue d'une visite, en juin 1944, d'une délégation de la Croix-Rouge. Cette dernière devait attester que la ville – car c'est toute une ville qui avait été transformée en ghetto après avoir été vidée de ses habitants – était un endroit où les Juifs vivaient paisiblement et le film, réalisé peu de temps après, devait en apporter la preuve par l'image. On imagine l'impact que cela aurait pu avoir auprès d'une population allemande terrifiée par les bombardements alliés.

À travers son texte, Luba Jurgenson développe une réflexion sur ces déformations et ces manipulations du réel qui, rendues effectives par la propagande, ont pour objectif de construire un consensus social à partir d'une mise en récit de l' « information » (en l'occurrence, un faux reportage sur un ghetto « modèle »). On comprend comment un film de propagande fabrique du « savoir partagé » entre l'État et les spectateurs en procédant à un subtil dosage de révélations et de dissimulations. L'auteure va bien au-delà et ouvre une perspective pour penser les relations inavouées entre ressemblance et terreur.

Si la précédente intervention traitait des stratégies de gestion du visible destinées à rendre invisible le processus de la Shoah, en revanche, les films que présente **Philippe Mesnard** entraînent le spectateur au plus près de l'assassinat dans les chambres à gaz, à partir de ceux que l'on pourrait appeler les « travailleurs forcés » du génocide. Les Sonderkommandos (en majorité composés de Juifs assignés à travailler dans le quartier des chambres à gaz) sont les témoins les plus proches du génocide dans les centres de mises à mort nazis et, plus particulièrement, à Auschwitz Birkenau. Partant, ils lancent non seulement un défi à toute représentation théâtrale ou cinématographique qui s'intéresserait à eux, mais, en échange, ils donnent aux arts de l'image quelques leçons qu'il s'agit, dans ce texte, de relever et de discuter.

Dans sa contribution « Devenir Karski : l'usage des interviews filmées », qui donnera lieu à un ouvrage à paraître prochainement, **Annette Becker** s'intéresse au personnage de Jan Karski et à ce qu'elle considère comme sa seconde métamorphose. Après avoir connu, en effet, une première transformation en 1943, après que Jan Kozielewski est devenu Jan Karski pour aller parler à Londres et à Washington au nom de l'Armia

Krajowa et de la Pologne envahie, l'homme connaît une seconde métamorphose à partir de sa rencontre avec Claude Lanzmann en 1978 et subit une « mue » progressive dont l'enquête particulièrement documentée de l'auteure permet de préciser les étapes et d'expliquer les mécanismes. C'est que « la vérité du passé que chacun porte en lui évolue avec le temps et dans le temps », *a fortiori* quand, comme pour Karski, les témoignages sont enregistrés et filmés. Et la « catalyse » qui s'opère alors est certainement d'autant plus efficace que, jusqu'à la sortie de *Shoah* en 1985, un contrat d'exclusivité contraint longtemps le témoin à la réserve. Il revenait à l'historienne de retracer le chemin de cet « héroïque courrier catholique de la résistance polonaise » devenu successivement témoin, puis porteur de la catastrophe juive, et finalement Juste parmi les nations, et peut-être « quasi Juif ».

L'étude propose en outre un éclairage tout à fait instructif sur le grand film de Lanzmann, sur les limites que le cinéaste s'assigne lui-même en incluant tel aspect du témoignage oculaire, en excluant l'autre part du récit qui servira, plus tard, à « rectifier » l'image du « personnage » (de l'acteur ?) Karski qui lui paraît brouillée par la fiction. On trouvera enfin une brillante analyse de la scène de l'entretien telle qu'on peut la voir dans *Shoah*, scène précisément resituée dans l'œuvre et interprétée dans la perspective de sa chronologie reconstituée.

Ariel Schweitzer nous fait découvrir un chef-d'œuvre inconnu. En effet, parmi les films qui constituent le petit groupe des premiers témoignages de « l'après », *Lo tafhiduno* (« *Vous ne nous ferez pas peur* », traduit plus platement en français sous le titre *Les Illégaux*) tient une place tout à fait singulière. C'est un film rare, quasiment invisible aujourd'hui dans sa version originale de 70 mn, conservée, en très mauvais état, dans les archives du film du CNC. Et c'était, dès 1947, un projet courageux, nécessaire, un peu fou sans doute, auquel participa, on peut le signaler, le cadreur de Jean Vigo (*L'Atalante*) et de Jean Renoir (*La Règle du jeu*, *La Marseillaise*) : Jean-Paul Alphen. Un projet bien à l'image de son initiateur, Meyer Levin, dont l'épouse, Tereska Torrès, protagoniste principale de ce film, a si bien raconté la conversion exaltée[44]. Dans son analyse, Ariel

(44) Cf. Tereska Torrès, *Les Maisons hantées de Meyer Levin*, Paris, Phébus, 2005. Le récit raconte pour partie les conditions du tournage et, plus largement, l'histoire d'un homme,

Schweitzer fait renaître l'œuvre de Levin, s'emploie à replacer le film dans son contexte historique, celui de la mythologie sioniste qui tend à ignorer la Shoah jusqu'au procès Eichmann, et esthétique, pas si éloigné du néoréalisme italien. La question centrale de l'hybridation entre fiction et documentaire est abordée et l'auteur propose des réponses narratologiques originales.

Fictions « nationales » ou politiques

Il était également important que l'examen des questions liées à la représentation de la Shoah dans le cinéma et le théâtre prenne en compte les spécificités nationales et territoriales à partir desquelles, selon et, parfois, pour lesquelles ces œuvres ont été produites. Bien sûr, une approche exhaustive n'était pas envisageable tant les spécificités auraient alors submergé l'ensemble de la réflexion jusqu'alors développée. Néanmoins, comment interroger les enjeux entre éthique et esthétique sans tenter de saisir la façon dont ils apparaissent dans une société ou sous un régime plutôt que sous un autre. Nous avons choisi pour cela la Pologne, la RDA, la France, l'Italie, la Grande Bretagne et la Hongrie.

Pour **Alain Kleinberger**, il est nécessaire d'accorder une place importante au film de Wanda Jakubowska, *La Dernière Étape* (1948), souvent considéré comme « matriciel ». Le film est d'abord replacé dans son contexte de production polonais de l'immédiat après guerre. Les entretiens accordés par le cinéaste à plusieurs historiens aident à retracer sa genèse et à rappeler les conditions particulières de sa réalisation, sur les lieux mêmes de la catastrophe. Une analyse aussi précise que possible des images et du scénario permet d'aborder la question du réalisme et de répondre à certaines critiques de nature idéologique dont la cinéaste a été injustement victime. La sincérité des intentions de Jakubowska ne saurait en effet être remise en doute, comme en témoignent notamment les recherches menées par Hanno Loewy à la filmothèque Narodowa de Varsovie. La figure tutélaire du chef opérateur Boris (Bentzion) Monastyrski qui, issu de l'agit-prop de l'avant garde soviétique, avait tant impressionné les comédiens parmi

---

son mari, par ailleurs grand journaliste, romancier et scénariste, que la lecture du *Journal d'Anne Frank* et les difficultés de son adaptation théâtrale devaient littéralement empêcher de continuer à vivre.

lesquels Huguette Faget, est ensuite évoquée et son travail de composition des images envisagé dans la perspective ouverte par les historiens d'art, celle de l' « intermédiaire », du *festaiolo* florentin. Enfin, c'est la question toujours ouverte de la représentation problématique des victimes qui est posée, et c'est l'occasion de réévaluer les solutions originales proposées par Jakubowska. *La Dernière Étape* actualise un effort (une promesse ?) de transmission, ce que les spectateurs de 1948, dans la diversité de leurs premières réactions, auront toujours perçu. Quant aux critiques qui reprochent à la plupart des films antérieurs à *Shoah* d'être « demeurés prisonniers des conventions d'un cinéma traditionnel de fiction », ils devraient chercher à savoir si certains d'entre eux n'auraient pas « tenté d'en contourner les contraintes pour évoquer ce que leur forme classique et leur contexte de production les condamnaient à taire. »

Le lecteur français saura d'abord gré à **Frank Stern** d'évoquer quelques grands films est-Allemands trop méconnus qui, pour la plupart, ne sont jamais sortis en salle en France. Après la grande rétrospective de la DEFA organisée au MoMA en 2005, on commence à pouvoir se procurer les DVD de ces films, dans des versions malheureusement non sous-titrées en français. Contrairement à ce qu'on prétend parfois, le débat sur la Shoah n'a pas commencé en Allemagne de l'Ouest à l'occasion de la diffusion de la « mini-série » *Holocaust* (Marvin Chomsky, 1978). Depuis 1945, en effet, l'auteur dénombre entre 300 et 500 films et téléfilms traitant « des nombreux aspects du passé judéo-allemand et de la persécution des Juifs ».

Envisagés décennie par décennie, ces films témoignent d'intentions et de hantises de natures différentes. La question de la culpabilité prévaut dans les films les plus précoces et l'on a volontiers recours alors au classicisme allemand pour inscrire ces productions « dans le vaste projet de démocratisation et de dénazification » à l'œuvre à l'Est comme à l'Ouest (mais de façon moins systématique). Dans cette perspective, on ne s'étonnera pas que la plupart de ces films, tel le mémorable *Ehe im Schatten* (Kurt Maetzig, 1947) ou *Die Affäre Blum* (Erich Engel, 1948), fassent la part belle aux dialogues et au jeu des acteurs. Par la suite, la mauvaise conscience s'exprime de façon plus métaphorique et il faudra attendre le début des années 1960 pour qu'on cesse de penser la Shoah comme un événement du seul passé : dans les œuvres les plus importantes de la DEFA comme *Das Zweite Gleis* (Joachim Kunert, 1962) ou *Chronik eines Mordes* (Joachim

Hasler, 1965), la question centrée sur des thèmes judéo-allemands concerne aussi le présent. Ce qui n'empêche pas les cinéastes les plus audacieux comme Frank Beyer de proposer des représentations directes des camps dans *Nackt unter Wölfen* (1963). Les sorties durant la décennie 1970 sont plus connues avec le célèbre *Jakob der Lügner* (1974) du même cinéaste, film terrible et poétique, comme le sera encore *Levins Mühle* (Horst Seemann, 1980). Avant sa dissolution officielle en 1992, le studio produira encore quelques films notables, parmi lesquels *Die Schauspielerin* (Siegfried Kühn, 1988) qui renoue avec la thématique judéo-allemande.

La lecture qu'**Anny Dayan Rosenman** propose de l'emblématique *Monsieur Klein* (1976) permet d'apprécier le film de Joseph Losey selon le triple registre de l'Histoire, du fantastique et de la parabole. En effet, le film situe clairement son action dans la France occupée et le cinéaste a donc bien cherché une forme de reconstitution du passé. Pour cela, il s'est assuré du concours de Claude Lévy à qui l'on doit, dès 1967, la première étude sur la grande rafle parisienne du 16 juillet 1942. Ainsi, *Monsieur Klein* est peut-être l'un des premiers films à rappeler la responsabilité de la police française, à donner corps, dans le dialogue, aux articles du *Statut des Juifs* promulgué par les autorités allemandes pour la zone occupée et à mettre en scène les spoliations. Mais d'un point de vue historique, on peut considérer que le film est surtout fidèle à son temps, celui des années 1970, au cours desquelles sortent *Le Chagrin et la Pitié* (Marcel Ophuls, 1971) et *La France de Vichy* (Robert Paxton, 1973). Au cours desquelles encore, dans le Chili de Pinochet, on concentre les opposants politiques dans des stades. De son propre aveu, Losey a surtout cherché à saisir le caractère de cette époque de l'Occupation, sa vérité psychologique, son atmosphère, son « essence ». C'est ainsi qu'on peut interpréter la dimension fantastique du scénario qui multiplie les questions sans réponses, met en doute l'identité, place délibérément le spectateur dans l'incertitude, pour mieux lui faire saisir le scandale de la situation, son absurdité « qui a peut-être été comme *apprivoisé* par notre mémoire historique et culturelle ». C'est le montage alterné énigmatique qui confère enfin à l'œuvre sa valeur de parabole, œuvre dont on comprend qu'elle interroge l'indifférence et montre de quel crime se rendit coupable le délaissement.

Avec plusieurs historiens contemporains, **Millicent Marcus** déplore le silence des cinéastes du néoréalisme et leur évidente « réticence » à mettre en scène dans leurs films les lois raciales de Mussolini et ses conséquences dramatiques pour les Juifs en Italie. Dès lors, pour l'auteure d'*Italian Film in the Shadow of Auschwitz* (2009), l'intérêt que manifestent, depuis les années 1990, certains réalisateurs italiens pour cette période lui paraît d'autant plus important à observer et à essayer d'expliquer dans deux perspectives différentes et complémentaires. Psychanalytique tout d'abord, car « afin de réaliser l'œuvre du *Trauerarbeit* freudien, la représentation de l'Holocauste italien doit ramener à la vie ses victimes de manière convaincante, raconter leur annihilation et dénoncer la destruction de l'intégrité et de l'unité de la *comunità* italienne, dont cette minorité était partie intégrante ». Politico-historique ensuite, si l'on admet, d'une part, que l'historiographie de la Shoah aurait pu pâtir du « manichéisme idéologique » dominant pendant la guerre froide et que, d'autre part, « l'afflux d'immigrants de pays du tiers-monde, [pousserait] les Italiens à reconsidérer leurs relations avec "l'autre parmi nous" ».

Trois films sont analysés à l'aune de cette double lecture. Dans son court métrage intitulé *'43-'97*, Ettore Scola utilise notamment des extraits de douze films représentatifs de l'histoire du cinéma italien d'après guerre qui matérialisent l'ellipse temporelle entre les deux dates, non seulement pour « lier le passé et le présent de l'intolérance raciale », mais encore pour souligner « la nécessité, voire l'urgence de revisiter l'histoire de l'Holocauste immédiatement, sans quoi la logique de la persécution s'acharnerait sur le nouvel "autre" italien, cette fois issu de l'immigration du tiers-monde ». *Concurence déloyale* (Ettore Scola, 2001) et *Canone inverso – Making Love* (Ricky Tognazzi, 2000) sont encore les objets de la réflexion de l'auteure qui met en lumière les éléments nouveaux travaillant les genres traditionnels de la *commedia all'italiana* et du mélodrame.

Élisabeth Angel-Perez s'attache à l'œuvre de Sarah Kane, dramaturge anglaise à l'engagement bouleversant. Pour approcher la démarche et les enjeux que véhicule celle-ci, il faut, d'une part, la réinscrire dans la longue tradition britannique de mise en scène de la cruauté, passant par Shakespeare et, dans la deuxième moitié du XXe siècle, Howard Barker ou Edward Bond, d'autre part, y saisir la présence d'Artaud et du théâtre de Beckett. L'œuvre de Kane nous confronte physiquement et intellectuellement aux limites moins de la représentation face à la cruauté qu'à la nécessité de dépasser le récit sans en épargner l'institution quasiment anthropologique. Cette remise en question se traduit par une prévalence de l'image – image complexe qui donne à penser à partir du choc qu'elle produit sur et chez le spectateur –, non sur le texte, mais sur le continuum temporel qui fait généralement accroire que l'histoire est explicable, la violence maîtrisable par la connaissance.

Il s'avère ainsi que la scène, selon Kane, fait exister ce qu'autrement la non visibilité maintiendrait dans l'inexistence. Montrer la barbarie en mettant la représentation à l'épreuve d'elle-même permet de développer une critique radicale du monde moderne et de la terreur dont il a été, réellement, historiquement, le *théâtre*. Dès *Anéantis*, sa première pièce, Sarah Kane prend le parti de l'outrance aussi bien verbale que visuelle, l'une comme l'autre engageant le spectateur à faire l'expérience du monde de destruction que Kane lui révèle en déchirant le voile du monde bourgeois et policé. *Anéantis* commence par la violence domestique d'un homme sur une femme et se poursuit en faisant de cette scène un champ de bataille urbain rappelant la guerre d'ex-Yougoslavie. L'évolution du parcours dramatique de l'auteure, qui se suicide à l'âge de 28 ans, la conduit à remettre radicalement en question l'institution même du langage pour ne laisser de celui-ci, dans *4 : 48 Psychose*, que des bribes, des lettres et des chiffres. Le parcours dans lequel Élisabeth Angel-Perez nous entraîne restitue étonnamment la force de cette écriture du traumatisme.

Le film de Lajos Koltai, *Être sans destin,* n'a pas bénéficié d'un accueil unanimement favorable de la part de la critique ni du public puisqu'en France, seuls 5 554 spectateurs se sont déplacés pour le voir lors de sa sortie en salle, entre mai et juin 2006. **Catherine Coquio** revient sur cette adaptation controversée du premier grand texte d'Imre Kertész, publié en 1975 en Hongrie et traduit en français en 1998 qui, en tant que co-auteur et scénariste, est partie prenante du projet. Il s'agit d'abord de démêler « l'imbroglio des intentions d'auteurs et des commentaires critiques ». L'auteure évoque donc la genèse de l'entreprise, s'intéresse à la réception « contrastée » du film et se propose de l'envisager « presque comme symptôme culturaliste », « fascinant à force d'être litigieux ». La dimension expérimentale de ce film n'aurait pas été perçue en France. Or, si le film est un essai, on ne saurait le juger en ignorant les intentions des auteurs, quand bien même ces intentions seraient parfois difficiles à saisir, en dépit du « livre du film » (son scénario original). Le premier mérite de cette contribution est précisément de verbaliser et de clarifier les questions posées par le film tout en s'employant à y répondre.

Mais le film est aussi l'occasion de « repenser à nouveaux frais la question rebattue de l'irreprésentable ». Il importe en effet de garder à l'esprit que ce que l'on cherche à représenter ici, c'est sans doute moins l'Holocauste que la perte, « le retrait du réel dans l'inaccessible », le cheminement d'une âme « de plus en plus bas ». Quant à la question récurrente du kitsch au cinéma – dans laquelle Saul Friedländer voyait naguère l'occasion de saisir quelque chose du mécanisme de l'attirance pour le nazisme (*Reflets du nazisme*, 1982) –, elle reste pour l'auteure une qualification éminemment subjective et « le devient d'une manière outrancière à propos de la Shoah dont l'objectivité accablante exaspère les subjectivités ». C'est précisément la question ô combien délicate du « bonheur », « bonheur de vivre et de mourir au camp sans pouvoir mettre ce mot entre guillemets, ni le faire surgir dans un texte "comme un scandale" » qui confère au film tout son sens.

Shoah

Il n'est sans doute pas nécessaire de faire remarquer que, dans les pages qui précèdent, le nom de Claude Lanzmann et le titre de son œuvre, *Shoah*, sont cités à maintes et maintes reprises. Cette œuvre atypique n'a pas cessé d'inspirer les travaux souvent considérés comme les plus éclairants sur la question qui nous préoccupe. On compte désormais plusieurs centaines d'articles à son sujet et l'histoire de la recherche a évidemment confirmé la prévision de Michel Deguy qui pouvait déjà écrire, il y a plus de vingt ans, que « bien d'autres paraissent et paraîtront au fur et à mesure de sa "sortie" continue[45] ». Les trois contributions qui ferment ce volume témoignent, chacune à leur manière, de l'actualité et de l'urgence de la *question*.

Jean-Pierre Esquenazi a consacré à *Shoah* une part importante de sa réflexion de sociologue sur les liens qui unissent le film et son spectateur. Dans *Film, perception et mémoire* (1994) par exemple, il étudiait déjà le regard du spectateur considéré comme véritable objet du film de Lanzmann,

(45) Michel Deguy, « préface », *Au Sujet de* Shoah, *le film de Claude Lanzmann*, Paris, Belin, 1990, p. 6.

et la voix du témoin qui « réunit le visible demeurant dans l'invisible et le mouvement qui traque cet invisible ». Plus récemment, avec « Qu'est-ce que tu as vu à Chelmno[46] » (2001), il proposait de considérer ce grand film « qui rend réel ce que nous visionnons » : comme un « monumentaire », relevant d'une esthétique particulière, celle de la *constitution*.

Dans « *Shoah* et la résistance », l'auteur se fonde à la fois sur une analyse attentive du récit fameux d'Abraham Bomba, le coiffeur de Treblinka, et sur la perspective ouverte par Judith Butler dans son analyse de « l'acte discursif de résistance ». Le survivant rapporte qu'un des amis de son village, lui-même coiffeur à Auschwitz, a « retrouvé » son épouse et sa propre sœur au seuil de la chambre à gaz quelques instants avant leur assassinat. Or, Bomba introduit le passage le plus terrible de son témoignage par une formule qui peut sembler étrange : « je vais vous raconter quelque chose ». Notons qu'il le fait aussi en un murmure à peine audible où il recourt soudain – peut-être pour ne parler qu'à soi-même – au yiddish qui est sa langue maternelle et celle qui le relierait le plus essentiellement aux femmes et aux enfants disparus sous ses yeux, ceux de Czestochowa, son village natal. Lanzmann, « en parvenant à faire voir l'inhumanité à laquelle a été soumis un homme et l'humanité de gestes simples auxquels désespérément il se raccroche, ouv[rirait ainsi] un espace de résistance face au discours raciste ». Plus largement encore, si l'on admet qu'il est impossible de faire entrer l'Holocauste dans les cadres épistémiques et éthiques traditionnels, on comprend que *Shoah*, en mettant en pleine lumière la « déchirure » des survivants, satisfait l'exigence de déplacement de « la norme objective à laquelle tout événement historique est jaugé ».

C'est aux paroles d'un autre grand témoin de *Shoah*, lui même « tout près de renoncer à parler car sa voix le déchire », que s'intéresse **Éric Marty** dans « *Aktion und Tat*/Action et acte dans *Shoah* de Claude Lanzmann ». Filip Müller, survivant des cinq liquidations du « commando spécial » d'Auschwitz, fut lui aussi sur le point de renoncer à vivre en pénétrant dans la chambre à gaz avec les gens de son village, retrouvés *in extremis*, au seuil de la mort. Les paroles que lui adresse alors l'une des condamnées le repoussent à l'extérieur, l'obligent « à s'extraire du

(46) Jean-Pierre Esquenazi, « Qu'est-ce que tu as vu à Chelmno ? *Shoah*, un monumentaire », in *CINéMAS*, vol 12, n° 1, automne 2001, p. 147-165.

royaume de la mort » et le contraignent « à retourner chez les vivants », en conférant un sens à cet *acte*. Pour l'auteur, ce que signifie agir, ce qu'est un acte, formerait précisément « l'un des enjeux les plus profonds de l'œuvre de Lanzmann ». Pour en démêler les significations, il faut comprendre les raisons du suicide, du « passage à l'acte », d'Adam Czerniakow, le président du conseil juif du ghetto de Varsovie auquel fut refusé un simple mot. Il faut aussi, comme nous y invite l'auteur, distinguer l'agir politique purement « organisationnel » de la résistance du camp, de l'acte accompli notamment par Rudol Vrba, « acte essentiel », « possible au cœur de l'impossible : "sortir d'ici" ».

De manière transversale, Éric Marty poursuit l'enquête entamée dans « L'usage des noms » (*Le Débat* n° 162, 2010/5) et cherche, après Lanzmann, à « approcher le néant et l'innommable ». Sa réflexion porte ici sur un nom commun, action, et sur son extensité dans un film qui réserve toute sa place à la *poiesis* et tisse patiemment « le lien inouï entre le langage et le vivant, entre la trace, la parole et la vie, entre l'action et la formule ».

Rémy Besson rappelle les choix de mise en scène opérés par le cinéaste en Israël et en Pologne. Choix destinés à « faire revivre le passé des protagonistes » en mettant précisément en œuvre « une *réincarnation* du passé au présent ». L'auteur revient ensuite sur certaines options de montage qui, par un jeu d'échos et d'emboitements, contribuent à l'architecture de ce film de plus de 9 heures, construits sur plus de 300 heures de rushes. Il s'agit d'essayer de comprendre comment, dans le film, s'articulent fiction et documentaire. La question conduit naturellement à réfléchir à la signification historiquement instable du second terme de l'alternative, puis à interroger les discours du cinéaste et de sa monteuse Ziva Postec, à ce sujet : « ni un documentaire, ni une fiction », « un film sur la mémoire », « une construction », « une fiction de réel »... telles sont les étiquettes génériques le plus souvent invoquées lors des entretiens enregistrés ou filmés à l'occasion de la sortie. Ce qui n'empêche pas le débat de se poursuivre en France par médias interposés, la plupart réfutant le qualificatif de documentaire au motif qu'on ne présente aucune image d'archives, mais sans s'accorder sur la nature exacte d'un film qui n'est pourtant pour personne une fiction. Aux États-Unis toutefois, c'est bien le terme « documentaire », fût-il « épique », qui prévaut dès 1985, tandis qu'il faudra attendre chez nous la sortie de *La Liste de Schindler* pour que soit définitivement banni le terme de fiction, marginalisé par contrecoup celui de « fiction de réel », et qu'émerge peu à peu, pour *Shoah,* le laudatif composé « chef-d'œuvre ». L'enquête en nomination se poursuit dans le champ des sciences sociales, puis dans le cadre de la cinéphilie et s'ouvre sur une proposition d'appréhension diachronique du couple fiction/documentaire (on se reportera également dans le présent volume à l'analyse des dispositifs fictionnels par Philippe Mesnard, notamment dans *Shoah*).

*

*   *

Il ne reste plus qu'à lire ces textes, regarder les cahiers photos auxquels ils renvoient, et imaginer ce qu'ils nous expliquent, nous montrent ou nous signifient de l'inimaginable à l'épreuve duquel la représentation est confrontée avec la Shoah.

La Shoah
Théâtre et cinéma aux limites
de la représentation

Représentations, adaptations, fictions

Le « Juif » au cinéma : Du *Golem* à *Don't Touch My Holocaust*

Omer Bartov

Le présent article vous apportera quelques idées issues de mon livre *The « Jew » in Cinema*[1]. Cet ouvrage retrace le dialogue dans la représentation cinématographique des Juifs en tant que bourreaux, victimes, héros et antihéros. En d'autres termes, il analyse la manière dont ces représentations s'informent mutuellement et sont alimentées par des représentations stéréotypées de Juifs, ou la manière dont elles réagissent à celles ci – ces représentations stéréotypées datant des débuts du cinéma et étant enracinées dans des préjugés ancestraux sur les Juifs. Le personnage du « Juif » est apparu dans plusieurs rôles au cinéma et en littérature, allant du comique et du nostalgique au tragique et à l'épique. Toutefois, mon étude se concentre sur une question simple, bien qu'omniprésente. Comment le « Juif » cinématographique reflète-t-il la popularisation et la transformation des images antisémites, la résistance qu'on y a opposée ainsi que leur réintroduction ?

Bien que le livre analyse bien plus de soixante-dix films, il n'offre pas une liste exhaustive des films sur les Juifs et il n'étudie même pas toutes les œuvres pertinentes concernant ce sujet particulier. J'examine

(1) Omer Bartov, *The 'Jew'* in *Cinema. From* The Golem *to* Don't Touch My Holocaust, Bloomington, Indiana University press, 2005.

plutôt des films afin de montrer que, depuis le tout début, la représentation cinématographique du « Juif », un certain type d'individu ayant des traits de caractère prétendument reconnaissables, a fait pivoter « son » statut sur l'axe bourreau-victime-héros-antihéros. Il y a une certaine logique à cette évolution de stéréotypes. Les images cinématographiques antisémites qui décrivent le « Juif » comme un *bourreau*, surtout celles disséminées par les nazis, ont été suivies par des représentations cinématographiques du « Juif » en tant que *victime* de l'antisémitisme et, en particulier, du génocide nazi. À l'inverse, la focalisation apparemment excessive sur les Juifs considérés comme des victimes sans défense, l'importance accordée à la résistance face au nazisme dans la représentation et la commémoration durant une bonne partie de l'après-Seconde Guerre mondiale et l'émergence violente de l'État d'Israël créent une nouvelle représentation cinématographique du « Juif » en tant que *héros*. Plus récemment, des facteurs tels que l'occupation israélienne des territoires palestiniens, les critiques grandissantes envers le sionisme, un point de vue plus complexe concernant la conduite et le sort des Juifs pendant l'Holocauste et un certain regain de rhétorique et d'images antisémites ont mené à l'émergence du « Juif » en tant qu'*antihéros*. Cette dernière incarnation du Juif cinématographique a occasionnellement emprunté des traits de l'image antisémite du « Juif » en tant que bourreau.

Pourtant, nous pouvons identifier ici, au lieu d'une simple progression chronologique, une conversation sur plusieurs générations où certains genres et images cinématographiques sont constamment informés les uns par les autres. De plus, ils exploitent un ensemble donné de représentations irrespectueuses des prédilections idéologiques et artistiques du réalisateur et du contexte social, politique ou culturel dans lequel le film est réalisé. Évidemment, ce n'est pas une condition statique, puisque l'utilisation d'images existantes les reforme et réécrit leurs significations. Mais ce n'est pas non plus simplement une évolution positive du stéréotype et de la déshumanisation vers plus de tolérance et d'humanité. Les origines des images employées par les réalisateurs sont inscrites en elles malgré leur insertion dans des situations narratives et des intrigues radicalement différentes. C'est précisément la relation entre l'évolution du « Juif » cinématographique et le retour à un ensemble de stéréotypes relativement limités qui m'intéresse.

Dans les prochains paragraphes, j'analyserai seulement quelques films afin de présenter une idée générale de mon travail. Les films que j'ai choisis illustreront, je l'espère, la difficulté de la représentation plutôt que les aspects plus évidents d'un portrait stéréotypé. J'espère qu'ils serviront à stimuler la réflexion sur cette question et ne seront pas platement intégrés aux tropes conventionnels de la critique filmique.

**LE « JUIF » EN TANT QUE BOURREAU :
SORCIER ET ÉTRANGER**

Dans les derniers moments du film classique de Paul Wegener, *Le Golem* (1920), l'homme d'argile fabriqué par Rabbi Loew ouvre les portes du ghetto juif de Prague et surgit au milieu de la lumière. Des jeunes filles et garçons aux cheveux blonds sont en train de jouer dans le pré. D'abord apeurés, ils éprouvent ensuite de la curiosité à l'égard de la créature géante qui a émergé des allées sombres de la ville emmurée. Le Golem, qui a semé la terreur dans le ghetto, mettant le feu à la maison du rabbin, tuant Florian, le chevalier gentil amoureux de sa fille Miriam, et enlevant celle-ci, est tout à coup transformé. Il soulève un des enfants, regarde ses yeux clairs, joyeux et, pour la première fois depuis sa création, un léger sourire apparaît sur son visage intimidant. Ensuite, l'enfant enlève avec espièglerie l'étoile enfoncée dans la poitrine du Golem, contenant le mot secret qui donne vie au géant et le Golem s'effondre sur le sol. Rapidement, les enfants blonds se rassemblent autour du corps allongé à plat ventre. Leurs ricanements et leurs couronnes de fleurs marquent leur affinité avec le chevalier Florian qui portait généralement une fleur dans sa main ou dans sa bouche jusqu'à ce que le Golem le précipite vers sa mort du haut de la tour, sous l'ordre de Famulus, l'assistant jaloux du rabbin. Ensuite, les Juifs, coiffés de leur chapeau pointu typique, sortent en trombe par la porte brisée ; ils portent un caftan, une barbe noire et agitent leur visage à la fois effrayé et effrayant. Les enfants s'enfuient ; le Golem les ramène dans la ville. Son instant de bonheur fut bref. Il va à présent devenir une fois de plus une montagne d'argile, jusqu'à ce qu'il soit à nouveau appelé pour servir ses maîtres juifs.

Voici une scène étrange. Le Golem de Prague, un vieux conte juif dont les origines remontent aux légendes et explications médiévales, fait évidemment allusion à la libération des Juifs des mains des Gentils. Ranimé à la fin du XIXe et au début du XXe siècle, le personnage du Golem a été utilisé dans de nombreuses œuvres de fiction. Le film de Wegener s'était inspiré du roman de Gustav Meyrink *Der Golem*, datant de 1915[2]. Créé par les Juifs afin de les protéger de leurs ennemis, le Golem est un instrument de pouvoir et de violence qui peut aussi être retourné contre ses inventeurs. Il doit donc être détruit. Dans le film *Le Golem*, qui est une des premières et des plus influentes représentations cinématographiques qui existent en matière d'images européennes des Juifs, le géant d'argile est un symbole à la fois des pouvoirs magiques et destructeurs des Juifs et de leur capacité à maîtriser les pouvoirs de la nature, à subjuguer tout ce qui est beau et libre, et à assombrir le monde avec leurs rites morbides[3].

Mais ce n'est pas un film exagérément antisémite. Au contraire, il éprouve de la compassion à l'égard de la détresse d'une communauté menacée par le pouvoir et les caprices d'un dirigeant arbitraire et frivole. En effet, le film contient de nombreux éléments qui apparaîtront durant le

---

(2) Gerschom Scholem, *Kabbalah*, New York, Dorset Press, 1974, p. 351-355 ; Moshe Idel, *Golem: Jewish Magical and Mystical Traditions on the Artificial Anthropoid*, Albany, State University of New York Press, 1990 ; Gustav Meyrink, *The Golem*, traduit de l'anglais par Mike Mitchell, Riverside, Dedalus/Ariadne Press, 1995. Robert Irwin, "Gustav Meyrink and His Golem," *ibid.*, p. 20, note que le roman de Meyrink fut adapté en feuilleton dans *Die Weissen Blätter* en 1912-14, et qu'une fois publié en livre en 1915, il fut couvert d'éloges et se vendit rapidement à 200 000 exemplaires. Irwin fait également une remarque intéressante concernant le fait que le titre original du roman était *Le Juif éternel*.

(3) Une première version perdue, coréalisée par Wegener en 1914, fut très populaire en Allemagne. Wegener en fit également une suite, *The Golem and the Dancing Girl*, en 1917. Il existe une version française, réalisée en Tchécoslovaquie en 1936, une variante comique polonaise de 1951 et bien d'autres films qui ont, par la suite, exploité ce thème. Mais le film de 1920, dont le sous-titre, « How He Came Into the World », indique qu'il constitue en fait un épisode précédent le film de 1914, est le plus connu et le plus influent. Lotte H. Eisner, *The Haunted Screen: Expressionism in the German Cinema and the Influence of Max Reinhardt*, trad. de Roger Greaves, Berkeley, University of California Press, 1990, p. 56-63 (*L'Écran démoniaque*, Paris, Losfeld, Le Terrain vague, 1965) ; Ephraim Katz, *The Film Encyclopedia*, 2e éd., New York, Harper Perennial, 1994, p. 1439-40 ; John Walker (dir.), *Halliwell's Film Guide*, éd. révisée, New York, Harper Perennial, 1995, p. 439;
http://members.fortunecity.com/roogulator/horror/golem20.htm.
Les films sur les Juifs, que ce soient des fictions ou des documentaires, étaient réalisés par des sociétés américaines et européennes dès la fin du XIXe siècle. Les premiers films sur les sujets juifs qui caractérisaient les acteurs juifs furent réalisés avant la Première Guerre mondiale à Varsovie. Sur les 2 016 films de fiction réalisés avant la révolution russe, 69 traitaient de sujets juifs, et environ la moitié d'entre eux étaient des adaptations de pièces ou de romans en yiddish et étaient joués en yiddish. Lucjan Dobroszycki et Barbara Kirshenblatt-Gimblett, *Image Before My Eyes: A Photographic History of Jewish Life in Poland Before the Holocaust*, New York, Schocken Books, 1977, p. 243-44.

restant du XXe siècle dans les représentations cinématographiques des Juifs en tant que bourreaux et en tant que victimes. Il n'y a peut-être aucune coïncidence avec le fait que Wegener a fini par réaliser des films de propagande pour le régime nazi, qui lui décernera en récompense le titre d'« Acteur de l'État[4] ». Mais dans l'optique qui nous intéresse, il est important de reconnaître à quel point son premier essai dans le domaine des stéréotypes cinématographiques reflète les notions existantes sur les Juifs mais les popularise également auprès d'un public toujours plus large. Il fournit aussi des modèles pour leur représentation que plusieurs générations de réalisateurs, avec des objectifs et des programmes différents, ont employés ou tentés de mettre en doute jusqu'à ce jour.

Nous pouvons identifier ici trois thèmes principaux. Premièrement, la notion du « Juif » en tant qu'étranger malveillant, incarné plus terriblement dans le personnage du Juif éternel ou Juif errant[5]. Deuxièmement, l'angoisse de la transformation des Juifs, accompagnée par une insistance sur l'essence juive immuable. Troisièmement, l'obsession pour les relations sexuelles entre Juifs et Gentils ainsi que leurs implications raciales et culturelles. En effet, le discours juif sur ces sujets apporte une inversion presque parfaite de ces thèmes. Pour les Juifs, leur statut d'étranger fut la conséquence de persécutions et d'expulsions répétées ; l'acte de transformation signifiait une assimilation dans une société souvent peu accueillante et l'abandon de l'identité juive ; et les mariages mixtes, tabous dans les communautés traditionnelles, impliquaient souvent d'élever des enfants séparés du patrimoine juif du parent[6].

La séparation physique et mentale des Juifs de leur milieu naturel et de la société catholique est un leitmotiv fondamental dans *Le Golem*. Le film recrée à l'écran un ancien trope européen selon lequel le « Juif » est un exclu, un inconnu et un étranger qui, néanmoins, vit au milieu de la société et constitue le principal instigateur de tout désastre et malheur.

---

(4) Ephraim Katz, *The Film Encyclopedia*, *op. cit.*, p. 1439.

(5) Pour comprendre le contexte, cf. Galit Hasan-Rokem et Alan Dundes (dir.), *The Wandering Jew: Essays in the Interpretation of a Christian Legend,* Bloomington, Indiana University Press, 1986.

(6) Jacob Katz, *Out of the Ghetto: The Social Background of Jewish Emancipation, 1770-1870*, Cambridge, Massachusetts, Harvard University Press, 1973.

Le « Juif » doit donc être maîtrisé, transformé ou retiré[7]. L'étrangeté des Juifs est représentée à travers leur robe, leur barbe, leurs expressions et gesticulations faciales, leur mode de vie et leur lieu d'habitation, leur langage compréhensible mais confus, comique mais aussi menaçant. Dans *Le Golem*, les Juifs vivent dans un décor inspiré par l'imaginaire expressionniste de l'époque et par ce que Wegener appelle « le monde fantastique du passé » qu'il a trouvé dans le ghetto juif médiéval de Prague[8]. Les gens entrent et sortent rapidement des allées étroites comme des rats apeurés ; ils grimpent des escaliers incroyablement difformes et se penchent au dehors de fenêtres asymétriques. Des couloirs cachés s'ouvrent et se ferment, de hauts murs empêchent la lumière du jour de pénétrer, et il n'y a ni arbre ni fleur à l'intérieur du ghetto.

Cette étrangeté extérieure est destinée à laisser entendre aussi les aspects étranges de la nature et de la foi juive, ainsi que le lien inextricable entre la religion et le surnaturel. Lorsqu'ils prient, les hommes adoptent un comportement particulièrement menaçant ; ils frappent leur poitrine en reconnaissance de leur culpabilité éternelle, ils tendent leurs mains en signe d'imploration, se courbent, se balancent, assombrissent de façon menaçante les murs irréguliers. La synagogue est donc transformée en cœur des ténèbres, le centre de tout ce qui est bizarre et inquiétant concernant les Juifs. Et au-delà de tout cela, il y a de la magie ; parce que l'invention du Golem par Rabbi Loew est présentée comme la conséquence d'une association malfaisante avec le diable. Même si les Juifs sont menacés, les forces qu'ils soulèvent sont bien plus considérables que toutes celles que les Gentils peuvent rassembler.

Cette idée est exprimée de manière saisissante dans une scène extraordinaire du film. Alors que l'empereur Rudolf invite le rabbin et son Golem à divertir ses invités au palais, Loew évoque à contrecœur le Juif éternel ou errant. Marchant péniblement dans le désert devant son peuple, s'appuyant sur une canne rugueuse, ce personnage mythique est en fait

---

(7) Robert S. Wistrich, *Antisemitism: The Longest Hatred*, New York, Pantheon Books, 1991 ; Albert S. Lindemann, *Esau's Tears: Modern Anti-Semitism and the Rise of the Jews*, Cambridge, Cambridge University Press, 1997 ; James Carroll, *Constantine's Sword: The Church and the Jews*, Boston, Houghton Mifflin, 2001.

(8) Le premier film de Wegener, *L'Étudiant de Prague* (1913), fut en fait tourné dans la vieille ville de Prague, cf. L. Eisner, *The Haunted Screen*, *op. cit.*, p. 41-42.

projeté sur un écran. L'empereur et son entourage sont donc, pour ainsi dire, en train de regarder un film. Craignant les effets de cette image mi-comique mi-menaçante, le rabbin prévient le public de ne pas rire. Mais l'empereur ne peut pas empêcher son hilarité et ses invités le rejoignent rapidement à coups de rires moqueurs et de gloussements. Cette moquerie se transforme vite en panique, étant donné que le Juif éternel se retourne vers le public et semble être sur le point de sortir de l'écran, ce qui évoque des peurs fréquentes parmi les spectateurs qui ne sont toujours pas habitués à l'illusion de la perspective et du mouvement aux débuts du cinéma.

Le Juif éternel va-t-il réellement se matérialiser et les détruire ? Ce film dans un film est-il une indication qui montre que le Golem lui-même n'est pas une simple imagination cinématographique mais un avertissement urgent ? À mesure que la salle commence à s'effondrer autour des invités terrifiés, cette autre créature de la magie juive leur sauve la mise. Sur les ordres du rabbin, le Golem soulève le toit chancelant du palais et le public échappe de peu à la colère du Juif éternel[9].

Les deux autres transformations sont sous-entendues dans *Le Golem* ; elles sont destinées à une longue vie dans les films. La première concerne le Golem lui-même, dont la nature ambivalente le transforme en même temps en objet du salut des Juifs et en instrument de leur destruction. Fabriqué par les Juifs, le Golem manifeste un désir d'échapper à l'emprise diabolique des Juifs sur le monde de la nature et de la beauté peuplé par les Gentils. Si la grille du ghetto protège les Juifs des envahisseurs qui attaquent, le Golem, lui, la brise de l'intérieur afin d'atteindre la liberté, la lumière, la joie et l'amour qui l'attendent de l'autre côté. Si le Golem tue

---

(9) On peut se poser des questions sur le rapport entre cette scène et le discours terrifiant d'Adolph Hitler livré au Reichstag le 30 janvier 1939 : « Dans ma vie, j'ai souvent été prophète et on s'est moqué de moi pour cela. À l'époque de ma lutte pour le pouvoir, c'était d'abord la race juive qui accueillait mes prophéties par des rires, quand je disais qu'un jour je prendrai la direction de l'État et celle de toute la nation et que, entre autres, je réglerai le problème juif. Leur rire était tonitruant, mais je pense que depuis quelque temps, leur rire s'étrangle dans leur gorge. Aujourd'hui, je serai encore une fois prophète : si les financiers juifs internationaux en Europe et au dehors réussissent une fois de plus à plonger les nations dans une guerre mondiale, alors, il en résultera, non pas une bolchevisation du globe, et donc la victoire de la Juiverie, mais l'annihilation de la race juive en Europe! » Mais évidemment, une étrange inversion des rôles était toujours au cœur du discours antisémite. *Nazism 1919-1945: A Documentary Reader*, vol. 3, *Foreign Policy, War and Racial Extermination*, J. Noakes et G. Pridham (dir.), Exeter, Exeter University Publications, 1988, p. 1049.

le chevalier à la fleur après une nuit de bonheur avec la fille du rabbin, il le fait sous les ordres de son soupirant jaloux. Mais sa véritable rage est dirigée contre le rabbin, son créateur et gardien de prison, et contre le reste du ghetto. Une fois en dehors des murs, la lumière du jour et les enfants blonds le transforment en un ogre inoffensif, doux. En ce sens, le Golem pourrait symboliser le désir des Juifs de passer de la faiblesse physique et de l'association satanique à la vaillance physique et à la proximité intime avec la beauté et l'innocence de la nature. Cette métamorphose, plutôt que rédemptrice, est montrée comme s'attaquant aux problèmes de la nature et de l'ensemencement ainsi qu'à la destruction.

La deuxième transformation est tentée et symbolisée par Miriam, la fille du rabbin. D'un côté, elle symbolise la femme juive lubrique qui attire le chevalier héroïque dans son lit et signe donc son arrêt de mort. D'un autre côté, elle est utilisée par le rabbin comme l'appât qui facilitera une audience avec l'empereur et un renversement du décret d'expulsion. Miriam est donc victime et bourreau à la fois. Elle représente l'urgence de s'enfuir hors du ghetto à condition de s'associer à un Gentil, mais découvre la futilité de telles aventures. En même temps, elle devient la source de la seconde passion du Golem. Car si le regard de l'enfant gentil fait fondre son cœur, la vue de la séductrice quant à elle réveille son désir et provoque sa violence. La tentative de la femme juive de se libérer du ghetto n'est pas seulement vouée à l'échec mais elle est aussi et encore un autre déclencheur de sa destruction. L'obsession de la notion selon laquelle les rapports entre Juifs et Gentils entraînent un bouleversement de l'ordre naturel peut donc être trouvée à la source de la représentation du « Juif », tout comme ses origines peuvent être retracées depuis le Moyen-âge[10].

LE « JUIF » EN TANT QUE VICTIME : LES VICTIMES MAUDITES

Ni le cinéma socialiste, ni Hollywood n'étaient désireux ou équipés pour représenter le sort maudit de la jeunesse après l'Holocauste. Le

(10) Sander L. Gilman et Steven Katz (dir.), *Anti-Semitism in Times of Crisis*, New York, New York University Press, 1991, surtout chap. 2, 3, 5. Cf. également Sander L. Gilman, *The Jew's Body*, New York, Routledge, 1991 et Gilman, *Jewish Self-Hatred: Anti-Semitism and the Hidden language of the Jews*, Baltimore, Johns Hopkins University Press, 1986. Lyda Salmanova, qui interprète le rôle de Miriam, était en fait mariée à Wegener.

cinéma socialiste, hormis quelques exceptions liées aux événements en Tchécoslovaquie dans les années 1960, a recherché une vision euphorisante et optimiste de l'avenir. Hollywood, bien sûr, a été associé aux happy-end de rigueur. Et pourtant, c'est là qu'un des films les plus remarquables jamais réalisés sur le « Juif » en tant que victime maudite fut produit. Il est intéressant de voir que *Le Prêteur sur gages* (1965) de Sidney Lumet partage avec plusieurs films socialistes (comme *Dita Saxová*, en 1967) une insistance sur la représentation d'un personnage principal juif n'ayant aucun caractère stéréotypé du « Juif »[11].

Mais les sources idéologiques et culturelles de ce « Juif » atypique, ainsi que les ramifications de ce portrait sont assez différentes. Le discours socialiste sur l'Holocauste cherchait à occulter l'identité juive et la souffrance, mais aussi à présenter le sort juif comme une partie d'un contexte plus large de malchance afin de favoriser l'empathie. À l'inverse, Sol Nazerman (Rod Steiger), le personnage principal du *Prêteur sur gages* est, en apparence et dans ses manières, loin d'être un Juif stéréotypé. Pourtant, il est jeté, par le destin mais aussi par choix, dans un rôle « typique » du « Juif », celui du prêteur sur gages dans un quartier noir et pauvre. Plutôt que de juxtaposer un passé atroce à un présent idyllique, le film les mélange en un continuum de douleur, de souffrance, d'exploitation et de déception. Les rares aperçus que nous avons de l'existence de Nazerman avant la guerre en tant qu'universitaire assimilé portent à croire qu'il était « atypique » également dans son interaction avec la société. Mais nous

(11) Le film de Lumet est basé sur le roman d'Edward Lewis Wallant, *Le Prêteur sur gages*, New York, Harcourt, Brace & World, 1961. Pour voir une analyse récente du film et de sa généalogie américaine particulière, remontant à un film réalisé par Sigmund Lublin en 1897, à *Old Isaacs* de D. W. Griffith et à *Le Prêteur sur gages* (tous les deux en 1908) et surtout à *Le Mont-de-piété* (1914) de Charlie Chaplin, cf. Alan Rosen, "'Teach Me Gold': Pedagogy and Memory in *The Pawnbroker*", *Prooftexts* 22/1-2, hiver-printemps 2002, p. 77-117. Il remarque également que si Nazerman est une manifestation actuelle de Shylock, leurs rôles sont inversés : Shylock revendique l'identité essentiellement physique de tous les humains ; Nazerman insiste sur le caractère unique du mode de vie juif (mais il le déplore et s'en moque aussi). Pour aller plus loin, cf. Patricia Erens, *The Jew in American Cinema*, Bloomington, Indiana University Press, 1984; Lester D. Friedman, *The Jewish Image in American Film*, Secaucus, New Jersey, Citadel Press, 1987; Miriam Hansen, *Babel and Babylon: Spectatorship in American Silent Film*, Cambridge, Massachusetts, Harvard University Press, 1991.

apprenons aussi que l'effacement de la judéité n'avait aucune conséquence sur la destruction de sa famille et sur l'anéantissement de sa vie.

C'est précisément son refus de quitter l'univers nazi qui amène Nazerman à la frontière de la confrontation raciale et économique à Harlem dans les années 1960. C'est là qu'il « joue » le « Juif » qu'il n'a jamais été, le « Juif » de fantasme antisémite, le produit de siècles de persécution, un personnage dont les nazis l'avaient affublé et que lui, dans une rage haineuse à l'égard de lui-même, flagellante, inexprimable, avait endossé. Sa pensée d'avant-guerre selon laquelle il était possible d'être un « Juif » initié, assimilé et non-juif avait été balayée par l'Holocauste. Quand son assistant, Jesus Ortiz lui demande : « Comment en venez-vous aux affaires de manière si naturelle ? ». Nazerman répond :

> Premièrement, tu commences par une période de plusieurs milliers d'années durant lesquelles tu n'as rien pour te soutenir qu'une vaste légende barbue [...] tu n'as aucune terre que tu peux appeler tienne, aucune terre pour semer des cultures ou chasser [...]. Tu ne restes jamais à un endroit assez longtemps pour avoir une géographie, ou une armée ou un mythe de la terre. Tout ce que tu as, c'est un petit cerveau [...] et une grande légende barbue pour te soutenir et te convaincre que tu es spécial, même dans la pauvreté. Mais, avec ce petit cerveau, tu sors et vas t'acheter un bout de tissu et tu le coupes en deux, puis tu sors et le vends pour un centime de plus que le prix auquel tu l'as acheté [...]. Ensuite tu tombes à court de tissu et tu vas en acheter un autre morceau. Tu le coupes en trois et tu le vends pour un bénéfice de trois centimes. Mais, mon ami, pendant ce temps, tu ne dois jamais succomber à acheter un autre morceau de pain ou un jouet pour un enfant [...]. Non, tu dois [...] répéter ce procédé, encore et encore, et soudain, tu découvres quelque chose. Tu n'as plus aucun désir, aucune tentation de creuser la terre, de cultiver de la nourriture ou de regarder une terre sans limites et de l'appeler tienne, non, non. Tu continues sans cesse à répéter ce procédé à travers les siècles, encore et encore, et soudain, tu fais une grande découverte : tu as un héritage mercantile. Tu es un marchand. Tu es connu comme un usurier, un homme aux ressources secrètes, un sorcier, *un prêteur sur gages*, un youpin, un youd, un youtre[12].

(12) Alan Rosen, "Teach Me Gold", *op. cit.*, p. 85-86.

Alors que l'occupation de Nazerman dans le ghetto (précédemment juif mais à présent noir) est presqu'incroyablement stéréotypée, il n'en retire aucun plaisir, ne suscite aucune sympathie et semble n'avoir aucune compassion pour les autres. Ayant décidé de tuer toutes les émotions en lui, il méprise la sentimentalité, la nostalgie, la pitié, l'amitié et l'amour. Mais sa carapace dure se fissure à mesure qu'il est harcelé par des flash-back de sa vie avant le désastre, la perte de ses enfants et de sa femme, l'humiliation sans fin qu'il a subie et son incapacité à se reconstruire, comme rien de plus qu'une coquille vide. Le monde d'après-guerre de Nazerman est l'enfer, une vie à endurer après la mort, pas le paradis dans lequel on pense que les survivants ont eu l'impression d'entrer après leur libération. Nazerman n'est jamais libéré et l'univers qu'il habite est un univers cruel, violent et brisé comme celui qu'il a laissé en Europe[13].

Quand une jeune femme noire s'offre à lui moyennant finance pour payer son proxénète, Nazerman se souvient avoir été forcé de regarder sa femme devenue une esclave sexuelle pour les nazis. C'est seulement à ce moment là qu'il réalise également que son propre mont-de-piété n'est qu'une simple couverture pour blanchir des narcodollars pour le puissant mafioso local, sous la forme d'un élégant homme vêtu de noir. En prenant le métro, Nazerman se souvient qu'il n'a pas pu rattraper son fils qui a glissé et a été piétiné à mort dans le transport vers les camps. Son sentiment permanent de culpabilité est aggravé par la mort de Jesus Ortiz son assistant, qui le protège pendant un hold-up qu'Ortiz lui-même avait organisé comme une conclusion logique de la leçon de Nazerman selon laquelle « À côté de la vitesse de la lumière, dont Einstein dit que c'est le seul absolu dans l'univers, je place, seulement en deuxième position, l'argent [...]. C'est tout ce dont la vie traite[14]. » À mesure que Nazerman commence finalement à éprouver de la compassion pour un autre être humain – Jesus, l'ancien petit criminel qui le considère comme un mentor et comme le symbole du père –, la brutalité d'un destin indifférent et arbitraire s'acharne sur lui.

---

(13) Parmi les évocations fortes de ce sentiment de libération échouée ou impossible, cf. Charlotte Delbo, *Aucun de nous ne reviendra*, Paris, Minuit, 1970 ; Jean Améry, *Par-delà le crime et le châtiment, Essai pour surmonter l'insurmontable*, traduit de l'allemand par Françoise Wuilmart, Arles, Actes Sud, 1995 ; Primo Levi, *La Trève*, traduit de l'italien par Emmanuelle Genevois-Joly, Grasset, 2002.

(14) Alan Rosen, "Teach Me Gold", *op. cit.*, p. 89.

Sauvé par son « disciple » autoproclamé, le Nazerman anéanti enfonce sa main sur la pointe du pique-fiche, se crucifiant littéralement. Le Jésus catholique s'est sacrifié pour Nazerman, le survivant de l'Holocauste (dont le nom signifie « l'homme de Nazareth » ou Nazarene, un ancien nom pour Christ ou chrétien). Ensuite, les Juifs le crucifient pour toutes les souffrances de l'Humanité. Quand Nazerman sort de son entreprise en chancelant pour se rendre dans les rues animées de Harlem, son visage se crispe dans un cri sourd, il y a peut-être une lueur d'espoir que toute cette douleur de l'opprimé accumulée entraîne un peu de compassion. Confronté à l'énigme du « Juif » en tant que victime, sans tomber dans le piège des tropes antisémites ou de la banalité de l'empathie, Sidney Lumet, lui-même fils de deux comédiens du théâtre yiddish, dont le film est basé sur un roman écrit par l'auteur juif américain Edward Lewis Wallant, crée un récit de rédemption chrétienne possible, bien que timide[15].

La force de ce film repose sur son exposition impitoyable aux conséquences persistantes de l'atrocité, qui pourrait dénaturer ses survivants et les conduire à persécuter les autres alors même qu'ils ne se sont jamais remis de leur propre douleur. Ses effets et son statut controversé se rapportent à son regard intransigeant sur l'injustice et la souffrance du présent, dans lequel le survivant est complice, ce qui le mène en fin de compte au désespoir. *Le Prêteur sur gages* crée une victime juive non-juive qui choisit de se transformer en stéréotype le plus persistant du « Juif » pour réagir à une perte complète de la foi en la civilisation humaine et dans le progrès ; le film fait l'ébauche d'un homme repoussant mais anéanti, dont la souffrance ne peut pas susciter la sympathie mais dont la condition arrache

---

(15) Le père de Lumet tient un rôle mineur dans le film, cf. Ephraim Katz, *The Film Encyclopedia*, *op. cit.*, p. 853 ; Robert H. Abzug, "Facing Survivors in Fiction and Film," Museum of Tolerance Online, Multimedia Learning Center, *SWCA* 5 (1997). Alan Rosen, dans "Teach Me Gold," observe que dans le roman original, le mafioso local est Sicilien, c'est-à-dire un étranger comme Nazerman, tandis qu'Ortiz est noir, et il nous fait remarquer à juste titre que le film non seulement accepte l'argument d'Hannah Arendt (formulé juste au moment où le film était produit) de la complicité des Juifs dans leur persécution mais il l'universalise afin d'inclure les minorités ethniques américaines. Alan Rosen soutient aussi de manière convaincante l'idée que, alors que les critiques du film parlent de sa dette envers le cinéma français et la culture européenne, le film (et le roman) – à travers le prisme d'un professeur européen devenu un misérable prêteur sur gages – présente essentiellement l'Europe comme un « enseignant » de l'inhumanité.

néanmoins le cœur. Et il décrit un monde qui, restant indifférent à la douleur et au chagrin, continue à faire toujours plus de victimes.

LE « JUIF » EN TANT QUE HÉROS : HÉROS NON-JUIFS JUIFS

Un héros non-juif juif très différent fut créé par le réalisateur polonais Andrzej Wajda dans son film *Korczak* (1990). Le film dépeint les dernières années d'Henryk Goldszmit, connu et célébré sous le nom de Janusz Korczak (1879-1942). À bien des égards, c'est une des œuvres cinématographiques les plus émouvantes relatives au sort de la communauté juive de Pologne et au profond lien qui unit un éducateur et les plus innocentes des victimes, les orphelins juifs que Korczak a finalement accompagnés dans leur dernier voyage vers Treblinka. C'est en effet un véritable héros, un homme de paix, un amoureux de la nature et un professeur dévoué dont le charisme extraordinaire était accompagné d'une aptitude incomparable à l'empathie pour ceux qui étaient exclus du reste de l'humanité et, étonnamment, même pour leurs persécuteurs[16].

Le film semble avoir été un moyen sûr de relier les conceptions juives et polonaises du passé à travers un personnage admiré, même vénéré par tous. Et pourtant, comme Wajda l'a reconnu, son film a rencontré de fortes critiques dès le début. Comme le réalisateur l'écrit, « J'ai mis tout mon talent et toutes mes compétences dans *Korczak* », mais le jour après « la projection officielle à Cannes […], le compte rendu dans *Le Monde* m'a transformé en un antisémite, et aucun des principaux distributeurs de

---

(16) Wajda se fiait évidemment dans une large mesure au propre journal de Korczak. Cf. Janusz Korczak, *Le Journal du ghetto*, traduit du polonais par Zofia Bobowitz, Robert Laffont, 1998, (rééd. Laffont, coll. Pavillons poche, 2012). L'introduction complète de Betty Jean Lifton nous donne ses origines, le contexte dans lequel il a écrit le journal et les circonstances de sa mort. *Ibid.*, p. 22-30. La toute dernière note du journal, datée du 4 août 1942, est assez précisément reconstituée dans le film :
« J'arrose les fleurs. Ma calvitie à la fenêtre – quelle bonne cible cela ferait!
Il a un fusil. Pourquoi reste-t-il comme ça, à regarder tranquillement ?
Il n'a pas reçu d'ordre.
Peut-être était-il instituteur à la campagne, ou notaire, ou balayeur des rues à Leipzig, garçon de café à Cologne ?
Que ferait-il si je lui faisais un petit signe de la main ?
Il ne sait peut-être pas ce qui se passe ?
Il est peut être arrivé hier, de très loin. » *Ibid.*, p. 115.
Ce jour-là, le lendemain, ou le surlendemain, Korczak et ses enfants ont marché vers leur mort.

films n'a accepté de diffuser le film en dehors de la Pologne. Mes bonnes intentions étaient vaines[17]. » Pourquoi cela s'est-il passé ? Wajda fut-il totalement incompris par ses critiques ou bien y avait-il quelque chose d'autre en jeu ?

En effet, la critique en France a été très partagée[18]. Si Jean Daniel, par exemple, pour *Le Nouvel Observateur*, parle d'un film « bouleversant. Magnifique. Peut-être un chef-d'œuvre », si au *Point*, Marie-Françoise Leclère vante « le noir et blanc [...] qui confère à l'œuvre un air d'authenticité [...], et aussi la gravité qui s'imposait », et fait l'éloge de l'acteur Wojtek Pszoniak, « un interprète humble et flamboyant, un homme qui fait le poids face aux enfants, à leur grâce, à leur innocence », Danielle Heymann quant à elle descend le film en flammes dans *Le Monde* :

> Le film est bien fait [...]. On y croirait. [...] une telle intensité charismatique [de Wajda] entraîne forcément à sa suite, l'illusion globale de la vérité. [...] que voit-on ? Des Allemands (brutaux, forcément brutaux) et des Juifs, résignés ou collabos. De Polonais, point. Le ghetto de Varsovie ? Une affaire entre Juifs et Allemands. C'est un Polonais qui nous le dit. La gêne installée depuis le début [...] est déjà devenue malaise. Jusqu'à la scène finale, qui met le cœur au bord des lèvres. [...] La liquidation du ghetto est commencée [...] L'étoile de David en tête, les enfants et le docteur Korczak montent en chantant dans un wagon plombé. C'est alors que les portes s'ouvrent et que, coda d'un onirisme répugnant, à la limite du révisionnisme, on voit les petites victimes, fraîches et joyeuses, sortir du train de la mort, au ralenti... Treblinka comme rédemption des enfants juifs assassinés. Non. [...] jamais[19].

Remarquons tout d'abord que la critique de la dernière scène du film était déplacée. Betty Jean Lifton, qui a présenté les journaux de Korczak et a réalisé sa biographie, a écrit dans le *New York Times* du 5 mai 1991 :

---

(17) Le site officiel d'Andrzej Wajda : http://www.wajda.pl/en/filmy/film29.html

(18) http://www.cinematheque.fr/fr/dans-salles/hommages-retrospectives/revues-presse/wajda/wajda-korczak.html

(19) *Le Monde*, 13 mai 1990.

> Ces critiques qui ne détectent qu'une vision chrétienne de la scène finale éthérée [...] sont injustes envers Wajda. Après la guerre, il y eut des rumeurs selon lesquelles le wagon du transport de l'orphelinat fut miraculeusement détaché du train. Des villageois de toute la Pologne ont reconnu le « vieux docteur » et ses enfants. C'est peut-être que, comme Andrzej Wajda, ils voulaient croire que des personnes telles que Korczak sont indestructibles [...]. Au lieu de provoquer des antagonismes entre Polonais et Juifs, nous devrions plutôt les remercier pour la compassion sincère avec laquelle Wajda tente de recréer ce héros juif moderne qui est mort, comme il a vécu, pour ses enfants[20].

D'autres critiques, telles que celle d'Élisabeth de Fontenay, soulignent le lien très étroit qui unissait Korczak à la Pologne : « Polonais, il faut le redire, Korczak l'était profondément, et, dans son orphelinat, avant la guerre, il accueillait des enfants juifs et non juifs. De surcroît, ses idées sur le droit des enfants, même si elles ne manquaient pas de mettre en œuvre le vieux fond prophétique de la justice et de la charité, demeuraient étrangères à la tradition judaïque qui établit une distance entre le maître et ses élèves comme entre le père et ses enfants ». Selon elle, *Korczak* de Wajda [...] pourrai[t] annoncer sourdement le commencement de cette symbiose judéo-polonaise qui marquerait vraiment la défaite du nazisme »[21].

La question n'est donc pas de savoir si le film décrit de façon précise l'héroïsme de Korczak ou bien la vie dans le ghetto et la mort du docteur et ses orphelins. Il y a peu de doute sur l'héroïsme de Korczak, surtout parce qu'on lui avait donné plusieurs possibilités d'échapper à la déportation. Il s'agit plutôt de savoir s'il est un héros juif ou polonais. En ce qui concerne la compréhension du statut unique de Korczak dans la mémoire polonaise et de sa place dans la représentation cinématographique d'Andrzej Wajda des relations entre Polonais et Juifs, je dirais que l'essentiel est le fait qu'en fin de compte, Korczak incarne le héros juif non-juif par

---

(20) *Ibid*. Cf. également Betty Jean Lifton, *Janusz Korczak, le roi des enfants*, Paris, Robert Laffont, 1989.

(21) Élisabeth de Fontenay, « Timeo Wajda et Korczak ferentem », in *Le Messager européen* n°4, Paris, Gallimard, 1990, p. 246-247 et 249-250.

excellence[22]. Alors que les personnages juifs de ses films précédents doivent se débarrasser de leurs traits juifs afin d'effectuer un acte héroïque (comme dans *Samson*), Korczak *choisit* de devenir un Juif sans toutefois se débarrasser de ces caractéristiques polonaises qui sont, par définition, héroïques.

En effet, le Korzcak d'Andrzej Wajda est Polonais jusqu'au bout des ongles ; il se comporte comme un Polonais même s'il choisit de son plein gré de rejoindre les Juifs. S'il refuse d'enlever son uniforme d'officier polonais après la victoire des Allemands malgré les dangers que cela provoque, il refuse aussi, au début, de porter l'Étoile de David sur son bras lorsqu'il entre (volontairement) dans le ghetto. Dans les deux cas, il se comporte en Polonais fier et rejette l'idée selon laquelle n'importe qui peut lui dicter son identité. Il est certain qu'on a reproché plus généralement à Andrzej Wajda de ne présenter que les traits juifs qui manquent de traits culturels spécifiquement juifs (comme la foi religieuse ou l'utilisation du yiddish)[23]. Mais le problème principal réside ailleurs : pour ce qui est de savoir si le Korczak cinématographique parle en tant que Polonais ou en tant que Juif (historiquement, non), il est clairement présenté dans le film, et les Polonais s'en souviennent ainsi, comme un Polonais qui a *choisi* de partager le sort des Juifs d'une manière héroïque qui convient à sa nation. C'est pour cette raison que son choix final d'accompagner les enfants à Treblinka est si déterminant. C'est justement parce qu'il *avait* le choix, tandis que les « vrais » Juifs ne l'avaient pas, qu'il devient un héros et, plus important encore, qu'il finit par incarner la nature autosacrificielle de l'héroïsme polonais vis-à-vis des Juifs qui fut, dans une large mesure, fabriquée par la représentation d'après-guerre.

En réalité, Korczak était bien plus préoccupé par sa judéité que ne le pense Wajda. Alors même que le film est basé sur le journal du docteur, il supprime en fait le conflit intérieur sur son identité et superpose au récit un élément profondément chrétien qui n'apparaît pas du tout dans

(22) Comme Betty Jean Lifton l'écrit, « les Polonais considèrent Korczak comme un martyr, qui aurait été canonisé s'il s'était converti. » On pourrait dire que, précisément parce qu'il était un Polonais fier, Korczak ne se serait pas converti à une époque où les Juifs étaient persécutés pour leur religion et leur « race ». C'est l'argument qu'a donné le grand historien Marc Bloch dans son testament. Cf. son ouvrage, *L'Étrange Défaite,* Paris, Éditions Atlas, éditions Franc-Tireur, 1946 (rééd. Folio 1990).

(23) Mazierska, "Non-Jewish Jews." ; Janusz Korczak, *Le Journal du ghetto*, *op. cit.*, p. 7.

ses écrits[24]. La suppression de la judéité de Korczak est clairement une condition requise pour sa conversion non seulement en héros polonais, mais aussi en une image ressemblant au Christ. Mais d'une manière encore plus déterminante, à un des moments-clés du film, Wajda transforme une scène décrite dans le journal avec une ironie typique et de l'autocritique en une grande pitié qui convertit un enfant juif innocent, la victime absolue du nazisme, en un saint, ajoutant un curieux rebondissement subliminal que seul le réalisateur lui-même a reconnu[25].

---

(24) En écrivant dans le ghetto de Varsovie quand il avait 60 ans, Korczak a retracé les ruminations qu'il éprouvait à l'âge de cinq ans après la mort de son canari : « Sa mort me révéla l'existence du mystérieux problème de la confession. Je voulais mettre une croix sur sa tombe. La bonne avait dit non parce que c'était un oiseau, donc quelque chose de bien inférieur à l'homme. Le pleurer était un péché. Voilà pour la bonne. Mais ce qu'avait dit le fils du concierge était bien pire:"Le canari était juif". Et moi aussi. J'étais juif, et lui polonais et catholique. Lui, il serait un jour au paradis; quant à moi, à condition de ne jamais prononcer de vilains mots et de lui apporter docilement du sucre volé à la maison, je pourrais entrer après ma mort dans quelque chose qui n'est pas à proprement parler l'enfer, mais où il fait quand même très noir. Et moi, j'avais peur du noir. La mort – juif l'enfer. Le noir paradis juif. Il y avait là de quoi réfléchir. » Janusz Korczak, Le *Journal du ghetto*, *op. cit.*, p. 11. Pour d'autres commentaires sur les relations entre Juifs et Polonais, cf. *ibid.*, p. 15-17, 28-29, 37, 100-101, 105, 108-110. Il faut également mentionner que le monument polonais commémorant Korczak est placé dans le vaste cimetière juif de Varsovie. Korczak apprenait aussi l'hébreu dans son orphelinat du ghetto, avait été en Palestine en 1934 et 1936, et bien qu'il n'était pas sioniste, il fut attaqué en tant que tel par le parti polonais de droite et perdit ainsi son émission de radio populaire. Le film comporte une scène dans laquelle Korczak est informé que son émission ne sera plus diffusée, mais sa réponse est plutôt pacifique dans les oreilles des Polonais de l'après-guerre : « La guerre apporte sa souffrance et sa tragédie mais elle efface le passé qui, je pense, ne se répétera pas. Je pense que plus jamais un Polonais ne persécutera son frère parce qu'il est Juif. Et je suis heureux de pouvoir vivre ce moment. » Comme Andrzej Wajda le savait pertinemment, l'histoire de l'antisémitisme polonais d'après-guerre a difficilement confirmé la prédiction de Korczak. De plus, plutôt que d'espérer reconstruire une Pologne d'après-guerre, il a écrit son journal sur son désir de construire un orphelinat en Galilée. *Ibid.*, p. 18-19, 19-21, 78. Mais dans le film, Korczak dit à un des enfants : « Quand la guerre sera finie je prendrai soin des orphelins allemands. »

(25) D'autres scènes importantes analysées dans mon livre concernent la représentation de la piété dans les films : à l'instar de la dernière scène du *Golem*, quand l'ogre tient l'enfant dans ses bras juste avant que celui-ci n'enlève l'étoile de son torse et donc le tue ; la fille dans *New Land* (*Aretz Hadasha*, Orna Ben-Dor Niv, 1994) tenant son ours en peluche, et la toute dernière scène de *Don't Touch My Holocaust* (*Al Tigu Le B'Shoah*, Asher Tlalim, 1994), quand la femme israélienne qui incarne une musulmane tient l'acteur palestinien nu qui venait de se flageller sur une table pleine de tessons de bouteilles de bière. On pourrait dire ici que la piété la plus importante de l'Allemagne contemporaine est la copie fortement agrandie d'une sculpture de Käthe Kollwitz, *Mère avec fils mort* (*Pietà*), que l'ancien chancelier Helmut Kohl a fait placer dans le bâtiment de la Neue Wache de Berlin.

Dans cette scène, un des enfants de Korczak se sent coupable de la mort de sa mère. Korczak tente de le rassurer, le couche dans son lit, se penche au-dessus de lui et tient ses mains. Ensuite, pendant la durée de quelques photogrammes, visible dans la version allemande du DVD, un halo clairement dessiné apparaît au-dessus de la tête du garçon. Cet enfant orphelin, affamé, émacié, qui ne parvient pas à se pardonner d'avoir « abandonné » sa mère, est destiné peu après à être tué lui-aussi. Cette affreuse représentation d'un million et demi d'enfants juifs tués entre dans notre subconscient sous la forme d'un saint chrétien. C'est le cœur invisible du héros « juif » non-juif : persécuté en tant que Juif, il est glorifié en tant que Polonais et adoré en tant que saint[26].

LE JUIF EN TANT QU'ANTIHÉROS

Les Victimes des Sabras

Hamsin, le film de Daniel Wachsmann sorti en 1982, ainsi que plusieurs autres films israéliens de cette époque, est une allégorie à la fois du conflit arabo-israélien et de l'inversion des rôles entre le bourreau et la victime et entre la Diaspora et les Israéliens. L'objectif de *Hamsin* est d'exposer l'injustice de l'occupation ; mais tandis qu'il délivre son message avec une puissance inhabituelle, il reflète aussi la prédilection israélienne contradictoire qui permet de justifier une action arbitraire et, à la fois, de s'identifier aux faibles et aux opprimés.

C'est un exercice difficile parce qu'il n'existe pas d'équivalent clair entre le « Juif » en Israël et l'antisémite en Europe, ou entre les Palestiniens et la communauté juive de la Diaspora. Certains pensent

(26) Voici la description de la scène telle que la rapporte Janusz Korczak : « Une seule piqûre de caféine pour un nouveau pensionnaire hystérique pris d'un malaise soudain. Sa mère, dévorée par un ulcère intestinal, ne voulait pas mourir avant d'avoir placé l'enfant en internat. Lui ne se décidait pas à y entrer tant que sa mère était en vie. Il céda enfin. La mère finit par mourir et voilà l'enfant pris de remords. Lors de ses malaises, il imite sa mère: il gémit en criant qu'il a mal, puis qu'il étouffe, qu'il a chaud et enfin qu'il meurt de soif.
– De l'eau!
En marchant de long en large, je me demandais si l'hystérie allait devenir collective. Il y avait de fortes chances!
La confiance des enfants dans leur direction eut raison de leur peur. Du moment que le docteur restait calme, il n'y avait rien à craindre. Je n'étais pas aussi calme que cela. Mais le fait d'avoir grondé un patient insupportable (je l'ai menacé d'expulsion dans l'escalier) joua en ma faveur. Je fis preuve d'une assurance de chef », *Le Journal du ghetto*, *op. cit.*, p. 94.

que si l'Holocauste a prouvé la nécessité du sionisme, les Juifs israéliens, semblent, eux, tenir à l'inversion des rôles intériorisés par la Diaspora pendant des millénaires d'exil. Cette idée réelle est si scandaleuse qu'elle attire l'attention même quand on y fait à peine allusion.

Hamsin se positionne prudemment, mais inverse totalement la signification de plusieurs thèmes relatifs aux représentations du « Juif » au cinéma[27]. Gedalia, un propriétaire terrien en Galilée, veut acheter une terre aux Arabes locaux afin de créer une exploitation bovine. En avertissant ses voisins arabes que leurs terres seront bientôt confisquées par l'État juif, il suscite le respect des ainés pour son père à présent décédé. Mais les jeunes Arabes le considèrent comme un simple élément de leur expulsion. À l'inverse, les voisins juifs de Gedalia supportent mal les affaires qu'il fait avec les Arabes et sont scandalisés par son amitié avec Khaled, son ouvrier arabe. Au milieu du conflit grandissant entre les deux communautés, Gedalia découvre que Khaled a une aventure avec sa sœur. Dans un accès de colère, il assassine Khaled en lâchant un taureau qui le tue d'un coup de corne.

Cette tragédie des relations entre Juifs et Palestiniens comporte de nombreux échos des points de vue juifs et antisémites de la Diaspora. L'Arabe qui tente de collaborer avec le Juif finit par « souiller » sa sœur et doit donc être tué. Le Juif qui pense qu'on peut travailler avec l'Arabe est « trahi » par son ami arabe, ce qui justifie les préjugés des autres fermiers juifs. Alors que les Juifs cultivent les terres inutilisables, les Arabes passent la plupart de leur temps à boire du café, fumer des cigarettes, ronchonnent, et à planifier des actes de sabotage et de vengeance. Dans une inversion presque directe de l'image antisémite, les Juifs sont des producteurs actifs tandis que les Arabes sont un élément sournois, indignes de confiance et destructeur. À première vue, donc, c'est le récit du Juif Süss en ouvrier agricole palestinien.

Mais en fait, *Hamsin* inverse les points de vue conventionnels israéliens et propose une perspective bien plus subversive de la réalité. En même temps, cependant, ce qui ressemble à une attaque révolutionnaire de l'autoreprésentation israélienne à la fois créative et éclairée constitue simultanément un retour à la rhétorique anti-juive de la Diaspora. Sous cet angle,

(27) Cf. également les analyses dans Yosepha Loshitzky, *Identity Politics on the Israeli Screen*, Austin, University of Texas Press, 2001, p. 116-27.

les Juifs sont de nouveaux venus sur une terre qui appartient à d'autres. Déterminés à modifier toutes les coutumes et les règles afin de satisfaire leurs propres besoins, ils peuvent aussi se lasser de tout ce travail et partir ailleurs, ce qui confirme leur « nature » de peuple errant. Ces liens à la terre, tels que ceux de la maison paternelle de Gedalia, sont soit abandonnés, soit transformés en musées. L'histoire et la tradition ont donc une valeur commerciale. Étant donné que les Juifs occupent la terre comme éléments perturbateurs agissant contre l'ordre naturel et social, leur simple présence engendre du ressentiment et de la violence.

Hamsin offre donc un ensemble complexe de modèles contradictoires superposés les uns sur les autres. Les Juifs sont des fermiers grands et forts, ressemblant plus aux *goyim* des traditions juives qu'aux stéréotypes des intellectuels urbains et des habitants des shtetl hassidiques. Gedalia tient le rôle du cowboy américain, montant son cheval dans un nuage de poussière contre le vent chaud soufflant du désert, le *Hamsin*, qui représente les tensions politiques, idéologiques et sexuelles palpables dans cette soi-disant lutte éternelle pour la terre entre les Juifs et les Arabes, les fermiers et les éleveurs. L'ultime relâchement de ces tensions, d'abord à travers l'amour sexuel puis, à travers la violence physique, est aussi inévitable que la fusillade à la fin du film *High Noon* (*Le Train sifflera trois fois,* Fred Zinnemann, 1952).

Mais la mère de Gedalia vient d'un milieu bourgeois et envoie sa fille Hava à l'université. Hava elle-même symbolise la liminalité de ces personnages juifs : d'un côté, en se donnant à Khaled dans la maison de ses parents qu'ils ont reconstruite ensemble, elle exprime le désir de revenir à une solidarité rurale mythique, ainsi qu'à un « autre » viril dominé par sa maîtresse intellectuelle. De l'autre côté, Hava apparaît sur scène comme une exclue, une touriste coloniale qui finira dans un milieu urbain plus élégant et plus raffiné.

Hamsin ne sentimentalise pas les Arabes, qui assument un rôle assez protéiforme en tant que population indigène profondément enracinée dans la terre, et en tant qu'élément instable et indigne de confiance. Donc, tandis que le « Juif » cinématographique passe d'un fermier ressemblant à un goy à un nomade sans racines, l'Arabe, de victime de préjugé racial et de domination comme les Juifs, se transforme en un parasite du même genre que les Juifs, traître et pollueur de race. *Hamsin* n'opte jamais pour la perspective palestinienne alors même qu'il représente la détresse des Arabes d'une manière bien plus empathique que ce n'est généralement le cas dans le cinéma israélien. Il ne soutient pas non plus le point de vue selon lequel les Palestiniens sont « Les Juifs du Moyen-Orient », et sa conséquence implicite selon laquelle les Juifs d'Israël sont aux Palestiniens ce que les antisémites, ou les nazis, étaient aux Juifs d'Europe. Néanmoins, *Hamsin* montre tous les signes d'une intériorisation de près d'un siècle de représentations du « Juif » et d'une transposition de celles-ci sur la réalité israélienne. Enfin, c'est un film sur la transformation du « Juif ».

Sabras en tant que Victimes

En guise de conclusion, je dirai quelques mots de l'excellent film de Asher Tlalim, *Don't Touch My Holocaust* (1994). Basé sur la pièce de théâtre de Dudi Maayan, *Arbeit macht frei vom Toitland Europa* (*Le travail libère de la terre mortelle de l'Europe*), jouée en Israël entre 1993 et 1996. Le film étudie également la réalisation de la pièce et ses conséquences sur les acteurs et le public requis pour sa participation. Le personnage principal est Smadar (Madi) Yalon-Maayan, qui joue à la fois la *Muselmann* de l'Holocauste, la survivante Zelma, et elle-même, une jeune femme israélienne ayant une relation très forte avec son père, un Juif européen récemment décédé qui avait échappé aux nazis.

Madi se fond et parfois se confond entre le deuil de son père et son chagrin concernant l'Holocauste qu'elle cherche à intérioriser en tentant de s'infliger la douleur et la faim. Le film retrace la visite d'un musée de l'Holocauste dans le Kibboutz Lohamei Hagetaot (le kibboutz des combattants du ghetto), qui était une partie obligatoire de la pièce de Maayan, ainsi qu'une visite au musée de la villa de Wannsee à Berlin, où fut coordonnée la solution finale le 20 janvier 1942, visite qui faisait partie quant à elle de la représentation théâtrale en Allemagne. Ces visites sont effectuées par Zelma, qui raille sans cesse et provoque les visiteurs dans le non-langage confus d'un Juif errant ou d'un réfugié éternel de la persécution.

Khaled, interprété par l'acteur israélo-palestinien Khaled Abu-Ali est un deuxième personnage important. Khaled travaille en fait en tant que guide pour les jeunes arabes qui visitent le musée de l'Holocauste dans le kibboutz où il établit souvent des comparaisons entre les Palestiniens en Israël et les Juifs durant l'Holocauste. Il joue aussi l'homme de ménage de

Zelma et fait l'objet de son racisme et de ses mauvais traitements. Finalement, dans la dernière scène stupéfiante et dévastatrice du film, Khaled se transforme en un objet de douleur auto-infligée dans une tentative désespérée d'intérioriser l'horreur de l'Holocauste et d'exposer la brutalité d'une humanité spectatrice et voyeuriste.

Autre facteur compliquant la situation, le film analyse également la relation entre le réalisateur et le dramaturge – qui viennent tous les deux d'Afrique du Nord – et l'Holocauste, perçue comme appartenant aux Juifs européens ashkénazes. D'où, en son cœur, *Don't Touch My Holocaust* concerne la question de la propriété : à qui l'Holocauste appartient-il et quelles sont les conséquences de cette possession ? Tlalim lui-même explique que dans son film :

> On se regarde dans le miroir [...] sans blâmer les Allemands et sans adopter le point de vue d'une victime [...]. Ce qui se cache derrière ce film [...] c'est la pensée que nous sommes malades, que nous souffrons tous de rêves obscurs [...] d'un traumatisme d'enfance que le seul moyen de surmonter est l'analyse [...]. J'ai tenté dans ce film d'observer la société israélienne de manière impitoyable mais affectueuse afin de comprendre ce dont nous sommes faits.

Il ne fait aucun doute que certains publics ont perçu *Don't Touch My Holocaust* comme un film insultant. Il est clair qu'il est implacable lorsqu'il expose à la fois les effets destructeurs de la mémoire de l'atrocité au présent et la déformation de l'identité et de la conscience contemporaines causée par une ignorance cynique du passé. Sa tentative de lutter avec le triangle explosif des relations entre Israéliens et Palestiniens, entre Séfarades et Ashkénazes et entre Juifs et Allemands, est trop ambitieuse pour être complètement fructueuse. Mais en fin de compte, malgré ses critiques dures à l'égard de la manipulation dont la Shoah est l'objet dans la politique et l'éducation israéliennes, *Don't Touch My Holocaust* représente les Israéliens (et jusqu'à un certain point, les Palestiniens) comme des victimes d'un passé qu'ils ne peuvent défaire et dont ils ne sont souvent que vaguement conscients.

En effet, *Don't Touch My Holocaust* va plus loin que des films israéliens plus politiques et plus simplistes tels que, par exemple, *Au-delà des murs* (*Me'Ahorei Hasoragim*, Uri Barbash, 1985), précisément en autorisant un degré plus élevé d'empathie pour la tragédie du « Juif » dans le monde moderne, et plus particulièrement en Israël : le destin d'une séparation du passé juif pour n'aboutir qu'à échouer dans un pays qui est un bourbier de l'histoire, de la mémoire et du mythe, où la seule légitimation de l'existence est un retour à une histoire fortement réprimée et jamais retravaillée, et l'énigme de la représentation est telle que le rejet d'un stéréotype ouvre presqu'inévitablement la porte à un autre.

En 2003, Gredd Easterbrook, alors éditeur en chef au magazine *The New Republic* a décrit le coprésident de Miramax, qui distribue *Kill Bill* de Quentin Tarantino, et le président de sa société mère, Walt Disney, comme des « cadres juifs » qui « adorent l'argent plus que tout ». En réaction aux critiques soulevées par cette déclaration, il a déclaré :

> Il y a un tas de cadres chrétiens à Hollywood qui adorent l'argent plus que tout [...] [Mais] est-ce une raison pour que les cadres juifs adorent l'argent plus que tout en promouvant, dans un but lucratif, l'adulation de la violence ? Contrairement à *Inglourious Basterds* sorti en 2009, *Kill Bill*, qui est sorti la deuxième semaine d'octobre 2003 et a été n°1 au box office, n'a rien à voir avec les Chrétiens et les Juifs. Il a été décrit comme « une épopée de la revanche sanglante et un hommage aux films d'action asiatiques. » Mais Easterbrook a affirmé que « l'histoire récente de l'Europe à elle seule doit pousser les cadres juifs [plutôt que, comme certains le diront, leurs homologues chrétiens, japonais ou chinois] à se demander si la glorification de l'exécution des plus démunis pouvait constituer le modèle d'un mode de vie amusant.

Évidemment, Easterbrook avait les meilleures intentions de monde lors de sa déclaration, attaquant à juste titre le culte cinématographique du sang. Mais il a trouvé un moyen curieux de répondre aux critiques formulées à son encontre. Pour sa défense il a cité sa propre critique du film de Mel Gibson, *La Passion du Christ*. À cette occasion, il avait écrit que Mel Gibson « prétend être un fervent chrétien. [...] Mais avant de réaliser ce film, il avait l'habitude de produire des films qui glorifiaient la violence. J'ai soulevé exactement la même question à propos d'un chrétien, se plaint-il, et il n'y a pas eu une seule réaction[28]. »

Ce qui me pousse à me poser une question. Le fait de critiquer un film qui représente les Juifs comme des assassins du Christ, d'une manière qu'on dit être particulièrement réaliste et sanglante, est-il similaire au fait de remarquer que les marqueurs d'un thriller à l'action sanglante sont Juifs ? Il semblerait qu'il n'y ait pas de réponse à cette énigme. Selon un certain stéréotype, les Juifs étaient les premiers bourreaux : ils ont tué Jésus. Selon un autre, tous les Juifs devraient renoncer à tout engagement dans la violence, que ce soit dans un divertissement ou dans la réalité, parce qu'ils sont devenus l'épitomé de la victime. Dans les deux cas, ce ne sont pas, en fin de compte, des individus qui sont identifiés, ni que leurs actes soient dignes d'éloges, déplorables ou conformes à telle ou telle convention, mais le « Juif », quelle que soit la manière dont on souhaite décrire ce type de personne. Et une bonne partie de ce que les gens pensent de ce « Juif », y compris, probablement, Easterbrook lui-même, est le produit de ce qu'ils ont vu dans les films. De ce point de vue, nous pouvons uniquement conclure que le Juif cinématographique est resté l'un des indicateurs – et des fabricants – les plus forts, de ce que le terme « Juif » évoque à l'esprit du profane.

Texte traduit de l'anglais (américain) par Céline Denis

(28) Bernard Weinraub, « Writer Takes Jews to Task for "Kill Bill" », *New York Times*, 17 octobre 2003, p. 14.

Que veut dire « respecter l'histoire de la Shoah » au cinéma ? Réflexions sur *Inglourious Basterds* de Quentin Tarantino

Susan Rubin Suleiman

Malgré sa marche inexorable vers le passé historique, la Shoah continue de fasciner les romanciers et les cinéastes, de même que le public. Cette fascination a produit quelques chefs-d'œuvres incontestés (*Shoah* de Claude Lanzmann, *Voir ci dessous : Amour* de David Grossman, *Être sans destin* d'Imre Kertész), de même qu'un assez grand nombre de romans et de films dont on entend très peu parler – pour de bonnes raisons le plus souvent. Entre les deux, certains jouissent d'un succès international lors de leur parution, tout en provoquant des débats contradictoires passionnés parmi le public et les spécialistes. Bien entendu, l'éventail des opinions est varié, comme pour tout roman ou film, mais certaines – on pense à *La Liste de Schindler* de Spielberg, *La Vie est belle* de Benigni, *Les Bienveillantes* de Littell, et tout récemment *Inglourious Basterds* de Tarantino – sont extrêmement tranchées. Ce que d'aucuns estiment être une œuvre importante et artistique, quoiqu'avec des défauts, d'autres y voient un sous-produit commercial sans aucun mérite, voire un outrage à diverses valeurs.

De tels écarts de jugement sont instructifs, car ils portent l'éclairage sur des problèmes qui transcendent les œuvres individuelles puisqu'ils concernent à la fois l'éthique et l'esthétique de la représentation touchant à la Shoah. Que peut-on, et que doit-on montrer et raconter de cet événement historique que certains considèrent irreprésentable ? Plus important encore, que ne *peut-on pas* et que ne *doit-on pas* montrer ou raconter ? Souvenons-nous de la colère de Claude Lanzmann – qui n'était pas le seul – s'attaquant à Spielberg pour avoir montré un groupe de femmes déportées à Auschwitz, entrant nues dans une salle dont on pouvait penser qu'il s'agissait d'une chambre à gaz. Selon Lanzmann, une telle représentation est proprement obscène, c'est-à dire, selon son étymologie, immontrable[1] et Spielberg commet donc, selon lui, une faute de goût – ou de choix esthétique –, mais aussi une grave faute morale en créant cette scène, même si la pièce incriminée s'avère n'être qu'une salle de douche. Et, effectivement, cette scène peut faire l'objet de plusieurs critiques, dont certaines positives – même si, à ma connaissance, personne n'en a émis. Ce qu'il importe de souligner, de façon liminaire, c'est que tout commentaire sur cette scène devra nécessairement faire appel à des aspects esthétiques et éthiques étroitement liés.

Si, pour la scène de *La Liste de Schindler*, il s'agissait de savoir *ce qu'on* pouvait ou devait montrer, dans *La Vie est belle*, le débat concernait non pas tellement ce qu'on pouvait montrer, mais *comment* le montrer. Les critiques négatives mettaient l'accent sur le peu de vraisemblance dans la représentation du camp où se trouvent Guido et son fils dans la dernière partie du film (camp de concentration ou d'extermination ?), dénonçant un camp trop propre et des prisonniers trop bien nourris. Et puis, avait-on jamais vu un camp nazi où un père juif pouvait garder caché un petit enfant ? Impossible ! Était ainsi posée la question de l'authenticité historique ou du réalisme de la représentation de la Shoah, liant esthétique et éthique, en considérant moralement repréhensible de contrevenir à la vérité historique, en recourant de surcroît à l'humour et au comique.

À l'inverse, les défenseurs du film invoquaient la liberté absolue de l'artiste en cette matière, notamment le pouvoir de l'imagination et du comique. Dans un article puissant, la grande spécialiste de la littérature

---

(1) Du latin *obscenus*, « de mauvaise augure ». Pour l'argument de Lanzmann, cf. son article « Holocauste, la représentation impossible », *Le Monde*, 3 mars 1994.

de la Shoah, Sidra Ezrahi, développait l'argument suivant lequel, puisque Benigni avait annoncé dès le départ qu'il présentait une « fable », il fallait lire le film comme une contre-histoire comique, une sorte de *Purimspiel*[2] présentant une version « méliorative » de l'histoire qu'on ne devait en aucun cas étudier selon un littéralisme mortifère *[« dead-minded literalism »]*. Sidra Ezrahi voyait dans ce film – et dans d'autres représentations comiques de la Shoah, telles *Train de vie* de Radu Mihaileanu ou *Jakob le menteur*, le roman de Jurek Becker – la perpétuation de l'humour juif que l'on trouve, par exemple, dans l'œuvre de Sholem Aleichem. Ces versions antihistoriques de l'histoire offrent, selon Ezrahi, une « promesse » utopique et messianique de l'histoire telle qu'elle *aurait pu* être, et qui coexiste avec la connaissance tragique de ce qu'elle a été[3]. C'est pourquoi, d'après elle, ces versions comiques recèlent une véritable valeur éthique.

INGLOURIOUS BASTERDS ET LE DÉBAT CRITIQUE

Venons-en maintenant au film de Tarantino. Projeté à Cannes en mai 2009, sa réception mitigée incita Tarantino à présenter une version légèrement modifiée pour sa sortie en salles à l'automne. Le succès commercial fut énorme des deux côtés de l'Atlantique, avec des recettes battant ses deux films à succès précédents, *Kill Bill Vol. 1 et 2*, et même *Pulp Fiction*, généralement reconnu comme son chef-d'œuvre et qui l'a propulsé au rang des grands « auteurs » du cinéma. J'ai lu récemment des dizaines de critiques, en France et aux États-Unis, sur *Inglourious Basterds*, émanant de professionnels (dont quelques universitaires spécialistes de la Shoah) et de spectateurs « ordinaires » qui postaient leurs opinions sur Internet. Il est tout à fait fascinant de constater l'éventail des réactions, sans qu'on puisse établir facilement des catégories selon l'âge, la religion, la profession ou tout autre critère sociologique. Tout comme il est absolument remarquable que les critiques négatives convergent vers un ou deux thèmes sous-tendus par des critères de jugement à la fois éthiques et esthétiques.

(2) Spectacle joué le « Jour des sorts » (Pourim), qui commémore le jour où le peuple juif a échappé miraculeusement à un massacre de grande ampleur. Diverses coutumes se rattachent à cette fête, dont certaines s'apparentent à l'esprit du carnaval (mascarades, charivari, ébriété).

(3) Sidra Ezrahi, « After Such Knowledge, What Laughter? », *Yale Journal of Criticism,* 14: 1 (Printemps 2001), p. 290, 304-306.

Considérons d'abord le critère de l'authenticité historique. Comme on le sait, le film de Tarantino se termine sur une scène antihistorique, « jubilatoire[4] » selon un critique français : rien moins que la mort violente et spectaculaire d'Adolf Hitler et de tous ses lieutenants dans une salle de cinéma, à Paris, en juin 1944. Certains spectateurs s'indignent de cette fin contre-factuelle, tel ce message posté sur le site français *Allociné* : « On ne peut même plus dire qu'il trahit l'histoire tellement le scénario est fantaisiste, et même complètement aberrant. Hitler avec toute sa joyeuse bande qui vient juste escorté de quelques SS dans un petit cinéma de Paris tenu par une juive rescapée ! Et quoi encore ? Pourquoi ne pas loger Hitler à Euro-Disney pendant qu'on y est, accueilli par Mickey et Donald !?[5]» Un critique professionnel adopte un ton tout aussi sarcastique dans la revue juive américaine *Commentary* : « Pour Tarantino, la seule utilité du passé c'est d'en faire des *pasta*. L'inexactitude fait partie de sa recette pour un indi*vide*-ualisme savoureux[6]. » Écrivant dans *Newsweek*, Daniel Mendelsohn, par contre, nous met en garde de façon plus solennelle contre la tentation de suivre Tarantino dans son délire imaginaire : « Se délecter de [fantasmes] aux dépens de la vérité historique serait la bâtardisation la plus inglorieuse de toutes[7] ». Toutefois, il est intéressant de noter que beaucoup de spectateurs trouvent la fin du film réjouissante. Ainsi, cet autre spectateur sur *Allociné* : « J'ai adoré le fait qu'il aille au bout de son délire en prenant de grosses libertés avec l'histoire. [...] God bless you, Tarantino[8] ! » Le critique de *Time magazine* est tout aussi enthousiaste, louant « l'audace » de Tarantino dont la fin est « du pur Hollywood. Hitler mourra où ? Dans une salle de cinéma. Et qui le tuera ? Une Juive[9]. » Quant à Roger Ebert, grand cri-

---

(4) Caroline Vié écrivant dans *20 Minutes ;* consulté sur le site : http://www.allocine.fr/film/revuedepresse_gen_cfilm=60208.html#pressreview19429937

(5) Signé Papaico, consulté sur le site : http://www.allocine.fr/film/fichefilm.gen.cfilm=60208.html

(6) Frederic Raphael, « Inglourious Basterds? *You have no idea* » *Commentary,* Octobre 2009, p. 65. C'est moi qui traduis, ici et ailleurs, de l'anglais et de l'allemand.

(7) Daniel Mendelsohn, « 'Inglourious Basterds' : When Jews Attack », *Newsweek,* 14 août 2009 ; consulté en ligne : http://newsweek.com/2009/08/13/inglourious-basterds-when-jews-attack.print.html.

(8) Signé Nate-Fisher, sur le site ci-dessus (cf. note 5).

(9) Richard Corliss, *Time,* 20 août 2009 ; consulté en ligne : http://www.time.com/time/arts/article/0,8599,1917595,00.html#ixzz15wwkKb7D.

tique de cinéma à Chicago, il s'extasie sur le fait que Tarantino « fournisse à la Seconde Guerre mondiale une fin alternative dont on a grandement besoin. Pour une fois, les bâtards ont la punition qu'ils méritent[10]. »

À la lecture de ces réactions, il semble que le critère de l'authenticité historique concernant les représentations de la Shoah soit en voie d'affaiblissement. Bien que certains puissent le déplorer dans la crainte que cela n'encourage le négationnisme, ma vision est plus optimiste : c'est précisément parce que le public connaît la véritable histoire (du moins dans ses grandes lignes) qu'un cinéaste ou un romancier peut se permettre des écarts d'imagination (des « délires », si l'on veut) qui *renforcent* notre connaissance du réel tout en nous suggérant d'autres versions. L'histoire n'apparaît plus inéluctable, mais imprévisible et ouvrant diverses alternatives à chaque instant de son déroulement, une idée philosophique qui n'est pas propre à Tarantino, mais qu'il formule à sa façon dans une interview avec Roger Ebert :

> Mes personnages ne savent pas qu'ils font partie de l'Histoire. Ils n'ont pas d'avenir prédeterminé, et n'ont aucune connaissance de ce qu'ils peuvent ou ne peuvent pas faire. Je n'ai jamais prédestiné mes personnages, jamais. Et je pensais que ce n'était pas le moment de commencer. Ainsi, voici ma position sur cette question : 1) Mes personnages ont changé le cours de la guerre. 2) Or, cela n'est pas arrivé parce que dans la vie réelle mes personnages n'ont pas existé. 3) Mais s'ils auraient (*sic*) existé... tout ce qui arrive est tout à fait vraisemblable[11].

Quant au critère du *sérieux*, qui interdirait de traiter la Shoah de façon comique ou humoristique, il n'apparaît que peu dans les réactions critiques. Lubitsch et Chaplin, de même que des comédies plus récentes (*La Vie est belle*, *Train de vie*, *The Producers*) ont sans doute frayé le chemin, d'autant que, chez Tarantino comme chez ses prédécesseurs, la dérision

(10) Roger Ebert, *Chicago Sun Times*, 19 août 2009 ; consulté sur le site : www.metacritic.com, sous la rubrique « Inglourious Basterds ».

(11) « Quentin Tarantino glouriously basterdizes World War II », interview avec Roger Ebert, *Chicago Sun Times*, 17 août 2009. Consulté en ligne : http://rogerebert.suntimes.com/apps/pbcs.dll/article?AID=/20090817/PEOPLE/90817999

la plus forte est dirigée contre les personnages nazis : le colonel Landa et sa pipe démesurément grosse « qui signale peut-être un problème de masculinité » (comme l'a noté un critique américain) ; Hitler, Goebbels et les autres nazis ont un côté loufoque qui ne contredit pourtant pas leur statut de « truands » dans ce film. Le jeu de Brad Pitt, dans la peau du lieutenant américain Aldo Raine, a un côté exagéré et parodique (surtout avec son accent de « hillbilly » du Tennessee) noté par nombre de commentateurs, sans qu'ils y trouvent à redire. Certains semblent désarçonnés par l'attitude « juvénile » et l'humour un peu potache de Tarantino, mais cette absence de solennité et de sérieux paraît généralement bien admise et, pour divers critiques, cet aspect « ludique » est l'un des côtés les plus réussis du film.

Par contre, un autre critère éthico-esthétique suscite des réactions contrastées entre critiques américains et français (ces derniers le mentionnant moins souvent), le critère que j'appellerai axiologique et qui concerne le « message » éthique véhiculé par le film. Beaucoup de commentateurs américains expriment leur profonde désapprobation de la « vengeance sadique » : « Le film promeut de manière non-problématisée le voyeurisme sadique comme forme de revanche satisfaisante », écrit le critique du magazine internet *Slate*[12]. « En montrant que les Américains sont cruels aussi, [Tarantino] échappe aux divisions habituelles entre le bien et le mal selon des critères de nationalité, mais il échappe dans le même temps à tout sentiment de responsabilité morale », écrit David Denby, le critique du *New Yorker*[13]. « J'étais horrifié par le message selon lequel il est, en quelque sorte, admissible d'abuser les soldats ennemis pourvu que vous soyez les bons, et qu'eux soient les méchants », écrit un membre d'un gestionnaire de liste (« listserve ») d'enseignants spécialistes du génocide, tandis qu'un adhérent du même groupe raconte que sa femme et lui ont décidé de boycotter « ce film horrible » après avoir vu la bande-annonce : « l'absence d'indignation publique concernant un film qui glorifie les crimes contre

(12) Dana Stevens, *Slate*, 20 août 2009 ; consulté sur le site : www.metacritic.com (cf. note 10).

(13) David Denby, compte rendu dans *The New Yorker*, 24 août 2009 ; consulté en ligne : http://www.newyorker.com/arts/critics/cinema/2009/08/24/090824crci_cinema_denby#ixzz15x8ynNJV

l'humanité, les crimes de guerre et la torture est navrante », écrit-il[14]. Bien plus navrante encore pour beaucoup de critiques était le « message » de la vengeance juive : « Tarantino pense peut-être qu'il rend service aux Juifs en lançant ce fantasme de vengeance..., mais je doute que ce geste soit apprécié. Tarantino est devenu gênant », écrit David Denby[15]. « Pour l'essentiel, *Inglourious Basterds* permet aux Juifs de se comporter comme des nazis, participant froidement à des massacres et à des incinérations de masse, poussant l'accomplissement du désir jusqu'à une quasi rupture psychotique avec la réalité », explique J. Hoberman, le critique du journal new-yorkais *The Village Voice*[16]. Quant à Daniel Mendelsohn, il soulève une interrogation alternative, plus lévinassienne, pourrait-on dire, de la « vengeance juive » : « Veut-on vraiment que le public accueille avec enthousiasme une vengeance qui transforme les Juifs en doubles des nazis... ? Une autre forme de vengeance, moralement supérieure, serait que les Juifs fassent exactement ce qu'ils font depuis la fin de la Seconde Guerre mondiale : préserver et perpétuer le souvenir de la destruction dont ils furent victimes, précisément afin d'empêcher la répétition de telles horreurs de masse à l'avenir[17]. » Enfin, le critique de *Commentary* met en accusation non seulement Tarantino, mais son producteur (juif) Harvey Weinstein, qui a permis à ce « clown prétentieux et niais, nourri du *gelt* [argent] de Hollywood, de rendre service aux Juifs en leur montrant que, eux aussi, s'ils en avaient eu l'occasion, ils auraient pu et voulu agir comme des monstres sans tête[18]. »

Entre autres qualités, ces condamnations se distinguent par leurs accents passionnels et de morale outragée. On en vient à se demander comment ceux qui ont aimé le film pourront y répondre – après tout, qui voudrait avancer l'argument que les fantasmes de vengeance et de torture destructrices sont *moralement* défendables ? Et effectivement, la plupart des défenseurs du film ne se placent pas sur ce terrain-là, mais revendiquent

(14) Messages envoyés au iagslistserv, 10 septembre 2010 et 11 septembre 2010.

(15) David Denby, *The New Yorker*, *op. cit.*

(16) J. Hoberman, compte rendu dans *The Village Voice*, août 2009 ; consulté sur le site www.metacritic.com

(17) Daniel Mendelsohn, *Newsweek*, *op. cit.*

(18) Frederic Raphael, *Commentary*, *op. cit.*

plutôt que de tels fantasmes font plaisir précisément parce qu'ils sont des fantasmes et pas un appel à l'action. Comme le disait Sidra Ezrahi à propos des *Purimspiel* (qui finissent également par la mise à mort des ennemis des Juifs), on ne doit pas les prendre au pied de la lettre (« dead-minded literalism ») – ce qui n'empêche pas Ezrahi de détester le film de Tarantino[19]. Quant à l'historienne de la Shoah Deborah Lipstadt, qui s'oppose à toute forme de négationnisme, elle explique aimer le film « parce qu'il satisfait ce rêve de vengeance que nous possédons tous quelque part, même si nous savons que ce n'est pas "gentil" (*not nice*)[20]. »

Un essayiste au moins s'est efforcé de répondre de façon substantielle aux moralistes outragés. Charles Taylor, « écrivain vivant à Brooklyn » – il ne s'agit donc pas du philosophe canadien – a publié un long article dans la revue de gauche *Dissent,* dont l'un des directeurs est le philosophe Michael Walzer. Selon Charles Taylor, ceux qui condamnent le film pour des raisons morales refusent d'admettre ce que Tarantino nous montre : que la guerre est toujours atroce et que même une guerre « juste » comme la Seconde Guerre mondiale a comporté des atrocités des deux côtés. Et, poursuit-il, si l'on veut invoquer la vérité historique, il faudrait se rappeler ce que ces critiques semblent oublier : que le rêve de vengeance sanglante de la part de beaucoup de Juifs n'est pas une invention délirante de Tarantino, mais qu'il a bel et bien été une réalité de l'après-guerre. Des prisonniers libérés des camps ont tué des gardes lorsqu'ils en eurent l'occasion et beaucoup de survivants ont avoué rêver de vengeance, même s'ils ne sont pas passés à l'acte. De plus, poursuit Taylor, les critiques moralistes confondent les œuvres d'art avec « la vertu civique », comme si l'art était toujours et par définition « ennoblissant et digne » (*ennobling and worthy*). Selon Taylor, les détracteurs du film refusent de reconnaître sa qualité d'œuvre d'art et adoptent une attitude condescendante envers la culture populaire, car ils ne condamneraient certes pas Shakespeare, par exemple, dont le roi Henri V est à sa façon tout aussi sanguinaire que le lieutenant Raine de Tarantino.

---

(19) Conversation personnelle avec Sidra Ezrahi, septembre 2010.

(20) Communication personnelle, juin 2010.

Enfin, plaide Taylor, ces critiques ne s'aperçoivent pas que, malgré la violence qu'ils condamnent, Tarantino propose une vision éminemment morale : « Même l'acte qui a choqué la plupart des critiques – Raine dessinant des swastikas sur le front de ses prisonniers, avec la pointe de son couteau – a une justification morale. Derrière cet outrage grandguignolesque, se tient la réalité des nazis qui disparurent en Amérique du Sud ou dans les services secrets américains [...] ; c'est la marque de Caïn apposée sur tout le Troisième Reich[21]. » En fait, conclut Taylor, le côté excessif [*outlandish*] du film serait vraiment approprié à son sujet, puisque le mal irrationnel des nazis n'est pas moralement compréhensible : « L'art devrait rendre l'Holocauste difficile à comprendre, devrait placer les nazis dans le domaine de l'irrationel auquel ils appartiennent. Que des détracteurs d'*Inglourious Basterds* insistent pour que l'histoire, l'art, et la moralité soient toujours rationnels [...] indique combien ce film de Quentin Tarantino est audacieux, une œuvre d'art cinématographique populaire[22]. »

Quant à moi, j'avoue sans complexe que j'aime beaucoup ce film, tout en n'étant ni une « fan » inconditionnelle de Tarantino, ni une adepte de la violence au cinéma – je n'irai jamais voir un « slasher film » ou un film d'horreur, par exemple, et n'ai pu visionner plus d'un quart d'heure de *Kill Bill*, film entièrement dédié à la vengeance spectaculaire et sanglante. Pour des raisons similaires, je m'indigne d'un film comme *Funny Games* de Haneke, d'un sadisme insupportable, dont je n'ai pu regarder la bande-annonce sans dégoût.

INGLOURIOUS BASTERDS ET LE RENOUVELLEMENT DU CINÉMA DE GUERRE

Mon admiration pour *Inglourious Basterds* est assez analogue à celle que je porte aux *Bienveillantes* de Jonathan Littell : dans les deux cas, l'auteur – et j'accorde volontiers ce titre à Tarantino, tout comme je l'accorde à Godard ou aux frères Coen – a accompli une œuvre impressionnante d'originalité, d'inventivité et de maîtrise artistique, même si des excès peuvent choquer. L'originalité de Littell se manifeste, selon moi, dans ce

(21) Charles Taylor, « Violence as the Best Revenge », *Dissent* 57 :1 (Winter 2010), p. 106.

(22) *Ibid.*

paradoxe qu'il est parvenu à rendre compte de l'histoire *réelle* de la Shoah à travers le récit d'un personnage « invraisemblable » d'un bout à l'autre – de surcroît censé être un nazi convaincu tout en émettant des jugements critiques, voire moraux, sur le système nazi. L'originalité de Tarantino réside dans sa façon d'insérer l'histoire de la Shoah dans l'histoire du cinéma. À l'instar de ses autres films, *Inglourious Basterds* est chargé d'allusions et de références explicites à des films antérieurs, sa signature en quelque sorte. Mais le nombre et le degré d'élaboration des références filmiques dans *Inglourious Basterds* dépassent largement ses précédents films. Outre les allusions et « citations » évidentes du Tarantino réalisateur, les personnages du film parlent beaucoup de cinéma, évoquant des vedettes et des réalisateurs de l'époque : Clouzot, Pabst et autres ; visuellement, Tarantino insère des affiches renvoyant à des films réels comme *L'Assassin habite au 21* de Clouzot, ainsi qu'à des affiches fictives de films imaginaires, mettant en exergue Bridget von Hammersmerk, vedette fictive de cinéma.

Tarantino élabore la plupart de ses films en les pensant en termes de genres cinématographiques : « il faut bien qu'on ait un sujet, et moi je suis un type du cinéma, ainsi je pense en termes de genre... Alors on commence avec une bonne idée, et elle avance et souvent quand on arrive à la fin, elle ne ressemble plus du tout à ce qui a pu être l'inspiration. C'était simplement l'étincelle qui a mis le feu[23] ». Le genre cinématographique qui constitue la référence majeure d'*Inglourious Basterds* est le film de guerre, plus précisément le « World War II film », film sur le second conflit mondial. Notons que, pour la première fois, Tarantino fait entrer, à sa façon, l'Histoire avec un grand H dans un de ses scénarios. On y trouve également, sur un mode mineur, un hommage au « western spaghetti », notamment *Le Bon, la Brute et le Truand* de Sergio Leone, cité dans la première séquence du film. Tarantino a souvent dit considérer ce film comme « le meilleur jamais fait[24]. »

(23) Cité par Kristen Coates, dans un long et excellent article consacré au film : « Hyperreality in "Inglourious Basterds": Tarantino's Interwoven Cinematic World in 1940s France », *The Film Stage*, 26 juin 2010 ; consulté en ligne: http://thefilmstage.com/2010/06/26/the-classroom-hyperreality-in-inglourious-basterds-tarantinos-interwoven-cinematic-world-in-1940s-france/

(24) Cf., par exemple, son interview avec Ella Taylor dans *The Village Voice*, 18 août 2009 :

Parmi les sources d'inspiration spécifiques d'*Inglourious Basterds* : *Les Douze salopards* de James Aldrich (1967) et *Une poignée de salopards* (*Quel maladetto treno blindato*, connu aux États-Unis sous le titre *The Inglorious Bastards*) d'Enzo Castellari (1978), auquel Tarantino a emprunté le titre de son film, en introduisant des « erreurs » d'orthographe. Pour chacun, il s'agit d'un groupe d'anti-héros américains (des soldats condamnés par des tribunaux militaires pour des crimes plus ou moins graves) et qui accomplissent une « mission impossible » contre les nazis. Malgré des ressemblances de surface entre ces films et *Inglourious Basterds* (les Américains se déguisent en nazis, ils font exploser un train ou un chateau-fort et la plupart meurent en mission), une comparaison plus attentive montre le travail de reconception accompli par Tarantino, qui réinvente le film de guerre comme il avait réinventé le film de ganster avec *Pulp Fiction*, en y insérant tout d'abord des dialogues complexes jamais tenus dans ce genre de film, où les scènes les plus typiques sont traditionnellement des confrontations armées. Or, on manie la parole beaucoup plus que les armes dans *Inglourious Basterds*, et l'effet est souvent comique et sinistre à la fois. De plus, ces dialogues exagérément « construits » introduisent un élément de distanciation face à l'aspect sanglant des scènes de violence et de « shoot-out ». Ensuite, et plus intéressant sans doute encore, Tarantino innove en insérant la Shoah dans le genre du film de guerre. Il est assez surprenant de constater que dans les films de guerre classiques concernant la Seconde Guerre mondiale, que ce soient *Les Canons de Navarone* (J. Lee Thompson, 1961), *La Grande évasion* (John Sturges, 1963) ou, plus récemment, *Il faut sauver le soldat Ryan* (Steven Spielberg, 1998), la persécution des Juifs n'est pas souvent mentionnée explicitement – comme si le film de guerre était génériquement séparé du « film sur la Shoah ». Cette séparation apparaît de manière frappante dans l'œuvre de Spielberg qui, après son film sur la Shoah, tourne un film sur la Seconde Guerre mondiale, sans insister sur le lien entre les deux. Pourtant, début juin 1944, des convois de déportation de Juifs partaient toujours de France vers Auschwitz, et Spielberg aurait pu y faire allusion dans *Il faut sauver le soldat Ryan*[25].

---

http://www.villagevoice.com/2009-08-18/news/quentin-tarantino-the-inglourious-basterds-interview/2/

(25) Le film fait une courte allusion au personnage du soldat américain Mellish, désigné

Tarantino, quant à lui, accorde une place centrale à la persécution des Juifs dans son scénario d'*Inglourious Basterds*, dont la séquence finale est spécifiquement désignée comme ayant lieu après le Débarquement de Normandie (« D-Day) », presqu'à la même époque, donc, où se déroule *Il faut sauver le soldat Ryan*. Qui plus est, Tarantino accorde le rôle principal, dans son scénario de vengeance juive, non pas à un héros, mais à une héroïne. Les soldats juifs du lieutenant Raine n'ont aucune individualité, à l'exception peut-être du « Bear Jew » qui apparaît très peu. Mais Shoshanna, seule rescapée de sa famille massacrée par les nazis, joue un rôle majeur, non pas grâce à des armes, mais grâce à des images, le même média que celui de Tarantino. Propriétaire d'une salle de cinéma parisienne, elle devient réalisatrice elle aussi, filmant une séquence cinématographique qui servira à détruire Hitler et Goebbels. Quant au ministre de la propagande, Goebbels, il figure dans *Inglourious Basterds* exclusivement comme producteur principal de l'industrie de cinéma du Troisième Reich !

Tarantino a dit lors d'interviews que, dans son film, c'est « le cinéma qui détruit le Troisième Reich », déclaration que ses détracteurs estiment juvénile et ridicule. On peut néanmoins trouver cette boutade pertinente, car Tarantino nous fait réfléchir au pouvoir déterminant des images sur notre perception de la réalité, *a fortiori* si l'on garde à l'esprit l'importance accordée par le régime nazi aux mises en scène spectaculaires, ce que Walter Benjamin appelait l'esthétisation de la politique. Les historiens du cinéma ont eux aussi montré le rôle prépondérant du cinéma comme pourvoyeur d'illusions pendant toute la période du Troisième Reich : le public ne devait pas seulement être endoctriné par des films de propagande tels que *Le Juif Süss* ou *Le Juif éternel*, mais aussi et surtout *diverti* par des histoires d'amour, des comédies musicales, des drames historiques offrant une vision glorieuse du passé allemand[26]. Tarantino, qui se présente souvent comme un

---

comme Juif, laissant entendre qu'il a des raisons particulières de se battre contre les nazis. Mais tout reste implicite et le sort des Juifs en France ou en Europe n'est pas mentionné. Je remercie Richard J. Golsan de m'avoir rappelé ce personnage.

(26) L'étude historique qui fait autorité est celle d'Eric Rentschler, *The Ministry of Illusion: Nazi Cinema and Its Afterlife* (Cambridge (MA), Harvard University Press, 1996). C'est un livre que Tarantino a beaucoup étudié et qu'il mentionne dans sa « liste de lecture » pour *Inglourious Basterds* : http://www.historynet.com/quentin-tarantino-reading-list.htm.

« smart alec », une sorte d'extra-terrestre au discours vulgaire, est beaucoup plus sérieux qu'il n'y paraît, et les lectures qu'il a faites lors de la préparation de son film le prouvent : outre les livres d'histoire sur l'Occupation en France et sur le racisme dans l'armée américaine, ses lectures ont surtout porté sur le cinéma nazi et sur les grands réalisateurs qui ont travaillé pour le régime : Riefenstahl, Pabst, Harlan.

Ainsi, assez curieusement, l'anti-historisme qui semble dominer dans *Inglourious Basterds* s'avère être un engagement historique : c'est avec l'histoire du cinéma que Tarantino s'engage, pour aboutir à l'autre histoire, celle avec un grand H.

CINÉMA ET RÉALITÉ HISTORIQUE : QUATRE SÉQUENCES

J'aimerais examiner à présent en détail quelques séquences du film qui mettent l'accent sur le cinéma et, en particulier, sur le pouvoir du cinéma pour agir sur le réel.

1. « Un film pour les nazis »

Inglourious Basterds est divisé en cinq « chapitres ». Le troisième, « Nuit allemande à Paris, » met en place l'élément de l'intrigue permettant d'aboutir au massacre final, lorsque Shoshanna échafaude son projet d'incendier la salle de cinéma dont elle est propriétaire, en mettant le feu à son stock de films nitrate. Au début de la séquence, on la voit escorter Goebbels et son entourage venus visiter la salle en vue de la soirée de projection du nouveau film produit par Goebbels, *Stolz der Nation* (Fierté de la Nation). En sortant, Goebbels demande en allemand à sa traductrice (et probablement maîtresse), si elle a aimé *Glückskinder*. Celle-ci lui répond qu'elle aime bien Lilian Harvey, provoquant la fureur de Goebbels qui se récrie, toujours en allemand : « Ne prononcez jamais son nom devant moi ». Tarantino s'amuse ici à piquer la curiosité de ses spectateurs cinéphiles : Lilian Harvey, grande vedette de cinéma en Allemagne, avait le rôle principal dans la comédie de 1936, *Glückskinder* (mieux connue comme *Lucky Kids*). Or, en 1939, Lilian Harvey avait quitté l'Allemagne nazie, devenue *persona non grata* pour l'aide apportée à un ami homosexuel persécuté ; d'où cette fureur de Goebbels – mais rien de cela n'est dit dans le film.

Après le départ des Allemands, Shoshanna (Mélanie Laurent), tout de noir vêtue, revient dans le hall vide où l'attend son opérateur et amant, Marcel, un Noir qui, à en juger par sa façon de parler français, est né en France. L'insistance de Tarantino pour que tous ses acteurs parlent leur langue natale, même si cela nécessite l'emploi fréquent de sous-titres (détestés de Hollywood) le distingue des réalisateurs des *Douze salopards* et d'*Une poignée de salopards* qui n'hésitaient pas à faire jouer les officiers allemands par des acteurs américains. En faisant de l'amant de Shoshanna un membre d'une autre minorité victime de stigmatisations xénophobes et persécutée, Tarantino semble vouloir accentuer un parallèle qu'il fait souvent entre l'antisémitisme et d'autres racismes, envers les Noirs et les « Native Americans » aux États-Unis notamment. Suit un dialogue entre Shoshanna et Marcel, lui en haut de l'escalier, elle en bas, champ contre champ et, derrière chacun, une affiche de cinéma revient chaque fois que l'un d'eux prend la parole. L'affiche la plus visible est celle derrière Marcel : *L'Assassin habite au 21*, film policier de Clouzot sorti en 1942 ; derrière Shoshanna, on lit plus malaisément le titre de l'affiche : *Domino*, une comédie dramatique de Roger Richebé, sortie en 1943 (*cf. illustrations*).

C'est dans ce contexte saturé de cinéma que Shoshanna confie son projet à son futur complice : ils vont incendier la salle de cinéma emplie de nazis en utilisant les centaines de films nitrate de leur collection – et, là, Tarantino insère un petit documentaire didactique de moins de 60 secondes, en noir et blanc, avec une voix-off qui explique que le film nitrate est extrêmement inflammable, ce qui en fait un explosif puissant. Pour parfaire la démonstration, il inclut dans ce mini-documentaire un *clip* de quelques secondes tiré d'un vieux film en noir et blanc, où l'on voit un garçon montant dans un trolley avec des rouleaux de film nitrate sous le bras, tandis que le conducteur lui dit qu'il doit descendre car cette matière combustible est interdite dans les transports publics. Là encore, Tarantino fait un clin d'œil au spectateur averti, car le *clip* est tiré d'un film d'Hitchcock, *Sabotage* (1936), où justement le garçon mourra dans l'explosion de la bombe qu'il transporte.

Ayant expliqué son projet, Shoshanna se rapproche de son amant qui, de son côté, descend l'escalier. Le vieil appareil de tournage qu'ils possèdent fonctionne-t-il toujours, lui demande-t-elle ? Oui, répond-il, mais pourquoi veut-elle le savoir ? « Parce que, Marcel mon cher, on ne va pas se contenter de ça », « nous allons tourner un film. Uniquement pour les nazis. »

Ainsi, dans une séquence qui ne dure pas même cinq minutes, Tarantino se réfère, soit verbalement, soit visuellement, à quatre films des années 1930 et 1940, allant de la comédie au policier ; il nous offre un petit film documentaire de sa propre fabrication, sur l'inflammabilité du film nitrate et met en place la clef de voûte de l'intrigue, qui va mener au dénouement spectaculaire de son film.

2. Shoshana se maquille

C'est le tout début du dernier chapitre, dont le titre s'étale en lettres majuscules sur un écran noir : REVENGE OF THE GIANT FACE [Vengeance du Visage Géant]. Sa première image est d'une complexité époustouflante : debout, dans une robe moulante rouge, adossée à une énorme verrière circulaire à l'étage, qui domine le hall d'entrée, Shoshana est de profil. La verrière est comme la version exagérée de ce qu'on appelle un « œil de bœuf » – et, en effet, elle donne l'impression d'un œil géant, sa pupille au milieu (*cf. illustration*). Mais elle ressemble aussi à une lentille de caméra. Comme pour accentuer le côté extrêmement artificiel de ce plan, Tarantino multiplie les réflexions et les itérations de l'image : à droite, la table de toilette est surmontée de ce qui semble être un triple miroir où la forme circulaire de la fenêtre est reproduite deux fois ; à gauche, plus bizarrement, on aperçoit ce qui semble être une image de Shoshanna vue de dos, ce qui est physiquement impossible – un montage de Tarantino évidemment. Enfin, l'image de Shoshanna se reflète véritablement dans la vitre de la verrière qui fonctionne comme un miroir, bien que transparente, laissant apercevoir en contrebas, dans le hall, une partie d'une immense affiche de cinéma. Dans le plan suivant qui nous rapproche de Shoshanna, l'on distingue une partie du titre de l'affiche en allemand : « in Doktor », sous un visage de femme en gros plan surmonté du nom de la vedette (fictive) Hammersmerk.

Or, par effet de transparence, la réflexion de Shoshanna semble *aussi* faire partie de l'affiche, se superposant au visage de la vedette.

L'image suggère que Shoshanna fait elle-même fonction de vedette dans cette séquence, ce que confirmeront les plans suivants où l'on voit Shoshanna se maquiller comme une comédienne qui va entrer en scène : du mascara, du fard rouge sur les pommettes, un rouge à lèvres de la même couleur que sa robe de vamp et que ses ongles. Jusqu'à présent, Shoshanna était très peu maquillée, habillée de noir généralement, alors que tout, dans cette séquence, évoque la théâtralité et l'artifice, y compris les gestes exagérément précis avec lesquels elle exécute son maquillage. Dès le début de la séquence, la bande sonore joue une chanson de David Bowie, *« Cat People »*, dont certains vers sont particulièrement mis en valeur. Le vers initial, *« I can stare for a thousand years »* [Je peux regarder pendant mille ans], coïncide avec l'instant où Shoshanna regarde par la fenêtre, face à une énorme bannière rouge portant la swastika – allusion parodique au « Reich de mille ans ». Lorsque Bowie entame *« I've been putting out fire with gasoline »* [J'éteins le feu avec du pétrole], Shoshanna entreprend son maquillage, une expression volontaire sur le visage, et applique le fard sur ses pommettes par deux traits linéaires, comme un guerrier indien sur le sentier de la guerre. Pendant ce temps, la caméra détaille le visage de la jeune femme, ravissante blonde aux yeux bleus, comme pour dire : « Elle est juive mais n'a pas "l'air juif" – donc, les stéréotypes nazis des Juifs sont menteurs ». Ou bien, de façon plus radicale : « Tout ce qui est au cinéma n'est qu'une image, qui ne révèle rien de la réalité des personnes. »

La séquence se termine par une autre action de Shoshanna : avec les mêmes gestes précis que pour appliquer son maquillage, elle soulève un petit pistolet, y insère des balles, une à une, puis le glisse dans son sac du soir – l'image rappelle les femmes fatales des films noirs des années 1940. Ainsi s'annoncent les morts à venir au cours de la soirée, y compris celle de Shoshanna dans la cabine de projection.

On pourrait voir dans cette séquence une équivalence troublante établie par Tarantino entre les nazis et la jeune Juive habillée de la même couleur que la bannière du Reich : elle est, comme eux, porteuse de violence et de mort. Quelques critiques négatives du film ont prêté cette intention à Tarantino pour l'attaquer. Je proposerais une interprétation différente, mettant l'accent sur l'artifice et sur les allusions cinématographiques autoréflexives qui saturent la scène : si Shoshanna ressemble aux nazis, c'est qu'elle s'est habillée en vamp meurtrière pour l'occasion – et si elle réussit à le faire, c'est parce qu'elle sait manier les images comme n'importe quel réalisateur, Tarantino y compris.

3. « Fierté de la Nation » : réponse de Shoshanna et mises en abyme de Tarantino

Il s'agit là de la séquence la plus compliquée, puisque nous y trouvons deux films en abyme : c'est le moment culminant où la salle remplie d'élites visionne le film de Goebbels, *Fierté de la Nation*. Ce premier film en abyme, qui dure plus d'une minute (il a été réalisé par Eli Roth, l'acteur qui joue le « Bear Jew » et qui est, par ailleurs, réalisateur de films de série B), glorifie les exploits de Fredrick Zoller (Daniel Brühl), le soldat allemand tombé amoureux de Shoshanna et qui joue son propre rôle dans le film (à la manière de l'Américain Audie Murphy, héros de guerre devenu vedette de cinéma dans les années d'après-guerre). On peut considérer ce film comme un « pseudo » film de guerre nazi où le soldat allemand est le héros et les Américains qu'il tue les ennemis. Eric Rentschler fait cependant remarquer, dans son livre sur le cinéma nazi, que le Troisième Reich n'a pas produit de film de guerre de ce genre[27]. Celui qui s'en rapprocherait le plus serait *Kolberg*, un film en couleur projeté à Berlin en janvier 1945, réalisé par le célèbre – tristement célèbre – Veit Harlan, réalisateur du *Juif Süss*. Drame historique mettant en vedette un village allemand qui a réussi à résister aux envahisseurs pendant les guerres napoléoniennes, *Kolberg* était censé inciter la population allemande à résister jusqu'au dernier homme aux côtés des nazis – mais, en tant que drame historique, il n'entre pas dans la catégorie des films sur la Seconde Guerre mondiale. Quant à *Fierté de la Nation*, film de guerre en noir et blanc censé se passer dans le présent, c'est moins un pseudo film nazi qu'un « contre-film », appartenant à un genre guère pratiqué en Allemagne, mais beaucoup à Hollywood. Le fait qu'Hitler rie aux éclats en voyant le héros tuer quantité d'Américains (et donc après le Débarquement de juin 1944), souligne à quel point l'illusion

(27) Eric Rentschler, *The Ministry of Illusion*, *op. cit.*, p. 16-20, 215-218. Il y avait cependant le documentaire de 1940, *Feuertaufe*, glorifiant la Luftwaffe dans le bombardement de la Pologne en 1939.

mensongère du cinéma agit sur le Grand Illusionniste lui-même. Les larmes de Goebbels quand Hitler le complimente pour « son meilleur film » sont une contribution supplémentaire en ce sens, et très drôle.

Or, c'est quelques instants après cet échange joyeux entre le Führer et son fidèle lieutenant que le deuxième film en abyme a une entrée fracassante. Faisant suite à ce moment particulièrement réjouissant pour les nazis où Zoller fait exploser deux Américains, son visage à l'expression triomphante apparaît en gros plan, tandis qu'il s'enquiert en anglais : « *Who wants to send a message to Germany?* » [« Qui veut envoyer un message à l'Allemagne ? »]. Comme en réponse, apparaît soudain à l'écran le « visage géant » de Shoshanna : « *I have a message for Germany* » [« Moi, j'ai un message pour l'Allemagne »] (*cf. illustration*). On peut y voir comme l'effraction du réel dans le rêve. Le visage ahuri de Goebbels exprime l'étonnement de quelqu'un qui, littéralement, « n'en croit pas ses yeux ». Hitler, quant à lui, crie, « Arrêtez les projecteurs !" pendant que l'image de Shoshanna sur l'écran poursuit : « *That you are all going to die* » [« Que vous allez tous mourir »]. Brouhaha dans la salle, mais elle poursuit toujours : « *I want you to look deep into the face of the Jew who is going to do it* » [« Je veux que vous regardiez bien le visage de la Juive qui va le faire »]. Il importe de noter que le visage de Shoshanna sur l'écran n'a rien de la *vamp* aux longs cheveux blonds de la séquence précédente, mais d'une femme ordinaire, vêtue d'un pull noir, les cheveux tirés en arrière, quelques mèches en désordre. D'ailleurs l'autre, la vamp, gît déjà morte dans la cabine de projection, à côté du soldat allemand qui l'a tuée et qu'elle a tué (*cf. illustration*). Tarantino nous les a montrés par une incise rapide au milieu de la projection du film, où le soldat est bien vivant – comme s'il voulait souligner le fait paradoxal qui définit le cinéma, ainsi que la photographie : l'image captée par la caméra vit et reste éternellement présente, même après la mort des personnes qui y sont représentées (*cf. illustration*).

4. « My masterpiece »

Voici la fin du film, un des moments ayant partagé les critiques : cette scène confirme-t-elle un manque de respect de Tarantino envers l'histoire de la Shoah et envers notre morale ou bien est-ce la fin d'un chef-d'œuvre, comme Tarantino le suggère auto-réflexivement (et avec un soupçon d'auto-parodie) en juxtaposant la phrase finale prononcée par le lieutenant Raine (Brad Pitt), « *This just might be my masterpiece* » [« C'est peut-être mon chef-d'œuvre »], avec son propre nom en tant qu'auteur et réalisateur du film ? En effet, ce qui fait immédiatement suite au visage largement souriant de Raine/Pitt, signalant une auto-satisfaction évidente, c'est l'inscription : « Written and directed by Quentin Tarantino ».

Ce chef-d'œuvre à quoi le lieutenant Raine se réfère, n'est pas une action facile à regarder, puisqu'il grave, avec un énorme couteau de chasse, une swastika sur le front du colonel Landa (Christoph Waltz) qui pousse des cris de bête égorgée. Le colonel avait conclu un marché avec les généraux américains, lui garantissant l'immunité et une nouvelle identité aux États-Unis, ce que Raine ne peut tolérer. Mais son action n'est rien d'autre qu'une torture, condamnée en cela par beaucoup de critiques. Toutefois, comme nous l'avons vu, un défenseur au moins du film a discerné un aspect moral positif à cette action, puisque le passé nazi de Landa est désormais inscrit sur son front comme une marque de Caïn. Cet argument perd cependant de son poids si l'on considère que juste avant de s'attaquer à Landa, le lieutenant Raine a tué le soldat allemand qui accompagnait Landa et qui aurait dû lui aussi jouir de l'immunité de son colonel, et que le soldat américain Utivich, sous les ordres de Raine, a entrepris de récupérer son scalp tandis que Raine applique sa leçon à Landa. Raine, en d'autres termes, se permet des actes d'une moralité tout à fait douteuse, voire condamnable, quitte à être réprimandé (« *chewed out* », comme il dit) plus tard par ses supérieurs.

On peut se demander pourquoi Tarantino conclut son film par cette inscription sanglante, qu'il représente d'une manière particulièrement brutale, en gros plan, ce qui en rend le visionnement difficile. Au regard de l'histoire du cinéma, une interprétation possible est de signaler qu'il s'inscrit dans une tradition qui a sans doute débuté avec la fameuse séquence de l'œil coupé au début d'*Un chien andalou* de Buñuel et Dali (1928) – séquence qui oblige de nombreux spectateurs à se couvrir les yeux, même après avoir vu le film plusieurs fois. Ce qui atteste, à l'évidence, que des « coupes » au cinéma ne s'oublient pas et que leur effet ne s'estompe jamais, car le cinéma est l'art de la coupe, violent dans son essence.

*

* *

Le critique allemand Georg Seeßlen, qui a consacré un livre entier à *Inglourious Basterds*, fait remarquer que « nous avons là une forme de représentation qui ne se préoccupe ni de “comment c'était” ni de “comment cela a été ressenti”, mais plutôt de comment cela sera signifié *[« wie es bezeichnet wird »]*[28]. » En ce qui concerne l'histoire de la Shoah, la question du « comment cela sera signifié » revêt toujours plus d'importance au fur et à mesure que l'événement se retire de la mémoire vive. Nous n'avons jamais accès au passé historique, sinon par ses mises en signes, c'est-à-dire par des images et des mots ; et c'est dans le domaine du « comment cela sera signifié » que se déroulent les débats les plus passionnés sur la représentation de la Shoah. *Inglourious Basterds* n'est peut-être pas un chef-d'œuvre, malgré l'appréciation du Lieutenant Raine, mais on peut certainement dire que son appréciation du marché entre Landa et les généraux vaut pour le film de Tarantino: *« damn good »,* « sacrément bon ».

Il existe plus d'une façon de respecter l'histoire de la Shoah. La création d'une œuvre d'art qui fait autant réfléchir n'est pas la moindre.

---

(28) Georg Seeßlen, *Tarantino gegen die Nazis. Alles über* Inglourious Basterds, Berlin, Bertz & Fischer, 2009, p. 139.

Palimpseste historique : du *Vicaire* de Rolf Hochhuth à *Amen* de Costa-Gavras

Magali Chiappone-Lucchesi

> « La Shoah, précisément parce que quelque chose échappe là à la représentation, "appelle" le discours sur la représentation. Ceci explique que ce soit, aujourd'hui, le lieu crucial pour la pensée d'une confrontation sur l'image[1]. »

Comment représenter la Shoah avec les codes inhérents au genre théâtral et cinématographique ? C'est ce que nous allons tenter d'examiner à travers la pièce *Le Vicaire* de Rolf Hochhuth (1963) et son adaptation filmique, *Amen* de Costa-Gavras (2002). L'histoire est celle d'un SS, Kurt Gerstein, personnage historique, ingénieur, qui travaillait au service sanitaire de la *Waffen-SS* et qui a été un des premiers témoins de l'extermination des Juifs, et de Riccardo Fontana, personnage fictif[2], dont la famille est proche du Pape. Ils vont tenter d'alerter le Pape et les Alliés, en vain. La pièce dénonce le silence de Pie XII, le film, lui, met aussi l'accent sur le silence des Alliés. Nous allons voir dans quelle mesure les auteurs travail-

(1) Gérard Wajcman, « De la croyance photographique », in *Les Temps modernes*, n° 613, mars-avril-mai 2001, p. 65.

(2) Mais inspiré du Père Bernhard Lichtenberg, prévôt du chapitre à Saint-Edwige à Berlin, qui fut envoyé à Dachau pour avoir prié ouvertement pour les Juifs. Il mourut sur le chemin du camp d'une mort présumée naturelle.

lant sur ce sujet s'imposent une véritable recherche de forme en tentant d'associer éthique et esthétique.

Il s'agit tout d'abord de partir d'une constatation et d'une évidence : les lecteurs-spectateurs des années 1960 ne sont pas les mêmes que ceux des années 2000. En 1963, seulement dix-huit années les séparent de la fin de la Seconde Guerre mondiale. Les consciences se sont peu à peu réveillées, notamment après le procès Eichmann où la voix des témoins a été entendue, c'est la période qu'Annette Wieviorka nomme « l'avènement du témoin[3]. » La prise de conscience émerge et ne cessera de s'intensifier au fil du temps, mais la connaissance du génocide des Juifs est encore assez restreinte. Aujourd'hui, les cours d'histoire dispensés pendant la scolarité permettent à chacun de connaître – d'une façon plus ou moins précise – les événements tragiques de la Seconde Guerre mondiale. De plus, rares sont les personnes qui n'ont pas vu ou entendu parler, dès le collège ou le lycée, de films tels *Nuit et brouillard* d'Alain Resnais qui est souvent montré aux élèves[4], *Shoah* de Claude Lanzmann, ou encore *La Liste de Schindler* de Spielberg, *La Vie est belle* de Roberto Benigni. Les documentaires, les émissions de radio, les livres, les bandes dessinées sur le sujet sont aussi très nombreux. Les hommes du XXIe siècle ont donc été, et sont encore, nourris d'informations sur la Shoah, faisant de cette matière, une connaissance, certes, mais qui s'avère – selon nous – être impossible pour deux raisons. D'une part, parce que ces films, ces images, participent d'une normalisation de la représentation de la Shoah : ces images d'archives montrées en boucle sont celles tournées par les troupes britanniques, soviétiques ou nord-américaines lors de la libération des camps, celles de corps décharnés, de masses informes de corps superposés. Or ce *topos* de la représentation de la Shoah repose sur une erreur : les Juifs qui étaient sélectionnés directement au sortir des wagons plombés pour la chambre à gaz n'étaient pas dans l'état cadavérique que révèlent les photographies des soldats libérateurs. Comme le souligne Philippe Mesnard « la spécificité du génocide des Juifs [...]

---

(3) Annette Wieviorka, *L'Ère du témoin*, Paris, Plon, 1998, p. 81-126.

(4) Serge Daney l'a vu alors qu'il était étudiant en 1959 – la première génération d'élèves – ; « C'était donc par le cinéma que je sus que la condition humaine et la boucherie industrielle n'étaient pas incompatibles et que le pire venait juste d'avoir lieu » in Serge Daney, *Persévérance, entretien avec Serge Toubiana,* Paris, P.O.L, 1991, p. 18.

est que ceux qui étaient assassinés [...] avaient une condition physique et mentale proche de celles des “gens de tous les jours”, extrêmement éloignée de celle des “*Muselmänner*”. Les Juifs conduits aux chambres à gaz ne pénétraient pas dans ces espaces sur lesquels sont restés écarquillés les diaphragmes photographiques[5]. » Et, d'autre part, parce que cette connaissance est nécessairement une aporie. Georges Perec parle très bien de cette croyance d'un savoir qui obligatoirement nous[6] échappe :

> *On croit connaître*[7] les camps parce que l'on a vu, ou cru voir, les miradors, les barbelés, les chambres à gaz. Parce que l'on *croit connaître* le nombre de morts. [...] *Nous croyons connaître* ce qui est terrible. [...] Mais nous ne comprenons rien. Nous ne comprenons pas l'éternité de la faim. Le vide. L'absence. Le corps qui se mange. Le mot « rien ». Nous *ne connaissons pas* les camps[8].

C'est au regard de ces observations que l'on souhaite analyser la représentation de la Shoah dans la pièce de théâtre *Le Vicaire* de Rolf Hochhuth et dans le film *Amen* de Costa-Gavras.

LE DISCOURS CONTRADICTOIRE DE ROLF HOCHHUTH

Le Vicaire, représenté à Berlin en 1963, est la première pièce de Rolf Hochhuth[9]. Tout en s'appuyant sur des documents historiques, il réécrit sur l'Histoire. Il se fait l'héritier à la fois du théâtre politique de

---

(5) Philippe Mesnard, *Conscience de la Shoah*, Paris, Editions Kimé, 2000, p. 24.
On retrouve chez Gérard Wajcman la même constatation : « [...] justement on tuait des femmes et des hommes à peine descendus du train, parfaitement normaux, en bonne santé, qui passaient ainsi de la vie à la mort sans aucun temps, ni de déchéance, ni temps de voir et de comprendre. », Gérard Wajcman, « De la croyance photographique » in *Les Temps Modernes*, *op. cit.*, p. 78.

(6) Le « nous » désigne ceux qui n'ont pas été dans des camps.

(7) Nous soulignons.

(8) Georges Perec, « Robert Antelme ou la vérité de la littérature », *L.G., une aventure des années soixante*, Paris, Le Seuil, 1992, p. 92-93.

(9) « J'avais 14 ans à la mort de Hitler. Comme tous les jeunes Allemands, je me suis demandé comment on avait pu commettre l'assassinat en masse du peuple juif au nom de l'Allemagne. Je me suis aussi demandé comment le Pape, le premier des chrétiens, avait pu garder le silence devant ce crime. », in *Programme du Théâtre de l'Athénée*, carnet n° 6, saison 1963/1964.

Erwin Piscator, du théâtre didactique de Brecht et du théâtre documentaire de Weiss mais nous verrons qu'il se démarque de cet héritage tout en s'en inspirant. *Le Vicaire* est en effet un drame historique qui relève de l'épique et du documentaire. Piscator, qui a créé la pièce, dira du *Vicaire* que c'est « une pièce épique, épico-scientifique, épico-documentaire ; une pièce conçue pour un théâtre épique, "politique" pour lequel je combats depuis plus de trente ans : une pièce "totale" pour un théâtre "total"[10]. » La pièce de théâtre intègre des éléments épiques[11] : les titres des actes ressemblent à ceux d'un roman : LA MISSION/ LES CLOCHES DE SAINT PIERRE/ LES EPREUVES/ IL GRAN RIFIUTO/ AUSCHWITZ OU LE PROBLEME DE DIEU, les didascalies et les présentations des personnages – qui s'imposent par leur longueur inhabituelle – mêlent des indications de régie conventionnelles mais aussi des extraits de témoignage(s) ou d'archives. Enfin, Hochhuth accompagne sa pièce « d'éclaircissements historiques[12] » qui ont sensiblement le même registre de style et de langage que les indications scéniques de la pièce, c'est-à-dire qu'il utilise le registre de la narration. À cet instant, l'auteur endosse le rôle de ce qu'on pourrait nommer un médiateur épique, il précise, informe, commente. On pourrait désigner les éléments utilisés par Hochhuth au regard des trois types de film dont parle Erwin Piscator dans son *Théâtre politique*[13] : l'élément *didactique*

---

(10) Erwin Piscator, *Avant-propos* in Rolf Hochhuth, *Le Vicaire*, traduction de l'allemand par François Martin et Jean Amsler, avant-propos d'Erwin Piscator, Paris, Le Seuil, 1963, p. 14. La pièce a été créée à Berlin-Ouest, au théâtre de la Freie Volksbühne. En France, elle a été jouée au Théâtre de l'Athénée dans un texte traduit en français par Jorge Semprun, une adaptation scénique de Peter Brook et une mise en scène de François Darbon.

(11) « En élargissant les formes dramaturgiques, en employant de nouveaux moyens techniques et de mise en scène, j'ai tenté de rendre visible au théâtre l'ampleur et la complication, la totalité de nos problèmes fondamentaux. Des moyens comme les projections, les films, les bandes enregistrées, les commentaires avaient été par moi qualifiés d'épiques avant que Brecht ne formulât sa conception de l' "épique". Ils injectaient au spectacle des matériaux scientifiques, documentaires, analysaient, éclairaient. La pièce de Hochhuth, *Le Vicaire*, est déjà pleinement épique dans la forme littéraire où elle est fixée. [...] La richesse du sujet est contrôlée par la forme versifiée. Hochhuth en personne me dit n'avoir pu maîtriser une matière si écrasante qu'en la mettant au moule d'une langue librement rythmée ; ainsi était évité le danger de verser "dans un informe naturalisme documentaire d'actualités cinématographiques". Le document et l'art se sont ainsi fondus inséparablement. » Erwin Piscator, *Avant-propos* in Rolf Hochhuth, *Le Vicaire*, *op. cit.*, p.14-15.

(12) Rolf Hochhuth, *Le Vicaire*, *op. cit.*, p. 257-310.

(13) Erwin Piscator, *Le Théâtre politique*, texte français de Arthur Adamov, Paris, L'Arche, 1962, p. 166-168.

qui « donne les faits objectifs, les faits actuels comme les faits historiques » serait ici les éclaircissements historiques ; l'élément *dramatique* qui « intervient dans le déroulement de l'action » serait les dialogues de la pièce ; enfin l'élément *commentaire* qui « accompagne l'action à la manière d'un chœur [et qui] s'adresse directement au spectateur » en l'interpellant serait les indications de type documentaire qui entourent les dialogues. Ainsi, *Le Vicaire* rejoint la vocation du théâtre épique en introduisant « de la discontinuité, de la distance, des messages, de la réflexivité » afin que le spectateur doive « en appeler à sa raison[14]. » Mais Hochhuth, tout en s'appuyant sur des documents authentiques, mêle aussi à ce matériau objectif une part de subjectivité. En ce sens, il s'éloigne du théâtre documentaire de Peter Weiss qui « se refuse à toute invention, fait usage d'un matériel documentaire authentique [...] sans en modifier le contenu, mais en en structurant la forme[15]. » Hochhuth, au contraire, revendique son droit à l'invention. Il dira d'ailleurs lui-même qu'il ne se considère pas comme un auteur de théâtre documentaire :

> Ce n'était absolument pas mon intention de devenir le champion du théâtre documentaire. Je m'en suis seulement aperçu quand Piscator fit un texte pour le programme dans lequel il utilisa le terme « théâtre documentaire ». Je n'aime pas beaucoup cette étiquette, car je pense que cela ne veut rien dire. La documentation ne pourra jamais être autre chose qu'une liasse de documents. Pour faire une pièce, il faudra toujours *ajouter* quelque chose. [...] N'importe quel dramaturge ayant écrit des pièces historiques a été obligé d'étudier des documents. C'est pourquoi cette étiquette « théâtre documentaire » ne veut absolument rien dire. [...] Ce ne sont pas tellement les documents qui m'intéressent ; les documents ne sont que les matières premières, les briques avec lesquelles on construit une pièce. On rassemble les briques, comme des moyens en vue d'une fin, c'est-à-dire pour élever une construction[16].

---

(14) Jean-Pierre Sarrazac (dir.), *Lexique du drame moderne et contemporain*, Belval, Circé, 2005, p. 76.

(15) Peter Weiss, *Discours sur la genèse et le déroulement de la très longue guerre de libération du Vietnam illustrant la nécessité de la lutte armée des opprimés contre leurs oppresseurs*, traduit de l'allemand par Jean Baudrillard, Paris, Le Seuil, 1968, p. 7.

(16) Martin Esslin, « "Vérité" et documentation, une conversation avec Rolf Hochhuth », *Au-delà de l'absurde*, Paris, Buchet-Chastel, 1970, p. 171-172.

Ce qui l'intéresse, c'est donc le fait « d'ajouter quelque chose », de réécrire sur les faits, et il est d'ailleurs étonnant de s'apercevoir que le style de sa narration frise parfois le « sensationnel ». Hochhuth emploie avec abondance toutes sortes d'adjectifs qualificatifs ou d'oxymores (« aimable maniaque », « éclat lugubre », etc.) imposant une vision très subjective, tout en accompagnant sa narration de discours authentiques. Prenons l'exemple d'un extrait de la présentation du personnage du Docteur, personnage inspiré du Docteur Mengele :

> Nous avons présentes à l'esprit les images insolites que l'Histoire a données de ce « chef » mystérieux. D'une manière caractéristique, il ne fut jamais inquiété, probablement grâce à sa cordialité insidieuse, qui le poussait à promettre aux enfants « un bon pudding » avant qu'ils passent à la chambre à gaz [authentique], ou bien, sur le quai de la gare, à demander à ceux que le voyage avaient épuisés s'ils se sentaient malades ; celui qui répondait affirmativement, soulagé par l'intérêt subit que lui portait cet homme aimable, passait aussitôt dans la chambre à gaz. On trouve tout cela dans le rapport de madame Grete Salus[17], la veuve d'un médecin, qui seule de toute sa famille survécut à Auschwitz. Il l'avait questionnée avec une « cordialité insidieuse »[18].

Hochhuth fait un montage d'informations historiques, biographiques et personnelles qui nous donnent un éclairage faussé illustré par un propos qui relève plutôt de l'anecdote, il dit encore du docteur :

> Il n'est pas inquiétant comme Gerstein. Il est froid et joyeux. Quand il n'est pas invisible. Il a le format du mal absolu, il est beaucoup plus lucide que Hitler.

Nous nous demandons si, en employant une narration personnelle et romanesque, Hochhuth ne compromet pas la volonté du théâtre épique – théâtre dont il se rapproche le plus comme nous l'avons vu –, celle de

---

(17) On notera ici qu'Hochhuth ne cite pas sa source et cette façon de faire se répétera à plusieurs reprises.

(18) Rolf Hochhuth, *Le Vicaire*, *op. cit.*, p. 35.

proposer « au spectateur de se bâtir sa propre vision du monde[19] ».

Par ailleurs, Hochhuth, à travers ces références à des documents authentiques, tend à une exigence de vérité. Ici, le dramaturge, en collectant archives et témoignages et en faisant de sa pièce, une « pièce-matériau », veut mettre en avant l'incontestable, l'indubitable. Hochhuth affirme que « la réalité a toujours été respectée, elle a seulement été extraite de sa gangue[20]. » Quelques lignes plus tard pourtant, il expose que « nous nous efforçons toujours de minimiser et de présenter les événements sous le jour le plus admissible[21] » ou encore que « les chiffres cités par Gerstein dans son rapport [...] ont été ici encore, et bien que l'auteur ne doute pas de leur véracité, remplacés par des chiffres plus modestes, donc plus vraisemblables[22]. » *Vraisemblable*, le mot est lâché. Le discours doit donc satisfaire à l'idée que l'on se fait de la réalité afin de ne pas heurter le public de son époque ; pour cela Hochhuth falsifie donc les faits. De même, peut-être que Hochhuth suit à travers cette démarche un des principes d'Aristote qui écrit que « le rôle du poète est de dire non pas ce qui a réellement eu lieu mais ce à quoi on peut s'attendre, ce qui peut se produire conformément à la vraisemblance ou à la nécessité[23]. » En suivant cette idée, on trouve de nouvelles dissonances chez Hochhuth, cette fois-ci, en ce qui concerne plus directement la représentation de la Shoah. À la fois, il écrit que « le "traitement" des Juifs qui étaient arrêtés dans d'autres pays [que l'Italie] ne pourrait être représenté sur aucune scène[24] » ou encore « C'est un soulagement qu'il soit impossible techniquement, avec ce décor-là, de montrer à l'arrière-plan quelques-unes des victimes : des familles en guenille, du nourrisson au vieillard, quelques-unes des cent mille familles européennes, et même catholiques, quelques-uns de ces moines, de ces religieuses en route pour le gaz[25]. » Au début de l'acte V qui se passe à Auschwitz,

(19) Jean-Pierre Sarrazac (dir.), *Lexique du drame moderne et contemporain*, *op. cit.*, p. 78.

(20) Rolf Hochhuth, *Le Vicaire*, *op. cit.*, p. 257.

(21) *Ibid.*, p. 262.

(22) *Ibid.*, p. 280.

(23) Aristote, *Poétique*, Paris, LGF, 1990, p. 98.

(24) Rolf Hochhuth, *Le Vicaire*, *op. cit.*, p. 157.

(25) *Ibid.*, p. 190.

Hochhuth stipule : « On ne peut pas aspirer à la copie du réel et on ne doit même pas y aspirer dans le décor[26]. » Il évoque les chambres à gaz qu'il ne représente pas, disant que « ce qui se passait à l'intérieur du monde inférieur, près du crématoire, n'est même pas imaginable. Il est donc, à plus forte raison, impossible d'en indiquer l'atmosphère[27]. » Et pourtant, malgré ce discours éthique, Hochhuth cède à la tentation de la représentation réaliste. Se retrouvent énumérés les uns après les autres : le martèlement des roues de wagon, les vociférations des Kapos, les aboiements des chiens, les coups de sifflets, le portail d'Auschwitz et, à l'arrière-plan, pendant toute la durée de la scène, une file de déportés. Enfin Hochhuth indique qu'il faut que « la fumée et le feu pèsent constamment sur tout cela[28]. » On a là une sur-représentation dans le sens d'une stylisation du réel[29]. Alors qu'il se pose comme l'un des disciples de Schiller, contre le naturalisme dans l'art, Hochhuth se risque à une représentation d'un réalisme outrancier. Toutefois ces éléments de représentation qui sont pour nous, lecteurs du XXIe siècle, des clichés réalistes ne l'étaient pas encore pour le lecteur de 1963, en tout cas de façon moins prégnante. En ce sens, Hochhuth agit peut-être en éveilleur des consciences et la seule façon de s'y prendre serait donc de tenter de copier la réalité au plus près. Finalement, à travers sa pièce, Hochhuth forge un imaginaire collectif à travers des images qui deviendront nos lieux communs. Mais demeure une incompréhension, indéfinissable, entre les principes de l'auteur et son travail effectif, comme s'il était rattrapé, malgré lui, par une façon plus naturaliste d'envisager l'ambiance de sa pièce dès lors que celle-ci a pour décor Auschwitz. Et cette façon de faire amenuise et obscurcit son propos. Écoutons à ce sujet Adorno dans une lettre ouverte à Rolf Hochhuth :

> […] les débris humains que sont les personnages de Beckett sont plus réalistes que les copies d'une réalité qui se trouve déjà édulcorée du fait

---

(26) *Ibid.*, p. 200.

(27) *Ibid.*, p. 204.

(28) *Ibid.*, p. 205. En référence au « nuage » représenté dans les dessins des détenus.

(29) En ce sens, cette représentation rejoint la critique de Rivette selon laquelle « Tout essai de reconstitution ou de maquillage dérisoire et grotesque, toute approche traditionnelle du "spectacle" relève du voyeurisme et de la pornographie », Jacques Rivette, « De l'abjection » in *Les Cahiers du Cinéma*, n° 120, juin 1961.

> qu'il s'agit justement de copies. [...] Le théâtre réaliste que vous réclamez et l'absurde peuvent en effet converger, comme vous le laissez entendre. Mais pour parvenir à ce résultat, il faut en vérité des œuvres comme *Guernica* ou *Le Survivant de Varsovie* de Schönberg. Aucune forme de théâtre traditionnel, avec des personnages principaux, ne peut y parvenir. L'absurdité du réel oblige à chercher une forme qui fasse voler en éclats la façade réaliste[30].

Certes, Hochhuth cède à une sorte de stylisation esthétique mais rappelons-nous qu'il est un des précurseurs, qu'il tente, se risque, expérimente... Dans les années 1960 et, en particulier, en Allemagne, peu nombreux sont les auteurs osant parler du drame des camps... Du côté de la poésie, nous pouvons penser aux poètes Paul Celan et Nelly Sachs qui seront hantés toute leur vie par cette catastrophe ; Rolf Hochhuth cite d'ailleurs un extrait de la *Todesfuge* de Paul Celan dans sa pièce. Le théâtre d'Hochhuth est un théâtre réaliste mais peut-être se rapproche-t-il davantage de celui que décrit David Lescot, un théâtre « qui fait subir à la réalité objective nombre de torsions, de transpositions, [et] de transformations[31]. » Ce sont également des transpositions, mais d'un autre ordre, que l'on retrouve chez Costa-Gavras.

LE RÉALISME CODIFIÉ DE COSTA-GAVRAS

Costa-Gavras réécrit à la fois sur l'Histoire (il s'est beaucoup documenté sur ce sujet) et sur la pièce de théâtre *Le Vicaire*. L'hypotexte[32] est donc double, à la fois historique et dramatique. Le regard est celui d'un réalisateur conscient qu'il fait du cinéma et non de l'histoire. Le cinéma est avant tout un art, et même si le réalisateur travaille sur des matériaux historiques, il doit s'adapter à ses codes spécifiques. Costa-Gavras doit donc s'approprier cette matière en y apportant des transpositions, des transformations. D'une part, parce que les codes culturels, sociologiques,

(30) Theodor W. Adorno, « Lettre ouverte à Rolf Hochhuth » in *Notes sur la littérature,* traduit de l'allemand par Sibylle Muller, Paris, Flammarion, 1984, p. 425.

(31) Jean-Pierre Sarrazac (dir.), *Lexique du drame moderne et contemporain, op. cit.,* p. 177.

(32) « Hypertextualité : relation selon laquelle un texte se greffe sur un autre ; le texte dérivé est appelé *hypertexte* et celui sur lequel il se greffe *hypotexte* », Nathalie Piégay-Gros citant Gérard Genette, in Nathalie Piégay-Gros, *Introduction à l'intertextualité,* Paris, Dunod, 1996, p. 180.

éthiques et idéologiques de la société ont changé depuis les années 1960 et, d'autre part, parce que les codes de l'écriture cinématographique – le cadre, les mouvements de caméra, le montage, le son – sont différents de ceux de l'écriture dramatique. Costa-Gavras puise donc dans *Le Vicaire* les éléments qui l'intéressent, considérant la pièce comme « un réservoir d'instructions[33]. » Il va mettre en avant les personnages de Kurt Gerstein et de Riccardo Fontana, et faire du Pape un personnage silencieux, alors que dans la pièce, les discussions sont fécondes entre le Pape et Riccardo[34]. Les lieux sont construits à partir de la pièce de théâtre – le salon de la Nonciature apostolique, l'appartement de Gerstein, le palais Pontifical, le quartier général romain de la Gestapo, le camp d'extermination. Le rythme est contracté : la pièce dure huit heures, le film deux. L'enchaînement de l'intrigue implique un ordre chronologique différent, certains dialogues sont gardés mais ils sont souvent reformulés. Enfin, les Juifs ne sont pas représentés. On notera tout de même une ou deux apparitions lors de la rafle des Juifs de Rome alors que dans la pièce un des principaux protagonistes est un juif, Jacobson, protégé de Gerstein. Le prêtre Riccardo Fontana échange sa soutane et son passeport contre l'étoile jaune de Jacobson afin que ce dernier puisse fuir. Gerstein, se rendant à Auschwitz pour sauver Riccardo, trouve deux Riccardo : Fontana, le vrai, et Jacobson. De nouveau, Jacobson et Riccardo échangent leur place, mais personne ne sera sauvé : Riccardo est tué d'un coup de pistolet, Jacobson envoyé à la chambre à gaz et Gerstein arrêté. Jean-Claude Grumberg, qui co-signe le scénario, et Costa-Gavras justifient cette absence par le fait, d'une part, que « ce qui fonctionne dramaturgiquement au théâtre ne fonctionne pas forcément au cinéma » et, d'autre part, parce que « cela faisait de Gerstein un personnage trop bien sous toutes les facettes. Il fallait éviter l'angélisme ». De plus, ils soulignent le fait qu'ils ne voulaient pas représenter les camps : « On ne

(33) André Gardies, « Le narrateur sonne toujours deux fois » in *La transécriture*, colloque de Cerisy du 14 au 21 août 1993, André Gaudreault et Thierry Groensteen (dir.), Angoulême, Centre national de la bande dessinée, 1998, p. 68.

(34) Rolf Hochhuth dira à propos de ce choix de Costa-Gavras : « Je n'avais que des mots, le cinéaste possède l'image. Ce qu'a filmé Costa-Gavras est bien plus fort que ma pièce. En supprimant, contre mon avis, une partie des scènes avec le Pape, il rend très forte la solitude inaccessible de Pie XII. Il a eu raison, j'avais tort », *L'Express* du 21 février 2002.

pouvait pas montrer les cadavres. On ne voulait pas céder à l'obscénité[35]. » Les Juifs deviennent donc une « abstraction », ils apparaissent seulement dans les paroles des personnages et disparaissent du cadre filmique. Un autre élément important de transposition est à relever : dans la réalité historique, Gerstein sait pourquoi il est missionné et c'est consciemment qu'il accepte, pour pouvoir témoigner et pour avoir la possibilité de saboter de l'intérieur l'utilisation d'acide prussique, donc lorsqu'il se rend au camp de Belzec, *il sait ce qu'il va y voir*[36]. La pièce de Rolf Hochhuth, commence dans le salon de la Nonciature. Gerstein a déjà été à Belzec, *il a déjà vu*. Il vient donc prévenir le nonce et raconter ce qu'il a vu. Dans le film, au contraire *il ne sait rien* – il pressent la vérité – et découvre l'abomination de sa mission alors qu'il est dans le camp. Les paroles rapportées dans la pièce sont prétexte à images pour Costa-Gavras et surtout prétexte à une tension dramatique. En outre, Costa-Gavras construit un système syncrétique de la représentation, dans lequel la *motivation réaliste* ne demeure pas subordonnée à la *motivation esthétique,* mais est l'opérateur du sens[37]. Par exemple, nous sommes frappés par la ressemblance physique des acteurs Ulrich Tukur et Marcel Iures avec Kurt Gerstein et de Pie XII. Costa-Gavras a joué au plus près de la ressemblance photographique, ce que Hochhuth au contraire rejetait[38].

La représentation de la Shoah à travers un double cadre

En ce qui concerne explicitement la représentation de la Shoah, nous avons pu remarquer que, chaque fois qu'il s'agit de représenter l'extermination des Juifs, le réalisateur prend le parti de redoubler le cadre

(35) « Entretien avec Costa-Gavras et Jean-Claude Grumberg », *Synopsis* n° 18, mars-avril 2002, p. 18 pour les trois citations.

(36) « Je comprenais à peu près la nature de ma mission. Mais j'acceptai. [...] Moi, je pouvais empêcher l'utilisation de l'acide prussique pour l'assassinat d'êtres humains », Rapport de Kurt Gerstein du 5 mai 1945, in « Le dossier Kurt Gerstein » regroupé par Léon Poliakov, *Le Monde Juif* n° 1 (36), janvier-mars 1964.

(37) Cf. Michel Serceau, *L'Adaptation cinématographique des textes littéraires,* Liège, Céfal, 1999.

(38) « Dans l'évocation des figures historiques, l'auteur n'est lié en rien par l'aspect physique des personnages. Et puisque sur les photos existantes de certains interlocuteurs du Nonce, comme Adolf Hitler et Hermann Goering, il est impossible à l'œil le plus prévenu d'identifier, même après coup, même de la façon la plus approximative les actes dont ils étaient capables, il est démontré à peu de choses près que les photos sont totalement inutilisables pour l'interprétation du caractère », Rolf Hochhuth, *Le Vicaire*, *op. cit.*, p. 20.

filmique. Lorsque Gerstein se rend dans le camp de Belzec, il regarde à travers le mouchard de la porte de la chambre à gaz[39], lorsqu'il se dirige vers le camp, il aperçoit à travers la vitre de sa voiture des soldats qui déchargent des corps. Quand il est avec Riccardo, tous deux sont témoins, une nouvelle fois à travers les vitres de la voiture, de la rafle des Juifs de Rome. Lorsqu'il est dans la cantine du camp de concentration, il regarde à travers la fenêtre de la baraque la fumée noire qui s'échappe de deux cheminées. Enfin, alors qu'il repart du camp avec le Docteur, ils aperçoivent tous deux, à travers la vitre de la voiture, les charniers brûlés par des soldats ; ce plan est suivi d'un autre où l'on voit Gerstein de face avec, en reflet dans la vitre, les charniers. On ne peut donc voir sans un second filtre – le premier étant le cadre de la caméra – ce qui touche à l'extermination des Juifs. La solution de Costa-Gavras pour représenter la Shoah est donc le cadre dans le cadre, une sorte de mise en abyme de l'art cinématographique. Il intègre toujours un premier plan, comme si le cadre de l'écran n'assurait pas une distance suffisante, conscient de la difficulté à représenter, à reconstituer ces scènes-là. Le mouchard, la vitre ou le reflet deviennent un « bouclier réel contre le réel irregardable[40] ».

La chambre à gaz

Jean-Claude Grumberg souligne : « On ne doit pas mentir. Il faut cependant captiver le spectateur. On fait un film, on ne donne pas une leçon d'Histoire. Mais on ne doit pas utiliser ce sujet pour faire du spectacle[41]. » À cet instant, Jean-Claude Grumberg et Costa-Gavras rejoignent Hochhuth dans ce besoin de rendre vraisemblables les faits historiques. Finalement, nous pourrions presque dire que plus de trente-cinq années ont passé, et que presque rien n'a changé. Par contre, entre *Le Vicaire* et *Amen,* les questions sur la représentation de la Shoah dans la littérature et dans l'art n'ont jamais cessé. Et pourtant, la tentation du vraisemblable est de nouveau la plus forte. Prenons l'exemple du moment où Gerstein se rend dans un camp

(39) On notera que Gerstein, dans son rapport, indique « l'œil fixé à une fenêtre agencée dans la porte de bois », Rapport de Kurt Gerstein du 5 mai 1945, in « Le dossier Kurt Gerstein », *op. cit.*

(40) Gérard Wajcman, « De la croyance photographique » in *Les Temps Modernes*, *op. cit.*, p. 68.

(41) « Entretien avec Costa-Gavras et Jean-Claude Grumberg », *op. cit.*, p. 20.

d'extermination pour la première fois, et où un détenu fait tomber une boîte de zyklon B. Historiquement, c'est faux. Nous le savons grâce au rapport du vrai Kurt Gerstein[42] : lorsqu'il se rend pour la première fois dans un camp, en août 1942, c'est dans celui de Belzec où l'on recourt encore au monoxyde de carbone. Mais, dans le film, il fallait que cela soit crédible[43], aussi, lorsque la boîte de zyklon B tombe du toit de la chambre à gaz, Costa-Gavras joue sur la culture collective du spectateur qui associera au zyklon B les images de l'extermination des Juifs. À cet instant, le réalisateur demande au spectateur de suppléer par son imaginaire ce qu'il ne peut offrir à son regard. Nous sommes ici dans ce que nous pourrions appeler *la litote du lieu commun* : en dire peu pour suggérer beaucoup, afin de faire resurgir toutes les images d'archives enfouies dans la mémoire, celles des livres de classe, ou des documentaires… qui viennent comme un filtre inconscient se superposer aux images du film de Costa-Gavras. Les images de notre conscience collective de la Shoah[44] deviennent *rémanentes*. Et étrangement, elles persistent dans notre esprit après la suppression de la situation qui a produit les images (la chute de la boîte de zyklon B). Il y a cette impression déconcertante, au sortir du film, d'avoir vu l'image des corps décharnés – l'image nodale de la représentation de la Shoah – alors que le film ne la montrait pas. On a vu sans avoir vu. On a associé nos images inconscientes à l'endroit même où il y a impossibilité de représentation. La reconstitution de nos topiques en images filmées appelle chez nous, spectateurs, le spectre des images d'archives. On pense alors à la phrase de Jean-Luc Nancy : « Il y a image d'une hantise, et avec elle il y a le savoir de ce que rien des camps ne peut être représenté, puisque ce fut l'exécution de la représentation[45]. » Ce que voit Gerstein à travers l'œilleton de la chambre à gaz ne pourra être éternellement et nécessairement que du hors champ.

(42) Rapport de Kurt Gerstein du 5 mai 1945, in « Le dossier Kurt Gerstein », *op. cit.*

(43) « Il fallait aussi que les personnages et les scènes historiques soient crédibles » in « Entretien avec Costa-Gavras et Jean-Claude Grumberg », *op. cit.*, p. 20.

(44) Cf. au sujet de la constitution d'une conscience de la Shoah : Philippe Mesnard, *Conscience de la Shoah, op. cit.*, p. 7-42.

(45) Jean-Luc Nancy, « La représentation interdite » in *L'Art et la mémoire des camps, représenter, exterminer*, Jean-Luc Nancy (dir.), Paris, Le Seuil, 2001, p. 33.

Le leitmotiv des wagons plombés

À plusieurs reprises – treize pour être exact –, des séquences rapides montrant des wagons de marchandises aux portes alternativement ouvertes ou fermées ponctuent le film, accompagnées d'une musique rythmée en crescendo. Ces répétitions soulignent le fait que, pendant que le Pape ou les Alliés ne font rien, la déportation est à son comble sous la désignation de « convoi prioritaire ». Le réalisateur convoque à ce moment notre culture plus que notre simple regard à travers des salves mémorielles : les représentations récurrentes des wagons plombés. Ces derniers sont à l'image des codes vulgarisateurs qui minimisent peut-être la représentation de la Shoah, et qui sont connus du spectateur, affirmant « la vérité d'une esthétique de la représentation qui ne fonctionne plus que sur des modes autoréférentiels, régis par des systèmes de codes[46] ». Jacques Rancière souligne que « les images changent notre regard et le paysage du possible si elles ne sont pas anticipées par leur sens et n'anticipent pas leurs effets[47]. » Dans le cas d'*Amen*, justement, le réalisateur, en jouant sur les codes de représentation communs que nous avons de la Shoah, anticipe les effets produits sur le spectateur. En faisant appel à des stéréotypes, Costa-Gavras n'interroge pas notre « connaissance » de la Shoah mais au contraire la conforte, et conforte par là même « le fonctionnement de l'illusion autoréférentielle de la conscience contemporaine du génocide des juifs[48]. »

Le cinéma et le théâtre ne se substituent donc pas au réel, mais permettent d'en témoigner par un détour, le détour de la représentation. On a pu remarquer que la représentation de la Shoah subit des interrogations perpétuelles, à travers des incohérences éthiques chez Rolf Hochhuth et la tentation de ne pas vouloir vraiment montrer sans y céder tout à fait chez Costa-Gavras. Le mérite de ces œuvres réside néanmoins dans le fait de disposer les consciences à se (ré)interroger, à accomplir un travail critique sur la représentation de la Shoah, sur ses limites et sa nécessité et à lutter contre les silences de l'oubli.

---

(46) Philippe Mesnard, *Conscience de la Shoah, op. cit.*, p. 39.

(47) Jacques Rancière, *Le Spectateur émancipé*, Paris, La Fabrique, 2009, p. 114.

(48) Philippe Mesnard, *Conscience de la Shoah, op. cit.*, p. 39.

La Shoah
Théâtre et cinéma aux limites
de la représentation

Questionnements contemporains

Godard et la Shoah

Antoine de Baecque

La représentation de la Shoah hante le cinéma et la pensée de Godard. J'ai ainsi dénombré sept moments, entre controverses, films et films-controverses, où cette question traverse sa vie et sa carrière, de 1959 à nos jours. C'est dire l'importance du « fait juif » chez Godard, sa réinterprétation esthétique et historique du cinéma à travers la représentation de l'extermination des Juifs.

LA REPRÉSENTATION OBSCÈNE

Dans « De l'abjection », texte fameux de Jacques Rivette dénonçant *Kapo* et la reconstitution proposée par le film de la vie et de la mort à l'intérieur d'un camp de concentration, publié dans les *Cahiers du cinéma* en juin 1961, le critique cite Jean-Luc Godard :

> On a beaucoup cité à gauche et à droite, et le plus souvent assez sottement, une phrase de Moullet : *la morale est affaire de travellings* (ou la version de Godard : *les travellings sont affaire de morale*) ; on a voulu y voir le comble du formalisme, alors qu'on en pourrait plutôt critiquer l'excès « terroriste », pour reprendre la terminologie paulhanienne. [...] On nous les casse depuis quelques mois avec les faux problèmes de la forme et du fond, du réalisme et de la féérie, de l'acteur libre ou dominé et autres balançoires ; disons qu'il se pourrait que les sujets naissent libres et égaux en droit ; ce qui compte, c'est le ton, l'accent, la nuance, comme on voudra l'appeler – c'est-à-dire le point de vue d'un homme, l'auteur,

> mal nécessaire, et l'attitude que prend cet homme par rapport à ce qu'il filme, et donc par rapport au monde... Faire un film, c'est montrer certaines choses, c'est en même temps, et par la même opération, les montrer par un certain biais ; ces deux actes étant rigoureusement indissociables.

Rivette revendique ici la proposition dédoublée faite par Moullet/Godard : « La morale est affaire de travellings » / « Les travellings sont affaire de morale ». Laissons Luc Moullet à son « invention », et concentrons-nous sur le quasi remake godardien, en juillet 1959, lors d'une table ronde sur *Hiroshima mon amour* de Resnais publiée dans les *Cahiers du cinéma*[1]. Cette inversion est le signe d'un coup de force en même temps qu'un jeu un peu potache, quasi calembouresque, sur les mots. Elle veut en tous les cas proscrire et dénoncer toute exploitation esthétisante des images. Godard, à l'instar des jeunes Turcs de la Nouvelle Vague, a pratiqué un éloge forcené du film et de son auteur au nom d'une idée du cinéma radicale : la pensée d'un auteur prend forme cinématographique par la « mise en scène ». La critique moderne de cinéma se constitue alors autour de cette idée, qui possède le mérite de rejeter la vieille opposition entre le fond et la forme pour proposer une synthèse originale : le fond d'un film c'est sa forme. Autrement dit, la morale d'un film (son contenu, son message, sa politique) tient tout entière dans la forme cinématographique déployée par l'auteur (travellings, mais aussi cadrages, mouvements d'appareils, montage...). Ce jugement « moral » change le point de vue critique ; ce sera le sens du texte de Rivette : *Kapo* n'a pas à être jugé sur la concordance de l'œuvre avec les témoignages recueillis et le travail documentaire effectué, mais sur l'adéquation de la forme avec le projet : un seul plan esthétisant sur la mort d'une déportée dans *Kapo* devient un acte éthiquement inacceptable.

Allons plus loin : en reprenant et en inversant la proposition de Moullet, Godard l'associe explicitement à la représentation de l'exter-

---

(1) « Hiroshima notre amour », *Cahiers du cinéma*, n° 97, juillet 1959. Voici le contexte exact de la phrase de Jean-Luc Godard, p. 5. À Rohmer, qui comprend « que l'on puisse aimer et admirer *Hiroshima* et en même temps le trouver à certains moments assez agaçant », et à Doniol-Valcroze qui l'interroge du tac au tac : « Moralement ou esthétiquement », Godard répond : « C'est la même chose. Les travellings sont affaire de morale ». On le voit, l'idée godardienne du cinéma consiste à fondre morale et esthétique dans le même plan.

mination, refusant tout esthétisme à ce propos, par référence au travail exemplaire d'Alain Resnais dans *Nuit et brouillard* puis *Hiroshima mon amour*. Jean-Luc Godard est sans doute l'un des premiers théoriciens du cinéma – depuis les considérations techniques et juridiques ayant prévalu en 1945 lors de la projection des films sur l'ouverture des camps à Nuremberg, puis les textes qui ont entouré, surtout en France, la première projection de *La Dernière Étape* en 1948, salle Pleyel – à vouloir définir et proposer une « morale » de la représentation de ce qu'on n'appelait pas encore la Shoah.

Ce qui le choque en effet, « c'est une certaine facilité à montrer des scènes d'horreur, car on est vite au-delà de l'esthétique ». Et il dénonce, dans *Le Procès de Nuremberg,* de Felix von Podmanitsky, film d'archives allemand sorti en France en mai 1959, l'obscénité des scènes qui, selon lui, à travers un montage de documents ou des reconstitutions cauchemardées de visions des camps, cherchent à « esthétiser l'horreur », comparant même ce genre de procédé – le travelling de *Kapo* en aurait sûrement fait partie si le film avait déjà été réalisé – à « des images pornographiques ». Voici précisément le développement de Jean-Luc Godard sur la représentation des atrocités des camps de la mort, en juillet 1959 :

> Il y a une chose qui me gêne un peu dans *Hiroshima*, et qui m'avait également gêné dans *Nuit et Brouillard*, c'est qu'il y a une certaine facilité à montrer des scènes d'horreur, car on est vite au-delà de l'esthétique. Je veux dire que bien ou mal filmées, peu importe, de telles scènes font de toute façon une impression terrible sur le spectateur. Il y a un documentaire produit par l'Unesco qui montre dans un montage tous les gens qui souffrent sur la terre, les estropiés, les aveugles, les infirmes, ceux qui ont faim, les vieux, les jeunes, etc. Eh bien, ce film est immonde. Aucune comparaison avec *Nuit et Brouillard*, mais c'est quand même un film qui fait de l'impression sur les gens, tout comme récemment *Le Procès de Nuremberg*. L'ennui donc, en montrant des scènes d'horreur résultant de l'extermination, c'est que l'on est automatiquement dépassé par son propos, et que l'on est choqué par ces images un peu comme par des images pornographiques. Dans le fond, ce qui me choque dans *Hiroshima*, c'est que, réciproquement, les images du couple faisant l'amour dans les premiers plans me font peur au même titre que celles des plaies, également

en gros plans, occasionnées par la bombe atomique. Il y a quelque chose non pas d'immoral, mais d'amoral, à montrer ainsi l'amour ou l'horreur avec les mêmes gros plans.

À l'encontre de l'obscénité dénoncée de ces montages d'archives ou de ces mouvements d'appareils, de ces reconstitutions ornementales des camps qui visent à « faire mieux que les Allemands » (pour reprendre une formule de Samuel Fuller à propos de son refus de réaliser un tel film), l'axe critique réunissant Moullet-Godard-Rivette propose une autre morale des images, celle du refus de la reconstitution, du refus de la représentation spectaculaire ou simplement esthète. Il ne s'agit pas de filmer le plus esthétiquement possible, ni même le plus vraisemblablement possible, la souffrance et la mort dans un camp d'extermination, mais de trouver le regard juste, le montage juste, qui permet de *représenter par l'écart* l'extermination. Cette conception de la représentation est antagonique avec toute reconstitution esthétisante de la mort de masse. « Écrire un poème après Auschwitz est barbare » écrit Theodor Adorno, dans « Critique de la culture et société[2] », avant de revenir sur cette formule demeurée célèbre. « Faire un film après Auschwitz est abject », pourrait-on ajouter : il s'agit là d'un même refus de l'ornementation de l'extermination par un geste esthétique.

UNE FEMME MARIÉE : LE PAVÉ DANS LA MARE DE LA CONSCIENCE FRANÇAISE

Dans *Une femme mariée*, tourné à toute vitesse lors de l'été 1964, Godard cherche d'abord à saisir les signes de l'immédiat (la société de consommation, l'émancipation sexuelle de la femme, l'actualité des « sujets dont on parle »). Il offre un rôle à Roger Leenhardt, figure pour lui prestigieuse, celui de « grand reporter à la Joseph Kessel ». On apprend qu'il arrive de Francfort, dans un petit avion conduit par le mari de l'héroïne, Charlotte, où il vient d'assister pour un journal à quelques jours du « procès d'Auschwitz ». Godard inscrit là son film dans l'actualité : le 20 décembre 1963 s'est ouvert à Francfort le procès de vingt-deux responsables et gardes d'Auschwitz, procès faisant défiler à la barre plus de trois cent cinquante témoins, dont deux cent onze survivants du camp d'extermination. Le pro-

(2) Theodor Adorno, *Prismes,* Paris, Payot, 1986, p. 23 pour la traduction française.

cès d'Auschwitz, sur plus d'un an, suivi par des centaines de journalistes, marque, après celui d'Eichmann en Israël en 1961, une étape dans la prise de conscience par l'Occident de l'importance de la politique d'extermination des Juifs dans l'histoire du XXe siècle et de la nécessité d'en juger les responsables. Si Godard donne ce rôle à Leenhardt, c'est qu'il s'agit pour lui d'une question essentielle. Mais l'intervention du cinéaste ne s'inscrit pas dans une logique de « devoir de mémoire », plutôt dans une perspective critique contre cette société française qui oscille entre indifférence, antisémitisme inconscient, et ce qui semble déjà devenir une religion civile de substitution. *Une femme mariée* est le premier des films de Godard où l'extermination des Juifs est mentionnée, pas le dernier. Souvent, cela passe par le récit d'histoires où l'humour noir flirte avec le mauvais goût. Ici, Leenhardt, sortant de l'avion, accueilli par Charlotte, lui demande : « Vous avez entendu parler d'Auschwitz ? » La jeune femme « de son temps » répond : « C'est la thalidomide ? » (La thalidomide est un médicament sédatif et anti-nauséeux, au centre des débats à l'époque car, prescrite à des femmes enceintes, elle a provoqué des malformations monstrueuses chez les nouveaux-nés). Ce rapprochement « inconscient » entre Auschwitz et la thalidomide est parlant : pour Leenhardt, l'horreur dans l'histoire c'est le camp de la mort ; pour Charlotte, l'horreur dans sa vie de femme enceinte, ce serait un enfant monstre. Le journaliste répond : « Non, pas exactement, c'est une vieille histoire juive, un camp… » Elle : « Ah oui, Hitler. » Puis il narre une « histoire juive qu'on raconte en Allemagne », qu'il termine ainsi : « Le premier dit : "Et si demain, on tuait tous les Juifs et tous les coiffeurs ?" L'autre lui répond : "Pourquoi les coiffeurs ?" » Et Charlotte de s'interroger également, naïvement : « Oui, pourquoi les coiffeurs ? » Godard filme ici le bon sens commun français, qu'il juge inconsciemment antisémite, presque par nature, comme un *lapsus*, comme si l'inconscient français était antisémite, mais pas le discours tenu, conscient, qui est lui d'une autre nature : une bonne conscience monstrueuse.

Lors d'un dîner qui réunit Leenhardt, Charlotte et son mari aviateur, ce dernier reparle du procès d'Auschwitz et raconte une autre « histoire drôle ». Rossellini, qu'il a conduit un jour en avion, lui a confié à propos d'un défilé d'anciens déportés vu en février 1955, dix ans après la libération d'Auschwitz, avec des survivants « en habits rayés » : « Ils n'étaient plus maigres comme avant, ils étaient plus gros, ils avaient gagné de l'argent. » Le mari conclut : « Rossellini pensait que ça, c'était une fausse mémoire d'Auschwitz. » De même, plus tard dans le film, quand Charlotte et son amant se retrouvent au cinéma, le Publicis Orly, ils visionnent, sans l'avoir choisi, *Nuit et brouillard* d'Alain Resnais. Les images de camps sont ironiquement juxtaposées à celles de l'amour des amants, montage critique qui rend obscènes les figures du corps telles que réifiées par la société des années 1960, à des fins de consommation sexuelle, médiatique, publicitaire. C'est, par le montage, une démonstration de la banalisation du mal. Pour Godard, cette mémoire qui voudrait mêler les survivants au présent, qui fait revenir les images des camps dans les années 1960, ou pire encore qui tendrait à reconstituer Auschwitz pour des raisons de cérémonies, de commémorations, de films, et de représentations diverses, est une mémoire frelatée. Il l'associe à l'obscénité de la bonne conscience d'une société qui, par ailleurs, laisse sur le bord de sa route des millions de déshérités et d'exclus. L'idée qu'une société puisse commémorer le passé, érigeant en martyrs officiels les victimes des camps, tout en acceptant que des millions de personnes vivent mal et meurent dans des conditions misérables au présent, ce paradoxe des mémoires hérisse le cinéaste.

LE MILITANT PALESTINIEN

Mais sa thèse historique sur la Shoah, Godard la développe quelques années plus tard, durant sa période militante, quand il est devenu, après 1967 et la Guerre des Six Jours, un révolutionnaire pro-palestinien et anti-sioniste. On le sait, la cause palestinienne devient un étendard de la gauche internationale lorsque l'armée israélienne envahit toute une série de territoires arabes ou palestiniens, le Sinaï, Gaza, la Cisjordanie, Jérusalem et les hauteurs du Golan, puis les conserve sous sa coupe malgré les protestations du monde arabe et les résolutions du Conseil de sécurité de l'ONU. Cette expansion israélienne à l'occasion de la guerre, soutenue ou du moins « autorisée » par l'allié historique américain, apparaît comme un déni du droit à l'existence palestinienne et comme un fait de violence néocoloniale vis-à-vis d'une armée de libération et d'un peuple opprimé, occupé, chassé. L'extrême gauche l'interprète comme une forme d'impérialisme décalé depuis la guerre du Vietnam vers le Moyen-Orient. C'est dans ce contexte que naît, en 1969, le projet de Jean-Luc Godard et Jean-Pierre Gorin, le duo leader du groupe Dziga Vertov, intitulé *Jusqu'à la victoire*. Contacté par la Ligue arabe, Godard reçoit commande du Fatah, en novembre 1969, à hauteur de 6 000 dollars, et une invitation en bonne et due forme à tourner, sous protection, dans les camps palestiniens en Jordanie et au Liban.

Passons sur l'aventure et les mésaventures du tournage, qui commence en mars 1970, pour durer avec des interruptions jusqu'en août, ce qui vaut à Godard plus de quarante heures de rushes. Retenons juste que Godard veut rencontrer et filmer le leader palestinien, Yasser Arafat. Lorsqu'il obtient effectivement un rendez-vous, le cinéaste pose à Arafat deux questions, la première sur les camps de concentration :

> Je lui ai demandé si les origines des difficultés des Palestiniens avaient quelque chose à voir avec les camps de concentration. Il m'a dit : "Non, c'est leur histoire, les Allemands et les Juifs." Et j'ai dit : "Pas tout à fait, vous savez que dans les camps, quand un prisonnier juif était très faible, proche de la mort, ils l'appelaient *musulman*." Et il m'a répondu : "Eh alors ?" J'ai dit : "Vous savez, ils auraient pu l'appeler *noir* ou d'un tout autre nom, mais non, ils disaient *musulman*, et cela montre qu'il y a une relation, une relation directe entre les difficultés des Palestiniens et les camps de concentration.

La seconde question est très courte : « Quel est l'avenir de la révolution palestinienne ? » Et la réponse d'Arafat plus courte encore : « Je dois y réfléchir, revenez demain. » Godard achève l'histoire : « Il n'est jamais revenu. Au moins, il était honnête. » Notons donc, dans la première question, l'apparition de l'interprétation historique de la Shoah propre à Godard : elle serait « à l'origine », comme il le dit à Arafat, « des difficultés des Palestiniens », c'est-à-dire de leur défaite de 1948, redoublée par celle de 1967, à l'origine de la perte de leur terre et de leur État.

En 1970, Godard et Gorin ne peuvent rien faire de ce matériau ramené des camps palestiniens – trop tôt, trop confus, trop triste également. Quelques semaines après leur départ de Jordanie, les massacres de Septembre noir éliminent, par l'intermédiaire de l'armée jordanienne, la plupart des hommes filmés par les deux cinéastes. *Jusqu'à la victoire* ne voit pas le jour.

« LES JUIFS FONT AUX ARABES CE QUE LES NAZIS ONT FAIT AUX JUIFS »

Après Gorin, Godard reprend avec sa compagne Anne-Marie Miéville les rushes orphelins de *Jusqu'à la victoire*. L'idée est de faire aboutir ce film, mais autrement, cinq ans plus tard, sous le titre de *Ici et ailleurs* : les images ramenées des camps palestiniens en 1970, empreintes d'une certaine naïveté, d'un romantisme révolutionnaire, sont désormais analysées, disséquées, repensées, remontées, et là apparaît bien plus clairement la thèse godardienne, son interprétation historique de la Shoah comme double malédiction, celle du peuple juif entraînant celle du peuple palestinien.

Car la thèse du film est que l'État d'Israël fait subir aux Palestiniens ce que les Juifs ont souffert de la part des nazis pendant la Seconde Guerre mondiale, thèse alors classique – certes radicale – de l'extrême gauche pro-palestinienne et anti-sioniste, que Godard formule très clairement dans le film : « Les Juifs font aux Arabes / ce que les nazis ont fait aux Juifs. » L'idée est illustrée, parfois jusqu'à la provocation, par association des « bourreaux », quand les visages de Golda Meir, pionnière de l'État sioniste, Premier ministre d'Israël de 1969 à 1974, et de Hitler, clignotent l'un sur l'autre, ou, par association des « victimes », quand une déploration en hébreu sur les camps de la mort (« Auschwitz, Majdanek, Treblinka,... »), *El Malei Rahamim* (*Dieu empli de miséricorde*), prière du rite funéraire juif pour les victimes de la Shoah, recouvre des images de cadavres d'enfants palestiniens ou des corps calcinés de fédayins tués en septembre 1970.

À plusieurs reprises, Jean-Luc Godard est revenu, ou reviendra encore, sur cette question : il ne cesse d'établir un lien entre l'extermination des Juifs dans les camps de la mort, la fondation de l'État d'Israël, l'impossibilité de régler le conflit israélo-palestinien, et plus généralement la guerre entre Juifs et Arabes. Comme si une malédiction historique pesait sur cette généalogie : Israël, né dans les camps, se vengerait sur les Palestiniens de l'Holocauste, ce qui justifie tous les actes de résistance arabe, y compris le terrorisme, puisqu'Israël serait une forme paradoxale de résurgence historique du nazisme. L'identification entre l'État d'Israël et le nazisme revient à plusieurs reprises dans les films godardiens de cette époque, dans un contexte historique où, faut-il le rappeler, l'image d'Israël, de la Guerre des

Six Jours (1967) à celle du Kippour (1973), change du tout au tout : ce n'est plus un pays victime, faible et persécuté, mais un État surarmé, protégé par les États-Unis et deux fois vainqueur. Dans un petit documentaire tourné en 1970 par la ZDF allemande[3], Godard tient devant son visage un tract militant où figure la contraction « Nazisraël », et lance au caméraman : « Tu nous fais un chèque de la télévision allemande qui est financée par les sionistes et par ce connard de social-démocrate, Willy Brandt, et ça nous permettra d'acheter des armes pour les Palestiniens pour attaquer les sionistes… »

Le 19 juillet 1977, toujours à ce propos, le cinéaste écrit à son ami palestinien Elias Sanbar, et dans cette lettre l'interprétation historique de Godard est mise à nue :

> On se demande d'où vient que les Allemands soient devenus à un moment donné de si grands bourreaux et les Juifs de si grandes victimes. Les Allemands, et un Allemand en particulier, soutenu par les autres, a voulu devenir autre sans rien abandonner de soi, c'est-à-dire simplement s'agrandir jusqu'à l'infini, se multiplier jusqu'à ce que mort s'ensuive, un peu comme le cancer. Et parmi les peuples qui le gênaient dans son désir de répandre partout sa vérité, qui pour être soi était d'abord un autre, qui partait de la différence et pas du semblable, il y avait le peuple juif. Il fallait donc pour les Allemands non seulement l'exterminer mais le rayer de la terre, et dans un grand spectacle en plus. Et c'est ainsi que l'image originale du peuple juif a eu enfin droit de cité. Mais Israël ne le dit jamais, ça : qu'il lui a fallu une deuxième et terrible image, celle de la folie allemande, pour conquérir ce droit d'avoir une cité, d'être cité à part entière, et que c'est un lourd héritage. […] Exister uniquement à cause de la haine de l'autre. Personne ne sait comment ça finira exactement au Moyen-Orient, mais on peut savoir un peu où et quand ça a commencé. La guerre actuelle au Moyen-Orient est née dans un camp de concentration le jour où un grand clochard juif avant de mourir s'est en plus fait traiter de "musulman" par un quelconque SS. Il fallait effectivement être le génie du mal pour pouvoir inoculer dans le souvenir de six millions de morts juifs

(3) « Entretien avec Jean-Luc Godard et le groupe Dziga Vertov », ZDF, juillet 1970, collection André S. Labarthe.

> le souvenir de la haine de l'autre, mais de l'autre juif cette fois, car dans trente ans le peuple juif allait rencontrer son semblable, un autre peuple juif, et sur un territoire bien précis, pas dans la nuit et le brouillard, et qui lui disait : je suis pareil à toi, je suis un Palestinien.

Godard est un « historien » maudit : il voit dans la Shoah les origines refondées du peuple Juif, l'extermination y devient une quasi renaissance : celle qu'incarne la création de l'État d'Israël. Godard est également un anti-sioniste pessimiste : il ne croit pas la paix possible entre Israël et les Palestiniens, entre les Juifs et les Arabes au Moyen-Orient au nom même de cette malédiction de l'histoire, qui toujours fera rejouer la Shoah contre les Juifs des Juifs, c'est-à-dire contre les Palestiniens des Israéliens.

DÉMISSION/RÉDEMPTION FACE À LA SHOAH

Dix ans plus tard, Godard prépare les premiers épisodes des *Histoire(s) du cinéma*, son grand œuvre historien. Cette série de huit films est centrée sur la responsabilité du cinéma face à l'extermination, à la puissance destructrice des totalitarismes et des impérialismes. La thèse qui résume la série godardienne, comme l'avance Jacques Rancière, est d'abord un constat d'impuissance : l'histoire du cinéma comme rendez-vous manqué avec l'histoire, contre-temps auquel Godard tente de remédier par ses *Histoire(s),* et la Shoah occupe une place centrale dans ce manque.

Cette démission ouvre les *Histoire(s)* : les deux premiers épisodes sont largement centrés sur la faute collective du cinéma au moment de la montée des périls, du nazisme, de la guerre, de l'Occupation, de la collaboration et de la solution finale. L'épisode 1 A surtout, est hanté par cette culpabilité des clercs du cinéma, ces « grands réalisateurs incapables de contrôler la vengeance et la violence qu'ils avaient vingt fois mise en scène », et se voyant rendus responsables, par le montage godardien, impitoyablement accusateur comme il peut être par ailleurs incroyablement salvateur, de la catastrophe hitlérienne. Le cinéma aurait été comme enchaîné par l'industrie, instrumentalisé par la propagande, et finalement transformé en un vecteur de mort. Les *Histoire(s)* deviennent dès lors une entreprise salvatrice : de ces images coupables (d'avoir délaissé l'histoire, d'avoir aveuglé les hommes, d'avoir conduit à l'apocalypse), Godard fait des images innocentes puisque, tout à coup, par le montage, le rapprochement, la poétique, le lyrisme des fragments, des associations et des parallèles, elles sont susceptibles de sauver le monde. « Même rayé à mort, un simple rectangle de trente-cinq millimètres sauve l'honneur de tout le réel… », résume-t-il en une phrase saisissante.

Cette rédemption du cinéma par sa confrontation à l'histoire traverse évidemment les actualités filmées par les opérateurs à l'ouverture des camps de la mort. Si le cinéma a trahi, a failli, c'est en ne filmant pas l'horreur des camps de la mort. Le cinéma aurait dû être présent à Auschwitz parce qu'il était de son essence et de son devoir d'être là. Il ne l'a pas été. Ce sont les documentaires, seuls, qui ont pu le racheter de cette absence, ceux enregistrés à l'hiver et au printemps 1945. Et ces actualités, ces films sur les survivants de la mort de masse, pourront même sauver la Babylone moderne, Hollywood : « Si George Stevens, dit Godard de sa voix d'outre-tombe dans l'épisode 1 A des *Histoire(s) du cinéma*, n'avait pas utilisé le premier film en seize millimètres couleur à Auschwitz et à Ravensbrück, jamais sans doute le bonheur d'Elizabeth Taylor n'aurait trouvé une place au soleil… » George Stevens, que Godard déplace de façon erronée vers Auschwitz[4], est élevé ainsi, même devenu réalisateur hollywoodien d'*Une place au soleil*, à la gloire historique.

Cette place manquée, et finalement reconquise, du cinéma comme image de la Shoah, Godard y revient dès lors souvent. Par exemple au moment du centenaire du cinéma. Les commémorations sont nombreuses, surtout en France, tout à la fois pays du cinématographe et patrie de la commémoration généralisée. Godard, comme d'autres (Varda, Tavernier,…), mais plus que d'autres sans doute, est sollicité. Sa position est rapidement arrêtée : il est contre toute célébration du cinéma. Il est contre, car son esprit « négatif », du moins sceptique ou historique, le conduit à voir plutôt ce que le cinéma n'a pas fait que ce qu'il a fait. On l'a dit, c'est l'une des thèses,

---

(4) Alors qu'il a filmé en noir et blanc et en couleur la libération de Nordhausen (Dora) et de Dachau.

la plus forte sûrement, des *Histoire(s)* : la faute du cinéma, ses fautes – que Godard s'attribue aussi à lui-même quand il écrit qu'il n'a pas su « empêcher Spielberg de reconstruire Auschwitz[5] » – consiste à n'avoir pas été capable de « sauver l'histoire » de ses principales tragédies. Godard dit son trouble face au Centenaire du cinéma. Dès janvier 1995, par exemple, quand le magazine *Studio*, dans son numéro spécial « Cent ans du cinéma », choisit deux grands témoins, Spielberg et Godard, et part à leur rencontre, le second déclare dans un entretien :

> On a privilégié les droits du cinéma et pas ses devoirs. Le cinéma n'a pas joué son rôle d'instrument de pensée, on en a fait un hochet. [...] L'achèvement s'est fait au moment où on n'a pas filmé les camps de concentration. À cet instant-là, le cinéma a totalement manqué à son devoir. Il y a eu six millions de personnes tuées ou gazées, principalement des Juifs, et le cinéma n'était pas là. Pourtant, *Le Dictateur, La Règle du jeu* avaient annoncé tous ces drames. En ne filmant pas les camps, le cinéma a totalement démissionné.

LANZMANN *VERSUS* GODARD, LE TEXTE OU L'IMAGE DE LA SHOAH

Faire image de la Shoah, c'est donc à la fois le manque fautif du cinéma et sa rédemption quand il peut rattraper *in extremis* cette faute en imprimant *in fine* quelque chose. C'est sur ce terrain de l'image manquante ou présente que se situe la controverse suivante. Le 21 octobre 1998, alors qu'il donne un long entretien aux *Inrockuptibles* pour la sortie en livre et en vidéo de ses *Histoire(s) du cinéma*, Godard ouvre ce front polémique. À la fin d'un dialogue consacré à l'histoire et au cinéma, le cinéaste affirme :

> Les nazis avaient la manie de tout enregistrer. [...] Les archives, on les découvre toujours longtemps après. Je n'ai aucune preuve de ce que j'avance, mais je pense que si je m'y mettais avec un bon journaliste

(5) Il refuse ainsi d'aller recevoir le prix de la critique américaine à New York, en 1995, pour cette raison précise: « Je vous prie d'accepter la très incomplète raison qui suit pour ce timide mais vrai jugement de ma part. JLG n'a pas été capable, tout au long de sa carrière de *movie maker*, d'empêcher M. Spielberg de reconstruire Auschwitz,... »

d'investigation je trouverais les images des chambres à gaz au bout de vingt ans. On verrait entrer les déportés et on verrait dans quel état ils ressortent. Il ne s'agit pas de prononcer des interdictions, comme le font Lanzmann et Adorno, qui exagèrent parce qu'on se retrouve alors à discuter à l'infini sur des formules du style « c'est infilmable ». Il ne faut pas empêcher les gens de filmer, il ne faut pas brûler les livres, sinon on ne peut plus les critiquer. Moi, je dis qu'on est passé de « plus jamais ça » à « c'est toujours ça », et que le cinéma permet de penser les choses.

Le cinéma du « c'est toujours ça », que défend ici Godard, est celui qui aurait enregistré une image de l'extermination. Ceci est en fait une réponse, quasi mot pour mot, à un autre entretien, donné par Claude Lanzmann au *Monde* quatre ans auparavant, en réaction courroucée (ce courroux-là ils le partagent : contre toute reconstitution de la Shoah par le cinéma, dans la tradition rivetto-godardienne déjà évoquée) au film de Steven Spielberg, *La Liste de Schindler* :

> Il n'y a pas une seconde d'archives dans *Shoah*, parce que ce n'est pas ma façon de travailler, de penser, et aussi parce qu'il n'en existe pas. La question est ainsi posée : pour témoigner, est-ce qu'on invente une forme nouvelle ou est-ce qu'on reconstruit ? Je pense avoir fait une forme nouvelle. Spielberg a choisi de reconstruire. Or, reconstruire, c'est d'une certaine façon fabriquer des archives. Et si j'avais trouvé un film existant – un film secret parce que c'était strictement interdit – tourné par un SS montrant comment 3 000 Juifs, hommes, femmes, enfants, mouraient ensemble, asphyxiés dans une chambre à gaz du crématoire 2 d'Auschwitz, si j'avais trouvé cela, non seulement je ne l'aurais pas montré, mais je l'aurais détruit. Je ne suis pas capable de dire pourquoi. Ça va de soi[6].

Déjà, dans l'entretien qu'il avait eu avec Régis Debray pour Arte en octobre 1995, Godard avait insisté : « Je suis convaincu que les Allemands ont tout filmé. C'étaient des maniaques, des fous du stockage. Des

(6) *Le Monde*, 3 mars 1994.

gens doivent savoir où c'est, mais on ne veut pas le montrer[7]. » Et dès janvier 1985, avant même d'avoir pu voir *Shoah*, sorti en avril, le cinéaste tenait des propos proches dans *L'Autre Journal* :

> Les camps, ça a été filmé sûrement en long et en large par les Allemands, donc les archives doivent exister quelque part, ça a été filmé par les Américains, par les Français, mais ça n'est pas montré, parce que si c'était montré ça changerait quelque chose. Et il ne faut pas que ça change. On préfère dire : plus jamais ça. Moi je dis : « c'est toujours ça ».

La réplique de Claude Lanzmann, l'auteur de *Shoah*, vient quelques semaines plus tard, via un proche, Gérard Wajcman, écrivain et psychanalyste, qui écrit un texte dans *Le Monde* du 3 décembre 1998, intitulé « Saint Paul Godard contre Moïse Lanzmann ? » Wajcman soupçonne le cinéaste de vouloir faire « passer une autre camelote, une vraie théologie. Une théologie de l'image. Ni nette ni neuve[8] ». Il écrit :

> Sous ses dehors lisses et sans malice, cette idée empoisonne. Je ne l'aime pas. Pour tout dire, elle m'inquiète. Une phrase pas juste. Évidemment, je ne discute pas la question de savoir s'il y a ou non des images des chambres à gaz. Je n'en sais rien. [...] On est parfaitement en droit d'en faire l'hypothèse. Seulement voilà : qu'on mette la main dessus, qu'est-ce que ça change? [...] Tout simplement, qu'est-ce que cela prouverait de plus ? Parce qu'il faut prouver ? C'est pourtant dans une logique de la preuve que se tient Jean-Luc Godard. [...] Les opticiens-lunetiers avaient leur slogan : « la vue, c'est la vie. » J.-L.G. a le sien : « L'image, c'est la vérité. » Les chambres a gaz ont existé, je le sais. Pourtant, je ne les ai jamais vues, je ne les ai pas vu fonctionner. J'ai vu des traces, j'ai vu des lieux, j'ai vu des images des crématoires ouverts, j'ai vu des reconstitutions des chambres à gaz, mais les hommes, les enfants, les femmes courant nus dans les couloirs, poussés dans les douches, mourant asphyxiés en grimpant les uns sur les autres, je ne les ai jamais vus.

---

(7) *Jean-Luc Godard rencontre Régis Debray*, Arte, 14 octobre 1995, reproduit dans *Jean-Luc Godard par Jean-Luc Godard*, tome 2, *op. cit.*, p. 427.

(8) *Le Monde*, 3 décembre 1998.

> Pourtant je sais que cela a eu lieu. Je le sais comme tout le monde le sait — hors ceux qui ne veulent pas le savoir. [...] Comment sait-il, lui, J.-L. G., qui pas plus que moi n'a vu ces images, comment sait-il, aujourd'hui, que les chambres à gaz ont eu lieu ? Sa certitude ne repose-t-elle que sur cette conviction qu'il ne peut pas ne pas y avoir d'images ? Parce que si c'est ainsi, alors on va droit à cette conclusion : et si – simple supposition – il n'y avait vraiment pas d'images, est-ce que la conviction sur les camps pourrait en être changée ? Avec ce credo qu'il y a quelque part des images, J.-L. G. ouvre – j'ose le croire, malgré lui, contre lui – la possibilité d'un raisonnement délétère : si, après vingt ans, vingt siècles de recherches, on constate qu'il n'y a décidément aucune image de ce qui doit forcément avoir une image, est-ce que cela ne suffit pas pour faire droit, raisonnablement, au soupçon qu'après tout cela pourrait bien ne pas avoir existé ?

Cette controverse s'inscrit dans une polémique sur la représentation, possible ou impossible, de la Shoah qui anime le débat intellectuel depuis le début des années 1990, notamment depuis la sortie du film *La Liste de Schindler* en décembre 1993. Comment la Shoah peut-elle « faire image » ? On connaît chez Godard le refus de la reconstitution sur ce sujet.

Mais dans ce refus de l'image, en 1985, avec *Shoah*, Claude Lanzmann va loin – trop loin pour Godard, donc – et son film affirme l'impossibilité de l'usage de toute image de la Shoah : somme fondée sur l'unique témoignage de vivants remis en scène trente ou quarante ans plus tard sur les lieux et dans les conditions (gestuelles, mémorielles, symboliques) de l'extermination. Ce déni de l'image d'époque chez Lanzmann à propos de la Shoah accompagne l'unicité absolue et irrécusable de cette dernière catastrophe. Godard, au contraire, défend une pensée de la *présence* des images de la Shoah, même de l'exemplarité de celles-ci, devenant les images souches de la tragédie du XXe siècle. Images qui sont dès lors comparables, du moins rapprochables, « montables » : il est légitime, pour Godard, de rapprocher une image d'Auschwitz et une image des massacres de Sabra et Chatila, par exemple. Cependant, la présence indispensable de ces images devenant la « preuve de vérité » nécessaire, le cinéaste est attaqué par Lanzmann et ses proches comme suspect d'une forme fétichiste et iconolâtre de révisionnisme.

Le débat se poursuit, le 4 février 1999, autour d'une table privée bien fréquentée, celle de Bernard-Henri Lévy, qui convie chez lui le directeur des *Temps modernes* et le cinéaste à dîner et à s'expliquer sur la Shoah. Un mois et demi plus tard, le 18 mars 1999, Jean-Luc Godard écrit aux deux autres convives la lettre suivante, naissance d'un projet de film de sa propre initiative (du moins suscité chez lui par une commande) :

> Chers amis, suite à notre rencontre d'il y a quelques semaines, ces lignes pour vous faire part de la chose suivante. J'ai été contacté par MM. Gilles Sandoz et Pierre Chevalier, lesquels produisent en ce moment pour Arte une série de films d'une heure intitulée *Gauche-Droite*. Je leur ai proposé une sorte de reconstitution de notre dîner de l'autre soir. Le titre serait *Pas un dîner de gala*. Il s'agirait d'une conversation à trois dans un lieu à convenir, où s'opposeraient ce que, pour simplifier, je nomme partisans de l'image et partisans du texte. Le film pourrait être intitulé aussi *Un fameux débat*. L'idée m'en est venue en relisant le texte de M. Gérard Wajcman (« le match Godard-Lanzmann »). Cinématographiquement, ce film de télévision serait divisé en deux parties : le dîner, le débat proprement dit, d'une durée d'une demi-heure, enregistré *live* comme on dit, par un réalisateur choisi par les producteurs. Puis trois métrages de dix minutes chacun, ou cinq minutes si le débat-dîner dure quarante-cinq minutes, au cours desquels chacun des convives résumerait sa position de la façon qu'il jugerait bon. La production fournira à chacun le budget et les moyens techniques désirés[9].

---

(9) Tous ces documents et ces commentaires m'ont été confiés par Bernard-Henri Lévy, à la suite d'un échange à propos d'un « Bloc-note » publié dans *Le Point*, le 8 avril 2010. Je l'en remercie chaleureusement. Lors de la polémique sur l'« antisémitisme » de Jean-Luc Godard, en novembre 2010, alors que le cinéaste allait recevoir un oscar d'honneur pour sa carrière, Bernard-Henri Lévy a tenu à mettre en ligne la plupart de ces documents sur le site de sa revue, *La Règle du jeu*, afin de « donner les pièces du dossier » et de disculper Godard, selon lui, de cette accusation abusive, Godard étant victime d'une « démarche de disqualification de plus en plus courante en cette basse époque de police de l'art et de la pensée ». Dans son bloc-notes du *Point*, Bernard-Henri Lévy relate une série de projets, à chaque fois inaboutis, avec Jean-Luc Godard. Le philosophe évoque ainsi une fiction,

Réagissant à cette lettre, Bernard-Henri Lévy commente le dîner du 4 février 1999 :

> Puisque le film devait en être le remake, que s'y est-il au juste passé ? Je reprends mes notes de l'époque et y lis, en gros, ceci. Lanzmann dit à Godard que l'interview aux *Inrocks* l'a choqué ; qu'il n'a jamais, au grand jamais, songé à interdire quoi que ce soit ; et qu'il ne se sent, d'aucune manière, ce « partisan du texte » opposé à des « partisans de l'image » dont Godard serait le porte-étendard – avoir tourné des centaines d'heures de rushes, en avoir monté 9 et demie et se voir traité d'ennemi de l'image, « Vous êtes gonflé, Godard ! » Je dis, avance à son tour Bernard-Henri Lévy, que l'argument godardien recèle, sous ses dehors d'évidence et de gentil défi, une perversité supplémentaire : « Imaginons que, malgré le bon journaliste d'investigation, vous ne trouviez rien au bout de vingt ans ; que faudra-t-il en conclure ? Que les chambre à gaz n'ont pas existé ? Qu'il y a un doute, au moins, sur cette existence ? Quel étrange raisonnement… » Lui, Godard, nous répète son credo de toujours, sa religion du cinéma, c'est-à-dire du texte et de l'image indissolublement articulés ; il nous oppose, l'affinant au cours du repas, sa version du théorème hégélien que nous avions, en effet, bien entendu, mais qui est cela même qui jette le trouble (« Tout ce qui est réel est filmable, seul ce qui a été filmé est et demeure pleinement réel ») ; et, au soupçon d'apporter, ce faisant, de l'eau au moulin des faussaires, il répond que non, bien sûr, cela n'a rien à voir et qu'attendre du cinéma qu'il s'affronte à l'événement du siècle, le sommer d'en rendre compte avec ses moyens propres, insister qu'il serait au-dessous de lui-même et de ses devoirs s'il ne parvenait pas à s'acquitter de cette tâche et à donner forme à la chose dans sa langue et sa syntaxe, c'est juste rendre hommage au cinéma et rappeler combien nous sommes tous, cinéastes compris, les obligés, en la circonstance, de cette page unique de l'Histoire contemporaine. La discussion est animée mais

Au Cœur des ténèbres, tournée en Inde, où Godard en Brando crépusculaire aurait joué un Kurtz architecte dans une ville en ruines ; puis *Pas un dîner de gala*, débat sur la Shoah entre Lanzmann et Godard arbitré par lui-même ; enfin, pas plus tard qu'en 2006, un film-voyage en Israël, *Terre promise*, que devaient entreprendre le cinéaste et le philosophe, devant une caméra, projet qui échoua quand le premier proposa d'y adjoindre un troisième homme, Tariq Ramadan, ce que refusa le second.

> franche et amicale. C'est un vrai débat sur la question de la représentation, ou non, de la Shoah ; sur les pouvoirs de l'art et ses responsabilités ; sur le film même de Lanzmann, *Shoah*, dont je ne parviens pas à savoir si Godard l'a, ou non, intégralement vu mais dont il parle avec respect. Il y a aussi des moments drôles comme celui, à la toute fin, où Godard, en guise d'adieu, et s'étant senti, il me semble, intellectuellement dominé par Lanzmann, lance à celui-ci, qui ne sait comment la prendre, cette phrase curieuse : « Nous avons mis le même temps, vous pour tourner *Shoah*, moi pour *Histoire(s) du cinéma*. »

Par la suite, au cours des discussions préparatoires au projet *Pas un dîner de gala*, jamais les trois convives ne parviennent à reparler du fond de leur affaire, jamais plus ils ne se reparlent de la Shoah et de ses représentations. Mais de tout autre chose, oui, avec de plus en plus de crispation et d'agacement. Ce sera l'échec du projet, *in fine*. Une seule fois, selon le témoignage de Bernard-Henri Lévy, Godard aborde le sujet :

> [...] mais par la périphérie toujours, et même à reculons : une confidence sur son père qui était médecin à la Croix-Rouge et qui était « peut-être au courant pour les camps », un propos mâchonné sur cette « question » (toujours pas nommée – mais l'allusion, cette fois, est claire) qui n'a jamais, nous dit-il, cessé de l'occuper (« Elle m'obsède, je ne pense qu'à elle, j'arrête d'y penser, et puis je recommence d'y penser de manière insistante ») ; un air d'effroi quand Lanzmann, évoquant son amitié légendaire avec Alain Sarde, lui lance « Vous êtes complètement enjuivé Godard » et qu'il lui répond d'une voix soudain très faible et presque pitoyable : « Oh non, vous ne pouvez pas dire ça comme ça... »

Le projet est définitivement abandonné, après une demi-douzaine de rendez-vous laborieux, le 22 septembre 1999, dans le bureau de Jérôme Clément, président d'Arte, qui devait co-produire le film. Le film entre le parti des mots et le parti des images, dans la représentation de la Shoah, reste lettre morte.

NOTRE MUSIQUE : « POURQUOI SARAJEVO ? PARCE QUE LA PALESTINE. »

Dans *JLG/JLG, autoportrait de décembre,* en 1994, Godard travaille à son bureau, écrit le texte d'un film en cours, prend des notes, souligne au crayon à papier des extraits dans des livres ouverts. Il trace également un double schéma qui recompose l'étoile de David, symbole d'Israël, et illustre une sorte de paradoxe ironique que le cinéaste nomme « la loi de la stéréo dans l'histoire » : « Il y a eu l'Allemagne, qui a projeté Israël, et Israël a réfléchi cette projection, et Israël a trouvé sa croix. Israël a projeté le peuple palestinien, et le peuple palestinien, à son tour, a porté sa croix. »

Dix ans plus tard, ce sont ces paradoxes historiques qui occupent le cœur de *Notre musique*, le film que Godard tourne lors des Rencontres européennes du Livre du Centre André Malraux de Sarajevo. Une jeune journaliste israélienne de gauche prépare un reportage pour *Haaretz*, qu'elle définit ainsi : « Pourquoi Sarajevo ? Parce que la Palestine. » Godard lui-même, mis en scène lors d'une conférence, explore le champ israélien et le contrechamp palestinien des images de 1948. Le tout s'achève par un attentat-suicide simulé dans un cinéma en Israël.

Notre musique déclenche une nouvelle polémique, feutrée mais réelle, à propos de ces rapprochements entre la Shoah subie par les Juifs et la « Nakba » dont sont victimes les Palestiniens. À l'interrogation de Jean-Michel Frodon, dans les *Cahiers*, « Est-ce que tous les champs/contre-champs sont féconds ? », Godard répond :

> Je ne dis pas que la Shoah et la Nakba c'est pareil. Bien sûr que non ! C'est complètement idiot. Le champ et le contre-champ ne signifient pas une équivalence, une égalité, mais posent une question. La rhétorique officielle du cinéma a imposé ce genre de blocage de la pensée : il faut qu'un regard suive une orientation imposée. Tout le reste est interdit, et du coup, on ne peut plus réfléchir.

Et à la question de Serge Kaganski et Jean-Marc Lalanne dans les *Inrockuptibles*, « Donnez un exemple de "vrai" champ/contre-champ dans *Notre musique* ? », le cinéaste réplique :

> Il y en a un qu'on critiquera peut-être : quand je mets une photo de Juif déporté dans un camp où j'écris « juif », et deux images après, une photo de cadavre palestinien et j'écris « musulman ». Des gens me disent : « C'est dégueulasse, parce que l'histoire des Palestiniens, c'est pas l'holocauste des Juifs. » Mais si j'écris « musulman », c'est parce qu'à Auschwitz, les juifs les plus faibles étaient appelés les musulmans. Et puis Hollywood s'appelait La Mecque du cinéma.

En ce temps d'omniprésence de la mémoire de la Shoah, il est certain que les propos et les images de Godard – dont le sens n'a pas varié en trente-cinq ans (« Les Juifs font aux Arabes ce que les nazis ont fait aux Juifs ») –, dans un contexte qui, lui, a énormément évolué, ont valeur de provocation. Mais Godard est à la fois entêté, inflexible et fidèle à lui-même, car depuis le tournage de *Jusqu'à la victoire*, en 1970, la figure du « Juif » n'a pas varié d'un pouce chez lui : symbole par excellence de la victime devenue bourreau, ce Juif demeure une sorte de fatalité de l'histoire et de la pensée godardienne. D'une certaine façon, il doit mourir dans un camp pour que son destin s'accomplisse, celui de fonder un État par lequel il deviendra bourreau à son tour, bourreau de son propre Juif, le Palestinien, qu'il portait en lui-même quand il était victime de l'extermination sous le nom de musulman. Pour Godard, la Shoah se place donc au centre de l'histoire du XXe siècle (il est le contraire d'un négationniste), enclenchant une forme de malédiction : ce qui fut fondateur de l'État d'Israël devient immédiatement sa culpabilité, par un retournement paradoxal de l'histoire. Les Israéliens, en niant les Palestiniens, en occupant leur territoire, en les colonisant, se transforment en grands coupables. C'est ainsi que l'histoire se fait chez Godard, de malédiction en malédiction, de victime en victime, de si grands bourreaux pour de si grandes victimes.

La Shoah comme discriminant esthétique

Jean-Michel Frodon

L'interrogation critique nourrie par la référence à la Shoah dans le champ cinématographique suggère que cet événement opère comme point d'interrogation, de discrimination et de transgression par rapport aux normes esthétiques dominantes. On sait que c'est à propos d'un film qui se réfère à ce qu'on n'appelait pas encore la Shoah, *Kapo* de Gillo Pontecorvo, que Jacques Rivette écrit un texte qui servira ensuite à Serge Daney, et avec lui à plusieurs générations de critiques, à définir un horizon d'attente esthétique, éthique et politique vis-à-vis du cinéma dans son ensemble[1]. Pourtant le « sujet », ou le cadre historique dans lequel se situe le film de Pontecorvo, c'est-à-dire l'extermination des Juifs d'Europe, n'est pas du tout au centre de la réflexion de Rivette, qui aurait pu écrire la même chose à propos d'un film situé dans un tout autre contexte. Symétriquement, si le film *Shoah* de Claude Lanzmann est quant à lui entièrement conçu en rapport avec ce dont il traite (et qu'il amènera à nommer, en Europe au moins, « la Shoah »), ses partis pris esthétiques, ses procédures de mise en scène, son rapport au visible, son organisation des images et du son ont été très tôt reconnus comme geste décisif dans l'ordre de l'écriture cinématographique, comme repère majeur de la modernité de l'art du cinéma.

---

(1) Jacques Rivette, « De l'abjection », *Les Cahiers du cinéma*, n° 120, juin 1961 ; Serge Daney, « Le travelling de *Kapo* », *Trafic*, n° 4, automne 1992.

Il n'y a là nulle coïncidence. Même si Rivette ne problématise pas son interrogation quant à l'éthique de la mise en scène par rapport à la Shoah, même si Lanzmann s'est dédié éperdument aux seules exigences et possibilités d'un film prenant en compte l'ampleur et les singularités de l'extermination des Juifs par les nazis, les questions de représentation par le cinéma documentaire et de fiction ont été travaillées en rapport avec la Shoah plus que par n'importe quel autre enjeu historique ou thématique[2].

Ce phénomène est désormais bien connu et reconnu, même si ses implications et effets, aussi bien dans les films du passé que dans ceux tournés aujourd'hui, restent toujours à évaluer et à étudier, et le resteront indéfiniment. Ce qui est moins établi est la manière dont cette référence, le plus souvent implicite, aux exigences critiques envers la représentation cinématographique inspirée par la Shoah, affecte la définition de normes esthétiques concernant la totalité des films.

LE BON GOÛT ET LE JUSTE MILIEU

Il sera fait ici usage de deux types de notions, notions hétérogènes bien que se faisant directement écho. Ces notions sont *relatives* et *subjectives*, elles ne peuvent être quantifiées ni normées, elles n'en sont pas moins utiles pour comprendre des pratiques. Ces pratiques concernent tous ceux qui ont affaire avec le cinéma : les créateurs (réalisateurs au premier chef mais aussi scénaristes, producteurs, chefs opérateurs, monteurs...), les commentateurs (critiques, chercheurs, enseignants) et les spectateurs.

Le premier type de notions ici mobilisées renvoie à la distance à laquelle se situe chaque film par rapport à une norme narrative. Il y a une manière « classique », historiquement dominante, de raconter les histoires, de montrer des situations, de définir des personnages. Il y a une norme dans la façon de représenter une réalité qui peut parfaitement s'avouer comme fiction, et même comme fiction extrêmement fantaisiste, mais en se soumettant à des lois de vraisemblance qui rendent acceptables par le spectateur les péripéties les plus abracadabrantes. Un héros de film d'action peut sauter en plein vol d'un avion de combat sur le toit d'un camion citerne lancé à

(2) Cf. Jean-Michel Frodon (dir.), *Le Cinéma et la Shoah*, Paris, Cahiers du cinéma, 2007.

toute allure avec l'assentiment du spectateur si les conditions d'acceptation d'un tel acte ont été construites, mais si ce faisant ledit héros croise un lapin bleu sifflotant *La Marche turque* cela ne sera pas accepté par le spectateur, car cela dérogerait aux codes d'une « vraisemblance » qui n'a pas de rapport direct avec les lois du monde réel mais avec un système de représentation codé et partagé. Ce système normatif ne va pas de soi pour la fiction, même si nous sommes accoutumés à le trouver « naturel », si nous entendons parler d'une histoire « bien racontée » quand bien même ce qu'elle raconte est très loin du monde de tous les jours pour peu que la manière de raconter respecte des réquisits établis par tout un ensemble de pratiques. Ce système normatif est également à l'œuvre dans le documentaire[3], malgré la prétention de celui-ci à enregistrer la réalité : notamment par le montage et l'usage du son (et en particulier de la voix-off), le documentaire est susceptible de proposer des approches narratives très éloignées de la réalité, il suffit de songer par exemple à la plupart des documentaires animaliers destinés au grand public.

À ces notions de vraisemblance interne au dispositif cinématographique s'en ajoutent d'autres, encore plus générales, et qui relèvent d'une idée du « bon goût », principalement associée à une approche quantitative. Comme le « bon goût » est, bien plus encore que le bon sens, la chose au monde la mieux partagée, c'est-à-dire considérée comme allant de soi par chacun alors même que tout le monde n'y met pas la même chose, ce phénomène ne devient perceptible qu'à partir du moment où on prend en considération ses transgressions, dans les deux directions opposées de l'excès et du dénuement. L'immense majorité des productions cinématographiques respectent sans le dire un « juste milieu », la recherche d'un équilibre de leurs composants, quelle que soit la nature (narrative, plastique, technique...) de ceux-ci. Cela concerne également la réalisation des films, où règne en maître « l'idéal », c'est-à-dire aussi l'idéologie, de la *mise en scène invisible,* mot d'ordre revendiqué des maîtres réalisateurs du classicisme hollywoodien mais surtout norme acceptée de l'immense majorité des fabricants de films.

---

(3) On a fait ici le choix de reconduire la distinction entre fiction et documentaire pour sa capacité descriptive, même s'il est clair qu'il ne s'agit en aucun cas de catégories distinctes et encore moins opposées.

Ce juste milieu (dramaturgique) et ce bon goût (esthétique) sont mis au défi lorsqu'il s'agit d'affronter un événement dont l'ampleur tragique échappe à l'enchaînement des faits et des jours, y compris avec leurs multiples drames. Ce n'est pas ici le lieu de débattre de « l'unicité » de la Shoah, mais son exceptionnalité, partagée avec les autres massacres de masses qui scandent l'histoire humaine jusqu'à aujourd'hui, et sa singularité, c'est-à-dire tout ce qui la distingue, historiquement et philosophiquement, des autres massacres et génocides (qui eux-mêmes doivent être distingués les uns des autres), son exceptionnalité et sa singularité, donc, ne sont pas contestables. La question est ainsi posée à tous, mais notamment à ceux qui font des films, de prendre en compte ou pas cette exceptionnalité et cette singularité.

À l'égard des notions proposées précédemment, les réponses cinématographiques sont de trois types. La première, de très loin la plus massive, consiste à *ne pas prendre en compte* cette exceptionnalité et cette singularité. L'immense majorité des réalisations concernant la Shoah font du cinéma « comme si de rien n'était ». Les mêmes procédures narratives, les mêmes techniques de représentation, les mêmes relations de vraisemblance à un « supposé connu » partagé par l'ensemble des publics auxquels s'adresse le film. Cela n'a rien à voir avec le talent ou le savoir-faire du réalisateur, qui peut être un surdoué de la mise en scène comme Steven Spielberg ou Roman Polanski aussi bien qu'un tâcheron comme par exemple la signataire de *La Rafle,* Roselyne Bosch, ou le chef opérateur Lajos Koltaï indûment promu cinéaste pour porter à l'écran *Être sans destin*[4]. Ce ne sont que quelques exemples récents qui prouvent combien, après des décennies de débats, les mêmes erreurs, les mêmes bassesses, les mêmes complaisances demeurent praticables.

Cette option « centriste » soulève deux questions. La première est celle de la légitimité, de l'acceptabilité de traiter la Shoah en film, en spectacle, comme s'il s'agissait de n'importe quel sujet, de n'importe quel

---

(4) Pour une lecture très différente de ce film qu'elle considère comme un « essai » de Koltaï et Kertész, on lira avec profit l'analyse particulièrement documentée de Catherine Coquio dans ce volume (note des éditeurs).

Paul Wegener, *Der Golem (Le Golem)*, 1915
(photographie de plateau).

Sidney Lumet, *The Pawnbroker (Le Prêteur sur gages),* 1964 (photographie de plateau).

Sidney Lumet, *The Pawnbroker (Le Prêteur sur gages),* 1964 (photographie de plateau).

Andrzej Wajda, *Korczak*, 1990 (photographies de plateau).

PIERRE FRESNA
l'assassin
habite
au 21

Doktor

Quentin Tarantino, *Inglourious Basterds*, 2008.

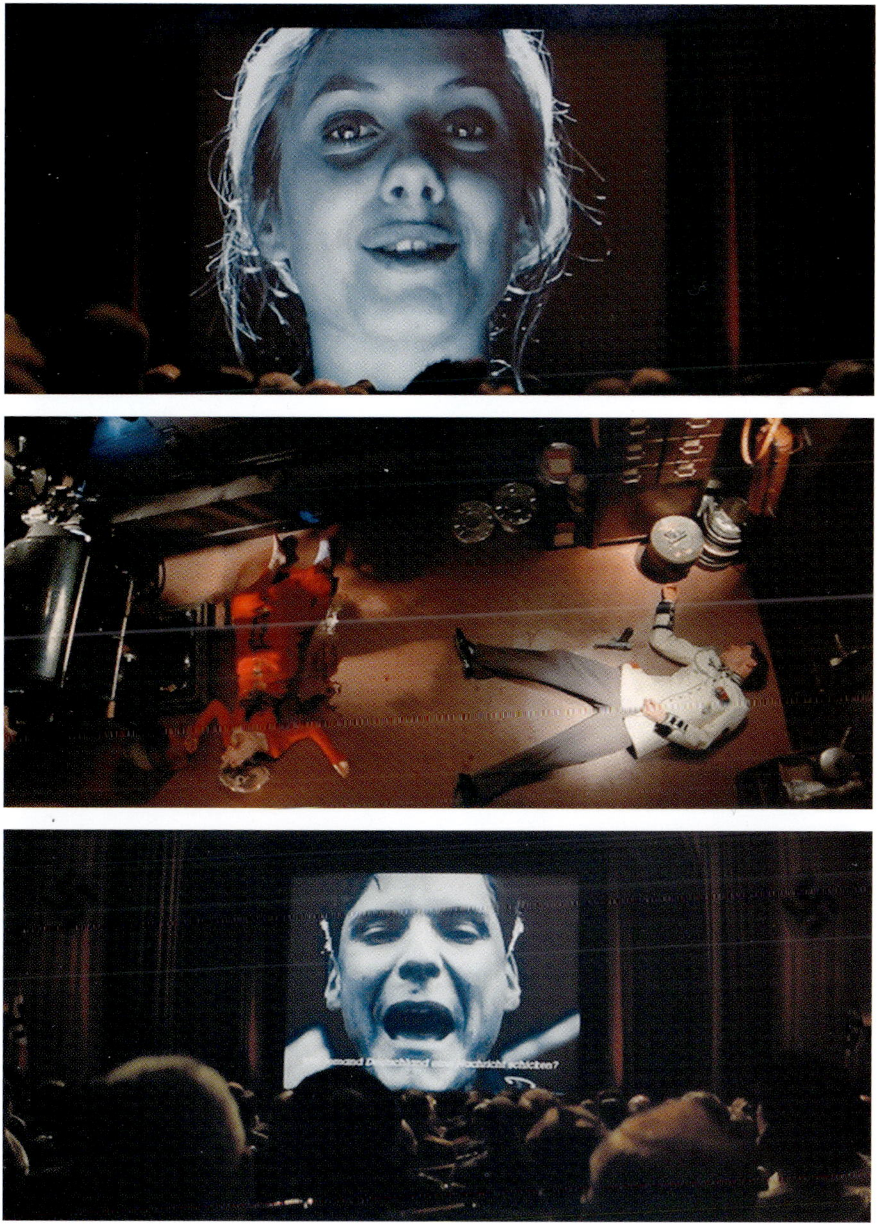

Costa-Gavras, *Amen*, 2002 (photographies de plateau).

Jean-Luc Godard,
Une femme mariée,
1964 (photographie
de plateau).

Alain Resnais, *Nuit et brouillard*, 1955 (photographie de tournage).

Gillo Pontecorvo, *Kapo*, 1960 (photographie de plateau).

événement. À l'exceptionnalité et la singularité de l'événement ne devrait-il pas correspondre celles de sa représentation ? La principale objection à une telle exigence est de nature commerciale, que redouble le cas échéant un argument « pédagogique ». L'argument est simple : le public est dérouté par les films qui s'écartent de la norme, il ne viendra pas voir un film qui ne s'y soumet pas. Le film sera donc un échec commercial et, de plus, si – comme c'est pratiquement toujours le cas avec les films en rapport avec la Shoah – ses auteurs et promoteurs revendiquent une valeur d'enseignement, cette mission éducative ne sera pas remplie s'il n'y a pas, ou pas beaucoup de spectateurs.

Cette question exemplifie, à propos d'un enjeu (la Shoah) dont la particularité est qu'il est impossible, ou en tout cas très difficile, de nier le caractère exceptionnel, et d'exceptionnelle gravité, l'éternel débat qu'on a l'habitude de définir comme l'affrontement entre art et industrie, qui est en fait le débat entre prééminence de la création et prééminence de la consommation. Pourtant il est possible, y compris avec des moyens industriels, de fabriquer un objet hors-norme et de se donner ensuite les moyens de le diffuser (de le vendre), mais c'est s'opposer frontalement à la logique qui part de la supposée attente du public (du marché) que la production aurait vocation à remplir. À cet égard, la référence à la Shoah radicalise à l'extrême un processus et une controverse qui travaillent en permanence la vie du cinéma : moins une opposition art/industrie qu'une rivalité de prééminence entre production et distribution.

De même la Shoah joue-t-elle un rôle de repère majeur dans une autre approche, qui, elle, interroge l'idée même d'« événement normal ». L'exceptionnalité et la singularité de l'événement Shoah ont justifié ou en tout cas puissamment renforcé une interrogation sur la manière de montrer et de raconter, interrogation qui peut ensuite s'étendre de proche en proche à tous les autres événements, y compris de l'ordre de l'intime et du quotidien.

Porté à incandescence par le caractère extrême de la Shoah, la question de la mise en scène et de ses implications éthiques (et le cas échéant politiques) est formulable à propos de tout conflit, de toute situation de violence, des rapports de pouvoir dans la société mais aussi dans un couple, des rapports amoureux, des relations familiales, etc. C'est alors l'idée même de norme narrative et représentationnelle qui est mise en crise, à partir de l'hypothèse que chaque situation, chaque scène devrait inventer ses règles de mise en scène, par opposition aux règles (de réalisation, de narration, de composition de l'image, d'organisation des informations, de rythme des séquences, etc.) qui formatent le cinéma tel qu'il se fait de manière archi-dominante.

La référence à la Shoah aura donc joué en la matière un double rôle critique, réinterrogeant particulièrement les films consacrés à ce sujet et offrant un point d'appui pour une interrogation beaucoup plus générale. En droit, l'exceptionnalité et la singularité de l'événement le qualifiaient pour jouer un tel rôle dans le cadre de toute construction descriptive et évocatrice, dans le domaine des autres arts (littérature, peinture, théâtre, photo), des autres médias (télévision, photojournalisme) et des autres modes de monstration, par le travail historien notamment. Mais si la Shoah est bien ce que Paul Ricœur appelle « un défi exemplaire[5] », en ce qu'elle cristallise « l'impossible adéquation des formes disponibles de figuration à la demande de vérité s'élevant au cœur de l'histoire vive[6] », le domaine où ce défi aura massivement été considéré de manière critique est celui du cinéma. Et s'il aura fini par s'étendre à d'autres pratiques, c'est pour l'essentiel sous l'influence de ce qui se sera joué à propos du cinéma, par exemple lors des controverses suscitées par la parution du roman *Les Bienveillantes* de Jonathan Littell[7]. Nul hasard à nouveau : nous savons combien la catastrophe anthropologique de l'extermination affrontait fondamentalement ce dont est fait le cinéma lui-même, l'enregistrement de la présence, et par excellence de la présence humaine[8]. Il était logique que ce soit dans le champ du cinéma que se joue l'essentiel des controverses quant aux manières narratives, descriptives ou symboliques de prendre en charge la Shoah.

---

(5) Paul Ricœur, *La Mémoire, l'histoire, l'oubli*, Paris, Seuil, collection « Points », 2000, p. 329.

(6) *Ibid.*, p. 337.

(7) Gallimard, 2006.

(8) Sur ce point, cf. notamment Georges Didi-Huberman, *Images malgré tout*, Paris, Éditions de Minuit, 2004.

LE DÉNUEMENT ET L'EXCÈS

Face à l'énorme continent des films choisissant, presque toujours sans se poser la question, de couler l'évocation de cet événement monstrueux dans une forme normalisée, il existe deux îlots composés d'œuvres échappant à cette soumission. On ne prétend pas ici que *tout* film échappant à la norme esthétique se situera inévitablement soit du côté du manque soit du côté de l'excès – *Le Dictateur* et *Nuit et brouillard* sont deux exemples de films capables d'inventer leur forme singulière en adéquation avec leur enjeu tout en échappant à cette alternative, mais ce sont des raretés – d'autant plus admirables. Il n'en reste pas moins que c'est bien par le parti du « moins » ou du « plus » par rapport au juste milieu évoqué précédemment, que la majorité des films ont défini leur forme.

Il faut pourtant se garder de l'effet de symétrie que suggèrent leurs stratégies, du côté du dénuement ou du côté de l'excès. Il existe en effet un coefficient éthique différent affecté à chacune de ces deux approches. Face à l'excès d'horreur, à la surenchère criminelle de la mise en œuvre de la « Solution finale », il y a une sorte de réflexe logique à prendre le parti de l'ascèse, de la quête d'un presque rien où tout vibre secrètement, quand il est reconnu que jamais la représentation ne pourra ni peut-être même ne devra être à la mesure de ce qu'elle entend représenter ou même évoquer. La quête devient alors celle d'un seul trait pour dire des millions de morts, d'une seule note pour invoquer une douleur infinie, d'une seule tache de couleur pour faire éprouver la terreur illimitée. C'est toute l'ambition de la sublimation en art, démultipliée à l'infini par le caractère insondable de l'abîme.

Et c'est, sur le terrain esthétique, l'implicite des critiques de la rhétorique habituelle de la mise en scène comme l'affirmation de partis-pris de réalisation cherchant à rompre avec cette rhétorique. Ce sera exemplairement le cas dans *Shoah*, qui se tourne naturellement du côté du « moins », de l'ascèse, de l'extrême retenue. Malgré ses neuf heures, la multiplicité des angles d'approche et l'immensité de son souffle, le film de Claude Lanzmann est tout entier habité par l'exigence radicale de tout ce qu'il ne serait pas admissible de faire, de montrer, d'utiliser. Et à leurs manières très différentes, d'autres films ayant inventé leur propre langage cinématographique pour tenter *en conscience* d'affronter ce sujet relèvent de la même dynamique. C'est par exemple le cas de *Notre Nazi* de Robert Kramer, de *Drancy Avenir* d'Arnaud Des Pallières, de *Voyages* d'Emmanuel Finkiel, de *Himmler Project* et *Land der Vernichtung* de Romuald Karmakar, de *Falkenau, vision de l'impossible* et *Sonderkommando Auschwitz-Birkenau* d'Emile Weiss, d'*East of Paradise* de Lech Kowalski et même, de manière emblématique, de *La Passagère* d'Andrzej Munk devenu de par son côté involontairement lacunaire, du fait de la mort du réalisateur durant le tournage, un archétype esthétique.

L'hypothèse sous-jacente est que la figure du « manque » pourrait seule faire écho à la fois à l'absence des six millions d'êtres assassinés et à l'abîme creusé dans l'idée même d'humanité, et l'ensemble des systèmes de valeurs sur lesquels une civilisation avait cru s'édifier. Ce « manque » essentiel se traduit alors dans les œuvres par d'innombrables figures du vide – manque de représentation, absence des visages et des corps, des mots et des signes, tous les processus que Gérard Wajcman a réuni dans *L'Objet du siècle*[9] pour en faire précisément l'écho (fût-il anticipé par Duchamp et Malevitch) de l'énigme insondable d'Auschwitz comme paradigme du XXe siècle.

Cette réponse par l'ascèse s'inscrit d'elle-même dans une des principales dimensions de la modernité cinématographique, sous le signe de « l'ellipse et l'éclipse » pour reprendre la belle formule de Patrice Rollet[10] à propos d'Antonioni. À son aspect « vertueux », dans un monde, le nôtre, où sont mécaniquement associées vertu et austérité, alors que l'abondance renvoie « naturellement » (en fait culturellement) au vice, la tendance esthétique fondée sur le dénuement ajoute le fait de s'inscrire ainsi avec les apparences de l'évidence parmi les signes de la modernité cinématographique, telle que de nombreux artistes l'ont pratiquée – de Robert Bresson à Philippe Garrel, de Michelangelo Antonioni à Hou Hsiao-hsien, de Tarkovski à Weerasethakul.

---

(9) Verdier, 1998.

(10) Patrice Rollet, *Passages à vide. Ellipses, éclipse, exils du cinéma*. Paris, POL, 2002.

Face à cette double consécration morale et esthétique du dénuement stylistique, la « tendance » opposée, celle de l'excès, a fort affaire. Elle possède pourtant elle aussi ses grands noms, au premier rang desquels figurent Pier Paolo Pasolini, exemplairement avec *Salo ou les 120 journées de Sodome* (1975) et Rainer Werner Fassbinder, auxquels j'adjoindrais volontiers Joao Cesar Monteiro, Carmelo Bene ou Marco Ferreri (et personne en France depuis la disparition d'Antonin Artaud). Mais les références de haut rang ne se trouvent pas dans la même position, au sein d'une approche plus « triviale », ou impure. En relation avec la Shoah, cette dernière se nourrit de l'hypothèse qu'il est possible de répondre à l'excès d'horreur perpétré par les nazis par d'autres excès, par un vertige d'accumulation qui peut concerner le grotesque des formes, le vertige des pulsions ou la surenchère des sentiments.

Cette approche possède un antécédent littéraire avec *Maison de poupée,* du survivant d'Auschwitz, Ka-tzetnik[11], qui suscita un malaise général, et un vif rejet en France. Les modalités d'une telle tendance sont très variées, et du scandale de *Portier de nuit* (Liliana Cavani, 1974) et l'interruption de tournage de *The Day the Clown Cried* (Jerry Lewis, 1972)[12] au rejet de *Mein Führer - Die wirklich wahrste Wahrheit über Adolf Hitler* (Dani Levy, 2007), on peut y observer ses trois figures dominantes, soit un excès de sexualité, un excès de dérision et un excès de sentiments. Les cas de procès en dissonance « indécente », voire « inadmissible » par rapport à la dimension tragique de l'événement ne manquent pas. Ils manquent d'autant moins que si on mentionne ici des titres ayant prétention à faire œuvre– souvenons nous aussi de *Pasqualino* de Lina Wertmüller (1975), qui mélangeait hardiment grotesque, sensualité « déplacée » et sentimentalisme –, la ligne de partage se révèle beaucoup moins nette avec des productions jouant sur des fantasmes sans rien construire en termes de compréhension ou d'interrogation, et qui n'ont cessé d'apparaître depuis la fin des années 1950, notamment dans les domaines du cinéma et de la bande dessinée, avec le cas extrême et singulier de la série de publications israé-

(11) Ka-tzetnik, *Beit ha-bubot*, Tel-Aviv, Dvir, 1953 ; *The House of Dolls*, New York, Simon and Schuster, 1955 pour la traduction américaine par Moshe M. Kohn ; *Maison de filles*, Paris, Gallimard, 1958 pour la traduction française par Francis Max.

(12) Cf. Jean-Michel Frodon "Jerry Made His Day" in Murray Pomerance (dir.) *The Last Laugh. Strange Humors in Cinema,* Wayne State University Press, 2013.

liennes *Stalag*, documentée par le film d'Ari Libsker *Stalags: Holocaust and Pornography in Israel* (2007).

Dans un autre ordre d'idée, la polysémie provocante du film *Don't Touch my Holocaust* d'Asher Tlalim (1994), analysée de manière détaillée par Omer Bartov, perturbe également la construction d'un espace sacralisé, placé sous le signe de manifestations de respect et de silence. Malgré tout ce qui les distingue, j'y ajouterais volontiers les deux films de Leo Hurwitz, *Strange Victory* (1947) et *The Museum and the Fury* (1956), pour leur manière d'incorporer les questions soulevées par la terreur nazie à des formes d'interrogations à l'échelle des siècles et des civilisations, dans une sorte de tourbillon de références où alternent vertige méta-historique et critique politique très ciblée (contre le capitalisme états-unien). On peut également considérer que l'usage – qui lui a été violemment reproché – que fait Jean-Luc Godard d'images référées à la Shoah, de *Ici et ailleurs* (1976) à *Histoire(s) du cinéma* (1988-2000), participe aussi de ce trouble, de cette volonté de faire parler, ou même de faire crier, par opposition au parti-pris de l'extrême retenue, des multiples procédures soustractives par rapport aux habitudes de la mise en scène classique.

Dans son inévitable profusion et confusion, dans son impureté et donc nécessairement dans ses dérives, ses impasses ou ses aberrations, cette approche excessive d'un phénomène historique posant aussi radicalement les questions de représentation et de narration ne saurait être mise sous le boisseau. La question concerne tout particulièrement la France, terre d'exigence critique et de soutien passionné aux aventures de la modernité du cinéma mais aussi pays de Claude Lanzmann, gardien ombrageux des codes esthétiques considérés comme acceptables sur le sujet, d'ailleurs pour des raisons à mes yeux on ne peut plus légitimes. La France, qui est si peu le pays de Sade et de Bataille, aura ainsi été par excellence le territoire à la fois où ces questions ont été le plus obstinément posées et débattues, et celui où aura joué le plus puissamment le réflexe ascétique et la réticence aux approches par l'excès.

Il est possible d'affirmer que cela est juste *et* insuffisant. Qu'on ne peut refuser d'aller voir encore et encore ce qui se joue aussi sur la face obscure, excessive, orgiaque, dionysiaque, des projets de constructions esthétiques, particulièrement dans le champ du cinéma, en relation avec la catastrophe des camps. Tout simplement parce que ce qui nie en chacun la pulsion, les puissances obscures du désir, n'aide pas à affronter la réalité dans toute sa complexité, y compris avec ce qu'elle recèle de trouble concernant chacun, ici et maintenant. Revendiquer cela ne dispensera jamais non plus d'y exercer comme ailleurs exigence éthique et vigilance critique, bien au contraire, mais en prenant en compte qu'il n'est pas, qu'il ne saurait y avoir de norme (« centriste »), ni même d'orientation (« ascétique »), qui nous libère d'une inquiétude sans fin face aux monstres qui toujours rôdent alentour de chacun et de nous tous, et à l'intérieur.

Ce texte est né à la suite d'un échange esquissé avec Christian Biet au cours de la table ronde « Théâtre et cinéma aux limites de la représentation » qui a clôturé le colloque. Je remercie C. Biet dont la féconde contradiction m'a aidé à poursuivre ma propre réflexion.

Autour de *La Question humaine* de Nicolas Klotz (2007)

Stéphane Bou

> *« Suffit-il d'invoquer la technique (ou le Capital) pour envisager le nazisme ? »*
> Philippe Lacoue-Labarthe[1]

La Question humaine de Nicolas Klotz (2007) peut être intégré à un corpus de quelques films, tous symptomatiquement réalisés la même année, en 2007, dans la séquence ouverte par le soixantième anniversaire de la commémoration de la libération d'Auschwitz, et qui posaient, chacun à sa manière, la question du sens et du devenir de la mémoire de la Shoah. Dans *Le Voyage de Primo Levi*, le documentariste Davide Ferrario, reprenait, soixante ans après l'auteur de *La Trêve*, la longue route sur laquelle celui-ci a été ballotté pendant six mois en Europe centrale avant de pouvoir retourner à Turin. Le film cherchait à enregistrer l'écho de l'événement aujourd'hui pour tenter de mesurer une histoire politique de l'Europe à partir de son souvenir. Dans *Et puis les touristes*, un jeune cinéaste allemand, Robert Thalheim auscultait le devenir touristique du camp d'Auschwitz-Birkenau et, comme s'il n'était plus physiquement possible de réaliser le travelling solitaire de Resnais dans *Nuit et brouillard* faisant d'Auschwitz un lieu déserté, le filmait comme ce « parc de l'Holocauste dont parle Kertész où se promènent des touristes zélés abîmés dans des méditations

(1) Philippe Lacoue-Labarthe, *Fictions du politique*, Paris, Christian Bourgois, 1988, p. 80.

philosophiques au milieu du vacarme de l'heure de pointe[2] ». Le propre du touriste, selon Thalheim, consisterait moins à visiter un lieu qu'à s'inscrire dans le mouvement d'une excursion collective dont l'objectif peut se dévitaliser. Le film voulait alors témoigner du risque d'une des formes de l'oubli les plus paradoxales, qui n'est pas forcément l'absence de tout souvenir, puisqu'il peut s'épanouir – comme perte d'une conscience authentique et vécue de l'événement – dans l'exercice même du rituel mémoriel. Ces deux films se posaient une même série de questions. À quelle distance historique d'Auschwitz notre monde contemporain se situe-t-il ? À quel temps appartient la Shoah ? Ce temps est-il le nôtre ? Comment comprendre la signification de la formule canonique « après Auschwitz » ? Le nom du camp symbolise-t-il un cauchemar historique dont le monde se serait alors réveillé ? Ou bien faut-il l'entendre, non pas comme la fin d'une Histoire, le passage du pire, mais comme son ouverture même ?

La Question humaine interrogeait aussi le rapport que la Shoah ouvre au temps qui est le nôtre, soixante ans après, et mettait pour cela en scène la prise de conscience d'un sujet solitaire qui se souvient de cet événement passé pour s'estimer progressivement appartenir à une réalité contemporaine qui s'y coagule. La mémoire de la Shoah sert à des fins esthético-politiques et l'on voit bien comment certains films ouvrent à une cinématographie du *Suave mari magno*, pour rassurer le spectateur qui regarde l'horreur de l'Histoire avec le soulagement de se voir appartenir à un temps pacifié ; tandis que, tout au contraire, d'autres veulent construire un usage critique de cette mémoire, à l'intention de « nous », qui, selon la conclusion fameuse de Jean Cayrol à la fin de *Nuit et Brouillard*, « feignons de croire que tout cela est d'un seul temps et d'un seul pays, et qui ne pensons pas à regarder autour de nous et qui n'entendons pas qu'on crie sans fin ». Dans le film de Nicolas Klotz, il faut que la Shoah serve à opérer une surveillance du présent. Elle doit dévoiler le point d'indexation à partir duquel c'est l'ordinaire du monde contemporain qui peut être suspecté de perpétuellement couver un nouveau monstre.

---

(2) Imre Kertész, « À qui appartient Auschwitz ? », *L'Holocauste comme culture*, Arles, Actes Sud, 2009, p. 154.

L'ENTREPRISE COMME LIEU DE MÉMOIRE DU GÉNOCIDE ?

Dans sa filmographie, Nicolas Klotz considère *La Question Humaine* comme le film qui, après *Paria* (2001) et *La Blessure* (2004), doit clore ce qu'il appelle, en hommage à Charlie Chaplin, sa « trilogie des Temps modernes ». Il s'agissait, selon sa formulation d'y « inscrire quelque chose du contemporain ». Pour lui, le cinéma est un art du présent – présent dont le « contemporain » serait comme le secret, l'atmosphère énigmatique, dont la pellicule chercherait à enregistrer quelques traces. *Paria* filmait des hommes exclus de la communauté sociale et sans domicile fixe. *La Blessure*, nouait plusieurs récits de demandeurs d'asile retenus dans la zone d'attente de Roissy. *La Question humaine* installe son action au cœur d'une grande entreprise. Malgré une différence absolument essentielle sur laquelle je reviendrai, ce dernier film est l'adaptation fidèle du livre éponyme de François Emmanuel[3] dont de très nombreux extraits sont littéralement repris pour constituer la voix-off introspective du personnage principal du film. Celui-ci, Simon Kessler (Mathieu Amalric) est un cadre supérieur, psychologue attaché à la direction des ressources humaines de la filiale française d'une multinationale allemande de pétrochimie, la SC FARB, où il est à la fois chargé de sélectionner le personnel le plus qualifié et de licencier celui dont la productivité est jugée insuffisante.

La Question humaine peut donc d'abord être reconnu comme appartenant au genre du « film d'entreprise », dans la lignée de *Ressources humaines* (1999) de Laurent Cantet, par exemple, *Violence des échanges en milieu tempéré* (2004) de Jean-Marc Moutout, ou *Sauf le respect que je vous dois* (2005) de Fabienne Godet, autant de films qui critiquent l'aliénation et la souffrance produites par le monde du travail, la domination des corps chosifiés soumis au dogme de la productivité, les exigences de rentabilité qui désindividualisent un sujet, n'en faisant plus que l'exemplaire d'une provision de travailleurs disponibles sur le marché du travail, plus ou moins apte à se conformer aux exigences de l'entreprise – ainsi que la froideur, l'aveuglement ou le cynisme des cadres se mettant au service de cette politique. Dans ce contexte, le film de Nicolas Klotz s'attarde avec

(3) François Emmanuel, *La Question humaine*, Paris, Stock, 2000.

beaucoup d'attention à faire transpirer l'inquiétante étrangeté d'un monde du travail froid et aseptisé, comme bizarrement dépeuplé. Le corps du cadre d'entreprise y est notamment ausculté comme le lieu d'une tension intenable entre les exigences de fonctionnalité auxquelles il doit se plier au service de l'entreprise et le retour du pulsionnel qui s'en saisit en dehors des heures de travail afin de décompenser. Le thème de la musique est ici insistant : entre déchaînement dionysiaque (les *rave parties* où les cadres vont décharger leur énergie vitale sur des textes apocalyptiques) et contrôle apollinien (les quatuors de Schubert qu'un dirigeant de l'entreprise souffre de ne pas interpréter correctement, victime de son souci de maîtrise).

Le point de départ de l'action coïncide avec le moment où l'un de ses supérieurs, Karl Rose (Jean-Pierre Kalfon), demande à Simon de faire une enquête confidentielle interne sur l'état mental du directeur général de l'entreprise, Mathias Jüst (Michael Lonsdale). D'où lui viennent son tourment, et peut-être sa folie ? Karl Rose soupçonne un état dépressif et se demande si l'homme est encore apte à tenir son rang dans la compagnie. À partir de là, *La Question humaine* se déploie comme un film-enquête assez traditionnel : un mystère à élucider, des secrets à lever et surtout, pour Simon, l'impression latente et progressive d'être au centre d'une machination qui le dépasse alors même qu'il s'y sent intimement impliqué. Mais si le film de Nicolas Klotz commence comme une fiction critique du monde de l'entreprise, il dépasse progressivement les limites habituelles du genre. Car il convient de renouveler les formes de la dénonciation traditionnellement produite en cherchant à révéler une profondeur historique du scandale socio-politique qu'il s'agit d'épingler. Et, sans que rien ne l'ait explicitement préparé, le scénario opère dans ce contexte une sorte de coup de théâtre thématique, quand la mémoire du nazisme et de la Shoah surgit au cœur de l'enquête de Simon, s'installant alors comme le thème principal du film.

Si *La Question humaine* relève encore d'une quête du « contemporain », son auteur entreprend aussi, à partir des images enregistrées au présent, de remonter le long de sa généalogie, de traquer l'Histoire qui le soutient et d'établir son archéologie. Le retour de cette mémoire opère comme une césure autour de laquelle le film se clive. Il est clivé horizontalement, diachroniquement, au sens où c'est à l'exact milieu du film que cette mémoire émerge. Mais, à partir de là, il est aussi clivé verticalement, dans son épaisseur synchronique pourrait-on dire, au sens où il s'agit de raccorder une image du présent avec le récit d'un passé qui le hante. Dans la collure effectuée par le film, Nicolas Klotz veut alors faire se lever l'idée d'une même séquence historique, d'une même contemporanéité intégrant à la fois « quelque chose » du nazisme exterminateur et « quelque chose » du capitalisme. Ce que ce montage des temps voudrait établir, c'est le fait d'une ressemblance ou d'une proximité fondamentale entre des phénomènes *a priori* différents par nature, mais permettant à Nicolas Klotz d'écrire néanmoins :

> On a envie d'inclure une scène de rafle dans le film. *La Question humaine* se présente comme pointe avant, comme déjà-là d'un passé concentré. Le présent n'est pas déconnecté du passé. Il n'y a pas l'histoire qui est le passé et le présent qui est là, déconnecté d'un passé qui serait passé. Le présent aussi passe. Quoi qu'espèrent nous faire croire les stratèges du libéralisme contemporain, le passé est fortement présent, puissamment présent de nos jours. Rafles. Une séquence de rafle comme citation contemporaine de l'histoire, comme répétition, variante des rafles direction camion à gaz. Quel échec, quel désespoir, quel aveu, serait le constat rassurant du « plus jamais ça ». Car il est en train d'accoucher d'un nouveau monstre[4].

On comprend que, outre la référence au réalisateur des *Temps modernes* et du *Dictateur*, le cinéaste revendique l'influence du Fritz Lang de la période allemande et de Jacques Tourneur. L'auteur de *M le Maudit* et de la série des Mabuse est admiré pour la capacité qu'on lui prête classiquement d'avoir su cadrer « quelque chose » de l'Allemagne nazie au moment de sa gestation. Jacques Tourneur est admiré pour son art du clair-obscur fantastique, où le visible est toujours pensé sous la menace de ce qui reste hors champ. Le contemporain n'est pensable ici que dans le mouvement qui mène de la considération du présent à celle d'un passé terrifiant tapi dans

(4) BiFi, Cinémathèque française, Archives N. Klotz, *La Question humaine*, Cahiers de tournage, décembre 2005-février 2006, f.5-6, cité par Antoine de Baecque : « L'histoire qui revient. La forme cinématographique de l'histoire dans *Caché* et *La Question humaine* », *Annales. Histoire, sciences sociales*, novembre-décembre 2008, n° 6, p. 1289.

son ombre qui désigne l'espace d'un danger qui pointe, la source d'une peur, la promesse d'une apparition monstrueuse.

Pour nourrir un tel projet – ouvrir les yeux de son spectateur sur une réalité cachée du « contemporain », sa monstruosité potentielle –, Nicolas Klotz, comme le rappelle Antoine de Baecque, s'est appuyé sur un « corpus théorique[5] ». Le générique de fin de son film fait figurer dans la liste des remerciements des noms de philosophes, sociologues ou historiens. Et dans les nombreux entretiens que le cinéaste et sa scénariste Élisabeth Perceval ont pu accorder à la sortie de leur film, amenés à devoir disserter sur le fond de la thèse engagée par le film, pouvaient régulièrement être cités, entre autres exemples, les travaux de Victor Klemperer, Hannah Arendt, Giorgio Agamben ou encore Zygmunt Bauman. Selon Antoine de Baecque, *La Question humaine* « propose une forme cinématographique à la thèse principale du livre [de ce dernier, *Modernité et Holocauste*[6]] .» Pour Nicolas Klotz, ce livre de 1989, traduit en français en 2002, révèlerait en effet « des possibilités cachées de la société moderne et du fonctionnement de l'économie libérale[7]. »

Insistant sur cette idée d'une filiation entre l'époque du nazisme et celle du capitalisme contemporain, d'un passage entre la profondeur d'un passé terrifiant qui agite la surface d'un monde présent apparemment anodin, l'historien Enzo Traverso, après avoir vu le film qu'il dit avoir beaucoup aimé, résume alors ainsi l'ambition de *La Question humaine* :

> Un film sur la Shoah est désormais « banal », mais une œuvre qui voit l'entreprise comme « lieu de mémoire » du génocide ne l'est pas ; encore moins un film qui s'interroge sur les fils qui relient l'extermination nazie – son langage, ses dispositifs techniques et ses structures mentales, disons son « anthropologie » – avec le capitalisme d'aujourd'hui précisément pour remettre en cause le présent. Mais c'est bien ce télescopage entre le

(5) *Ibid.*, p. 1292.

(6) *Ibid.*, p. 1290.

(7) Dossier de presse de *La Question humaine*, entretien avec Nicolas Klotz et Élisabeth Perceval, propos recueillis par Antoine de Baecque, p. 15.

passé et le présent, cette irruption du passé dans le présent, où ce dévoilement d'un passé qui est toujours là, qui est fructueux, car personne n'ose dire que l'*Amtsprache* d'Adolf Eichmann est très proche de la langue du Medef[8].

Question lancinante de la pensée contemporaine : faut-il penser Auschwitz dans son historicité close et comme événement « unique », ou bien comme paradigme, ouvert à la comparaison et pouvant « voisiner "démocratiquement"[9] » à côté de toutes sortes de phénomène de violences ? Enzo Traverso avait pu déjà fustiger un « mauvais usage du comparatisme [révélant] une sacralisation consternante de la singularité de la Shoah. Il s'agit d'une tendance, déjà énoncée avec force par Arno Mayer, à ériger un culte privé de la mémoire, dans le but d'en faire un "objet de commémoration, de lamentation et d'interprétation restrictive", en la soustrayant de telle façon à "la pensée critique et contexte"[10]. » Le film de Nicolas Klotz relèverait donc au contraire pour Enzo Traverso d'un bon usage du comparatisme.

Mais de quel événement la Shoah devient-elle le paradigme quand la comparaison rapproche des phénomènes de nature aussi distincte : un génocide et une réalité économique, aussi cruelle et condamnable soit-elle ?

L'idée sur laquelle repose le film est évidement polémique. Elle appelle le spectateur à se positionner par rapport à la controverse que le film anime. Cet usage-là, politique, d'une mémoire de la Shoah est-il adéquat ? La thèse selon laquelle on pourrait percevoir une analogie entre les procédures de la rationalité exterminatrice et celles du capitalisme est-elle supportable ? N'est-ce pas passer à côté, à la fois, de ce qu'est le capitalisme et de ce qu'est le nazisme ? N'est-ce pas banaliser celui-ci ? Telles

---

(8) BiFi, Cinémathèque française, Archives N. Klotz, Lettre d'E. Traverso à N. Klotz, s. d. cité par Antoine de Baecque : « L'histoire qui revient. La forme cinématographique de l'histoire dans *Caché* et *La Question humaine* », *Annales. Histoire, sciences sociales*, novembre-décembre 2008, n° 6, p. 1292.

(9) J'emprunte cette expression à Jean-François Bossy in *Enseigner la Shoah à l'âge démocratique*, Paris, Armand Colin, 2007, p. 44.

(10) Enzo Traverso, « La singularité d'Auschwitz », in Catherine Coquio (dir.), *Parler des camps, penser les génocides*, Paris, Albin Michel, 1999, p. 136.

sont quelques-unes des questions qui ont agité beaucoup de critiques au moment de la sortie en salle de *La Question humaine*. Soulevées par la perspective que nous soyons en effet avec ce film en présence d'un film à thèse problématique, ces questions sont pertinentes, mais il me semble qu'il faille d'abord en passer par une autre, qui tient au genre du film, et se demander ce qui rend possible qu'un récit qui commence comme une fiction critique classique du monde de l'entreprise finisse par accueillir un tel retour de mémoire du nazisme et de la Shoah ? À quel titre y est-elle requise ?

LA SHOAH COMME REFOULÉ D'UNE BARBARIE CONTEMPORAINE ?

L'actualisation de cette mémoire du nazisme et de la Shoah opérée par le film, parce qu'elle n'est pas homogène, il faut bien en suivre la logique. Premier temps : le film révèle l'héritage nazi des dirigeants de la SC Farb – nom derrière lequel on entend, bien sûr, celui d'IG Farben. Lors d'une rencontre entre le cadre supérieur-psychologue Simon Kessler et son directeur général, Mathias Jüst, ce dernier finit par lui dire qu'il a parfaitement conscience de faire l'objet d'une enquête et révèle par la même occasion une face cachée de celui qui la lui a commandée. Karl Rose s'appellerait en vérité Karl Kraus, c'est un enfant du *Lebensborn* élevé par une famille nostalgique du nazisme qui, non seulement nourrirait des liens avec un groupuscule d'extrême droite, mais financerait une milice paramilitaire. Jüst affirme avoir des preuves incontestables de ce qu'il avance et laisse entendre que c'est la possession de ce savoir qui explique la surveillance dont il fait l'objet. Les interrogations sur Mathias Jüst, sa supposée maladie, l'énigme de sa mélancolie, se doublent désormais d'autres interrogations, plus intrigantes encore, concernant l'identité véritable de Karl Rose et cette fidélité généalogique au nazisme dont on l'accuse.

Ce premier coup de théâtre est vite suivi d'un second, qui actualise à nouveau une mémoire du nazisme, mais pour le coup désormais directement coordonnée à la Shoah. Après une tentative de suicide manquée de Jüst, Simon apprend en effet que le père de ce dernier fut directement impliqué dans l'extermination des Juifs. Jüst est aussi le nom (historiquement authentique) de l'homme ayant signé la rédaction d'une note technique en 1942 commentant froidement, dans le langage neutre de l'ingénierie technique, les meurtres commis dans les camions à gaz à Chelmno. S'opposent à ce point du film deux figures de l'héritage nazi : un fils qui le revendique et chercherait à le faire fructifier ; un autre qui, malgré son refus d'accepter la réalité, ne parvient pas à l'assumer et en devient fou. À ce stade, l'enquête de Simon révèlerait le secret d'un conflit entre deux hommes portant sur leurs manières antagoniques de reconnaître leur filiation. Surtout, le spectre d'un complot, au centre duquel se tiendrait Karl Rose et dont la SC FARB pourrait être un des lieux, se dessine.

À partir de là, le spectateur est tout prêt de penser que le film pourrait basculer dans une sorte de thriller conspirationniste sophistiqué revisité par le cinéma d'auteur français, un peu comme ce que fut *La Sentinelle* d'Arnaud Desplechin – film d'ailleurs à bien des égards proche de *La Question humaine*. Ce n'est pas vraiment le cas. Mais si le film de Nicolas Klotz part dans une autre direction, il n'est pas faux de dire que *La Question humaine* s'inscrit à sa manière dans la tradition de ces films, qui ont souvent pris pour moteur scénaristique le scénario de la traque du criminel nazi évaporé après-guerre, évoquant quelquefois les efforts d'une poignée de bourreaux survivants pour raviver le Reich ou montrant comment ceux-ci se retrouvent à la tête de grandes compagnies, s'intégrant parfaitement au monde capitaliste, faisant prospérer des fortunes qui se sont construites pendant la guerre. D'ailleurs, pour Nicolas Klotz, « le pouvoir dans l'entreprise, comme dans la société libérale, reste toujours du côté des vieux : ceux qui ont une histoire, ceux qui ont tué dans l'histoire, qui ont du sang sur les mains et font du meurtre et de l'élimination leur pouvoir[11] ». Dans *Le Pacte Holcroft*, film réalisé par John Frankenheimer en 1985 – que je cite pour exemple ici parce que Michael Lonsdale y joue un rôle trente ans avant de paraître au casting de *La Question humaine* –, un fils hérite de son père une fortune colossale au moment où il découvre le passé d'ancien nazi de ce dernier et tout l'enjeu consiste pour lui à symboliquement racheter une faute dont il endosse la responsabilité en évitant que cet argent ne tombe entre les mains de néonazis qui le convoitent. Que reste-t-il du nazisme – ses hommes, ses entreprises, son argent – une fois la guerre terminée et celui-ci supposé sorti de l'histoire ? Comment les criminels d'hier se sont-ils fondus

(11) Dossier de presse, propos recueillis par Antoine de Baecque, *op. cit.*, p. 8.

dans le monde d'après ? Quel héritage transmettent-ils ? *Le Pacte Holcroft* ou encore *Marathon Man*, *Le Dossier Odessa,* tous ces films traitent aussi d'un « passé qui hante le présent ». Ils sont, comme *La Question humaine*, travaillés par l'idée d'une rémanence nazie ou, ce qui revient au même, d'une dénazification jamais terminée et à toujours reprendre. Karl Rose, l'homme qui assume sa filiation, ayant demandé à Simon de surveiller Jüst, est un avatar de ces personnages de thriller auxquels il faudrait pouvoir retirer leur masque d'homme ordinaire des sociétés modernes afin de montrer que si le régime nazi n'existe plus, son héritage empoisonné n'est pas mort. Le personnage de Rankin interprété par Welles dans *Le Criminel* (1945), présenté comme un des concepteurs de la Solution finale et parfaitement à l'aise sous son masque de professeur bien intégré dans la petite ville tranquille du Connecticut qui l'emploie, est à ce titre fondateur.

Le texte de la note technique de 1942 signé Jüst, Claude Lanzmann le lit intégralement à la fin de la première époque de Shoah en voix-off tandis qu'il filme des usines depuis l'autoroute qui longe les sites industriels de la Ruhr et s'attarde sur l'image d'un camion de la marque Saurer – manière de témoigner d'une continuité économique allemande qui a survécu à la chute du nazisme. Nicolas Klotz emprunte ce motif : tout au long de son film, il insère, comme des virgules dans son récit, des plans d'usines dont les cheminées exfiltrent leur fumée – plans grâce auxquels il va s'agir de faire passer le souvenir de l'extermination avec des images actuelles. Mais la lecture fiévreuse de la note technique que fait le personnage interprété par Mathieu Amalric contraste avec celle, neutre et implacable, de Claude Lanzmann. Cette lecture agit sur lui comme une sorte d'excitant nerveux. C'est que *La Question humaine* veut raconter l'histoire d'un homme dont le savoir qu'il a de la Shoah change de qualité. Cette mémoire, désormais, l'envahit et l'obsède, et provoque un bouleversement de tout son être, de toutes ses perceptions. Et c'est une nouvelle bifurcation opérée dans le récit qui, déplaçant les perspectives engagées jusque-là, doit rendre compte des raisons de ce bouleversement.

Simon reçoit des lettres anonymes, montages de textes entremêlant celui de la note de Jüst (le père) rédigée en 1942 avec d'autres textes tirés de manuels de gestion humaine en entreprise. Ce rébus – qui reprend littéralement une phrase de Zygmunt Bauman dans *Modernité et Holocauste* : « L'histoire de l'organisation de l'holocauste pourrait devenir un manuel de gestion scientifique[12] » – n'est pas très difficile à déchiffrer. Le nazisme et le capitalisme auraient tous les deux recours à une même langue technique, qui « invisibilise » ce dont elle parle : les hommes y étant référés comme une matière à traiter (rappelons-nous du propos d'Enzo Traverso affirmant la proximité de « *l'Amtsprache* d'Adolf Eichmann [avec] la langue du Medef »). Ce travail d'une même langue administrative, bureaucratique, ultra rationnelle, montrée comme une opération de camouflage de la réalité à laquelle il se réfère – il y a une sorte de conspiration du langage – devient le symbole même des affinités entre les opérations mises en œuvre pour exterminer les Juifs d'Europe et celles d'un management réduisant les hommes à n'être qu'un rouage d'un système dans lequel ils peuvent apparaître comme des obstacles freinant sa productivité. Là s'enclenche le deuxième temps de la dynamique d'actualisation de la mémoire du nazisme et de la Shoah. L'enquête n'accouche pas seulement du secret concernant les dirigeants de la SC Farb et leur filiation avec le nazisme. Il faut qu'elle revienne aussi au titre d'un retour du refoulé des pratiques déshumanisantes de l'entreprise elle-même. Pour le dire selon les termes de Nicolas Klotz :

> Quand l'Histoire s'infiltre peu à peu dans le cerveau de Simon, quand il découvre la langue de l'extermination, celle qui lui revient insidieusement, par en dessous, depuis la guerre, alors peu à peu il hallucine sur sa fonction dans le système libéral et bouleversé s'interroge : suis-je un fasciste d'aujourd'hui, quand mon travail consiste à éliminer, à liquider, à dégraisser, à transformer l'autre en déchet ?[13]

Pour Simon, tous les signes actuels du monde convergent désormais vers ce souvenir qui en contamine la perception. La Shoah devient matrice du regard, sa mémoire devient projection, projection d'une horreur du passé sur les images actuelles du monde. Et le film est en mesure de « dire ce que personne n'ose dire », comme le suggère Enzo Traverso.

---

(12) Zygmunt Bauman, *Modernité et holocauste*, Paris, La Fabrique, 2002, p. 244.

(13) Dossier de presse, propos recueillis par Antoine de Baecque, *op. cit.*, p. 8.

Ce rébus, dont le déchiffrement lui est apparu comme une révélation, a été envoyé à Simon par un certain Arie Neuman (Lou Castel), qui apparaît au cours d'un dialogue à la toute fin du film. Ancien employé de la SC Farb licencié, c'est le fils d'un SS employé au service de l'extermination et la troisième figure de l'héritage nazi proposée par le film. Contrairement aux deux autres, il est celui qui aurait assimilé la leçon de l'Histoire et de l'actualité et dévoile les fils qui les relient. Fils d'un bourreau, mais en même temps victime du système économique, c'est par lui que passe la synthèse du corpus théorique sur lequel s'appuie le film. Il est montré comme une figure de père vaincu et, à la fois, de sage professant la vérité de l'époque. Il est le personnage du film qui doit permettre à Simon de se révéler à lui-même et d'opérer une conversion du regard sur le monde et l'existence qu'il y mène. En ce sens, *La Question humaine* raconte l'histoire d'un homme bouleversé par l'analogie qu'on lui propose et ce qui le traumatise, c'est la Shoah, mais en tant qu'elle lui révélerait la vérité du système dont il est le serviteur. S'il s'acquittait sans état d'âme de ses missions et s'évertuait à en justifier la nécessité, Simon est donc amené à se percevoir désormais comme le vecteur inconscient ou manipulé d'un système qui s'évertue à normaliser une idéologie inhumaine ou déshumanisante – une idéologie ou « la question humaine » est devenue subalterne face aux exigences de la rentabilité économique. Envahi par le dégoût, au bord de devenir fou, il décide finalement de changer de vie. Les films d'entreprise opposent en général une humanité qui collabore avec le « système » à une autre qui le conteste et lui résiste. Dans ce cadre, il s'agit alors de montrer comment peut passer dans le bon camp un personnage percevant enfin le « fascisme ordinaire » ou le « totalitarisme *soft* » propre au monde du travail (pour utiliser ici des oxymorons bien ancrés dans une certaine langue médiatique).

Là se trouve sans doute le motif principal de *La Question humaine*, qui met en scène le progressif dérèglement, psychologique, somatique de Simon Kessler et se donne finalement comme le récit d'une désaliénation. Voire d'un exorcisme, si l'on considère la manière avec laquelle Élisabeth Perceval, la scénariste du film, résume l'itinéraire de son personnage dans le dossier de presse du film :

> Simon prend peu à peu conscience qu'il abrite deux hommes en lui, dans son corps de jeune cadre aux normes : un tueur qu'il ignorait, et un humain qui prend progressivement le dessus, quand tout se dérègle, quand il s'historicise, quand il tombe malade en fait. Malade de l'Histoire[14].

La Question humaine s'inscrit alors dans la tradition de ce que la critique et la théorie américaines thématisent comme « fiction post-traumatique » – employant d'ailleurs parfois cette dénomination comme celle du cadre englobant le « cinéma de l'Holocauste[15] » – quand bien même le récit du trauma et de la hantise ne concerne pas ici un témoin rescapé de l'événement mais semble pouvoir saisir n'importe quel homme qui vient *après*. Le personnage interprété par Mathieu Amalric, avatar « contemporain » appartenant à la lignée des personnages de grands traumatisés comme celui interprété par Rod Steiger dans *The Pawnbroker* de Sydney Lumet ou par Ron Silver dans *Enemies : A Love Story* de Paul Mazursky autant de personnages subissant les hallucinations intempestives de leur douloureux passé. « À qui appartient Auschwitz ? » s'est demandé Kertész. À qui appartiennent la mémoire et le traumatisme de la Shoah ? Le fait est : Simon, qui hallucine des scènes de guerre, s'en empare. La fiction de Nicolas Klotz leur donne un rôle déterminant dans le récit de l'émancipation au terme de laquelle il refuse de persévérer davantage dans son rôle d'opérateur discipliné du système de domination dont le film s'emploie à faire la critique. À la fin du livre de François Emmanuel, plus explicite ici que ne l'est son adaptation, le psychologue confesse sa satisfaction d'« être désormais aux marges du monde » avec son nouvel emploi dans une maison pour autiste – emploi qu'il définit comme son « acte de résistance intime à Tiergarten 4[16] ». La disjonction temporelle induite par cette phrase où l'on se déclare résister aujourd'hui à un programme meurtrier ayant été perpétré hier est peut-être le meilleur signe du montage temporel opéré à partir du nazisme en vue de produire une critique politique du *contemporain*.

---

(14) Dossier de presse, propos recueillis par Antoine de Baecque, *op. cit.*, p. 8.

(15) Cf. Stuart Liebman, « Historiographie et cinéma de l'Holocauste », Jean-Michel Frodon (dir.), *Le cinéma et la Shoah, un art à l'épreuve de la tragédie*, Paris, Édition des Cahiers du cinéma, 2007, p. 241.

(16) François Emmanuel, *La Question humaine*, Paris, Stock, 2000, p. 105.

« ON VOULAIT QUE CE SOIT "LA QUESTION HUMAINE" ET NON PAS "LA QUESTION JUIVE" »

Au moment de la sortie du film, une des tendances lourdes des critiques qui défendaient le film reconnaissait ce que la thèse, si elle était mal comprise, pouvait avoir de scandaleux. Dans la mesure où personne ne peut raisonnablement aller jusqu'au bout de la comparaison entre une extermination planifiée et la violence socio-économique contemporaine, il s'agissait donc aussi de la filtrer, d'essayer d'expliciter le jeu analogique produit par le film. Argumentaire fréquent : oui, il y a une ressemblance ; mais attention, ce n'est bien sûr pas la même chose ; l'analogie joue, non pas sur la cause finale des opérations (les meurtres), mais sur la cause matérielle (un certain nombre de procédures les rendant possibles). Ce fréquent souci de mise au point témoignait de l'instabilité de la thèse du film. Liée à une disproportion fondamentale entre les termes de la ressemblance, cette instabilité est quelquefois repérable dans les propos même de Nicolas Klotz. On se souvient de ses notes préparatoires que j'ai déjà citées : « Une séquence de rafle comme citation contemporaine de l'histoire, comme répétition, variante des rafles direction camion à gaz. » Antoine de Baecque cite dans son article la réponse de Nicolas Klotz à un critique contestant sa démarche comparative : « À aucun moment le film ne cherche à mettre sur le même plan la détection des clandestins africains et l'extermination des Juifs dans les camions à gaz. Cela serait tout à fait stupide[17]. » « Répétition et variante » d'un côté, et refus de considérer un « même plan » de l'autre. Cette oscillation traduit bien la difficulté de marquer une différence ferme entre le constat d'une ressemblance, d'une proximité et l'affirmation d'une similitude essentielle, d'une identité. Où placer le curseur de la comparaison ? Quelle est la limite où celle-ci répond à une exigence herméneutique légitime et au-delà de laquelle elle devient délirante ? S'il y a proximité entre l'*Amtsprache* d'Adolf Eichmann et la langue du Medef qu'en conclure sur les finalités et les résultats respectifs de leur opération ?

---

(17) BiFi, Cinémathèque française, Archives N. Klotz, Lettre de N. Klotz à A. Schweitzer, s. d. Cité par Antoine de Baecque : « L'histoire qui revient. La forme cinématographique de l'histoire dans *Caché* et *La Question humaine* », *Annales. Histoire, sciences sociales*, novembre-décembre 2008, n° 6, p. 1292.

En fait, tout se passe comme si la pratique perpétuelle d'une telle analogie s'accompagnait d'un déni perpétuel de cette analogie. Sous la pression d'un questionnement sur leur travail tissant un lien entre l'extermination nazie avec le capitalisme d'aujourd'hui, les auteurs de *La Question humaine* évoquent toujours « la proximité » établie et non « l'identité ». Comme veut le préciser Élisabeth Perceval : « Il est effectivement fait un rapport de proximité et, je répète, absolument pas d'identité (ou de "comparaisons"), avec d'autres formes de technologies modernes qui s'appliquent au contrôle de l'humain et à sa destruction aujourd'hui[18]. » Et cette référence à « la proximité », plutôt qu'à « l'identité », permet de revendiquer l'affirmation d'un droit à la subjectivité du regard. Elle revient à s'octroyer quelque chose comme une licence d'artiste.

> Il ne s'agit pas d'expliquer le contemporain par la Shoah, précise finalement Nicolas Klotz, mais de tenter de percevoir des résurgences, des projections qui participent au contemporain selon des formes très particulières qui ne sont plus celles du monde des années 1940. C'est très important de ne pas enfermer cette question dans les pièges de la réponse. Le cinéma ne donne heureusement aucune réponse, aucune solution. Il représente[19].

Au nom de ces « résurgences » et « projections » à percevoir dont parle Nicolas Klotz, comment la Shoah doit-elle alors être saisie dans le contexte du film ?

Il faut évoquer le point qui touche à la seule différence, mais essentielle, entre le livre et son adaptation. À la toute fin du récit de François Emmanuel, un ultime coup de théâtre était en effet provoqué quand le lecteur apprenait que Simon était juif. Cette révélation était faite d'une manière laissant entendre qu'elle succédait à une « dissimulation » – le mot est dans le texte – de Simon sur sa filiation. À ce titre, le récit de François Emmanuel pouvait d'ailleurs aussi apparaître comme celui d'une anamnèse

---

(18) Dossier pédagogique pour lycéens et apprentis au cinéma, *La Question humaine*, « Lettres pour un débat. Lettre 1 : "C'est l'aveuglement face au monde qui me semble dangereux, pas le film" », p. 30.

(19) Dossier de presse, propos recueillis par Antoine de Baecque, *op. cit.*, p. 8.

de sa « judéïté » – autre mot présent dans le texte. Or, cette précision est totalement gommée dans le film. À la question qui demande aux auteurs du film les raisons de cette oblitération, Nicolas Klotz répond :

> Il s'est passé quelque chose qui a réduit considérablement la portée de la Shoah en en faisant une histoire entre Hitler et les Juifs. On ne peut pas la réduire à ça. La Shoah est l'invention de la société industrielle. La société industrielle, à travers la Shoah, a montré qu'on pouvait organiser à l'échelle européenne une fabrique de production de cadavres en décrétant que les matériaux de cette fabrication seraient des matériaux juifs. La société industrielle continue et on peut tout à fait imaginer que ça a représenté une mutation dans l'histoire de l'humanité, cette affaire, et qu'on peut fabriquer du cadavre avec d'autre matériaux qu'avec du matériau juif. On ne peut pas déconnecter la responsabilité du capitalisme avec ce que la Shoah a permis d'inaugurer et d'imposer à l'humanité dans son ensemble[20].

Pour envisager le nazisme, il suffirait donc d'invoquer la technique et le Capital et, à l'instar de Zygmunt Bauman tel que le discute Yehuda Bauer dans *Repenser l'Holocauste*, « [réfuter] l'interprétation selon laquelle l'Holocauste est le résultat de l'antisémitisme[21] ». Pour Bauer, la « modernité » telle que la décrit Bauman, « agit en monstre doué d'une volonté propre[22]. » Pourquoi les Juifs ? Cette question, dans l'idée de la Shoah que nécessite son usage dans *La Question humaine*, est tenue pour non pertinente. Les Juifs doivent être perçus comme les représentants de l'humanité tout entière. Élisabeth Perceval : « On voulait que ce soit "la question humain" et non pas "la question juive"[23]. » Dans la toute dernière séquence du récit, Simon redonne des noms à ceux que les camions de Chelmno ont assassiné anonymement. François Emmanuel fait se succéder une série de prénoms exclusivement juifs : Moshe, Amos, Hannah, She-

(20) Entretien avec Nicolas Klotz et Élisabeth Perceval, propos recueillis par Stéphane Bou et Jean-Baptiste Thoret, *Charlie Hebdo*, 12 septembre 2007, n° 795, p. 12-13.

(21) Yehuda Bauer, *Repenser l'Holocauste*, Paris, Autrement, 2002, p. 85.

(22) *Ibid.*, p. 86.

(23) Entretien avec Nicolas Klotz et Élisabeth Perceval, propos recueillis par Stéphane Bou et Jean-Baptiste Thoret, *Charlie Hebdo*, 12 septembre 2007, n° 795, p. 12-13.

muel...[24] Dans le film, cette série accueille d'autres noms devant briser cette unité, Robert, Armand, Miguel... Le sociologue Danny Trom, dans son livre *La Promesse et l'obstacle. La Gauche radicale et le problème juif*, donne une explication possible à la volonté d'opérer un tel glissement : « À la question de savoir "ce qui reste d'Auschwitz", qui est curieusement venu exprimer le mode sur lequel la critique radicale se figure ses déceptions et ses espoirs, la critique sociale répond "rien" en tant que c'est arrivé aux Juifs, "tout" en tant que c'est arrivé à quiconque[25]. »

LA MÉMOIRE DE LA SHOAH COMME LEVIER D'UN APPEL À L'INDIGNATION

Comment trancher entre ceux qui refusent l'idée d'une analogie entre le nazisme et le capitalisme et dénoncent une banalisation de la Shoah et ceux qui acceptent l'idée de cette analogie et s'insurgent contre une sacralisation de la Shoah tenue pour judéo-centrée ? Posé en ces termes, le débat se contente d'opposer des camps qui ne font valoir que leurs propres motifs et dévaluent les intentions qu'ils prêtent à leurs adversaires. Mieux vaut le prendre par un autre biais et se demander : en quoi cette critique radicale du monde contemporain produite par *La Question humaine* ressent-elle au fond le besoin ou la nécessité de se référer au nazisme et à la Shoah pour en faire un argument utilisé dans le cadre d'une dénonciation des formes modernes de la domination ? *La Question humaine*, en cherchant à révéler une archéologie susceptible de rendre compte de l'énormité du scandale socio-politique, veut précisément renouveler les formes de la dénonciation traditionnellement produite par les fictions critiques du monde de l'entreprise et du système économique libéral. Ce renouvellement participe de la radicalisation ultime de la critique d'un monde contemporain tenu pour ontologiquement et aveuglément criminel. C'est à la « lumière fossile » (l'expression est de Nicolas Klotz) de la Shoah que devrait alors pouvoir devenir visible le processus de *modernisation* pensée comme guerre économique totale, laquelle, selon Nicolas Klotz, « a des effets sur les conquêtes de territoire, les conquêtes financières, etc. Le totalitarisme des actionnaires

(24) *La Question humaine*, *op. cit.*, p. 103.

(25) Danny Trom, *La Promesse et l'obstacle. La Gauche radicale et le problème juif*, Paris, Cerf, 2007, p. 245.

épuise l'humanité et produit un nombre grandissant d'êtres humains considérés comme superflus[26]. » Pour le cinéaste : « Il faut critiquer les dérives du capitalisme, ses meurtres quotidiens, ses guerres contre une immense partie de l'humanité. Je pense qu'il est en train de devenir également un totalitarisme – à l'échelle mondiale[27]. »

On a vu comment le récit s'inscrivait un temps dans la tradition de ces films de genre travaillés par la question de la dénazification et où il s'agissait de démasquer d'anciens criminels cachés. S'il abandonne finalement cette piste et n'a plus besoin des rescapés du régime ou de leurs héritiers pour localiser le mal à extraire, c'est parce que le poison a été inoculé à la réalité toute entière et que le mal ne peut plus être extrait. C'est, en effet, « le monde » qui est condamnable. Au critique lui disant craindre que le film ne banalise le nazisme, Élisabeth Perceval répond dans une lettre qui figure dans le dossier pédagogique du film donné à des lycéens « [ce reproche] se raccroche à un discours [qu'elle] connaît par cœur, celui d'une certaine bonne conscience bien-pensante française qui refuse de voir et d'entendre, de prendre position face à la monstruosité du monde qui se déchaîne sous nos yeux.[28] » Dans cette configuration, on comprend que les Juifs, oblitérés dans le film comme cible d'une extermination planifiée sur la base d'une idéologie raciale, ne peuvent plus apparaître que comme une sorte de catégorie incluse au sein de *toutes* les victimes réelles et possible de la « monstruosité du monde qui se déchaîne sous nos yeux ». Ce sont les dominés anonymes de cette violence aveugle qui doivent s'imposer comme cible d'une injustice radicale et subsumant donc toutes les autres.

Mais pourquoi la simple description froide et objective de celle-ci ne suffit-elle pas ? Le fait incontestable d'une réalité économique et sociale

(26) « Barbare, l'entreprise ? », entretien avec Nicolas Klotz, Christophe Desjours, et Guillaume Erner, *Philosophie magazine*, novembre 2007, n° 14, p. 15.

(27) *Dossier pédagogique pour lycéens et apprentis au cinéma,* La Question humaine, « Lettres pour un débat. Lettre 2 : "Ce qui est à l'œuvre aujourd'hui est le fruit du passé" », p. 31.

(28) *Dossier pédagogique pour lycéens et apprentis au cinéma,* La Question humaine, « Lettres pour un débat. Lettre 1 : "C'est l'aveuglement face au monde qui me semble dangereux, pas le film" », p. 30.

cruelle, violente et d'autant plus scandaleuse que le discours qui la légitime cherche en effet à la normaliser ne peut-il pas être dénoncé dans sa singularité propre ? À bien des égards, l'usage fait ici de la mémoire de la Shoah révèle une crise de la critique sociale et politique. Ce sont les propos d'Élisabeth Perceval elle-même qui nous mènent à cette hypothèse. Dans ce même texte, au critique qui reproche au film de banaliser le nazisme, elle écrit en effet : « Arriverons-nous encore à témoigner de quoi que ce soit ?[29] », évoquant « cette solitude, cette impuissance et cet aveuglement, cette surdité que nous pouvons ressentir face au monde », déplorant « une indifférence, un silence qui est là pour ne plus rien dire de la réalité du monde ». Crise du témoignage et du discours, donc. Crise du regard et de l'écoute aussi. La mémoire du nazisme et de la Shoah semble devoir être actualisée pour répondre à cette double crise, comme ultime recours pour révéler – comme l'explique encore Élisabeth Perceval – « ce qui est caché et peut-être rendre quelque chose de visible, d'audible, et qui ne peut se faire qu'en s'adossant à l'histoire[30]. » Il faut alors que la Shoah soit pensée par le film comme étant le moment historique ayant porté à sa dimension la plus catastrophique une négation de l'humanité qui aurait toujours cours. Le recours à la mémoire de la Shoah intervient comme argument au service d'une fiction de la prise de conscience de « la monstruosité du monde ». Penser la « modernité » comme l'événement dont la Shoah révèlerait la nature intrinsèquement désastreuse, c'est prendre appui sur un imaginaire qui autoriserait que l'on produise un cri de dénonciation hyperbolique, avec l'espoir qu'il pourra ainsi se faire entendre. En ce sens, l'essentiel n'est pas tant que le nazisme soit requis comme le référent d'une analogie à tisser avec le capitalisme que comme le levier d'un appel à l'indignation, l'instrument d'une dramatisation.

Se pose alors la question de la productivité politique d'un tel discours et l'on peut se demander – avec les mots de Philippe Lacoue-Labarthe dans *Fictions du politique* – ce qu'il en est de « la cause que prétend servir [une analyse] qui fait d'Auschwitz un cas parmi d'autre de l'exploitation

---

(29) *Ibid.*

(30) *Ibid.*

capitaliste[31]. » Dans *La Question humaine*, le victimisme intégral, que la référence à la Shoah permet d'asseoir, mène le film à son étrange conclusion théorique : face à l'oppression du système, il n'y a pas d'autres solutions que celle d'une fuite ou résistance passive. Contrairement à la plupart des fictions critiques de gauche, le récit ne saurait se développer dans le sens d'un scénario envisageant une réparation de la « monstruosité du monde ». La référence à l'histoire de la Shoah interdit tout raccordement à une autre histoire, celle des luttes politiques. Le film ne peut plus dès lors qu'instaurer un clivage entre une humanité qui collabore avec le système et une autre qui le conteste mais reste impuissante. À la toute fin du film, Simon Kessler a rejoint une maigre foule qui marche dans un paysage déserté. Les hommes qui la composent sont représentés comme des sortes de réfugiés, survivants, qui s'abritent dans une grange où un concert est donné. Ne reste plus que la contemplation de l'art pour se réconforter entre soi « aux marges du monde », là où sa « monstruosité » ne se déchaîne pas encore.

(31) Philippe Lacoue-Labarthe, *Fictions du politique*, Paris, Christian Bourgois, 1988, p. 78.

« Nous avons tous souffert » : l'usage des signes de la Shoah dans les docufictions allemands contemporains

Matthias Steinle

« Miracle cinématographique allemand : les nazis toujours mieux[1] ». C'est par ce titre polémique qu'un ouvrage récent résume l'évolution de la présence du national-socialisme sur les écrans allemands, critiquant aussi bien le choix des sujets que l'esthétique d'un réalisme glamour-kitsch qui primerait aujourd'hui. En ce nouveau millénaire, le nazisme et la guerre semblent omniprésents, ce qu'explique Fritz Wolf, spécialiste de la télévision allemande, par « le besoin de raconter sans cesse les grands crimes de l'époque nazie qui ne disparaîtra pas avec les témoins d'époque[2]. » Cette ubiquité produirait le contraire d'un savoir sur l'époque, tel est du moins le bilan d'un ouvrage collectif sur le rapport entre la représentation du « Troisième Reich » et la mémoire publique lors des trente dernières années : « La médiatisation du national-socialisme et de l'holocauste n'est finalement – du moins dans la perspective de la mémoire communicative – qu'une forme contemporaine de faire le silence ? (*Beschweigen*)[3]. » Selon l'historien Gerhard Paul, la surabondance

(1) Dietrich Kuhlbrodt, *Deutsches Filmwunder. Nazis immer besser*, Hambourg, Konkret Literatur Verlag, 2006.

(2) Fritz Wolf, « Der Weitererzähler. Fernsehen und Geschichtserzählung », in *Jahrbuch Fernsehen,* Marl, Grimme Institut (dir.), 2004, p. 28-44, p. 44.

(3) « Die Medialisierung von Nationalsozialismus und Holocaust ist - zumindest aus der Perspektive des kommunikativen Gedächtnisses - letztlich nichts anderes als die

d'images et d'informations serait à la fois symptôme et moyen d'une troisième phase de refoulement du passé[4].

Quelle est, dans ce *silence bruyant* que produit la surmédiatisation du nazisme en Allemagne, la place accordée aux victimes, notamment à celles de la Shoah ? L'article propose de se pencher sur des films allemands récents sortis en salle ou diffusés à la télévision sous le label de *Dokudrama*. Par des moyens importants – vedettes, effets spéciaux, budget de cinéma – et en s'inscrivant dans une logique de l'événementiel et de la commémoration, cette forme de docufiction attirant le grand public est ainsi devenue un acteur principal dans la transmission du passé. L'analyse tentera de montrer comment prime aujourd'hui l'image des Allemands en tant que victimes principales du nazisme selon une logique du « nous avons tous souffert ». Si cette vision n'est pas nouvelle – elle dominait les productions cinématographiques et les romans de gare des années 1950 –, sa place dans le discours public et le recours aux signes connus du contexte de la Shoah pour représenter les Allemands sont en revanche inédits. À travers ce processus de resémantisation de signes clefs du passé, se manifestent de nouvelles stratégies de l'usage des images d'archives, du témoin d'époque et des reconstitutions auxquelles la présente analyse va particulièrement s'intéresser. S'il n'y a pas de chemin tout tracé de *Caligari à Hitler*, celui des *Assassins sont parmi nous* à Angela Merkel révèle néanmoins certaines « dispositions psychologiques[5] » et des modes de fonctionnement de la mémoire sociale en Allemagne[6].

---

zeitgenössische Form des Beschweigens. » Gerhard Paul, « Holocaust – Vom Beschweigen zur Medialisierung », in Gerhard Paul, Bernhard Schoßig (dir.), *Öffentliche Erinnerung und Medialisierung des Nationalsozialismus. Eine Bilanz der letzten dreißig Jahre*, Göttingen, Wallstein Verlag, 2010, p. 15-38, p. 31.

(4) *Ibid.*

(5) Siegfried Kracauer, *De Caligari à Hitler. Une histoire psychologique du cinéma allemand* [1947], Flammarion, Paris 1987, p. 6. Malgré la critique formulée sur le regard rétrospectif de Kracauer sur le cinéma sous le fascisme, certaines questions qu'il pose sont tout à fait d'actualité. Cf. François Albera, « De Caligari à Hitler… et quelques autres... », in Jacques Aumont, Bernard Benoliel (dir.), *Le Cinéma expressionniste. De* Caligari *à Tim Burton*, coll. « Le Spectaculaire », Rennes, PUR/La Cinémathèque française, 2008, p. 103-126.

(6) Par rapport au concept de « mémoire sociale », cf. Harald Welzer (dir.), *Das soziale Gedächtnis. Geschichte, Erinnerung, Tradierung*, Hamburg, Hamburger Edition, 2001.

DES *ASSASSINS SONT PARMI NOUS* À ANGELA MERKEL

Le premier film de fiction allemand d'après-guerre, *Die Mörder sind unter uns* (*Les Assassins sont parmi nous*, 1946), réalisé par Wolfgang Staudte pour la DEFA en zone d'occupation soviétique, a pour thème les crimes de guerre et l'intégration de nazis et de criminels de guerre dans la société de la débâcle. Contrairement à ce qu'on peut lire généralement, c'est aussi très tôt, en 1948, que des films produits dans les zones d'occupation à l'Ouest se sont penchés sur le système concentrationnaire et la destruction des Juifs : *Lang ist der Weg* (*Le chemin est long**)[7] de Herbert B. Fredersdorf, jusqu'à aujourd'hui le seul film allemand en yiddish et *Morituri* de Eugen York sur la base des souvenirs du producteur Artur Brauner. Ces films demeurent néanmoins méconnus, le public préférant des films d'évasion montrant un pays intact aux paysages idylliques comme dans les *Heimatfilme*, films de la terre natale, ou des films de guerre, dans lesquels sont cultivés le mythe de la « bonne Wehrmacht » malmenée par de « méchants nazis » et celui des Allemands premières victimes du nazisme et de la guerre[8]. En Allemagne de l'Est, c'est la DEFA qui, avec *Ehe im Schatten* (*Mariage dans l'ombre*, 1947) de Kurt Maetzig, a produit le premier film allemand dénonçant la persécution des Juifs. Si, dans sa représentation du passé nazi, la société cinématographique étatisée s'est essentiellement concentrée sur la résistance communiste, la présence d'un film comme *Sterne* (*Étoiles*, 1959) de Konrad Wolf sur un convoi ferroviaire vers un camp d'extermination qui se démarque par une esthétique moderne est à souligner[9]. Les films de la DEFA s'inscrivent dans la tradition du « film antifasciste », genre lié au mythe fondateur de la RDA en tant que « premier État allemand antifasciste ». La chute du Mur a entraîné la disparition de ce genre, assurément

---

Et surtout l'étude sur la transmission de la mémoire au sein de la famille de Harald Welzer, Sabine Moller, Karoline Tschuggnall, « *Opa war kein Nazi* ». *Nationalsozialismus und Holocaust im Familiengedächtnis*, Francfort/M., Fischer, 2002.

(7) Les titres des films qui ne sont pas sortis en France sont traduits littéralement et marqués par un astérisque.

(8) Cf. Wolfgang Becker et al. (dir.), *Die Zeit des Nationalsozialismus im deutschen Spielfilm 1945 bis 1955. Abschlußbericht zum Forschungsprojekt der Stiftung Volkswagen*, 4 tomes, Osnabrück, Universität Osnabrück, 1986.

(9) Cf. *Thomas Elsaesser*, « À propos de *Sterne* de Konrad Wolf », in *1895*, n° 58, 2009, p. 11-30.

marqué par une instrumentalisation de l'antifascisme, mais qui propose aussi des films remarquables par leurs qualités esthétiques et discursives[10].

De l'autre côté du rideau de fer, en RFA, on trouve à partir des années 1970 un nombre étonnant de productions sur le national-socialisme. Anon Kæs recense ainsi plus de cinquante films, en l'espace de dix années seulement (de 1975 à 1985), soit presque autant que ce qui avait déjà été réalisé durant les trente années précédentes[11]. Si les chiffres sont importants, d'un point de vue esthétique la plus grande partie des films est, selon l'auteur de l'étude, « insignifiante ». Depuis les années 1970, une iconographie stéréotypée de l'époque nazie se serait ainsi instituée et reproduite mécaniquement comme en appuyant sur un bouton. Les films allemands se sont le plus souvent limités à imiter le visuel suggestif des grands succès internationaux comme *La Caduta degli Dei* (*Les Damnés*, 1969) de Luchino Visconti, *Il portiere di notte* (*Portier de nuit*, 1974) de Liliana Cavani ou *Le Dernier Métro* (1980) de François Truffaut, avec des signes codifiés sans que le contexte ou la dimension historique aient été saisis. Les films de cette époque se caractérisent par des formes lisses, une narration réaliste. Il s'agissait de « films à l'imparfait : par la reconstruction authentique, ils montraient le passé comme terminé [...] si bien que personne ne devait se sentir concerné[12] ». Si cette tendance domine les films de fiction grand public avec des exceptions notables, un véritable travail de recherche, tant au niveau des faits historiques – travail qui précède parfois celui des historiens – qu'au niveau esthétique, est entrepris avec des films documentaires[13].

---

(10) Sur l'histoire de la DEFA en général et le genre du film antifasciste en particulier, cf. l'excellente présentation de Cyril Buffet, *Défunte DEFA : histoire de l'autre cinéma allemand*, Paris, Cerf, 2007. On se reportera également au texte de Frank Stern « Les Juifs "réellement existants" dans les films de la DEFA. Un cinéma fait de contradictions subversives », in le présent recueil, p. 336-355. (Note des éditeurs)

(11) Anton Kaes, *Deutschlandbilder. Die Wiederkehr der Geschichte als Film*, Munich, edition text + kritik, 1987, p. 29.

(12) *Ibid.*, p. 30.

(13) Étant donné qu'en Allemagne de l'Ouest, le documentaire n'avait pas sa place sur le grand écran, l'essentiel des films ont été produits pour et par la télévision. Cf. l'étude comparative entre la télévision allemande et française de Julie Maeck, *Montrer la Shoah à la télévision. De 1960 à nos jours*, Paris, Nouveau Monde, 2009.

NOUVELLE NORMALITÉ APRÈS LA CHUTE DU MUR : « C'EST LA FAUTE DE PERSONNE »

La chute du Mur et la réunification marquent une césure qui, avec l'unité nationale rétablie, semble avoir tiré un trait définitif sur la Seconde Guerre mondiale. Il en résulte une « nouvelle culture de la mémoire[14] » qui s'est développée dans les années 1990. On parle désormais d'une « nouvelle normalité » permettant une identité nationale qui ne devrait plus être différente de celle d'autres pays. Le passé n'est plus perçu comme une hypothèque qui pèserait sur le présent, ce qu'a exprimé l'ancien chancelier Gerhard Schröder parlant du monument pour les Juifs assassinés à Berlin comme d'« un endroit où l'on aime bien aller[15] ». Cette nouvelle normalité s'exprime par une tendance à mythifier l'histoire, de même que par une tendance à l'auto-victimisation.

Le film *Das Wunder von Bern* (*Le Miracle de Berne*, 2003) de Sönke Wortmann sur la finale de la Coupe du Monde de 1954 vécue par un garçon de onze ans est certainement le plus emblématique à cet égard. Le père, prisonnier de guerre en URSS, vient de rentrer et éprouve des difficultés à trouver sa place dans sa famille et dans la société du miracle économique. Dans une scène clé, la mère dit au fils : « C'est la faute de personne. Mais nous pouvons tous participer à l'amélioration de la situation. » Phrase qui vise aussi bien la relation avec le mari/père que celle de l'Allemagne avec son histoire. Le film se termine ainsi par la réconciliation entre le fils, le père et l'Allemagne qui gagne le match à Berne et retrouve sa fierté nationale. Cette vision mythologique de l'Histoire est d'ailleurs ouvertement proclamée par l'affiche et la bande-annonce du film : « Chaque enfant a besoin d'un père. Chaque homme a besoin d'un rêve. Chaque peuple a besoin d'une légende[16]. »

---

(14) Edgar Wolfrum, « Neue Erinnerungskultur. Die Massenmedialisierung des 17. Juni 1953 », in *Aus Politik und Zeitgeschichte*, B 40-41, 2003, p. 33-39, p. 33.

(15) Claus Leggewie, Erik Meyer, « *Ein Ort, an den man gerne geht* ». *Das Holocaust-Mahnmal und die deutsche Geschichtspolitik nach 1989*, Munich, Carl Hanser, 2005, p. 3.

(16) Accessible sur internet : http://www.filmportal-service.de/mm_wunder_von_bern.htm. Le mythe du « miracle de Berne » n'est né qu'après la réunification, du moins selon Roland Binz, « Wenn sogar der Kanzler weint. Die Berliner Republik und ihr "Wunder von Bern" », in *Zeithistorische Forschungen/Studies in Contemporary History*, Online-Ausgabe, 1, H. 2,

De cette « nouvelle normalité » et d'un rapport « décomplexé » à l'histoire résulte, dans la représentation du nazisme et de la Shoah, l'emploi de plus en plus libre de grands moyens dramatiques et esthétiques. Les drames historiques qui ont connu un certain succès auprès du grand public se caractérisent par une opulence visuelle qui va jusqu'à l'appropriation du style Ufa, sans la distanciation ironique qu'on trouvait par exemple chez Fassbinder. Ces films proposent des histoires d'amour (*Gloomy Sunday*, 1999 ; *Aimée und Jaguar / Aimée et Jaguar*, 1999) souvent combinées aux biographies de figures historiques (*Comedian Harmonists*, 1997; *Der Vulkan / Le Volcan*, 1999, *Marlene*, 2000 ; *Gripsholm* 2000) ou bien au genre policier (*Meschugge*, 1998; *Nichts als die Wahrheit / Rien que la vérité*, 1999), dans lesquels le présent est envahi par le passé[17]. Beaucoup de films se concluent par une idylle entre Juifs et Allemands. L'exemple le plus marquant en est *Rosenstrasse* (2003) de Margarethe von Trotta : le personnage principal, juif, n'est libéré de ses cauchemars qu'après avoir revisité le passé et l'Allemagne et avoir pardonné aux Allemands. Ces films ont besoin de l'amour pour parler du passé en montrant que l'amour est plus fort que le système politique, voire que la mort. Ainsi, le désir d'une *« harmonische Leinwand »,* qui prédomine dans les mélodrames, a remplacé la *« dämonische Leinwand »,* l'écran démoniaque est remplacé par l'écran harmonieux quand il s'agit du passé embarrassant qu'est la Shoah[18].

LES *DOCUDRAMES*

Les films cités plus haut obéissent aux recettes classiques du drame psychologique. Par leur visuel nostalgique, ils se rapprochent de l'*heritage film* britannique. Il s'agit généralement de productions pour le grand écran (bien qu'économiquement ces films n'existent que grâce à la télévision), alors que les *docudrames*, qui envahissent les écrans allemands à partir de la fin des années 1990, sont d'abord produits pour le petit écran et sortent souvent sous deux versions : une version longue pour la télévision, souvent

---

URL: www.zeithistorische-forschungen.de/16126041-Binz-2-2004.

(17) Cf. l'analyse de Sonja M. Schultz, « Die harmonische Leinwand. Filmische Stereotypen bei der Darstellung von Nationalsozialismus und Holocaust in aktuellen deutschen Produktionen », in Ralf Schenk, Erika Richter, Claus Löser (dir.) *Apropos: Film 2005*, Berlin, Bertz + Fischer, p. 76-88.

(18) *Ibid.*, p. 76.

diffusée en deux parties, et une version courte pour une sortie en salle après la diffusion télévisuelle[19].

Le *Dokudrama* est un genre généralement peu apprécié, sévèrement critiqué en raison du formatage télévisuel et de « l'œcuménisme » d'un discours avant tout rassembleur[20]. Si d'un point de vue cinématographique et intellectuel, on revient souvent « à Néandertal[21] », cela tient au contexte culturel, mémoriel et économique et non au mélange entre fiction et documentaire[22]. Pour établir des liens entre les différentes formes de ce qui figure dans la presse sous le label de *Dokudrama*, le concept de « historical event television » a été proposé[23]. Ce concept de « télévision événementielle de l'histoire » vise la spécificité de la production allemande selon un double effet d'événement : premièrement, les films s'inscrivent dans la commémoration d'événements historiques et, deuxièmement, les films, par la présence de vedettes et/ou en abordant un sujet qui fait polémique, créent l'événement. Cette conception du *docudrame* permet de traiter de formes apparemment différentes mais qui, par leur vision de l'histoire et par les stratégies esthétiques et discursives qu'elles emploient dans la construction de cette histoire, ont une fonction semblable permettant d'évaluer l'interaction complexe entre pratique médiatique et mémoire culturelle.

Quand on se penche sur la production de *docudrames* de l'Allemagne du nouveau millénaire, force est de constater que ces films dans leur

---

(19) Lothar Mikos, « Amphibischer Film versus transmediale Erzählung. Zu den komplexen Wechselbeziehungen von Film und Fernsehen », in Thomas Schick, Tobias Ebbrecht, *Kino in Bewegung - Perspektiven des deutschen Gegenwartsfilms*, Wiesbaden, VS Verlag, 2011, p. 137-154.

(20) François Garçon, « Le documentaire historique au péril du docufiction », *Vingtième Siècle. Revue d'histoire*, n° 88, octobre-novembre 2005, p.105.

(21) François Niney, *Le Documentaire et ses faux-semblants*, Paris, Klincksieck, 2009, p.158.

(22) Pour une définition du *Dokudrama* et ses différentes tendances, cf. Matthias Steinle « Le passé du troisième Reich dans le « Dokudrama » du présent allemand », in *Témoigner entre histoire et mémoire*, n° 108, juillet-septembre 2010, p. 88-102.

(23) Tobias Ebbrecht, « History, Public Memory and Media Event », in *Media History*, 13, 2/3, 2007, p. 221-234. Tobias Ebbrecht, Matthias Steinle, « Dokudrama in Deutschland als historisches Ereignisfernsehen – eine Annäherung aus pragmatischer Perspektive », in *MEDIENwissenschaft*, n° 3, 2008, p. 250-255.

totalité traitent non seulement de l'histoire contemporaine, mais que cette histoire ne semble commencer qu'avec le national-socialisme et que lui-même ne commence qu'avec la guerre[24]. Ces films se concentrent, d'une part, sur Hitler et ses complices et guerriers, introduits par les séries de Guido Knopp dans les années 1990[25], avec Hitler en tête comme dans *Der Untergang* (*La Chute*, 2004), suivi d'Albert Speer (*Speer & Er / Speer et Hitler, l'architecte du diable*, 2007), sur les « monstres » comme Mengele (*Nichts als die Wahrheit / Rien que la vérité*, 1999) et Eichmann (*Eichmanns Ende – Liebe, Verrat, Tod / La fin d'Eichmann : amour, trahison, mort**, 2010) et, par ailleurs, sur des « méchants fascinants », quelques résistants héroïques comme *Stauffenberg* (2003) et d'autres conspirateurs (*Die Stunde der Offiziere / L'heure des officiers*, 2004). D'autre part, c'est la fin de la guerre qui domine avec la souffrance de la population civile lors des bombardements des villes comme *Dresden* (*Dresde*, 2005) ou pendant les derniers jours de combats (*Die letzte Schlacht: Berlin, April 1945 / La dernière bataille*, 2005) avec les expulsions à l'Est et la déroute (*Die Kinder der Flucht / Les enfants de la déroute**, 2006 ; *Die Flucht / En fuite*, 2007 ; *Die Gustloff / La Gustloff**, 2008).

Malgré le grand nombre de films sur l'époque, c'est en vain que l'on cherche des films sur les victimes de la politique nazie et, notamment, sur les victimes de la Shoah, à une exception près dont il sera question plus bas[26]. C'est à la population allemande que les films sur la fin de la

---

(24) Cf. pour un développement plus détaillé, cf. Matthias Steinle, « Geschichte im Film: Zum Umgang mit den Zeichen der Vergangenheit im Dokudrama der Gegenwart », in Barbara Korte, Sylvia Paletschek (dir.), *History Goes Pop. Zur Repräsentation von Geschichte in populären Medien und Genres*, Bielefeld, Transcript, 2009, p. 147-165.

(25) *Hitler – Eine Bilanz* (*Hitler, un bilan*, 1995), *Hitlers Helfer* (*Les complices d'Hitler*, I 1996 et II 1998) et *Hitlers Krieger* (*Les guerriers d'Hitler*, 1998). Cf. le dossier dans *1999. Zeitschrift für Sozialgeschichte des 20. und 21. Jahrhunderts* 17, 2, September 2002.

(26) Sur celles-ci, il y a, certes, un grand nombre de documentaires et quelques films de fictions qui, par contre, ne rencontrent pas le grand public. Dans ce contexte, il faut signaler la série *Holokaust* (*sic*) - nouvelle orthographe pour marquer l'origine allemande de la destruction des Juifs – de Guido Knopp qui, malgré un audimat de 2,64 millions de téléspectateurs, a été un relatif échec par comparaison avec les autres séries sur Hitler & Cie. Cf. Frank Bösch, « Holokaus mit "K". Audiovisuelle Narrative in neueren Fernsehdokumentationen », in Gerhard Paul (dir.), *Visual History. Ein Studienbuch*, Göttingen, Vandenhoeck & Ruprecht, 2006, p. 317-332, p. 317.

guerre accordent le statut de victime parmi d'autres, grâce à des stratégies problématiques dont témoignent les films produits par la rédaction *Zeitgeschichte* de la ZDF, la deuxième chaîne publique sous la direction de Guido Knopp.

LA DERNIÈRE BATAILLE

Dans la logique de la télévision événementielle, Guido Knopp et Hans-Christoph Blumenberg réalisent en 2005, à l'occasion du 60e anniversaire de la fin de la guerre, un film intitulé *Die letzte Schlacht – Berlin April 1945 (La Dernière Bataille)*. Le film montre des témoins d'époque qui étaient à Berlin lors des derniers jours de la guerre, une brochette de gens « normaux », des soldats, une infirmière, un officier russe, qui racontent leurs expériences et dont les récits sont rejoués par des acteurs. À « L'ère du témoin[27] », leur autorité n'est pas remise en question, ils sont tous placés au même niveau, sans qu'il y ait eu vérification ou mise en contexte quelconque. Là où cette méthode s'avère hautement problématique, c'est quand un ancien soldat SS qui, lors de la bataille de Berlin, trouve le temps d'une rencontre amoureuse, raconte sa guerre et se retrouve placé au même plan que les autres témoins[28].

Par la mise en images de souvenirs individuels, sont créées des *images de mémoire secondaire*. Steven Spielberg est la référence méthodologique de ces images fictionnelles à valeur documentaire basées sur la mémoire d'un témoin. Dans *Schindler's List* (*La Liste de Schindler,* 1993), il montre un enfant polonais qui fait le geste du pouce sur la gorge pour signaler aux Juifs leur sort. Cette scène se réfère au témoignage d'un paysan polonais dans *Shoah* (1985) de Claude Lanzmann, transformé par la fiction en *images de mémoire secondaire* à valeur documentaire.

Les scènes reconstituées sont une pure illustration du récit des témoins, ce qui, dans le meilleur des cas, est redondant et, dans le pire des

---

(27) Annette Wieviorka, *L'Ère du témoin*, Paris, Plon, 1998.

(28) Concernant les jeunes soldats SS lors des derniers jours de la guerre, il s'agit, certes, d'un sujet compliqué, comme en témoigne le long silence du prix Nobel de littérature Günter Grass. C'est justement pour cela qu'une mise en contexte s'avère nécessaire.

cas, donne des scènes comme celle où une femme cachée dans une cave (Ilse Anger) raconte comment elle a été violée par un soldat soviétique. Celui-ci avait des traits asiatiques. Pour reprendre ses mots : « il avait l'air de Genghis Khan ». Évoquer ces souvenirs qui, pendant longtemps, ont été un tabou relatif en RFA et un tabou absolu en RDA, est une chose ; leur donner une réalité visuelle et, donc, factuelle par la mise en scène de souvenirs en est une autre. Ainsi s'affirment des clichés racistes, y compris des stéréotypes de la propagande nazie sur les hordes sauvages venant de l'Est.

Avant d'être suivi par 4,5 millions de spectateurs lors de son passage sur la ZDF, le film a été diffusé sur Arte qui l'a promu comme « Un documentaire où se mêlent émotion et souci de la précision historique[29] »...

Des films comme *La Dernière Bataille* accordent un poids similaire au témoignage des victimes et à celui des bourreaux. L'*oral history* est soumise aux images collectives de l'histoire et de la mémoire nationale. Ainsi, le caractère controversé de l'histoire s'éclipse derrière un narrateur ayant recours à des récits de la quotidienneté. Cette façon de communiquer, inhérente à ce genre de film, correspond à la manière de transmettre la mémoire au cercle familial. Ce processus est marqué par le désir des petits-enfants d'héroïser leurs grands-parents. « Papi n'a pas été nazi » est, à la fois, le titre et le résultat d'une étude sur la transmission du passé en Allemagne au sein de la famille[30]. Montrer à quel point ce modèle de communication familiale joue un rôle primordial dans les films souligne le fait que les petits-enfants (du moins potentiels) rejouent les souvenirs de leurs grands-parents et revivent les émotions liées à leur histoire. Selon une logique de « nous avons tous souffert », il s'agit de faire accéder les Allemands au statut de victimes parmi d'autres.

DRESDE

Le cas de *Dresden* (*Dresde*), film sorti en 2006 sur le bombardement de la ville dans les derniers mois de la guerre, en constitue un exemple

(29) *La Dernière Bataille*, Mercredi 28 mars 2007 à 20h40, page web édité le 27/03/2007, http://www.arte.tv/fr/La-derniere-bataille/1522264.html (17/12/2010).

(30) Harald Welzer, Sabine Moller, Karoline Tschuggnall, « *Opa war kein Nazi* ». *Nationalsozialismus und Holocaust im Familiengedächtnis*, Francfort/M., Fischer, 2002.

typique. Un livre sur ce sujet avait provoqué une polémique à cause de l'utilisation de mots comme génocide pour parler des victimes allemandes[31] et, en 2005, l'inauguration de la Frauenkirche[32] reconstruite, l'église dont la destruction fut le symbole de la ville, a marqué les esprits. Produit par teamWorx pour la ZDF et diffusé en deux parties, *Dresden* a été l'un des plus grands succès de la télévision allemande avec plus de 12,6 millions de spectateurs.

Le film raconte l'histoire d'amour entre une infirmière allemande et un pilote britannique qui doit se cacher. La souffrance de la population est montrée pendant plus de deux heures, sur les presque trois heures que dure le film. L'esthétique des séquences du chaos lors du bombardement est obtenue par la caméra à l'épaule rappelant *Il faut sauver le soldat Ryan* (1998). On peut y voir d'autres allusions ou renvois, comme cette référence explicite à la Shoah avec un couple de Juifs qui se voient refuser l'entrée dans une cave-abri et enlèvent dans le chaos l'étoile jaune de leurs vestes. Il existe aussi une référence visuelle implicite avec un homme en flammes qui saute de la fenêtre. Cette courte scène, que l'on a déjà pu voir dans *Le Pianiste* (2002) de Roman Polanski montrant un résistant en flammes qui saute d'une fenêtre, évoque une photo largement diffusée, prise par des soldats allemands pendant l'insurrection du ghetto de Varsovie. Transposer cette iconographie aux habitants de Dresde, détache le sens de l'image originale liée à la Shoah et le déplace vers les Allemands. Ainsi, non seulement des images clefs de la Shoah perdent leur caractère embarrassant pour la mémoire allemande, mais leur signification est inversée pour mettre l'accent sur la souffrance de la population civile allemande pendant la guerre.

ILS N'ÉTAIENT PAS TOUS DES ASSASSINS

Ces stratégies de resémantisation que fournit l'exemple de *Dresde* ne sont pas propres aux films à grand spectacle, mais aussi à des projets plus intimistes de teamWorx : *Nicht alle waren Mörder* (*Ils n'étaient pas tous des assassins**, 2006), titre caractéristique de cette tendance déculpa-

---

(31) Jörg Friedrich, *Der Brand. Deutschland im Bombenkrieg 1940-1945*, Berlin / Munich, Propyläen, 2002.

(32) Concernant la fonction dramaturgique et mémorielle de l'église dans le film, cf. Tobias Ebbrecht, *Geschichtsbilder im medialen Gedächtnis. Filmische Narrationen des Holocaust*, Bielefeld, transcript, 2011, p. 310.

bilisante à l'œuvre dans la production allemande, raconte l'histoire d'une mère juive qui se cache avec son fils à Berlin pendant la guerre. Bien que le film de Jo Baier n'ait pas recours à des images d'archives, contrairement à beaucoup d'autres, pour créer un effet d'authenticité, le drame s'inscrit dans une logique documentaire (*Ils n'étaient pas tous des assassins** est réalisé d'après le livre autobiographique de l'acteur Michael Degen[33]).

Lors de leur fuite, les deux personnages principaux se cachent chez un cheminot jusqu'au jour où le fils de celui-ci est tué par une grenade, ce que le père perçoit comme une punition de Dieu, car c'est lui qui a conduit des trains aux camps de la mort, comme il l'avoue dans sa douleur. La mère et son fils repartent pour se cacher chez des amis communistes. En arrivant devant la maison, la protagoniste lève les yeux et une contre-plongée montre la cheminée qui fume. Elle toque à la porte, petit moment de suspens, la porte s'ouvre et la mère et son fils sont accueillis à bras ouverts. Ici, avec la fumée de la cheminée, on est face à ce que Wolfgang Koeppen a appelé un « hyper signe » de l'holocauste[34]. Une image qui renvoie à la fumée des trains dans *Nuit et brouillard* (1955) et surtout à la scène de l'arrivée à Auschwitz dans *La Liste de Schindler*. Sauf qu'ici la signification est inversée, au lieu de la destruction industrielle d'êtres humains, la cheminée, dans *Ils n'étaient pas tous des assassins**, met à l'abri de la Shoah.

LA CHUTE

S'il est un film vers lequel convergent toutes les tendances concernant la représentation du passé national-socialiste, c'est bien *Der Untergang* (*La Chute*, 2004), film sur les derniers jours d'Hitler dans son bunker. On y trouve, presque comme dans un catalogue, à la fois les stratégies d'appropriation et de resémantisation des signes attachés à la Shoah, mais aussi le rôle dominant du témoin d'époque, car le film est essentiellement basé sur les souvenirs de la secrétaire d'Hitler, Traudel Junge, et d'Albert Speer. Ce film qui, en 2004, a provoqué beaucoup de bruit autour

---

(33) Michael Degen, *Nicht alle waren Mörder – Eine Kindheit in Berlin*, Munich, Econ, 1999.

(34) Manuel Köppen, « Von Effekten des Authentischen – Schindlers Liste: Film und Holocaust », in Manuel Köppen, Klaus R. Scherpe (dir.), *Bilder des Holocaust. Literatur – Film – Bildende Kunst*, Cologne/Weimar/Vienne, Böhlau, p. 146.

de mauvaises questions telles que « a-t-on le droit de représenter Hitler en tant qu'être humain ? », a été vu par plus de 4,6 millions d'Allemands en salle, et sa version télévisuelle en deux parties a été suivie par 7,2 et 6,9 millions de spectateurs. Par un travail extratextuel important, la photo de Bruno Ganz déguisé en Hitler a même fait la une de la revue *Der Spiegel*[35] et la production a réussi à faire de la sortie du film un événement national et international. Une stratégie clé pour y parvenir a été de vendre le film comme un enjeu d'identité nationale. Le réalisateur, Oliver Hirschbiegel, a même déclaré avant la sortie du film : « Nous avons besoin d'une nouvelle attitude et d'une identité nationale. Sinon nous allons stagner aussi culturellement. Avec ce film, il m'est plus facile de dire que je suis Allemand, ce n'est pas embarrassant[36]. »

Le choix de se concentrer sur les derniers jours d'Hitler – selon Wim Wenders, la « "cerise" commerciale [...] en raison de la morbidité fascinante des images qui y sont attachées[37] » –, aussi bien que la vision historiographique arriérée et l'esthétique kitsch du film ont été suffisamment commentées et analysées[38]. Néanmoins, on reste perplexe devant le fait que le scénario présente le médecin SS Günther Schenck, qui a participé à des expériences sur des hommes dans des camps de concentration et qui, après 1945, n'a jamais pris ses distances d'avec le national-socialisme, comme un héros qui tente de sauver les civils[39]. Dans la logique du film, c'est bien plus qu'une maladresse du scénario due aux règles d'un genre imposant un héros

---

(35) *Der Spiegel*, n° 35, 2004.

(36) « Wir brauchen dennoch eine neue Haltung und eine nationale Identität. Sonst stagnieren wir auch kulturell. Mit diesem Film fällt es mir leichter zu sagen, dass ich ein Deutscher bin - und dass mir das nicht peinlich ist. » Interview d'Anke Westphal avec Oliver Hirschbiegel : « Daher kommen wir », in *Berliner Zeitung*, 11/9/2004, p. 31-33.

(37) Wim Wenders, « PResident Evil ou le mal de chez nous » [2004], *Trafic*, n° 53/2005, p. 49.

(38) Cf. l'excellente analyse de Michael Wildt, « "Der Untergang": Ein Film inszeniert sich als Quelle », in *Zeithistorische Forschungen/Studies in Contemporary History*, Online-Ausgabe, 2 (2005), H. 1, www.zeithistorische-forschungen.de/16126041-Wildt-1-2005 (17/1/2010).

(39) Christoph Kopke, « Heil Kräuter. Der gute Mensch in Hitlers Bunker? Die Rolle des Arztes Günther Schenck im "Untergang" », in *Frankfurter Allgemeine Zeitung*, 20/09/2004, p. 38.

positif, et cela même dans le *Führerbunker*. Cette stratégie de laisser de côté tout ce qui rendrait l'histoire complexe s'accompagne d'un programme de réécriture iconographique qui « libère » les images de leur poids historique. C'est à travers le regard choqué de Schenck qu'opère cette réécriture : une séquence le montre traversant Berlin à la recherche de médicaments qu'il espère trouver dans un hôpital abandonné. Il s'y rend au péril de sa vie pour ne trouver que des blessés laissés à leur sort et des cadavres dénudés de soldats de la Wehrmacht, comme l'indiquent quelques morceaux d'uniformes. Les morts sont empilés en tas, ce qui renvoie à une iconographie clé de la libération des camps de concentration. Ici, ce ne sont plus les civils allemands comme dans *Dresde*, mais les soldats allemands qui, selon l'iconographie, prennent la place des morts dans les camps.

À travers le regard du personnage positif qu'est Schenck, les caractéristiques des victimes juives sont attribuées aux Allemands. Par exemple, quand il tente de sauver deux civils de l'exécution, il y a un parallèle, dans la gestuelle et la fonction dramaturgique, avec *Le Pianiste*. Ce film montre le meurtre commis par un SS sur des ouvriers juifs du ghetto de Varsovie, observé par le personnage principal juif. Dans *La Chute*, les victimes et le témoin de l'exécution sont allemands[40].

La Chute ne montre ni la mort de Hitler ni celle de Goebbels. Wim Wenders pose la bonne question : « Pourquoi ces monstres méritent-ils de partir dignement tandis que tous les autres Allemands, bons ou mauvais, se font simplement descendre ?[41] », ce qui leur confère le caractère sacré d'un auto-sacrifice. Par contre, une autre mort dans le bunker est longuement montrée et souvent en gros plan, celle du meurtre des enfants de Goebbels qui occupent ainsi structurellement et symboliquement la place de la victime. Cette scène reprend la symbolique de la Cène : les enfants doivent boire un somnifère dans un gobelet avant que leur soient mises dans la bouche des capsules de cyanure, comme s'il s'agissait d'hosties. Au niveau visuel, les lits superposés dans lesquels meurent les enfants renvoient aux

(40) Tobias Ebbrecht, *Geschichtsbilder im medialen Gedächtnis. Filmische Narrationen des Holocaust*, Bielefeld, transcript, 2011, p. 242.

(41) Wim Wenders, « PResident Evil ou le mal de chez nous », *op. cit.*, p. 47.

châlits des camps de concentration, et le regard des enfants en bas dans leurs lits renvoie au regard des survivants des camps photographiés après la libération[42].

La seule référence explicite à la Shoah est un carton à la fin du film qui mentionne le nombre de 6 millions de Juifs morts dans les camps. Après 150 minutes de victimes allemandes, ce carton a des allures de feuille de vigne pour cacher le parti pris de présenter les Allemands, et même de « bons soldats en uniforme nazi », comme victimes des « méchants nazis ». D'autres victimes, notamment celles de l'antisémitisme, n'auraient fait que gêner le discours d'auto-victimisation.

RIEN QUE LA VÉRITÉ

Le désir de réécrire l'Histoire de manière moins embarrassante pour la mémoire nationale et de « réparer » les erreurs du passé ne se manifeste probablement jamais de manière aussi évidente que dans *Nichts als die Wahrheit* (*Rien que la vérité*, 1999) de Roland Suso Richter. Le scénario imagine le retour en Allemagne de Josef Mengele, pour qu'on lui attente un procès. L'ancien médecin SS d'Auschwitz choisit un jeune juriste comme avocat qui, originaire de la même ville que lui, s'est intéressé à son personnage jusqu'à en devenir une sorte de spécialiste. La femme de l'avocat s'appelle Rebekka et, même si ce n'est pas explicité dans le film, le choix du prénom juif est un moyen d'exprimer la relation harmonieuse entre Juifs et Allemands que vient perturber l'arrivée de Mengele. Le procès connaît un rebondissement quand celui-ci ne nie pas ce qui s'est passé à Auschwitz, mais tente d'expliquer ses actes par l'euthanasie et la volonté d'éviter une mort douloureuse aux victimes.

Le procès Eichmann a servi de matrice au film, des détails du récit – l'avocat est enlevé par des néonazis en Argentine pour qu'il y rencontre Mengele, qui rentre ensuite avec lui en Allemagne – jusqu'aux *hyper signes de l'holocauste* comme la cage de verre dans laquelle est enfermé l'accusé pendant le procès. Et c'est aussi par son utilisation du rôle de témoin que

---

(42) Tobias Ebbrecht, *Geschichtsbilder im medialen Gedächtnis. Filmische Narrationen des Holocaust*, Bielefeld, transcript, 2011, p. 244.

le film s'inscrit dans l'histoire du procès Eichmann en donnant la parole aux victimes : six des neuf témoins sont des victimes dont le témoignage occupe une place importante[43]. Mais on retrouve aussi le caractère de procès contre des criminels nazis en Allemagne avec la stratégie de la défense visant à déstabiliser les témoins en mettant en cause leur mémoire. Viennent ensuite les témoins allemands : un technicien qui a installé des chambres à gaz à Auschwitz, un médecin expert en euthanasie et, en tant qu'infirmière, la mère de l'avocat qui parle de ses expériences. Les témoins de l'époque correspondent à l'image victimaire qu'ont les Allemands d'eux-mêmes : pendant que le technicien souligne qu'il n'a été qu'un plombier qui a exécuté ce qu'on lui a demandé, la dernière explique qu'elle n'était pas au courant de ce que contenaient les seringues et qu'elle a démissionné après s'être aperçue qu'elle avait tué deux patients. Son témoignage est ambivalent. Le fait qu'elle ait pu se soustraire au travail meurtrier montre que cela était possible sans mettre pour autant sa vie en péril – alors que les criminels donnaient la justification contraire, après la guerre –, en même temps, elle renvoie à l'image des Allemands, coupables mais pas responsables, qui, finalement, ont eux aussi été victimes du système nazi et qui, selon ce point de vue, au fond de leur âme, y étaient opposés. Les choix esthétiques renforcent cette image des Allemands victimes : par exemple, le témoignage de la mère est accompagné par la même musique que lors du témoignage d'une victime juive – les inévitables violons –, et la mise en scène de la mère par de nombreux gros plans ressemble à celle des survivants juifs[44].

Lorsqu'à la fin, l'avocat de Mengele plaide coupable, contre l'avis de son mandant, c'est la métaphore d'une Allemagne qui a fait son travail sur l'Histoire. C'est le cinéma en tant que machine à réaliser nos rêves, à (re) écrire l'histoire telle qu'on aurait voulu qu'elle se passe. Mais, contrairement à *Inglourious Basterds* (2009) de Quentin Tarantino, qui nous le fait comprendre en subvertissant les signes clefs de l'histoire[45], *Rien que la vérité* se

(43) Parmi eux, un médecin hongrois qui devait travailler comme pathologiste pour Mengele à Auschwitz et qui est certainement inspiré par Miklos Nyiszli.

(44) Christoph Vatter, *Gedächtnismedium Film. Holocaust und Kollaboration in deutschen und französischen Spielfilmen seit 1945*, Würzburg, Königshausen & Neumann, 2009, p. 286 et suivante.

(45) Georg Seeßlen, *Quentin Tarantino gegen die Nazis. Alles über INGLOURIOUS*

les approprie dans un conditionnel de probabilité. Ainsi, la cage de verre, cet hyper signe d'un procès historique attenté par des Juifs à un responsable nazi de la Shoah, devient le signe d'une justice allemande qui rattrape ses erreurs et renvoie à l'idée d'une réconciliation avec le passé. Cette réconciliation a lieu à tous les niveaux : celle des enfants avec les parents, à l'exemple de l'avocat avec sa mère ayant participé au programme d'euthanasie. On est loin du deuxième film de Jean-Marie Straub et Danièle Huillet, *Nicht versöhnt oder Es hilft nur Gewalt wo Gewalt herrscht* (*Non réconciliés ou Seule la violence aide, où la violence règne*, 1965). De même, la réconciliation entre Juifs et Allemands est représentée par le couple et leur enfant qui, malgré un attentat contre la femme, va naître et devient l'incarnation de cette réconciliation... Bref, aucun symbole n'est laissé de côté, quelle qu'en soit sa lourdeur.

Cette vision, à la fois négative et positive que représente le retour en Allemagne de Mengele, témoigne de ce paradoxe de faire silence sur l'histoire en en parlant avec des moyens spécifiquement filmiques : même si la parole est donnée aux victimes qui occupent une place importante dans le film, l'appropriation des signes de la Shoah pour intégrer les Allemands dans la catégorie des victimes les vide de leur sens et passe sous silence la spécificité de la destruction des Juifs tout en l'évoquant.

Ainsi, ce film est à la fois proche et très éloigné de ce que l'historienne Ulrike Jureit et le psychanalyste Christian Schneider ont appelé le phénomène d'« empathie avec les victimes » (*gefühlte Opfer*), parce qu'il s'agit dans ces films d'une identification abusive et impossible avec les victimes juives qui s'inscrit dans des pratiques de commémorations publiques et médiatiques du passé national-socialiste qui sont devenus des rituels vides de sens[46]. Quand il ne s'agit pas de rituels vides, cette empathie sert, comme *Rien que la vérité* le montre bien, à faire la paix avec le passé.

BASTERDS, Bertz+Fischer, Berlin, 2010.

(46) Cependant, cette identification est un phénomène générationnel plutôt limité qui ne concerne qu'une partie de la génération de 68 faisant aujourd'hui partie de l'élite culturelle et politique, qui, grâce à l'identification avec les victimes, a tenté d'imposer un autre regard sur l'histoire et de s'imposer contre la génération des parents. Ulrike Jureit, Christian Schneider, *Gefühlte Opfer. Illusionen der Vergangenheit*, Stuttgart, Klett-Cotta, 2010. Cf. Christian Semler, « Die angemaßte Opferrolle », *die tageszeitung*, 17/08/2010.

FIN

Ces docudrames ou ces films (comme *La Chute, Rien que la vérité*) permettent, en tant que produits de médias de masse, de comprendre l'idée de la victime telle que le grand public semble la plébisciter. Il s'agit de montrer que les principales victimes sont avant tout les Allemands et l'Allemagne. Les victimes de la politique raciale sont marginalisées par leur absence et banalisées par un discours qui met tout le monde sur un même plan, de la femme allemande violée au médecin SS en passant par l'officier conspirateur de la *Wehrmacht*. Les docudrames reflètent et façonnent ainsi une idée régressive et révisionniste de l'histoire. Bien qu'il soit impossible d'en connaître l'impact exact sur le grand public, le fait de retrouver les mêmes schémas narratifs, les mêmes motifs visuels et les mêmes tendances dans l'appropriation de signes issus d'un autre contexte, permet de constater leur popularité. Et ce d'autant plus que les films et leurs stratégies d'auto-victimisation jouent un rôle actif dans la guerre des mémoires, où le statut de victime sert à faire valoir ses revendications. Si le cas des *Vertriebenen* – les populations allemandes chassées à la fin de la guerre –, ainsi que certains lobbys ouvertement réactionnaires, n'est pas nouveau, se sont récemment rajoutées à la liste des victimes allemandes la population civile qui a souffert des bombardements alliés, les femmes allemandes victimes de viols lors des derniers jours de la guerre et même la *Kriegskindergeneration*, toute la génération des enfants ayant grandi et souffert durant la guerre.

Le phénomène d'auto-victimisation est lié à des enjeux mémoriels, identitaires et politiques qui ne sont pas uniquement tournés vers le passé : le statut de victime unit les membres d'une nation qui a été divisée pendant quarante ans, division dont les conséquences se font encore sentir vingt ans après la Réunification. Ce phénomène d'auto-victimisation permet ainsi de valoriser l'expérience révolutionnaire des Allemands de l'Est qui sont parvenus à mettre fin à la deuxième dictature allemande du XXe siècle, sans aide extérieure, ce dont les Allemands n'avaient pas été capables sous Hitler. En même temps, il est plus simple de parler du nazisme car avec la RDA et ses victimes de la dictature communiste, s'est ajouté un nouveau groupe de victimes qui vient concurrencer celles de la Seconde Guerre mondiale. Et finalement, n'est-il pas plus facile d'intervenir militairement dans le monde entier – ce que fait l'armée allemande actuellement – en tant qu'ancienne victime d'une dictature plutôt qu'en tant que personne agissante, voire bourreau ?

Une fois sortie des cours de récréation où être la victime – « *Du Opfer !* » – est encore une insulte, il s'agit d'un statut pratique, permettant non seulement de réduire la complexité du passé mais aussi de chasser les fantômes qui pourraient hanter le présent.

Jouer (à) Auschwitz ou la valeur cognitive et éthique d'un théâtre d'« effigies[1] » Le spectacle *Kamp* de la compagnie *Hotel Modern*

Charlotte Bouteille-Meister

Rejetant l'interdit de représentation qui marque l'exceptionnalité de la Shoah, le spectacle *Kamp* de la compagnie néerlandaise *Hotel Modern* représente les camps d'Auschwitz par une immense maquette en modèle réduit, peuplée de petites figurines. À la fois muettes et terriblement expressives, les effigies de *Kamp* proposent une représentation profondément éthique de la Shoah en incarnant à la fois l'impératif de silence et l'obligation du cri devant sa violence extrême. La valeur éthique du spectacle est également fondée sur sa dimension cognitive : en « jouant » (à) Auschwitz, il s'agit pour les artistes comme pour les spectateurs de comprendre, par l'expérience du jeu scénique, ce qui inscrit la « Solution finale » dans le champ de l'humain.

(1) Nous empruntons le mot à Didier Plassard pour désigner un type de spectacle où un personnage humain n'est pas directement interprété par un comédien (bien qu'un comédien puisse lui prêter sa voix) : théâtre de marionnettes, théâtre d'automates, théâtre de figurines ou théâtre d'objets de forme humaine. Cf. Didier Plassard, *L'Acteur en effigie : figures de l'homme artificiel dans le théâtre des avant-gardes historiques. Allemagne, France, Italie*, Lausanne, L'Âge d'homme, Institut International de la marionnette, 1992.

La Shoah est souvent désignée comme un événement d'une nature si singulière qu'il ne peut être objectivé : la négation de l'humanité en autrui portée à une échelle industrielle à travers un processus de violence extrême ébranle si fortement les catégories éthiques et les frontières qui sépareraient l'humain de l'inhumain qu'elle semble défier toute entreprise de représentation, tant mentale (se représenter en esprit) que figurée (représenter en mots, en images, qui plus est en images animées – au cinéma – ou en présence animées – au théâtre).

Dans la bouche des survivants même, l'événement reste marqué du sceau de l'inimaginable, de l'impensable et de l'inaudible. L'expérience individuelle des camps est d'une nature si inouïe que l'esprit peinerait à la saisir, à la transformer en objet de pensée et donc à la transmettre. Cette difficulté rencontrée par les anciens prisonniers est encore accentuée par la tentative d'effacement déployée par le régime nazi dès la mise en place de la « Solution finale » et, plus particulièrement au moment de l'avancée des troupes alliées en 1945, par l'incrédulité coupable des contemporains face à l'exceptionnalité des faits lors de l'ouverture des camps et du retour des rares survivants. En France, ce caractère inimaginable de la Shoah a été en quelque sorte renforcé par le débat sur l'irreprésentable. L'interdit lanzmannien a ainsi disqualifié toute représentation fictive et/ou imagée pour n'autoriser que la seule vérité et la seule dignité de la parole testimoniale[2], cela jusqu'à mettre en doute la légitimité et l'existence même d'images d'archives des camps d'extermination nazis[3].

La représentation figurée de la Shoah se trouve donc souvent et *a*

(2) Claude Lanzmann, « À propos de *La Liste de Schindler*, dernier film de Steven Spielberg. Holocauste, la représentation impossible », *Le Monde*, 3 mars 1994 : « L'Holocauste est d'abord unique en ceci qu'il édifie autour de lui, en un cercle de flamme, la limite à ne pas franchir parce qu'un certain absolu d'horreur est intransmissible : prétendre le faire, c'est se rendre coupable de la transgression la plus grave. La fiction est une transgression, je pense profondément qu'il y a un interdit de la représentation. [...] Il n'y a pas une seconde d'archives dans *Shoah*, parce que ce n'est pas ma façon de travailler, de penser, et aussi parce qu'il n'en existe pas. »

(3) Nous renvoyons ici à la polémique soulevée autour des photographies du processus d'extermination prises par des détenus du *Sonderkommando* d'Auschwitz-Birkenau en 1944. Cf. Georges Didi-Huberman, *Images malgré tout*, Paris, Minuit, 2003.

priori taxée d'impossibilité, d'indécence et d'ignorance, ce qui a sans doute contribué au fait que le spectacle *Kamp* de la compagnie néerlandaise *Hotel Modern* n'ait été joué qu'une seule fois en France (en 2006, à la Ferme du Buisson, dans le cadre du Festival Temps d'images), alors même que leur spectacle *La Grande Guerre*, qui évoque l'expérience quotidienne des soldats dans les tranchées lors du premier conflit mondial, est très régulièrement invité dans les théâtres français depuis sa création en 2001[4]. C'est pourtant la découverte, lors de la création de *La Grande Guerre*, d'une affinité expressive entre leur *medium* spectaculaire et la représentation d'une violence extrême qui a convaincu les membres de la compagnie *Hotel Modern* d'aborder le thème de la Shoah à travers la forme scénique si particulière qu'ils ont élaborée. En articulant la manipulation non cachée derrière une tenture de figurines humaines dans des maquettes à échelle réduite et la projection sur un écran en fond de scène des images tournées en direct sur le plateau, Pauline Kalker, Herman Helle et Arlène Hoornweg proposent un théâtre d'effigies filmé, qui met en jeu un paysage, ici celui des camps d'Auschwitz.

Le recours à l'effigie, c'est-à-dire à la représentation d'une personne sous la forme d'un objet, permet justement d'objectiver l'inimaginable sous les yeux des spectateurs et de transformer l'irreprésentable en une mise en jeu de la Shoah. Le travail de la compagnie *Hotel Modern* échappe ainsi au double écueil éthique d'un interdit perçu comme fétichiste quand il nie le travail d'imagination à la base de tout savoir et peut nous condamner *in fine* à l'ignorance, voire à l'indifférence, et à une identification cathartique des spectateurs qui serait indécente au regard du caractère inouï de la souffrance des déportés. Par sa double nature d'objet à traits humains, l'effigie permet de représenter la plus grande violence de manière à la fois insoutenable et distanciée, ce double effet de proximité et de distance étant encore renforcé par le dédoublement des figurines présentes sur la scène et à l'écran. Le spectacle *Kamp* dénonce la tentative de déshumanisation à l'œuvre dans le

(4) Encore au Théâtre de Malakoff en décembre 2010. Pour une analyse de *La Grande Guerre*, cf. Charlotte Bouteille-Meister, « Se souvenir de 14-18 : "intermédialité" et mise en jeu du feuilleté de la mémoire dans le spectacle *La Grande Guerre* de la compagnie *Hotel Modern* », in Christophe Gauthier, David Lescot, Laurent Véray (dir.), *14-18 : une guerre qui n'en finit pas*, Bruxelles, Complexe, 2008, p. 193-208.

système concentrationnaire nazi en transformant littéralement les détenus des camps en objets mais, dans le même mouvement, il tente de sauver la mémoire de ces hommes et de ces femmes en redonnant, dans le gros plan cinématographique, un corps et un visage à ceux qu'on a réduits en cendres. À la fois muettes et terriblement expressives, les effigies de *Kamp* proposent ainsi une représentation profondément éthique de la Shoah en incarnant à la fois l'impératif de silence et l'obligation du cri.

La valeur éthique de la représentation est également fondée sur sa dimension cognitive. Jouer Auschwitz dans un camp à échelle réduite c'est aussi, inévitablement, jouer à Auschwitz, comme on joue à la guerre avec des petits soldats, selon un processus de « *trivialization*[5] » qu'a pointé George L. Mosse dans son étude des deux guerres mondiales. Cette « *trivialization* » de l'horreur d'un crime perpétré contre l'humanité pourrait paraître scandaleuse si la compagnie *Hotel Modern* n'affirmait résolument que « l'opposé du jeu n'est pas le sérieux mais... la réalité[6] », pour reprendre la formule freudienne. La représentation de la Shoah par le jeu scénique, par l'*imag*-ination (image et fiction étant ici liées), ne concurrence pas la réalité en cherchant à s'assimiler ou à se substituer à elle, mais produit un savoir, une connaissance sur l'espèce humaine. Construire un camp d'extermination en miniature et y conduire des figurines à la mort, c'est accepter de « jouer » aux bourreaux : en jouant (à) Auschwitz, les créateurs de *Kamp* ont ainsi expérimenté sur un mode fictif la déconcertante facilité avec laquelle l'homme peut s'atteler à la résolution de problèmes d'ordre matériel en les dissociant de leur sens moral (déplacer un très grand nombre de personnes, les tuer, faire disparaître leurs cadavres). Les artistes, adoptant la position des bourreaux, placent le public dans une posture particulièrement inconfortable : les spectateurs, impuissants face aux événements représentés sur la scène, ne peuvent cependant s'identifier aux effigies de papier et de tissu représentant les déportés, et ils expérimentent ainsi la position de complices des actes « joués » sur la scène. Refusant les arguments selon lesquels la

(5) George L. Mosse, *Fallen Soldiers: Reshaping the Memories of the World Wars*, New York-Oxford, Oxford University Press, 1990, p. 7.

(6) Sigmund Freud, « Le créateur littéraire et la fantaisie », in *L'Inquiétante Étrangeté et autres essais*, traduit de l'allemand par B. Féron, Paris, Gallimard, Folio Essais, 1988, p. 34.

violence des bourreaux, comme celle, indirecte, des populations qui l'ont favorisée ou ne l'ont pas empêchée, est impensable et inconcevable, la compagnie *Hotel Modern* interroge au contraire sa parfaite « pensabilité » en la jouant, sérieusement, sur un plan symbolique ou *imag*-inaire. *Hotel Modern* affirme avoir élaboré le spectacle *Kamp* pour « *réaliser* [la vérité de la Shoah], d'une manière très pratique, pour parvenir à l'imaginer, pour approcher l'essence de ce qui est arrivé[7] », rejoignant ainsi les mots de Georges Didi-Huberman dans l'*incipit* d'*Images malgré tout* : « Pour savoir il faut s'imaginer[8] ».

LE THÉÂTRE D'« EFFIGIES » DE *KAMP* : UN DISPOSITIF FORMEL CONTRE L'IRREPRÉSENTABLE

Kamp propose au public le spectacle d'un modèle réduit des camps d'Auschwitz (dit Auschwitz I) et d'Auschwitz-Birkenau (dit Auschwitz II), reproduits à l'échelle de figurines de 8 cm de haut. Hormis le rapprochement des deux camps dans l'espace, l'interpolation du camp des femmes à l'intérieur du camp des hommes à Birkenau et la réduction du nombre de baraques – pour des raisons de manque de place –, la maquette d'environ 100 m² est fidèle à la topographie réelle des années 1940-1944, laissant même une partie des baraques du camp II en construction, le *Lager* de Birkenau n'ayant jamais été achevé. Sur un sol de carton beige, se découpent des silhouettes terriblement familières pour le spectateur du XXIe siècle : la tourelle au centre du bâtiment dominant l'entrée de Birkenau, la devise cynique « *Arbeit macht frei* » sur le fronton du portail d'Auschwitz, les écuries préfabriquées transformées en *Blocks* à Birkenau, la « rampe de la mort » où attendent les déportés sortis des wagons à bestiaux, les doubles rangées de fils barbelés électrifiés sur leurs pylônes recourbés, le tout placé sous le contrôle menaçant des miradors. Fondée sur un long et minutieux travail de recherches documentaires de la compagnie, l'attention aux détails est extrême et peut se voir dans les gros plans projetés en fond de scène sur le drap gris clair qui enveloppe les trois côtés fermés du plateau. Le spectacle est en effet constamment filmé par des petites caméras en basse

(7) « *Hotel Modern*. S'imaginer Auschwitz », entretien de la compagnie *Hotel Modern* avec Jean-Louis Perrier, *Mouvement*, n° 44, hiver 2006, p. 94.

(8) Georges Didi-Huberman, *Images malgré tout*, *op. cit.*, p. 11.

résolution, dont les images sont diffusées en direct, si bien que le spectateur assiste, dans le même temps, à la manipulation des figurines par les trois performeurs dans la maquette en « plan large », et au « film » en plan rapproché et cadré, à la composition très travaillée, qui oriente fortement son regard sur telle ou telle action.

Le *Kamp*, qui donne de manière significative son nom au spectacle, en est le personnage principal : après un premier épisode dans les baraques encore inachevées, qui évoque la construction du camp au son du « *Horst-Wessel-Lied* » (hymne des SA devenu l'hymne du NSDAP) et inscrit les faits représentés dans l'histoire et le projet de « Solution finale » du IIIe Reich, le spectacle donne à voir, durant 45 minutes, le déroulement d'une journée à Auschwitz. Du matin d'hiver à la nuit noire, neuf séquences déclinent l'horreur du système concentrationnaire et d'extermination nazi : la pendaison de trois détenus devant un public composé de prisonniers et d'officiers SS ; l'arrivée d'un train de déportés, conduits dans le vestiaire d'une chambre à gaz dont on vient d'évacuer les cadavres du convoi précédent, déshabillés et conduits vers la mort par les détenus du *Sonderkommando* ; le travail forcé à l'extérieur du camp, pendant lequel un prisonnier, exténué, est battu à mort par des kapos ; le retour des détenus à Auschwitz I au son de la *Radetzky march*, jouée par l'orchestre du camp, puis le long appel silencieux des détenus hommes et femmes dans le soir qui tombe à Birkenau ; la soupe ; les faisceaux lumineux des miradors qui fouillent la nuit et éclairent le suicide d'un détenu sur les barbelés électrifiés ; un second épisode dans la chambre à gaz, cette fois vue depuis l'intérieur, puis l'incinération des cadavres dans les fours crématoires, mont(r)ée en parallèle avec l'entassement des vêtements des déportés et de leurs bagages éventrés, accumulés au « Canada » du camp ; une beuverie dans les quartiers des officiers SS, au son d'une chanson traditionnelle allemande ; enfin, un long plan sur le charnier des fosses communes à ciel ouvert, puis dans les baraques où les prisonniers dorment. Ce qui est donné à voir au spectateur, ce n'est pas tant le destin des déportés que le fonctionnement quotidien d'une usine de la mort, d'une ville construite pour tuer, rapidement ou lentement, mais toujours efficacement, les êtres qui la peuplent.

La possibilité de cette « fable », dont l'extrême simplicité et la brutalité nue seraient insoutenables, voire honteusement ridicules si elle était incarnée par des acteurs, réside dans le *medium* choisi pour la représenter : un théâtre d'effigies qui oscille toujours, par nature, entre le plus grand effet de réel et le plus grand effet d'irréalité. L'effigie se caractérise par un double régime : elle appartient *et* n'appartient pas au domaine de l'humain, elle est objet *et* elle est homme, elle est muette *et* on peut lui donner une voix. En cela, les figurines qui « habitent » le *Kamp* proposent une figuration des déportés qui semble à la fois juste et puissante, car elle allie émotion et distance, par un phénomène de « translation[9] » particulier à l'effigie. Il est possible de montrer des scènes d'une très grande violence avec un maximum d'impact car, l'effigie n'étant pas un acteur, la question du trucage ne se pose pas : contrairement à la mort d'un personnage joué par un acteur dont le spectateur a toujours à l'esprit la dimension « fictive », les violences subies par l'effigie, parce qu'elles peuvent atteindre une très grande intensité, acquièrent paradoxalement une réalité plus grande pour le public. L'effigie étant un objet momentanément animé, le spectateur « croit » en sa mise à mort sur la scène et en ressent le choc (émotion), mais il ne détourne pas la tête de dégoût ou d'horreur (distance). Ce double effet de la « translation » est encore renforcé par le fait que les figurines et les modèles réduits appartiennent au monde de l'enfance et suscitent une attraction spontanée chez les spectateurs, attraction immédiatement contredite par la violence inouïe qui rythme la journée au *Kamp*.

Ces figurines, plus de 3 000, ont toutes été construites à la main par une équipe d'une quinzaine d'artistes : une structure en fil de fer, à peine épaissie par un « corps » en résine transparente vêtu d'un uniforme de détenu en tissu rayé ne comportant pas d'étoile qui différencierait les détenus juifs, des « politiques » ou des homosexuels – le seul signe de judéité dans l'ensemble du spectacle est un chandelier à sept branches présent dans les objets volés aux déportés et réunis au « Canada » du camp. De manière assez convenue, la compagnie *Hotel Modern* fonde la légitimité de son spectacle sur le fait que le grand-père de Pauline Kalker a été déporté à Auschwitz parce qu'il était juif et qu'il a trouvé la mort dans ce camp, mais

(9) « *Hotel Modern*. S'imaginer Auschwitz », *op. cit.*, p. 95.

il est intéressant de noter qu'en n'identifiant pas spécifiquement les détenus du *Kamp* comme des Juifs, la compagnie met d'abord en scène l'extermination d'êtres humains par d'autres êtres humains.

Le corps de ces figurines est surmonté d'une tête en argile blanche, modelée à la main et différente pour chacune d'elles ; les visages évoquent le personnage du *Cri* d'Edvard Munch : figures angoissantes, mangées par deux yeux caves et une bouche réduite à un trou, ils crient par-delà leur silence d'objets et convoquent le public au spectacle de leur souffrance muette et hurlante à la fois. Grâce au double régime de l'effigie, *Hotel Modern* rend un visage différent et donc humain aux victimes d'Auschwitz, à qui le régime concentrationnaire a dénié humanité, nom, visage et même sépulture et, dans le même temps, la compagnie parvient à représenter le processus d'annihilation auquel elles ont été soumises. Dans la scène où les déportés se dévêtent avant de pénétrer dans la chambre à gaz, une robe qui glisse sur le corps en résine d'une détenue dévoile ainsi l'extrême fragilité d'une vie au seuil de la disparition, tout en laissant une trace indélébile et pudique dans l'esprit du spectateur. Contre l'entreprise d'effacement nazie, il s'agit de dire l'entreprise de déshumanisation tout en revendiquant l'humain, et ce à travers l'étrange présence-absence de ces effigies aux visages blancs si expressifs et aux corps translucides dépourvus de parole[10]. Alors que des extraits de lettres de soldats sont lus par Pauline Kalker et Arlène Hoornweg pour accompagner certaines séquences de *La Grande Guerre*, les membres d'*Hotel Modern*, après plusieurs essais infructueux, ont décidé de ne pas inclure de textes dans *Kamp*. Les paroles, même celles de survivants des camps, ne parvenaient en effet pas à s'intégrer au monde des effigies, sans doute en raison de leurs visages-cris (les figurines du spectacle

(10) Dans l'article du *Monde* qu'il a consacré à *La Liste de Schindler*, Claude Lanzmann rappelle qu'au début du film *Shoah*, deux survivants du ghetto de Vilna racontent comment ils ont été contraints, en 1944, d'ouvrir les fosses communes et de travailler à mains nues sur les cadavres « qui étaient de plus en plus comme une tranche plate. Plus ils creusaient dans la fosse, plus les corps étaient plats et les Allemands leur interdisaient de prononcer le mot "mort" ou le mot "victime". Il fallait appeler cela des "*Figuren*", c'est-à-dire des poupées, des marionnettes » (« À propos de *La Liste de Schindler*, dernier film de Steven Spielberg. Holocauste, la représentation impossible », *op. cit.*). Choisir de représenter les victimes de la Shoah dans *Kamp* par des « *Figuren* » au seuil de la disparition, c'est ainsi dire la destruction *et* lui résister.

La Grande Guerre n'ont pas de visage) et du fait que les mots auraient sans doute semblé en deçà des actions exécutées sur la scène, ce qui a imposé une représentation certes, mais une représentation silencieuse.

La nécessité de susciter une attention intense de la part des spectateurs par égard pour le scandale des faits représentés a également conduit la compagnie à ne pas donner à voir la fabrication de la bande-son du « film » du spectacle directement sur la scène – contrairement à ses autres spectacles où un bruiteur est présent, à vue sur le plateau. De la même manière que les images projetées en fond de scène, le son est cependant créé en direct par Ruud van der Pluijm, depuis la cabine de régie, à partir des bruits captés par les microphones de contact placés sous le plateau et de sons enregistrés par *Hotel Modern* à Auschwitz même : le vent qui souffle sur la plaine polonaise, le grincement d'un charriot, un oiseau qui chante dans le soir. Si la parole est absente, l'accompagnement sonore est, quant à lui, continu, et participe très fortement à l'« effet de réel » créé paradoxalement par le film du spectacle. En recueillant cet éclat de réel sonore encore assez proche de l'expérience des détenus (le vent souffle vraisemblablement sur ses paysages avec la même violence froide aujourd'hui que dans les années 1940), mais en même temps le plus immatériel, le plus dépourvu d'une matérialité « réelle » qui pourrait être obscène dans cet univers concentrationnaire miniature fait de papier et de chiffon, les créateurs de *Kamp* affirment le positionnement éthique de leur dispositif : créer un effet de réel qui ébranle les spectateurs, tout en reconnaissant le caractère inatteignable de la réalité des camps, mais sans jamais renoncer à la représenter.

Kamp convoque ainsi le public au spectacle de la grande machine à tuer qu'est Auschwitz et, dans l'oscillation entre la plus grande précision de la reconstitution de la maquette et le choix ostensible de la construire en carton, entre l'expressivité des visages de chaque figurine et les costumes en papier photocopié des officiers SS et des prisonniers encore en tenue de ville, à travers des effigies qui sont à la fois humains et objets, *Hotel Modern* revendique la nécessité de figurer « malgré tout », dans l'affirmation d'une « césure » entre une expérience in*imag*inable et sa représentation imagée.

SE FILMER FILMANT AUSCHWITZ : UNE REPRÉSENTATION DE LA « CÉSURE[11] »

Nous empruntons ici le concept de « césure » à Walter Benjamin qui, dans ses « Réflexions théoriques sur la connaissance », définit la mission de l'historien matérialiste comme le sauvetage par le présent d'une « image dialectique[12] » du passé. Cette image dialectique doit être arrachée au *continuum* a-problématique de l'Histoire universelle et mise « à l'arrêt », afin de révéler sa « fêlure[13] » :

> Il ne faut pas dire que le passé éclaire le présent ou que le présent éclaire le passé. Une image, au contraire, est ce en quoi l'Autrefois rencontre le Maintenant dans un éclair pour former une constellation. En d'autres termes : l'image est la dialectique à l'arrêt. [...] L'image qui est lue – je veux dire l'image dans le Maintenant de la connaissabilité – porte au plus haut degré la marque du moment critique, périlleux, qui est au fond de toute lecture.[14]

La « césure » permet de révéler le déchirement produit par la catastrophe dans l'histoire et, dans un même mouvement, de restituer au passé une actualité « dans le Maintenant de la connaissabilité », en refusant la continuité historique « qui fait du passé uniquement ce qu'il fut et ce qu'il a été. La répétition de soi-même[15] ». L'historien benjaminien, fait « éclater le *continuum* de l'histoire » pour en extraire les phénomènes sous la forme de « constellation[s] », afin que le présent se reconnaisse « visé » par eux, mais il le fait sous le régime symbolique de la « césure », car l'image du passé est une image fugitive, que le présent se doit de saisir comme *passage* :

---

(11) Walter Benjamin, « Réflexions théoriques sur la connaissance », in *Paris, capitale du XIXe siècle. Le Livre des passages*, traduit de l'allemand par Jean Lacoste, Paris, Le Cerf, 1993, p. 494.

(12) *Ibid.*

(13) *Ibid.*, p. 491.

(14) *Ibid.*, p. 479-480.

(15) Orietta Ombrosi, « La dialectique de l'idée de catastrophe dans la pensée de W. Benjamin », *Archives de Philosophie*, n° 69, 2006, p. 279.

> L'image vraie passe en un éclair. On ne peut retenir le passé que dans une image qui surgit et s'évanouit pour toujours à l'instant même où elle s'offre à la connaissance. [...] C'est une image irrécupérable du passé qui risque de s'évanouir avec chaque présent qui ne s'est pas reconnu visé par elle[16].

Le présent doit se faire héritier de l'attente messianique que lui adresse le passé et cet héritage, pour que l'actualité puisse toucher le passé, doit se faire sur le mode d'une représentation vivante (et non « archaïque » ou relevant du « patrimoine[17] »), qui affirme cependant l'absolue évanescence de cette « image » du passé.

Le dispositif scénique de *Kamp* nous semble répondre à cette double exigence du passé envers le présent : la représentation vivante *et* la césure, et cela par l'effigie – qui, comme nous l'avons vu, est à la fois étrangement humaine et vivante et radicalement autre et inanimée –, mais aussi par l'utilisation de l'image vidéo dans le spectacle.

Les images filmées en direct sur le plateau et projetées sur le drap en fond de scène produisent un « effet de réel » saisissant, car elles font appel à la « mémoire » que le public a de l'événement. À l'exception des survivants de la Shoah qui ont assisté au spectacle, les images créées par *Hotel Modern* ne nous paraissent pas vraies ou vivantes parce qu'elles s'assimileraient à des souvenirs personnels, mais parce qu'elles correspondent à une mémoire collective indirecte des faits, fondée en grande partie sur les images photographiques et cinématographiques prises par les Alliés au moment de la libération des camps. Ces images, que nous connaissons par les livres d'histoire et les documentaires, ont figé à jamais dans nos mémoires une certaine représentation des camps qui, quand elle est réactivée, agit pour le spectateur comme une marque de vérité.

Le cinéaste hollywoodien George Stevens, lieutenant-colonel

(16) Walter Benjamin, Thèse V, « Sur le concept d'histoire », traduit de l'allemand par M. de Gandillac et P. Rusch, in *Œuvres III,* Paris, Gallimard, 2000, p. 430.

(17) Walter Benjamin, « Réflexions théoriques sur la connaissance », *op. cit.*, p. 480 et 491.

au service de communication de l'armée américaine et chef de la *Special Coverage Unit* (SPECOU) chargée d'apporter des preuves filmées sur les camps de concentration et d'extermination au procès de Nuremberg, a filmé Dachau avec une pellicule couleurs Kodachrome. Craignant que le tribunal ne soit pas équipé d'un projecteur adapté à cette technique, l'armée américaine opta cependant pour le monochrome, prenant ainsi « une décision qui contribua à forger durablement l'image culturelle de l'Holocauste comme un événement qui s'était déroulé en noir et blanc[18] » – la décision de Steven Spielberg de filmer *La Liste de Schindler* en noir et blanc en est un des exemples les plus manifestes. En utilisant des petites caméras en basse résolution qui donnent un aspect grisé à l'image et surtout en représentant un camp pratiquement dénué de couleurs – à l'exception des objets provenant de l'extérieur, apportés par les déportés dans leurs valises, *Hotel Modern* s'inscrit dans cette représentation collective de la Shoah et convoque à l'esprit du spectateur des images qui hantent sa mémoire, comme autant de traces paradoxalement perçues comme plus « vraies » que ne le seraient des images en couleurs : l'univers de la mort de masse est pour nous un univers en noir et blanc. Cette convocation d'une mémoire construite mais authentifiante de la Shoah s'effectue également par les moyens de projection utilisés dans le spectacle : projeter des images en basse résolution sur un drap blanc renvoie immédiatement le spectateur – à tort ou à raison – à un passé de cinéma qui, paradoxalement à nouveau, fonctionne comme une marque de réalité, car ces images, que nous savons pourtant tournées dans le pur présent de la performance, sont parées d'une vérité « historique », que leur confère cette impression de passé. Dans la scène d'ouverture du spectacle, cet effet est encore renforcé par la diffusion d'un enregistrement d'époque du « *Horst-Wessel-Lied*[19] » qui porte, dans ses grésillements enthousiastes, le poids de l'effrayante réalité du régime nazi.

---

(18) Lawrence Douglas, *The Memory of Judgment. Making Law and History in the Trials of the Holocaust,* New Haven and London, Yale University Press, 2001, ch. I « Film as Witness: Screening *Nazi Concentration Camps* before the Nuremberg Tribunal », p. 31 : « a decision that proved instrumental in shaping persistent cultural images of the Holocaust as an event that unfolded in black and white », nous traduisons.

(19) Depuis 1945, l'enregistrement et l'exécution en public des paroles et de la mélodie de ce chant sont interdits en Allemagne, à l'exception des diffusions à but pédagogique.

Le choix de filmer le spectacle en longs plans-séquences, en adoptant un point de vue surplombant qui englobe l'ensemble de la réalité du camp avant de zoomer sur un lieu ou sur une figurine, contribue également à l'étrange effet de réel suscité par les images filmées de *Kamp*. La préoccupation principale des équipes de tournage américaines et anglaises qui filmèrent les camps nazis en 1945 était d'empêcher que l'on puisse réfuter les faits enregistrés sur la pellicule : le film *Nazi Concentration Camps*, projeté le 29 novembre 1945 au procès de Nuremberg, commence ainsi par un *affidavit* de George Stevens et de Ray Kellog, contre-signé par le cinéaste John Ford, chef de la *Field Photographic Branch* de l'armée américaine, qui affirment que les images n'ont pas été retouchées[20]. Dans le film documentaire anglais *F3080*, monté en 1945 sous la direction de Sidney Bernstein à partir d'images tournées par les Anglais, mais qui n'a pas été montré au public à l'époque, l'authentification des images passe par l'usage du plan-séquence. Alfred Hitchcock, à la demande de son ami Sidney Bernstein, est venu à Londres au mois de juillet 1945, afin de donner des conseils sur le montage du film et aurait préconisé cette forme de prises de vue. Peter Tanner, l'un des monteurs de *F3080*, se souvient, bien longtemps après, de discussions avec le réalisateur à ce sujet :

> Hitch[cock] était très attentif à obtenir du matériau que l'on ne pourrait pas croire truqué d'une manière ou d'une autre, et l'un des plans-séquences *[long shot]* dont je me souviens a été tourné lorsque des prêtres de plusieurs religions ont visité l'un des camps. [...] La scène a été tournée en un seul plan, de telle sorte qu'on puisse les voir entrer dans le camp, puis aller et venir, et l'on pouvait voir tout ce qui se passait à travers leur point de vue. Il n'y avait pas de montage. C'était tout d'un plan. Et cela, j'en suis sûr, c'était une idée d'Hitchcock, et c'était très efficace. Il n'y avait absolument *aucune possibilité* que quelqu'un puisse croire que ces images étaient truquées[21].

(20) Nous renvoyons sur ce point aux pages internet consacrées à l'exposition « Filmer les camps, de Hollywood à Nuremberg », sous le commissariat de Christian Delage, Mémorial de la Shoah, Paris, 10 mars-31 août 2010, http://www.memorialdelashoah.org/upload/minisites/filmer_les_camps/index.html

(21) Elizabeth Sussex, « The Fate of F3080 », *Sight and Sound, International Film Quarterly*, British Film Institute, Spring 1984, Vol. 53, n° 2, p. 96 : « Hitch was very careful to try to get

Si Hitchcock n'a pu donner d'instructions sur le tournage des images (ce que Tanner ignore ou a oublié), il semble néanmoins avoir privilégié l'utilisation des prises de vue en plan-séquence pour le montage du documentaire, et ce afin de rendre les images incontestables. Le plan-séquence, par la continuité de la prise et le refus du montage, est perçu comme un enregistrement fidèle de la réalité, tant il serait impossible de « truquer » des plans qui englobent un décor aussi large et des « figurants » si nombreux.

Dans *Kamp*, les séquences projetées sur l'écran sont presque toutes tournées en un seul plan : parfois, la caméra est éteinte pour passer d'un espace à un autre (d'un côté à l'autre de la porte de la chambre à gaz par exemple), mais seule la séquence dans les fours crématoires utilise une sorte de montage alterné avec des images du « Canada » du camp, pour mettre en exergue le pillage des biens lié à l'extermination. Le fait que la caméra soit manipulée dans un décor miniature par des opérateurs « géants » la rend parfaitement libre de filmer en continu, sans montage : multiplication des effets de zoom, des travellings, des plongées et contre-plongées, prise de vue continue dans plusieurs espaces contigus ou à 360°, etc. Cet usage du plan-séquence, comme l'avait souligné Hitchcock, confère un degré de vérité « historique » supplémentaire à ces images, dont le spectateur sait pourtant pertinemment qu'elles sont produites sous ses yeux.

Car la dimension « vivante » des « images dialectiques » élaborées par *Hotel Modern* est indissociable de l'exhibition de la « césure » fondamentale qui réside en chacune d'elles : ces images, qui acquièrent une réalité en faisant appel à une « mémoire » passée des spectateurs, sont des images présentes. Contrairement aux images « historiques » de la Shoah, les images proposées par *Kamp* ne sont pas l'enregistrement d'un événement passé, mais sa mise en jeu dans le présent de la représentation : le film

---

material which could not possibly be seen to be faked in any way, and one of the big shots I recall was when we had priests from various denominations who went to one of the camps [...]. And it was all shot in one shot so that you saw them coming along, going through the camp, and you saw from their point of view all that was going on. And it never cut. It was all in one shot. And this I know was one of Hitchcock's ideas, and it was very effective. There was *no way* for somebody seeing it that it could have been faked », nous traduisons.

projeté sur l'écran, s'il joue des effets de réel propres aux images cinématographiques, permet avant tout de voir en gros plan les événements qui se déroulent dans la maquette, dans le moment même de la réception du film et du spectacle par le public. *Hotel Modern* fait ainsi « éclater le *continuum* historique » et restitue au passé une actualité dans le présent. La première séquence du spectacle éclaire ce procédé de « césure » : au son du « *Horst-Wessel-Lied* », la mise en scène de la construction du camp se rapproche d'un film de propagande nazie évoquant la promesse d'une civilisation meilleure construite par le travail collectif (qui, dans cette séquence, ne paraît pas particulièrement violent ni forcé). L'interruption brutale de cette première séquence au milieu de l'hymne et le noir *cut* sur l'écran avant la lente et silencieuse séquence de la pendaison, qui plonge le spectateur dans l'atmosphère visuelle et sonore du camp, témoigne d'une prise de position esthétique et historique des créateurs du spectacle. Il s'agit dans *Kamp* de refuser le « confort » de l'historicisme et de « la putain *Il était une fois*[22] », qui rejette le passé dans un Autrefois irrémédiablement séparé du présent, pour, au contraire, représenter la Shoah « dans le Maintenant de la connaissabilité ».

La convocation d'images passées (sur l'écran) par le présent de la performance (dans la maquette) – irruption d'une « dramaturgie du présent dans le passé[23] » pour reprendre les mots de Jean-Louis Perrier – est justement ce qui permet de créer une « image » au sens benjaminien du terme, c'est-à-dire une représentation du passé où « l'Autrefois rencontre le Maintenant [...] pour former une constellation ». Dans la rencontre-confrontation des deux plans du dispositif spectaculaire de *Kamp*, des instants du passé, comme cristallisés, sont rendus à la vie présente, par un effet de syncope historique et esthétique radical, qui permet au spectateur de se sentir « visé » par ce passé et de deviner, dans le son du vent qui balaye la plaine d'Auschwitz, le murmure des déportés :

> Le passé est marqué d'un indice secret, qui le renvoie à la rédemption. Ne sentons-nous pas nous-mêmes un faible souffle de l'air dans lequel

(22) Walter Benjamin, Thèse XVI, « Sur le concept d'histoire », *op. cit.*, p. 441.

(23) « *Hotel Modern*. S'imaginer Auschwitz », *op. cit.*, p. 93.

> vivaient les hommes d'hier ? Les voix auxquelles nous prêtons l'oreille n'apportent-elles pas un écho de voix désormais éteintes[24] ?

Les voix sont cependant « désormais éteintes », comme celles des effigies muettes de *Kamp*, car cette « rédemption » du passé par le présent passe « *en un éclair* », à l'instar des images filmées créées par *Hotel Modern*, qui apparaissent l'espace d'un instant sur l'écran en fond de scène et s'évanouissent sans avoir été enregistrées, car elles ne peuvent former « constellation » que dans le moment de leur « rencontre » avec le présent de la maquette et des spectateurs qui les regardent. *Kamp* ne recherche en effet aucune « rédemption » des crimes commis à Auschwitz et n'en propose aucune à ses spectateurs : la salvation fugitive d'éclats du passé par une esthétique de la « césure », ne signifie en aucun cas l'absolution ou la consolation des artistes ou du public. En se faisant bourreaux, les membres de la compagnie *Hotel Modern* nous obligent au contraire à occuper la position éminemment inconfortable de témoins au présent, et donc, de manière figurée, de complices.

ARTISTES-BOURREAUX ET SPECTATEURS-COMPLICES : UNE « RÉDEMPTION » SANS CONSOLATION

Dans « Feu sur *Les Carabiniers* », Jean-Luc Godard écrit :

> Prenons l'exemple des camps de concentration. Le seul vrai film à faire sur eux – qui n'a jamais été tourné et ne le sera jamais parce qu'il serait intolérable – ce serait de filmer un camp du point de vue des tortionnaires. [...] Ce qui serait insupportable ne serait pas l'horreur qui se dégagerait de telles scènes, mais bien au contraire de leur aspect parfaitement normal et humain[25].

Le dispositif scénique particulier de *Kamp* permet à *Hotel Modern* d'adopter ce « point de vue des tortionnaires », et de montrer la dimension terriblement humaine des atrocités perpétrées à Auschwitz. En déplaçant

(24) Walter Benjamin, Thèse II, « Sur le concept d'histoire », *op. cit.*, p. 428.

(25) Jean-Luc Godard, *Jean-Luc Godard par Jean-Luc Godard, I. 1950-1984*, cité dans Georges Didi-Huberman, *Images malgré tout*, *op. cit.*, p. 177, note 73.

les effigies des prisonniers dans le camp et en les menant à la mort, les artistes de la compagnie occupent, dans le plan « large » de la maquette, la position de bourreaux, dominant par leur taille les minuscules figurines : dans la scène de la pendaison, c'est une main humaine gigantesque qui vient retirer le tabouret de sous les pieds des condamnés. La caméra se trouve donc entre les mains des bourreaux et les images projetées sur l'écran peuvent également se trouver teintées du plaisir sadique pris par les tortionnaires dans la contemplation de leurs victimes agonisantes. La reconstruction des camps d'Auschwitz en miniature, projet « fou » au dire même de ses créateurs qui ont de nombreuses fois douté de leur entreprise, les a ainsi conduit à ressentir le mécanisme psychologique à l'origine du fonctionnement du camp :

> Au fur et à mesure que nous faisions le spectacle, nous avons compris les bourreaux. Au début, les figurines étaient de véritables personnages, puis on en a fabriqué de plus en plus et elles devenaient des numéros, on a dû fabriquer des boîtes pour les ranger : des boîtes pour les hommes, des boîtes pour les femmes, des boîtes pour les SS ... On a même dû faire une sélection entre les figurines, avec un test caméra : celles qui passaient le mieux à l'écran pouvaient avoir un meilleur « rôle ». On devait « gérer » *[manage]* ces milliers de gens et ce n'est pas différent des officiers SS qui devaient organiser la vie et la mort de milliers de prisonniers dans les camps. [...] Nos figurines portaient des numéros, on commençait vraiment à « saisir » *[grasp]* cette organisation, cette logistique. [...] Quand Herman [Helle] fabriquait la chambre à gaz miniature – ce qui était complètement fou –, il s'est interrogé sur la distance qui séparait les chambres à gaz du crématorium à Auschwitz-Birkenau et il s'est surpris à dire « ce n'était pas pratique du tout », avant de se dire « qu'est-ce qui se passe ? Je suis en train de vouloir améliorer Auschwitz ! » et c'est ce qui est arrivé psychologiquement aux personnes qui ont perpétré les massacres. [...] Les gens qui travaillaient dans les camps, il fallait qu'ils trouvent des solutions pratiques tout le temps, et cela est montré dans le spectacle, qui n'est pas un portrait de personnages, mais le portrait de cette grande machine. Ce n'était pas une routine, c'était de la créativité : cela fait partie de la nature humaine de vouloir résoudre des problèmes – comme un four qui ne fait pas de fumée. Ce n'est pas si fou ni si difficile de se mettre à la place des

> bourreaux, c'est très facile de comprendre que cela soit arrivé, mais il faut vouloir comprendre. [...] Si on dit : « Notre problème, ce sont les Juifs », alors ce n'est pas difficile de procéder progressivement jusqu'à ne plus avoir que des cendres, c'était un processus avec de nombreuses intelligences et de nombreuses personnes à son service. [...] Avec la caméra, nous avons cherché à montrer ce processus et cette organisation dans le spectacle[26].

Au « Pour savoir il faut s'imaginer » affirmé par Georges Didi-Huberman, *Hotel Modern* propose la variante « Pour saisir il faut jouer à[27] » : en jouant le rôle des officiers SS sur un mode figuré, dans la « translation » d'une représentation théâtrale par effigies qui expose son irréalité et en se confrontant à la « logistique » nécessaire pour organiser la « vie » et la « mort » de plusieurs milliers de figurines de papier et de tissu, les créateurs de *Kamp* inscrivent la « Solution finale » dans le champ de l'humain et posent à nouveau la question de savoir comment tant d'hommes ont pu se livrer à une telle atrocité. Il n'y a pas d'inhumanité dans Auschwitz au sens de sortie de l'humain, pas plus qu'il n'y a de différence entre les visages des déportés et ceux des SS dans *Kamp* : il n'y a qu'une différence de position et une séparation des tâches, radicalisées à l'extrême et qui conduisent à une perte totale du sens moral des actions. Ce que le spectacle d'*Hotel Modern* nous demande de comprendre, par l'*imag*-ination, par le jeu scénique, c'est cette dimension fondamentalement et terriblement *humaine* des actes qui sont représentés devant nous : en ne les séparant pas de notre humanité et en refusant de les rejeter dans les catégories de « l'impensable » et de « l'incommunicable », il s'agit de leur accorder cette « rédemption » benjaminienne, qui n'est en aucun cas pardon ou absolution, mais *mémoire* due à toutes les victimes de la barbarie – humaine – des camps nazis.

---

(26) Propos tenus par Pauline Kalker lors de la table-ronde consacrée à *Kamp*, dans le cadre du colloque « La Shoah : théâtre et cinéma aux limites de la représentation », organisé par Alain Kleinberger et Philippe Mesnard, le 8 décembre 2010 à l'Université Paris Ouest Nanterre La Défense, nous transcrivons et traduisons.

(27) « *Hotel Modern*. S'imaginer Auschwitz », *op. cit.*, p. 94 : « comme des enfants, nous devions jouer à Auschwitz pour l'appréhender ».

Cette mémoire, telle qu'elle est proposée dans *Kamp*, n'est pas consolatrice, mais se veut au contraire particulièrement inconfortable pour le spectateur qui, face à ces créateurs-bourreaux, est placé en position de témoin-complice des faits représentés sur le plateau.

En raison de la destruction des preuves par les nazis au moment de l'avancée des troupes alliées, nous ne possédons que très peu d'images prises dans les camps au moment de leur fonctionnement ; notre mémoire visuelle de la Shoah est pour la plus grande partie issue d'images des effrayants « résultats » de la barbarie nazie et non de son effectuation. Pour attester de la vérité de ces images saisies « après coup », l'une des techniques fréquemment utilisée est l'inclusion de témoins oculaires irréfutables dans le cadre – par exemple, le général Eisenhower à Ohrdruf, ou bien des civils allemands auxquels on fait contempler les fosses communes dans le film *Nazi Concentration Camps*[28]. La présence de ces témoins à l'intérieur des images « déleste » en quelque sorte leur spectateur de son obligation morale d'agir contre les faits représentés : la présence d'Eisenhower sur ces images indique que les exactions sont supposées avoir cessé, que nous sommes dans l'*après*. Dans *Kamp*, au contraire, les atrocités d'Auschwitz se déroulent au présent : « Ça se passe sous vos yeux. Quand vous voyez le spectacle, cela arrive à nouveau[29]. » Les crimes sont perpétrés dans le présent partagé des artistes, des effigies et des spectateurs qui sont rendus impuissants face à cette violence par leur position même : l'univers du camp, en modèle réduit, les exclut du fait de leur taille « inappropriée », de même que l'image projetée, en deux dimensions, les maintient à leur place d'observateurs. Témoins impuissants des violences représentées sur le plateau, dans le moment même où elles sont infligées et non dans l'après-coup des images filmées à la libération des camps, nous sommes placés dans une position de « complices », car nous ne faisons rien pour y mettre un terme et nous ne pouvons nous réfugier de manière symbolique du côté

(28) Lawrence Douglas, *The Memory of Judgment. Making Law and History in the Trials of the Holocaust*, *op. cit.*, p. 36 : « it [the film *Nazi Concentration Camps*] offers shot after shot an eyewitness viewing the very legacy of atrocities the film records. [...] Here again, the documentary supplies within its own frame witnesses to corroborate the truth of its representations ».

(29) « *Hotel Modern*. S'imaginer Auschwitz », *op. cit.*, p. 95.

des prisonniers, mis à distance par leur statut d'effigie et par les images qui, à l'exception de la seconde séquence dans la chambre à gaz, ne sont jamais filmées à travers le regard des déportés. Le point de vue adopté par les caméras est en effet le plus souvent surplombant et il n'est assigné à aucun « personnage » du camp : c'est le regard du témoin mais ce témoin, contrairement aux images d'archives, n'est pas inclus dans le plan. Cette place vide dans l'image doit être occupée par le spectateur, amené à tenir le rôle du témoin au présent, silencieux, impuissant, et *in fine*, complice. Comprendre le processus de la « Solution finale » par sa mise en jeu, c'est aussi comprendre l'inaction des populations présentes dans et autour des camps, en imposant au spectateur d'en faire l'expérience « translatée » par le dispositif spectaculaire.

Kamp convoque le public au spectacle de l'extrême violence humaine et, du fait de l'étrange présence-absence des effigies, lui interdit à la fois d'en détourner le regard et de s'identifier avec les victimes. Ainsi, même la scène filmée depuis l'intérieur de la chambre à gaz fermée – au cours de laquelle on voit les cristaux de zyklon B pénétrer par un trou du plafond et où ensuite l'image se brouille avant de passer au noir – affirme que l'on peut chercher, par la représentation figurée, à s'approcher au plus près « de la profondeur où étaient les déportés[30] », sans jamais pourtant l'atteindre. Le regard du spectateur de *Kamp* reste celui du témoin-complice extérieur, convoqué pour expérimenter à la fois la distance et le lien entre les violences sans témoignage des camps et leurs « conséquences » photographiées ou filmées, dont les témoignages hantent nos mémoires. La dernière séquence du spectacle donne ainsi à voir un long plan sur les fosses communes d'Auschwitz, dans lesquelles les cadavres démembrés sont représentés d'une manière bien plus réaliste que les figurines des déportés vivants – comme pour souligner que les images « réalistes » passées par lesquelles nous connaissons la Shoah sont le résultat d'un présent d'horreur dont nous sommes, par la « translation » du spectacle, devenus témoins, à jamais inconsolés.

---

(30) *Ibid.*

Contre le discours de l'irreprésentable et de l'impensable, la compagnie *Hotel Modern* affirme l'obligation morale de représenter pour comprendre. Puisque l'expérience des victimes est inobjectivable, puisqu'elle demeure à jamais insaisissable car le spectateur ne peut faire avec les déportés-effigies le chemin jusqu'au bout de la mort, seule la position des bourreaux et des complices nous permettrait de saisir, subjectivement, les mécanismes psychologiques à l'œuvre dans la Shoah. Cet héritage « humain » de violence extrême, nous devons le faire nôtre pour rédimer ce que fut la vie et la mort des prisonniers des camps, pour arracher cette image, l'espace d'un instant, au *continuum* historique qui nivelle tous les événements et les promet à l'oubli. Si, comme l'affirme Jean-Luc Godard dans *Histoire(s) du cinéma* à propos des images tournées à Dachau par George Stevens, « un simple rectangle/ de trente-cinq/ millimètres/ sauve l'honneur/ de tout le réel[31] », alors les effigies de *Kamp*, dans leur irréelle réalité, peuvent faire résonner muettement les voix « à jamais éteintes » des hommes, des femmes et des enfants juifs que l'on a conduits à la chambre à gaz.

(31) Jean-Luc Godard, *Histoire(s) de cinéma*, Paris, Gallimard-Gaumont, 1998, I : *Toutes les histoires*, p. 88.

The fiend of / in Bucky's life[1] Le démon, la *nemesis*, le destin, *Auschwitz* ?

Christian Biet

D'emblée, je distinguerai Auschwitz d'*Auschwitz*.

Auschwitz donc, en lettres italiques. J'emploie ici la façon allemande de désigner « la Destruction des Juifs d'Europe » : désignation par un lieu, mais qui dépasse le lieu. *Auschwitz*, moins problématique que *Shoah* (souvent utilisé en France, surtout depuis le film de Lanzmann, 1985) ou *Holocaust* (plus généralement employé aux États-Unis), sera le terme choisi pour la métonymie ou la synecdoque qu'il met en place, le nom symbolique et la partie pour le tout.

Si Auschwitz est le nom germanisé de Oświęcim, ville polonaise, si Birkenau (« la petite prairie aux bouleaux ») est le nom que les nazis ont donné à Brzezinka, et si ces lieux désignent bien deux des camps de concentration et d'extermination nazis, le nom d'Auschwitz subsume ces réalités au sens où le nom d'*Auschwitz* n'est plus seulement un lieu, n'est pas strictement l'Histoire, ni une donnée historique, mais le fait que le signe

(1) « *The fiend of bucky's life* », le démon de la vie de Bucky, est le titre d'une partie du roman de Philip Roth.

exprimant le lieu est devenu celui d'une notion construite. Une notion qui recouvre une vérité plus large, celle du génocide. Or, comme toute notion à même de fournir le sujet d'une réflexion, d'une interprétation, ou d'une œuvre, cette notion est, de fait, historicisable : elle se détermine, selon ses présences, comme différemment figurée, différemment construite, différemment modifiée, donc en état d'être diversement interprétée. Et c'est de cette historicisation et de cette construction qu'il est ici question, *via* les esthétiques théâtrale et cinématographique, selon les moments historiques et selon les lieux.

C'est pourquoi, nécessairement, nous hésiterons, puisqu'à partir de données historiques et /ou fictionnelles manifestes et parfois sous-jacentes, nous devrons nous interroger aussi bien sur la manière dont Auschwitz est transcrit dans les pièces de théâtre ou dans les films, que sur la manière dont nous constatons, pensons, interprétons qu'il l'est.

Et lorsqu'on essaie de comprendre comment Auschwitz devient *Auschwitz*, très vite, advient une série de questions et d'hésitations majeures : comment le référent *Auschwitz*, si présent depuis que le mot a acquis son universalité — durant les années 1980 semble-t-il — peut-il / doit-il être convoqué ? Et peut-il être convoqué alors que quelques éléments seulement semblent en fonder la présence et/ou l'interprétation ? En d'autres termes, *Auschwitz* peut-il être, ou devenir, un effet de lecture sans avoir été une intention auctoriale ? Et si oui — car il semble bien que oui —, depuis quand ? Je veux dire depuis quelle période exactement la littérature, le théâtre, le cinéma, sont-ils à ce point porteurs d'Auschwitz — en sachant que les périodes de production littéraire, théâtrale, cinématographique, ne coïncident pas nécessairement avec la manifestation historique d'Auschwitz ? Et si oui, où ? Je veux dire qu'Auschwitz n'apparaît pas au même moment, ni avec la même intensité, ou le même contenu, la même image, selon les lieux, les pays, les communautés. En un mot, une fiction peut-elle devenir une allégorie d'Auschwitz, sous le prétexte qu'*on* en a l'intuition, cela sans qu'une intention des artistes vienne le conforter, alors que les spectateurs contemporains en voient avec évidence l'illustration ? Je donnerai ainsi deux exemples de cette hésitation.

ANATHÈME, LA CATASTROPHE : *AUSCHWITZ*

Que fera-t-on par exemple d'une pièce comme *Anathème*[2], du Groupov, compagnie belge conduite par Jacques Delcuvellerie, jouée en 2005 en Avignon ? On le constate par les photos reproduites dans le cahier central, *Anathème* est une sorte d'oratorio durant lequel des hommes et des femmes entrent, se dénudent, enlèvent jusqu'à leurs bijoux, et s'assoient à côté d'un homme dont la tête est ligotée, supprimée et dont l'effigie est présentée devant lui. Saint Sébastien ? Un peu, pas seulement : toutes les têtes tranchées, toutes les catastrophes, tout ce qui est livré au malheur. Les catastrophes bibliques, en premier lieu… Tous ces hommes et toutes ces femmes, peu à peu, se mettent en ligne et écoutent, avec les spectateurs, des passages de la Bible. Assis, rangés, les uns, les acteurs, nus, les autres, les spectateurs, habillés, entendent le récit de mises à mort collectives, de massacres directement accomplis par Dieu ou perpétrés sur son ordre formel. Puis, lorsque les textes deviennent insupportables et que la musique se fait stridente, les performers se lèvent et/ou sont comme saisis d'un mouvement violent qui fait que ces hommes et des femmes s'entrechoquent, s'entremêlent, gisent comme soumis à une catastrophe (*catastrophè*, en grec, mouvement qui tourne et tord vers le bas, d'où renversement, fin, dénouement). Enfin, ils se rangent à nouveau tandis que sur un mur apparaît une phrase de Heiner Müller : « Je t'ai pourtant dit de ne pas revenir. Quand on est mort, on est mort ».

---

(2) *Anathème* est un projet conduit par Jacques Delcuvellerie dans le cadre du Groupov. Le matériau textuel est basé exclusivement sur des textes de l'Ancien Testament. Le titre vient de la traduction ordinaire du mot hébreu *Herem* qui signifie littéralement interdiction. « À une période de recherches théoriques, de constitution du matériau textuel et d'exploration des premières pistes musicales et scéniques, a succédé une élaboration concrète confrontant ces différentes étapes à de véritables publics. Le *work in progress* a donc été présenté au Festival International de Liège (janvier 2003), au Festival International des Théâtres francophones en Limousin (septembre 2003) et à la Scène nationale de Chambéry (novembre 2003). Une étape de travail différente, réunissant une vingtaine d'acteurs pour un travail sur le plateau, a eu lieu au Groupov (novembre 2003), puis à la Marlagne à Namur (janvier-février 2004). Enfin, dans le cadre des cours du Conservatoire de Liège, une dernière étape fut explorée avec 25 étudiants (novembre 2004). À la suite de cette présentation le Festival d'Avignon a confirmé son invitation d'*Anathème* à l'édition de juillet 2005. Depuis, le Groupov a encore modifié et retravaillé dans le détail, scénographie, musique, texte et action scénique, pour la reprise du Kunsten Festival des Arts à Bruxelles en mai 2006 et au Théâtre de la Place à Liège en avril 2007. » (Note de présentation du spectacle sur le site du Groupov. Je remercie le Groupov de m'avoir rapidement et gracieusement envoyé les seules images disponibles de ce spectacle.)

Anathème est un spectacle sur la Bible, certes, sur le sacrifice, l'offrande et l'interdit, mais encore sur ce que peut être un mouvement à proprement parler *catastrophique*, enfin sur les morts qui reviennent... mais est-ce un spectacle sur *Auschwitz* ? Delcuvellerie le dénie, mais comment ne peut-on pas penser à *Auschwitz* devant ces gestes, ces images, le caractère insupportable de la performance, et même son apparence de chose inexplicable et irrémédiable ? Comment ne pas laisser passer, dans notre machine heuristique, la référence à *Auschwitz* lorsque ces hommes et ces femmes, lentement, se dénudent, plient leurs affaires, les mettent en tas, classés, les chaussures d'un côté, les vêtements de l'autre, les bijoux à part, se mettent eux-mêmes en tas, nus, sous les coups de boutoir du texte biblique et de la musique stridente ? Comment ne pas penser à *Auschwitz* et comment ne pas voir, entendre, *Auschwitz* parce que toutes ces associations sont déjà ancrées en nous, par des stéréotypes qui sont, absolument, présents ? Comme si l'on ne pouvait plus, maintenant, en Occident (et pour combien de temps ?), ne pas identifier *Auschwitz* lorsqu'un certain nombre d'occurrences (images, mots, mouvements, références) se croisent.

Le démon d'*Auschwitz*, « *the fiend* » est ainsi, déjà, suffisamment répété, re-présenté, mille fois figuré par toutes ces images, par ces stéréotypes, mais aussi grâce à toutes les données historiques (images, récits, documents) que nous connaissons, pour qu'il soit devenu immédiatement reconnaissable, et qu'il apparaisse tel un démon obsessionnel. Si bien que les déclarations du Groupov ou de Jacques Delcuvellerie sur leur intention de ne pas représenter *Auschwitz*, n'y feront rien, puisque les spectateurs ont déjà vu *Auschwitz* sur la scène dès lors qu'ils ont assisté à cette cérémonie lente, réglée et angoissante de dénudation des corps, ainsi qu'à la figuration plastique et sonore de l'insupportable. Comme si la mise à nu des corps, combinée à une mise en ordre du processus, à la figuration visuelle et auditive du phénomène d'insupportabilité, enfin à l'idée d'inexplicable devait, nécessairement et malgré toutes les dénégations possibles, renvoyer à *Auschwitz*.

LA PESTE, LA POLIO, ORAN, NEWARK, *AUSCHWITZ*

Que fera-t-on, encore, de cette fiction que j'ai cette fois choisie hors des sphères théâtrale et cinématographique et qui, peut-être parce qu'elle vient d'être publiée, n'a encore donné lieu ni à un commentaire en ce sens de la part de son auteur, Philip Roth, ni à des réflexions convoquant précisément *Auschwitz*, par des lecteurs ou des critiques ? Cette fiction porte un titre : *Nemesis*[3], la Fatalité — déesse vengeresse qui punit les crimes et contre laquelle on se bat sans pouvoir s'en défaire : en cela elle figure une force, un principe qu'on peut évidemment relier à la question théologique du Mal sur Terre. *Nemesis* a été publié en 2010 et vient d'être traduit en France. C'est le quatrième et dernier texte de sa série de romans courts appelés « Nemeses » [*les Nemesis*], comprenant *Everyman* [*Un homme*] (2006), *Indignation* (2008) et *The Humbling* [*Le Rabaissement*] (2009), qui ont été tous les trois traduits en français aux éditions Gallimard.

La fable se situe à Newark, durant le torride été 1944. Bucky Cantor, au nom improbable, est un jeune Juif de Newark qui, bien que de constitution athlétique, n'a pu être accepté dans l'armée, contrairement à ses deux frères et à tous les jeunes gens en âge de combattre, parce que ses yeux, extrêmement déficients, le lui interdisent. Bucky voit mal, et pourtant il a la volonté de se battre, de servir, d'être utile à sa communauté. Il est solide, prévoyant, conscient de la mission qu'il a d'être l'un des seuls jeunes hommes restés à Newark, et semble invulnérable, « invincible » (c'est le dernier mot du texte). C'est pourquoi il est chargé d'un terrain de jeu à Newark alors que se déclare, dans la chaleur de l'été, une très grave épidémie de polio qui, peu à peu, touche les enfants, en particulier ceux dont il a la responsabilité.

Été 1944, la guerre, le désastre des vies perdues (dont celle d'un de ses frères tombé en Normandie), les meurtres de masse forment ainsi la toile de fond de *Nemesis*. Comme dans la tragédie grecque, le destin, la fatalité, les dieux, Dieu, en tout cas un malheur frappent la communauté, et plus particulièrement la communauté juive de Newark, et plus particulièrement ses fils, et, du point de vue narratif, plus centralement, les enfants de Bucky Cantor. Ainsi, lorsqu'on est pris, en juillet 1944, dans une tragédie (qui commence comme *Œdipe-Roi* et dont le protagoniste est mal-voyant), qu'on est en charge d'un *playground* de Newark, que la peste/la polio frappe

(3) Philip Roth, *Nemesis*, Houghton, Mifflin, Harcourt, Boston, New York, 2010.

apparemment *aveuglément*, qu'on s'occupe de jeunes adolescents parce qu'une déficience de vision vous a empêché de vous battre contre la peste humaine, et vous a interdit de combattre les nazis, il n'est, en principe, pas question de fuir, puisqu'il s'agit de protéger la communauté. Mais, comme dans *La Peste* de Camus —*Nemesis* en figure la réécriture possible —, la tentation est grande de sortir du lieu maudit, de cette ville frappée par le démon de Dieu (le *fiend*).

Bucky rêve d'aller se baigner dans l'Océan, et il y va. Pire, après avoir hésité, il répond à la demande amoureuse de Marcia, cette jeune fille qu'il aime, qui l'attend dans un *summer camp* préservé (*Indian Hill*, là où les petits Juifs jouent innocemment aux Indiens...), qui lui a même trouvé un travail, là-bas, et qui craint tant pour lui. Mr. Cantor, Bucky, ne tient pas bon, ne reste pas à son poste, fuit l'épidémie sous le prétexte qu'il est devenu parfaitement inutile sur son *playground* — ce dont le père de Marcia, médecin resté à Newark, le persuade —, et se réfugie dans les montagnes pour y embrasser un moment le bonheur de ne plus se sentir menacé par cette peste des années 1940 qui embrase le monde. Une peste généralisée, qui se présente à Newark sous les traits de la polio, dont la communauté juive de Newark est frappée, mais dont elle semble exempte dans un seul refuge : les montagnes de l'état de New York. À ceci près qu'on ne se débarrasse pas de la peste, de la polio, du démon et de la contagion du Mal, qu'on ne fuit pas la Nemesis. Et même si l'on souhaite ne plus la voir et l'ignorer, la peste reste inscrite en soi, préside à l'Histoire des années 1940 comme elle marque chaque vie dans son détail.

Cantor, celui qui souhaitait aimer, vivre, en conservant son honnête mauvaise conscience, celui qui semblait vouloir « échapper » à l'horreur du monde, à la Nemesis, au destin, à l'Histoire, devient celui qui inconsciemment, aveuglément, malgré lui, transmet le mal. Cantor le fuyard est un porteur sain, temporairement sain : le bras armé invisible de la contagion, un vecteur de la violence du mal. Par lui, par sa présence, par l'inscription invisible de sa violence dans le corps apparemment sain de Cantor, la polio touche maintenant le petit paradis des riches juifs cachés dans les montagnes. Et rétrospectivement, on peut penser que Cantor a contribué à ce que le Mal se soit préalablement répandu chez les pauvres Juifs de

Newark… L'hyper-sain, l'apparemment invincible, le vertueux est inscrit dans la Chute. Il est rattrapé par l'Histoire.

On n'échappe donc pas à l'histoire, à la peste antique, à la polio moderne, au cancer des années 1940. Mais, si Roth dit bien qu'on n'échappe jamais à la guerre, aux massacres de masse, aux épidémies, quoi qu'on fasse, il ne fait aucune mention explicite à l'*Holocaust*, et ne parle pas d'*Auschwitz*. Pourtant, les images sont là, comme les éléments de signification, laissés à la disposition du travail heuristique des lecteurs. Le jour de l'enterrement du premier garçon mort de la maladie, le texte note qu'il fait extraordinairement chaud, et le personnage de Bucky ne peut alors s'empêcher de penser que l'enfant est en train de « rôtir comme un morceau de viande dans sa boîte ». Il n'y a rien là d'explicite, comme la référence à *La Peste* de Camus n'était pas explicite, comme, dans le roman de Camus, publié en 1947, le renvoi à la guerre juste passée était si évident qu'il n'avait pas besoin d'être clairement formulé. Ainsi, *Nemesis* est un texte allégorique, autrement dit un texte qui, sous l'expression d'une fiction parfaitement admissible et crédible, cache une autre signification réputée plus profonde qui permet de penser et d'enrichir le rapport entre la chose dite et l'autre sens, apparemment sous-jacent. N'importe quel lecteur n'aura aucun mal à penser la guerre, les années 1940, la découverte des horreurs de l'an 1944, à partir de ce récit, et des commentaires de Roth, dans le texte lui-même. *Nemesis* dit tout cela comme il précise, dans une dernière partie, qu'on ne peut jamais tout expier parce que la faute n'est jamais que ce qu'on imagine qu'elle est. Le roman, ainsi, pose la question de la faute, saisit l'an 44 à bras le corps, en montre la capacité destructrice. L'histoire de Bucky Cantor, la réalité de son démon, est une autre manière de dire qu'on n'échappe pas, quoi qu'on fasse, à la peste de Thèbes, à la polio de Newark, ou au cancer d'*Auschwitz*. Dès lors, Philip Roth *parle et ne parle pas d'Auschwitz*, notre obsession.

DYNAMIQUE DE LECTURE, DYNAMIQUE SPECTATORIELLE, ET DYNAMIQUE DE LA FICTION : AUSCHWITZ

Compte tenu de notre légitime obsession d'*Auschwitz*, que faut-il, en l'absence d'une déclaration d'auteur, et même avec — voire *contre* — une déclaration d'auteur, pour que les fictions soient peu ou prou porteuses d'*Auschwitz* comme métaphore, allégorie, image et donc lues comme telles ? Ces deux exemples qui tendent à montrer que la présence d'*Auschwitz* dans les œuvres ne tient pas seulement à l'intention déclarée des auteurs, ou des praticiens, puisqu'il peut y avoir des œuvres qui ne revendiquent pas leur lien à *Auschwitz*, et qui, de manière indirecte, en parlent à ceux qui les voient, les entendent, ou les lisent. Peut-on cependant admettre qu'Auschwitz soit devenu une trace systématique, une sorte de *topos*, de clef interprétative universelle — ostensible, latente, occultée ou manifeste ? Toujours ? Maintenant ? Et faut-il, dès lors qu'on reconnaît *Auschwitz*, ou qu'on voit *Auschwitz*, n'y entendre que catastrophe ou désastre fatal, tragique, Mal dû au destin, à la fatalité ? Ou bien, faut-il, malgré le saisissement et la tentation de s'arrêter à la stupeur impensable, tenter de penser, aussi, *y compris par les images et les performances,* que les meurtres de masse et les génocides ont des raisons, sont perpétrés par des agents pensants, et qu'il y a en effet des raisons à tout cela. Car, devant *Auschwitz*, les performances théâtrales et les œuvres cinématographiques doivent elles aussi penser, figurer et *dire*.

La présence *d'Auschwitz n'est* donc pas seulement manifeste ou, inversement, due à un simple effet de lecture, ou due à une sur-interprétation de spectateur induite par telle ou telle obsession de tel ou tel individu particulièrement concerné par la question. Elle peut, d'une certaine manière, dépasser l'effet individuel de lecture ou bien dépasser « l'intention » manifeste des artistes, dans la mesure où un ou plusieurs signes émis et/ou reconnus par un ou plusieurs partenaires du spectacle peuvent apparaître comme le(s) témoignage(s) d'une présence d'*Auschwitz*. La question peut être alors de savoir sur quels critères on peut se fonder pour signaler ou reconnaître la présence d'*Auschwitz*, et à partir de quel nombre d'individus ayant constaté cette présence et à partir de quel degré de partage et d'adhésion, ces critères seront retenus.

Mais si l'on part sur cette voie, que nous en soyons surpris ou pas, nous nous trouverons devant les mêmes problèmes méthodologiques que lorsque nous nous penchons sur la présence des mythes dans les arts. En effet, la critique — « mythocritique » ou « mythopoétique » — est, elle aussi, confrontée au fait qu'il faut bien identifier la présence de tel mythe à partir d'éléments, sinon objectifs, du moins acceptés par un grand nombre de lecteurs, artistes, spectateurs, etc. La présence d'un mythe dans l'art et dans la littérature, suppose donc que l'on sache quels sont les signes qui les identifient et quelles combinaisons, ou combinatoires, ces signes entretiennent dans les récits, sur les toiles, lors des performances, des séquences, etc. Or, on le sait bien, la mise en place d'une liste précise de critères est impossible, puisque les œuvres d'art ne se placent pas dans une dépendance étroite d'illustration vis-à-vis du mythe, mais dans une dynamique créative. C'est pourquoi les arts plastiques, vivants, filmiques et la littérature, qui ont d'abord été conçus comme les suppléments, les conservatoires, les illustrations des mythes, sont maintenant pensés en fonction d'une corrélation dynamique entre la structure des mythes et la structure des œuvres d'art, sans que le processus ne soit totalement fixé, n'ait forcément une origine, ni n'ait nécessairement un terme[4]. Et c'est peut-être ainsi qu'on pourrait penser autrement non Auschwitz — le fait historique —, mais les rapports entre *Auschwitz* et les arts : en sortant de l'idée que l'art ne peut, au mieux, que conserver sans pouvoir parfaitement illustrer, ne peut, au pire, que trahir la vérité puisqu'il est fiction, pour penser une dynamique à partir de la notion *Auschwitz*, une dynamique qui permette, sans la dégrader, la fiction, autrement dit l'élaboration d'un processus de création.

Auschwitz a bien eu lieu, *Auschwitz* aussi, mais *Auschwitz* est encore devenu cette notion qui pointe et figure l'impensable de l'humain. C'est de là que, maintenant, nous partons pour penser cette figure, c'est en elle que nous nous reconnaissons et c'est à partir d'elle que nous produisons, aussi, de l'art.

---

(4) Véronique Gély, « Pour une mythopoétique: quelques propositions sur les rapports entre mythe et fiction », 21/05/2006, Vox Poetica, (URL): http://www.vox-poetica.org/sflgc/biblio/gely.html.

La Shoah
Théâtre et cinéma aux limites
de la représentation

Archives, documentaires ou fictions ?

Hitler donne une ville aux Juifs : à propos de quelques mécanismes de propagande

Luba Jurgenson

LA PLACE DE THERESIENSTADT DANS LES IMAGES DE PROPAGANDE NAZIE

Le vaste corpus d'images, produites par les acteurs même du génocide sur les lieux de concentration et d'extermination comprend des photographies et des films visant un objectif pluriel : images de propagande en premier lieu, mais aussi, « touristiques » ou pseudo-ethnographiques[1]. Le film *Theresienstadt. Ein Dokumentarfilm aus dem jüdischen Siedlungsgebiet*[2] (connu sous le titre ironique *Der Führer schenkt den Juden eine Stadt* que lui donnent les détenus[3]), conçu et commandé par la Gestapo et les autorités du ghetto[4] afin d'être diffusé auprès d'instances internationales, et

(1) Par exemple, lorsqu'elles devaient être présentées au Musée juif de Prague.

(2) Abrégé en *Theresienstadt* plus loin.

(3) Cf. Karel Margry, "Das Konzentrationslager als Idylle: *Theresienstadt ein Dokumentarfilm aus dem jüdischen Siedlungsgebiet*", in *Auschwitz: Geschichte, Rezeption und Wirkung des Holocaust*, Frankfurt am Main/NewYork: Fritz Bauer Institut, 1997, p. 319-352. Cité d'après l'édition en ligne, http://www.cine-holocaust.de/mat/fbw000812dmat.html, p. 7-8.

(4) Notamment Hans Günther, le responsable du Bureau des Affaires juives de la Gestapo de Prague et Karl Rahm, le commandant du camp de Theresienstadt. Les conditions de la création de ce film ainsi que les spécificités du travail de la mise en scène sont éclairées dans

réalisé par le cinéaste détenu Kurt Gerron en août et septembre 1944 occupe dans ce corpus une place particulière du fait que l'on dispose à la fois de nombreux témoignages textuels, oraux et graphiques sur la construction du décor et de documents attestant de certains aspects de sa réception, tels que les rapports du Comité International de la Croix-Rouge. On peut ainsi analyser les particularités du dispositif représentationnel mis en place et, au-delà, tenter de comprendre les mécanismes de la production d'artifices, en l'occurrence l'illusion cinématographique, au sein de ces fabriques de facticité que sont les régimes de terreur.

Destiné à occulter le processus d'extermination ou, à défaut, atténuer l'effet des révélations sur son déroulement qui se multiplient, en les présentant indirectement comme de la propagande ennemie, le film produit une visibilité feinte dont le rôle est précisément d'assurer l'invisibilité des faits : dissimiler tout en montrant. C'est ce « montrer » que nous nous attacherons à interroger – avec son pendant, le « voir » – à travers la façon dont les images construisent un « mensonge de la vérité », pour tenter de cerner la « vérité du mensonge ». Notre questionnement portera non pas tant sur les éventuelles marges qui auraient échappé au contrôle des autorités, mais sur le pouvoir de dévoilement que l'image ici possède en elle-même, autrement dit, sur la manière dont la fausse transparence révèle la construction de modèles référentiels spécifiques à ces régimes. Nous verrons ainsi de quelle manière les procédés fictionnels convoqués pour assurer l'invisibilité du génocide servent à construire, au-delà même d'un récit mensonger voué à se substituer au réel, un plan référentiel qui constitue une des données intrinsèques de la violence politique à grande échelle et de l'auto-représentation du pouvoir qui en use.

DE LA NORMALITÉ À LA VILLE IDÉALE

Theresienstadt est certainement un des derniers, voire le dernier film à avoir été tourné dans un ghetto[5] : au moment de sa conception, à

---

l'article de Sylvie Lindeperg, « Le Double jeu du cinéma : filmer Terezin et Westerborg, in *Revue d'Histoire de la Shoah*, n° 195, 2011, p. 21-38. Cf. également Karel Margry, "Theresienstadt (1944-1945): The Nazi Propaganda Film Depicting the Concentration Camp as Paradise", *Historical Journal of Film, Radio and Television*, v. 12, n. 2 (1992), p. 145-162.

(5) Cf. Sylvie Lindeperg, *op. cit.*

la fin de 1943, les camps d'extermination fonctionnent à plein régime et, lorsqu'on arrive au tournage, la plupart des ghettos dans les territoires de l'Est ont déjà été anéantis. Son montage est achevé en mars 1945, deux mois avant la fin de la guerre et alors que le réalisateur, Kurt Gerron, ainsi que les acteurs, ont déjà été déportés à Auschwitz et gazés[6]. Ainsi, les cibles visées ici par la propagande sont amenées à varier au cours de sa conception et de sa réalisation. Si, dans un premier temps, il s'agissait de convaincre les instances internationales du fait que le ghetto constituait une zone d'internement pérenne et non un lieu de transit vers les camps d'extermination, sur lesquels ces instances avaient des informations, par la suite, à la fin de la guerre, alors que la réalité de l'extermination était déjà connue et la plupart des camps découverts, *Theresienstadt* devait être utilisé comme paravent pour dissimuler le caractère total et programmé de la *« solution finale » et* comme élément dans une argumentation visant à alléger le sort des responsables (dans la conclusion, nous reviendrons sur le rôle que cette mauvaise foi joue dans la construction et le maintien des simulacres).

Terminé en mars 1945, le film ne put être diffusé. Son usage se limita à quatre projections, dont une privée et trois organisées pour des représentants d'organisations étrangères. La première eut lieu fin mars ou début avril 1945[7] au palais Czernin de Prague, en présence du secrétaire d'Etat du protectorat Bohème-Moravie, Karl Hermann Frank, et d'un groupe d'officiers S.S., notamment Günther et Rahm, les trois suivantes à Theresienstadt même. Le 6 avril 1945, le film fut montré à deux représentants de la Croix-Rouge internationale, Otto Lehner et Paul Dunant venus à Theresienstadt pour négocier un plan qui prévoyait de mettre le camp sous la protection de la Croix-Rouge[8] et, le 16 avril 1945, à Benoît Musy, fils de

(6) Le montage est assuré en mars 1945 par Ivan Eric, l'un des deux cameramen fournis par la compagnie pragoise Aktualita.

(7) Lutz Becker donne la date du 28 mars. Cf. Lutz Becker, « Film documents of Theresienstadt » in *Holocaust and the mooving image, representations in film and television since 1933*, Toby Haggith et Johanna Newman (dir.), Londres, Walflower Press, 2005, p. 93-101, p. 96.

(8) Ils étaient accompagnés du S.S. Erwin Weinmann, le commandant de la SD du protectorat, et deux fonctionnaires du Ministère des affaires étrangères, Eberhard von Thadden et Eric von Luckwald. Les documents concernant les visites du CICR à Terezin sont cités d'après *Documents du Comité international de la Croix-Rouge concernant le ghetto de*

Jean-Marie Musy, ancien conseiller fédéral suisse et chef d'un groupe qui négociait depuis l'automne 1944 avec Himmler la libération des prisonniers de Theresienstadt. Le jeune Musy put voir le film en compagnie du chef de la SS Franz Göring, en visite à Theresienstadt, qui cherchait ainsi à prouver que les déportations avaient cessé ainsi que l'avait annoncé Himmler. Le même jour, après son départ, une projection fut organisée pour Rezsö Kasztner, un représentant du « comité de sauvetage des juifs de Budapest » accompagné de deux officiers de l'état-major d'Eichmann, les SS Hermann Krumey et Otto Hunsche. Hans Günther ainsi que les SS Gehrard Günel et Karl Rahm y assistèrent également. À cette occasion, Benjamin Murmelstein, le représentant du conseil des Anciens de Theresienstadt, put voir le film.

Une brève séquence fut diffusée aux actualités à l'automne 1944, en regard de scènes de guerre, avec le commentaire suivant : « Tandis qu'à Theresienstadt, des Juifs boivent du café avec des gâteaux ou dansent, nos soldats endurent toutes les terribles misères et privations de la guerre pour défendre la patrie[9]. » Nous ne disposons d'aucune reconstitution sur l'impact que ces images ont pu avoir sur la population allemande alors que la guerre entrait dans sa phase finale[10].

Les objectifs du film sont annoncés dans son titre : tout d'abord, il s'agit de créer un « documentaire », *ein Dokumentarfilm*, c'est-à-dire, des images qui, en adoptant un mode narratif qui dissimule la construction de l'ensemble, se donnent pour l'empreinte pure et simple du réel et procurent au spectateur l'illusion qu'il assiste en direct à la vie du ghetto. Illusion bien servie par la temporalité du film mimant le déroulement d'une journée ordinaire, ainsi que par le mouvement de la caméra ménageant, pour le spectateur, un poste d'observation à l'intérieur des espaces montrés – notamment, lorsqu'elle « se promène » à travers les baraquements

---

Theresienstadt, Genève, 1990, annexe 25.

(9) Hans Günther Adler, Theresienstadt. 1941-1945. *Das Antlitz einer Zwangsgemeinschaft, Geschichte, Soziologie, Psychologie, Tübingen*, Mohr, 1955, p. 184.

(10) Marc Oprach, *Das Konzentrationslager Theresienstadt in der Propaganda, Der Besuch einer Delegation des Internationalen Roten Kreuzes*, Munich, Grin Verlag, p. 87.

d'habitation. Les acteurs évitant de fixer la caméra – règle à laquelle se plie le cinéma documentaire de l'époque – leur quotidien s'offre au regard comme par une fenêtre, émergeant naturellement à l'écran. Ce dispositif créateur de transparence factice par lequel le spectateur entre dans le ghetto doit convaincre du fait qu'il s'agit d'un *jüdische Siedlungsgebiet*[11], espace d'habitation aux conditions d'existence normales.

Les séquences retrouvées[12] se rapportent en effet essentiellement aux aspects qui constituent, dans la propagande allemande, les paramètres essentiels de la normalité : travail, loisirs, famille, hygiène, santé. Elles débutent par l'image de différents travaux auxquels se consacrent les habitants du ghetto, on y voit notamment des forgerons battant le fer en cadence. Plusieurs ateliers où l'on voit des travailleurs unis dans un effort commun, ainsi que des gros plans montrant artisans, potières, sculpteur[13], tailleurs et cordonniers complètent cette vision d'une existence laborieuse. Notons que, si la valorisation du travail n'est pas une exclusivité du régime nazi – le labeur est exalté bien davantage encore dans la propagande communiste qui en fera l'un de ses thèmes privilégiés –, elle se déploie ici à contre-courant de l'image du Juif parasite suçant le sang du peuple. Les Juifs travaillent de leurs mains et en sont heureux. Les hommes et les femmes, séparés pour les tâches spécialisées, se retrouvent de nouveau ensemble pour les loisirs et les activités familiales ; la voix-off insiste sur le fait que les soirées sont consacrées à la vie privée. Un hôpital modèle, doté de l'équipement moderne (qui manque dans bien des hôpitaux allemands) ainsi que le précise la voix-off, et d'une salle d'opération, le tout d'une parfaite propreté, avec une aide-soignante et des médecins qui font la tournée des malades[14], parachève cette vision d'une existence parfaitement organisée.

---

(11) À partir du printemps 1943, ce terme est substitué par les nazis à celui de « ghetto », cf. Sylvie Lindeperg, *op. cit.*, p. 25.

(12) Pour la reconstruction de l'ensemble des séquences, cf. Karel Margry, "Das Konzentrationslager als Idylle: *Theresienstadt ein Dokumentarfilm aus dem jüdischen Siedlungsgebiet*", *op. cit.*

(13) Le professeur Rudolf Saudek de Leipzig.

(14) Afin d'éviter à la commission la vue de vrais malades, on confia le rôle de ces derniers à des bien portants.

Des mouvements d'entrée et de sortie à l'intérieur du camp créent l'impression d'une liberté subordonnée naturellement à un rythme commun (en réalité, le déplacement des détenus dans la ville était strictement réglementé : il leur était interdit d'entrer dans le parc, de traverser la place centrale et de franchir la ligne qui marquait leur espace sur les trottoirs). La voix-off indique que les travailleurs quittent les ateliers à la fin de la journée de travail et retournent en ville pour les loisirs : hommes et femmes, jeunes et âgés, passent sous l'arc de l'entrée pour pénétrer dans la forteresse. La caméra s'arrête sur les flèches qui indiquent l'espace pour enfants, les bains, la bibliothèque et créent l'illusion d'une « direction » et donc, d'un avenir - multidirectionnalité fictive qui masque la destination unique, celle du camp de la mort et de la chambre à gaz. On voit l'ensemble de la population suivre ces flèches au même moment de manière parfaitement coordonnée. Des hommes manifestement en bonne santé et bien nourris prennent une douche au Zentralbad. Une autre flèche indique la bibliothèque. Des détenus prennent des livres et se déplacent dans les rayons[15]. Un match de football se déroule dans la cour des anciennes casernes de Dresde[16] : la voix-off mentionne le fait que les travailleurs jouent souvent. Tout autour, devant les baraquements que la caméra parcourt à l'instar de baignoires d'un théâtre, d'autres spectateurs se sont rassemblés, totalement absorbés par le jeu. Des hommes assistent à une conférence sur la science et l'art. Un concert symphonique a lieu dans le pavillon de musique : l'expression concentrée des visages transformés par l'émotion esthétique rappelle celle des spectateurs allemands que l'on voit dans les documentaires sur la vie musicale de l'époque. Enfin, dans les baraquements d'habitation, la vie suit son train-train, des femmes papotent paisiblement, tricotent ou font des réussites, on lit, on joue aux échecs ou aux cartes, on voit une femme âgée en train de rembobiner un fil, une famille en train de dîner. Différentes activités se déroulent dans les « jardins familiaux », ces potagers en bordure de ville qui rappellent les jardins ouvriers. D'autres images présentent l'extérieur de la forteresse, par exemple, des gens au soleil, assis sur des

---

(15) Ici et plus loin, pour connaître l'identité des personnes qui apparaissent dans chaque séquence, cf. Karel Margry, « Das Konzentrationslager als Idylle: *Theresienstadt ein Dokumentarfilm aus dem jüdischen Siedlungsgebiet* », *op. cit.*

(16) Chaque baraquement portait le nom d'une ville allemande.

bancs, ou allongés sur l'herbe. Plusieurs séquences montrent des visages jeunes, le « documentaire » insistant sur la présence dans la ville de nombreux enfants, le souci attaché à leur santé et leur bien-être : on voit une maison de convalescence pour enfants à la périphérie de la ville, des enfants mangent des tartines beurrées[17], une pancarte indique « vers la place des jeux », des tout petits font du cheval à bascule, un chœur d'enfants déguisés et maquillés chante le final de l'opéra *Brundibar* de Hans Krasa, le « Chant de la victoire[18] ».

Cette vision de la normalité suppose une forme d'autonomie de l'« enclave juive » et sert la fiction du fonctionnement du ghetto en autogestion. En effet, les figures du pouvoir et de la répression ainsi que les objets représentant l'enfermement et, de manière générale, tous les signes de violence sont absents de l'écran. On ne voit ni uniforme, ni arme, ni chien, rien qui suggère l'idée de détention. La contrainte du travail, mouvement ordonné du corps collectif, se trouve intériorisée à travers un rythme – gestes cadencés des ouvriers qui s'apparentent par moments à une danse, – l'idée même de contrainte étant ainsi écrasée par celle d'harmonie. Les actions des travailleurs et les déplacements étant parfaitement synchronisés d'un lieu à un autre – les rares personnes isolées ou à contre-courant ne sont là que pour souligner ce mouvement de foule – l'instance organisatrice, hors cadre, est posée comme une entité invisible, presque biologique, assimilée en quelque sorte à l'instinct, qui dirigerait ce corps de l'intérieur.

Cet effacement des instances du pouvoir constitue une différence notable par rapport au premier film tourné dans le ghetto de Theresienstadt en 1942 par la cinéaste Irena Dodalova[19]. Cette première tentative de créa-

(17) Le tournage de cette scène fut repris deux fois, car les enfants affamés se sont jetés sur ces tartines (témoignage de Greta Klingsberg, USC Shoah Fondation, The Visual History Archive Online).

(18) À propos de cet opéra ainsi que d'autres musiques créées à Theresienstadt, cf. Joža Karas, *La Musique à Terezín, 1941-1945,* traduction française de George Schneider, Paris, Gallimard, coll. « Le messager », 1993, p. 9.

(19) À propos de ce film, cf. Karel Margry, « The First Theresienstadt Film (1942) », *Historical Journal of Film, Radio and Television*, v. 19, n. 3 (1999), p. 309-337, ainsi qu'Eva Strusková : « Ghetto Theresienstadt 1942: The Message of the Film Fragments », in *Journal of film preservation*, n° 79/80, avril 2009, p. 59-79.

tion et d'instrumentalisation d'images du ghetto, qui émanait également des autorités SS, semble n'avoir pas privilégié de manière aussi radicale l'illusion de l'autogestion : y apparaissait notamment un groupe de onze nazis filmés le 7 novembre 1942 à la synagogue Vieille-nouvelle de Prague, alors que les séquences de *Theresienstadt* qui nous sont parvenues se bornent à montrer le ghetto comme un univers à part, fermé sur lui-même. Les objectifs du film étaient sans doute moins bien définis – ainsi, la séquence où apparaissaient ces officiers SD était destinée également à enrichir le Musée juif de Prague – ce qui explique que le résultat avait dans une certaine mesure échappé aux commanditaires[20]. Si les avis des chercheurs divergent quant aux raisons pour lesquelles ce film ne fut pas exploité, il semble assez clair que le résultat ne correspondait pas aux attentes des autorités[21].

On notera également une différence importante entre *Theresienstadt* et les images de propagande tournées précédemment dans d'autres ghettos[22]. Ainsi, les scènes du ghetto de Varsovie[23], montrant des Juifs privilégiés en train de faire un bon repas puis refuser l'aumône à leurs coreligionnaires pauvres, véhiculaient un message contradictoire : les Juifs étaient responsables de leur propre malheur lequel, par ailleurs, n'en était pas un. *Theresienstadt* évacue toute idée de malheur et l'absence d'inégalités sociales, associée à l'image idyllique d'une vie communautaire, fait que le ghetto apparaît non plus comme une ville de province ordinaire – vision qu'en avait eu Maurice Rossel lors de sa visite du 23 juin 1944[24] – mais

(20) Selon le témoignage de Hanuš Král, un des membres de l'équipe de Dodalova, les détenus ont pu, à certains moments, avoir le contrôle de la caméra et filmer des scènes qui n'étaient pas prévues par les nazis, par exemple un corbillard en arrière-plan. Par ailleurs, le type même du Juif, que les nazis auraient voulu « streicherien », c'est-à-dire conforme aux caricatures du *Stürmer,* aurait été changé, l'équipe s'étant ingéniée à filmer des Juifs de type « commun ». Il est difficile, en l'absence d'images, de juger des ces modifications. (Eva Strusková, *op. cit.*, p.62)

(21) Les conditions de vie du ghetto transparaissaient dans ce premier film. Cf. Lutz Becker, *op. cit.*

(22) Cf. Claude Singer, « Comment le cinéma nazi falsifiait l'image des ghettos juifs (1939-1944) », in *Diasporas, Histoire et société, Cinéma* n° 4, Toulouse, CNRS/Presses universitaires du Mirail, 2004, p. 55-69.

(23) Pour lequel une équipe est venue de Berlin.

(24) Cf. le rapport de Maurice Rossel au CICR, CICR (dir.), *Documents du Comité international de la Croix-Rouge concernant le ghetto de Theresienstadt*, Genève, 1990,

plutôt comme une ville modèle – ainsi qu'on le verra dans le rapport de Lehner et Dunant.

Si, lors du recrutement des acteurs, on a privilégié ceux qui avaient « le type juif », cette contrainte s'accorde difficilement avec l'objectif de mise en scène d'une normalité. Aussi, constate-t-on qu'en dépit de l'étoile jaune sur les vêtements plutôt élégants des détenus, l'image du Juif dans le film diffère radicalement des caricatures du *Stürmer*. Il a perdu ici son caractère négroïde et zoologique qu'il s'agissait de détecter sous le masque de l'Européen moderne. Désormais, ce masque adhère à son visage. Les torses nus athlétiques des forgerons contrastent fortement avec les représentations du « corps juif » dégénéré, déformé et faible véhiculées précédemment par les films de propagande. La capacité d'engagement dans un travail utile, la sensibilité à l'art et surtout à la musique, les préoccupations intellectuelles, la vie familiale, la passion du sport et l'amour de la nature que l'antisémitisme refuse traditionnellement au Juif, tout cela contribue à montrer une population qui partage les valeurs de la germanité et qui a le privilège de pouvoir les mettre en œuvre[25]. C'est là le paradoxe de la propagande : une normalité hors de ces valeurs est en effet inenvisageable. D'ailleurs, le mot Juif n'est pas prononcé : les internés du ghetto sont appelés « résidents ». Le Juif n'est présenté ni comme criminel, ni comme dégénéré. Personnage incontournable du film de propagande, l'ennemi, est ici absent.

La judéité n'apparaît donc ni comme une menace nécessitant protection, ni comme une tare justifiant l'enfermement, mais plutôt comme une donnée extérieure et contingente. La nécessité d'isoler les Juifs, présupposé de base, ne semble plus avoir besoin de justification. L'illusion de la normalité, qui s'impose pour un spectateur à la fois complice de la caméra et déculpabilisé de l'être, tient en elle-même lieu de légitimation de

---

annexe 25.

(25) C'est là une des conditions de l'efficacité des mécanismes de la propagande. On peut ainsi remarquer que dans la propagande soviétique des années 1920, la famille est totalement absente, alors qu'elle apparaît dans les images réalisées par le NKVD dans les villages de déportés spéciaux au cours des années 1930, cf. Hélène Mondon, *Les Premiers « déplacés spéciaux » de Staline et leur destinée dans le Nord européen de l'URSS (1930-1948)*, thèse soutenue en Sorbonne (Paris-IV) le 24 novembre 2011 sous la direction de Francis Conte.

leur détention. Cette détention heureuse, fruit d'une organisation naturelle de temps et d'espaces contraints, semble aller de soi en premier lieu pour les Juifs eux-mêmes. Le corps collectif organisé en fonction d'un impératif qui ne s'énonce pas laisse planer la fiction d'une adéquation harmonieuse entre les objectifs des organisateurs du camp et ceux des détenus, une fusion joyeuse entre nécessité et liberté, paramètre essentiel de la normalité.

La judéité de cette population d'apparence « normale » se déduit de deux éléments : l'absence totale, dans Theresienstadt, de réalités liées à la guerre, qui rend cette représentation d'un quotidien serein enviable pour la population allemande vivant dans la terreur des bombardements, et l'accompagnement musical composé d'un répertoire presque exclusivement juif, banni des programmes des salles de concerts du Reich. On y trouve entre autres, des extraits d'œuvres d'Offenbach, *Orphée aux enfers, Les Contes d'Hoffmann, La Vie parisienne*, *Songe d'une nuit d'été* (scherzo) et Sonate pour violon de Mendelssohn, *Bei mir bist du shein* de Sholom Seconda, *Brundibar* de Hans Krasa, *Étude pour orchestre à cordes* de Pavel Haas, *Kol Nidrei* de Max Bruch, des musiques de jazz de Dol Dauber, au côté de musiques non juives telles que *Mon pays* de Smetana. Certains fragments de ce pot-pourri, notamment la musique d' *Orphée aux enfers* illustrant la séquence exemplaire où l'on voit les forgerons, introduisent un élément de distance, voire de dérision par rapport aux images.

OÙ COMMENCE LA FALSIFICATION ?

L'entreprise de falsification dont *Theresienstadt* constitue l'aboutissement filmique s'est construite en plusieurs phases. En effet, à l'origine des images, nous trouvons l'opération d'embellissement menée par les autorités du ghetto en vue de la visite du CICR du 23 juin 1944, visite que la direction SS accepte sous la pression de la Croix-Rouge danoise et suédoise, inquiète du sort des 476 Juifs danois déportés à Theresienstadt le 5 octobre 1943. La délégation n'a cependant pu se rendre sur les lieux qu'au terme de plusieurs mois de négociations, au cours desquels les autorités du ghetto ont pu préparer son itinéraire[26]. C'est en décembre 1943 que le Conseil des Anciens de Theresienstadt est averti de la mise en place

(26) Himmler donne son accord pour la visite le 15 mai 1944.

du processus « d'embellissement », dirigé par le colonel SS Karl Rahm, commandant du camp. On procède à l'installation du décor : des bancs, des bacs à fleurs, des sculptures. On aménage également des terrains de sport et un bâtiment se verra affublé de la pancarte « école » en même temps que d'une autre, « fermée pour les vacances ». Pour cacher le surpeuplement du ghetto, les nazis accélérèrent la déportation vers Auschwitz (plus de 5 000 personnes sont déportées en décembre 1943, notamment des internés âgés ou malades, et plus de 7 500 autres le seront en mai 1944, avant l'arrivée de la commission).

Au cours des six heures que dura la visite, les représentants de la Croix-Rouge purent donc voir des espaces créés ou maquillés à leur intention, l'hôpital, le théâtre, le café, la piscine, le jardin d'enfants, et entendre l'opéra pour enfants *Brundibar*. Ils croisent des jeunes filles qui chantent en allant au travail. Karl Rahm distribue aux enfants des boîtes de conserve, et les membres du comité peuvent les entendre s'écrier : « Comment, encore des sardines[27] ? ». Il est interdit aux internés de se découvrir devant les nazis, alors qu'ils en ont l'obligation d'ordinaire. La commission peut également apprécier les magasins où l'on vend des objets confisqués aux détenus ou apportés de Prague à dessein. On distribue aux figurants des légumes frais.

C'est le succès de cette opération de propagande, attesté par le rapport que le chef de la délégation Maurice Rossel remettra au CICR, qui incitera les autorités du camp à la fixer sur pellicule de façon à pouvoir diffuser plus efficacement l'image de Theresienstadt « ville normale » auprès d'institutions internationales. Une série de clichés photographiques était déjà parvenue au CICR grâce à Rossel, « autorisé » par les nazis à photographier Theresienstadt lors de sa visite[28]. L'itinéraire aménagé pour la

(27) On sait qu'après le tournage ces boîtes leur ont été reprises.

(28) Le 1er juillet 1944, Rossel adresse à Eberhard von Thadden, haut fonctionnaire des Affaires étrangères qui l'avait accompagné au cours de sa visite de Theresienstadt (et sera présent lors de celle d'avril 1945) ses remerciements ainsi qu'une sélection de photographies prises sur les lieux qui seront qualifiées par son destinataire de « très réussies ». Elles sont en effet tout à fait conformes à ce que l'on attendait de lui et pourront servir pour démentir les « prétendues atrocités commises à Theresienstadt ». Par ailleurs, Rossel le rassure quant au contenu de son rapport : « Nous sommes heureux de vous informer que notre rapport rassurera beaucoup de personnes, car les conditions de vie sont satisfaisantes ».

commission deviendra le parcours visuel proposé aux spectateurs du film[29].

Certains espaces créés lors de l'embellissement, comme le jardin d'enfants ou le pavillon de musique, disparaissent après le tournage. Une nouvelle opération d'embellissement, plus superficielle du fait de la dégradation des conditions matérielles, notamment depuis l'arrivée de détenus provenant des camps de l'Est évacués, sera montée sur l'ordre d'Eichmann, qui a visité Theresienstadt le 5 mars 1945[30], en vue de la deuxième visite de la Croix-Rouge du 6 avril 1945, au cours de laquelle le film sera projeté. Alors que la défaite de l'Allemagne n'est plus qu'une question de semaines et que la réalité des camps d'extermination est révélée au grand jour, un pas de plus est franchi dans la falsification, Theresienstadt devenant, sous la plume des délégués Paul Denant et Otto Lehner, non plus une ville où les Juifs vivent dans des conditions acceptables, mais une ville où l'idéal communautaire est d'ores et déjà réalisé.

Or, le décor, mis en place pour la délégation de la Croix-Rouge puis le tournage du film, vient transformer un espace conçu dès l'origine à des fins de figuration, image en trompe-l'œil d'un lieu de vie pérenne destinée à masquer la réalité des déportations. L'effet « normalité », c'est-à-dire l'illusion d'une ville de taille moyenne dotée de son infrastructure – avec ses commerces, sa banque, sa monnaie, ses timbres-poste – , ne pouvait être obtenu que dans un champ de visibilité déjà aménagé en fonction d'une mise en scène : un camp vitrine, un « camp Potemkine ». Il faut donc remonter à la création même de l'« Altersghetto » de Theresienstadt[31] – dernière grande mesure antijuive prise par le *Reichsprotektor*[32] Reinhard Heydrich avant d'être assassiné, officialisée le 20 janvier 1942 lors de la

---

(29) Cf. Sylvie Lindeperg, *op. cit*, p. 24.

(30) Blodig Vojtech : « Die letzte Phase der Entwiklung des ghettos Theresienstadt, in Miroslav Karny (dir.) : *Theresienstadt in der Endl*ösung der Judenfrage, p. 273.

(31) Cf. également Dominique Foucher, « Un camp pour la propagande », dans *Le Masque de la barbarie. Le ghetto de Theresienstadt 1941-1945,* Sabine Zeitoun et Dominique Foucher (dir.), Lyon, Éditions de la Ville de Lyon/Centre d'Histoire de la Résistance et de la Déportation, 1998, p. 60-72.

(32) Principal représentant du Reich dans le protectorat de Bohème-Moravie.

conférence de Wannsee sur la solution finale[33] – pour cerner à sa source le processus de production et de diffusion de ces images idylliques, dernière étape de la fabrication d'un simulacre. La construction du premier décor est initiée en réalité le 24 novembre 1941, lorsqu'un convoi en provenance de Prague conduit à Terezin 342 internés chargés des travaux d'aménagement : il s'agit, notamment, de transformer les casernes et les écuries en baraquements, ce qui permettra à cette cité fortifiée de la fin du XVIIIe siècle – ne nécessitant donc ni miradors, ni barbelés –, une fois évacuée de sa population tchèque[34], de mimer un « établissement juif » (*Judensiedlung*) autogéré, en réalité placé sous un commandement SS (hommes d'Eichmann, tous Autrichiens) avec, comme ailleurs, un conseil d'Anciens responsable de l'organisation de la vie.

C'est donc bien avant la visite du CICR et le tournage du film que seront mis en place les éléments de base de cette théâtralité. Ainsi, en juillet 1943, les rues qui portaient initialement des numéros, reçoivent des noms (par exemple, la rue du Lac, alors qu'il n'y avait pas de lac à proximité). Dès novembre 1942, des « boutiques » sont ouvertes à Theresienstadt et à partir de mai 1943, la ville possèdera sa propre monnaie qui permettra d'« acheter » dans ces boutiques[35] – en prévision de la visite de la Croix-Rouge allemande qui se déroulera le 28 juin 1943, en présence d'Eichmann. La prétendue autonomie économique du ghetto et la fiction selon laquelle les finances se trouveraient aux mains des Anciens, jouera en effet un grand

---

(33) C'est alors que sera défini le double statut de Theresienstadt, à la fois camp de transit pour les Juifs du Protectorat de Bohême-Moravie et ghetto pour les Juifs du Reich âgés de plus de 65 ans, où ils pourront s'éteindre d'eux-mêmes. Ce camp vitrine devait accueillir environ 30 % de la population juive du Reich, soit 85 000 sur un total de 280 000 afin de conforter la légende de la « réinstallation ». En réalité, entre 1941 et 1945, plus de 140 000 Juifs furent déportés à Theresienstadt, non seulement du Reich et du Protektorat (Bohème, Moravie, Allemagne, Autriche) mais aussi de Hollande et du Danemark. Et, entre début 1942 et fin 1944, près de 90 000 personnes sont déportées de Theresienstadt vers Auschwitz, Treblinka, Belzec et d'autres lieux d'extermination. Aucune catégorie de la population n'est à l'abri des déportations. (Raul Hilberg, *op. cit.*, p. 369-377).

(34) L'isolement de la ville sera plus complet encore après la construction, en avril 1943, d'une route permettant de la contourner.

(35) Elle permettra également aux SS d'inciter les Juifs du Grand Reich à transférer leurs fortunes à Teresienstadt avant d'y être déportés, selon le cours 1 Reichmarks / 10 Ghettokronen, alors qu'en réalité la monnaie du ghetto n'était pas convertible.

rôle dans la propagande[36]. Cette fiction économique trouvera son aboutissement lors de la visite du CICR du 6 avril 1945 au cours de laquelle les délégués assisteront à une conférence donnée par le directeur de la banque, consacrée à la question de l'inflation et autres problèmes monétaires (conférence à laquelle Paul Dunant dira n'avoir pas tout compris).

Tout au long de l'existence du camp-ghetto, celui-ci se verra ainsi « normalisé » par des décors matériels ou symboliques. Participe de cette mise en scène la disparition progressive des patrouilles SS, remplacées par des gendarmes tchèques, puis par la police juive (les SS s'étaient établis à l'extérieur de la ville, seuls quelques édifices dans le parc central étaient utilisés comme bâtiments administratifs). La Gestapo, installée dans la « petite forteresse » (*kleine Festung*), à quelques kilomètres de la forteresse principale (utilisée comme prison dès juin 1940), n'est pas visible à l'intérieur de la ville où elle maintient pourtant un régime de terreur,

La mise en scène repose ainsi initialement sur deux éléments : la nature de l'espace utilisé et la population que l'on choisit d'y enfermer. Le lieu, une sorte de compromis entre « ici » et « ailleurs », situé dans le Grand Reich, mais en dehors de l'Allemagne, possède les propriétés à la fois du familier et du lointain et nourrit l'illusion d'un « quelque part » réservé, par une sorte d'extrapolation métonymique, à tous les Juifs disparus. La solidité des murs et la familiarité rassurante d'un espace urbain traditionnel, localisable et dépourvu de cette dimension d'étrangeté radicale rattachée aux lieux de déportation à l'Est, métaphorisent l'idée d'une pérennité dont jouiraient les lieux où sont rassemblés les Juifs, qui sert de contrepoint à celle d'écoulement vers le nulle part que leur disparition pourrait suggérer.

Quant à la population, elle comportait à l'origine trois catégories de Juifs « privilégiés » : des vieillards âgés de plus de soixante-cinq ans, des anciens combattants mutilés de guerre ou honorés, au cours de la Première Guerre mondiale, de la Croix de fer, voire d'une décoration plus élevée, enfin – une catégorie non mentionnée au cours de la conférence de Wannsee – des personnalités dont la disparition aurait pu inquiéter l'opi-

(36) Marc Oprach, *op. cit.*, p. 67.

nion mondiale. Les premiers destinataires de cette opération de camouflage étaient donc la Wehrmacht, qui aurait pu être tentée de protéger ses anciens combattants, et les instances internationales. Par la suite, lors de l'embellissement et du tournage, l'accent sera mis, comme on a pu le voir, sur la présence de jeunes, d'enfants et de familles, la majeure partie des personnes âgées ayant déjà été déportée vers les camps de la mort.

A l'adresse de la population du ghetto elle-même, la falsification est construite en amont avec la vente d'appartements que les personnes destinées à la déportation sont contraintes d'acquérir, de manière à ce que leurs préparatifs de départ se fassent en fonction de données imaginaires : elles emportent, par exemple, des vêtements de soirée et des objets inutiles qui constitueront ensuite l'arsenal factice montré lors de l'opération d'embellissement.

La dimension de mise en scène excède la simple organisation et instrumentalisation de données montrables. En effet, la simple présence de nombreux vieillards dans le ghetto démentait, indirectement, l'idée même d'extermination : l'horizon proche d'une mort naturelle, implicitement inscrit dans la représentation d'un « Altersghetto » évinçait celui de mort violente. En février 1943, Himmler lui-même répond à Kaltenbrunner, le successeur de Heydrich, qui lui demande l'autorisation de déporter 5 000 Juifs âgés de plus de 65 ans : « Un tel transport perturberait la tendance qui veut qu'on permette aux Juifs du ghetto des vieillards de Theresienstadt de vivre et de mourir en paix[37]. » Le concept d'Altersghetto s'éclaire ainsi au regard de l'objectif de masquer la dimension génocidaire des déportations. C'est paradoxalement la mort qui permet d'évacuer l'idée de la mort, l'image de la mort naturelle et paisible contredisant toute hypothèse de violence extrême exercée à l'encontre de la population juive, caractérisée justement par l'élimination des bouches inutiles, vieillards et enfants.

La mise en scène cherche ainsi à concilier deux éléments incompatibles : d'une part, l'éviction hors du champ de vision et hors du monde

(37) Réponse que Himmler fit parvenir à Kaltenbrunner par l'intermédiaire de son secrétaire Brandt, 16 février 1943, dossiers Himmler, chemise 126. Cité in Raul Hilberg, *La Destruction des Juifs d'Europe*, Paris, Fayard, 1988, p. 377.

d'un groupe ennemi stigmatisé, dont le bannissement, puis la disparition ont été auparavant présentés comme une mesure salutaire et font ou sont censés faire l'objet d'un consensus ; d'autre part, la présentation de ce même groupe vivant dans des conditions normales qui semblent avoir été voulues, ou tout du moins, largement acceptées, et bien meilleures que celles que connaît l'ensemble de la population allemande. Cette contradiction est inhérente à tout dispositif de propagande cherchant à vanter les lieux de concentration ou de détention et à occulter leur destination véritable en créant un quotidien factice. On la trouvera par exemple dans le « documentaire » soviétique réalisé en 1927-1928 par Tcherkassov, mettant en scène le camp des Solovki : après un certain nombre de séquences justifiant l'internement des ennemis du régime soviétique qui méritent bien leur sort, leur vie est présentée de telle façon qu'elle apparaît comme enviable pour un travailleur ordinaire[38]. L'ennemi est ainsi présenté en voie de rééducation ou de « guérison » (les Juifs de Theresienstadt apparaissant comme « aryanisés » ou du moins déjudaïsés), c'est-à-dire, en train de disparaître en tant que groupe spécifique doté de traits collectifs irréductibles et, dans la mesure où il n'existait dans les consciences que sous forme d'entité collective, en train de disparaître tout court, voire ayant déjà disparu en quelque sorte naturellement et de lui-même, s'annihilant dans un processus de joyeuse coagulation à une normalité qui, en dernière instance, équivaut à un effacement. *Theresienstadt* nous apprend qu'il n'y a plus de Juif. Dans cette déréalisation de la catégorie stigmatisée, désormais dépourvue d'être propre, fusionnent ainsi les deux « réalités » contradictoires, celle, invisible, de l'extermination et celle, montrée, de « l'installation ».

---

(38) Cette dimension contradictoire a trouvé son reflet dans la réception de la terreur stalinienne en Occident : les camps du Goulag n'existaient pas, mais étaient en même temps les meilleures institutions pénitentiaires du monde. Il en est ainsi du témoignage de Marie-Claude Vaillant-Couturier au procès de David Rousset contre *Les Lettres françaises*. À la question de Rousset : « Je voudrais demander au témoin si elle était convaincue par les faits, les faits qu'elle aurait elle-même observés, qu'il existe quelque part en Union soviétique un camp de concentration comme celui dans lequel elle a vécu, si elle le condamnerait ? », elle répond : « Mais je ne peux pas... La question ne peut pas se poser parce que je sais qu'il n'existe pas de camps de concentration en Union soviétique, et que je considère le système pénitentiaire, puisque c'est à cela que vous pouvez faire allusion, le système pénitentiaire soviétique comme indiscutablement le plus souhaitable dans le monde entier. »

L'identité opérée par la propagande entre bannissement et bonheur, dont une opération de logique élémentaire suffirait à montrer le caractère déréalisant (un espace qui combinerait les deux propriétés, lieu de bannissement et enclave autogérée, est logiquement un nulle part), constitue en elle-même une percée vers la visibilité des mécanismes de terreur – c'est par cette superposition d'éléments contradictoires qu'ils se montrent. Encore faudrait-il que le dispositif ainsi conçu laisse au spectateur la possibilité de juger : sa séduction tient non pas tant à l'aspect idyllique des images qu'à la déresponsabilisation qu'il instaure comme espace de perception, la vérité du camp se trouvant masquée par son existence même.

LE MENSONGE DE LA « VÉRITÉ » ET LA VÉRITÉ DU MENSONGE

> Les historiens ont généralement surestimé l'aspect construit du film (et les survivants ont à peine corrigé cette image). [...] l'authenticité visuelle du film est beaucoup plus grande qu'on le suppose généralement. Il montre bien des choses qui, à Theresienstadt, faisaient réellement partie de la vie quotidienne des prisonniers, non seulement en 1944, mais bien avant. Une série de séquences a été filmée dans des lieux qui n'avaient pas été « embellis ». Même le commentaire – la partie la plus mensongère du film - contient des éléments qui correspondent à la réalité. En définitive, on pourrait dire que le mensonge flagrant du film se trouve dans ce qu'il ne montre pas : la faim, la misère, la surpopulation, le travail d'esclave pour l'industrie de guerre allemande, la haute mortalité et, avant tout, les transports vers l'Est[39].

Comme toute œuvre ou discours de propagande, *Theresienstadt* s'appuie en effet sur des éléments du réel habilement agencés entre eux, embellis ou déguisés grâce au montage, par le simple fait de l'enchaînement des séquences. Mais ce propos de Karel Margry invite également à une réflexion sur la spécificité de Theresienstadt, espace dont la réalité même est instrumentalisée d'emblée à des fins de propagande, si bien qu'il n'est point aisé de retrouver, à la base, un fond de vérité dans cet édifice

---

(39) Karel Margry, *Das Konzentrationslager als Idylle : « "Theresienstadt" – ein Dokumentarfilm aus dem jüdischen Siedlungsgebiet, op. cit.* p. 11.

mensonger stratifié, ni de faire la part des usages « réels » et des usages « factices » des lieux. La vérité ultime de Theresienstadt est à rechercher dans les convois en partance vers l'Est ou dans les baraquements mouroirs qui contredisaient les images de soins prodigués aux internés. Mais, certains espaces créés au cours de différentes opérations d'embellissement ou en fonction des mesures de camouflage qui les précèdent, s'intègrent momentanément à la vie du ghetto, si bien que les témoignages sont quelquefois imprécis quant à la chronologie de leur apparition et aux conditions de leur utilisation. Notamment, les activités culturelles valorisées à l'intention des visiteurs étrangers ont existé bien avant, en attestent les nombreuses affiches produites dans le ghetto. Parfois, l'opération de propagande a été l'occasion d'autoriser et de valoriser une pratique tolérée[40]. Ainsi, la première de l'opéra *Brundibar* a eu lieu le 23 septembre 1943, bien avant la commission du CICR, dans la salle de la caserne de Magdeburg[41]. C'est pourquoi les dessins qui documentent la vie à Theresienstadt évoquent de manière troublante certaines séquences du film sans que nous puissions nécessairement les y rapporter ou détecter la volonté de fixer sur le papier l'image d'une réalité théâtralisée. Dans les dessins d'enfants non datés, la limite entre les données du réel, celles de l'embellissement et celles de l'imaginaire reste parfois difficile à cerner. La grande force de l'expérience nommée Theresienstadt consiste précisément à ne pas laisser aux cobayes de réel imprenable, quel qu'il fût, vers lequel se replier, leur existence même étant désormais un élément du décor. Si l'ensemble des témoignages sur les camps de concentration fait état d'un sentiment d'abandon absolu, à Theresienstadt a été pratiquée une forme d'abandon particulière, celle

(40) Sur ces activités, cf. notamment Elena Makarova & Serguei Makarov, *Krepost nad bezdnoï* (*Une forteresse au-dessus de l'abîme*), 3 vol, Jérusalem / Moscou, Gesharim/Mosty Kultoury, 2003-2006, ainsi que la série des *Theresienstädter Studien und Dokumente* publiée annuellement depuis 1994 par l'Institut Theresienstädter Initiative de Prague et les éditions pragoises Academia.

(41) La partition de cet opéra d'une demi-heure pour enfants composé par Hans Krasa sur le livret d'Adolf Hoffmeister en 1938, dont la première eut lieu dans Prague occupée, fut apportée clandestinement dans le ghetto le 7 juillet 1943, par le chef d'orchestre Rudi Freundenfeld. Krasa réalisa alors une nouvelle orchestration pour les instruments que les musiciens du ghetto avaient à leur disposition. Les répétitions avaient lieu dans le baraquement L410 où se trouvait « le studio » de Schachter, le premier à avoir dirigé l'orchestre avant sa déportation. En tout, cinquante-cinq représentations eurent eu lieu dans le ghetto.

de la transformation d'une vie orientée vers une mort imminente en spectacle. Effet paradoxal de cette théâtralisation, la prolifération d'activités scéniques dans le ghetto est peut-être une façon de figurer la condition des internés et, par cette mise en abyme du procédé de déréalisation qui préside à l'existence même du ghetto, de retrouver un ancrage dans le réel.

Le fonctionnement de cette fabrique de la facticité dont atteste le film ne se réduit donc pas à la création pure et simple de décors, il affecte le rapport même de la représentation à son référent.

Deux rapports du CICR[42] permettent de mesurer l'impact de cette illusion référentielle construite « en boucle » : celui de Maurice Rossel[43], chef de la délégation qui visita le ghetto le 23 juin 1944, et celui de Paul Denant et Otto Lehner qui fait suite à leur visite du 6 avril. Les déclarations de Maurice Rossel recueillies par Claude Lanzmann (*Un Vivant qui passe*, 1979) et, plus tardivement, par Christine Rütten pour son documentaire *La Croix-Rouge sous le Troisième Reich, l'histoire d'un échec* (2006) montrent la longévité de cette illusion qui prime sur la connaissance et fonctionne comme la justification inaltérable d'une démission éthique. En effet, lors de son inspection du ghetto en qualité de délégué du Comité International de la Croix-Rouge, Rossel y vit une colonie de Juifs privilégiés, des *Prominenten* qui, grâce à leur argent, avaient pu « acheter leur survie ». Envoyé, selon sa propre expression, pour « être les yeux », c'est-à-dire, voir ce qu'on lui montre « et au-delà », Rossel a attesté des conditions de vie correctes dans le ghetto en se basant sur l'évidence indéniable du visible. Avant de venir à Theresienstadt, il était, confie-t-il à Lanzmann, prêt à admettre qu'on lui ser-

(42) Cf. M. Karny, « Maurice Rossels Bericht über seine Besichtigung des Theresienstädter Ghettos am 23. Juni 1944 », *Theresienstädter Studien und Dokumente*, 1996, p. 276-283, ainsi que « Vorgeschichte, Sinn und Folgen des 23. Juni in Theresienstadt », *Judaica Bohemiae*, 1983, p. 72-85, tout comme celle de F. Cahen, « Le Comité international de la Croix-Rouge (CICR) et les visites des camps. Étude d'une controverse. De la mémoire à l'Histoire », *Revue d'histoire de la Shoah. Le monde juif*, mai-août 2001, p. 7-51 et J.-C. Favez, *Une mission impossible ?, op. cit.*, p. 94-106 et 141-154 en particulier.

(43) Cf. Sébastien Farré et Yan Schubert, « L'illusion de l'objectif. Le délégué du CICR Maurice Rossel et les photographies de Theresienstadt » in Agnès Brodiez et Bruno Dumont (dir.), *Le Mouvement Social / L'Humanitaire XIX-XXIe siècle*, n° 227, Paris, La Découverte, 2009/2, p. 65-83.

virait une fiction, ce qui suppose la possibilité de la démentir. Cette attente critique est mise à mal par l'absence de tout « indice de fictionnalité » qu'il guette de la part des internés. Faute d'un signe de leur part, le contenu du visible est institué en vérité. Dès lors, il refuse d'admettre, sur le moment tout comme plusieurs décennies plus tard, que ce qu'il a vu n'était qu'une représentation – c'est-à-dire que cet au-delà du regard qu'il était chargé d'explorer avait été précisément aménagé en amont grâce à une série d'opérations mimétiques dans lesquelles le référent s'était perdu. L'au-delà de l'image était lui-même infecté par la fiction propagandiste dont nous avons vu qu'elle remontait à la création du ghetto. Les acteurs du spectacle qui était en train de se jouer devant les yeux de Rossel étaient dans l'impossibilité de faire cet aparté qu'il attendait d'eux pour la simple raison qu'ils se trouvaient dans un espace scénique modelé par une mise en abyme : effet de ces mises en scène, l'illusion de réalité sur laquelle misent les nazis instaure à l'intention du visiteur une sorte de « vérité propre », interne du « j'ai vu », détachée de tout référent et de tout jugement éthique et, à ce titre, incontestable. La valeur de vérité des allégations de Rossel repose en effet non sur l'adéquation entre ce qu'il a écrit dans son rapport et le réel du ghetto, mais entre son discours et le « réel » de ce qu'il a vu : l'illusion référentielle, qui ici précède la création de l'image cinématographique, fonctionne comme certification d'une position qui se veut « honnête » en rupture avec tout réel historique, imperméable à celui-ci. L'erreur de perception instituée en support référentiel est ainsi donnée comme vérité immuable sur laquelle les révélations ultérieures n'ont aucune prise.

Il n'est pas difficile de repérer, à l'origine de cette volonté persistante de nier l'impact du réel sur la vérité du « j'ai vu », un certain nombre de mécanismes actionnés par la propagande, notamment les stéréotypes antisémites en œuvre plus discrètement, mais tout aussi efficacement que dans les images du ghetto de Varsovie ou celles de l'avant-guerre. La mise en scène de la réinstallation véhicule l'idée que les Juifs riches s'en sortent aux dépens des pauvres, idée d'autant plus tenace que Rossel ne peut ignorer le caractère exceptionnel de Theresienstadt – c'est précisément ce qu'il dit avoir perçu comme un « au-delà » du voir. Cet « au-delà » largement programmé par la mise en scène elle-même se résume donc au récit de l'inégalité des Juifs face à leur sort et du possible aménagement d'une existence paisible grâce à l'argent. Cette construction narrative tire également sa force de conviction du flou qui recouvre alors, dans la perception de Rossel, la fonction des autres camps : il savait notamment qu'à Auschwitz, « il se passait des choses terribles », dit-il, sans en avoir une idée précise ni en avoir rien vu lors de la visite impromptue qu'il effectue au camp d'extermination. Le récit s'organise d'une manière logique : les plus riches ont pu émigrer, les riches moins riches ont pu s'acheter des conditions de privilégiés. Dès lors, Maurice Rossel reporte son sentiment de malaise produit par Theresienstadt sur l'attitude des internés eux-mêmes : l'absence de tout signe de leur part pour l'alerter sur le caractère mensonger de ce qui lui a été donné à voir est interprété comme une forme de complicité avec les autorités du camp. Colonie de privilégiés qui échappent à l'extermination, les Juifs de Theresienstadt, selon lui, s'accommodent de leur sort, preuve tautologique des conditions de vie exceptionnelles dans le ghetto. Le Juif adhère à son sort – et donc, en tire avantage – telle est sa conclusion. Il n'interroge pas plus loin cette acceptation qui est pour lui une donnée absolue, ne se demande pas par quels moyens elle a été obtenue et quel serait le prix du refus, ni, finalement, ses limites. L'acceptation est pour lui le signe visible du privilège et, à ce titre, elle conforte la véracité de ce qui lui a été présenté sur son parcours.

Le rapport d'Otto Lehner et Paul Dunant à propos de leur visite du 6 avril, au cours de laquelle ils purent voir le film, établit également que la commission (reçue par le Dr Murmelstein, représentant des Anciens, qui les renseigna, par l'intermédiaire du chef de la Sipo pragoise, sur la construction et les conditions d'existence de Theresienstadt) trouva « non pas un camp, mais une ville moyenne ». Le rapport se réfère à celui de Rossel quant à l'aspect de la ville, mais mentionne des modifications structurelles qui ont rendu cette dernière « encore plus accueillante[44] ». Au terme d'une énumération enthousiaste des espaces de l'infrastructure urbaine, parmi lesquels les lieux culturels et l'hôpital (un des premiers en Europe à être

(44) « Es sind indessen noch einige bauliche Veränderungen angebracht worden, so dass das Stadtbild noch einen freundlicheren Eindruck bietet », rapport d'Otto Lehner du 6 avril, Documents *du Comité international de la Croix-Rouge concernant le ghetto de Theresienstadt, op. cit., présenté au musée de Terezin.*

équipé d'un appareil à rayons X, diront les auteurs du rapport) n'occupent pas la dernière place, le rapport conclut sur l'idée que la structure sociale de Theresienstadt est une forme supérieure de communisme et que, sur le plan social, cette ville autogérée est bien en avance sur la plupart des cités européennes. Cet élément met au jour l'existence d'un autre cliché, celui de l'assimilation des Juifs aux communistes, présentant le ghetto comme une forme d'accomplissement du destin juif, un lieu où ces derniers réalisent leur essence – celle-là même qui, dans la propagande nazie, justifiait leur extermination.

Mais le rapport ne s'arrête pas là. Il apparaît que Theresienstadt servira de modèle pour les « futurs États juifs » qui, après la guerre, verront le jour à différents endroits. La réalité du génocide se trouve ainsi niée, alors même qu'elle est déjà amplement connue. Theresienstadt répondrait à deux aspirations contradictoires des Juifs européens, celle de l'assimilation et celle du sionisme, et serait une étape dans leur accession à la maîtrise de leur existence. Nous avons vu que, dans cette narration en creux tissée au travers de ce qui est montré, l'invisibilité qui recouvre les fonctions réelles du ghetto et les conditions de vie des internés mène paradoxalement à un dévoilement : non seulement la fiction de l'autogestion suggère qu'il n'y a plus de problème juif, l'ennemi ne menaçant plus le corps social, mais en plus, ce Juif retranché du réel est réintégré à un espace utopique qui lui est propre – l'État juif – l'espace de l'inexistence.

Nous savons que, initialement, le film devait être projeté au cours de la première visite de la Croix-Rouge, mais ne le sera que lors de la seconde (le tournage ayant été repoussé afin de placer les images dans un décor estival). Il était ainsi prévu de mettre à disposition des visiteurs une narration synthétisant leur propre parcours. Le « récit du réel » construit à l'intention de la commission devait être doublé d'un autre, cinématographique. L'image aurait alors fonction de certification : elle « estampillerait » ce récit du réel, lequel à son tour lui conférerait le statut de « documentaire ». Au-delà de l'effet « matraquage » propre à toute propagande (et utilisé aujourd'hui dans les pratiques publicitaires), la redondance ainsi orchestrée visait la production d'une spécularité et d'une réversibilité totales entre l'image filmique et le spectacle vivant du ghetto. Le film apparaît comme un des éléments nécessaires à la production d'un simulacre lequel, pour concurrencer le réel, se dote d'une représentation qui l'établit comme référent. La caméra devient alors un instrument d'authentification, de « dé-théâtralisation » : l'image authentifiant ce qui est vu acquiert le statut d'archive et apparaît comme une source documentaire grâce à laquelle le visiteur peut se convaincre que ce qu'il a aperçu de la vie du camp correspond à la vérité : elle est instituée en preuve. Mais, dans le même temps, le « réel » présenté aux visiteurs est appelé, lui, à devenir le support référentiel de ces images, constituant à son tour la preuve matérielle de leur véracité. La redondance, qui peut être perçue comme une « complémentarité », et qui en réalité cumule deux mises en scène d'un même spectacle, a pour effet d'enfermer le spectateur dans un espace de représentation où la référence au réel est sans cesse repoussée, par un renvoi spéculaire sans fin, vers un extérieur qui ne se dévoile jamais, de façon à ce que chaque hypostase du simulacre apparaisse justement comme un lieu de vérité supplémentaire, voire ultime. Ainsi, la dimension déréalisante d'un procédé consistant à doubler le réel par l'image, se donne paradoxalement pour la garantie même de la véracité de celle-ci.

La « visite guidée » et le film fonctionnent en miroir et produisent un « réel » tautologique à la fois absolument inconsistant et absolument saturé.

CONCLUSION

Le travestissement dont a fait l'objet la ville de Terezin ne relève pas d'une opération isolée et unique, il s'inscrit dans une démarche de dissimulation qui préside de manière générale à la création et à la gestion des espaces de mort, camouflés aussi bien à l'intention de leur entourage immédiat que des victimes elles-mêmes. Un certain nombre de procédés ont été soigneusement mis en place en vue de la solution finale, sans que pour autant les modalités de ces falsifications soient définies en haut lieu ou pensées de manière globale. Elles semblent être imaginées au coup par coup par les responsables du génocide ou laissées à l'initiative des autorités locales, relevant alors de leur « créativité » individuelle. De très nombreux éléments du décor appelés à masquer le réel de l'extermination sont bien connus, tels que le « zoo » à l'entrée de Ravensbrück[45], les flèches factices indiquant différentes directions à la gare de Treblinka[46], les consignes rassurantes données aux Juifs avant leur déportation, les chambres à gaz déguisées en douches ou encore, à Auschwitz même, la création d'un « camp des familles » pour les déportés danois de Theresienstadt qui, avant d'être gazés, furent gardés en vie un certain temps dans la perspective d'une inspection de la Croix-Rouge qui n'eut jamais lieu. Toutefois, l'ensemble de ce phénomène attend encore son étude. Par ailleurs, dans le discours des acteurs mêmes de la solution finale produit après la guerre, à l'occasion de dépositions ou d'entretiens qu'ils ont pu donner, se manifeste la volonté de maintenir à tout prix, contre les données objectives, une croyance paradoxale dans la réalité de ces simulacres d'espaces de vie érigés là où se déployaient en réalité des espaces de mort. En dépit de leur mauvaise foi flagrante ou plutôt, en vertu du caractère stéréotypique des déclarations sur lesquelles celle-ci s'appuie, on peut supposer qu'une dimension importante du régime qu'ils ont servi s'exprime à travers ces dispositifs leur tenant lieu d'une identité qu'ils nient par ailleurs posséder[47]. De par la longévité et la complexité des procédés de falsification mis en place à Theresienstadt, ainsi que la possibilité qui s'offre à nous, notamment grâce au film, d'effectuer une radiographie de ce dispositif au fondement même des régimes de terreur, cette expérience de construction de simulacre peut être considérée comme exemplaire.

La relation entre les représentations et leurs référents constitue la base des liens communautaires (elle garantit l'existence d'un même monde en partage, ainsi que la délimitation entre les espaces profanes et sacrés).

---

(45) Cf. Margarete Buber-Neumann, *Déportée à Ravensbrück,* Paris, le Seuil, 1988, p. 8.

(46) Cf. « L'Enfer de Treblinka » de Vassili Grossman, in *Années de guerre*, Paris, Autrement, 1992, p. 255.

(47) Cf. la déposition de Rudolf Höss : « Je voulais toujours faire avancer le travail, réaliser les projets qui permettraient à Auschwitz de meilleures conditions d'existence. » (Rudolf Höss, *Le Commandant d'Auschwitz parle*, Paris, François Maspero, 1979, p. 194) ou encore celle de Franz Grassler dans *Shoah* de Claude Lanzmann qui, à propos du ghetto de Varsovie, maintient la fiction de l'autogestion et de l'autoconservation : « Notre mission à nous était de gérer le ghetto et naturellement, avec ces rations insuffisantes et ce surpeuplement, une mortalité élevée, et même excessive, n'était pas évitable. » (Claude Lanzmann, *Shoah*, Paris, Fayard, 1985, p. 226-237).

Plus, elle fonde un espace éthique circonscrit par la croyance en une vérité du réel partagée par l'humanité. Le brouillage opéré par les régimes de terreur vise ainsi la destruction même de ce fondement commun et crée, pour les sociétés où ils s'exercent, un isolement souvent plus efficace encore que les frontières verrouillées et, pour les lieux d'extermination ou de concentration qui en sont le résultat, une invisibilité tenace[48]. La sincérité ou, à l'inverse, la mauvaise foi de ceux qui se laissent abuser par les discours de propagande (alors même qu'ils en sont parfois les auteurs) n'était pas l'objet de notre étude : nous nous sommes intéressés ici à ces dispositifs mêmes et aux régimes de référentialité qu'ils instaurent[49]. Toutefois, l'analyse de ces dispositifs peut apporter des éclaircissements sur l'étonnante et absurde persévérance des autorités nazies à terminer le montage du film alors que la fin de la guerre était imminente : cette fabrication de simulacres possède une logique autonome et échappe à la stricte rationalité des buts de propagande, la production de mensonges devenant une fin en soi et assurant, du moins symboliquement, la longévité du régime[50]. Quant au spectateur venu enquêter sur les conditions de vie dans les camps et enfermé dans un tel espace référentiel « sans issue », il est d'emblée dédouané de son désengagement : la séduction qu'exerce le film tient précisément à ce qu'il permet, en toute légitimité, la suspension des catégories éthiques. Le référent n'étant lui-même qu'un écran sur lequel est projetée la représentation, l'espace du jugement est réduit à zéro.

On ne saurait donc qualifier Theresienstadt de « fiction », non seulement parce que la définition de « feintise ludique partagée »[51], donnée par Jean-Marie Schaeffer, trouverait ici son démenti, mais aussi, parce que le

(48) Cf. mon article « La représentation de la limite dans quelques récits des camps », *Vox-Poetica*, http://www.vox-poetica.org/t/articles/jurgensonRL.html.

(49) Dans la fiction, on trouve une représentation de cette mise en abyme du référent par l'image dans le roman de W.G. Sebald, *Austerlitz*, Munich, Carl Hanser Verlag, 2001.

(50) La construction spéculaire et l'évacuation du référent correspondant aussi à une forme d'auto-représentation du pouvoir, assurant sa survie au-delà du réel.

(51) Cf. Jean-Marie Schaeffer, *Pourquoi la fiction ?*, Paris, Le Seuil, 1999, p. 145 et *sq*. Le propre de la fiction est sa dimension de coopération, ce qui exclut le mensonge et la propagande.

simulacre ainsi créé est un réel à part entière[52]. Il ne s'agit pas simplement d'un détournement des éléments du réel dans une intention frauduleuse, mais de la création et de l'organisation, dès l'origine, d'un « réel ». C'est l'évacuation du référent au travers de couches successives d'illusions qui forme le réel même de ces régimes et des violences qu'ils produisent : telle est la vérité que livre, en dernière instance, le dispositif visuel de Theresienstadt. Invisibilité rendue visible – et inversement –, le référent évacué par le jeu spéculaire, et qui se révèle donc n'être qu'un miroir par où transitent des reflets, est, dans son vide même, une réplique du processus d'extermination. Il n'y a pas plus de « fond » référentiel dans les images que de lieu de résidence définitif à Theresienstadt. La vérité du film est donc à chercher non pas dans la prétendue « réalité » de ce qu'il montre, mais dans l'irréalité fondamentale dans laquelle il s'ancre et à laquelle sont arrimés les régimes de terreur impensables sans la construction de simulacres et la production de réels de substitution se superposant au vécu jusque dans l'expérience sensible. C'est peut-être cette vérité que montre, subrepticement, l'une des dernières images du film qui, contrevenant aux règles du documentaire, envoie au spectateur un regard dans le miroir dévoilant la nature même de l'objet en train d'être créé – un reflet de plus dans une spécularité meurtrière et infinie.

---

(52) Cf. Jean Baudrillard : « Le simulacre n'est jamais ce qui cache la vérité – c'est la vérité qui cache qu'il n'y en a pas. Le simulacre est vrai ». *Simulacres et simulation*, Galilée, Paris, 1981, p. 9, ainsi que Jean-Marie Schaeffer : « ...l'analyse du semblant ou du simulacre en termes de non-être n'est pas pertinente. Le semblant créé par la feintise est tout aussi réel que la réalité pour laquelle il est pris, simplement parmi ses propriétés il y a la propriété fonctionnelle (leurre) ou intentionnelle (feintise) d'être pris pour autre chose que ce qu'il est réellement ... ». *Pourquoi la fiction ?*, *op. cit.*, p. 96-97

La fiction et ses dispositifs à l'épreuve des Sonderkommandos

Philippe Mesnard

> Ceux-ci n'ont pas espoir de mort,
> et leur vie aveugle est si basse
> que tout autre sort leur fait envie.
> Le monde ne laisse pas de renommée pour eux,
> miséricorde et justice les méprisent :
> ne parlons pas d'eux, mais regarde et passe[1]

Les Sonderkommandos sont évoqués au cinéma et au théâtre durant les années 1960, puis ils sont visibles après 1985, mais avant de se demander de quelle manière ils y apparaissent, il est important de rappeler quelques informations pour mieux comprendre les enjeux qu'ils polarisent. Les « Sonderkommandos » dont il s'agit ici[2] désignent les Juifs déportés à Auschwitz enrôlés de force dans les équipes qui travaillaient aux quartiers

(1) Dante, chant III, 46-49, *L'Enfer*, traduction de Jacqueline Risset, Paris, Garnier Flammarion, n° 725, 1985.

(2) Effectivement, le terme lui-même n'appartient pas seulement au vocabulaire concentrationnaire nazi, ainsi des bataillons d'*Einsatzgruppen* étaient également qualifiés de cette façon. Enfin, dans d'autres centres de mise à mort, comme Chelmno, Treblinka, Sobibor, l'équivalent des Sonderkommandos était connu sous le nom d'*Arbeitsjuden*. Autre précision, hormis les Juifs qui composaient la grande majorité des Sonderkommandos, des soldats de l'Armée rouge y ont été intégrés, ainsi que quelques Polonais. Pour plus d'informations historiographiques sur les tâches qu'ils devaient assurer, sur leurs témoignages et la réception de ceux-ci, sur la façon dont les autres déportés les percevaient, on se reportera à Philippe Mesnard, « Entre histoire et littérature, écrire la catastrophe », in Zalmen Gradowski, *Au Cœur de l'enfer*, traduit du yiddish par Batia Baum, édition dirigée par Philippe Mesnard et Carlo Saletti, Paris, Kimé, 2001, p. 7-32.

des chambres à gaz, dits généralement *Krematorium*[3], et qui vivaient enfermés à proximité de ceux-ci. On sait qu'ils devaient s'occuper des victimes qui étaient dans leur grande majorité des Juifs, mais aussi des déportés jugés ne plus être aptes au travail, ainsi que des Tsiganes et des soldats de l'Armée rouge. Ils devaient veiller à ce qu'elles entrent dans les chambres à gaz, donc, pour cela, feindre qu'il s'agissait là de « salles de douche », en extraire leurs cadavres, effectuer sur ceux-ci des fouilles pour prélever les dents en or, ou les bijoux qui auraient pu y être cachés, couper les cheveux des femmes. Enfin, ils assuraient la crémation des corps et la dispersion de leurs cendres de telle façon qu'aucune trace n'en subsiste.

Ainsi, ces hommes sont les témoins les plus directs de la Shoah, en particulier, et des gazages, en général. À Auschwitz, cinq d'entre eux ont rédigé huit témoignages qu'ils ont, sachant leurs derniers jours arriver, enfouis près des crématoires ; d'autres, parmi les rares à avoir survécu, ont effectué des dépositions notamment lors du procès de Cracovie[4], ou consigné *a posteriori* leur expérience[5]. Quelques-uns ont conduit des révoltes à Treblinka et à Sobibor, respectivement les 2 août et 14 octobre 1943, grâce auxquelles un petit nombre d'entre eux a pu survivre ; en revanche, du soulèvement du 7 octobre 1944 à Auschwitz-Birkenau, aucun n'a réchappé. Témoins oculaires et producteurs de témoignages, résistants et révoltés, les Sonderkommandos sont aussi au nombre des victimes à part entière de la Shoah, car ils étaient destinés à être assassinés en tant que Juifs *et* en tant que Sonderkommandos. Mais du fait qu'ils ont dû, sous la contrainte, collaborer au processus de mise à mort et, dans le même temps, participer au mensonge (à la « fiction ») qui – pour les victimes les moins averties – en

---

(3) Le terme *Krematorium* (crématoire) désignait une unité qui pouvait comporter une chambre à gaz d'une capacité de 3 000 personnes (crématoires II et III) ou trois unités dont la capacité réunie était au maximum de 2 000 personnes (crématoires IV et V).

(4) Cf. Szlama Dragon, Henryk Tauber et Alter Feinsilber, « Les survivants des Sonderkommandos au procès de Cracovie en 1946 », in Georges Bensoussan, Philippe Mesnard et Carlo Saletti (dir.), *Des Voix sous la cendre*, Paris, Calmann-Lévy - Mémorial de la Shoah, 2005, p. 183-237.

(5) Filip Müller, *Trois ans dans une chambre à gaz*, Paris, Pygmalion, 1980 ; Miklos Nyiszli, *Médecin à Auschwitz*, traduit et adapté du hongrois par Tibère Kremer, Paris, Julliard, 1961 ; Schlomo Venezia, *Sonderkommando. Dans l'enfer des chambres à gaz*, en collaboration avec Marcello Pezzetti et Béatrice Prasquier, préface de Simone Veil, Paris, Albin Michel, 2007.

masquait l'implacable fonctionnement, on les a rangés dans ce que Levi a appelé la zone grise[6] après que leur image s'est trouvée associée, par nombre de déportés, à un sentiment de honte ineffaçable et à des constructions particulièrement dégradantes[7].

Les Sonderkommandos lancent un pari à la représentation cinématographique ou théâtrale tant ils rassemblent les aspects propres à la détention concentrationnaire et ceux spécifiques à la Shoah. À quoi s'ajoute l'ambiguïté morale de leur comportement, elle-même accrue par le retard de l'historiographie qui leur a, jusqu'à ces dernières années, accordé bien peu d'attention, laissant la porte ouverte à de nombreuses et faciles mésinterprétations. Quels aspects des Sonderkommandos seront-ils alors privilégiés par le cinéma ou le théâtre ? La fiction va-t-elle permettre de mieux comprendre le rôle et l'expérience de ces hommes ? Ou bien va-t-elle seulement entretenir les approximations et les préjugés dont ils ont généralement été l'objet, et le sont encore ? Mais, plus loin, on se demandera si ces hommes ayant été poussés à faire l'épreuve du réel de la *destruction-même* – là où l'humanité n'a plus raison d'être, mais là aussi d'où s'originent les mythes fondateurs –, nous en apprennent sur les pouvoirs de la fiction. Tenter de traiter cinématographiquement ou théâtralement les questions que portent en eux les Sonderkommandos permet-il d'approfondir notre savoir sur ce que la fiction *signifie* ? Autrement dit, quelles leçons la représentation des Sonderkommandos à l'écran ou à la scène nous délivre-t-elle ?

Pour répondre à ces questions, un développement en deux parties s'est imposé à partir d'une distinction de base, selon que les Sonderkommandos sont représentés par des acteurs professionnels, ou par des rescapés ayant été eux-mêmes Sonderkommandos.

---

(6) Cf. Primo Levi, *Naufragés et rescapés* [1985], traduit de l'italien par André Maugé, Paris, Gallimard, 1987, p. 36-68.

(7) À cela, on peut ajouter qu'ils sont, dans la constellation des postes et des catégories de déportés, strictement à l'opposé des *Muselmänner*. Or les *Muselmänner*, contrairement à ce que soutenait Giorgio Agamben dans *Ce qui reste d'Auschwitz* ([1998], Paris, Payot-Rivages, 1999), ne peuvent pas être représentatifs, ni métaphoriquement ni métonymiquement du génocide (cf. Philippe Mesnard et Claudine Kahan, *Giorgio Agamben* à l'épreuve d'Auschwitz, Paris, Kimé, 2001).

LES SONDERKOMMANDOS JOUÉS PAR DES ACTEURS

Si l'on suit l'idée d'une histoire de la mémoire des camps nazis et du génocide des Juifs privilégiant d'abord la résistance, ensuite la reconnaissance des victimes juives, il n'y aurait rien de surprenant à ce que les Sonderkommandos soient présents dans celle-ci par l'événement même de leur révolte. Mais ce n'est pas sous cet aspect que le cinéma les fait d'abord découvrir. En 1960, *Exodus* d'Otto Preminger est le premier film à les évoquer. Alors que les passagers du navire légendaire ont mis pied à terre, le jeune Dov Landau se porte rapidement volontaire pour entrer dans les rangs de l'Irgun[8]. Pour cela, il subit un interrogatoire durant lequel, reconstituant son parcours en Europe, il doit prouver sa détermination de combattant. Au début, il se présente comme un rescapé de la révolte du ghetto lors de laquelle il aurait appris à manier la dynamite. Après maintes circonlocutions, sous la pression croissante du chef de la brigade, le jeune rescapé en sueur, perdant ses moyens, au bord de la panique, avoue avoir appris à manier les explosifs non pas durant la révolte du ghetto de Varsovie, comme il l'affirmait, mais en travaillant dans un des Sonderkommandos d'Auschwitz. C'est ainsi que ces derniers auraient creusé les fosses où étaient entassés les cadavres des Juifs gazés pour y être brûlés avant que les crématoires ne soient mis en service. Ces informations, pour quiconque en sait un peu sur le processus d'extermination, sont parfaitement fantaisistes[9]. Qui plus est, le jeune rescapé, surjouant sa faiblesse face aux durs à cuire qui l'entourent, s'écroule en confessant que les SS s'étaient servis de lui comme d'une femme (*sic*).

Le film mythique cumule ainsi des clichés sur la « faiblesse » des femmes – déportées, elles ne pouvaient être des héros, donc servaient sexuellement[10] – et sur l'homosexualité en les associant à la honte de ceux

---

(8) Organisation armée sioniste en Palestine mandataire, née en 1931, d'une scission de la Haganah.

(9) Les SS n'auraient jamais confié des explosifs à des Juifs qui se savaient de toute façon condamnés à être assassinés. La seule poudre que les Sonderkommandos d'Auschwitz n'aient jamais eue leur a été fournie clandestinement par des déportées qui travaillaient à l'Union Werke, une usine d'armement implantée à Monowitz (Auschwitz III).

(10) Le thème de la sexualisation de la représentation des camps est extrêmement complexe. À cette même époque, de nombreux *Pulp* aux intrigues sommaires, mettant en scène des

qui collaboraient au gazage de leur peuple, pour former comme un nouveau cliché contempteur. Autrement dit, les Sonderkommandos sont utilisés comme une matière pour nourrir, en dépit de ce qu'ils ont été, l'imagination d'un monde génocidaire dépravé. Derrière ces clichés humiliants, la zone grise n'est pas même désignée indirectement. La honte n'est pas présentée pour que l'on s'interroge sur elle, elle sert seulement à valoriser par antithèse l'image des combattants du ghetto.

Le discrédit porté sur les Sonderkommandos s'inscrit tout à fait dans le cadre de référence dominant des années d'après-guerre qui privilégiait la résistance, la lutte armée et l'engagement politique dans un système de représentation où cohabitent de francs héros opposés à des ennemis nettement définis, les nazis – parfois eux-mêmes valorisés. Aucune place n'est alors accordée aux victimes civiles et, encore moins, à ceux qui faisaient disparaître leurs corps. Si à cela on ajoute les aberrations historiques (pour *Exodus*, l'usage de la dynamite) et les interprétations extrêmement péjoratives dont ils sont l'objet de la part des déportés[11], la seule alternative positive pour les évoquer est alors de se focaliser sur la révolte du 7 octobre 1944. En ce sens, l'acte exemplaire et, de surcroît, sacrificiel vient les racheter et, ce faisant, les rend dignes de représentation.

Der Letzte

C'est dans cette logique de l'exemplarité combattante que Primo Levi leur réaménage une place honorable dans la pièce de théâtre qu'il adapte, en 1966, de son récit testimonial *Si c'est un homme*, élevant l'épisode de la révolte au rang de modèle. Levi saisit cette occasion pour informer le public par le biais de nombreuses didascalies sur ce qu'étaient

---

relations sadomaso, dans des camps nazis, circulaient en Israël. Cette autre question où la représentation de la terreur concentrationnaire est à la fois centrale et détournée par le motif du sexe et de la violence trouve des prolongements dans la réalisation des films porno-nazis des années 1970 et, notamment, dans *Portier de Nuit* (1974) de Liliana Cavani (cf. Philippe Mesnard, « Des affinités cinématographiques entre sexe et nazisme », in *Témoigner entre Histoire et Mémoire*, Bruxelles - Paris, Fondation Auschwitz - Kimé, n° 103, avril-juin 2009, p. 114-129).

(11) Cf. Philippe Mesnard, « L'image des Sonderkommandos », in Zalmen Gradowski, *Au Cœur de l'enfer*, *op. cit.*, p. 14-20.

ces hommes, bien plus qu'il ne l'avait fait dans son livre[12]. Renversant le parti pris d'Otto Preminger, il les présente comme les symboles désespérés de la dignité humaine rachetant, par la même occasion, le tout premier jugement qu'il avait émis sur eux en 1946[13]. Pour ce faire, il met en scène la problématique « résistance *versus* passivité » en plaçant, d'un côté, l'ensemble des déportés entassés sur l'Appelplatz, de l'autre, non un Sonderkommando mais un de leurs complices sur le point d'être pendu pour avoir voulu propager la révolte à Monowitz (troisième grand camp d'Auschwitz où était interné Levi). Dans un véritable face à face, monté comme un théâtre dans le théâtre[14], la masse, frappée de l'opprobre de sa passivité qui relègue chacun à la situation de non-homme, assiste à l'exécution du résistant qui, du haut de la potence, lance à l'assemblée qu'il domine : « Ich bin der Letzte » (je suis le dernier qui, dans l'intention de Levi, signifie : le dernier homme).

Or, ainsi que je l'ai déjà expliqué[15], si cet événement a bien eu lieu à Monowitz, le nombre des condamnés s'élevait à trois, non à un – trois Polonais de surcroît. Levi réécrit sciemment la réalité factuelle de l'expérience qu'il avait vécue en la simplifiant, en la schématisant même, pour mieux la transmettre, allant jusqu'à mettre dans la bouche du martyr une expression allemande que jamais un Polonais sur le point d'être exécuté n'aurait prononcée. Il construit une *fiction éthique* – je veux dire, une fiction légitimée par sa portée éthique – qui privilégie les critères de communicabilité testimoniale sur la réalité factuelle. La fiction apparaît ici techniquement indissociable du dispositif spectatorial dont elle se soutient pour exhausser la valeur sacrificielle d'une exécution qui n'est pas sans rappeler le suicide

(12) Primo Levi, « Le dernier », *Si c'est un homme* [1958], traduit par Martine Schruoffeneger, Paris Julliard, 1987, p. 155-162.

(13) Dans le rapport qu'il avait établi à peine libéré d'Auschwitz, il estime que les Sonderkommandos « étaient choisis parmi les pires criminels condamnés pour des délits de sang » (cf. Primo Levi, *Rapport sur Auschwitz*, traduit de l'italien par Catherine Petitjean, édition critique Philippe Mesnard, Paris, Kimé, 2005, p. 81).

(14) Ceci est troublant quand on sait que l'échafaud signifie à l'origine aussi bien l'estrade où a lieu un spectacle que le promontoire sur lequel monte le condamné pour être exécuté, et l'installation permettant à l'ouvrier ou à l'artiste de travailler en hauteur.

(15) Philippe Mesnard, *Primo Levi. Le Passage d'un témoin*. Biographie, Paris, Fayard, 2011, p. 163-165.

du personnage de Mala Zimetbaum dans *La Dernière Étape* (1947), le film réalisé par Wanda Jakubowska. Au théâtre Carignano de Turin, dès la première qui a lieu le 19 novembre 1966, le regard des spectateurs passe par celui des déportés écrasés par la figure du dernier homme ; d'ailleurs, il faut signaler que ce montage est bien dû à Levi qui, réécrivant son texte, pense l'organisation scénique notamment de manière à ce que les spectateurs se retrouvent à voir le condamné selon la perspective des déportés.

Même si la singularité du témoignage de Levi est de souligner, contrairement à celui de Robert Antelme, que les nazis ont réussi à expulser les hommes de l'humanité, il n'en reste pas moins que la terrible scène opère comme un rachat, non pas par le contenu qui est proprement désespéré, mais par la représentation en tant que telle et la façon dont elle est agencée. De plus, si Levi fait de la résistance un ultime révélateur de la déshumanisation des déportés ordinaires et un moyen de fournir quelques informations sur la triste condition des Sonderkommandos, ceux-ci ne sont pas convoqués pour transmettre quoi que ce soit sur le génocide ou les gazages, alors que ce que le public italien sait alors est très limité.

Alors qu'Auschwitz domine l'imagination occidentale avec pour symbole l'effrayant moloch du portail de Birkenau, on admet que cette insurrection, dont la portée symbolique a été considérable pour les déportés du camp, nourrisse facilement le récit d'une représentation réaliste qui réclame aussi bien un agencement d'actions qu'une unité de temps et d'action. De surcroît, venant des témoins les plus directs de la Shoah par gaz, mais dont la situation et le comportement mettent au défi la compréhension et le jugement, leur révolte apporte une réponse simplificatrice. C'est à ce prix que ces hommes peuvent figurer à l'écran comme l'illustrent deux films : *Triumph of the Spirit* (1989) de Robert M. Young et *The Grey zone* (2001) de Tim Blake Nelson.

Du décor au spectacle

Le film, dont le titre inspiré vient probablement s'opposer au *Triomphe de la volonté* de Leni Riefensthal, est – comme on dit – tiré d'une histoire vraie. Celle du boxeur Salomo Arouch (interprété par Willem Dafoe), champion de la catégorie poids moyen dans les Balkans en

1941, déporté de Grèce à Auschwitz avec sa famille en 1943. Grâce à sa pugnacité, il parvient à survivre remportant plus de deux cents combats. L'essentiel du film porte sur ces véritables *Struggles for life*, sans montrer que les vaincus étaient exécutés après le match. Les contacts qu'il parvient à maintenir avec sa famille occupent également une place importante puisque c'est à travers elle que la violence du camp est montrée de façon quasi documentaire. Chaque séquence se focalise sur un membre de celle-ci, ce qui permet notamment au réalisateur d'accroître la charge pathique des événements. Il en est ainsi lors des retrouvailles avec son épouse ou de la sélection pour la chambre à gaz du père jugé inapte au travail et qui ne peut être sauvé. Cette séquence est l'occasion d'informer le spectateur sur la pratique des échanges de fiches permettant d'envoyer à la mort un autre détenu que la personne sélectionnée, pour des raisons politiques le plus souvent. Plusieurs plans montrent les fosses en train de brûler et, l'un des membres de sa famille étant intégré au Sonderkommando, l'on peut découvrir, à travers ses yeux, le *Krematorium*.

Jusque-là, rien ne pose de véritables problèmes si l'on considère les limites du genre, car c'est bien dans ses propres limites génériques qu'il est préférable de juger d'une telle œuvre. Arrive la fin du film, s'y accumulent alors quantité d'incohérences (comment finir est effectivement un problème auquel se heurtent de nombreux créateurs et cela représente une question en soi encore plus aiguë quand il s'agit des camps et de la Shoah). Soudainement, le héros apparaît intégré à une équipe de Sonderkommandos et projeté aussitôt au cœur de la révolte, décrite de façon quasi onirique. Après que celle-ci a été sauvagement réprimée, il sort, hébété, des ruines d'un Bunker du quartier des chambres à gaz qui a sauté. L'amas de blocs de béton laisse supposer que la déflagration a pulvérisé le bâtiment, flagrante inexactitude si l'on se réfère à l'explosion du crématoire IV lors de la révolte du 7 octobre 1944 des Sonderkommandos. Cette vision correspondrait plutôt à l'état dans lequel se trouvent les installations lorsque les SS les dynamitent en janvier 1945 peu avant leur fuite. Après quoi, il est arrêté et torturé. Nombreux déportés, que l'on suppose être des Sonderkommandos, sont fusillés. Lui, endossant dans le film le rôle de l'innocent, échappe miraculeusement à la mort, même si la torture le laisse en piteux état. Il n'est pas évacué durant lesdites marches de la mort que l'on voit se préparer et se trouve, là encore miraculeusement, à sortir du bloc où il avait été torturé alors que le camp est désert. À cette série d'invraisemblances s'ajoute une dernière : l'herbe est verte et le temps clément, alors que le 27 janvier 1945, la température avoisinait les trente degrés au-dessous de zéro.

À l'opposé, le projet de Tim Blake Nelson pour *The Grey Zone* semble être porté autant par un souci d'exactitude que par un attachement particulier au témoignage. le réalisateur s'entoure de conseillers, notamment Andreas Kilian qui a dirigé un ouvrage de référence sur les Sonderkommandos[16]. Au préalable, il s'est lui-même documenté en lisant le témoignage du médecin hongrois Miklos Nyiszli, paru en français sous le titre *Médecin à Auschwitz*, et l'essai de Primo Levi *Naufragés et rescapés*, contenant le chapitre clé intitulé « La zone grise ». Et avant de concevoir son film, il écrit une pièce éponyme mise en scène en 1996 dans plusieurs théâtres aux États-Unis parmi lesquels le MCC Theater de New York. Le projet passe donc par cette phase dramatique – qui dénote le fort investissement de la part du petit-fils de rescapés de la Shoah – pour aboutir au film, soit plus de six ans de maturation et d'expérience intellectuelles et scéniques. La pièce en deux actes, comptant huit acteurs, se focalise sur l'épisode raconté par Nyiszli de la tentative de sauver une victime miraculeusement rescapée d'un gazage. Sauver un être du désastre peut-il, ne serait-ce que symboliquement, participer au Salut de l'humanité, telle est la question débattue. Le sauvetage échoue et s'ensuit la révolte. Tim Blake Nelson prend alors soin de ne pas user à l'excès de pathos et de rester discret sur les crématoires et les gazages.

Avec l'adaptation filmique, il en est autrement. *The Grey Zone* sort en 2001 sur les écrans, mais pas en France. Le seul film jusqu'alors dont le sujet concerne directement et exclusivement les Sonderkommandos se caractérise certainement par une représentation trop directe et réaliste pour être accueillie dans un pays où les polémiques sur l'irreprésentable, de Rivette à Lanzmann, ont conditionné la sensibilité journalistique.

Si le récit principal est centré sur la révolte, on n'en retrouve pas

(16) Andreas Kilian est l'un des trois auteurs du recueil *Zeugen aus der Todeszone* consacré aux Sonderkommandos d'Auschwitz, cf. *infra*.

moins, enchâssé dans le premier, l'épisode de la jeune femme qui a survécu à la chambre à gaz. Après avoir été recueillie – les Sonderkommandos étant dans l'impossibilité non seulement de la sauver, mais aussi de la faire évader –, elle est abattue par le SS-Oberscharführer (adjudant) Eric Muhsfeldt. Hormis cet épisode, le déroulement du film est sans surprise malgré quelques péripéties aussi nécessaires qu'attendues. À la suite des préparatifs durant lesquels des séquences d'informations documentaires sont introduites, survient le déclenchement de l'action et le dénouement. Lequel consiste, nous le savons, en la liquidation des insurgés et de leurs complices. À l'exception de l'anachronisme de l'arrestation des ouvrières de l'Union Werke qui se fait dans le film bien avant qu'elle ait eu lieu en réalité, ceci répondant à des principes de cohésion dramatique, à l'exception également de la jeune rescapée qui n'a pas été tuée d'un coup de pistolet mais d'un coup de bâton derrière la nuque, à l'exception des plans sur les cheminées des crématoires dont s'échappent des flammes invraisemblables, à ceci près, le déroulement des actions suit celui des faits.

Mais c'est du parti pris esthétique et de la scénarisation que vient le premier problème. Il s'agit de *tout* montrer, y compris l'intérieur d'une chambre à gaz au moment d'un gazage. L'omniscience du point de vue – au regard du réel considéré – n'est aucunement conçue comme une audace à l'aune du réalisme hollywoodien qui doit faire croire qu'aucun pan du réel ne lui échappe. Il ne s'agit pas tant de rendre visible – si ce n'était que cela, encore le visible conserverait-il une part au moins de l'énigme qui lui est propre –, mais de produire un visible surcodé, un visible strictement lisible brossé à coup de stéréotypes, de clichés et de scripts que semble parachever une minutieuse reconstitution. Or, le leurre de la précision technique des détails, des objets, des couleurs, des lieux mêmes présentifiant le déroulement des actions ne fera jamais revenir l'événement qui reste non seulement impossible à rédimer, mais impossible aussi à mettre en images sinon en le réinventant aux normes d'une imagination qui lui est étrangère.

Ainsi, la miraculée ne peut correspondre qu'à une jeune femme au physique touchant ; Harvey Keitel prête son implacable faciès à Muhsfeldt connu pour être un redoutable prédateur à sang froid. Et ainsi de suite. On reconnaît la logique réaliste qui vise à faire reconnaître, par des figures et des comportements culturels, avant de faire connaître. La révolte en elle-même, répondant aux mêmes principes, nous plonge quelques instants dans le genre film de guerre : explosion, corps qui sautent en l'air, charge, riposte, assaut. Or, précisément, ni « Auschwitz », ni la Shoah ne sont la guerre, ils ont été réalisés en dehors des lignes de front et des objectifs stratégiques, c'est d'ailleurs pourquoi ils s'accomplissent pleinement. À la suite de quoi, les Sonderkommandos insurgés et quelques autres, tous couchés à plat alignés sur le gazon de Birkenau, sont exécutés d'une balle dans la nuque – le regard du spectateur est alors « tout naturellement » placé par la caméra à hauteur des têtes des condamnés de la même manière que dans *Le Pianiste* (2002) de Roman Polanski pour de semblables assassinats. Tout d'un coup, on reconnaît que s'est formé là un script fictionnel, un mini-scénario type qui, s'autonomisant, continuera de migrer de représentation en représentation, provenant lui-même d'informations sur les méthodes de tueries des *Einsatzgruppen* qui ont, depuis quelques années, émergées dans la culture. En somme, l'on ne retient des Sonderkommandos qu'un enchaînement causal qui construit le vraisemblable : révolte, héros, héros sacrifié, récit abondamment nourri de clichés et d'une temporalisation des actions. Cette mimésis réaliste nous fait assister à une succession d'événements mis en intrigue, pourvue de quelques rebondissements. Tout est là pour que cela fonctionne.

Même si la pression du marché ne laissait pas beaucoup de marge à Tim Blake Nelson pour éviter le traitement spectaculaire, on aurait pu espérer – en hommage aux victimes – qu'il nous montrât ceux qui ont écrit des témoignages et les ont enfouis avant la révolte. Zalmen Gradowski, l'un de ceux-ci, était également l'un des chefs de la révolte[17]. Car la révolte armée est, dans cette histoire désespérée, indissociable de la prise de conscience par ces hommes de leur condition et de l'appel qu'ils adressent au monde – alors que le monde a radicalement abandonné les Juifs d'Europe – avec ces manuscrits qui, enterrés près des crématoires par leurs auteurs, ont été trouvés après-guerre. Le réalisateur aurait également pu faire référence à leurs tractations désespérées avec le réseau de résistance communiste qui refusa jusqu'au bout de donner son accord au soulèvement (triste moment,

(17) Cf. Zalmen Gradowski, *Au Cœur de l'enfer*, *op. cit.*

aussi navrant que l'attitude de Roosevelt devant Jan Karski). Le désespoir qui en résulte est consigné dans le témoignage de Zalmen Lewental[18], lui-même assassiné fin 1944. En ce sens, l'impensé de cette fiction esthétique de la zone grise concerne autant l'abandon subi par les Juifs que le souci, participant pleinement de l'esprit de révolte, des Sonderkommandos de laisser des traces contre, précisément, le programme nazi de les effacer toutes.

De quelles fictions s'agit-il ?

Si l'on met de côté les erreurs historiques, néanmoins problématiques pour des films qui revendiquent d'être tirés « d'histoires vraies », tous ces exemples ne retiennent des Sonderkommandos que la question de la résistance. Et réduits à cette action, ils sont recyclés tantôt pour valoriser la virilité des « véritables » combattants *versus* la passivité dépréciée (« féminisée ») des victimes civiles (*Exodus*), tantôt pour fournir un décor dans lequel le film sur un champion de boxe à Auschwitz va trouver son épilogue. Dans les deux cas, l'exceptionnalité de la situation des Sonderkommandos sert de *faire-valoir* à un récit d'action qui ne s'intéresse pas à eux. L'autre alternative, plus élaborée, oscille entre, d'une part, la *fiction éthique* de Primo Levi qui se réfère à la révolte des Sonderkommandos pour mieux mettre en évidence la réussite des nazis parvenant à transformer la majorité des détenus en une masse d'esclaves déshumanisés et consentants et, d'autre part, la *fiction esthétique* de Tim Blake Nelson qui enferme la question la plus complexe de la terreur concentrationnaire et génocidaire nazie dans un genre réaliste : le film d'action.

Certes, Tim Blake Nelson enchâsse dans cet *opus* comme un geste éthique ouvrant une perspective universalisante, le récit du sauvetage impossible de la jeune miraculée. Mais en empruntant cette voie, il cède à la tentation de montrer un gazage de l'intérieur, plutôt que de saisir cette occasion exceptionnelle pour poser véritablement la question de la représentation visuelle directe de la Shoah par gaz. Quant à la portée universalisante, il aurait pu souligner – témoignages écrits à l'appui – qu'elle vient échouer au seuil même d'un appareil de destruction dont les ouvriers

(18) Zalmen Lewental, « Notes », in Georges Bensoussan, Philippe Mesnard, Carlo Saletti (dir.), *Des Voix sous la cendre*, *op. cit.*, p. 91-126.

appartiennent au même peuple que ceux que les nazis exterminent, jusqu'au dernier. À ce titre pourtant, on pourrait se demander si les Sonderkommandos (et les *Arbeitsjuden*) constituent le meilleur exemple pour illustrer la zone grise. Car si l'on envisage leur comportement de groupe, et non pas individualité par individualité – ce qui, dans de telles circonstances, ne signifie pratiquement rien –, force est de constater que leur compromission sous contrainte aboutit, chaque fois qu'ils parviennent à en avoir les moyens de façon quasi miraculeuse, à une révolte. Mais peut-être ne faut-il pas être si critique et reconnaître que ce film a le mérite de porter à l'écran, pour le grand public, un sujet jusque-là évité par la fiction et qui, du fait de son impossible distribution en France, reste frappé d'un tabou concernant ce mode de traitement.

Alors existe-t-il une modalité fictionnelle, une manifestation qui relève de la fiction, et un type de récit qui permettent d'approcher l'expérience des Sonderkommandos et de s'approcher de ce dont ils ont été témoins ? C'est alors du côté des témoins eux-mêmes et, ce faisant, des films qui leur ont donné une place en tant que tels, qu'il faut porter notre attention.

LES SONDERKOMMANDOS PAR EUX-MÊMES

Au regard des dites « fictions », les réalisations cinématographiques où les membres de Sonderkommandos apparaissent comme témoins de ce qu'ils ont vu et vécu permettent une exploration plus enrichissante de la question de la fiction non limitée à un genre, montrant par là même combien l'approche à partir du genre peut être limitative. Alors que deux films, *Ein einfacher Mensch* de Karl Fruchtmann et *Shoah* de Claude Lanzmann, accordent une place centrale à un ou plusieurs de ces rescapés, d'autres les inscrivent dans des séries d'enregistrements. Commençons par ceux-ci.

Dario Gabai, grec intégré au Sonderkommando d'Auschwitz en avril 1944, témoigne pendant trois minutes dans *The Last Days* (1998) du réalisateur de films pour télévision James Moll et produit par Steven Spielberg. Ce documentaire est représentatif du vaste programme d'enregistrement de témoignages, réunis par le réalisateur de *La Liste de Schindler*, grâce à l'initiative du projet Fortunoff hébergé par l'Université de Yale qui l'a précédé dans cette démarche. Gabbai, ayant été recruté avant l'été, intervient comme témoin majeur de la tuerie méthodique dont sont alors victimes plus de 400 000 Juifs hongrois.

Le second exemple, très récent, est fourni par une belle entreprise de tournage avec des rescapés placés sur les lieux mêmes d'Auschwitz-Birkenau. Avec sa structure arborescente permettant une consultation interactive, plus que d'un film, il s'agit d'un outil pédagogique à l'usage des enseignants et des acteurs culturels. *Mémoire demain*, DVD réalisé en 2009 sous la direction de Raphaël Esrail et Isabelle Ernot, donne la parole à vingt déportés parmi lesquels figure Henryk Mandelbaum, ancien Sonderkommando à Auschwitz[19]. Durant la séquence qui lui est consacrée, il indique avec précision quels étaient l'emplacement et la disposition des chambres à gaz détruites par les SS au moment de leur fuite, ce que les Sonderkommandos y faisaient, comment se déroulaient les gazages. Mandelbaum s'affaire en technicien et homme de terrain et c'est là précisément que l'on peut s'étonner de voir le Sonderkommando en costume de spécialiste. Autant les autres survivants, convoqués en tant que personnes, relatent leur propre expérience de la Shoah, autant le Sonderkommando, requis en tant qu'expert, s'en tient au discours auquel, sans le vouloir, les réalisateurs l'assignent – discours dans lequel certainement il s'est aussi réfugié et dont il ne peut sortir. On rejoint cette sorte d'hyperpositivisme technique dont Jean-Claude Pressac a été un des promoteurs les plus performants. Le génocide est réduit à une question, certes complexe, de technique, et le Sonderkommando, à un être paradoxal, animé mais sans âme. Douze ans avant, le cinéaste italien Ruggero Gabbai, avec pour auteurs du projet les deux historiens Marcello Pezzetti et Liliana Picciotto, avait réalisé *Memoria* (1997) où l'on pouvait déjà voir, à l'instar de Mandelbaum, Schlomo Venezia non seulement décrire avec précision le processus qui conduisait les victimes à la mort, mais aussi arpenter les ruines du *Krematorium* V en compagnie de Pezzetti.

---

(19) Henryk Mandelbaum fait très tôt son apparition dans le texte « Auschwitz ist unvergessen » (*Äußerungen. 1944-1982*, Berlin und Weimar, Aufbau-Verlag, 1983, p. 85-89) de Stephan Hermlin, un des premiers auteurs allemands à visiter Auschwitz. Sous le nom d'Henryk Porembski (p. 88), Hermlin lui fait tenir un discours manifestement idéologique concernant « certains touristes américains » qui, selon lui, prenaient le génocide pour de la propagande.

Où l'âme perdue des Sonderkommandos erre-t-elle ? – peut-on se demander face à une telle orchestration. Elle ne se manifeste certainement pas dans ce discours strictement informatif qui enregistre lui-même les nombreuses répétitions que lui ont fait subir les témoins les plus souvent interrogés. Parmi les Sonderkommandos rescapés, Mandelbaum a certainement été le plus sollicité. On le retrouve ainsi dans deux documentaires consacrés aux équipes spéciales : en 2001, *Sklaven der Gaskammer. Das jüdische Sonderkommando in Auschwitz. Aus der Todeszone* (WDR) et, en 2009, le documentaire britannique *Sonderkommando. The living Dead of Auschwitz* (National Geographic). Dans celui-ci, Mandelbaum, qui décède peu après le tournage, est interrogé du début à la fin ; il répète – et c'est probablement pour cela qu'il y participe – la même gestuelle accompagnant les mêmes paroles que les fois précédentes, comme à la demande. Ne dérogeant pas à la suprématie du genre *docudrama* sur la véracité des images, le film britannique introduit des archives étrangères au sujet, comme s'il s'agissait de montrer à tout prix des cadavres pour rendre plus crédible celui qui est pourtant invité à parler en expert. *Sklaven der Gaskammer. Das jüdische Sonderkommando in Auschwitz*, de conception plus fiable, est réalisé en 2001 pour la WDR par Eric Friedler avec pour conseillers Barbara Siebert et Andreas Kilian avec qui il édite un an plus tard *Zeugen aus der Todeszone*[20], l'ouvrage jusqu'à ce jour le plus documenté sur les Sonderkommandos d'Auschwitz. Se succèdent devant la caméra Shaul Hazan, Morris Kesselman, Gabriel Malinski, Henryk Mandelbaum, Chaim Lemke Pliszko, Jeshohua Rosenblum, Yacov Silberberg et Schlomo Venezia.

Le film donne la parole à ces anciens Sonderkommandos qui délivrent à eux tous le récit *et* de leur tâche *et* de la destruction des Juifs par le gaz ; certains sont filmés dans un décor personnel comme l'intérieur de leur domicile ou de leur boutique, d'autres, comme Mandelbaum, dans un aéroport, sur un lit de chambre d'hôtel, ou à Birkenau près des crématoires. Si ce moyen métrage de quarante-cinq minutes satisfait sans hésitation au genre du documentaire, on peut néanmoins retenir que la captation de ces témoins se caractérise par une mise en scène minimale. Certes, les docu-

(20) Eric Friedler, Barbara Siebert, Andreas Kilian, (dir), *Zeugen aus der Todeszone : das jüdische Sonderkommando in Auschwitz*, Lüneburg, zu Klampen, 2002.

mentaristes ont depuis toujours introduit dans leurs créations des dispositifs qui mettent en condition les personnes présentes à l'écran – l'artifice favorisant, paradoxalement, la venue d'une parole plus naturelle – et, à la fois, les spectateurs pour qu'ils reconnaissent des indices et, ce faisant, prêtent une écoute à ce qui leur est dit. Mais ici cette généralité prend un autre sens que l'on pourrait qualifier de surintentionnalisé, puisque, d'une part, Friedler se démarque de la convention suivant laquelle les rescapés ont été, depuis la fin des années 1980, enregistrés, d'autre part, il met en contraste ces hommes revenus de la mort et le cadre de vie dans lequel ils acceptent d'être filmés aujourd'hui. Mais Friedler recourt à des photos d'archives, comme s'il fallait tantôt cautionner, tantôt illustrer, les propos des témoins. C'est ce que, vingt ans plus tôt, entre la fin des années 1970 et le début des années 1980, parvenaient à éviter Karl Fruchtmann et Claude Lanzmann qui sont rapprochés par une semblable intuition : documenter la Shoah en mettant en avant la parole de rescapés et, notamment, des Sonderkommandos, et s'en tenir au présent, sans laisser croire aux spectateurs que l'on puisse, ne serait-ce que par des photos, revenir en arrière.

Histoire de Yacov

C'est en Israël que Karl Fruchtmann vient filmer Yacov Silberberg. *Ein einfacher Mensch* (*Un Homme simple*), diffusé en 1986, repose sur la construction d'une situation quasi psychodramatique dans et par laquelle Yacov, son épouse et ses deux enfants peuvent retracer leur histoire, personnelle et familiale, aboutissant au témoignage du père. L'épouse de Yacov, Luba, a survécu à une marche de la mort, mais elle a été défigurée lors d'un bombardement. Devant la caméra, aucune communication ne passe entre Yacov et Luba jusqu'à ce que, la tension relationnelle augmentant, celle-ci commence à l'interpeller avec véhémence pour l'extraire de la léthargie qui le paralyse (état manifestement surjoué pour représenter les dommages psychologiques qu'il a subis).

Pour la construction du processus maïeutique qui conduit Yacov sinon à témoigner du vécu, du moins à délivrer une parole descriptive sur cette expérience prisonnière en lui et dont il est, dans le même temps, le prisonnier, le réalisateur opte pour un *docudrama* un peu particulier. Contrairement au genre venu de Grande-Bretagne, celui-ci n'intègre aucune archive au montage et ne fait intervenir aux côtés des protagonistes aucun acteurs professionnels. L'intrigue repose sur une progression passant par l'intervention de chacun des membres de la famille, appréhendé dans son propre rôle et dans ses cadres de vie et de travail habituels. Ainsi, Yacov étant boulanger, le film s'ouvre et se referme sur des plans montrant des dizaines de petits pains qui pénètrent dans un four de boulangerie. Accompagné du souffle de la fournaise et, ce faisant, confronté d'emblée à la métaphore de la crémation, le spectateur saisit que si Yacov a pu survivre physiquement au désastre, il est resté psychologiquement enfermé dans le quartier des chambres à gaz de Birkenau.

Mais la fictionnalisation ne s'arrête pas à la métaphore, elle conditionne l'approche tout entière de la personnalité de Yacov et de ce qu'il a vécu, car cela reste une question, même après l'énoncé de ce en quoi consistait son « travail ». Pour cela, non seulement chaque membre de la famille est devenu acteur en acceptant d'être dirigé par Fruchtmann, mais aussi en interprétant certaines séquences spécifiquement fictionnelles. Que le couple soit filmé à plusieurs reprises dans le lit conjugal, chacun l'un à côté de l'autre, comme séparés par leur propre histoire, n'est encore qu'une simple mise en scène au regard de la course qui vient surprendre le spectateur aux deux tiers du film. Cette longue séquence, qui dure près de six minutes, se déroule dans un cimetière inondé de soleil et dans une gare de triage entre des rails sur lesquels des wagons de marchandise – rappel évident – sont à l'arrêt. Une véritable course s'entame alors dans le cimetière où Yacov est poursuivi par sa famille, son épouse ne cessant de lui lancer : *Yacov bleib stehen Yacov bleib stehen* (Yacov arrête-toi…).

Les partis pris, pour certains déconcertants, d'*Ein einfacher Mensch* procèdent d'une maturation largement éclairée par la vie[21] et

(21) Karl Fruchtmann, né en 1915 en Thuringe d'une famille juive originaire de Pologne, décède en 2003. Interné à Sachsenburg, son frère à Dachau, ils ont tous deux la chance de pouvoir se réfugier en Palestine avant la guerre. Dans les années 1950, Karl Fruchtmann s'installe à Londres, puis retourne en 1958 en Allemagne. Là, il devient réalisateur de fictions et de documentaires généralement pour Radio Bremen, faisant partie de la chaîne ARD, et la WDR. C'est en 1979 qu'il commence, assisté de sa fille et de son neveu, à rassembler des informations sur les témoins.

l'œuvre de Karl Fruchtmann et, plus particulièrement, par un de ses documentaires qui rassemble les témoignages de soixante rescapés du génocide des Juifs, vivant en Israël et en Pologne[22]. *Zeugen. Aussagen zum Mord an einem Volk* (*Témoins. Déclarations sur la mort d'un peuple*) est réalisé entre 1980 et 1981 et diffusé sur l'ARD les 15 mars et 22 novembre de la même année. Le documentaire se divise ainsi en deux parties, chacune d'elles étant consacrée à l'un des pays considérés ; la seconde comporte des images d'archives. C'est dans celle-ci qu'apparaît pour la première fois Yacov Silberberg, filmé en plan fixe, cinq ans avant *Ein einfacher Mensch*, il semblait alors beaucoup plus jeune. Il raconte en yiddish pendant moins de trois minutes en quoi consistait la tâche, le tri des cadavres, femmes, hommes, enfants, la coupe des cheveux, l'extraction des dents en or, la crémation des corps. La séquence est entrecoupée de plans sur les ruines du crématorium III et par une intervention de Yehuda Bacon qui était entré en contact avec des Sonderkommandos lors de sa détention à Auschwitz[23]. Le visage de Silberberg, comme cela peut tout à fait arriver devant les souvenirs d'une violence aussi dure et hors de toute norme, est alors recouvert par un vague sourire[24]. En comparaison, la face inexpressive qu'il présente dans *Ein einfacher Mensch* apparaît d'autant plus préparée et jouée. On le retrouve également, très âgé, dans *Sklaven der Gaskammer* précédemment mentionné. Mais *Ein einfacher Mensch* est le seul film où il accepte de *jouer* son rôle, ayant accordé pleine confiance à Fruchtmann.

S'est-il agi, pour Fruchtmann, regagnant la confiance de cet homme, de l'accompagner dans la douloureuse remontée de ses souvenirs du monde des morts (ici, l'expression n'est pas une métaphore, pourtant on concevra qu'y résonne une importante dimension originaire qui lui confère la force du mythe) ? Celui qui a vécu et vu le basculement de l'humanité

---

(22) Julie Maeck précise que c'est pour des questions de budget que Fruchtmann se limite à ces deux pays (cf. *idem*, *Montrer la Shoah à la télévision de 1960 à nos jours*, Paris, Nouveau monde, 2009, p. 217).

(23) Travaillant dans un service où il devait brûler des documents, il a même pu pénétrer dans des chambres à gaz http://www.youtube.com/watch?v=zidNvLUPSt0 consultation le 11 août 2012.

(24) http://www.youtube.com/watch?v=j6jVN9IBxqY&list=PL5E5AF2872F8A4E8D&index=13&feature=plpp_video consultation le 11 août 2012.

dans le crime et l'humiliation et, à la fois, la disparition de sa communauté, et qui y a survécu, ne peut revenir seul à cette expérience – si tant est qu'il n'en soit jamais sorti. C'est pourquoi un guide lui est nécessaire, c'est pourquoi nombreux rescapés et, en l'occurrence, ex-Sonderkommandos n'ont pu témoigner qu'avec un tiers qui donnait à leur parole une écriture ou une voix[25], alors qu'eux-mêmes, en tant que témoins, ils devaient déjà assurer l'écrasante responsabilité de témoigner pour les morts et pour ceux de leurs compagnons qui n'avaient pas les moyens de se prononcer. Cette question de l'accompagnement, nous allons la retrouver plus fortement encore dans *Shoah* de Claude Lanzmann, et caractérisée par une étonnante maîtrise. Encore quelques mots à propos de *Ein einfacher Mensch*.

En effet, la faiblesse de ce film, pourrait-on penser, tient au jeu des acteurs que l'on peut juger poussé jusqu'au kitch. Mais le kitch, pas plus que le travelling de *Kapo* commenté par Rivette, n'est une dénomination ou une qualification suffisante pour discréditer une séquence ou un film entier. Il faut penser le dispositif et le projet dans lequel il s'insère et fonctionne[26]. Car l'on peut aussi se dire que c'est par le *surjeu* du kitch que ces personnes parviennent à assumer leur propre rôle devant la caméra, sans s'effondrer (le surjeu comme *Verfremdungseffekt* à l'adresse des acteurs, non des spectateurs). Ainsi, il ne faut pas systématiquement disqualifier le kitch – ce qui nous apparaît comme tel fonctionne tout autrement pour ces acteurs très spéciaux. De façon plus générale, avançons d'ores et déjà qu'un cinéaste peut recourir à des dispositifs fictionnels sans que son film soit pour autant une fiction et, contrairement aux exemples du chapitre précédent, ces dis-

---

(25) Cf. Dori Laub, « Bearing Witness, or the Vicissitudes of listening », in Dori Laub, Shoshana Felman (dir.), *Testimony : Crises of Witnessing in Literature, Psychoanalysis, and History*, London - New York, Routledge, 1992, p. 204-224.

(26) En l'occurrence, *Ein einfacher Mensch* tient une place importante dans l'œuvre de Fruchtmann qui avait déjà réalisé en 1969 *Kaddisch nach einem Lebenden*, puis le documentaire *Zeugen…* comme nous l'avons mentionné. Ce documentaire donnera lieu à cinq autres films parmi lesquels un est encore consacré au Sonderkommando qui a pour titre : *Zeugen. Aussagen zum Mord an einem Volk* : Yacov Silberberg, soulignant que Fruchtmann non seulement s'est attaché à ce témoin, mais qu'il a mesuré l'importance de transmettre les questions que soulève leur expérience face aux chambres à gaz. Ces dernières réalisations sont *Die Grube* (*La Fosse*) en 1998 et *Ein einzelner Mord* (*un meurtre particulier*) en 2000 rassemblant, toujours suivant la règle du docudrama, des scènes jouées de fiction, des images d'archives et des témoignages.

positifs non seulement garantissent la vérité, mais lui permettent d'advenir et d'être transmissible. C'est pourquoi s'impose la seconde histoire.

Histoire d'Abraham

Abraham Bomba, coiffeur à Częstochowa en Pologne, est déporté à Treblinka en septembre 1942, à quatre-vingt kilomètres au-dessus de Varsovie, où il est contraint de couper les cheveux des Juifs peu avant leur gazage. Même si, à Treblinka, ces travailleurs forcés n'étaient pas nommés Sonderkommandos, mais *Arbeitsjuden*, ce témoignage figurant dans *Shoah* (1985) de Claude Lanzmann entre en résonnance avec le précédent exemple, et la mise en scène par laquelle il advient s'avère proprement exemplaire concernant la question des dispositifs fictionnels fonctionnant dans ce cadre. Elle se constitue en modèle, là où *Ein einfacher Mensch* représente un essai (l'intuition de ce dernier se trouve accomplie dans le film de Lanzmann).

Abraham Bomba n'est pas le seul témoin direct de *Shoah*, film qui, avec le documentaire *Sklaven der Gaskammer*, rassemble le plus grand nombre de membres des « équipes spéciales » et de « Juifs de travail » rescapés des centres de mise à mort. Les premières séquences nous font rencontrer Simon Srebnik, contraint à treize ans et demi de brûler les morts à Chelmno sur Ner, site de la première extermination des Juifs avec lesdits « camions à gaz » qui a fonctionné à partir du 7 décembre 1941. On y entend également le témoignage de Michael Podchlebnik, second survivant des 400 000 Juifs que les SS conduisirent en ce lieu. Richard Glazar, rescapé de Treblinka, raconte comment par cette petite gare dont les SS avaient tenu à maintenir l'apparence sont arrivés plus de 700 000 Juifs qui ont été assassinés. On écoute aussi Filip Müller, seul rescapé d'Auschwitz, qui y est longuement interviewé. Il avait été intégré au Sonderkommando en mai 1942 (à cette époque, les gazages se faisaient encore au *Stammlager* – Auschwitz I – avant l'installation du centre de mise à mort de Birkenau – Auschwitz II).

Accompagnés par Lanzmann, ces hommes décrivent comment fonctionnait l'appareil judéocide dans les camps ouverts à cet usage. Ces témoignages sont détaillés, sans être pour autant « techniques », comme on a pu qualifier le témoignage de Mandelbaum dans les documentaires précédemment analysés. Régulièrement, ces témoins de *Shoah* produisent des énoncés sur l'ampleur du désastre auquel ils ont assisté et qui les habite encore. « Personne ne peut se représenter ce qui s'est passé ici. Impossible. Et personne ne peut comprendre cela. Et moi-même aujourd'hui... », dit Srebnik arpentant la clairière de Chelmno où s'effectuait la crémation des cadavres, « c'était toujours aussi tranquille, ici. Toujours. Quand on brûlait chaque jour 2 000 personnes, des Juifs, c'était également tranquille. Personne ne criait. Chacun faisait son travail. C'était silencieux, paisible. Comme maintenant[27]. » Müller est le plus informatif de tous. Il fournit des précisions sur la surface et les spécificités des différents *Krematorium*, sur les mensonges des SS cherchant à éviter la panique des Juifs au seuil de la mort, sur la salle de déshabillage, les fours, les boîtes de zyklon transportées par un véhicule déguisé en camionnette de la Croix-Rouge. Müller exprime également, de même que Srebnik à Chelmno, son effroi devant ces milliers de morts « pressés comme du basalte » qui s'écroulaient en blocs une fois ouverte de la chambre à gaz : « et c'était le plus dur de tout. À cela on ne se faisait jamais. C'était impossible[28] ».

Le visage de ces hommes – protection compréhensible – n'en reste pas moins d'apparence impassible quand ils se remémorent pour témoigner ce à quoi nul autre vivant n'a fait face. Celui de Srebnik en est même tellement figé que l'on peut se demander s'il s'agit vraiment de son visage ou d'un moulage duquel toute possibilité d'étonnement aurait été retirée par les images – sans imagination[29] – qu'il a eues face à lui, comme s'il en était

(27) Claude Lanzmann, *Shoah*, Paris, Fayard, Folio, n° 3026, 1985, p. 130.

(28) *Ibid.*, p. 180-181.

(29) C'est bien sur ce point que la polémique qui a opposé Georges Didi-Huberman à Claude Lanzmann pose problème, même s'il est regrettable que le premier ait été si violemment attaqué par Claude Lanzmann. Dans son *Images malgré tout* (Paris, Minuit, 2003), Didi-Huberman considère qu'Auschwitz « n'est qu'imaginable » (p. 62). Mais le problème est bien que l'imagination donne naturellement une syntaxe et un sens à des images qui peuvent, comme celles de la Shoah, en être absolument dépourvues et résister au sens comme à la syntaxe. Des images peuvent errer, sans faire sens et en défiant l'imagination de leur en donner un, ce que l'imagination s'empresse de faire au prix d'éloigner celui qui les imagine du réel que ces images indiquent. Aussi, de considérer qu'il puisse y avoir des images, sans imagination, ce qu'avance Lanzmann, n'apparaît pas aussi infondé que le soutient Didi-

resté au stade de sidération de ses treize ans, confronté à la mort massive telle qu'il ne pouvait pas supposer que le monde pût réserver d'autre sort aux Juifs. « Je n'avais rien vu d'autre[30]. » On peut même remarquer sur ces hommes le glissement du rictus d'un sourire étrangement familier, pourtant inconnu. Une des marques de l'envers du désastre. Parce qu'il n'y a probablement pas de marque qui pût en être « l'endroit ». Un autre facteur déterminant de cette impression d'impassibilité procurée par ces témoins peut venir du fait qu'ils avaient déjà été entendus à plusieurs reprises soit devant des tribunaux, soit pour des enquêtes journalistiques[31] et que, ce faisant, leur parole tendait à se convertir en discours.

Revenons maintenant à Abraham Bomba. L'une des séquences dans lesquelles il témoigne déroge radicalement à ce constat d'une présence sans pathos et d'une parole testimoniale qui viendrait se proférer sans hésitation. Avant la séquence sur laquelle nous voudrions nous arrêter, Bomba apparaît déjà cinq fois[32] devant la caméra pour évoquer sa déportation et son internement à Treblinka. Le tournage se fait en septembre 1979, en Israël où il est venu s'installer pour sa retraite, après avoir exercé à New York. Ses apparitions dans le film n'excèdent pas une minute et quarante secondes. Puis, arrive la séquence la plus longue d'une durée de treize minutes[33].

Bomba est placé par le réalisateur dans un salon de coiffure qu'il choisit lui-même[34], alors qu'auparavant on a pu le voir sur une terrasse de

---

Huberman, même si l'on peut considérer, contrairement à Lanzmann et à Gérard Wajcman, que les images de la Shoah ne font pas immédiatement tomber dans la fétichisation. Il y a des images qui, en même temps qu'elles renvoient au réel qui a eu lieu, désignent les limites de l'imagination (cf. les penseurs du sublime : Longin, Burke, Kant, Lyotard).

(30) Claude Lanzmann, *Shoah*, *op. cit.*, p. 148.

(31) Il en est ainsi de Richard Glazar que rencontre Gitta Sereny pour *Au fond des ténèbres* (1ère édition 1974, édition française : Denoël, 1975, traduit de l'anglais par Colette Audry), son livre enquête sur Franz Stangl, commandant de Treblinka de fin 1942 à mi-1943. Livre dans lequel est également présent Franz Suchomel, le SS que Lanzmann filme avec une caméra cachée dans *Shoah*.

(32) Claude Lanzmann, *Shoah*, *op. cit.*, p. 44, 54, 56, 71, 74.

(33) *Ibid.*, p. 161-168.

(34) La rencontre avec Abraham Bomba et le tournage de son témoignage sont racontés par Claude Lanzmann dans son autobiographie (cf. *idem*, *Le Lièvre de Patagonie*, Paris,

Jaffa, avec la Méditerranée et Tel-Aviv en arc de cercle pour décor. Il n'est plus alors seulement interrogé, il devient acteur, Lanzmann avait repéré en Bomba un véritable « talent oratoire », une « capacité à incarner son récit[35] ». Non pas acteur de son propre témoignage comme l'avait fait, sensiblement à la même époque, Yacov Silberberg sous l'œil hors champ de Fruchtmann, mais de la tâche qu'il exécutait en 1942 sur les victimes juives bientôt gazées, mimant les gestes de son double passé, celui d'*Arbeitsjuden* et celui d'un coiffeur ayant fait la grande partie de sa carrière à Grand Central Station de New York. Bomba ne mime pas non plus comme Mandelbaum près des crématoires en ruine. Dans le salon, sur un ami de Częstochowa qui prête sa tête au jeu, il reproduit les terribles gestes accomplis des centaines, des milliers de fois à Treblinka. Ce rapport au métier qu'il a néanmoins conservé et continué d'exercer jusqu'à la retraite alors qu'il était entaché par la mort et l'humiliation n'est pas sans rappeler que Silberberg aura passé sa vie entière à travailler devant les fours (d'une boulangerie).

Après avoir, de façon très maîtrisée, rappelé son histoire, quelque chose surgit sous la pression de Lanzmann avec qui il a noué une indéfectible relation de confiance depuis qu'ils se sont rencontrés[36], une autre parole s'exhume de cet homme, une parole différente que son discours interdisait jusqu'alors. Car le discours, dans ce qu'il a de conventionnel et construit, est aussi là pour réguler, voire protéger l'émotion. Soudain, l'émotion rompt l'enveloppe discursive et s'exprime d'elle-même. Ce sont des bribes que l'on entend, d'abord hésitantes, aux échos germaniques,

---

Gallimard, Folio, n° 5113, 2009, p. 612-625.)

(35) *Ibid.*, p. 620.

(36) « Je me suis rendu compte que, si je voulais réussir à obtenir leur parole devant une équipe de cinéma - et ce n'est pas simple -, je devais en savoir le plus possible sur eux. C'était la seule façon de faire. Par exemple, pour Abraham Bomba, le coiffeur de Treblinka, témoin exceptionnel, j'avais passé deux jours avec lui dans les montagnes de l'État de New York. Il m'avait tout raconté. Mais la mise en scène opère un véritable saut qualitatif : je ne savais pas que Bomba allait s'effondrer, s'interrompre et se mettre à pleurer. Je ne l'ai pressenti que pendant le tournage de la scène », déclare Claude Lanzmann, « Les cents vie de Claude Lanzmann », in *Nouvel Observateur*, 5 mars 2009. À cela, il faudrait ajouter qu'Abraham Bomba a un destin très singulier puisqu'il parvient à s'échapper de Treblinka, erre, se retrouve à nouveau à Częstochowa, participe à la résistance, puis, de nouveau déporté, il s'évade à la fin de la guerre. Cependant, ce destin exceptionnel ne s'intègre pas dans le projet du film et Lanzmann le laisse de côté.

presque inaudibles. Le film va trop vite, le temps de cette histoire n'est pas le même que celui du cinéma. Quelques mots…

Il faut revenir plusieurs fois sur l'enregistrement pour découvrir que ce que l'on a cru entendre en allemand était du yiddish. D'ailleurs, pour souligner à quel point cette langue balbutiante demeure difficilement audible, il suffit de se reporter à la première retranscription des entretiens de *Shoah* : ces paroles interloquées de Bomba n'y sont pas mentionnées[37]. Il faut attendre les éditions postérieures en Folio, pour qu'une note en bas de page rétablisse la vérité du témoignage filmique indiquant : « cette phrase murmurée, en yiddish[38]. » Après quoi, l'émotion de Bomba trouve une cohérence et une raison dans la langue véhiculaire. Bomba s'exprime maintenant en anglais. Il livre le récit, l'*autre* versant du récit précédemment refoulé parce qu'au plus près du massacre, de ce qu'il a vécu :

> Il savait que, s'il disait un mot, il partagerait le sort de ces deux femmes [il s'agit de son épouse et de sa sœur] qui sont déjà comme mortes. Mais pourtant, il faisait pour elles le maximum, rester avec elles, une seconde, une minute de plus, les étreignant, les embrassant. Car il savait qu'il ne les reverrait jamais[39].

Le dispositif et la part qu'y prend Claude Lanzmann rompent ce qui relèverait de la mémoire volontaire du témoin-survivant, et cette rupture laisse s'exprimer la mémoire involontaire du témoin – de celui qui alors, en ce temps-là, avait été témoin[40]. Après quoi, comme si le témoignage avait acquis une autre forme d'expression, Abraham Bomba procède à d'autres enregistrements des années plus tard[41].

---

(37) Claude Lanzmann, *Shoah* [1ère édition], Paris, Fayard, 1985, p.130.

(38) Claude Lanzmann, *Shoah,* Folio, *op. cit.,* p. 168.

(39) *Ibid.*, p. 169.

(40) « La comparaison entre la mémoire volontaire et l'involontaire est, qualitativement, largement à l'avantage de cette dernière. Nos souvenirs volontaires, ceux que nous racontons aux autres ou à nous-mêmes sont toujours les mêmes », écrivent Jean-Yves et Marc Tadié (in *idem*, *Le Sens de la mémoire*, Paris, Gallimard, Folio essai, n° 437, 1999, p. 196).

(41) Cf. USC Shoah Foundation Institute, d'une durée de 3h 21, et University of Southern California (iwitness.usc.edu).

Pour être mis en place, un dispositif nécessite un lieu – et ce n'est pas un pléonasme de le dire. Ce peut être un lieu imaginaire, un lieu artistique, littéraire, théâtral, muséographique, commémoratif... Un lieu à partir duquel et, généralement, dans lequel se déploie un espace qui est, pour le salon de coiffure, en particulier, et dans *Shoah*, en général, espace où la parole peut advenir. La grande force de ce film repose sur l'effectivité de tels dispositifs, de leur agencement et, bien sûr, de leur montage (rescapés sur les lieux de mise à mort, témoins sur les lieux de vie). Mais avant tout, de tels dispositifs qui se montrent comme tels – ou, du moins, ne se cachent pas – répondent à une mimésis décalée, une mimésis qui ne vise pas à reproduire fidèlement, mais au contraire par approximation. Une des données qui permet que cela fasse sens tient au présent dans lequel le dispositif fonctionne, alors qu'il s'agit de se mettre en rapport avec un passé dont l'histoire ne suffit pas à résorber la gravité. En corollaire de quoi, Lanzmann augmente cette force en n'utilisant pas d'archives dans son film, parce qu'il n'y en aurait pas qui documenteraient l'extermination (il s'en tient à cet argument). Mais il y a une autre raison faisant que ce choix est judicieux, sans qu'à ce niveau, il soit intentionnel de la part du réalisateur : les archives introduisent dans le présent, de même que les genres fictionnels mais d'une tout autre façon, l'illusion que le temps passé reste accessible. Au contraire, le dispositif lanzmannien repose sur la répétition d'une situation semblable (la coupe des cheveux) qui, chargée des indices de l'événement auquel elle réfère, n'en est pas moins radicalement différente. La vérité de ce qui a eu lieu advient dans l'à-peu-près, le battement, l'oscillation d'un dispositif fictionnel qui ne se prend pas pour le réel, qui ne vise pas à le reproduire fidèlement[42] et auquel fait écho l'hésitation de la parole testimoniale devant passer, pour Bomba, par l'autre langue originaire. Ce moment est unique car dans le jeu de Bomba qui reproduit les gestes du coiffeur, qu'il a pourtant accomplis durant toute sa vie professionnelle, des mots lui échappent.

Lors d'une interview pour *Les Cahiers du cinéma*[43], à propos de

(42) Contrairement aux reconstitutions des chambres à gaz par images de synthèse, recourant au virtuel pour pallier ce qui fait défaut à la réalité.

(43) « Le lieu et la parole », in ouvrage collectif, *Au sujet de Shoah. Le film de Claude Lanzmann*, Paris, Belin, 1990, p. 293-305 – ici, p. 301. L'interview, réalisé par Marc Chevrie et Hervé Le Roux, a initialement été publiée dans *Les Cahiers du cinéma*, n° 374, juillet-août

ce qui différencie *Shoah* de la série *Holocauste* de Marvin J. Chomsky (1979), considérée par Lanzmann comme une fiction « consolante », celui-ci répond : « Oui, *Shoah*, c'est une fiction du réel, ce qui est tout à fait autre chose. » Les interviewers des *Cahiers* poursuivent : « La première phrase (écrite) du film, c'est : "l'action commence..." et, plus loin, un sous-titre désigne l'une des personnes interviewées comme le "prochain personnage", donc en terme de fiction. » Lanzmann répond alors : « De fiction, oui, ou de théâtre. C'est comme dire : "Par ordre d'entrée en scène". » Un peu plus loin, il explique que ces « personnages » sont les « protagonistes du film », qu'ils ne sont pas les « personnages d'une reconstitution », mais les personnages de l'Histoire[44].

Écriture en paroles

Claude Lanzmann n'a jamais accordé d'importance aux témoignages écrits des Sonderkommandos, il est vrai, cela n'entrait pas dans son projet. Après leur édition qui n'a eu lieu en France qu'entre 2001 et 2005, il a fallu attendre longtemps pour qu'un réalisateur s'y intéresse. C'est ce qu'a su faire Emil Weiss, réalisateur dont une grande partie de l'œuvre porte sur la mémoire de la Shoah. Dans *Sonderkommandos* (2007, Arte France et Michan World Production), il fait entendre en français et en yiddish pendant cinquante-deux minutes des lectures des manuscrits enfouis par les Sonderkommandos Zalmen Gradowski, Leib Langfus et Zalmen Lewental, ainsi que des extraits des dépositions de Slama Dragon, Henryk Tauber, Alter Feinsilber qui étaient parvenus à échapper aux dernières liquidations, et des pages du livre de Miklos Nyiszli. Des voix récitent sans pathos ces textes choisis parmi les plus édifiants sur le génocide des Juifs, sans qu'en résulte pour autant un spectacle d'horreur. Les prises de vue ont été réalisées sur les lieux mêmes de Birkenau et dans les ruines des crématoires où Emil Weiss déplace sa caméra en faisant des

---

1985.

(44) À cela, on pourrait ajouter que ce sont les dispositifs qui mènent le jeu. Une fois la scène lancée, les dispositifs que Lanzmann et son équipe mettent en place et l'intelligence de leur agencement – avant même qu'ils soient montés par Ziva Postec – déterminent les personnages, font que les protagonistes deviennent des personnages, Lanzmann inclus (c'est pourquoi on ne peut lui reprocher, comme cela a tant de fois été fait, de malmener les témoins).

zooms arrière et avant, des travellings et en travaillant l'accélération suivant le rythme même de la diction des témoignages. Si dispositif il y a, c'est au spectateur qu'il s'adresse pour favoriser son écoute, aucun personnage, aucune personne, les lieux sont vides – irréels, en quelque sorte, puisque habituellement ce sont les touristes et les visiteurs qui les occupent.

Un tournant s'est probablement accompli puisque, vingt ans après *Shoah*, la parole des Sonderkommandos devient audible alors qu'il n'est pas un historien français qui se soit intéressé à eux. Signe de ce changement, influencé par la diffusion du film d'Emil Weiss, Alain Timar, dirigeant le théâtre des Halles à Avignon, présente des extraits du premier manuscrit de Zalmen Gradowski au festival off du 7 au 30 juillet 2009 sous le titre *Une voix sous la cendre*. Le spectacle de quatre-vingt minutes consiste en une récitation des textes par un acteur, François Clavier, seul sur une scène animée d'un rideau blanc qui avance en fonction de la lecture. L'acteur effectue ainsi la performance d'un « one man show », s'inscrivant à la suite de manifestations analogues telles l'adaptation d'*Holocauste* de Charles Reznikoff par Claude Régy en 1998 ou plus récemment de *Kaddish pour l'enfant qui ne naîtra pas* d'Imre Kertész investi par différents metteurs en scène à Paris et à Bruxelles. Pourtant, sur les deux plans de la question documentaire et du dispositif dramaturgique, une œuvre maintenant presqu'oubliée accorde une place importante aux équipes spéciales alors que se déroule au même moment, à Francfort, le procès dit d'Auschwitz lors duquel est jugée une partie des SS en activité dans le camp et, notamment, à Birkenau. Ainsi, en 1965, *Die Ermittlung [L'Instruction],* l'oratorio en onze chants de Peter Weiss, dédie son dernier chant : « 11 Gesang von den Feueröfen » (le chant des fours crématoires), aux Sonderkommandos. Ceux-ci interviennent par les voix d'instances fictives désignées sous les noms de témoins n° 2 et 7, puis 1 et 3 pour confronter le public allemand de l'époque au processus de mise à mort systématique à Birkenau. Appliquant sa thèse du théâtre documentaire[45], Weiss reproduit des citations extraites des dépositions de rescapés et n'épargne aucun détail ni sur la technique, ni sur les mensonges dont on abreuvait les victimes (Reznikoff, puis Régy s'inspirent du même

(45) Cf. *Du palais idéal à l'enfer ou du facteur cheval à Dante*, traduit de l'allemand par Éliane Kaufholz-Messmer, Paris, Kimé, 2000.

principe pour *Holocauste*). Les Sonderkommandos apparaissent à la fois sous le jour le plus cynique (« Les gens du commando criaient vite vite l'eau refroidit[46] ») et héroïque, puisque la révolte y est longuement décrite.

NOTES POUR DES CONCLUSIONS

D'abord, ce que nous avons appelé fictions, à travers le théâtre ou le cinéma, est apparu comme autant de tentatives de représenter une réalité dans laquelle des acteurs venaient jouer les Sonderkommandos. Ceux-ci avaient une signification précise qui participait à *et* de la représentation où ils figuraient. Pousser cette logique revient à colmater le réel dont il s'agit paradoxalement de rendre compte. Ensuite, la perspective s'est renversée. La représentation semblait dégager un espace de parole pour que se fasse entendre l'expérience du Sonderkommando : le témoin dont la présence était assurée par un rescapé se prêtant à ce qui devenait son propre rôle devant la caméra. D'un côté, la représentation livre d'elle-même un produit homogène (et, pour les exemples les plus extrêmes, on est vraiment dans une logique de cinéma commercial), de l'autre, elle accueille comme venant d'un autre monde des mots qui attestent du désastre, non pas en tentant de le donner à voir mais en indiquant comment et où il a eu lieu. D'ailleurs, ce type de dispositifs-ci a pour conséquence de limiter, pour ne pas dire faire barrage à l'immersion mimétique du spectateur.

Ainsi, dans un cas, l'homogénéité de la représentation implique la transparence du dispositif[47] qui s'efface alors devant une conception toute-puissante de la représentation dont la vanité voudrait qu'elle équivaille à ce qui est ou a été (la vérité) et, naturellement, incite à tous les retournements ; dans l'autre, le dispositif s'auto-désigne, voire délivre un discours autoréflexif sur la représentation limitant l'importance de celle-ci (tout n'est pas représentable, *a fortiori* la vérité). Dans tous les cas, le spectateur n'a accès au réel que par la médiation d'un dispositif fictionnel qui tantôt s'ef-

---

(46) Peter Weiss, *L'Instruction. Oratorio en onze chants* [1965], traduit de l'allemand par Jean Baudrillard, Paris, L'Arche, 2000, p. 240.

(47) Sur la transparence du réalisme pouvant s'exporter *mutatis mutandis* de la littérature vers le cinéma, une des analyses les plus convaincantes, devenue désormais un « classique », est celle de Philippe Hamon dans son article « Un discours contraint » [1973], in *Littérature et réalité*, Paris, Seuil, Points-essai, 1982, p. 119-181.

face, tantôt s'affiche, permettant la production d'une représentation tantôt homogène, tantôt hétérogène. Il est en ce sens gênant d'y associer le terme feintise et ses connotations (mensonge, jeu, feinte, combat, chasse) d'autant que la fiction est généralement, surtout quand il s'agit de questions historiques, visée par des discours négationnistes, ou associée à eux. Or, l'erreur historique n'est pas un résultat de la fiction ou plutôt la fiction ne conduit pas naturellement à l'erreur historique et, pas plus, au mensonge. Même si l'on ne peut pas mentir sans recourir, plus ou moins adroitement, à elle. L'erreur historique dans les films que nous avons mentionnés renvoie à un problème déontologique – le conseiller historique n'a pas fait correctement son travail, ou bien le réalisateur a réinterprété les informations qui lui ont été fournies, en dépit des faits –, ou bien à un problème éthique : le réalisateur estimant que la visée de son film et ce qu'il allait transmettre de cette histoire pouvaient faire l'économie de l'assise des faits propres à cette histoire (c'est un peu ce que l'on a reproché à *La Vie est belle* ou à *Inglourious Basterds* à ceci près que, s'auto-désignant légende ou farce, ils ne leurrent personne). De même, les falsifications historiques ou politiques (le film de propagande, par exemple) ne sont pas un résultat *de* la fiction, bien qu'elles y recourent. Les problèmes de la représentation de la Shoah ne viennent pas de la fiction et ne lui sont pas imputables.

Quand on parle de fiction, parle-t-on des représentations elles-mêmes ? ou bien des techniques et des dispositifs qui permettent la production de certaines représentations plutôt que d'autres ?

Les dispositifs fictionnels œuvrant dans les films de notre seconde partie apparaissent comme de véritables mises en scène grâce précisément auxquelles la représentation peut, s'espaçant, laisser place[48] non pas à de

(48) À la fin du premier volume de *Temps et récit*, Paul Ricœur incite fort justement à distinguer *fiction* de « *configuration imaginée* ». Relevant que « celle-ci est une opération commune à l'historiographie et au récit de fiction » (*idem*, *Temps et récit*, 1, Paris, Seuil, Point-essai, 1983, p. 397). Ce qu'il entend ici par « *configuration imaginée* » rejoint la notion de dispositif fictionnel présentée le long de ce texte. Il estime par ailleurs que « la fiction déploie, concernant la temporalité, des ressources d'investigation interdites à l'historien » (*ibid.*, p. 399) – propos rétrospectivement audacieux quand on sait combien il s'est rapproché de la communauté des historiens en écrivant *La Mémoire, l'histoire, l'oubli* (2003). Cette capacité propre à la fiction qui est à la fois heuristique et modélisatrice, il la

l'image, mais à de la parole. Une part théâtrale irréductible au cinéma vient y fonctionner pour lui donner la mesure, de même que l'oral est irréductible à l'écrit et continue d'y résonner (comme pour que son souffle le porte). Le dispositif apparaît alors investi d'une fonction maïeutique par les réalisateurs. Regarder ces ex-Sonderkommandos se prêter au jeu pour passer *par* et *à* la parole nous apprend que le témoin nécessite une mise en scène, voire une technique scénique (le tribunal est-il autre chose ?).

Pourtant, la fiction n'est pas seulement réductible à la technique, ni à la représentation que celle-ci permet de produire. Une question demeure. Quelles leçons les Sonderkommandos nous délivrent-ils quand ils sont représentés ? Ou plutôt quand ils *se* représentent. En effet, n'est-il pas étonnant qu'ils se prêtent à jouer leur propre rôle, et cela n'est-il pas unique ? Certes, ce n'est pas la première fois que des rescapés des camps nazis jouent un rôle de déportés dans un film de fiction, *La Dernière étape* (1947), *L'Enclos* d'Armand Gatti (1961) en sont les deux exemples les plus connus. Pourtant autre chose encore a lieu. Yacov Silberberg courant à travers un cimetière poursuivi par une Eurydice défigurée, Simon Srebnik chantant en remontant la Ner sur la barque que conduit un Charon polonais, Abraham Bomba descendant aux Enfers dont son Virgile lui ré-ouvre les portes, ces hommes ont non seulement vécu la destruction, mais ils ont aussi traversé l'expérience protéiforme de la fiction. En ce sens, ils nous enseignent que l'expérience de la violence extrême intègre et provoque à la fois l'expérience de la fiction, se déployant elle-même suivant un large spectre allant de ce qu'ils ont feint devant les victimes au seuil des chambres à gaz jusqu'à ce que, revenus au monde, ils ont dû réinventer d'eux-mêmes pour jouer aux vivants parmi les hommes. Car c'est à la fiction que l'humain doit ce don de pouvoir servir le néant et le mensonge du néant à la fois, et d'en revenir en trompant la mort pour revivre dans le monde.

---

développe notamment dans le deuxième volume de ses essais d'herméneutique (*idem*, *Du Texte à l'action*, Paris, Seuil, 1986, p. 220-222). On retrouve des considérations similaires dans la philosophie analytique de Nelson Goodman et, à un tout autre niveau, dans *Pourquoi la fiction ?* de Jean-Marie Schaeffer (Paris, Seuil, 1999). Néanmoins ce dernier généralise la question de la feintise alors que ce que nous apprennent les dispositifs fictionnels des œuvres cinématographiques étudiées remet la limite et neutralise la question de l'immersion fictionnelle par la pratique d'une sorte de *Verfremdungseffekt* (le théâtre encore !)

Devenir Karski : l'usage des interviews filmées

Annette Becker

Jan Kozielewski est devenu Jan Karski deux fois. Une première fois, en 1943, le résistant polonais a été choisi essentiellement pour plaider la cause de son pays à Londres puis à Washington et secondairement – on n'ose dire accessoirement mais tel était le cas – pour se faire le messager, le passeur, de la nouvelle inouïe de l'extermination des Juifs en Europe de l'Est. Ceux qui le rencontrent alors, et lui-même dans ses mémoires parues en 1944, offrent un premier Karski, un Karski de guerre mondiale pas encore terminée[1].

C'est du deuxième Karski dont il s'agira ici, celui dont Claude Lanzmann avait lu les mémoires, *Story of a Secret State*, et qu'il a retrouvé et filmé pour *Shoah* en 1978.

> Je me souviens de l'intense émotion qui me submergea lorsque je compris [...] que Jan Karski était vivant [...] Vivant, Karski eût été pour le film que j'entreprenais un témoin capital. Mais dès le commencement de mon travail, j'étais si hanté par la destruction que je me persuadais que tout le monde – les témoins, les victimes, les bourreaux eux-mêmes – avait

(1) *Story of a Secret State*, Boston, Houghton Mifflin co, 1944. Traduit en français en 1948 sous le titre *Histoire d'un État secret*.

> péri. [...] Chaque fois que je découvrais un vivant, c'était pour moi une exhumation bouleversante. [...] Ainsi Karski vivait, l'émotion se redoubla quand je le vis puis quand je commençai à tourner avec lui, oubliant le temps passé à le convaincre à accepter[2].

Lanzmann parle d'exhumation ; bien plus, il s'agit d'une résurrection.

Car dès avant la sortie du film, près de dix ans plus tard, ce tournage a catalysé en celui qui s'était tu depuis la guerre le désir de parler de nouveau – paroles concomitantes avec la sortie massive du silence des victimes de la Shoah dans les années 1970 et 1980. Karski, une fois passé devant la caméra de Lanzmann, a vécu un sentiment d'urgence : non seulement les survivants et les témoins diminuaient en nombre, rattrapés par les maladies et l'âge, mais encore, lui comme eux, étaient à chaque moment plus éloignés de leur expérience de l'horreur. Cette volonté de lutter avec le temps était probablement mêlée de la culpabilité de ne pas avoir témoigné plus tôt. C'est pourquoi il a ensuite donné énormément d'entretiens, dont certains ont été filmés, mais seulement après la sortie de *Shoah* sur les écrans en 1985 ; jusque-là Karski avait refusé l'image en honorant fidèlement le contrat d'exclusivité qu'il avait signé avec Lanzmann, même si cela lui avait beaucoup pesé[3].

En France, l'intérêt pour Karski a rebondi en 2009 – est réellement né plutôt, car jusqu'à présent Karski n'était connu que d'une poignée de spécialistes – avec la parution simultanée de deux romans qui en ont fait leur personnage principal, *Les Sentinelles* de Bruno Tessarech[4], et *Jan*

---

(2) Claude Lanzmann, « *Jan Karski* de Yannick Haenel, un faux roman », Paris, *Les Temps Modernes*, janvier-mars 2010, p. 2.

(3) Comme le prouvent les nombreuses lettres qu'il a envoyées au réalisateur pendant les années 1980. Ce dernier rappelle ce contrat, et le fait que Karski avait été payé dans *Le Lièvre de Patagonie, Mémoires,* Paris, Gallimard, 2009, p. 511. Il attribue aux mœurs américaines ce contrat financier, mœurs bien utiles à Karski toujours à la recherche d'argent. Mais Karski a fini par s'inquiéter sérieusement de ne pas pouvoir être filmé par d'autres, car il respectait le contrat signé avec Lanzmann. Or le film n'est sorti qu'en 1985. (Cf. plus bas.)

(4) Grasset, 2009. Je n'en parlerai pas ici.

Karski de Yannick Haenel[5]. La polémique qui a suivi la publication du livre de Haenel, souvent par interviews filmées contradictoires, a décidé Claude Lanzmann à présenter un montage des rushes de 1978 qu'il n'avait pas utilisés pour *Shoah*[6] sous le titre *Le rapport Karski*[7] au moment même où sortaient ses mémoires[8].

Dans *Shoah* on assiste à la mue du résistant polonais en messager du désastre juif, mue que Lanzmann a rendue possible le premier en l'enregistrant pour « l'histoire[9] ». Mais Lanzmann n'a pas monté alors le deuxième jour d'entretien avec Karski, dans lequel celui-ci racontait sa visite à la Maison-Blanche et à la Cour suprême, ses entretiens avec Roosevelt et avec le juge Frankfurter. Il a donc fallu attendre 2010 pour que ces mots prononcés devant la caméra en 1978 soient connus comme un film de Lanzmann.

À travers ces différents temps, ces différents films d'entretiens tournés de 1978 à aujourd'hui, on voit peu à peu advenir un personnage, Jan Karski. L'héroïque courrier catholique de la résistance polonaise s'est transformé et a été transformé en messager puis en porteur de la catastrophe juive, en Juste parmi les nations, et même en quasi Juif[10]. Il est devenu ce

(5) Gallimard, 2009, prix Interallié.

(6) Mais dont il avait donné certains rushes au musée de Yad Vashem à Jérusalem, cf. plus bas. Je remercie les archivistes de Yad Vashem pour m'avoir ouvert avec confiance leurs dossiers.

(7) Le film est passé sur Arte le 17 mars 2010. Il est disponible en VOD Arte.

(8) Il y a aussi un versant polonais du personnage : le professeur et conférencier international de la CIA que ses étudiants de *Georgetown University* surnommaient « McCarthysky » tant il était anticommuniste, est devenu après 1989 un héros de la nouvelle Pologne, toujours célébré comme tel aujourd'hui, dix ans après sa mort en 2000. Des instituts Jan Karski sont nés en Pologne et aux États-Unis, portés par l'importante communauté américano-polonaise, en particulier à Chicago ; les interviews filmées de Karski y sont en bonne place. Dans un article du *Point*, Kazimierz Pawelek, président de l'Association des Amis de Jan Karski, le qualifie de « héros polonais » et « notre héros national. », n° 1951, 4 février 2010, p. 46.

(9) C'est du moins ainsi que Lanzmann le perçoit, c'est lui qui insiste sur ce point.

(10) La transformation du titre original de ses Mémoires, *Histoire d'un État Secret,* en *Mon témoignage devant le monde,* en 2004, (réédition, Robert Laffont, 2010) fait évidemment partie de la mue de l'image de Karski, tout comme le changement de photographie de la couverture. À ce propos et pour quelques documents traduits en français, cf. Jean-Louis Panné, *Jan Karski, le « roman » et l'histoire*, Saint-Malo, Pascal Galodé éditeurs, 2010. L'historien israélien David Engel, qui a le plus travaillé sur le sujet, a rappelé dès 1990 que la question juive n'était pas le centre de la mission de Karski, comme cela est bien visible dans

Karski, aussi bien aux États-Unis, en France, en Israël, qu'en Pologne et en Allemagne, entre autres pays qui se sont particulièrement intéressés à lui[11].

Ici, je me limiterai principalement aux relations de Karski avec Claude Lanzmann, son « inventeur » comme on dit en archéologie. De son vivant, Karski a largement échappé à l'image que le cinéaste lui avait offerte, en particulier en forgeant des rapports autres avec Elie Wiesel et Yad Vashem en Israël. Mais après sa mort, et surtout en France, Lanzmann est devenu en quelque sorte le gardien du temple Karski, d'où les polémiques avec ceux qui voudraient à leur tour s'emparer de ce personnage fascinant.

L'EXHUMATION » DE KARSKI : *SHOAH,* 1978-1985

La spécificité remarquable de *Shoah* est que Claude Lanzmann n'a pas recueilli des interviews, comme bien des journalistes en réalisent, mais qu'il a construit un film, qu'il a monté les images de ceux qui parlaient avec celles des lieux auxquels ils faisaient allusion (ou pas), tout en refusant absolument les photographies ou les films d'archives. Son film est en couleurs, celles des années 1970 et 1980, pas en noir et blanc comme les images de la période 1939-1945.

Temporalités

Premier temps, la Seconde Guerre mondiale : 1943, la mission à Londres et à Washington de l'acteur de la résistance polonaise, qui a vu de ses yeux le ghetto de Varsovie, un camp, la mise à mort de Juifs. 1944, rédaction de ses mémoires. Sur 33 chapitres, 30 sont consacrés à la guerre et la résistance clandestine en Pologne de 1939 à 1943, d'où le titre, *Histoire d'un État secret*. Deux chapitres seulement sont dévolus à son rôle de témoin oculaire dans le ghetto de Varsovie puis dans le camp qu'il croit être

---

ses archives, ses notes. « The Western Allies and the Holocaust , Jan Karski's Mission to the West, 1942-1944 », *Holocaust and Genocide Studies,* vol. 5, n°4, 1990, p. 363-380.

(11) Ces histoires parallèles restent à écrire. C'est à quoi je m'emploie dans un livre à paraître, chez Fayard, en 2014, sous le titre *Devenir Lemkin, devenir Karski : de messagers de la Shoah à icônes mondiales,* où je comparerai deux messagers de la « catastrophe juive », Lemkin et Karski. Un merci chaleureux à Philippe Mesnard sans lequel ni cette communication ni ce livre n'auraient pu exister.

Belzec[12]. Enfin dans un dernier chapitre, le 33e, « My report to the World », l'essentiel concerne sa première longue mission, au Royaume-Uni ; sa rencontre avec le Président Roosevelt tient en 34 lignes.

Deuxième temps, 1978 : ce n'est ni la mission du résistant héroïque au service de la Pologne (choix de Karski dans ses *Mémoires*, d'où leur titre) ni sa rencontre avec les Alliés et en particulier le Président des États-Unis (choix des traducteurs du livre en français qui vont faire de ce titre de chapitre, « Mon témoignage devant le monde » celui de tout le livre) qui intéressent Lanzmann, mais le récit du témoin du ghetto. Pour le film de 1985, le cinéaste a retenu de son entretien de deux jours à Washington avec Karski en 1978 sa visite au ghetto de Varsovie en 1942. Là, il avait été guidé par deux Juifs[13] qui l'avaient incité à porter le message de l'abomination exterminatrice dans le ghetto auprès des Alliés et du monde. Karski est choisi – utilisé ? – de nouveau par Lanzmann pour être un messager et donc un témoin, chargé d'apporter une preuve ; plus qu'un *bystander,* celui qui se trouve là, plus qu'un *Zuschauer*, celui qui voit, il est un témoin oculaire. Le témoin, étymologiquement, est un martyr, et cela convient bien au résistant catholique torturé par la Gestapo.

Le cinéaste réitère ce que ses deux contacts juifs de Varsovie lui avaient demandé et que Karski avait accepté : « Vous allez négocier avec les Anglais, leur faire un rapport oral. Je suis certain que vous serez plus convaincant si vous êtes à même de leur dire : “je l'ai vu de mes yeux”[14]. » Au moment même où il a accepté cette mission, le témoin oculaire s'est transformé en témoin moral, au sens où l'entend Avishai Margalit[15],

---

(12) Mais il avait publié plusieurs articles en 1943 sur la question, en particulier dans *The American Mercury* (sans compter ses rapports passionnants et difficiles avec Arthur Koestler, la littérature déjà…).

(13) Identifiés par Walter Laqueur, *Le Terrifiant secret,* Paris, Gallimard, (réédition 2010) et Wood, *op. cit.,* comme Léon Feiner, le Bundiste, et Adolf Berman (ou Monachem Kirszembaum ?), le sioniste (Interview avec le survivant en Australie, archives de Yad Vashem). Quand Karski est allé en Australie en 1993, il a rendu visite à David Landau, qui sous le nom de « Dudek », était le garde du tunnel par lequel Karski est rentré dans le ghetto. *The Canberra Times,* 9 juillet 1995.

(14) Claude Lanzmann, *Shoah,* Paris, Fayard, 1985, rééd. Gallimard, coll. « Folio », p. 248.

(15) Avishai Margalit, *L'Éthique du souvenir*, Paris, Climats, 2006.

quelqu'un qui prend des risques pour témoigner. « Mais j'ai fait mon rapport : j'ai dit ce que j'avais vu[16] », clame Karski.

Dire, affirmer pour résister. Karski rentre parfaitement dans la définition de Jacques Derrida : « Il n'y a pas de témoignage sans quelque implication de serment [...] et sans foi jurée. [...] Le témoin *promet* de dire ou de manifester à autrui, son destinataire, quelque chose, une vérité, un sens qui lui a été ou qui lui est en quelque sorte présent, à lui-même en tant que témoin – seul et irremplaçable[17]. »

Pourtant, en octobre 1978, Karski pleure, il résiste à l'exigence de Lanzmann comme il l'avait fait auparavant pendant plus d'un an d'une correspondance insistante[18] : « Maintenant... je retourne trente cinq ans en arrière... Non je ne retourne pas... non... non... » Dans le montage de 1985 : trois « non », une fuite de la bibliothèque, du canapé, de l'écran, Lanzmann reste seul ; un travelling sur le couloir vide. Puis Karski réapparaît, assis : « je suis prêt ». Vers la fin de l'entretien, de nouveau, Karski refuse : « Je ne... Même maintenant je ne veux pas... Je comprends ce que vous faites, je suis ici. Je ne retourne pas à mes souvenirs. Je n'en pouvais plus[19]. » Le film – et la parole de Karski – sont situés dans deux espaces-temps, la guerre et l'aujourd'hui de 1978, deux temporalités que lui-même mêle en parlant au présent et au passé : « Je ne retourne pas. Je n'en pouvais plus[20]. » C'est parce qu'il n'en pouvait plus il y a 35 ans qu'il a fait silence pendant tout ce temps, mais pourtant « *I reported what I saw* », « Mais j'ai fait mon rapport, j'ai dit ce que j'avais vu[21] ».

Lieux

À ces temporalités – alors la guerre ; maintenant 1978 – se surim-

(16) Claude Lanzmann, *Shoah, op. cit.*, p. 243.

(17) Jacques Derrida, « Poétique et politique du témoignage », *Cahiers de l'Herne*, 2005, p. 46-47.

(18) Rappelée par ses biographes, E. Thomas Wood et Stanislaw Jankowski, *Karski, How one Man Tried to Stop the Holocaust,* New York, John Wiley and sons, 1994, ainsi que dans le témoignage de Wood d'avril 2010 sur le site de Philippe Sollers pileface.com/Sollers.

(19) Claude Lanzmann, *Shoah, op. cit.*, p. 255.

(20) *Ibid.*

(21) *Ibid.*

posent trois espaces. Le premier est purement mental, c'est celui qui se déploie dans le cerveau de Karski au fur et à mesure qu'il témoigne et qu'il fait passer par la voix, les gestes, les pleurs – les larmes sont filmées en gros plan – un regard très souvent tourné à l'intérieur de lui-même, pas vers le cinéaste.

Deux autres lieux apparaissent à l'écran : l'un unique, l'appartement de Karski à Washington, sa bibliothèque, des livres, un petit cheval de porcelaine blanche derrière lui[22], un canapé où il est assis ; le lieu de vie confortable d'un professeur qui a très bien réussi. Lanzmann a choisi aussi de monter une autre série d'images de lieux, éclatées cette fois, pour « montrer » le dialogue, ses pauses, ses trous : New-York, Washington, les usines Thyssen de la Ruhr, industrie lourde entre flammes et fumées, les camps d'Auschwitz-Birkenau et enfin Varsovie. Ces images contemporaines des États-Unis, de l'Allemagne industrielle et de la Pologne viennent comme se surimposer aux images mentales que Karski convoque pour raconter l'espace-temps où il a vu. Elles ne sont pas simples illustrations, juxtapositions d'arrière-plans, mais développement du cinéaste, sa manière de voir – au sens propre – la parole de Karski, les silences de Karski.

Dans les deux jours de tournage, le réalisateur a choisi la visite au ghetto de Varsovie pour la version définitive de *Shoah*, car dans la logique du film cette séquence avec le résistant polonais (qui apparaît cette seule fois dans le film, contrairement à d'autres témoignages qui ont été fractionnés) fait partie d'un ensemble important sur le ghetto. Elle est suivie d'un entretien avec le Dr. Franz Grassler, adjoint du Dr. Auerswald, le commissaire nazi du ghetto de Varsovie[23], puis de récits divers autour de la personne d'Adam Czerniakow, qui présidait le *Judenrat* avant de se suicider en juillet

(22) Ce petit cheval a-t-il été à l'origine de l'invention par Haenel de la belle méditation de Karski sur *Le Cavalier polonais* de Rembrandt à la collection Frick de New York ? « Face au Cavalier polonais de Rembrandt, j'ai pris la décision de rester en Amérique. » *op. cit.*, p. 153-155. Dans le récit de sa rencontre avec Roosevelt (*Le rapport Karski)* Jan Karski mentionne aussi le fait que le Président des États-Unis fait longuement allusion aux chevaux polonais confisqués par les nazis.

(23) Qui lui d'ailleurs a bien peu de souvenirs de ce temps. (Il peut être vu comme un anti-Karski. Il ne fait pas de rapport, il n'a rien à dire).

1942[24]. La même portion du film consacrée au ghetto comporte aussi une des interventions de l'historien Raul Hilberg, si important dans tout le film : il est celui qui a vu, étudié, compilé les archives, il est le passeur par la parole des archives que Lanzmann a choisi de ne jamais montrer[25].

Le Karski de *Shoah* a vu le ghetto. Ce sont des images du Varsovie des années 1980 que Lanzmann a choisies pour cette partie du récit : immeubles à la fois modernes et décrépits de la démocratie populaire, vieilles maisons de brique, rues, terrains vagues. La caméra fait un gros plan sur une plaque de rue, près d'une maison, on entre dans la cour. Peut-être, au fond dans la cave y avait-il un passage vers le ghetto comme dans la rue Muranowska par laquelle était passé Karski ? Les images à ce moment-là suivent plutôt les *Mémoires* de Karski de 1944, quand il mettait la mort des Juifs au cœur de ce chapitre, que ce qu'il dit devant la caméra : « En vérité en ce temps-là cette maison était devenue comme une version moderne du fleuve Styx qui reliait le monde des vivants avec le monde des morts[26]. »

Lanzmann n'ignore pas que Karski s'est aussi rendu dans un camp qu'il a faussement identifié comme Belzec – il s'agissait en réalité de Izbica-Lubelska – et qu'il n'est jamais allé à Auschwitz-Birkenau. Et pourtant, ce sont des images du camp de Birkenau et du musée d'Auschwitz – accumulations de fourchettes, de cuillères, de pots, de chaussures, de lunettes, de blaireaux – que le cinéaste décide de monter en plus des images contemporaines de Varsovie. S'il a renoncé à toute archive, il montre pour-

---

(24) *Carnets du ghetto de Varsovie (6 septembre 1939-23 juillet 1942)*, Paris, La Découverte, 2003.

(25) Hilberg, l'homme des archives ne comptait pas que des amis, à commencer par Hannah Arendt qui déconseilla la publication de son livre. On lui a reproché aussi d'avoir noyé le génocide dans un océan de notes. Raul Hilberg, *La Politique de la mémoire,* Paris, Gallimard, Arcades, 1996.

(26) *Mon Témoignage… op cit.*, p. 281-282. Dans le film, la rue choisie est Nowolipki, qui en effet faisait partie du Ghetto dans sa plus grande partie. L'étymologie du terme est liée sans doute aux jardins qui entouraient cette rue au XVIIe et XVIIIe siècle (Nowy veut dire nouveau, lipa: tilleul). Si ce nom de rue est connu, c'est sans doute aussi à cause d'un roman social des années 30 qui s'appelle *Les filles de Nowolipki*, *Dziewczeta z Nowolipek* de Pola Gojawiczynska et qui a été plusieurs fois mis à l'écran. Merci à Dorota Dakowska pour son aide précieuse sur Varsovie.

tant ces amoncellement d'objets qui sont des archives à toucher, des traces qui ont une odeur (ainsi, les accumulations de chaussures) pour dire la mort des Juifs. Des archives qui ont été accumulées dans les vitrines d'un musée, première médiation, avant de passer sur la pellicule du cinéaste, deuxième médiation[27].

Lanzmann a construit son immense film en commençant par l'extermination dans les camps, depuis les premiers centres de mise à mort comme Chelmno et Treblinka jusqu'aux chambres à gaz de Birkenau. C'est pour cela qu'il a repoussé à la fin le ghetto de Varsovie et le témoignage de Karski[28]. En inversant la chronologie de l'instauration des ghettos et celle des centres de mises à mort, de tuerie mobile, et des camps d'extermination, le cinéaste voulait exposer l'unicité de la Shoah, « l'exemplarité du singulier[29] » : « Il était important de placer le ghetto à la fin, après qu'on ait *(sic)* connu la radicalité de la mort, pour montrer que l'extermination était incluse dans la logique des ghettos où on crevait de faim. Il y avait une autre raison ; pour qu'il y ait tragédie, pour qu'il y ait suspense aussi, il fallait que la fin soit connue dès le départ. Il fallait que l'on sache ce qui allait arriver tout en ayant le sentiment que cela aurait pu ne pas arriver[30]. »

Les accumulations d'objets montrées par le cinéaste sont des métonymies de la catastrophe juive. Se faire le passeur absolu de cette catastrophe absolue est le seul but poursuivi par Lanzmann pour son *magnum opus* justement titré *Shoah*, un nom propre avec une majuscule,

(27) Sur les valises du musée d'Auschwitz montrées ailleurs dans le film, voir les réflexions d'Éric Marty dans ce colloque et, du même auteur, « L'usage des noms, *Shoah* de Claude Lanzmann », *Le Débat*, décembre 2010.

(28) Très tard dans le film et dans le temps, d'où la nervosité de plus en plus grande de Karski on l'a vu. Comme il était alors très difficile de filmer en Union Soviétique, et que le temps de la connaissance et de la reconnaissance des fusillades massives n'était pas encore venu, tout le pan des *Einzengruppen* manque aussi dans le film (probablement plus d'un tiers des meurtres de la Shoah). Christian Ingrao, *Croire et détruire. Les intellectuels dans la machine de guerre SS*, Paris, Fayard, 2010. Tymothy Snyder, *Terres de sang, l'Europe entre Hitler et Staline*, Gallimard, 2012.

(29) Expression du philosophe allemand Andreas Breitling.

(30) Cité par Aline Alterman, *Visages, Shoah, le film de Claude Lanzmann*, Paris, Cerf, 2006 (tiré de C. Lanzmann, « Le lieu et la parole », in Bernard Cuau, Michel Deguy, Rachel Ertel *et alii*, *Au sujet de Shoah, le film de Claude Lanzmann*, Paris, Belin, 1990, p. 304).

pas le mot commun hébreu « catastrophe » mais la traduction exacte *d'innommable,* au sens de Samuel Beckett, « même les mots vous lâchent.[31] »

Le dialogue entre Lanzmann et Karski dans le film est très clair à ce sujet : « Karski : Les statistiques c'est une chose… Des centaines de milliers de Polonais aussi avaient été tués, de Russes, de Serbes, de Grecs, nous savions cela. C'était statistique ! Lanzmann : *Mais insistaient-ils sur le caractère absolument unique ?* Oui. C'était leur problème : me persuader, et telle était ma mission, persuader tous ceux que j'allais rencontrer que la situation juive n'a pas de précédent dans l'histoire[32] ». Lanzmann poursuit un certain temps les mêmes questions, mais il n'en monte certaines qu'en 2010 : « *Une question se pose ici, en fait elle s'est posée à plusieurs moments de ce tournage : peut-on comparer ce qui est arrivé aux Juifs d'Europe* […] *avec quelque autre événement de l'histoire du passé ? Pour autant que je sache cet événement est absolument unique. C'était un problème historiquement sans précédent*[33]. »

Pourquoi Lanzmann n'a t-il pas alors utilisé toutes ses questions et les réponses de Karski ? Sans doute parce que le film, le film seulement et le film tout entier, par toutes ses séquences montées, finalisées, devait démontrer l'unicité de la Shoah, et devenir ainsi l'œuvre unique de l'unicité de la Shoah. Le procédé du montage crée en quelque sorte le personnage de Karski, le cinéaste est loin de se contenter, contrairement à ce qu'il a dit, de l'enregistrer pour l'histoire[34]. Aucun des personnages ne devait dévoiler le tout, chacun devait tenir sa partie dans la symphonie composée et dirigée par Lanzmann, comme la phrase de Shoshana Felman – une des premières critiques enthousiaste du film – choisie pour l'édition du DVD le résume très bien : « En vérité, *Shoah* ressuscite l'Holocauste avec une telle puissance (puissance qu'aucun des films précédents sur le sujet n'avait réussi à atteindre) qu'il déplace radicalement et fait éclater non seulement les

(31) Samuel Beckett, *L'Innommable*, Paris, Minuit, 1953.

(32) Claude Lanzmann, *Shoah*, *op. cit.*, p. 241-42.

(33) « Franklin Delano Roosevelt, un leader du monde », *Le Rapport Karski, Les Temps Modernes,* 2010, p. 20.

(34) Je remercie Adèle Mommedja pour sa relecture subtile, en particulier sur ce point.

notions ordinaires qu'on avait pu s'en former, mais également notre vision du réel, notre idée de ce que doivent être le monde, la culture, l'histoire, notre vie elle-même[35] ».

Pourquoi ce témoin jugé comme si central, ce passeur parmi les passeurs, doit-il nous faire parvenir et le ghetto et l'extermination, deux stades différents de la Shoah… Parce que Karski est polonais[36] ? Était polonais. Car le Karski d'après 1945 est américain, il témoigne des États-Unis, du pays de la liberté, comme le démontre – un peu pesamment – Lanzmann dans une longue séquence qui survole la statue de la liberté, le port de New York et le sud de Manhattan[37] avant que le drapeau étoilé planté sur la Maison-Blanche[38] ne découvre la capitale de la première puissance mondiale et sa religion civique : mémoriaux des présidents Lincoln et Jefferson, obélisque du Père fondateur George Washington, enfin le Capitole. La caméra de Lanzmann devient celle de Frank Capra, la voix de Karski celle de James Stewart. On est entre *Monsieur Smith au Sénat* et *Pourquoi nous combattons* au cœur de cette Amérique démocratique et valeureuse que Capra a si bien montrée et que Karski a si bien servie.

Est-ce pour cela que Lanzmann n'a pas utilisé, alors, le deuxième jour d'entretien avec Karski, celui où il racontait sa visite à la Maison Blanche et à la Cour suprême, ses entretiens avec Roosevelt et avec le juge Frankfurter, qui étaient simplement suggérés par les images américaines du film ? C'est comme si les images remplaçaient les mots dans cette synecdoque cinématographique : on voyait la Maison-Blanche où Karski se

---

(35) Edition DVD vendue avec le texte de Folio-Gallimard. Le rabat en deux parties contient à gauche des photographies de victimes et de « témoins », dont Karski, et à droite, celles de bourreaux. Deux contributions fondamentales de Shoshana Felman sur Shoah : « In an Era of Testimony : Claude Lanzmann's Shoah », *Yale French Studies*, n°79, 1991 ; « Film as Witness: Claude Lanzmann's Shoah », in Geoffrey Hartman (dir.), *Holocaust Remembrance : the Shapes of Memory*, Cambridge, Blackwell, 1994.

(36) La correspondance avec Karski étaye cette hypothèse.

(37) Dont les *Twin Towers* du *World Trade Center*, qui prennent évidemment une résonance spéciale dans le film revu après 2001.

(38) La caméra tombe littéralement sur la Maison-Blanche en glissant le long de la hampe du drapeau ; le même procédé est repris à Birkenau, c'est en « tombant » sur un arbre mort que l'on découvre le camp.

rendait mais on ne savait pas ce qui s'y était dit. Il a fallu attendre 2010 pour que ces mots prononcés en 1978 soient connus par le public de Lanzmann, comme un film de Lanzmann. Mais ils étaient déjà en partie disponibles, car le réalisateur avait confié quelques minutes des rushes pour l'exposition permanente du musée de Yad Vashem à Jérusalem. Plusieurs entretiens ont en outre été filmés par d'autres cinéastes ou simples journalistes dans les années 1990, dans lesquels on voit peu à peu advenir un autre Karski.

LES INTERVIEWS FILMÉES DES ANNÉES 1990 : KARSKI, HÉROS DE LA RÉVÉLATION DE LA SHOAH

Claude Lanzmann a été un des premiers, avec le psychiatre Dori Laub, à comprendre combien la parole de ceux qui avaient survécu à la période 1933-1945 était indispensable pour mieux connaître le déroulement du génocide. « Ne pas savoir appartient au processus de destruction ; c'est pour cela que le témoignage est d'une telle importance. La mémoire mène à la mémoire, quelquefois à une explosion de mémoires[39]. » À leur retour, on avait largement ignoré les rescapés. Ceux qui voulaient alors parler n'avaient pas été entendus et on avait laissé disparaître ou refouler la mémoire vive qui eût pu alors se transmettre : les sociétés d'après guerre n'étaient prêtes ni à se confronter aux violences et cruautés nazies, ni à percevoir la spécificité du judéocide[40]. C'est lors du procès d'Eichmann en 1961 que pour la première fois 110 victimes ont pu témoigner dans le prétoire et devant les caméras[41].

Lanzmann, Laub, puis d'autres, jusqu'à la Fondation créée par le cinéaste Spielberg après le succès de *La Liste de Schindler*, ont peu à peu enregistré et filmé les témoins en privilégiant les rescapés des camps de concentration et d'extermination. Les témoignages des metteurs en œuvre nazis et des collaborateurs – ou pas – de l'assassinat, et ceux des témoins

---

(39) Dori Laub. Le psychiatre commençait au même moment à enregistrer ce qui deviendra les premières archives orales de l'Holocauste, dites « Fortunoff » du nom de leur premier mécène, à Yale.

(40) « Personne ne voulait de vous, tout le monde avait peur de vous d'une façon ou d'une autre » (Leon Weliczker Wells, survivant de Lvov et du *sonderkommando* de Janowska, témoin au procès d'Eichmann en 1961).

(41) Annette Wieviorka, *L'Ère du témoin*, Paris, Plon, 1998 (rééd. Hachette, Pluriel, 2002).

oculaires[42] et des messagers, tel Karski, confrontés à ceux des victimes permettraient de mieux dire l'histoire, mais surtout les histoires individuelles de ceux qui avaient connu l'anéantissement : la mort de leur monde, de leurs parents, de leur culture. Ainsi, la légende hassidique était respectée : « Nous ne savons plus allumer le feu, nous ne savons plus dire les prières, nous ne connaissons même plus l'endroit dans la forêt, mais nous savons encore raconter l'histoire[43]. »

Tous ceux qui ont interrogé des témoins savent que la vérité du passé que chacun porte en lui évolue avec le temps et dans le temps. On connaît de mieux en mieux les arcanes du trauma, du deuil : si la prise de parole est nécessaire, bien plus, le fait d'être non seulement écouté mais enregistré et filmé provoque une remontée des souvenirs, une catalyse. C'est seulement par le recoupement de milliers de témoignages si différents et si semblables, que l'on peut espérer rencontrer une véracité historique qui mêle vérité personnelle et valeur heuristique.

Faire parler Karski appartient à ce processus. Ainsi, dans les quarante minutes montées par Lanzmann pour le film *Shoah* de 1985, Karski n'avait qu'une mission, parler de *sa* mission sur le ghetto et n'avait eu comme acte spectaculaire que celui de se lever puis de revenir, une fausse entrée plutôt qu'une fausse sortie. Dans d'autres entretiens filmés, Karski se révèle un acteur très doué, peut-être trop ; c'est pour cela, dit Lanzmann, qu'il n'avait pas dans un premier temps gardé les autres aspects de son entretien, en plus du fait qu'il avait décidé de le réserver pour son témoignage sur le ghetto. « Pour des raisons proprement artistiques de tension dramatique, [...] parce que Karski lui-même se montrait, le deuxième jour, très différent de ce qu'il avait été le premier[44]. » Le cinéaste dit aussi dans *Le Lièvre de Patagonie* : « Puis j'oubliai Karski, mobilisé par d'autres urgences, l'essen-

(42) Cf. les travaux de Renaud Dulong, et en particulier « Un témoin est-il en position d'accuser ? », in Jean-Philippe Schreiber (dir.), *Oralités, Les usages de la parole des gens en sciences humaines,* Bruxelles, Université libre de Bruxelles, 2004.

(43) Elle est rapportée par l'écrivain israélien Samuel Joseph Agnon dans une lettre à Gershom Scholem qui la cite en conclusion de son ouvrage *Les Grands courants de la mystique juive,* Paris, Payot, 1950 (rééd. 1977).

(44) Chapeau du *rapport Karski,* 2010.

tiel pour moi étant d'avoir tourné avec lui, même si je ne savais pas encore comment il apparaîtrait dans le film, comment je l'utiliserais[45]. » Ces souvenirs ne sont pas sans une certaine contradiction : si Karski était si central à sa démarche, comment avait-il pu « l'oublier » ? D'autant plus que Karski, très fâché devant le temps qui passait sans que le film sortît, le bombardait de lettres de plus en plus irritées, au point que leurs rapports se sont un moment fortement dégradés. Ainsi, Karski insiste pour que les restrictions soient levées en établissant la liste des différentes publications et programmes télévisés nationaux qui l'ont sollicité. Lanzmann lui répond : « *Vous n'avez pas la moindre idée de l'ampleur de cette entreprise. En écrivant que je vous musèle, vous m'insultez, et je vous demande de présenter vos excuses. C'est la condition préalable à toute nouvelle discussion entre nous*[46]. »

En 1981, quatre ans avant la sortie du film, Jan Karski a participé à la conférence des Libérateurs du Conseil du *United States Holocaust Memorial* de Washington à la demande d'Elie Wiesel qui avait eu connaissance de son extraordinaire parcours en 1979 seulement. Le prix Nobel de la Paix se rappelle de l'impression qu'il a faite sur le public : « Il y a eu des rires quand il a imité Roosevelt et des pleurs quand il a décrit les horreurs du ghetto de Varsovie[47]. » Karski a d'abord dit humblement qu'il ne se considérait, lors de sa mission de 1943, que comme un « magnétophone », une oreille qui répétait, une « machine » ; puis il a parlé alors pour la première fois publiquement de ce qu'il pensait de l'extermination des Juifs. Sa déclaration finale, souvent reprise jusqu'à sa mort, continue d'étonner et impressionner[48] :

> Dieu m'a assigné le rôle de parler et d'écrire pendant la guerre, quand – c'est ce qu'il me semblait –, cela aurait pu être utile. Cela ne l'a pas été. Bien plus, quand la guerre s'est terminée, j'ai appris que les gouverne-

---

(45) *Le Lièvre, op. cit.*, p. 511.

(46) Lettre de novembre 1982 confiée à Albert Gauvin par E. Thomas Wood en avril 2010. Site de Philippe Sollers pileface.com/Sollers. Cf. Thomas S. Wood, *op. cit.* et les archives Karski de la *Hoover Institution* de Stanford.

(47) Wiesel cité par Thomas S. Wood *op. cit.* p. 255.

(48) Haenel lui-même en parle dans son entretien avec *Médiapart*, octobre 2010.

ments, les dirigeants, les intellectuels, les écrivains ne savaient pas ce qui était arrivé aux Juifs. On les prenait par surprise. Le meurtre de six millions d'innocents était un secret. [...]
Je suis devenu un juif, comme la famille de ma femme, qui est assise ici dans le public. Tous ont péri dans les ghettos, dans les camps de concentration, dans les chambres à gaz, donc tous les Juifs assassinés sont devenus ma famille.
Mais je suis un juif chrétien. Je suis un catholique pratiquant. Bien que je ne sois pas hérétique, ma foi me dit que l'humanité a commis un second péché originel, par ordre ou par omission, par ignorance imposée, par insensibilité, par intérêt, par rationalisation froide.
Ce péché hantera l'humanité jusqu'à la fin des temps.
Il me hante. Et je veux que cela soit ainsi[49].

L'importance du personnage n'a pas échappé alors à deux Israéliens présents à Washington, Gideon Hausner, procureur général lors du Procès Eichmann en 1961, et Yitzhak Arad, directeur du parc/mémorial/musée bibliothèque, Yad Vashem. Le procès Eichmann[50] a été un moment fondateur de la réflexion historique, politique, mémorielle sur la Shoah ; ce fut aussi le cas pour la notion de Justes parmi les Nations. En 1963, le président du tribunal lors du grand procès, Moshe Landau, a été nommé à la tête d'une toute nouvelle Commission pour la désignation des Justes. Gideon Hausner, dans son réquisitoire, véritable synthèse du procès, a selon ses mots « rendu hommage aux Gentils qui nous avaient aidés[51] » en

(49) Ces phrases sont citées par Hilberg dans le chapitre « Messengers » de *Perpetrators Victims Bystanders, the Jewish Catastrophe, 1933-1945*, Harpers Collins, 1992, p. 224, d'après le verbatim inclus dans Brewster Chamberlin and Marcia Feldman (dir.) *The Liberation of the Nazi Concentration Camps 1945*, Washington DC, Government Printing Office, 1987. Karski répètera très souvent ces mots dans les interviews futures, comme le montrent les archives de son dossier de Juste à Yad Vashem.

(50) David Cesarini, *Eichmann: His Life and Crimes*, Londres, William Heinemann, 2000. Hannah Yablonka, *The State of Israel vs. Adolf Eichmann,* New York, Schocken, 2004.

(51) Gideon Hausner, *Justice à Jérusalem, Eichmann devant ses juges,* Paris, Flammarion, 1966, p. 515. Le livre de Hausner est paru simultanément dans de nombreuses langues en 1966, ce qui veut dire que « le monde savait » de nouveau par lui. Lanzmann n'a pas de scrupules excessifs : « Le procès Eichmann ne pouvait m'être d'aucune aide. Je me convainquis, à la lecture de ses actes, que c'était un procès d'ignorants : les historiens avaient encore trop peu travaillé, le président et les juges étaient mal informés, le procureur Hausner

dressant la liste des « non-juifs secourables » issus des nations européennes où s'est déroulée la Shoah.

> [...] Nous n'oublierons pas non plus les Polonais qui ont caché les Juifs, alors qu'ils se trouvaient eux-mêmes dans cette vallée d'ombres, malgré l'énorme danger auquel ils s'exposaient, et malgré cette vague de haine qui avait déferlé sur la Pologne. Il y avait une Résistance polonaise.

Karski a bien été un résistant polonais, mais cette définition des Justes ne l'inclut pas encore : s'il a bien sûr souffert pour et avec les Juifs, il n'a pas littéralement sauvé des Juifs, il a été un passeur de la nouvelle incroyable, au sens propre, de l'extermination. C'est ainsi qu'Hausner appelle Karski dans son livre, « courageux émissaire de la résistance juive », grâce à qui « Tout le monde avait entre les mains le récit d'un témoin, d'un témoin non-juif[52].

Il n'est pas étonnant que le procureur Hausner, désormais conseiller à Yad Vashem, ainsi que le directeur de la même institution soient devenus plus tard les passeurs d'un passeur de la catastrophe vers le statut de Juste ; à la fin de son discours de Washington, ils l'ont invité à se rendre en Israël où il est devenu Juste parmi les nations[53] dès l'année suivante, en 1982, puis citoyen d'honneur de l'État en 1994[54]. Son discours à cette

---

pensait que les envolées morales et pompeuses suppléeraient son défaut de savoir, les témoins en larmes faisaient une sorte de tour de piste qui ne permettait aucune recréation de ce qu'ils avaient vécu... », *Le Lièvre, op. cit.* p. 443. Je remercie Fabien Théofilakis qui, en grand connaisseur du procès Eichmann, m'a précisé ce point.

(52) Gideon Hausner, *Justice à Jérusalem, op. cit.*, p. 313

(53) Il existe de nombreux livres sur les Justes où Karski est cité, et son dossier des archives de Yad Vashem a été consulté.

(54) Lettre de Shimon Peres, alors ministre des Affaires étrangères, à Jan Karski, au moment de son attribution de la citoyenneté honorifique, 12 mai 1994 : « You, sir, proved by your very actions that you rank High in the all too brief list of such great and unique personalities who stood out in the darkest age of Jewish History. Had the Jewish People been blessed with more courageous individuals such as yourself, with more "Righteous among the Nations", its decimation would certainly have been tempered yet further. » Archives de Yad Vashem. (Monsieur, vous avez prouvé par vos actions, que vous vous situez aux échelons supérieurs de la trop courte liste des personnalités illustres et uniques qui se sont distinguées durant les temps sombres de l'Histoire Juive. Puisse le peuple juif avoir été doté d'individus tout aussi

occasion est très significatif de sa transformation :

> This is the proudest and the most meaningful day in my life. Through the honorary citizenship of the State of Israel, I have reached the spiritual source of my christian faith. In a way, I also became a part of the Jewish community… And now, I, Jan Karski, *– by birth Kozielewski – A Pole, an American, a Catholic, have also become an Israelite*[55].

Karski a été énormément filmé durant ces années-là. Par exemple, dans le nouveau musée de l'Holocauste de Yad Vashem[56], ce grand triangle de béton qui mène de la nuit au jour, de la mort à la vie, des temps sombres de l'Europe à la lumière vive de Jérusalem, son visage apparaît vers la fin du parcours sur un moniteur de télévision. Au-dessus de l'écran, un texte d'Abraham Levite, du 3 janvier 1945 : « *All of us dying here amidst the icy arctic indifference of the nations, are forgotten by the world and by life*[57]. »

Yad Vashem : Karski raconte sa rencontre avec Roosevelt en 1943. Présence forte à l'écran, choix du ton de la voix, du geste. Karski se grandit sur son siège, il incarne Roosevelt, « maître de l'humanité […] majesté du pouvoir et de la grandeur. » Karski se rapetisse devant ce déluge de grands mots sur la défaite militaire certaine de l'Allemagne nazie. Mais il n'est pas satisfait. Au moment de partir, il sait qu'il doit parler des Juifs, « ce n'est pas une question subsidiaire ». « Je me lève et lui dis : Monsieur le Président, je vais retourner en Pologne, je vais dire que j'ai vu le Président Roosevelt, j'ai besoin d'un message fort, tout le monde va me demander, que t'a-t-il

---

courageux, de « Justes parmi les Nations », son extermination en aurait très certainement été freinée bien plus tôt.)

(55) « Aujourd'hui est le jour le plus important de ma vie et qui m'emplit le plus de fierté. Grâce à cette citoyenneté honorifique de l'État d'Israël, j'ai atteint la source spirituelle de ma foi chrétienne. En un sens, je suis également devenu membre de la communauté juive… *Et désormais, moi, Jan Karski – né Kozielewski* –Polonais, Américain, Catholique suis également devenu Israélite. » Discours prononcé à Washington, le 12 mai 1994, archives de Yad Vashem. C'est moi qui souligne.

(56) Dû à l'architecte Moshe Safdie, et inauguré en mars 2005. *Yad Vashem, Moshe Safdie, the Architecture of Memory,* Zürich, Lars Muller Publishers, 2006.

(57) « Tous les nôtres, morts ici dans la glaciale indifférence des nations, oubliés du monde et de la vie. »

dit ? » Karski mime de nouveau Roosevelt. Il se grandit encore, tire sur un cigare imaginaire, fait un signe du bras ; la fumée, le bras de Roosevelt, lui-même, tout s'élève : « Vous leur direz que nous allons gagner cette guerre, que les coupables seront punis pour leurs actes, la justice l'emportera ». Fin de la scène choisie à Yad Vashem parmi les rushes de Lanzmann. Car il s'agit bien d'un extrait de ce que Lanzmann, en 2010, montera sous le titre « Le rapport Karski » à la suite de la polémique qu'il a engagée avec Yannick Haenel.

À Yad Vashem, sur le moniteur de télévision, Gerhart Riegner, un autre messager de la catastrophe, succède à Karski à l'image. Dans la même section du musée, le complexe d'Auschwitz-Birkenau tel qu'il a été photographié sans que sa finalité de camp de la mort fût comprise par les aviateurs américains et britanniques en 1944. Le cartel est titré : « Pourquoi Auschwitz ne fut pas bombardé ? »

Dans le musée de Yad Vashem, Karski a donc été choisi pour la mise en scène du pourquoi. Pourquoi le monde n'a-t-il pas entendu les cris des Juifs assassinés, pourquoi n'a-t-il pas écouté les messagers comme Karski, Riegner ou Lemkin, ces « avertisseurs d'incendie[58] » ? Pourquoi ceux qui les ont entendus ne les ont-ils pas crus ou n'ont-ils pas jugé opportun d'en faire davantage, dans la grande lutte mondiale, d'en faire plus, plus spécifiquement, pour les Juifs d'Europe ? C'est ce que dit Elie Wiesel le jour de l'inauguration du nouveau musée, en mars 2005, cinq ans après la mort de Karski : « Il y a quelque chose de plus effrayant que le messager qui ne peut faire passer son message. C'est quand il l'a fait passer et que rien n'a changé. [...] Et quel est notre rôle ? Nous devons être les messagers des messagers ». Elie Wiesel fait du passage du témoin, au sens propre et figuré, un devoir moral, il l'a écrit à Karski lui-même en 1994 : « Pour moi, vous représentez la condition tragique du messager dont le message a été transmis mais pas accepté[59]. »

---

(58) Formule de Walter Benjamin dans *Sens unique*, Paris, Maurice Nadeau, nouvelle édition revue, 1998. (Riegner et Lemkin, Juifs eux-mêmes, ne sont évidemment pas des Justes.)

(59) Elie Wiesel à Jan Karski, 10 mai 1994. Archives de Yad Vashem.

Karski, le vieil homme auréolé de la gloire de la reconnaissance tardive n'était pas le jeune Polonais résistant. L'extermination des Juifs dont il rendait alors compte était nommée *hrbn* en yiddish en 1941, 1942, 1943, au moment où les yiddishophones de l'Europe étaient assassinés, dans l'indifférence et/ou le secret. Assassinat non pas indicible – la poésie de l'anéantissement, dans *la langue de personne*[60] en témoigne, ainsi que les messagers, dont Karski – mais invisible et inaudible.

C'est aussi pour cela que son biographe Wood l'a filmé en 1996 à l'ambassade de Pologne à Washington et que, lors de conférences, ces extraits d'interviews ont été beaucoup montrés, de son vivant puis après sa mort en 2000. Aujourd'hui on peut les regarder sur le net, remontés dans un but éducatif, comme le révèlent les trois titres. Le premier, « *How One Man Tried to Stop the Holocaust* », titre du livre de Wood, est monté avec des images d'archives de soldats nazis et de déportés qui marchent à un rythme très lent, celui d'une musique larmoyante vaguement klezmer qui accompagne les pleurs de Karski. C'est un film très sentimental qui se veut un tribut après sa mort à « celui qui a essayé d'arrêter l'Holocauste ». Ces images, cette musique, ces clichés, au sens figuré, sont à l'opposé de l'œuvre qu'a créée Lanzmann.

Les deux autres extraits sont titrés « A lord of Humanity », qui concerne la rencontre de Karski avec Roosevelt, et « Unable to believe », celle avec le juge Frankfurter. Dans les deux cas, Karski répète à peu près mot pour mot et geste pour geste ce qu'il dit à Lanzmann ; de 1978 aux années 1990, il semble avoir figé son témoignage. Ce n'est pas lui qui change, mais les attentes de ceux qui l'interrogent et utilisent ses dires pour un public lui aussi différent. « Devenir Karski » est un phénomène hautement interactif[61].

Le personnage le plus intéressant dont Karski nous narre à plu-

(60) Rachel Ertel, *Dans la langue de personne - Poésie yiddish de l'anéantissement*, Paris, Seuil, 1993.

(61) Cf. son important entretien avec Gay Block et Malka Drucker, publié verbatim dans *Rescuers. Portraits of Moral Courage in the Holocaust*, New York, Holmes and Meier, 1992, qui est une synthèse de tout ce qu'il a dit devant les caméras au long de ces années.

sieurs reprises la rencontre par rapport à sa mission pour les Juifs – pas pour sa mission polonaise – est le juge de la Cour suprême Felix Frankfurter. Parce qu'il le sait Juif, Karski croit qu'il aura enfin une écoute pour sa mission spécifique sur l'extermination. On peut d'ailleurs noter qu'en 1978, Karski est encore persuadé qu'il existe un « type » juif ; restes d'une éducation polonaise ? Il insiste beaucoup sur le « *Jewish looking* » de Frankfurter, comme sur la différence entre les deux envoyés juifs du ghetto et lui-même : « Je me sentais plus proche du bundiste. A cause de son allure sans doute. Il ressemblait à un aristocrate polonais, un seigneur. Droiture, noblesse des gestes, dignité[62]. » Il lui est plus facile de suivre, en bon aristocrate, celui qui lui ressemble, et qui n'a donc pas le « *Jewish looking* ». Mais Frankfurter, lui, n'est pas prêt à suivre Karski : « Non ! non ! » dit-il, et quand on découvre cet entretien en 2010 on ne peut que se rappeler le « non » de Karski à Lanzmann au début de la séquence de *Shoah*. Karski ajoute : « Était-il sincère ? Était-ce un jeu, du théâtre ? Que pouvais-je faire ? On ne discute pas avec Justice Frankfurter[63]. »

La réponse de Frankfurter pose le problème des régimes d'authenticité, de vraisemblance et de vérité. Le montage cinématographique de Lanzmann aussi : il faut savoir que Karski, dans la réalité de 1943, a vu Frankfurter avant Roosevelt, dès le 5 juillet, qu'il a donc dans la tête la réponse d'un juif, ami personnel du président au moment où il est face à ce dernier[64]. Karski a narré plusieurs fois cette rencontre décisive avec le Juge, le voilà chez Lanzmann en 2010 : « Là je suis redevenu une machine.

---

(62) Claude Lanzmann, *Shoah, op. cit.*, p. 248.

(63) Claude Lanzmann, *Le Rapport Karski, Les Temps Modernes, op. cit.*, p. 19.

(64) Cf. Wood, p. 186-187, sur l'arrivée de la nouvelle de la mort de Sikorski, Premier ministre polonais du gouvernement de Londres, à Washington le 5 juillet, jour même où Karski fait ses premières rencontres à Washington : un dîner avec trois personnalités juives proches de Roosevelt depuis le New Deal pour arriver, par eux, à le joindre. (Ben Cohen, Oscar Cox et Felix Frankfurter.) Cox est très activiste, fait tout pour arriver à faire passer les informations sur l'extermination des Juifs alors que Frankfurter ne l'est pas. En insistant sur la conversation personnelle qu'il a après le repas avec Frankfurter – qui ne « croit » pas à l'extermination des Juifs – dans l'interview avec Lanzmann, Karski, aussi bien en 1978 qu'après, se place du côté de ceux qui disent : personne ne voulait sauver les Juifs. Pourquoi ne pas choisir sa conversation avec Cox ? Lanzmann suit Karski, y compris dans l'interversion de la chronologie des entretiens avec les trois Juifs et Roosevelt, ce qui n'est pas un choix mineur.

J'ai fait mon rapport. L'homme restait assis. Je me souviens qu'il semblait se rapetisser. [...] Je fais mon rapport comme vous l'avez déjà filmé. Cela a duré 15 ou 20 minutes. Je lui ai tout dit : les leaders juifs, le ghetto, Belzec. [...] Il restait assis, puis me dit ceci : « Jeune homme, je l'ai dit on m'a informé de vos activités. On m'a raconté que vous venez de l'enfer et que vous allez y retourner. Des hommes comme vous ont droit à mon admiration. » Il se lève. « Jeune homme, je ne suis plus moi-même un jeune homme. Je suis un juge des hommes ; des hommes comme moi, des hommes comme vous doivent être totalement honnêtes. Je vous dis que je ne vous crois pas ». (Intervention de l'ambassadeur Ciechanowski... « Il ne ment pas[65] ».) Monsieur l'Ambassadeur je n'ai pas dit qu'il mentait, j'ai dit que je ne le crois pas. Ce sont deux choses différentes. Mon esprit et mon cœur sont faits de manière telle que je ne peux l'accepter. Non ! Non ! » Il s'assoit. [...]

Lanzmann : quelle est la signification, selon vous, de ce « Je ne vous crois pas » ? K : « Je pense qu'il me croyait, bien sûr. [...] Il voulait probablement me montrer que le monde n'était pas prêt à affronter cela, que c'était un problème sans précédent, une atrocité inouïe[66]. »

Le rapport Karski provient d'images tournées pour *Shoah* mais non utilisées au moment du premier montage tout comme celles de *Un vivant qui passe* et *Sobibor 14 octobre 1943, 16 heures*[67]. Dans les trois cas, Lanzmann répond à un désir personnel, interne, ou veut apporter une fois encore sa « vérité » face aux négateurs et aux falsificateurs, négation atroce, mutilante, celle des assassins, non pas seulement de la mémoire, mais de la mort elle-même. Dans le chapeau du film de 2010, qui défile

---

(65) Cf. le récit de Jan Ciechanowski, dans le chapitre XX, « *Sikorski Killed, Poland Fights on* » de son livre *Defeat in Victory*, New York, Doubleday, 1947. Sur Karski à Washington, p. 179-191. Le livre explique comment la Pologne aurait pu gagner sa liberté par sa résistance mais s'était finalement retrouvée englobée dans le camp soviétique par la trahison des puissances anglo-saxonnes qui l'avaient offerte à leur alliée du temps de la guerre. C'est aussi la position de Karski tout au long de sa vie universitaire. (Cf. ses publications.)

(66) « Franklin Delano Roosevelt, un leader du monde », *Le Rapport Karski, Les Temps Modernes,* 2010, p. 17-18.

(67) *Un vivant qui passe,* 1997, 1h05, Interview de 1979 de Maurice Rossel, délégué du Comité International de la Croix-Rouge à Theresienstadt en juin 1944. *Sobibor 14 octobre 1943, 16 heures,* 2001, sélection officielle, Cannes 2001, 1h35.

sur l'écran en même temps que Lanzmann le lit, le cinéaste revient sur ce nouveau montage :

> J'en ai décidé ainsi car il m'a semblé absolument nécessaire de rétablir la vérité. Karski, dans le récit qu'il nous donne des réactions de ses divers interlocuteurs anglais et américains nous fait éprouver une question centrale dans toute sa gravité : qu'est-ce que savoir ? Qu'est-ce qu'une information sur une horreur à la lettre inouïe peut signifier pour un cerveau humain impréparé à la recevoir car il s'agissait d'un crime sans précédent dans l'histoire des hommes ? Quoi qu'on en dise, la majorité des Juifs, une fois commencée la guerre que leur livrait Hitler, ne pouvaient pas être sauvés. Tel est le tragique de l'histoire, qui interdit toute illusion rétrospective, oublieuse de l'épaisseur, des pesanteurs, de l'illisibilité d'une époque, configuration vraie de l'impossible. On demandait à Raymond Aron, réfugié à Londres, s'il avait su alors ce qui se passait à l'Est. Il répondait : j'ai su, mais je ne l'ai pas cru, et puisque je ne l'ai pas cru, je ne l'ai pas su[68].

Le « spectateur engagé » s'était désengagé, il n'était pas le seul juif, à Washington comme à Londres, chez les Français ou chez les autres, à refuser le « spectacle » offert par les messagers de la mort venus de l'Est de l'Europe[69].

En mars 1995, Karski a été interrogé plus d'une heure par le *USC Shoah Foundation*[70] en tant que *Rescuer* et *Help Provide*r, par Renée

---

(68) Lanzmann ne respecte pas la chronologie ici non plus : il s'agit des *Mémoires* de Aron, publiés en 1983, d'où l'emploi du mot génocide. Une fois de plus le cinéaste « monte » les dires d'un témoin comme cela l'arrange. « Le génocide qu'en savions-nous à Londres ? [...] Au niveau de la conscience claire, ma perception était à peu près la suivante : les camps de concentration étaient cruels [...] ; la mortalité y était forte, mais les chambres à gaz, l'assassinat industriel d'êtres humains, non, je l'avoue, je ne les ai pas imaginés, et parce que je ne pouvais pas les imaginer, je ne les ai pas sus. » Raymond Aron, *Un spectateur engagé,* Paris, Julliard, 1983.

(69) Cf. Renée Poznanski, *Propagandes et persécutions, la Résistance et le « problème juif » 1940-1944,* Paris, Fayard, 2008.

(70) Archives créées par S. Spielberg en 1994, à but principalement éducatif, se trouvant à l'Université de Southern California. « Entre 1994 et 1999, la « Survivors of the Shoah Visual History Foundation » – devenue « USC Shoah Foundation Institute » en 2006 – a entrepris de recueillir des témoignages de survivants de la Shoah, en majorité juifs, mais aussi

Firestone. « *My witness is Professor Jan Karski Polish Activist [...] in the eyes of the Jewish people.* » Karski est toujours aussi élégant, cravaté, très raide sur son siège, il ne fait pas un mouvement, comme figé devant le drapeau américain. Ces interviews sont organisées sous la forme d'un récit de vie où chacun se replace par rapport à l'Holocauste. Karski revient sur l'unicité de la Shoah « *Holocaust is unique [...] Holocaust is Jewish*[71] ». Le professeur de sciences politiques donne un cours bien étayé sur sa vision du génocide : s'il reconnaît qu'il y a eu d'autres massacres et génocides (Bosnie, Arménie, Pologne), il insiste sur le caractère exceptionnel du génocide des Juifs en prenant l'exemple des enfants polonais non systématiquement pourchassés et tués par les nazis contrairement aux enfants juifs. Il revient à cet argument central, qu'il reprend dans plusieurs discours de son deuxième « inventeur », Elie Wiesel : « La destruction des Juifs fut un phénomène unique de la Seconde Guerre mondiale. Comme l'a dit Elie Wiesel[72] : "Toutes les nations sous la domination nazie furent des victimes, mais tous les Juifs furent des victimes"[73]. »

Dans ses différentes prises de positions filmées ou sur les films, on perçoit bien le glissement de Karski de l'histoire de la Seconde Guerre mondiale et du sort particulier de la Pologne, à celle de l'extermination des Juifs puis de l'histoire des Juifs en général à laquelle il associe les représentations, en particulier cinématographiques. Karski juge à plusieurs reprises les cinéastes, Claude Lanzmann et aussi le Steven Spielberg de *La Liste de Schindler*[74] – un Juste d'une autre espèce – à l'aune de cette certitude :

---

homosexuels, témoins de Jéhovah ou encore tsiganes. L'USC Shoah Foundation Institute constitue aujourd'hui l'une des plus grandes vidéothèques numériques du monde : elle conserve près de 52 000 témoignages filmés dans 32 langues et dans 56 pays différents. http://dornsife.usc.edu/vhi/french/

(71) 53e minute et suivantes...

(72) Elie Wiesel revient très souvent sur cette idée. Ainsi dans son introduction au livre de Paldiel, *The Righteous among the Nations*, 2007, où se trouve une biographie du Juste « Jan Karski, Poland ».

(73) JK , Foreword, dans Ewa Kurek, *Your life is Worth mine, How Polish Nuns Saved Hundreds of Jewish Children in German-occupied Poland, 1939-1945*, New York, Hippocrene Books, 1997.

(74) Novembre 1993.

> *I was discovered first by that Lanzmann in 1978. He came to my house.* [...] *He liked to brawl, it will be the greatest film ever made about the Jews, Prof. K. you will be in this fim. No actors, only perpetrators, victims, and the non-Jewish eyes-witnesses. He is a little like Wiesel. Prof. K. you are an old man you're going to die soon. It is your duty to speak. And he convinced me. He gave me like 40 minutes. His film is hopelessly long. Nine hours. This is the greatest film. Spielberg film is a great film. There is a danger : he is so successful that I'm sure others will try to make similar films and they will probably produce Kitsch. He may inspire second rate Hollywood nothingness. Lanzmann is only interwiews, no actors, this is the greatest film.* [...] *I could argue he was a little unfair with me. But I have nothing against him. He created the greatest film ever made about the Jews*[75].

Pour le vieux professeur, entre la fiction de Spielberg et la tentative inverse de Lanzmann[76], il n'y a qu'une différence de qualité : « great », « the greatest ». S'il affiche son mépris pour tout autre réalisateur, s'il admire Lanzmann, son traitement univoque des Polonais dans le film le rebute. Il considère en outre comme une marque d'orgueil l'invention d'un nouveau mot, « Shoah », pour dire « l'Holocauste », concept que les Anglo-Saxons – à commencer par les Américains Elie Wiesel et Jan Karski précisément – n'ont jamais voulu réellement reconnaître : « *But I do not like Lanzmann* ;

---

(75) « J'ai d'abord été découvert pas ce Lanzmann en 1978. Il est venu chez moi [...] Il aimait se vanter, ce serait le plus grand film jamais réalisé sur les Juifs, professeur K. vous serez dans ce film. Pas d'acteurs, seulement des bourreaux, des victimes et des témoins oculaires non juifs. Il ressemble un peu à Wiesel. Professeur K. vous êtes un vieil homme vous allez bientôt mourir. C'est votre devoir de parler. Et il m'a convaincu. Il m'a donné environ 40 minutes. Son film est désespérément long. Neuf heures. C'est le plus grand film. Le film de Spielberg est un grand film. Il y a un risque : il a connu tant de succès que je suis sûr que d'autres vont essayer de faire des films similaires et ils vont probablement faire du kitsch. Il va inspirer un néant hollywoodien de seconde zone. Celui de Lanzmann est seulement constitué d'interviews, pas d'acteurs, c'est le plus grand film [...] Je pourrais affirmer qu'il a été un peu injuste envers moi. Mais je n'ai rien contre lui. Il a créé le plus grand film jamais fait sur les Juifs. » Pratiquement à la fin de l'interview. Karski fait allusion à la polémique traitant Lanzmann d'anti-polonais à la sortie du film, polémique dans laquelle Karski a été entraîné involontairement. Il a eu l'impression d'avoir été utilisé dans un combat qui n'était pas le sien. Cf. Wood, *op cit.*,

(76) Karski reprend devant la caméra en 1995 l'essentiel de ce qu'il a dit en 1991 à Gay Block et Malka Drucker, *op. cit.*, p. 174.

I only admire him. He made a great film. He cared only about his work. He cared only about how the Holocaust could happen, what he called « the mechanism of the Holocaust. » He was interested only in three kinds of people : the perpetrators, the Jews who were in the camps, and those who actually saw it. He didn't even care about the war. Only about how it could happen. [...] *And he insists that the word « shoah » is the only correct one. « Holocaust », he said, « involves also some sense of self-sacrifice, volunteerism of some kind. It is a word for Hollywood which Elie Wiesel made famous. « Shoah » implies it was planned by humans, executed to the end against the laws of nature and God*[77] ».

Le juriste-témoin n'a évidemment guère suivi les débats autour du nom donné à l'innommable, Shoah, Holocauste, ni autour de l'écriture de son histoire, de sa représentation, de sa « représentance », en particulier dans le contexte de la querelle des historiens allemands et de la grave crise négationniste de la fin des années 1980[78], qui a d'ailleurs mené beaucoup de survivants jusque-là silencieux à témoigner.

– « Qui témoigne pour le témoin ?[79] »

En choisissant de traduire sous la forme interrogative le vers de Paul Celan « personne ne témoigne pour le témoin[80] », en exergue de son

(77) « Mais je n'aime pas Lanzmann ; je l'admire seulement. Il a fait un grand film. Il ne se souciait que de son travail. Il ne se souciait que de savoir comment l'Holocauste avait pu arriver, ce qu'il appelait "le mécanisme de l'holocauste". Il n'était intéressé que par trois types de gens : les auteurs du crime, les Juifs qui avaient été dans les camps et ceux qui [les] avaient effectivement vu. Il ne se souciait jamais de la guerre. Seulement de savoir comment ça avait pu arriver. [...] Et il soutient que le mot "shoah" est le seul terme correct. "Holocauste", dit-il, implique aussi une signification d'auto-sacrifice, une espèce de volontarisme. C'est un mot pour Hollywood qu'Elie Wiesel a rendu célèbre. "Shoah" sous entend que cela a été prémédité par des êtres humains, exécuté jusqu'à la fin contre les lois de la nature et de Dieu ».

(78) Les meilleurs commentateurs de Paul Ricœur ont bien vu que l'inflexion de *Temps et Récit* à *La Mémoire, l'histoire, l'oubli* passe par une prise en compte renouvelée de la Shoah et de la recherche d'une épistémologie qui permette de « nier la négation. » Ainsi Johann Michel, « La représentance comme ontologie historique », et Frédéric Worms, « Vie, mort et survie dans et après *La Mémoire, l'histoire, l'oubli* », colloque *La Mémoire, l'histoire, l'oubli* 10 ans après, Décembre 2010, Faculté de théologie protestante, Paris. Actes à paraître.

(79) Paul Celan, en mémoire de la Shoah et d'Auschwitz.

(80) *Niemand zeugt für den Zeugen*.

livre, Yannick Haenel reconnaît que Karski a narré une partie de sa vérité, que les images ont été montées, que la chronologie a été déformée, que 1943 est bien loin de 1978 et encore plus de 2009. Il a donc fait le choix de dire en trois morceaux trois Karski. En commençant par *Shoah*, en développant le personnage à partir du film, il a rendu plus que fortement hommage à « l'inventeur » cinématographique de Karski. Mais Haenel avait l'avantage du temps : il écrivait en 2009, avec le travail de Lanzmann et bien d'autres à sa disposition, et il avait beaucoup réfléchi à la représentation, et à la négation, problème principal jusque dans les années 1990[81].

Lanzmann, et Annette Wieviorka, l'historienne la plus critique publiquement contre le roman, prennent la négation très au sérieux, d'où leur acharnement à traquer toutes les erreurs et omissions chez Haenel[82]. On ne peut que comprendre leur anxiété face aux négateurs. Mais Yannick Haenel, lui, ne nie rien ; au contraire, son œuvre a fait connaître à un large public Karski et le contenu de son message[83]. Pourtant le cinéaste l'a attaqué très durement car il a fait le choix, dit-il, de prendre dans la troisième partie de son livre, fictionnelle, des libertés avec l'histoire – et avec l'œuvre de Lanzmann : « ces jeunes écrivains [sont] à plaindre [...] la distance leur autorise, croient-ils, toutes les désinvoltures et les pires distorsions, au nom d'un moralisme larmoyant et rétrospectif. C'est le cas de Yannick Haenel[84]. »

Les méthodes des négationnistes n'ont rien à voir avec celles du romancier, qui au contraire – comme Jonathan Littell mais d'une autre

---

(81) Si la négation est un problème en partie marginalisé dans les pays occidentaux, les compétitions iraniennes de dessins négateurs et les différentes manifestations d'antisémitisme et de négation dans les pays arabes viennent rappeler la fragilité de cette assertion. « Antisémitisme et négationnisme dans le monde arabo-musulman : la dérive », *Revue d'Histoire de la Shoah*, n°180, janv.-juin 2004.

(82) C'est aussi l'hypothèse de Patrick Boucheron, « "Toute littérature est assaut contre la frontière", Note sur les embarras historiens d'une rentrée littéraire », *Annales, Histoire, Sciences Sociales,* « Savoirs de la littérature », mars-avril 2010, p. 441-447.

(83) Le metteur en scène Arthur Nauzyciel, en adaptant pour la scène en 2011 le roman sous le titre *Jan Karski, mon nom est une fiction,* (Orléans, festival d'Avignon, etc...), a encore amplifié le phénomène Karski en France.

(84) « *Jan Karski* de Yannick Haenel : un faux roman. » *Les Temps Modernes,* janvier-mars 2010, p. 1.

La Shoah comme discriminant esthétique

Emmanuel Finkiel, *Voyages,* 1999 (photographie de plateau).

Autour de *La Question humaine* (Nicolas Klotz, 2007)

Nicolas Klotz et Elisabeth Perceval, *La Question humaine,* 2007 (photographie de plateau).

Hotel Modern, *Kamp*, 2005 (photographies de spectacle).

Hotel Modern, *Kamp*, 2005 (photographies de spectacle).

The fiend of / in Bucky's life. **Le démon, la *nemesis*, le destin, *Auschwitz* ?**

Anathème, Jacques Delcuvellerie / Le Groupov (photographies de spectacle).

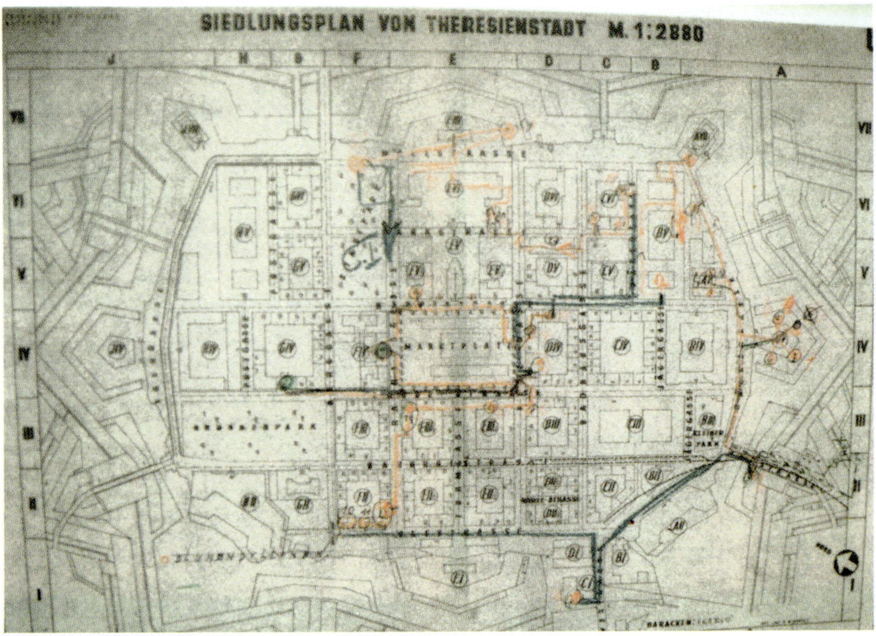

Siedlungsplan von Theresienstadt, plan de Theresienstadt avec l'itinéraire prévu pour la délégation du Comité international de la Croix-Rouge, le 23 juin 1944.

Tim Blake Nelson, *The Grey Zone,* 2001 (photogramme).

Primo Levi, *Se questo è un uomo (Si c'est un homme),* 1966 (photographie de spectacle).

Devenir Karski : l'usage des interviews filmées

Claude Lanzmann, *Le Rapport Karski,* 2010 : Jan Karski.

Les Illégaux (Meyer Levin, 1947) : témoigner et fictionnaliser

Meyer Levin, *The Illegals / Lo Tafhidenu (Les Illégaux),* 1947 (photographie de tournage).

façon – a longuement réfléchi à la meilleure façon selon lui, écrivain de fiction, de trouver des « traces » pour faire passer l'assassinat des Juifs et d'en faire récit. La génération de l'irreprésentable a été suivie par celle de ceux qui cherchent avec probité à dire, dessiner, écrire, filmer le génocide, y compris par la fiction.

Ainsi, dans son roman *Cercles*[85], Haenel évoquait déjà le ghetto de Varsovie et le film de Lanzmann. Le personnage principal se rend dans le ghetto de Varsovie, titre du chapitre XXIII du Cercle III :

> J'ai cherché des traces du ghetto. C'était difficile parce que, précisément, il n'y a plus de traces. Je me disais : il y forcément un monument, une plaque, un musée. Mais non il n'y avait rien. Au début de *Shoah,* le film de Claude Lanzmann, un homme désigne un endroit, une sorte de prairie, un champ vide près d'une forêt – il dit : « c'est le lieu. » Il n'y a rien, et précisément, il dit que c'est là que ça a eu lieu. Est-ce que c'était possible que quelqu'un, à Varsovie, désigne un endroit, qu'il montre un terrain vague, indique une rue, un morceau de rue, un trou dans la rue, et dise : « c'est là – c'est là que ça a eu lieu » ? Car même si on ne voit rien –même s'il n'y a rien à voir –, ce rien, je désirais le voir[86].

Il était logique que Haenel, qui faisait chercher ce « rien » du ghetto à son personnage de *Cercles* grâce au film *Shoah* dont on a vu que les images du « rien » du ghetto « illustrent » l'interview de Karski passe au personnage de Karski lui-même dans sa tentative suivante de dire le « rien » de l'extermination.

En effet le Polonais est le messager du ghetto dans *Shoah*, auquel il consacre le premier chapitre de son nouveau livre. Mais Haenel s'appuie aussi sur d'autres sources. En choisissant la rencontre avec Roosevelt pour

---

(85) Gallimard, 2007.

(86) Yannick Haenel, *Cercles,* Gallimard, coll. « Folio », 2007, p. 485-486. Ici aussi Haenel invente: il existe un important monument de Nathan Rapoport à cet endroit. Important par la taille, par la symbolique choisie (la sculpture n'est pas abstraite), par le fait qu'il a été reproduit à l'identique à Jérusalem à Yad Vashem. C'est là que le Chancelier Willy Brandt s'est agenouillé le 7 décembre 1970. Haenel sait tout cela, il choisit le « rien ». (Cf., par exemple, James E. Young, « The Biography of a Memorial Icon : Nathan Rapoport's Warsaw Ghetto Monument », *Representations,* No. 26, Special Issue: Memory and Counter-Memory, Spring, 1989, p. 69-106).

la partie fiction de son livre, alors que Lanzmann l'avait totalement évacuée du montage de Shoah et que Karski ne lui consacrait que quelques mots dans ses mémoires, Haenel faisait une démarche assez semblable à celle qui a été choisie par le musée de Yad Vashem, en quelque sorte parole officielle israélienne sur l'Holocauste : pourquoi le monde a-t-il abandonné les Juifs[87] ? En utilisant les armes de la littérature, en l'occurrence de la satire, il se permettait de dresser un tableau, certes imprécis sous l'angle du déroulement factuel de l'histoire[88], mais très efficace du point de vue d'une vision de la réalité de l'histoire, où il rejoint d'ailleurs Lanzmann : les Juifs d'Europe ne pouvaient pas être sauvés. Car oui, grâce aux efforts de Roosevelt, la guerre a été gagnée et comme le président des États-Unis l'avait prédit à Karski, « les bourreaux ont été punis », non, quels qu'aient été les efforts de Roosevelt, les Juifs d'Europe n'ont pas été sauvés[89]. Le livre de Haenel nous dit avec force cette mort, nous dit que dès 1943 le sort de six millions d'individus était scellé, malgré les Karski, les Lemkin, les Riegner, et malgré le président des États-Unis. Il rejoint ainsi le plus grand historien de l'extermination prise dans sa globalité, Saul Friedländer, qui observe qu'Hitler a perdu la guerre contre les Alliés (l'affirmation de Roosevelt à Karski) mais qu'il a gagné celle contre les Juifs en détruisant non seulement six millions d'êtres humains mais aussi une civilisation et une langue[90].

Et si Haenel ne fait pas œuvre d'historien, au moins ne le prétend-il pas, ce qui n'est pas le cas de Lanzmann. Tous deux, différemment mais ensemble, ont un autre talent que celui du récit historique, celui de

---

(87) C'est aussi ce que dit toute la presse américaine quand il reçoit des prix, des honneurs, ou lors de sa mort. Exemple, *The Jewish Weekly,* de Washington, le 22 novembre 1990 : « The World said "no" to Jan Karski's Holocaust Message ».

(88) Haenel annonce clairement la fiction deux fois, sur la couverture de son livre *Jan Karski, roman,* et dans une note liminaire : « Le chapitre 3 est une fiction. Il s'appuie sur certains éléments de la vie de Jan Karski. [...] Mais les scènes, les phrases et les pensées que je prête à Jan Karski relèvent de l'invention ».

(89) Pour une vision très neuve du rapport de Roosevelt à l'assassinat de masse des Juifs et à leur devenir après la guerre, cf. Mark Mazower, *No Enchanted Palace, the End of Empire and the Ideological Origins of the United Nations,* Princeton, Princeton University Press, 2009.

(90) Saul Friedländer, *Les Années d'extermination, l'Allemagne nazie et les Juifs, 1939-1945,* Paris, Seuil, 2008.

l'écrivain, du cinéaste, pour nous amener au cœur de la catastrophe. Un autre grand écrivain, un témoin dans sa chair des horreurs du nazisme, Jorge Semprun, l'a observé tout au long de son œuvre : « Nous avons fait ce voyage dans la fiction, j'ai ainsi effacé ma solitude dans la réalité. À quoi bon écrire des livres si on n'invente pas la vérité ? Ou encore, la vraisemblance[91]. » Les témoins dans l'histoire ne prétendent pas offrir autre chose que la vraisemblance née de leurs souvenirs, même quand ils ont été prémonitoires. Et qu'est l'écriture sinon une autre façon de restituer cette vraisemblance, dans un autre temps, le nôtre, ici et maintenant ? C'est le message quasi ultime de Walter Benjamin en 1940 :

> Faire œuvre d'historien ne signifie pas savoir « comment les choses se sont réellement passées ». Cela signifie s'emparer d'un souvenir, tel qu'il surgit, à l'instant du danger. [...] À chaque époque, il faut chercher à arracher de nouveau la tradition au conformisme qui est sur le point de la subjuguer. Le don d'attiser dans le passé l'étincelle de l'espérance n'appartient qu'à l'historiographe intimement persuadé que si l'ennemi triomphe, même les morts ne seront plus en sûreté. Et cet ennemi n'a pas fini de triompher[92].

(91) Jorge Semprun, *L'Écriture ou la vie,* Paris, Gallimard, coll. « Folio », 2002, p. 188.

(92) Walter Benjamin, « Sur le concept d'histoire », VI, (1940) *Œuvres,* III, Paris, Gallimard, Folio, 2000, p. 431.

Les Illégaux : témoigner et fictionnaliser

Ariel Schweitzer

UN CINÉASTE À PART

Tourné en 1947, sorti en France en 1948, *Les Illégaux* est l'un des premiers films israéliens (ou pré-israéliens) consacré à la Shoah et centré sur le destin des rescapés. Il s'agit d'un objet cinématographique extra-ordinaire, unique en son genre, non seulement dans l'histoire du cinéma israélien, mais dans l'histoire du cinéma tout court[1].

Le réalisateur Meyer Levin est journaliste, écrivain et critique de cinéma américain fasciné par le destin juif et l'aventure sioniste auxquels il a déjà consacré plusieurs ouvrages. En 1946, il écrit le scénario de *La Maison de mon père*, réalisé par Herbert Kline, l'un des premiers longs-métrages de fiction de l'histoire du cinéma israélien. Le film, qui décrit l'intégration en Palestine d'un orphelin, rescapé de la Shoah, connaît à sa sortie un certain succès aux États-Unis. De par son thème (les difficultés d'intégration des rescapés en Israël), ainsi que par ses aspects mélodrama-

(1) *Les Illégaux* est plus ou moins ignoré dans l'historiographie du cinéma israélien qui, généralement, ne lui accorde pas d'importance particulière. Le théoricien Igal Bursztyn est le seul qui, dès son premier ouvrage, en 1990, a reconnu le caractère exceptionnel de ce film et sa force esthétique extraordinaire. Cf. Igal Bursztyn, *Panim kesde krav* (« Visage comme champs de bataille »), Tel-Aviv, Hakiboutz Hameohad, 1990, p. 58-60.

tiques, ce film constitue une exception dans le cinéma israélien de l'époque, dominé par un courant de propagande dénommé le « cinéma sioniste ».

En effet, les films « sionistes » mettaient en avant, justifiaient et glorifiaient l'entreprise sioniste en Palestine, puis en Israël, en imposant le portrait idéal du pionnier israélien. C'est le Sabra, l'Israélien né en Israël, descendant des pionniers ashkénazes (originaires d'Europe centrale et orientale), un homme pragmatique dévoué à sa mission de soldat et de travailleur de la terre. Ce portrait se voulait le contre-modèle absolu du Juif religieux de la diaspora, incapable de se défendre et vivant replié sur lui-même dans un milieu hostile. Dans ce « récit-maître » sioniste, il s'agissait d'abord d'une histoire des hommes accomplissant une mission de libération nationale, puis de conquête et d'expansion. Cette identité masculine et vigoureuse se développait donc par opposition au judaïsme de la diaspora, vu par le sionisme comme une tradition trop passive et dépendante, autrement dit « trop efféminée ».

La mythologie sioniste a nourri pendant des décennies l'imaginaire israélien, jouant un grand rôle dans la formation de l'identité culturelle israélienne. Elle peut ainsi expliquer pourquoi, du moins avant le procès Eichmann (1961), le cinéma national tend à ignorer la Shoah, préférant cultiver le mythe de l'Israélien comme guerrier héroïque. Parallèlement, ce processus s'est donc accompagné de la mise à l'écart des « portraits négatifs » du sionisme, tous les Autres susceptibles de remettre en question l'idéologie pionnière. Le Juif de la diaspora en premier lieu donc, mais aussi le rescapé de la Shoah, ainsi que le Juif séfarade[2]

POURQUOI LA FICTION ?

En 1947, révolté par le refus des autorités britanniques d'accueillir en Palestine les rescapés de la Shoah, Meyer Levin décide de partir en Europe et de faire un film sur ces « personnes déplacées », errant parfois

(2) Sur *La Maison de mon père* et sa place dans l'histoire du cinéma israélien, cf. le livre de Nurith Gertz, *Makhela Aheret* (Un autre chœur), Tel-Aviv, Am-Oved, 2004, p. 25-28. Sur le cinéma sioniste, cf. l'ouvrage d'Ariel Schweitzer, *Le Cinéma israélien de la modernité*, Paris, L'Harmattan, p. 50-69.

pendant des mois d'un pays, d'un camp de transit à l'autre, dans l'espoir de trouver un lieu d'accueil. Certains nourrissent l'espoir de monter à bord de l'un des nombreux bateaux clandestins qui tentent à cette époque de briser le blocus de l'armée britannique afin d'atteindre les plages de la Palestine.

Accompagné par deux chefs opérateurs français, Jean-Paul Alphen et Bernard Hesse[3], il se rend en Europe dans le but de rejoindre puis d'accompagner dans leurs périples un groupe de rescapés de la Shoah. Mais l'idée absolument originale de Levin, c'est d'introduire dans ce cadre documentaire, un récit de fiction sous la forme d'un couple de rescapés, des Juifs polonais, qui se retrouvent après la guerre et qui tentent, ensemble, d'arriver en Palestine. Deux acteurs ont été ainsi engagés pour le voyage : Tereska Torrès, une résistante de la première heure (la future épouse de Meyer Levin), qui joue le rôle de Sarah, et Yankil Mikalowitz qui incarne le rôle de Mika, son compagnon. Dans le scénario, comme dans le film, le couple se réunit après la guerre en Pologne, Sarah tombe enceinte, et le couple rejoint un groupe de « personnes déplacées » traversant l'Europe en route pour la Palestine. Mika est arrêté à la frontière tchécoslovaque et le couple se sépare, avant de se réunir à nouveau sur le bateau clandestin « Lo tafhidouno » (« Vous ne nous ferez pas peur »).

Pourquoi la fiction dans un film dont la mission apparente est le témoignage ? Tereska Torrès, que nous avons interviewée à ce sujet[4], nous a affirmé qu'il s'agissait pour Meyer Levin d'une manière de résoudre un problème d'ordre à la fois narratif et technique. L'équipe de tournage a accompagné durant plus de six mois plusieurs groupes de rescapés. Pour pouvoir assurer l'homogénéité du film et sa « continuité narrative », Levin a décidé d'intégrer dans le cadre documentaire un récit fictionnel, sous forme

---

(3) Un troisième caméraman, le Belge André Cauvin, a participé au film, au début du tournage notamment.

(4) Entretien réalisé en juin 2008, au moment de la rétrospective, « La naissance d'Israël à l'écran », projet organisé par le Mémorial de la Shoah à Paris. Le 1er juin 2008, la projection des *Illégaux* a été suivie par un débat avec Tereska Torrès. Le journal de tournage des *Illégaux*, écrit par Tereska Torrès, a été publié en allemand sous le titre, *Unerschrocken : auf dem Weg nach Palästina ; Tereska Torres Filmtagebuch von 1947*, édité par le Musée juif de Berlin en 2007.

d'un couple qui pourrait faire le lien entre ces différents groupes.

Mais nous pouvons aussi avancer une deuxième raison à cette introduction de la fiction dans le documentaire, d'ordre plutôt dramaturgique. C'était un moyen d'introduire dans le film du suspense, d'une part, et une dimension mélodramatique, d'autre part, pour créer chez le spectateur une plus grande identification avec l'histoire des rescapés. Il s'agit en effet d'une époque où l'on ne parvient pas encore à mesurer, certainement pas à digérer, l'ampleur du désastre de la Shoah qui, pour certains spectateurs, aurait pu paraître par trop abstraite. Raison donc de pousser le spectateur à s'identifier avec un récit « personnifié », une histoire d'amour qui croise le chemin de la grande histoire.

VARSOVIE ET LES RUINES

Le début des *Illégaux* met en scène les retrouvailles entre Mika et Sarah après la guerre. Le couple se rend d'abord dans le village natal de Mika. Comprenant qu'aucun Juif n'a survécu, ils partent à Varsovie et s'installent dans une maison délabrée. L'essentiel de cette partie se déroule dans la ville totalement ravagée de Varsovie : Sarah et Mika errent à travers les ruines du ghetto où ils trouvent un objet de culte juif (une *Menora*), symbole de la volonté de destruction d'un peuple et de ses traditions.

Les ruines fonctionnent ici comme un signe à la fois concret et métaphorique similaire au rôle qu'elles jouent dans le cinéma néoréaliste italien de la même époque (dans *Allemagne, année zéro* de Roberto Rossellini, par exemple). Comme le dit Mikhaïl Iampolski dans son texte « The road to Jerusalem » :

> Les ruines constituent un signe historique qui a échappé à l'Histoire. C'est l'Histoire vaincue par la nature. Et c'est uniquement sous forme de ruines qu'elle peut devenir objet de contemplation. Car l'histoire en elle-même, cette notion si abstraite, n'est pas visible et ne peut pas être contemplée[5].

---

(5) Mikhaïl Iampolski, « The road to Jerusalem », Paul Willemen (dir.), *The films of Amos Gitai: A montage*, London, BFI, 1993, p. 21-22.

En effet, les ruines sont un signe matériel qui crée dans le film un fort « effet du réel » témoignant de l'ampleur de la destruction des grandes villes après la Deuxième Guerre mondiale. Mais elles constituent aussi un symbole de l'anéantissement de toute une civilisation, la civilisation européenne, et en son cœur, la civilisation juive. À cet égard, on peut évoquer le texte célèbre de Walter Benjamin, *Thèses sur la philosophie de l'Histoire*[6] où, se référant au tableau de Paul Klee, *Angelus Novus*, Benjamin évoque l'Ange de l'Histoire qui contemple le passé et n'aperçoit qu'un champ de ruines, un enchaînement de catastrophes et de désastres qui remettent en question l'Utopie des Lumières et l'idée que l'humanité marche dans le sens du progrès.

L'ERRANCE

La deuxième partie des *Illégaux* décrit le voyage des rescapés à travers l'Europe, d'un pays à l'autre, d'un camp de transit à l'autre. Partant de la Pologne, ils traversent la Tchécoslovaquie, l'Autriche, l'Allemagne, la France, et enfin l'Italie, avant d'embarquer pour la Palestine. Cette partie est un exemple saisissant de l'aspect absolument inclassable et unique de ce film. Alors que les rescapés épuisés marchent des heures durant, traversent clandestinement des frontières, essayant d'échapper aux patrouilles de surveillance, ils jouent dans le même temps leur propre rôle dans un film mettant en scène leur épopée. Ainsi, à côté de certaines séquences d'une grande force documentaire (comme celles montrant les conditions de voyage très rudes et les difficultés particulières auxquelles étaient confrontés les vieillards et les enfants), certaines autres sont visiblement « jouées », « reconstituées ». La « mise en scène » est très apparente, notamment lorsque les rescapés en train se cachent pour éviter les patrouilles qui croisent leur chemin.

La troisième partie du film, qui se déroule sur le bateau en partance de l'Italie pour la Palestine, est imprégnée elle aussi d'une dimension de fiction. Mika monte à bord et se met à la recherche de Sarah dont il a perdu la trace depuis quelques semaines. Cette scène nous permet de connaître les conditions de vie sur le bateau « Lo tafhiduno » où sont entassés plus de 800

(6) Walter Benjamin, *Thèses sur la philosophie de l'Histoire*, Paris, Denoël, 1971.

personnes dont près de 150 enfants. Après les retrouvailles du couple, nous suivons le quotidien sur le bateau : les conversations entre les passagers, les repas. Une séquence particulièrement poignante montre un véritable accouchement se déroulant dans des conditions extrêmement rudimentaires dans la cale du bateau. Craignant d'être découverts par un avion de reconnaissance britannique, les voyageurs se dissimulent tous dans la cale où ils parviennent à peine à respirer. Quand un bateau britannique commence à les suivre, comprenant que leur identité à été démasquée, ils sortent sur le pont du navire pour hisser le drapeau israélien et chanter l'*Hatikva* (le futur hymne national israélien). Plusieurs bateaux britanniques les accompagnent alors jusqu'au port d'Haïfa où le bateau stationne avant de faire demi-tour et de partir pour Chypre où les rescapés vont êtres placés dans des camps d'internement.

Dans l'entretien qu'elle nous a accordé, Tereska Torrès a déclaré que le moment le plus difficile pour elle a été de débarquer au port d'Haïfa. Après avoir vécu l'ensemble du voyage, plus de six mois, en compagnie des rescapés, elle, ainsi que les autres membres de l'équipe du tournage, ont été obligés de descendre du bateau et de quitter leurs compagnons de route pour être immédiatement emprisonnés à Haïfa par la police britannique. C'est en quelque sorte le moment ou fiction et documentaire ne peuvent plus co-exister et où les frontières entre réalité et mise en scène doivent êtres rétablies…

FICTION COMME ARCHIVES

Les Illégaux est sorti en France en 1948, dans une version de 70 minutes, avec un commentaire en français. D'après Tereska Torrès, le film est resté à l'affiche près de deux mois. Un critique de l'époque a pu écrire :

> L'image est là, devant nous, parfois sautillante, pas toujours nette, mais témoin implacable, témoin accablant, témoin gênant d'un monde absurde et si proche. Et la pellicule fidèle dévide la marche lente de ces Juifs rescapés du massacre, depuis la petite ville rasée de Pologne jusqu'au blanc rivage de Palestine, les derniers Juifs errants qui ont retrouvé leur terre[7].

---

(7) Publication non identifiée, signée J.D., datant du 5/6/1948.

Cette version est conservée aujourd'hui dans les archives du film du CNC, mais la copie est dans un état tellement déplorable que les responsables des archives refusent de la montrer. En attendant une possible restauration, on peut s'appuyer sur la version qui existe aujourd'hui en Israël, avec un commentaire en hébreu ou en anglais (c'est pratiquement le même texte). Marquée par un ton de propagande très emphatique, typique du « cinéma sioniste » de l'époque, cette version insiste systématiquement sur le rôle central joué par les forces armées israéliennes (La *'hagana*) envoyées en Europe pour organiser le sauvetage des Juifs. Idéologiquement, le commentaire intègre l'histoire des rescapés dans un récit dichotomique opposant l'impuissance des Juifs en Europe à l'autonomie, l'indépendance et la capacité de résistance des combattants israéliens. Il met ainsi en avant l'idée qu'Israël est la seule alternative viable non seulement pour les rescapés de la Shoah, mais pour les Juifs de la diaspora. Ce parti-pris idéologique se manifeste, entre autres, lors de séquences se déroulant dans des camps de transit créés par les forces israéliennes en Europe, parfois à proximité des camps de concentration. Ainsi, l'un de ces camps a été baptisé, très symboliquement, « Kibboutz Buchenwald ».

Il est important de souligner que des extraits de ce film ont été insérés dans d'autres documentaires israéliens portant sur la Shoah, la plupart du temps sans mentionner le fait que certaines de ces images sont des images de fiction. C'est le cas par exemple de l'un des films israéliens les plus importants sur le sujet, *La Dernière Mer* de Haim Gouri et Jacques Erlich, le dernier volet d'une trilogie sur la Shoah, réalisé en 1979, qui utilise ces images en les présentant comme des images d'archives de nature purement documentaire[8].

Les images très puissantes des *Illégaux* ont aussi une résonance dans le cinéma contemporain. En effet, les images tournées sur le bateau « Lo tafhidono » ont largement inspiré le cinéaste israélien Amos Gitaï pour son film *Kedma* (2002), notamment la partie qui décrit le voyage en bateau

---

(8) Le problème de l'utilisation des images de fiction comme archives se manifeste même dans des chef-d'œuvres comme *Nuit et brouillard*. Cf. à ce sujet l'excellente étude de Sylvie Lindeperg, *Nuit et brouillard – un film dans l'histoire*, Paris, Odile Jacob, 2007.

des rescapés de la Shoah vers la Palestine. La mise en scène et le traitement de l'espace à l'intérieur du bateau sont pratiquement la reconstitution quasi identique des images, documentaires et fiction, tournées par Meyer Levin et son équipe en 1947. *Kedma* raconte l'épopée tragique des survivants de la Shoah arrivés en Israël au moment de la guerre de 1948 et envoyés aussitôt sur le champ de bataille où certains vont trouver la mort. Gitaï traite dans ce film de la transformation douloureuse et traumatique du Juif de la diaspora en guerrier israélien, contraint d'abandonner d'un jour à l'autre son héritage spirituel et religieux pour pouvoir s'adapter à une nouvelle réalité incarnée par l'idéologie sioniste[9].

(9) Sur ce thème, cf. l'ouvrage de Serge Toubiana, *Exils et territoires : le cinéma d'Amos Gitaï*, Paris, Éditions des Cahiers du cinéma, 2004, p. 178-184.

La Shoah,
théâtre et cinéma aux limites
de la représentation

Fictions « nationales » ou politiques ?

La Dernière Étape en perspective

Alain Kleinberger

Dans le cadre d'un colloque international consacré à la représentation de la Shoah au théâtre et au cinéma, il nous a semblé indispensable d'accorder une place au film de Wanda Jakubowska *La Dernière Étape* (1947-1948). Ce film, sans doute bien connu des spécialistes et des historiens, ne l'est malheureusement pas toujours des étudiants et de la plupart des cinéphiles puisqu'il n'a été que très rarement rediffusé et n'a pas encore bénéficié dans notre pays d'une édition DVD. Si ce film a été particulièrement bien accueilli par la critique au moment de sa sortie mondiale en France, s'il a connu chez nous un véritable succès public, il a été depuis lors un peu oublié puis, depuis quelques années, l'objet de différentes critiques, d'ordre historique, politique et esthétique notamment, sur lesquelles nous aimerions revenir.

Il sera d'abord question ici de rappeler les circonstances dans lesquelles ce film a vu le jour et nous dirons donc rapidement pour cela quel a été son contexte d'exploitation, de réalisation et de production. Notre réflexion portera ensuite sur son scénario et, en nous fondant sur une analyse « littérale » des images, nous chercherons enfin à montrer que, dès 1948, Wanda Jakubowska se situe aux limites de la représentation cinématographique de la Shoah.

CONTEXTE

La Dernière Étape fut projeté pour la première fois à Paris le 23 septembre 1948 devant une salle comble, à l'occasion d'un grand gala organisé salle Pleyel par la Fédération nationale des Déportés, Internés, Résistants et Patriotes, placé sous la présidence d'honneur de Vincent Auriol alors Président de la République, tandis que le R.P. Riquet, grande figure spirituelle de la résistance, qui avait connu Mathausen et Dachau, présentait le film. L'œuvre de Wanda Jakubowska fut donc très chaleureusement accueillie par la critique comme par le public à sa sortie en France, dès le lendemain, puisqu'elle attira en salle non loin de trois millions de spectateurs, score plus qu'honorable pour un film de cette ambition, qui le place ainsi au 21e rang pour l'année 1948[1]. Mais il n'en alla pas exactement ainsi en Pologne où il est encore aujourd'hui éclipsé au profit du mélodrame de Leonard Buczkowski, *Zakazane piosenki* (*Les Chants interdits*, 1947), chronique de la vie sous l'occupation à Varsovie qui est considéré comme un film patrimonial, réédité et disponible en DVD. Plus officiel peut-être est le film d'Aleksander Ford – lui-même alors directeur de *Film Polski* –, *Ulica graniczna* (*Rue de la frontière,* 1948), réalisé à la même période, qui retrace la vie dans le ghetto de Varsovie jusqu'au soulèvement, sans masquer l'antisémitisme polonais, mais en insistant aussi sur la fraternité entre Juifs et Catholiques. Dès 1946, Stanislas Wohl avait réalisé *Dwie godziny* (*Deux heures*) : ce film méconnu mettant en scène deux personnages qui ont été à Majdanek, un kapo et sa victime juive, ne sera pas projeté avant 1957. Une telle interdiction frappa également *Undzere Kinder*[2], le film yiddish de Natan Gross et Saul Goskind réalisé à Lodz sous l'égide de l'éphémère coopérative de production Kinor[3]. C'est dire qu'en Pologne dès la fin de la guerre, qu'elle procède du discours officiel ou d'une certaine forme de dissidence, la volonté de représentation cinématographique de l'extermi-

---

(1) C'est-à-dire, par exemple, devant *La Maison du Dr Edwardes* (*Spellbound*) d'Alfred Hitchcock !

(2) À propos de ce film unique de Natan Gross, v. Ira Konigsberg, « *Our Children* and the Limits of Cinéma : Early Jewish Responses to the Holocaust », *Film Quaterly*, vol. 52, n° 1 automne 1998 ; Lawrence L. Langer, *Preempting the Holocaust*, Yale, Yale University Press, 1998, ch. 9.

(3) La plupart de ces films sont désormais disponibles grâce aux efforts du National Center for Yiddish Film à l'Université de Brandeis.

nation a été assez vive, contrairement à ce qu'on a pu observer ailleurs, en France ou aux États-Unis par exemple. Pour Wanda Jakubowska, *La Dernière Étape* n'est pas une exception de sa filmographie puisque la cinéaste continuera, au cours de sa carrière, à réaliser des films qui situent leur action à la même période, dans le camp[4].

Mais c'est évidemment son film, réalisé en 1947-48, qui reste considéré comme l'œuvre « matricielle », « séminale », du genre. Annette Insdorf[5] et Ilan Avisar[6] ont rapporté les circonstances exceptionnelles du tournage et résumé la biographie de l'auteur. En France, l'historienne Annette Wieviorka, qui eut l'occasion de rencontrer la cinéaste en 1991, a consacré un chapitre de son travail sur la mémoire du génocide[7] à la cinéaste, et un entretien accordé à Stuart Liebman a été publié en 1997[8].

GENÈSE

L'histoire du film se confond avec celle de la cinéaste. Wanda Jakubowska réalise avant-guerre des courts-métrages documentaires et un film de fiction *Nad Niemnem* (1939), adaptation d'un roman d'Eliza Orzeszkowa, célèbre écrivain polonaise du XIXe siècle qui a consacré quelques ouvrages aux rapport entre les Juifs et l'aristocratie ainsi qu'entre Juifs orthodoxes et libéraux. Dès 1930, avec Eugeniusz Cekalski, Stanislas Wohl, Tadeus Kowalski et Jan Zarzicki, Jakubowska fonde le groupe START qui se fixe comme tâche de créer, en Pologne, un cinéma « socialement utile[9] »,

---

(4) Par exemple, *Koniec naszego swiata* (*La Fin de notre monde*, 1964) d'après Tadeusz Holuj qui fut président du Comité International Auschwitz ou *Zaproszenie* (*Invitation*, 1985).

(5) Annette Insdorf, *Indelible Shadows, Film and the Holocaust*, Random House, 1983 (traduction adaptée et actualisée, « L'Holocauste à l'écran », *CinémAction*, n° 32, Paris, Éditions du Cerf, 1985, p. 117-120).

(6) Ilan Avisar, *Screening the Holocaust. Cinema's Images of the Unimaginable*, Bloomington and Indianapolis, Indiana University Press, 1988, p. 35-38.

(7) Annette Wieviorka, *Déportation et génocide, Entre la mémoire et l'oubli*, Paris, Plon, 1992, p. 291-312.

(8) Stuart Liebman, « Entretien avec Wanda Jakubowska », *Slavic and Eastern European Performance*, volume 17, n° 3, automne 1997. Extraits de ce texte traduit par Stéphane Bou, in Georges Bensoussan (dir.), « Les Écrans de la Shoah. La Shoah au regard du cinéma », *Revue d'histoire de la Shoah*, Paris, n° 195, juillet-décembre 2011, p. 109.

(9) Cf. Wladyslaw Banaszkiewicz, Jerzy Gizycki, Stanislaw Grzelecki *et al.*, *La*

école dont sortiront notamment plus tard Andrzej Munk, Andrzej Wajda, Roman Polanski… Résistante, arrêtée par la Gestapo en octobre 1942, elle est emprisonnée à Varsovie à la prison de Pawiak, puis envoyée à Birkenau en avril 1943. Là, elle est d'abord transférée dans le *Kommando* de Rajsko, station agricole expérimentale où sont exploités ses talents de photographe. Mais, surprise en possession d'un journal interdit, elle est renvoyée à Birkenau où elle pourra survivre, au *Revier*[10], grâce à la protection des militantes communistes. Annette Wieviorka a très précisément retracé ce que fut la genèse du film, son tournage et évoqué sa réception en France. Nous n'en retiendrons que quelques points qui nous paraissent déterminants avant de revenir sur certains éléments de sa critique pour proposer de la nuancer.

Ce qui paraît essentiel de mettre en lumière a très clairement été relevé par l'historienne. Le projet de film est rigoureusement contemporain du séjour à Birkenau et sans doute consubstantiel à la volonté de survie de la cinéaste[11]. « Ce grincement, il faudra le tourner à part », aurait-elle déclaré à l'une de ses compagnes de détention quand, pénétrant pour la première fois à l'intérieur du camp, elle entendit le son de la grille se refermant sur elles. Et le film rend compte en effet de ce bruit caractéristique quand, à la nuit tombée, les silhouettes d'une vingtaine de déportées filmées en plongée font pour la première fois leur entrée dans le camp, et dans la boue. Ce témoignage est conforme à celui de nombreux survivants. Bruno Bettelheim et François Le Lionnais, parmi d'autres, ont relaté de telles expériences. Le thérapeute interné à Dachau et à Buchenwald a cherché rétrospectivement à comprendre la nature de ses propres projets et a proposé une étude des comportements individuels et des comportements de masse en situation extrême :

Cinématographie Polonaise, Varsovie, Polonia, 1962, p. 17.

(10) Le mot « *Revier* » signifie « hôpital », mais les anciens détenus continuent à utiliser le terme allemand de manière à signifier que ce baraquement n'avait aucun rapport avec les unités de soins que nous désignons d'habitude sous ce vocable.

(11) Avant Annette Wieviorka, à la sortie du film, le journaliste belge Jean de Bongnie avait compris que la cinéaste avait dû prévoir, dès sa détention, « les plans d'un film témoin ». Jean de Bongnie, « La Dernière Étape », *La Métropole*, 23 janvier 1949. Cf. aussi dans ce même journal, le témoignage d'Ania : « Nous qui l'avons connue, nous savons qu'à Auschwitz déjà elle avait résolu de tourner ce film ».

> Pendant mon séjour dans les camps, je n'ai pas analysé mon comportement et celui de mes codétenus par simple curiosité scientifique. Tout au contraire : un intérêt vital m'y poussait. Exercer mes capacités d'observation et tenter de comprendre ce que je constatais était une réaction spontanée qui me permettait de croire que ma vie avait encore un sens, que je n'avais pas perdu tout intérêt à une activité où j'avais précédemment puisé le respect de moi-même. Cela m'a aidé à supporter la vie dans les camps. [...] l'intérêt psychologique que je prenais à ce qui se passait en moi et autour de moi est un exemple de défense spontanée contre les effets d'une situation extrême[12].

Chez le mathématicien interné au camp de Nordhausen, c'est l'univers de la peinture et la minutieuse description d'un grand nombre de tableaux qu'il demande à sa mémoire de reconstituer, qui sont le recours salvateur des heures passées « au milieu des interminables appels dans la neige et du vent froid de l'hiver[13] ».

RÉALISATION

Le film prend donc naissance dès le printemps 1943, c'est la raison pour laquelle il n'est peut-être pas à proprement parler une « reconstitution ». Tout indique que ce « film à faire » accompagne la détention de Wanda Jakubowska – qui fera d'ailleurs appel à ses propres camarades de déportation quand viendra le moment de la réalisation. Gerda Schneider, communiste allemande, ayant passé onze ans en captivité, modèle du personnage d'Anna – son matricule 348 atteste de la précocité de son internement – écrit le scénario en janvier 1946 avec la cinéaste, et ce sont les anciennes compagnes du camp qui acceptent, dit-on, d'incarner la grande majorité des trois cent cinquante figurantes principales du film[14]. Enfin, le tournage, qui débute le 15

(12) Bruno Bettelheim, *Le Cœur conscient,* Paris, Robert Laffont, coll. "Pluriel", 1972, p. 158-159.

(13) François Le Lionnais, *La Peinture à Dora*, Paris, L'Échoppe, 1999.

(14) Annette Wieviorka rapporte que, pour certaines scènes du film, on dut faire appel à l'armée qui mobilisa jusqu'à cinq mille figurantes. Annette Wieviorka, *Déportation et génocide*, *op. cit.,* p. 300-301. Les commentateurs ne semblent pourtant pas s'étonner outre mesure que les anciennes déportées soient ainsi conviées à jouer les utilités dans leur propre rôle, que figurent les *Figuren*...

juillet 1947, se déroule à Birkenau même, dans cette prairie transformée de nouveau pour l'occasion en un vaste terrain boueux. Seuls les baraquements de pierre ont été apportés depuis un autre camp, les autres baraques, l'infirmerie et le bureau du médecin sont d'origine, à l'instar des costumes des détenus, selon les souvenirs d'Huguette Faget[15]. On le voit, l'auteur entend se situer au plus près de ce que fut, et de ce qui est encore, la vérité de son expérience concentrationnaire, et son film apparaît bien comme un « point de repère » pour des cinéastes aussi différents qu'Alain Resnais, George Stevens, Gillo Pontecorvo, Zica Mitrovic ou Andrzej Munk qui emprunteront certains motifs, voire directement certaines scènes à *La Dernière Étape*[16]. Chez le cinéaste américain, ce sont les insupportables attentes des déportées alignées, debout, dans la nuit qui viennent hanter, de manière étrangement prémonitoire, les cauchemars de la jeune Anne Frank et ces images ont une fonction référentielle puisqu'elles servent surtout à instruire le spectateur du sort réservé à l'héroïne d'un film qui est essentiellement un huis clos. Alain Resnais, rappelant ainsi le titre de son documentaire, conserve l'un des trains de *La Dernière Étape* qui, environné de fumées de mauvais augure, arrive, selon Jean Cayrol, « dans la nuit et le brouillard », ainsi que les camions destinés au dernier voyage des victimes des sélections, véhicules que le commentaire de Jean Cayrol associe, indûment[17] cette fois, aux « transports noirs qui partent dans la nuit et dont on ne saura jamais rien ».

---

(15) Huguette Faget, que nous avons pu rencontrer en 2002, était âgée d'une vingtaine d'années en 1947. C'est l'une des très rares protagonistes francophones de ce film. Elle incarne à l'écran le personnage de l'infirmière Michèle, dont la fin, comme nous le verrons, est largement inspirée de celle d'Annette Épaud.

(16) Alain Resnais, *Nuit et brouillard*, 1955 ; George Stevens, *The Diary of Anne Frank*, 1959 ; Gillo Pontecorvo, *Kapò*, 1959 ; Andrzej Munk, *La Passagère*, 1963, (références citées par Ilan Avisar, *Screening the Holocaust, op. cit.*, p. 38). Nous ne croyons pas que *La Passagère* emprunte directement au film de Wanda Jakubowska. On peut tout au plus évoquer des réminiscences – les moments de « pause » des détenues par exemple, pour reprendre le terme des concentrationnaires – ou l'utilisation du second plan dont nous reparlerons. Mais ces allusions concernent davantage le quotidien des camps que le film de 1947. Pourtant, il est vrai que Wanda Jakubowska, qui créa après 1956, avec Aleksander Ford et Jerzy Kawalerowicz notamment, des ateliers de production indépendants qui contribuèrent à former une « nouvelle vague » de cinéastes, assistait au tournage du film de Munk, à Birkenau, peu avant l'accident de ce dernier ; Zica Mitrovic, *Témoin de l'enfer*, 1967.

(17) Comme le rappelle Annette Wieviorka, personne, à Birkenau, n'ignore la destination de ces camions et l'expression elle-même n'appartient qu'au vocabulaire de Ravensbrück ou de Mathausen.

Il est vrai qu'une terrible impression de réalité se dégage encore aujourd'hui du film de la cinéaste polonaise. Stéphane Bou, actualisant la réflexion de Béla Balázs qui parlait jadis à son propos de « documentaire dramatisé », va même jusqu'à se risquer à l'associer au genre docu-drama d'aujourd'hui...[18]. Quant à la cinéaste, elle le présentait encore en 1997 comme un « para-documentaire » en soulignant que tous les personnages sont réels[19]. Ce qui n'empêche pas le film d'être l'objet de critiques récurrentes, de deux natures différentes.

La première participe plutôt d'un jugement esthétique et oppose la première partie du film, jugée « authentique » et « suscitant l'émotion », à la seconde, beaucoup trop « conventionnelle » et, d'une certaine manière, c'est la possibilité même d'un récit *sur,* donc *après,* Auschwitz – récit articulé par une syntaxe traditionnelle – qui se trouve ici mise en question[20]. La seconde est politique : elle réduit précisément le scénario à une apologie de la résistance, pervertie par l'idéologie communiste dominante. On reproche en effet, et jusqu'à aujourd'hui, à Wanda Jakubowska de n'en avoir pas dit assez, et d'avoir même contribué à masquer la judéité de l'immense majorité des victimes[21].

Un peu moins d'une heure après le début du film, c'est-à-dire très sensiblement à la moitié de sa durée, le récit prend en effet une nouvelle direction. Mais il nous semble que la transition entre ces deux parties est plus subtile que ne le concèdent les commentateurs, et pourrait réorienter l'interprétation générale. Pour en juger, rappelons brièvement les éléments de l'intrigue en en soulignant le caractère original.

---

(18) Stéphane Bou, « Notes sur *La Dernière Étape* (1948) », in Georges Bensoussan (dir.), « Les Écrans de la Shoah », *op. cit.*, p.129.

(19) Stuart Liebman, « Entretien avec Wanda Jakubowska », *op. cit.*, p. 110.

(20) Stuart Liebman parle par exemple de « mélodrame romantique à suspense marqué par diverses exagérations et stéréotypes », v. « Les premières constellations du discours sur l'Holocauste dans le cinéma polonais », in Antoine de Baecque et Christian Delage (dir.), *De l'histoire au cinéma*, Bruxelles, Complexe, IHTP CNRS, 1998, p. 201.

(21) Cf. par exemple Annette Wieviorka : « Le doute plane cependant sur l'identité des victimes », *Déportation et génocide, op. cit.*, p. 303.

UN SCÉNARIO CLASSIQUE ?

La cinéaste et sa scénariste se sont donc directement fondées sur leur expérience personnelle, encore très récente, ainsi que sur un certain nombre d'histoires particulières qui appartiennent à la mémoire des camps de concentration. Dans la partie de Birkenau réservée aux femmes se trouvent réunies des déportées de plusieurs nationalités qui, fait exceptionnel si l'on en croit les témoignages historiques, sont majoritairement animées par des sentiments de solidarité. Le film respecte cette universalité en accueillant sans les doubler les paroles polonaises, russes, allemandes, françaises, en un Babel de la langue qui confirme paradoxalement ici la fraternité des concentrationnaires[22]. L'action s'organise autour de l'infirmerie, le *Revier*, seul espace d'une relative stabilité, dont a la charge une déportée politique soviétique, le docteur Eugenia, elle-même sous les ordres d'un médecin officier SS particulièrement sadique ; le spectateur est convié à suivre l'itinéraire dramatique d'un petit nombre de personnages féminins.

Il y a d'abord Helena, enceinte à son arrivée à Birkenau, désormais incapable de tenir sa place dans les rangs de l'appel, et dont la faiblesse entraîne la punition générale de son groupe, qui ne lui en tient nullement rigueur. Helena survivra à la tentation du suicide malgré la mort de son nouveau-né, auquel le médecin militaire a inoculé un poison mortel – on voit quelle charge symbolique revêt cette séquence d'ouverture qui associe le commencement de la vie à la sanction immédiate de la mort. La jeune femme rejoindra bientôt le groupe des femmes du *Revier* qui essaient de faire connaître, à l'extérieur, le sort réservé aux déportés.

---

(22) On doit noter que cette polyphonie tient particulièrement à cœur à la cinéaste et que le distributeur français de 1948, fidèle en cela à la volonté de la réalisatrice, s'est refusé à doubler le film. Un commentaire en français « comble alors les intervalles silencieux ou les superpose aux dialogues en polonais » (Denis Marion, « *La Dernière étape* ou l'accent de la vérité », *Combat*, 2 octobre 1948). On peut néanmoins remarquer dès maintenant que ce qui apparaît dans le film comme le signe d'une communion sublime entre les concentrationnaires, étrangères les unes aux autres et parlant chacune une langue différente, mais cependant unies dans l'adversité, fut la source de terribles angoisses pour de nombreux déportés : « La majeure partie des prisonniers qui ignoraient l'allemand, c'est-à-dire presque tous les Italiens, sont morts dans les dix à quinze jours suivant leur arrivée : à première vue, de faim, de froid, de fatigue, de maladie ; à un examen plus attentif, d'une insuffisance d'information. » Primo Levi, *Les Naufragés et les rescapés. Quarante ans après Auschwitz*, traduit de l'italien par André Maugé, Paris, Gallimard, 1989, p. 92.

Dans l'intervalle, la nuit, un train est parvenu jusqu'au camp. Tandis que la quasi-totalité des détenus est repoussée dans l'obscurité de la profondeur du champ par les soldats allemands, nous suivons le parcours d'une jeune femme juive, Martha, séparée de sa famille, et qui ignore encore tout de la signification de la sélection à laquelle sa bonne connaissance de la langue allemande lui a permis d'échapper, pour un temps.

Cette même nuit, les officiers allemands en charge du camp projettent, maquette à l'appui, la construction de nouvelles installations de mise à mort pour absorber les prochains « transports » en provenance de toute l'Europe occupée. Le spectateur fait ainsi la connaissance des principales figures de SS et obtient quelques éclairages sur leur idéologie.

La séquence suivante met en scène, le lendemain, un départ pour le travail particulièrement violent : de vieilles femmes malades sont battues à mort par les kapos, d'autres, plus jeunes, sont harcelées, cependant que trente-six mille quatre cent trente-quatre femmes très précisément[23] prennent à pied le chemin de la carrière. Notre regard épouse alors alternativement celui de Martha Weiss, qui ignore encore tout de la réalité concentrationnaire, et celui de la chef de l'orchestre du camp sur laquelle revient plusieurs fois la caméra, n'osant pas regarder en face l'abomination qui se déroule chaque matin devant ses yeux[24].

Peu après vient l'appel des femmes juives qui sont emmenées, en camion, vers la chambre à gaz, les dialogues ne laissant planer aucun doute sur leur identité et leur destination. L'infirmière Anna intercède efficacement pour qu'on épargne les malades de l'hôpital. La nuit suivante, des bruits de moteurs d'avion semblent redonner courage aux prisonnières.

Le lendemain (à moins qu'il ne s'agisse d'un autre jour), l'action se focalise sur quelques scènes de la vie quotidienne : l'arrivée de nouvelles

(23) Le chiffre nous est donné par une *Oberaufseherin* à l'issue d'un appel épuisant.

(24) À propos d'Alma Rosé, chef de l'orchestre du camp jusqu'à sa mort en avril 1944, v. Richard Newman & Karen Kirtley, *Alma Rosé. Vienna to Auschwitz*, Cambridge (UK), Amadeus Press, 2000.

prisonnières de droit commun qui transmettent des nouvelles de Varsovie, le meurtre délibéré d'une prisonnière jugée arrogante par sa kapo, et qui vaudra trois jours de permission à l'assassin… Au *Revier*, la situation n'est pas brillante : on manque de médicaments, les prisonnières souffrent ; elles ont parfois perdu la raison ou se compromettent gravement pour obtenir des soins. L'*Oberaufseherin,* jugeant que le nombre de Juives exterminées le matin est insuffisant – mille cent douze seulement –, décide d'une nouvelle sélection qui va frapper les prisonnières, juives et parfois non, de retour du travail. Dans la plus totale et la plus violente anarchie, à coups de bâtons, et bien vite à coups de pistolets, des centaines de femmes, parmi lesquelles se trouvent des prisonnières auxiliaires des SS, sont séparées du groupe principal et dirigées vers les camions dont nous avons déjà parlé. Michèle, une infirmière française, parvient à « sauver » deux détenues avant d'être elle-même « invitée » par un SS ostentatoirement poli, à rejoindre le camion des femmes qui vont mourir[25]. Cette dernière scène, qui marque également le terme de la première partie du film, est une évocation de la fin d'Anne-Marie Épaud, dite « Annette », le 22 février 1943. Dans le camion qui la mène aux crématoires, Annette (Michèle dans le film) entonne *La Marseillaise*, hymne révolutionnaire bientôt repris par le chœur des femmes condamnées.

Après un fondu au noir qui marque la deuxième partie du film, Martha prend une nouvelle dimension en devenant le personnage moteur d'une action de résistance : il s'agit d'organiser sa fuite et celle d'un détenu, afin de témoigner à l'extérieur des conditions de détention à Birkenau. Entre temps, le spectateur aura pu assister à l'arrivée d'un nouveau transport d'enfants immédiatement conduits à la chambre à gaz ; il aura également découvert les amoncellements du « Canada[26] », filmés en un interminable travelling, qui conduit assez naturellement au quartier des officiers SS dans lequel se déroulent des soirées mondaines assez luxueuses.

---

(25) Pour une interprétation de la « politesse » caractéristique du SS, élément récurrent de sa représentation cinématographique, on pourra se référer à André Comte-Sponville, *Petit Traité des grandes vertus*, Paris, PUF, 1995, p. 15-17.

(26) Il s'agit comme on sait des énormes magasins de Birkenau où étaient stockés les biens dérobés aux déportés.

Un épisode en particulier mérite de retenir l'attention : il s'agit de la visite longuement préparée d'une commission de la Croix-Rouge chargée de s'assurer des conditions sanitaires de la détention, épisode qu'on reverra parfois dans les films sur les camps[27]. Eugenia y voit l'occasion d'une tentative désespérée : elle dira la vérité aux membres de la commission peu enclins à l'entendre, ce qui lui vaudra la torture et la mort. C'est « maîtresse Lalunia », une femme méprisable, qui, s'étant fait passer pour médecin, la remplace au *Revier*. Elle utilise à son seul profit les rares produits pharmaceutiques, trafique avec les *Blockältesten* et les *blockova*, et finit par dénoncer ses camarades en entraînant la mort de l'infirmière Anna[28].

La fuite des deux détenus provoque des mesures punitives qui visent la population entière du camp et l'on retrouve, lors d'une des dernières scènes, quelques milliers de déportées à genoux, les bras en l'air, dans la boue. Martha et Tadek, son compagnon, ont été rattrapés par les SS. L'homme est torturé à mort et Martha promise à la pendaison. Elle parvient pourtant à décider elle-même de son sort, se rebelle contre le commandant du camp qu'elle gifle à toute volée et met fin à ses jours, en se coupant les veines sur le gibet tandis qu'une escadrille de bombardiers américains (?)[29] apparaît dans le ciel et sème la panique dans les rangs des soldats allemands.

IDÉOLOGIE

L'inspiration militante de ce dernier plan condamne-t-elle tout entière la seconde partie du film ? N'y a-t-il pas quelque excès à la réduire à « une pure vision orthodoxe communiste du camp[30] » ?

---

(27) La visite de la « Commission internationale » forme un épisode de *La Passagère* (A. Munk, 1963) et ses préparatifs donnent lieu à une séquence terrible dans un film d'Alfred Radok, sorti en 1950, *Daleka Cesta (La Longue Route),* qui se situe à Terezin.

(28) Le *Blockaltester* est le chef de block (baraque) et il appartient à la hiérarchie des détenus, la *Blockova,* est la détenue chef du block.

(29) Américains, si l'on en croit les souvenirs de Wanda Jakubowska, souvenirs bien flous cependant un demi-siècle plus tard puisque les fameux « bombardiers » ne sont nullement « en piqué » comme elle le rapporte pourtant à son interlocuteur... Cf. Stuart Liebman, « Entretien avec Wanda Jakubowska », *loc. cit.,* p. 113.

(30) Annette Wieviorka, *Déportation et génocide*, *op. cit.*, p. 305.

De fait, c'est au centre du film, après l'annonce de la victoire de Stalingrad, que la plupart des commentateurs ont cru déceler une rupture qui ne nous semble pas aussi nette à l'analyse. D'abord parce que l'évocation des événements quotidiens de la vie du camp n'a pas cessé après la victoire des troupes soviétiques dont l'annonce réjouit un temps les femmes du *Revier*. Nous l'avons dit, les plans suivants mettent en scène avec une très grande sobriété l'arrivée d'un nouveau convoi essentiellement composé de très jeunes enfants qui, sagement, sont conduits vers la chambre à gaz. C'est dans cette seconde partie encore que sont évoqués les immenses stocks de fournitures confisquées aux déportés, en une perspective métonymique qui inspirera nombre de films postérieurs. Quant à l'action de résistance qui viendrait « dénaturer », voire « pervertir » le récit filmique, selon les mots d'Ilan Avisar, il convient de ne pas oublier qu'elle est essentiellement destinée à briser le secret, à diffuser à l'extérieur, au prix de tous les sacrifices, la nouvelle de l'extermination[31]. Rappelons-nous que les personnages de Michèle, d'Eugenia, de Martha, de Tadek..., trouvent la mort pour avoir voulu porter témoignage. Le film de Wanda Jakubowska n'a pas d'autres raisons d'être. De plus, cette scène centrale n'est pas construite, selon nous, en liaison directe avec la précédente : les chants révolutionnaires russes et polonais ne répondent pas exactement aux paroles de *La Marseillaise* entonnée par les femmes que l'on conduit à la mort[32]. Il revient en réalité à une vieille déportée d'établir, dans un certain silence, le lien entre deux postulations.

Après le fondu au noir qui accompagne le départ des camions dans la profondeur de champ, vers un horizon sur lequel se dessinent les hautes cheminées fumantes des crématoires, on entend d'abord la litanie d'une oraison, reprise en chœur par les prisonnières agenouillées de part et d'autre des châlits, tandis qu'un mouvement panoramique horizontal dévoile lentement le visage d'une vieille femme en prière, filmée en plongée en plan resserré. Un jeu assez subtil de montage déplace alors rapidement l'attention vers un groupe de trois détenues plus jeunes, que le champ contrechamp nous invite à regarder, en contre-plongée cette fois, avec les yeux de la plus

(31) Ilan Avisar, *Screening the Holocaust, op. cit.*, p. 38.

(32) *Ibid.*, p. 36, ainsi qu'Annette Wieviorka, *Déportation et génocide*, *op. cit.*, p. 305.

vieille. Il s'agit, pour chacune d'entre elles, d'opposer une réaction à la séparation et à la mort. Les chants révolutionnaires, bientôt suivis de pas de danse endiablés, rythmés par le battement des mains de toutes les déportées, ne se résument pas à la propagande. La vieille femme a finalement interrompu sa prière et rejoint le groupe des résistantes ; elle se prend, elle aussi, à battre des mains, mais sa défection ne signe pas simplement la victoire du parti : elle entérine surtout le silence de Dieu.

Ce qui tempère l'enthousiasme des critiques, c'est la banalisation de l'action qu'entraîne la représentation d'actes individuels de résistance et l'on sent bien que la fragmentation des intrigues de la première partie leur semble plus conforme à la réalité concentrationnaire que la construction plus édifiante de la seconde. L'auteur pouvait-elle l'éviter ? Plutôt que de lui reprocher sa supposée soumission au discours idéologique dominant dans l'Europe de l'Est de 1947, il serait plus juste de souligner que *La Dernière Étape* apparaît précisément à un certain moment de l'Histoire : que son intérêt réside aussi dans les tiraillements entre ce que Wanda Jakubowska voudrait ou pourrait dire et ce qu'elle peut effectivement montrer, entre ce qu'on croit savoir des camps, alors comme aujourd'hui, et ce que la cinéaste, elle-même ancienne déportée « privilégiée » et résistante communiste, est capable de formuler en images. Car sa volonté de porter témoignage ne saurait sérieusement être remise en doute.

Si l'analyse du film ne suffisait pas, s'il fallait encore convaincre de la sincérité des intentions de la cinéaste, on renverrait à l'étude de Hanno Loewy[33] qui a recherché les documents disponibles à la filmothèque Narodowa de Varsovie où sont conservées les archives de la compagnie *Film Polski*. Il apparaît que Wanda Jakubowska a eu les plus grandes difficultés à imposer son projet. Le directeur artistique de la compagnie, Jerzy Bossak, aurait de son propre aveu plus volontiers confié son scénario[34] à un Fritz Lang, un Pabst ou un Aleksander Ford ! Son sujet n'était pas, selon lui, de

---

(33) Hanno Loewy, « The Mother of All Holocaust Films ? Wanda Jakubowska's Auschwitz trilogy », *Historical Journal of Film, Radio and Télévision*, vol. 24, n° 2, 2004, p. 179-204.

(34) Précisons que la première version du scénario a été déposée dès le mois de décembre 1945.

nature à intéresser un public polonais qui avait lui-même tant souffert... On sait aujourd'hui que le responsable politique en chef du studio, Adam Wazik, a demandé de profondes modifications de scénario en mai 1946 : pour lui, en effet, les atrocités commises contre les femmes et les enfants juifs étaient insupportables pour le public, il fallait ménager dans le film un espace de « soulagement ».

Les membres de la commission artistique discutent encore du scénario en 1946 et 1947 : le film doit véhiculer un message politique plus net et expliciter les enjeux de la résistance. Pour la réécriture, on tente d'imposer à la cinéaste l'assistance de Georg C. Klaren, scénariste et monteur chef de la DEFA, personnage « hitlérien » selon Jakubowska qui refuse son concours. Les changements dans le scénario consistent donc à ce stade à supprimer les passages qui relataient l'histoire d'Helena avant sa déportation, mais surtout à souligner l'activité de la résistance, et ses rapports avec la résistance extérieure. Dans le même esprit, il lui est demandé de développer le rôle d'Eugenia, le médecin russe, et de lui faire revêtir celui de martyre de sorte que le personnage de la juive Martha ne soit pas la seule martyre du film ! On lui impose encore de terminer le film sur une note plus dramatique, d'où la panique qui s'installe dans les rangs des SS à l'arrivée des bombardiers. L'un des membres de la commission, Tadeusz Holuj, lui demande même de ne pas signaler la judéité des déportées qui arrivent au camp, de ne les représenter qu'en tant qu'« êtres humains », histoire de ne pas laisser entendre que la catastrophe concerne en priorité les Juifs. Mais encore une fois, Wanda Jakubowska s'y refuse et la judéité des victimes ne sera pas gommée dans *La Dernière Étape*.

DES PERSONNAGES

Martha meurt donc en héroïne dans les bras d'Helena à qui elle adresse ses dernières paroles : « Ne laissez plus jamais Auschwitz se répéter ». Mais il serait inexact selon nous de considérer l'une ou l'autre femme comme les personnages principaux d'un film dans lequel le groupe prime naturellement sur l'individu et qui glorifie bien plutôt les héros collectifs. Annette Wieviorka, se fondant notamment sur la première séquence qui représente une rafle à Varsovie, considère Helena comme une héroïne traditionnelle dans la mesure où le film « s'ouvre comme la grande majorité des récits écrits » sur son arrestation[35]. Mais si l'historienne est l'une des très rares à avoir mené une analyse suivie du film, il semble qu'elle ait d'abord travaillé sur le scénario polonais traduit à son intention ; nous nous attachons ici aux images.

La première scène, d'une durée de trente-cinq secondes environ, n'a en fait absolument rien de traditionnel, bien au contraire ! Il s'agit d'abord, chose extrêmement rare pour l'époque, d'un pré-générique, procédé narratif qui ne sera systématisé que dans les années 1960, avec la série des James Bond... Il faut donc commencer par reconnaître et par apprécier la grande modernité du parti pris de réalisation qui nous plonge avec brutalité dans l'action. D'autant qu'il s'agit d'un plan-séquence particulièrement précipité : les personnages ne restent pas immobiles plus d'une seconde, ils tournent ostensiblement le dos à la caméra, évoluent rapidement dans la profondeur du champ, tentent de se soustraire aux regards des soldats nazis et, partant, aux yeux des spectateurs, ne sont jamais filmés en gros plan ; la caméra elle-même a quelque difficulté à les suivre en dépit de son rapide mouvement panoramique. Il s'ensuit que l'identification du personnage féminin, par ailleurs à demi dissimulé par son foulard, est particulièrement hasardeuse. Et la force cinématographique de cette entrée en matière réside aussi dans son aptitude à traduire la perte des repères et à faire partager le sentiment du désarroi. La caméra nous place en position de témoin impuissant et sidéré d'un drame qui se joue pourtant à notre portée. Nous ne pourrons donc pas « reconnaître », plus tard, le personnage dans la masse des détenues à l'appel.

On a beaucoup admiré la mise en scène des foules telle qu'elle apparaît à l'écran, en particulier au moment de ces appels interminables. Tel est l'avis de la plupart des journalistes qui, à l'instar de Michel de Saint-Pierre, sont frappés par ces images rendant si poignant « le balancement mortel de deux mille femmes épuisées, [...] restées debout toute une journée dans l'humidité glaciale du novembre allemand[36] ». Les commentateurs sont également sensibles à « cette foule de visages féminins restant beaux

(35) Annette Wieviorka, *Déportation et génocide*, *op. cit.*, p. 301

(36) Michel de Saint-Pierre, « La Dernière Étape », *Témoignage Chrétien*, 20 octobre 1942.

dans les pires souffrances, gardant, malgré tout, la flamme intérieure de l'espoir, qui sont admirablement choisis et photographiés[37] ».

Nous aurons à revenir sur les conséquences d'une telle esthétisation de la douleur ; relevons pour l'instant que ces données cinématographiques ne sont peut-être pas uniquement caractéristiques du travail de la cinéaste mais concernent également son chef opérateur, Boris Monastyrski, dont l'imposante présence sur le tournage avait fortement impressionné la jeune Huguette Faget. Formé à l'école de Dziga Vertov, pour qui il filme *Trois Chants pour Lénine* (1934), il est ensuite responsable de l'image pour le film de Gustav von Wangenheim, *Borzi* (*Les Combattants*)[38], film antifasciste de l'agit-prop, réalisé en 1935-36 par une équipe très cosmopolite (le réalisateur allemand qui incarnait le jeune Thomas dans le *Nosferatu* de Murnau avait fui le nazisme et trouvé refuge à Moscou, Joris Ivens participa au scénario…), et présent, en 1944, sur le plateau de *Raduga* (*L'Arc-en-ciel*) de Mark Donskoï. Ce dernier film, qui raconte la vie d'un village ukrainien sous l'occupation allemande, avait déjà séduit la critique par ses mouvements de foule, la photographie des visages, son caractère à la fois artistique et réaliste. Mais on aurait tort de n'y voir qu'une réalité documentaire comme le signale Jean Mitry : « Foncièrement réaliste, *L'Arc-en-ciel* l'est à la manière des grands films soviétiques : c'est une réalité transposée, stylisée, dont la composition et les recherches plastiques rejoignent parfois celles de l'expressionnisme[39]. »

LA QUESTION DU « RÉALISME »

« Foncièrement réaliste », la formule vaut encore pour le film de Wanda Jakubowska qui n'aurait pas pu se concevoir autrement. La cinéaste est cependant la première à souligner qu'en cette matière, l'univers figuré dans *La Dernière Étape* est très en dessous de la vérité vécue par les détenues. Ce que ne manqueront pas de rappeler diverses personnalités parmi

---

(37) Article signé O. D. « La dernière Étape », *Le Soir de Bruxelles*, 28 janvier 1949.

(38) Sur *Les Combattants*, cf. Aïcha Kherroubi (dir.), *Le Studio Mejrabpom ou l'aventure du cinéma privé au pays des bolcheviks*, Paris, La Documentation française, RMN, 1996, et Günter Agde, *Kämpfer. Biographie eines Films und seiner Macher*, Berlin, Das Neue Berlin, 2001.

(39) Jean Mitry, *Histoire du Cinéma, Art et Industrie, V, Les années quarante*, Paris, Jean-Pierre Delarge, 1980, p. 103.

les anciens déportés présents salle Pleyel. Cette précision sera assez systématiquement reproduite dans la presse, parfois avec une note d'effroi.

Adoucir la réalité, faire en sorte que le film reste « visible » et pour cela ne pas refuser l'euphémisme, tel fut le parti qu'adoptèrent finalement la réalisatrice et sa coscénariste et que la première ne cessera de revendiquer. Que cette décision ait été « difficile à prendre », comme elle le reconnaît elle-même volontiers, un document iconographique conservé aujourd'hui à la Bibliothèque du Film pourrait en témoigner : il s'agit d'une photo de plateau représentant la maquette de cadavres squelettiques particulièrement convaincants, entassés dans une sorte de charrette – amoncellement qui n'est pas sans rappeler les images des montagnes de corps de Bergen-Belsen visibles dans les actualités de l'époque[40].

Ces corps livides n'apparaissent pas dans le montage final, ils ne furent pas même filmés : la maquette fut finalement écartée, *in extremis*. Le souci affiché par la cinéaste de ne pas céder aux tendances « naturalistes » s'affirme peut-être moins au stade du scénario qu'à celui du tournage. Ce faisant, elle s'efforce également de substituer à ces images-écran des charniers – qu'avec d'autres, le documentaire de Resnais et Cayrol continuera à véhiculer –, celles, fictives mais aussi « authentiques » que possible, du quotidien de la vie des camps. Les commentateurs les plus avisés comprendront la portée de l'enjeu.

> Jusqu'à présent le cinéma n'avait contribué à cette enquête atroce et nécessaire que par les documents pris, tantôt par les Soviétiques, tantôt par les Américains, lors de la libération de Maïdanek ou de Buchenwald. Cette lacune vient d'être comblée…[41]

Quant à l'effort d'atténuation dont la réalité est l'objet, des anciens déportés, parmi les spectateurs, sauront gré à la cinéaste de ce qu'ils consi-

(40) Cf. par exemple *Les Camps de la mort*, documentaire commandité par le ministère de l'Information en mai 1945 et diffusé par les *Actualités françaises*, et qui présente des images tournées par des opérateurs britanniques dans le camp de Belsen.

(41) Denis Marion, *loc. cit*

dèrent comme une indispensable précaution. C'est que les témoignages qui ont de multiples et complexes implications doivent impérativement être mesurés aux effets qu'ils peuvent induire sur les survivants. À plusieurs reprises, Primo Levi a évoqué le profond sentiment de honte qui ne cessait d'assaillir les détenus, et qui devait les poursuivre, bien après leur libération.

> C'était la même honte que nous connaissions bien, celle qui nous accablait après les sélections et chaque fois que nous devions assister ou nous soumettre à un outrage : la honte que les Allemands ignorèrent, celle que le juste éprouve devant la faute commise par autrui, tenaillé par l'idée qu'elle existe, qu'elle ait été introduite irrévocablement dans l'univers des choses existantes et que sa bonne volonté se soit montrée nulle ou insuffisante et totalement inefficace[42].

Cependant, ce sentiment ne concerne pas que « le juste », comme voulait encore le croire l'écrivain en 1947. Revenant, quarante ans plus tard sur cette lancinante question, Primo Levi reconnaît que « le sentiment de honte et de faute qui coïncidait avec la liberté reconquise était fortement composite : il contenait en lui des éléments différents et en proportions variables selon les individus[43] ». Il était certes directement lié à ce qu'ils avaient enduré, « la saleté, la promiscuité, l'abaissement », mais tenait particulièrement au fait qu'ils avaient beaucoup moins souffert de ces conditions de vie indignes qu'ils n'auraient « normalement » dû le faire « parce que [leur] mètre moral avait changé ». Il pouvait aussi participer du sentiment « de n'avoir rien fait ou pas assez contre le système dans lequel [ils avaient] été engloutis », de la certitude qu'ils n'auraient pas dû survivre :

> Je me sentais certes innocent, mais enrôlé parmi les élus, et pour cette raison à la recherche permanente d'une justification, à mes yeux et à ceux des autres. Les pires survivaient, c'est-à-dire les mieux adaptés, les meilleurs sont tous morts[44].

---

(42) Primo Levi, *La Trêve*, traduit de l'italien par Emmanuelle Genevois-Joly, Grasset, 1966, Paris, p. 14.

(43) Primo Levi, *Les Naufragés et rescapés*, *op. cit.*, p. 73.

(44) *Ibid.*, p. 81.

Et ce trouble, qui ne doit certainement pas être interprété comme le signe de la victoire des bourreaux mais bien plutôt comme l'expression de la plus haute exigence morale, trahit certainement une émotion plus large encore, universelle, qui est pour l'écrivain une manifestation de « la honte du monde » :

> Cela ne pourrait plus jamais être lavé ; cela montrerait que l'homme, le genre humain en somme : nous étions potentiellement capables de construire une masse infinie de douleur [...][45].

Le point de vue de la psychanalyste Anne-Lise Stern, elle-même ancienne déportée à Birkenau, semble sur ce sujet à la fois plus terrible et finalement moins désespéré :

> Chaque sujet-déporté, réellement, témoigne de ça, de cette loque qu'il était devenu. Mais quand il témoigne, cette loque, il ne l'est plus[46].

On sait bien désormais que l'image qu'un film de fiction portant sur la Shoah choisit de donner des déportés se doit, plus que tout autre, d'être très rigoureusement pensée, d'être composée avec un scrupule tout particulier. Pour reprendre l'heureuse formule de Jean Michel Frodon, la question de la mise en scène a bien été « portée à incandescence par le caractère extrême de la Shoah[47] ». Il s'agit ici tout naturellement d'éviter le piège de la « déshumanisation des victimes » qui, éthiquement, constituerait un terrible contresens : seuls les bourreaux se sont exclus de l'humanité[48]. Mais il faut également, et pour plusieurs raisons rendues bien compréhensibles depuis Rivette, s'abstenir de rendre la souffrance par trop

---

(45) *Ibid.*, p. 85.

(46) Anne-Lise Stern, « Sois déportée...et témoigne ! Psychanalyser, témoigner : *double-bind* ? » in Annette Wieviorka et Claude Mouchard (dir.), *La Shoah : témoignage, savoirs, œuvres*, Paris, Presses Universitaires de Vincennes, 1999.

(47) Cf. Jean-Michel Frodon, « La Shoah comme discriminant esthétique », dans le présent volume.

(48) Cf. Charlotte Wardi, « Le cliché de la déshumanisation des victimes de la Shoah ou la fascination du mal », in Jean Gillibert et Perel Wilgowicz (dir.), *L'Ange exterminateur*, Bruxelles, Université de Bruxelles-Cerisy, 1993.

photogénique et se méfier de l'esthétisme.

On aura sans doute ainsi le sentiment de ménager le réel, de ne transgresser la vérité que dans le haut souci de la vraisemblance cinématographique, de demeurer, en somme, fidèle à l'histoire. Il reste pourtant quelques bonnes raisons de croire, aujourd'hui, que ces efforts sont insuffisants, même si l'on se doit de reconnaître que Wanda Jakubowska ne renonce pas à tenter de dire l'indicible. Son film est, selon nous, continûment travaillé par cet impératif.

C'est ce que vient corroborer un certain nombre de choix de réalisation. La durée relativement longue des plans tout d'abord, qui permet en quelque sorte d'enraciner les personnages dans la réalité matérielle et spatiale du camp. Wanda Jakubowska préfère le plus souvent accompagner avec la caméra le mouvement des protagonistes qui s'en trouvent ainsi comme alourdis, accablés, voire étouffés, plutôt que de briser, par un montage trop rapide des plans, le continuum de la souffrance[49].

L'usage de la profondeur de champ ensuite : dans un assez grand nombre de scènes extérieures, au matin, lors du départ au travail ou au moment des sélections, ce qui se déroule au second plan (courses éperdues des prisonnières, scènes de brimades, de persécutions, de meurtres), et que le choix focal permet de toujours distinguer, finit par envahir l'écran et constituer l'essentiel d'un « spectacle » que, telle la chef de l'orchestre du camp, nous ne pouvons décidément pas nous résoudre à regarder en face. Dans son film inachevé *La Passagère* (1963), en procédant de façon analogue à ce montage dans le plan, Andrzej Munk saura se souvenir de cette leçon.

Le traitement des personnages secondaires enfin, toujours identifiables et pourtant sans identité – qu'on pense à la jeune tsigane

(49) Dans l'entretien de 1997, d'une tonalité générale un peu provocatrice – et éloigné d'un demi-siècle de la réalisation –, la cinéaste prétend s'être quelque peu désintéressée de son matériau en donnant des indications à « un (?) jeune monteur ». En réalité, ce travail est assuré par Róża Pstrokońska, à qui l'on doit également le montage du célèbre *Zakazane piosenki* déjà cité, et qui conservera la pleine confiance de Jakubowska puisque cette dernière lui confiera plus tard le montage de *Spotkania w mroku*...

constamment affamée ou à sa compagne juive qui lui tend son dernier quignon – qui marquent la première partie du film de leur présence muette, et, bientôt, de leur absence.

Il semble ainsi qu'un mode de relation particulier nous rattache à la plupart des protagonistes, et le film trouve là sa grande originalité. Certes, on peut bien suivre le parcours de Martha Weiss, dont l'histoire rapportée dans la seconde partie du film est directement inspirée de celle de Mala la Belge (Mala Zimetbaum)[50], celui de la Française Michèle, d'Anna l'Allemande, de Nadia la Polonaise… mais on aurait tort d'interpréter ces péripéties comme autant d'éléments d'une improbable martyrologie[51]. Leur statut est d'abord celui que leur confère la caméra et que détermine la distance qu'elle instaure entre le spectateur et la scène qu'elle lui présente.

REGARDS

De ces personnages qui ne sont pas loin d'être encore des personnes et qui entretiennent de ce fait avec la diégèse un rapport si problématique, nous sommes à la fois proches et lointains. Il est vrai que la caméra, située de préférence à hauteur d'homme et tendant à nous associer aux protagonistes, et le cadrage, qui privilégie le plus souvent les plans resserrés, notamment dans les scènes d'intérieur qui transforment un temps le *Revier* en un refuge très illusoire, font de *La Dernière Étape* un film terriblement intimiste, la dernière station de l'humain. Mais le spectateur ne peut se départir de l'idée que, très vite, ces personnages féminins nous échappent, que dès leur entrée dans le camp un fil s'est brisé, non pas tant peut-être entre elles et nous qu'entre leur univers, leur « planète », et le monde que nous connaissons. Le film n'aurait pas d'autre ambition que de renouer ce lien perdu.

---

(50) La version que propose Primo Levi, qui « voudrait que l'on conserve sa mémoire », est très semblable à celle du film. Primo Levi, *Les Naufragés et rescapés*, p. 152-153.

(51) Comme semble le faire Ilan Avisar, par exemple, en comparant, non sans excès selon nous, les stratagèmes de Martha aux ruses d'un Errol Flynn dans un film de guerre hollywoodien. Au fond, ce qui choque les observateurs, ce n'est pas tant l'invraisemblance des scénarios (les déportés ont bien dû en passer par la ruse quand il s'agissait d' "organiser" quelque chose) que le fait qu'on ne puisse accorder le même regard, c'est-à-dire le même sens, à ces actes dès lors qu'ils s'accomplissent au sein des camps. Cf. Ilan Avisar, « The Holocaust as Narrative : Story and Character in the Representation of the Concentration Universe », *in* Yehuda Bauer *et al.* (dir.), *Remembering for the Future, op. cit.*, vol. 3, p. 2313.

Comment cet écart est-il figuré à l'écran ? Peut-être précisément par le truchement des regards. On est en effet frappé, à la projection, par l'extrême rareté des regards de front : les personnages du film de Wanda Jakubowska fixent le plus souvent le hors-champ, et semblent observer intensément ce qui ne nous est pas donné à voir. À la fuite de leur regard pourrait correspondre notre propre cécité. Les yeux de Martha Weiss par exemple, dès sa sortie du wagon, s'orientent vers la partie supérieure du cadre de l'image et les champs contrechamps seront toujours construits dans cette intention. Les esprits chagrins pourront ne voir ici qu'un avatar des conventions d'un cinéma stalinien qui aspire, par-delà la ligne d'horizon, aux lendemains que l'on sait. Mais si la propagande est déjà, en 1948, une condition assez stricte de la réalisation des films, elle n'impose nullement de telles attitudes épiques, comme les films contemporains d'Aleksander Ford ou de Marc Donskoï pourraient par exemple le confirmer.

Ce parti pris de réalisation est d'autant plus remarquable qu'il n'est pas absolument systématique et que nous croisons, à l'occasion, les yeux de certains personnages, qui prennent ainsi une charge dramatique intense. Il n'est pas indifférent de relever l'identité du premier d'entre eux, qui apparaît plein cadre vingt minutes après le début du film, c'est-à-dire après vingt minutes de regards insaisissables, en ouverture d'un fondu enchaîné raccordant les fumées nocturnes des hautes cheminées des crématoires à un portrait qui semble toiser le spectateur : Adolf Hitler.

En choisissant de capter les regards des protagonistes avec tant de parcimonie, la cinéaste parvient à redécouvrir des règles de composition qui étaient celles des peintres de la Renaissance italienne et la manière de Piero della Francesca peut selon nous éclairer certaines scènes du *Revier*.

> Dans son *Baptême du Christ,* il y a un groupe de trois anges sur la gauche, qui sont utilisés en vue d'un stratagème que Piero a souvent exploité. Nous nous apercevons peu à peu que l'un des personnages fixe un regard très appuyé sur nous, légèrement au-dessus ou à côté de notre tête. Cela instaure une relation étroite entre lui et nous, et nous devenons réceptif à

ce personnage et à son rôle. Il est un quasi *festaiuolo*[52]. Ce rôle est toujours un rôle mineur, tenu par un ange secondaire ou une dame d'honneur, mais en relation étroite avec d'autres personnages semblables. [...] À tour de rôle nous balançons entre la vue frontale du spectateur et la relation personnelle de l'acteur avec le groupe [...] de telle sorte que nous avons une expérience composite de l'événement[53].

Si les personnages principaux du récit paraissent détourner ostensiblement leur tête de l'objectif de la caméra, si l'appréhension de leur regard nous est invariablement refusée, il n'en va pas de même des déportées de l'arrière-plan. Dans plusieurs scènes tournées à l'infirmerie, alors que les femmes engagées directement dans l'action persistent à faire abstraction de la caméra en évitant ostensiblement que leur regard ne croise son champ, ce sont les malades, allongées à plusieurs sur un même châlit, qui viennent comme transpercer la toile de l'écran en nous fixant intensément. Cette remarque vaut également pour l'épisode de la « sélection », qui marque la fin de la première partie, et au cours duquel nous pouvons encore croiser le regard de quelques-unes de ces femmes juives qu'un caprice de l'*Oberaufseherin* va envoyer à la chambre à gaz. On peut d'ailleurs noter que ces regards frontaux, quasiment absents de la première partie du film, sont plus fréquents par la suite. Ils interviennent alors que les détenues s'engagent dans une action de résistance, et deviennent de règle dans les dernières minutes du film alors que la population du camp au grand complet est agenouillée les bras en l'air dans la boue. Là, ce sont successivement les regards des prisonnières et ceux de leurs bourreaux qui nous sont donnés à percevoir, de plein fouet.

Pour filmer la scène finale, qui présente Martha au gibet dans un ultime face à face avec le commandant du camp, la cinéaste a recours au seul très gros plan du film et à un mouvement de caméra unique, un rapide travelling arrière, qui isole en contre-plongée les yeux tout d'abord, puis

(52) Le *festaiuolo* est un personnage qui joue le rôle du chœur dans les représentations du théâtre religieux florentin du XVe siècle. Il agit comme intermédiaire entre le spectateur et les événements représentés et attire l'attention en désignant l'action centrale. Sa présence est recommandée par Alberti dans son fameux traité *Della Pitura*.

(53) Michael Baxandall, *L'Œil du Quatrocento*, Paris, Gallimard, 1985, p. 119.

le visage magnifié de la condamnée et, cette fois, vivement, son regard nous pénètre car nous pouvons enfin l'affronter. Mais ne nous y trompons pas. En plongeant enfin ses yeux dans les nôtres, Martha Weiss ne cherche pas à retrouver son humanité : elle ne l'avait jamais perdue. En refusant tout au long du film de saisir les visages de face, au-delà des conventions qui font du quatrième plan une zone infranchissable, la caméra de Wanda Jakubowska ne cherche évidemment pas à dénier à chacun des personnages sa condition de sujet : c'est à nous, spectateurs, qu'elle la dispute en nous ramenant à notre juste place. En général, le regard caméra n'est pas seulement une interpellation du public, le signe feint d'une transgression, la condition d'un contrechamp de la caméra que l'on qualifie précisément alors de « subjective ». Le personnage regardé induit un sujet qui le regarde. Or, nous ne sommes pas sujet, parce que nous ne sommes pas à proprement parler témoins et que, dans une trop large mesure, il n'y eut pas de témoins.

Il revenait bien à Martha *l'interprète,* que sa bonne connaissance des langues, que ses grandes capacités de traductrice devaient, un temps, épargner, de conserver le dernier mot. La traduction, la transmission demeure le problème central d'un film qui parle précisément toutes les langues. Encore devra-t-on s'entendre sur ce que l'on veut transmettre, à commencer par l'identité des victimes.

DES VICTIMES

Le film de Wanda Jakubowska est-il suspect d'ambiguïté pour ce qui est de l'origine juive de l'immense majorité des déportées ? Telle est, on l'a vu, l'objet de certaines critiques. Faisant allusion à l'arrivée du convoi dans lequel se trouve Martha Weiss, croyant remarquer qu'aucun signe distinctif ne permet d'identifier ses compagnons de voyage, Annette Wieviorka, par exemple, signale alors que « Le film peut laisser croire de façon ambiguë, que la sélection, réservée aux seuls Juifs, était le lot de tous ceux qui arrivaient à Birkenau[54] ».

À revoir le film aujourd'hui, on aurait plutôt le sentiment qu'il est l'un des très rares à mentionner clairement cette réalité. Selon nous, la scène

(54) Annette Wieviorka, *Déportation et génocide*, *op. cit.*, p. 303.

en question ne laisse planer aucun doute et de très nombreuses étoiles jaunes cousues sur les vêtements des déportés sont clairement visibles à l'écran. Reprocherait-on à la cinéaste de ne pas les avoir exhibées davantage ? Ce serait mal connaître les règles de la représentation cinématographique selon lesquelles toute systématisation risque d'être perçue comme outrancière, caricaturale, grotesque. Imagine-t-on l'effet que pourraient produire deux mille cinq cents personnes aux deux mille cinq cents étoiles épinglées[55] ? Deux mille cinq cents, c'est bien le chiffre que le soldat SS annonce à son *Hauptsturmführer* en ces termes : « Ein Transport von zweitausendfünfhundert Juden *beim ausladen !*[56] »

Et ce sont également des femmes juives – le dialogue ne laisse, là encore, aucun doute à ce sujet – que l'*Oberaufseherin*, blonde et jolie Walkyrie[57], destine à la chambre à gaz et qu'elle exige de ce fait à ses subordonnées assignées à l'appel. On pourrait multiplier les exemples : dans la première partie du film, la séquence qui précède immédiatement celle du départ au travail met en scène, comme nous l'avons dit plus haut, des architectes et le gratin des officiers SS du camp qui établissent ensemble les plans des futures usines de mort. Là encore, le dialogue évoque clairement les ennemis « raciaux » du Reich et le mot « juif » est de nouveau prononcé, sans ambiguïté. Ce qui risquerait d'être indéterminé à l'image se trouve donc régulièrement confirmé par le discours.

Ce décompte macabre de l'horreur serait déplacé ou indécent si l'on oubliait qu'immédiatement après la guerre, de nombreux facteurs ont concouru à occulter le génocide des Juifs comme tels et notamment en Pologne où les victimes étaient, *rétrospectivement* – on n'insistera jamais assez sur le mot – considérées comme polonaises, et plus généralement

(55) Quelque cinquante années plus tard, Steven Spielberg se verra confronter à un dilemme de même nature et finira par renoncer à faire figurer à l'image les « étoiles de toutes les couleurs » (elles différaient en effet suivant la région de Pologne dont les Juifs étaient originaires – « rouges, jaunes, bleues, parfois bicolores rouge et bleu, jaune et blanc »), en estimant que le « procédé frôlait le *gimmick* ». Danielle Heymann, Henri Behar, Steven Spielberg, « Un entretien avec Steven Spielberg », *Le Monde*, 22 février 1994.

(56) Un transport de deux mille cinq cents Juifs à décharger. Nous soulignons.

(57) Le personnage aura vraisemblablement été inspiré par la criminelle Irma Grese.

dans le bloc de l'Est où elles n'étaient l'objet de commémorations qu'en tant que résistantes communistes. L'inquiétude de l'historien n'en est que plus légitime. Mais il nous semble précisément qu'en cette matière, la cinéaste et son amie scénariste qui participe activement au tournage, Gerda Schneider, elle-même d'origine juive, ont fait preuve d'honnêteté et de courage. Ces « révélations » ne coïncident pas avec le discours officiel et il est vrai qu'elles exigent, pour être perçues, une certaine attention de la part du spectateur. Le censeur aura pu, quant à lui, se satisfaire du sous-titre du générique préliminaire, sans doute plus orthodoxe et dont il est permis de croire qu'il n'a pas nécessairement été rédigé par les auteurs :

> Ce film, basé sur des événements authentiques, ne représente qu'une petite partie de la réalité du camp de concentration d'Auschwitz. Nous rappelons qu'à Auschwitz, furent mis à mort et exterminés plus de quatre millions d'hommes, de femmes et d'enfants en provenance de tous les pays d'Europe occupés par les nazis[58].

Ce texte assez conventionnel, qui substitue le toponyme d'Auschwitz à celui de Birkenau, ne mentionne en effet aucunement l'origine des victimes alors que 90 % d'entre elles étaient juives[59]. Mais l'analyse du film atteste que les auteurs n'ont pas du tout cherché à masquer cette évidence et que la spécificité du crime nazi paraît paradoxalement beaucoup plus lisible dans ce film polonais de 1947 que dans nombre de films plus tardifs tournés à l'Ouest.

On retrouverait ailleurs dans le film l'expression de telles contra-

---

(58) Annette Wieviorka rappelle que le chiffre de quatre millions de morts décrété par les Soviétiques est considéré à l'époque comme une vérité intangible. La teneur du sous-titre a pu varier quelque peu en fonction du lieu et de la date d'exploitation du film. C'est ainsi qu'en 1949, à Bruxelles on pouvait lire : « AUSCHWITZ. Auschwitz où en trois ans, de 1942 à 1944, furent massacrés CINQ MILLIONS d'hommes, de femmes, d'enfants, Belges, Français, Polonais, Russes, Anglais, Serbes, Hollandais, venus de tous les pays d'Europe occupés par les nazis, assassinés dans les chambres à gaz et brûlés dans les fours crématoires. Cinq millions. La population de Londres et de New York ». Le DVD Polart vidéo donne quatre millions et demi…

(59) Pour Auschwitz, on estime aujourd'hui le nombre total des victimes entre 1 000 000 et 1 100 000.

dictions entre ce qui apparaît comme le discours officiel, la *doxa* stalinienne si l'on veut, qui est en train de juguler le cinéma polonais, et la réalité historique que les auteurs ont subie et qu'ils se sont, très tôt, donné comme tâche de mettre sur pellicule[60]. L'un des grands intérêts de *La Dernière Étape,* ce qui lui confère également son actualité, réside probablement dans le fait qu'il est porteur de telles tensions. Le film témoigne ainsi à la fois d'une volonté de transmission et des multiples difficultés inhérentes à un tel projet. La réceptivité des destinataires n'étant pas la moindre.

TRANSMETTRE

> Voici ma sœur, quelques amis que je ne distingue pas très bien et beaucoup d'autres personnes. Ils sont tous là à écouter le récit que je leur fais : le sifflement sur trois notes, le lit dur, mon voisin que j'aimerais bien pousser un peu mais que j'ai peur de réveiller parce qu'il est plus fort que moi. J'évoque en détail notre faim, le contrôle des poux, le Kapo qui m'a frappé sur le nez et m'a ensuite envoyé me laver parce que je saignais. C'est une jouissance intense, physique, inexprimable que d'être chez moi, entouré de personnes amies, et d'avoir tant de choses à raconter : mais c'est peine perdue, je m'aperçois que mes auditeurs ne me suivent pas. Ils sont même complètement indifférents : ils parlent confusément d'autres choses entre eux, comme si je n'étais pas là. Ma sœur me regarde, se lève et s'en va sans un mot.
>
> Alors une désolation totale m'envahit, comme certains désespoirs enfouis dans les souvenirs de la petite enfance : une douleur à l'état pur, que ne tempèrent ni le sentiment de la réalité ni l'intrusion de circonstances extérieures, la douleur des enfants qui pleurent ; et il vaut mieux pour moi remonter de nouveau à la surface, mais cette fois-ci j'ouvre délibérément les yeux, pour avoir en face de moi la garantie que je suis bien réveillé[61].

---

(60) On considère généralement que le très relatif mouvement de libération du cinéma polonais s'achève en novembre 1949, au moment de l'incarcération de Gomulka, éclipse qui durera jusqu'à sa libération en octobre 1956. « Par le canal de l'Office du cinéma, le parti ouvrier exigeait des auteurs qu'ils s'engagent dans la lutte idéologique et économique (plan sexennal) et qu'ils montrent sur l'écran les héros positifs de la nouvelle Pologne. [...] l'imagination du créateur fut codifiée en paragraphes, les sujets durent être autorisés, les moyens d'expression enregistrés, les proportions mesurées »... Jerzy Plazewski, cité par Jean Mitry, *op. cit.*, p. 121.

(61) Primo Levi, *Si c'est un homme*, Traduit de l'italien par Martine Schruoffeneger, Paris, Julliard, 1987, p. 76-77.

Ce cauchemar récurrent que Primo Levi partage avec ses compagnons de déportation et qui traduit cette sourde angoisse de n'être pas entendu, à son retour, nous savons aujourd'hui qu'il était largement prémonitoire. Le silence qu'on a longtemps cru pouvoir reprocher aux survivants fut surtout la conséquence des regards détournés. Le témoignage n'était pas seulement indicible, il était, en quelque sorte, socialement imposé et d'abord inaudible. Ce qu'Elie Wiesel résumait en une profonde formule : « Ce n'est pas parce que je n'arrive pas à expliquer que vous ne comprendrez pas : c'est parce que vous ne comprendrez pas que je n'arrive pas à expliquer ».

Dans cette perspective, *La Dernière Étape* – le titre du film révélerait ici une polysémie inattendue – peut encore être perçu comme la forme ultime et aboutie d'un effort de transmission. Et pourtant, certains comme la comédienne Huguette Faget, se souviennent encore de l'accueil que le public du festival de Venise avait accordé au film. *La Dernière Étape* qui avait remporté en juillet 1948 le Grand Prix du troisième Festival International de Mariánské Lázne en Tchécoslovaquie avait en effet été présenté hors-concours à la Biennale de Venise. Le sentiment qui prévalut alors dans l'assistance fut celui de l'incrédulité. Autour d'Huguette Faget, nul ne voulait croire que cette histoire fût autre chose qu'une pure fiction.

D'autres formes de rejet sont également manifestes dans certains articles de presse qui accompagnent la sortie du film de Wanda Jakubowska. Ainsi, après avoir longuement salué les qualités du film, soulignant en particulier « sa beauté, sa sobriété, sa discrétion », et proclamant qu'« il fallait que ce film fût fait », Michel de Saint-Pierre conclut son article de *Témoignage Chrétien* par un étrange retournement concessif :

> Cependant, je ne souhaite pas que beaucoup de spectateurs voient *La Dernière Étape*. Nous sommes chrétiens avant d'être justiciers, mais rien n'est plus difficile que de déterminer les limites exactes de la juste colère[62].

En somme, pour le lecteur catholique de 1948, il serait préférable de ne pas trop savoir. Si cet appel à la cécité volontaire est aussi une

(62) Michel de Saint-Pierre, *loc. cit.*

forme très détournée de l'éloge, une reconnaissance de l'efficacité de ces images qui marquent (trop) profondément le spectateur, il constitue surtout une paradoxale mise en garde : il y aurait un haut degré de la souffrance humaine et de la barbarie que le véritable chrétien devrait accepter d'ignorer sous peine de sombrer dans la colère. À telle miséricorde… péché !

L'argument, qui paraît bien spécieux, a toutes les apparences d'un alibi, d'une défense. Jean de Bongnie stigmatise au contraire ceux qui « discutent de l'opportunité de rappeler les images d'un camp de concentration » et en appelle précisément aux Chrétiens car le film doit nourrir, à toutes les messes, le « mémento des morts[63]. » L'ensemble de la critique de l'époque partage plutôt ce point de vue. Denis Marion considère quant à lui que les scènes « qui nous montrent les différents types de prisonnières et de kapo sont d'une vérité criante : elles possèdent même cette qualité exceptionnelle pour une œuvre d'art : la minimisation[64]… », ce que confirment les journalistes de *L'Aurore*, ou des *Lettres Françaises* sensibles au choix de la cinéaste qui se refuse à tout montrer car « la réalité dépassait encore les images du film[65]. »

La lecture des comptes-rendus critiques contemporains de la sortie de film fait cependant ressortir un fait qui peut légitimement paraître aujourd'hui fort troublant : il ne se trouve aucun journaliste pour préciser que la sélection, la chambre à gaz, qu'ils évoquent pourtant volontiers, était le sort que les nazis réservaient aux seuls Juifs et, dans les articles européens que nous avons pu consulter, le mot « juif » lui-même n'est jamais utilisé[66] ! Doit-on imputer ce non-dit aux « silences » de la cinéaste ou à l'aveuglement des spectateurs français de l'époque ? Si l'on traverse l'Atlantique, on pourra recueillir un avis plus éclairé. Pour Bosley Crowther, par exemple, critique du *New York Times* en 1949, il ne fait aucun doute

(63) Jean de Bongnie, *loc. cit.*

(64) Denis Marion, *loc. cit.*

(65) Claude Lazurick *L'Aurore*, 26 septembre 1948 ; *Les Lettres Françaises*, 23 septembre 1948.

(66) *Le Soir de Bruxelles, Témoignage Chrétien, La Métropole, Les Lettres Françaises, Combat, L'Aurore.*

que le premier convoi dans lequel a pris place Martha Weiss est constitué de déportés *juifs*[67].

Il y aurait ainsi toutes les raisons de croire que la singularité du génocide, le fait qu'il visait spécifiquement les populations juives de l'Europe, ne commence à prendre forme dans la conscience collective qu'à l'aube des années 1960[68]. Mais si l'historien peut apporter la preuve tangible de cette éclipse de la mémoire, il doit, selon nous, se garder de faire de la représentation cinématographique la source de spéculations qui risqueraient d'être abusives. Même si elle prend souvent des formes allusives, cette distinction est en effet assez claire dans des films antérieurs au procès Eichmann[69], tandis que la représentation ostentatoire de la judéité des victimes pose toute une série de problèmes, de nature philosophique, éthique et esthétique notamment, que les générations postérieures à celles de 1947 n'ont pas fini de tenter de résoudre, sans succès.

Si le film ne mérite pas une telle critique, il suscite selon nous d'autres réserves qui pourraient bien faire de la représentation de la Shoah comme telle une tentative aporétique. Que devons-nous penser, par exemple, du processus d'héroïsation dont les personnages féminins du *Revier*, essentiellement altruistes, sont l'objet ? Les témoignages qui nous sont parvenus nous indiquent au contraire que la fraternité entre les déportés, donnée comme condition de la résistance dans le film, était un luxe que peu d'entre eux pouvaient en réalité s'autoriser. Il s'agissait de survivre.

> La présence à votre côté d'un camarade plus faible, ou plus démuni, ou plus âgé, ou trop jeune, qui vous obsède de ses demandes d'aide, ou par le simple fait d'"être là" qui est déjà une prière muette, est une constante

---

(67) « *There is the arrival of a trainload of Jewish prisoners who are brutally separated, some to be gassed* ». Bosley Crowther, « Last Stop, Polish Film About a Brutal Nazi Concentration Camp », *The New York Times*, 22 mars 1949.

(68) La distinction que cette prise de conscience entraîne, entre camp de concentration et camp d'extermination, serait plus récente encore.

(69) Cf. par exemple les films soviétiques tels que *Tarass l'indompté* (Marc Donskoï, 1945), *Le Destin d'un homme*, (Sergueï Bondartchouk, 1958) et même le très controversé *Kapò* de Gillo Pontecorvo, réalisé en 1959.

> de la vie au Lager. La demande de solidarité, d'une parole humaine, d'un conseil ou même seulement d'une écoute était permanente et générale, elle était rarement satisfaite. Le temps manquait, et l'espace, la patience, la force ; le plus souvent, celui à qui s'adressait cette prière se trouvait pour sa part dans cet état de besoin[70].

Bien qu'il soit nécessaire de modaliser les propos de l'écrivain turinois qui sont d'abord l'expression d'un esprit d'une très haute élévation morale, on doit admettre que telle n'est pourtant pas l'image que le film entend véhiculer *a priori* et l'on ne s'étonnera donc pas que les premiers commentateurs évoquent à l'envi la « solidarité », « la flamme intérieure de l'espoir », et fasse d'Auschwitz, comble de l'ironie et du malentendu, « le symbole de la résistance, de l'espoir, de la fraternisation humaine[71] ». On s'en souvient, Wanda Jakubowska, déportée politique, qui eut la « chance » d'appartenir au petit *Kommando* de Rasjko avant de trouver une relative protection au *Revier*, fut une déportée « privilégiée ». Son film n'est nullement représentatif de ce que subirent l'écrasante majorité des déportés d'Auschwitz qui furent, comme on le sait – et comme le film le traduit explicitement – conduits immédiatement à la chambre à gaz[72]. Ceux-là n'ont pas d'histoire. Quant à celle des survivants, réduits à la plus absolue déréliction, elle n'est pas édifiante dans l'acception volontariste et positiviste que le discours résistancialiste de l'après-guerre voudrait propager, et c'est précisément sans doute l'une des caractéristiques du crime nazi.

Cette espèce de « recroquevillement » de l'être, dont les déportés sont fatalement victimes – il s'agit de se taire, de masquer ses sentiments, de feindre ou de mourir – comment le figurer à l'écran ? Il n'est pas sûr que le cinéma puisse dépeindre, sans nécessairement trahir, la lutte hautement

---

(70) Primo Levi, *Les Naufragés et rescapés, op. cit.*, p. 76.

(71) Claude Lazurick, *loc. cit.*

(72) En cela, nous nous démarquons de l'interprétation de Stuart Liebman qui argue de la sur-représentation des déportées russes et communistes pour incriminer les intentions de la cinéaste et de son film, soupçonné de relever de la « formule » et de la « non-représentation ». Nous pensons quant à nous que Wanda Jakubowska et Gerda Schneider ont tenté, conformément à cette « promesse » qui forme le *topos* des déclarations des survivants, de porter témoignage en représentant ce que leurs camarades et *elles-mêmes* avaient vécu.

héroïque, puisqu'elle engage avec elle l'humanité même, mais essentiellement intérieure, que menèrent les survivants pour la préservation de leur moi.

Dans les pages qui précèdent, nous avons voulu montrer que *La Dernière Étape* pouvait, à bien des égards, être considéré comme une œuvre collective. Autour de Wanda Jakubowska en effet, ce sont des dizaines d'anciennes prisonnières, une co-scénariste amie de déportation, un chef opérateur soviétique très expérimenté, des comédiennes venues de toute l'Europe... qui apportent leur inestimable concours. À ce titre, le film mérite d'être réévalué. S'il est bien un film « phare » dans la mesure où il délivre une image des camps demeurée convaincante jusqu'à aujourd'hui, il l'est également si l'on veut bien considérer qu'une très grande part des motifs qu'il sollicite et des thèmes qu'il aborde, que les limites de la représentation qu'il s'impose, qu'il impose, sont encore largement ceux des films plus tardifs portant sur le même sujet. Doit-on lui reprocher son silence, ses refoulements, ses interdits et, au prétexte que la cinéaste est restée une fervente communiste jusqu'à sa mort en 1998, lui intenter un procès d'intention ? Ce serait négliger le caractère fortement testimonial d'un film que Wanda Jakubowska et ses camarades de déportation disaient *devoir* aux disparues. Ce serait surtout oublier le rôle primordial que les contraintes idéologiques, culturelles et institutionnelles ont toujours joué en art, et au cinéma ! Et ce sont évidemment ces tensions qui doivent intéresser l'analyste. En réalité, si la plupart des films antérieurs à *Shoah* sont demeurés prisonniers des conventions d'un cinéma traditionnel de fiction, certains, comme le nôtre, ont néanmoins tenté d'en contourner les contraintes pour évoquer ce que leur forme classique et leur contexte de production les condamnaient à taire. Il importe de les aborder en évitant de fonder leur lecture sur un manque qui ne s'est révélé qu'« après coup ». Je propose pour ma part de les décrire positivement pour montrer que l'apparent silence du cinéma n'est pas nécessairement synonyme d'ignorance ou de refoulement mais parfois, aussi paradoxal que cela paraisse rétrospectivement, une manière de dire, une manière d'en parler.

Martin Buber a rapporté une réflexion du Rav de Berditshev (Rabbi Lévi Yitzhak), (1740-1809) qui pourrait servir de conclusion à notre propos. Le Rabbi se heurtait à une difficulté d'interprétation du livre d'Isaïe (LI, 4) dans lequel on peut lire : « Un enseignement [ce qui s'enseigne et ce qui est la loi, c'est-à-dire une Thora] sortira de moi ». Un prophète vient-il nous dire qu'il va nous révéler la loi une deuxième fois ? « Comment faut-il l'entendre, s'interrogeait le Rabbi ? Nous croyons de foi parfaite que la Thora reçue par Moïse au Sinaï ne sera ni changée ni remplacée, qu'elle est entière et immuable puisqu'il nous est défendu de toucher même à une seule lettre ». Mais le Rav de Berditshev pouvait proposer une réponse :

> La Thora n'est pas faite seulement des lettres noires, mais également des interstices blancs, ces signes que nous ne savons pas lire[73].

---

(73) Martin Buber, *Les Récits hassidiques*, traduit de l'allemand par Armelle Guerne, Paris, Éditions du Rocher, 1963, p. 323-324.

Les Juifs « réellement existants » dans les films de la DEFA
Un cinéma fait de contradictions subversives

Frank Stern

Le roman d'Anna Seghers, *La Septième Croix*, s'achève par la voix des prisonniers. Tous ne peuvent prendre la parole mais l'un d'eux, qui a pu s'échapper et connaître un avenir, délivre ce message :

> Nous sentions tous à quelles profondeurs terribles les puissances du dehors peuvent ravager l'homme jusqu'au plus intime de son être, mais nous sentions aussi qu'en ces profondeurs demeurait quelque chose d'intangible, d'indestructible[1].

C'est seulement un peu plus tard, en 1945, que de nombreux Allemands, mais aussi des émigrants de retour au pays et des survivants, allaient chercher à savoir ce qu'était ce « quelque chose d'intangible, d'indestructible » après Auschwitz. Comment pouvait-on le représenter dans le domaine culturel, quelles formes religieuses, éthiques et esthétiques pou-

(1) Anna Seghers, *La Septième Croix*, traduit de l'allemand par F. Delmas, Paris, Gallimard, 1947, p. 253.

vait-il prendre ? Après Auschwitz, pour repenser la phrase d'Adorno si souvent mal interprétée, on pouvait, et on devait, écrire des biographies, des romans, des nouvelles et des poèmes, concevoir des scénarios et des scripts, produire des films. Ce qui caractérise la culture visuelle et littéraire autour de 1945, ce n'est pas le vide intellectuel mais la colère, le désespoir et l'espoir, le professionnalisme des travaux de commande antifascistes et une bonne dose de *Zeitgeist* dominée par la volonté de faire carrière. Comment donner une expression à une crise de la culture d'une dimension telle que l'époque moderne n'en avait jamais connue, ni à son commencement, ni à l'époque de son plein essor ? Les œuvres d'art, les pièces de théâtre et les tableaux didactiques se contredisaient, mais tous étaient sous-tendus par la même intention : donner, dans une crise du sens et des croyances, des réponses susceptibles d'expliquer et de rendre supportable, d'une manière ou d'une autre, la pression morale, politique et culturelle exercée par le *Reich* qui venait de s'effondrer. Lorsque cela rencontra le zèle pédagogique de ceux qui rentraient d'exil ou des camps de concentration ou bien de ceux qui prétendaient se sortir d'une émigration intérieure en se tirant d'un marigot culturel brunâtre par leurs propres cheveux, il en résulta un *habitus* fait d'ignorance mutuelle et d'acceptation que l'on devait désigner bientôt comme un nouveau départ ou, de façon anhistorique, comme l'« heure zéro »

Sans doute ces premières années sont-elles marquées par le dualisme d'une perception autocritique qui perdure jusqu'à nos jours sous une forme actualisée. La singularité du meurtre de masse organisé et de la politique d'extermination s'opposait, d'une façon marquante, à l'expérience quotidienne ordinaire de la guerre totale. Dans un tel contexte, poser la question du sens, de la signification, de l'interprétation philosophique ou religieuse s'imposait et là où, devant le caractère incompréhensible de ce qui s'était passé, l'interprétation se révélait incapable de trouver un sens, des formes et des symboles religieux surannés, joints à des idéologies antinazies et une détresse démocratique profondément ressentie, s'offraient comme un cadre structurel qui suggérait un sens, quand bien même celui-ci ne transparaissait que dans la forme, le rituel et l'image. Les icônes des vieilles croyances, de l'opposition au racisme et au nazisme, promettaient un certain appui, même quand la foi en ces anciennes idéologies et leur homogénéité s'était perdue. La structure remplaça en partie les contenus, ce qui néanmoins créa un espace pour accueillir de nouveaux contenus, les bases d'une prudente remise en question et les ébauches d'une timide réorientation intellectuelle.

CULPABILITÉ, ACCUSATION ET AMBIVALENCE JUDÉO-ALLEMANDE

Dans les films et dans la communauté des gens de cinéma, cette réorientation était liée, dès le départ, à la réintégration de ceux qui en avaient réchappé, c'est-à-dire de ceux qui revenaient d'exil, des camps de concentration ou qui avaient survécu dans la clandestinité, partielle ou totale. Mais à l'écran, il fallut tout d'abord attaquer les responsables de la catastrophe allemande. À cet égard, deux champs thématiques dominaient : d'une part, la représentation de la guerre et la « Shoah » et, d'autre part, celle de l'antidémocratisme et de l'antisémitisme. Puis, pendant que l'on faisait ces premiers pas hésitants, il fallut aussi développer de nouveaux champs thématiques, notamment le versant antinazi et démocratique[2].

La sémiotique du premier film de fiction allemand *Die Mörder sind unter uns* (*Les Assassins sont parmi nous*, 1946) de Wolfgang Staudte est sans équivoque concernant la question de la culpabilité mais reste assez vague sur la nature de cette culpabilité : coupable de quoi, au juste ? Le langage iconographique du christianisme prédomine alors que les références à des motifs juifs sont d'ordre narratif plutôt que visuel. Cependant, un personnage du film, le vieil horloger Mondschein, dont le fils a pu émigrer à temps en Amérique, reste pris dans une ambivalence judéo-allemande, si l'on peut dire. On ne sait pas exactement s'il est juif ou non, sauf à considérer que la croix représentée sur son cercueil permet de le classer de façon nette et définitive. Dans le film, la culpabilité, l'expiation et le libre-arbitre se trouvent constamment associés au symbolisme de la croix, et la culpabilité de la Shoah, confrontée à la tradition germano-chrétienne. Comme dans la plupart de ces films, l'expérience individuelle sur le front de l'Est sert également de catalyseur à des questions d'éthique et de foi, le film

---

(2) Christiane Mückenberger, Günter Jordan, « Sie sehen selbst, Sie hören selbst », in *Die DEFA von ihren Anfängen bis 1949*, Marburg, Hitzeroth, 1994.

confrontant la tradition germano-chrétienne à une dimension éthique universelle. Désespérément refermé sur lui-même, le héros du film recherche son ancien supérieur pour lui régler son compte. Il le retrouve la nuit de Noël 1945, devenu un riche entrepreneur. Le contexte germano-chrétien problématique est introduit par le passage devant une église détruite où l'on célèbre la messe de Noël, en plein air, sous la neige. Peu après, le héros du film rejoint son ancien supérieur en train de fêter Noël avec ses employés. C'était également au cours d'une nuit de Noël que son commandant avait ordonné un massacre de civils russes. Les souvenirs du héros le ramènent jusqu'à ce moment où son commandant lui donne l'ordre de trouver une étoile pour orner le sapin de la fête des officiers. Au cantique *Stille Nacht, Heilige Nacht* se mêlent des coups de feu et l'on voit tomber des civils, tandis que la Wehrmacht célèbre son Noël russe par une nuit de meurtre.

L'étoile, d'un jaune d'or éclatant, échappe des mains du protagoniste et tombe dans la neige. Pour le spectateur, cette étoile est porteuse de nombreuses connotations. Trois fêtes de Noël, trois alternatives allemandes. Des croix à la signification différente. À la fin du film, on voit l'ancien commandant en chef derrière des barreaux, criant vers le public : « Je suis innocent ! » Le réalisateur et l'auteur du scénario avaient prévu à l'origine que le héros tue l'assassin, mais les officiers du contre-espionnage militaire russe, en charge du cinéma, voyaient les choses autrement. Pour des raisons liées au renouveau démocratique et à l'établissement d'une légalité antifasciste, il fallait éviter toute justice personnelle. Ce n'est que vingt ans plus tard qu'un autre film de la DEFA, *Chronik eines Mordes* (*Chronique d'un meurtre*, 1964) de Joachim Hasler revint sur ce sujet[3].

Au cours des années suivantes, les studios berlinois de la Deutsche Film Aktiengesellschaft (DEFA) nouvellement fondée verront le tournage de films comme *Ehe im Schatten* (*Mariage dans l'ombre,* 1947) de Kurt Maetzig, *Affäre Blum* (*L'Affaire Blum,* 1948) de Erich Engel et *Der Untertan* (*Le Sujet de sa Majesté,* 1951) de Staudte. Tous traitent, de manière

(3) Ralf Schenk (dir.), *Das Zweite Leben der Filmstadt Babelsberg*, Berlin, DEFA-Spielfilme [1946-1992], 1994.

centrale ou marginale, des questions de la culpabilité, de l'expiation, de l'éthique et du contexte judéo-allemand. Leur point commun est l'accent mis sur la narration historique grâce à laquelle les crimes de cette période de l'histoire allemande à peine achevée peuvent être expliqués. La production de ces films va de pair avec la diffusion de discours religieux sur des questions sociales, des discussions académiques dans les facultés de Théologie des grandes universités qui viennent de rouvrir, des mises en scène théâtrales et des débats littéraires.

Les premiers essais d'écriture étaient déterminés par la recherche d'une langue nouvelle, différente, même si, par la suite, lorsque Paul Celan lut ses poésies devant les écrivains du Groupe 47, ceux-ci eurent l'arrogance de le renvoyer dans un ghetto que ses vers n'avaient jamais habité. De même, les écrans de l'après-guerre devaient parler un autre langage visuel, un nouveau langage de l'image. Ce pouvait être un retour au cinéma engagé de la République de Weimar, à l'expressionnisme, au néoréalisme italien ou au *kitsch* idéologiquement revisité par l'UFA.

Quelles étaient les caractéristiques de ce dualisme de l'après-guerre, de cette culture des souvenirs antagoniques, dès lors qu'il s'agissait de transmettre des contenus éthiques, des représentations à caractère artistique et didactique, destinées à un grand public, avec pour mission de provoquer une réorientation et une refonte intellectuelle devant s'intégrer dans le vaste projet de démocratisation et de dénazification mis en place dans toutes les zones d'occupation de l'Allemagne ? À travers les médias démocratiques, c'est au classicisme allemand que l'on eut alors recours, à la culture occidentale humaniste et à un ensemble indéterminé de valeurs, conçues comme occidentales, prénational-socialistes, antifascistes et anti-antisémites. Dans le même temps, la culture urbaine de l'après-guerre fut saisie d'une fringale de divertissements venus d'Occident, notamment d'Amérique, et la transmission de rudiments sur la culture de Weimar fut garantie par la continuité des personnes. Dans une plus forte mesure que dans les grandes villes, la province allemande et les villes universitaires virent cependant une ruée vers les églises, moins liée à un renouveau religieux qu'à la fermeture des institutions éducatives et des universités. Pendant l'été et l'automne 1945, les églises se transformèrent en lieux de rencontre, d'information et d'éducation au sens classique, pendant que des intellectuels bien-pensants, comme l'historien Theodor Mommsen, voulurent, dans toute l'Allemagne occupée, créer des « Maisons Goethe » où la culture classique et son *éthos* devaient connaître une cure de jouvence appropriée aux besoins de l'après-guerre, une sorte de rêve social reconstructeur sous le chêne de Goethe dans le camp de Buchenwald. Sauf que les nazis avaient abattu l'arbre et seul Bruno Apitz, l'auteur de *Wolf unter Wölfen* (*Loup parmi les Loups*), en avait emporté secrètement un morceau.

Toutes ces tendances n'étaient guère différentes dans les quatre zones d'occupation de l'Allemagne. Les Américains apportaient des films hollywoodiens, du Coca-Cola et le plan Marshall, les Français les idéaux de la Révolution française de 1789, les Anglais leur *common sense* et quelques films, et l'Union soviétique les idéaux de la révolution de 1917, tout ceci joint au fragile serment fraternel entre communistes et sociaux-démocrates de tout faire pour qu'il n'y ait plus jamais de 1933 et à la tradition humaniste du classicisme allemand. On produisit des films dans toutes les zones d'occupation ; les studios de Babelsberg, situés sur le terrain de l'ancienne UFA près de Berlin, constituaient cependant le pôle le plus important en matière d'expérience cinématographique, de technologie, de concentration artistique et de mauvaise conscience.

Quand on regarde rétrospectivement près de cinq décennies d'images filmées par la DEFA, on a l'impression que ce fut à Babelsberg qu'ont été produits quelques-uns des meilleurs films de langue allemande représentant des personnages juifs, l'expérience judéo-allemande et la Shoah. Des Allemands d'origine juive étaient parfois derrière la caméra, parfois devant. Mais bien plus important est le fait que des aspects fondamentaux du contexte judéo-allemand ont été représentés pendant les quelques décennies qu'a duré le cinéma de la RDA. Cela va de *Ehe im Schatten* (*Mariage dans l'Ombre*), en passant par *Professor Mamlock* et *Sterne* (*Étoiles,* 1959) de Konrad Wolf jusqu'à *Chronik eines Mordes* (avec Angelika Domröse), 1980, *Jakob der Lügner* (*Jacob le menteur*) de Frank Beyer et Jurek Becker, *Levins Mühle* (*Le Moulin à Levine*) de Horst Seeman et, pour finir, ce dernier film grandiose produit par la DEFA sur le sujet : *Die Schauspielerin* (*L'Actrice,* 1988) de Siegfried Kuhn avec Corinna Harfouch.

Quand on regarde la façon dont les films de la DEFA représentent des thèmes juifs, il faut, *premièrement,* tenir compte du discours culturel hégémonique en RDA : délégitimation du passé antidémocratique et légitimation du présent antifasciste. Il serait cependant peu objectif de le faire à partir d'une perspective qui n'entend voir dans les films de la DEFA qu'une instrumentalisation des Juifs et de thèmes juifs à des fins politiques et idéologiques. *Deuxièmement*, il convient de souligner que le septième art (surtout dans les milieux culturels de la RDA), la production cinématographique, son esthétique, sa structure et ses contenus contiennent des éléments ouverts et subversifs qu'on ne peut réduire à des attitudes normées à l'égard des Juifs préconisées par l'État et par un antifascisme prescrit d'en haut. Il existe, *troisièmement*, de forts parallèles concernant la représentation des personnages juifs ou de la Shoah entre les trois cultures cinématographiques germaniques : celle de la RFA, celle de la RDA et celle de la république d'Autriche, alors que les intentions ou les interprétations ont pu être complètement différentes, selon l'esprit du temps et les codes politiques et culturels respectivement en vigueur.

La thèse selon laquelle la culture de la RDA n'aurait pas traité les thèmes juifs ou l'antisémitisme relève soit du journalisme apologétique de la guerre froide soit de la renaissance d'illusions anticommunistes dans la littérature de combat de la RFA après la réunification. L'ambivalence d'affirmations politiques situées par-delà les contenus antifascistes de ces films est un autre sujet qui nécessiterait une comparaison avec des films produits en RFA[4]. On ne saurait nier que le dogme antifasciste de la RDA n'était pas bien loin du dogme philosémite de la RFA qui joue, lui aussi, un rôle dans de nombreux films. À ces mythes cinématographiques fondateurs appartient bien sûr également la variante autrichienne qui veut que l'Autriche ait été la première victime de Hitler. Vu d'aujourd'hui, donc après la guerre froide, dans une perspective nouvelle, il est à présent possible de prendre ses distances aussi bien avec le dogme antifasciste qu'avec le dogme philosémite et de se concentrer sur la représentation des Juifs et

(4) Cf. Thomas C. Fox, *Stated Memory. East Germany and the Holocaust*, Rochester, Camden House, 1999, ch. 4 : « Berlin, Moscow and the Imagined Jerusalem : The Holocaust in Eastern German Literature and Film », p. 97.

des thèmes juifs dans les films de la DEFA et sur les ambivalences que l'on y trouve. Ainsi, il est possible de découvrir aussi la force subversive des films de la DEFA et de chercher à comprendre d'une façon nouvelle ces artistes qui ont créé le cinéma de la RDA[5]. Les films, comme l'a toujours souligné Jean-Luc Godard, ne sont intéressants que lorsqu'ils se réfèrent à un témoignage documentaire.

LA PLURALITÉ JUDÉO-ALLEMANDE ET LES RESPONSABILITÉS COLLECTIVES DE L'APRÈS-GUERRE

Parmi les hommes et les femmes des premières heures de la vie culturelle berlinoise après-guerre, nous trouvons des Juifs comme réalisateurs, auteurs et acteurs participant à des films, des productions théâtrales et des émissions radiophoniques. Certes, ce ne fut pas le retour en scène du cinéma et du théâtre judéo-allemands, si impressionnants pendant les années de Weimar. Mais on aurait tort d'ignorer le fait que des artistes d'origine juive ont participé directement au cinéma d'après-guerre. Dès 1945, des gens du cinéma berlinois et, parmi eux, des artistes d'origine juive qui avaient survécu à Berlin pendant le IIIe Reich, préparèrent un film qui devait raconter la vérité sur l'expérience judéo-allemande et montrer la défaillance des Allemands non-juifs. La perte d'humanité, de morale et d'honnêteté du côté des non-juifs devait s'accompagner d'une représentation convaincante pour le public de l'après-guerre de la façon dont les Juifs berlinois avaient perdu leur foi, leur confiance et leur vie. Le film avait pour titre *Ehe im Schatten* (*Mariage dans l'ombre,* 1947, Kurt Maetzig) et racontait l'histoire des époux Gottschalk qui avaient été tous deux des acteurs populaires au début des années 1930. Quand Goebbels menaça de déporter l'épouse juive, le couple ne vit plus d'issue et, avec leur fils, choisit le suicide. Le film raconte, avec des scènes qui se suivent presque comme dans un documentaire, la détérioration du statut et des conditions de vie des Juifs berlinois. Il montre l'opportunisme de la majorité des non-juifs qui préféraient détourner le regard ou même se ranger du côté des nouveaux maîtres. Une scène montre le travail forcé de femmes juives chez Siemens, tandis que d'autres séquences se déroulent dans des administrations, créant cette atmosphère

---

(5) Cf. pour une vue générale : Amos Vogel, *Film als subversive Kunst,* Hambourg, Rowohlt, 1997.

angoissante causée par l'incertitude permanente et la menace de la déportation. La clandestinité juive à Berlin est évoquée en marge et la caméra arrive à capter bien des choses, mais il n'est pas nécessaire d'expliquer et de tout mettre en dialogue, loin s'en faut. À la fin des années 1940, point n'était besoin de s'appesantir longuement sur les mesures prises contre les Juifs. Les cinéastes pouvaient, bien entendu, supposer que tout le monde savait, que tout le monde avait été témoin ou avait fait des expériences semblables à celles du film. La vie quotidienne sous le national-socialisme n'avait pas encore fait place au cliché ; son image était toujours présente.

La Première du film eut lieu le 3 octobre 1947 dans tous les secteurs d'occupation de Berlin. En l'espace de quatre ans, plus de dix millions d'Allemands devaient voir le film, un chiffre énorme pour l'époque qui manifeste de la part du public une soif d'images permettant à la fois d'oublier le quotidien et de comprendre. S'y ajouta le fait que les combats de la guerre avaient épargné des milliers de salles de cinéma et que les débuts de la guerre froide n'avaient pas encore entamé l'excellente collaboration cinématographique entre les quatre puissances d'occupation et leurs organes de contrôle. Encore aujourd'hui, *Ehe im Schatten* reste un des films les plus impressionnants de la mémoire collective.

CONTRE L'ANTISÉMITISME DANS LE NOUVEAU DISCOURS DÉMOCRATIQUE

Depuis 1945, le discours allemand sur le passé est caractérisé par le souvenir et l'amnésie, par la mémoire et l'oubli. La culture des souvenirs antagoniques, telle qu'elle s'est développée après la guerre, a le même effet sur des générations d'Allemands, non-juifs et juifs. Entre 300 et 500 films et téléfilms, sans compter d'innombrables documentaires, traitent des nombreux aspects du passé judéo-allemand et de la persécution des Juifs. Ces films décrivent la situation des Juifs sous la férule du pouvoir nazi ; ils revisitent l'histoire judéo-allemande et créent, pour finir, les images confrontant efficacement le grand public à la Shoah par le truchement de représentations esthétiques extrêmement controversées. Ces films font passer la trame visuelle du contexte judéo-allemand vers le présent. Ces dernières années, on a pu lire dans de nombreuses publications que, depuis 1945, le débat sur la Shoah aurait eu lieu exclusivement en Allemagne de l'Ouest. Il aurait commencé avec la diffusion de la série télé américaine *Holocaust* (1978) et repris avec *La Liste de Schindler* (1993). Or, cela ne correspond pas à la réalité cinématographique. Depuis 1946, il y a toujours eu des films traitant de la Shoah et de thèmes juifs, quoique d'une intensité et d'une qualité plus ou moins grandes. Les plus impressionnants de ces films furent produits en RDA et ont été inspirés par des artistes comme Jurek Becker, dont l'éducation artistique s'est faite en RDA. Des films sur des thèmes juifs ne traitent pas seulement d'événements historiques ou de personnages réels, ils sont aussi un miroir de l'atmosphère culturelle de l'époque à laquelle ils ont été produits. Ils reflètent l'esprit du temps et réagissent à des évolutions culturelles et politiques. Enfin, ils cherchent à répondre aux nouvelles attentes et aux nouvelles formes de réception de la part du public.

1948 vit la première du film *Die Affäre Blum* (*L'Affaire Blum*, Erich Engel). Le film traite d'un scandale judicaire antisémite à l'époque de la République de Weimar. Dans une petite ville prussienne un entrepreneur juif est accusé de meurtre. L'appareil de justice local met en scène une conspiration, car « le Juif » est aussi un libéral. Le film est une étonnante œuvre éducatrice contre l'antisémitisme. Il vise clairement à développer une conscience historique. Davantage que l'action, ce sont les dialogues et le jeu des acteurs qui montrent de façon convaincante toute l'absurdité des préjugés antijuifs et l'instrumentalisation politique de l'antisémitisme, présentée comme motif essentiel pour expliquer l'effondrement de la démocratie de Weimar. Ce n'est là qu'un exemple parmi d'autres pour toute une série de films qui, jusqu'à la fin des années 1940, créeront les éléments essentiels de la représentation visuelle du contexte judéo-allemand et de la Shoah en réaction sur le plan artistique au national-socialisme. En même temps, il devient évident que l'esthétique et la technique traditionnelles de l'UFA se chevauchent, d'une façon générale, avec la recherche d'un nouveau langage filmique. Ce langage, comme l'espéraient de nombreux cinéastes, aurait pu contribuer à supprimer les images, l'esthétique et le langage corporel propres au cinéma du IIIe Reich.

ABSENCE DE SOCIÉTÉ CIVILE DANS UN PAYS COMPTANT PEU DE JUIFS

Rotation (Wolfgang Staudte, 1948-1949) témoigne d'une façon remarquable du passage du printemps culturel de la fin des années 1940 aux années 1950. *Rotation* se déroule dans le milieu ouvrier de l'Allemagne nazie. Deux petites scènes évoquent un thème concernant les Juifs. Dans une des scènes, qui se passe aux débuts du Troisième Reich, un des personnages principaux du film vient en aide à des voisins, un couple juif. Mais quelques années plus tard, il tire le rideau quand ses voisins sont déportés. Ces deux scènes, qui ne durent que quatre minutes en tout, illustrent une attitude fondamentale parmi les Allemands de l'après-guerre. Quand on leur posait la question, les souvenirs laissés par les voisins juifs étaient toujours bons, mais, et c'est la thèse du film, ces souvenirs s'arrêtaient au moment où les Allemands tiraient le rideau. Le voisinage collectif judéo-allemand avait un trou de mémoire capital : la déportation. Contrairement aux films précédents, le thème juif et ses personnages sont bien définis, mais les personnages juifs ont cessé d'avoir des traits individuels. C'est le regard de l'Allemand de base qui laisse le destin de son voisin juif en dehors de son propre cadre de référence moral ou social. Le film montre que le changement survenu dans les codes sociaux des années 1930 ne rencontre aucune résistance significative dans la conscience morale de l'individu.

Ces scènes font apparaître une mutation de la mise en images des thèmes juifs dans le domaine artistique et la conscience publique des années 1950. Le simple fait de mentionner la persécution des Juifs et la déportation avait servi d'indice fondamental du caractère terroriste du national-socialisme. Pendant les années 1940, les personnages juifs dans les films étaient individualisés et avaient des noms. Au cours des années 1950, ils deviennent des métaphores cinématographiques de la mauvaise conscience, de la tension entre culpabilité et rejet. Les images de la persécution des Juifs se transforment progressivement en éléments assez abstraits de la perception intellectuelle et de la communication culturelle. Dans les années 1950, le public savait plus de la Shoah que le citoyen *lambda* quelques décennies plus tard. Ce savoir, cependant, relevait soit du savoir individuel soit du défi à la pensée, à la raison et à l'intuition. Le film *Professor Mamlock* de Konrad Wolf, basé sur une pièce de théâtre de son père Friedrich Wolf, essayait d'aller à rebrousse-poil de cette tendance, tout comme les films de Frank Beyer.

LES IMAGES DE LA SHOAH COMME EXAMEN DE LA CULPABILITÉ INDIVIDUELLE ET DE LA RESPONSABILITÉ

Konrad Wolf fait commencer son film *Sterne* (*Étoiles,* 1959, coproduction germano-bulgare) par une longue séquence qui anticipe la fin : la déportation. Le film est projeté dans les salles de la RDA, alors qu'au même moment, les cinémas de la RFA passent le film américain *Le Journal d'Anne Frank*. Le film de Wolf révèle un langage de l'image presque révolutionnaire pour l'année 1959. La caméra, le son et l'image, les dialogues et la puissance dramatique des acteurs vont de pair avec une précision historique basée sur une recherche et une connaissance exacte du sujet. Le film raconte la déportation des Juifs de Salonique, un arrêt en Bulgarie et l'éveil de la conscience morale chez un soldat allemand. Le début du film crée des images de trains de déportation que l'on retrouve jusqu'à aujourd'hui dans de nombreux films. Les images sont accompagnées d'une chanson de Mordechai Gebirtig dont les paroles en yiddish sont chantées d'une telle manière que le public allemand peut en comprendre chaque mot. Le film impressionne par son langage visuel et parce qu'il tente d'approcher la conscience historique allemande, sans pour autant créer la figure du résistant allemand. Avec ce film, ainsi qu'avec *Professor Mamlock*, Wolf réussit à saisir sur l'écran des images des Juifs et de leur persécution de telle façon qu'elles pénètrent la conscience temporelle du spectateur pour être citées plus tard, directement ou indirectement, dans d'autres représentations. Ces images ont contribué à créer une légitimité historique dans la confrontation avec la Shoah. La politique d'extermination devenait ainsi plus concevable, plus explicable que ne pouvaient la rendre les livres scolaires, avec leurs explications souvent trop économistes du fascisme. Ce furent précisément des films comme *Professor Mamlock* et *Ich war Neunzehn* qui, pour le public de la RDA, ont structuré aussi le contexte judéo-allemand. Cependant, il y a aussi dans ces films, au gré des politiques culturelles menées sur le moment par le bureau politique du SED et des ministères, un fort élément d'ambivalence. Devant le renouveau de la confiance nationale, le message consensuel était que beaucoup de gens étaient restés honnêtes. Mais une approche différenciée des crimes et de l'antisémitisme allemands pouvait se comprendre après que les théories de la culpabilité collective ou l'économisme simpliste de certaines théories du fascisme s'étaient révélées complètement inutilisables[6].

Les années 1960 constituent un chapitre fascinant dans l'histoire du cinéma des deux côtés du rideau de fer. Le film *Das Zweite Gleis* (*La Deuxième Voie de chemin de fer*, Joachim Kunert, 1962, scénariste Günter Kunert), produit par la DEFA, peut être comparé au film ouest-allemand *Abschied von gestern* (*Adieu d'hier*, Alexander Kluge). S'ils ne sont pas identiques dans la façon de représenter la relation entre le passé et le présent qui s'instaure dans les deux Allemagnes, ils montrent néanmoins tous deux une atmosphère sociale de l'occultation et du rejet et posent la question de la responsabilité individuelle dans ce qui s'est passé. *Das Zweite Gleis* se déroule dans le milieu des cheminots. Ne serait-ce que par son décor fait de rails, de gares et de trains, le film exerce une pression psychologique extrêmement dense sur le spectateur. Les dialogues fort rares renforcent encore l'impression d'une présence permanente du passé, sous-jacent dans chaque action, dans la passivité des individus et dans leurs regards. La narration révèle la culpabilité d'un des cheminots qui a dénoncé sa femme pour avoir caché un Juif fugitif, échappé d'un camp de concentration. Le Juif a été fusillé, la femme exécutée. Dans le film, l'homme est confronté à la fois à l'ancien officier de la Gestapo et aux questions implacables de sa propre fille. Le langage du film est presque expressionniste tout en s'inspirant de la *nouvelle vague* française. Comme dans *Abschied von Gestern* de Kluge, c'est la quête de vérité menée par la jeune femme qui domine le récit filmique, ce qui est aussi un indice pour le nouveau rôle de la jeune génération féminine en RDA. On peut dire que le film de Kunert est un chef-d'œuvre oublié des films de la DEFA.

Convoquer sans cesse l'ombre du passé, révéler la vérité sur les crimes des assassins encore en vie et mettre ainsi à nu les défauts du présent, c'était également l'intention d'un film tourné en 1965 : *Chronik eines Mordes* (*Chronique d'un meurtre,* Joachim Hasler, d'après une nouvelle

(6) Cf. Elke Schieber, « "Vergesst es nie – Schuld sind sie ! " Zur Auseinandersetzung mit dem Völkermord an den Juden in Gegenwartsfilmen der DEFA », in Deutsches Filminstitut (dir.), *Die Vergangenheit in der Gegenwart. Konfrontationen mit den Folgen des Holocaust im deutschen Nachkriegsfilm*, Frankfurt/Main, Text+Kritik, 2001, p. 36 *sqq*.

de Leonhard Frank). Le film commence dans une petite ville du sud de l'Allemagne, au temps du national-socialisme, où des Juifs allemands sont déportés et assassinés. Une jeune femme, le personnage principal du film, est forcée de travailler dans un bordel de la Wehrmacht ; elle survit et revient, bien des années après, pour tuer son bourreau de jadis car personne ne veut s'en prendre à ce citoyen désormais influent. Il y a, dans ce film, de nombreuses scènes difficilement oubliables, ce qui est surtout dû, outre la formidable prestation de l'ensemble des acteurs, au talent d'actrice d'Angela Domröse. D'autres films qui se passent également en Allemagne de l'Ouest et qui font référence à la Shoah, tels que *Zwischenfall in Benderath* (*Un Incident à Benderath*, János Veiczi, 1956) et *Der Prozess wird vertagt* (*Le Procès est renvoyé*, Herbert Ballmann, 1958) n'atteignent pas le niveau artistique de *Chronik eines Mordes*.

Tandis que de nombreux films ouest-allemands des années 1950-1960 créèrent le personnage du soldat allemand resté « honnête », la DEFA, quant à elle, inventa le héros de la résistance antifasciste et communiste. Des cas individuels dans ces deux genres de films nous présentent des éléments subversifs fascinants dès lors que des thèmes juifs sont traités.

Le film le plus important de la DEFA dans les années 1960 qui traite du passé est, sans doute, *Nackt unter Wölfen* (*Nu parmi les Loups*, Frank Beyer, 1963). Ce fut le premier film de la DEFA à montrer longuement les conditions dans un camp de concentration. Le film fit de Beyer un des metteurs en scène les plus renommés d'Allemagne. Le film est basé sur le roman éponyme de Bruno Apitz, qui avait été lui-même prisonnier dans le camp de Buchenwald. Il raconte l'histoire d'un petit enfant juif qui, lors d'une des marches de la mort d'Auschwitz, arrive à Buchenwald où il est caché par des détenus. La chronologie du film relate les dernières semaines, entre le mois de mars 1945 et la libération du camp[7], le 11 avril.

Sans le film sur Buchenwald, l'autre film de Beyer, *Jacob der Lügner* (*Jacob le menteur*, 1974), serait impensable et cela vaut également

---

(7) *Nackt unter den Wölfen*, RDA, 1963, réalisateur: Frank Beyer, d'après le roman éponyme de Bruno Apitz.

pour son film *Die Mauer. Wenn alle Deutschen schlafen* (*Le Mur. Quand tous les Allemands dorment*) de 1994, basé sur une nouvelle de Jurek Becker. Ce dernier film, dont les protagonistes sont des enfants du ghetto de Lodz, correspond à la tradition cinématographique développée par un certain nombre de films ouest-allemands où le personnage principal n'est pas un héros communiste ou philosémite mais où l'on demande au spectateur d'inventer lui-même la fin du film ou de tirer lui-même les conséquences en termes d'image. Or, le public n'a pas toujours fait un bon accueil à de tels films, dont la fin reste floue ou bien sans happy-end. Les réalisateurs ouest-allemands Staudte et Wicki ont dû, à cet égard, subir pas mal de déceptions, alors que la censure de la RDA refusait tout simplement que bien des films soient projetés.

LE LANGAGE UNIVERSEL DE LA CULTURE JUDÉO-ALLEMANDE

Il existe, chose étonnante, dans les cultures cinématographiques des deux pays, un caractère judéo-allemand qui pouvait être représenté, en toute innocence, soit comme un Allemand ingénu et pensif soit comme un protagoniste judéo-allemand : l'émigré de retour au pays. En 1968, le film autobiographique de Konrad Wolf, *Ich war Neunzehn*, arrive dans les salles obscures. Il s'agit de l'histoire du retour au pays d'un jeune émigré sous l'uniforme soviétique. C'est le crépuscule des dieux en Allemagne et la bataille pour Berlin fait rage. Sa connaissance de la langue allemande fait que le jeune héros sert d'interprète et de commandant local. Après l'interrogatoire d'un intellectuel allemand qui justifie le côté obscur de la conscience allemande, le jeune officier se tient à côté de son ami, un officier russe, lui aussi d'origine juive qui avait été professeur d'allemand avant la guerre. Le Russe se met alors à réciter, en allemand, le poème de Heine sur la patrie et le jeune émigré le rejoint dans le récital, mais finit par hurler à la tête de son ami qu'il en a assez de ce sentimentalisme. Dans un panoramique, la caméra va vers le mirador et les barbelés du camp de concentration tout proche. Voilà la réalité judéo-allemande en 1945.

Plus qu'un simple rêve, le rêve judéo-allemand était une réalité vécue, et la question reste ouverte de savoir si cette réalité peut être recréée. C'est là aussi une des définitions possibles de l'antifascisme, non pas précisément en tant qu'idéologie, mais comme défi culturel. Il y a en même temps dans ce film une perception juive des choses : l'Allemagne comme espace culturel où des Juifs allemands peuvent se réinstaller ou bien garder leurs uniformes jusqu'à ce qu'ils la quittent de nouveau.

Dans les années 1960, et plus encore dans les années 1970, la télévision de la RDA devint le médium principal pour les films de fiction et les séries. *Die Bilder des Zeugen Schattmann* (*Les Tableaux du témoin Schattmann*), une série basée sur le roman autobiographique de Peter Edel et ses expériences lors du procès de Nuremberg, en fournit un exemple éminent, oublié à tort. Elle décrit l'antisémitisme dans le Berlin d'avant-guerre, le travail forcé chez Siemens, l'exclusion et l'isolation croissante des Juifs berlinois, la déportation et la situation dans les camps d'extermination. Dans ce film, comme dans d'autres, l'expérience judéo-allemande occupe une place capitale, on y trouve de nombreuses références à la confrontation d'après-guerre entre les Juifs allemands et les deux États allemands. À l'inverse de certaines productions ouest-allemandes, les *displaced persons* juifs, les Israéliens d'origine judéo-allemande ou les Juifs américains ne sont pas un sujet. L'accent est mis sur les Juifs allemands et sur les diverses questions touchant à l'appartenance, à l'identité et à la responsabilité. Dans ces films, l'Oranienburger Strasse est bien plus proche que Tel Aviv ou Manhattan. Bref, dans les films de la DEFA, les thèmes juifs sont d'abord des thèmes judéo-allemands. Et la différence est de taille.

Au milieu des années 1970, le classique *Jakob der Lügner* (*Jacob le menteur,* 1974, réalisateur Frank Beyer, d'après le roman de Jurek Becker) fut le seul candidat au meilleur film étranger des Oscars jamais présenté par la RDA. Jusqu'à aujourd'hui, le film n'a presque rien perdu de son efficacité. Il fut le résultat d'une coopération productive entre l'auteur et le réalisateur[8]. Le film peut servir d'aune aux films produits depuis sur le thème de la Shoah. Tout en maniant l'humour et l'ironie, il refuse les platitudes cinématographiques et le faux happy-end qui rendent insupportable le *remake* américain de 1999. Le film de Beyer et Becker est une véritable œuvre de la culture cinématographique européenne. Le film renonce à don-

(8) Jurek Becker, *Jacob le menteur*, traduit de l'allemand par Claude Sebisch, Paris, Grasset, 1975.

ner des réponses faciles et à introduire un antifascisme simpliste dans le quotidien du ghetto, mais sans pour autant abandonner toute humanité et tout espoir. Dans la scène finale du film, tous les Juifs du ghetto sont déportés vers l'Est. On les voit, dans le wagon, se remémorer le passé tout récent et pourtant déjà si loin, imaginant un impossible avenir.

Six ans plus tard, en 1980, un film poétique strictement basé sur le roman de Johannes Bobrowski ramène le spectateur dans le passé prussien d'une Allemagne wilhelminienne en plein essor. *Levins Mühle* (*Le Moulin à Levine*, réalisateur, Horst Seemann) raconte l'histoire d'un petit village de Prusse occidentale dans les années 1870. Des Allemands, des Polonais, des Juifs et des Tziganes y cohabitent. On s'arrange, on fait des affaires, on s'aime. Une nuit d'été quand tout le monde dort – « à part les pieux et les honnêtes gens » – le moulin à eau du jeune Levine est détruit par le propriétaire local d'un grand moulin. Ce dernier détruit la digue et le moulin de Levine est emporté par les flots. Dans l'une des plus belles scènes contre l'antisémitisme de l'histoire du film allemand, des Tziganes chantent devant le malfaiteur et ses victimes :

> D'où sortait la vague grise
> Nul ne le sait, même pas Moïse.

La caméra introduit le spectateur dans la troupe de chanteurs dansants et oppose les regards du criminel, des victimes, du public et de ceux qui compatissent :

> Ne l'a-t-on pas vu la nuit
> Quand vers l'eau il descendit[9].

Au début du film, Levine et sa maîtresse sont réveillés par l'irruption des flots. Ils réussissent à gagner le rivage, mais leur fille Menora est emportée sur les planches de la maison. Les références au petit Moïse sont évidentes. Devant la justice, Levine n'a pour ainsi dire aucune chance,

---

(9) Johannes Bobrowski, *Le Moulin à Levine*, traduit de l'allemand par Luc de Goustine, Paris, Le Seuil, 1966, p. 78 et 100.

même si quelques Allemands, Polonais et Tziganes prennent son parti. À l'époque de l'euphorie nationaliste renaissante, les fonctionnaires prussiens n'ont aucune sympathie pour ceux qui sont culturellement différents. Avec une intensité inhabituelle pour le cinéma de la RDA, le film plonge le spectateur dans l'atmosphère et l'esprit d'alors, fait ressortir les figures principales des trois groupes de population. Ainsi il témoigne, très tôt déjà, d'une dimension multiculturelle qui dépasse l'aspect judéo-allemand. La pénétration lyrique et musicale du matériau visuel, la représentation presque expressionniste de rêves anticipateurs et rétrospectifs, le paysage haut en couleur et ses habitants donnent au film le caractère d'une ballade. *Levins Mühle* allie la sympathie de l'*Aufklärung* allemande pour les humbles et les gens du voyage à l'amour des romantiques pour les marginaux, les compagnons itinérants, les Tziganes et aussi les Juifs[10].

IDENTITÉ ET IDENTIFICATION. LA FIN DE LA DEFA ET LE RETOUR DE LA CULTURE JUDÉO-ALLEMANDE

À la fin des années 1980, nombre de cinéastes et d'auteurs judéo-allemands, tels que Jurek Becker et Thomas Brasch, travaillent à Berlin-Ouest. On assiste à la naissance d'un singulier mélange culturel berlinois où confluent de nombreux éléments du développement culturel de la RDA et de la culture médiatique ouest-allemande. Or, avant sa fin définitive, la DEFA produisit encore un film exceptionnel qui s'attaquait aux problèmes de l'identité judéo-allemande. Que signifiait être juif, aimer et être aimé à une époque où cet amour était vilipendé comme une *Rassenschande* (honte raciale) ? Dans le film *Die Schauspielerin* (*L'Actrice*, Siegfried Kühn, 1988, réalisé d'après un roman de Hedda Zimmer) on voit comment une actrice, après les lois raciales de Nuremberg, prend une identité juive afin de pouvoir vivre avec son partenaire juif. L'art de l'acteur se mue ici en transformation de la réalité pour s'arc-bouter contre cette même réalité. La métaphore (notamment aussi pour le travail cinématographique sous la censure) rencontre ses limites là où des Juifs allemands sont happés par la machinerie d'extermination des nazis. Le couple d'acteurs avec ses

(10) Heinrich Küntzel, « Der Faschismus : seine Theorie, seine Darstellung in der Literatur », in Hans-Jürgen Schmitt (dir.), *Die Literatur der DDR. Hansers Sozialgeschichte der deutschen Literatur*. Vol. II, Munich, Hanser, 1983, p. 461.

rencontres épisodiques fait écho visuellement à la réalité filmique de la DEFA et au thème judéo-allemand au cours des quelques décennies qu'a duré la production cinématographique en Allemagne de l'Est.

Die Schauspielerin nous ramène esthétiquement vers les débuts de la DEFA et nous confronte de nouveau avec *Ehe im Schatten*. Le monde judéo-allemand est une scène de théâtre, le contexte culturel et visuel transparaît à travers les processus de l'unification, mais il est impossible aussi d'oublier les morts du passé. Dans le film de 1947, nous avons la scène de mort de *Cabale et Amour* de Schiller, dans le film de 1988, celle de *La Pucelle d'Orléans* du même auteur. Comme à l'époque, le manque total de courage est dénoncé, le thème judéo-allemand prend des traits universels. D'autres films sur l'expérience judéo-allemande en RDA attendent encore leurs scénaristes, leurs caméramans, leurs actrices et leurs acteurs ainsi que leurs producteurs. En d'autres termes, en regardant la télévision allemande depuis 1990, il apparaît que le thème des Juifs en RDA n'est pas la répétition de l'histoire des *personnes déplacées* juives après 1945, telle qu'elle est d'habitude traitée par les médias, mais avant tout la matière dont sont faits les rêves de Juifs allemands.

La rafle du Vel d'Hiv entre apologue et Histoire : *Monsieur Klein* de Joseph Losey

Anny Dayan Rosenman

Monsieur Klein de Joseph Losey est un film dans l'Histoire qui, refusant les limites et les contraintes de la reconstitution historique, se présente comme une parabole portant sur les mécanismes d'exclusion, et sur les effets mortels du « péché d'indifférence». C'est aussi une magnifique leçon de cinéma qui nous fait prendre conscience du rôle de dévoilement moral qui peut être celui de l'image[1].

L'argument du film tient en quelques mots : un marchand de tableaux, Robert Klein, rachète sans état d'âme des tableaux ou des objets précieux à des Juifs obligés d'avoir de l'argent liquide pour tenter de fuir ou de se cacher, situation si courante sous l'Occupation. Le spectateur assiste ainsi à l'une de ces transactions, où Robert Klein rachète à un client aux abois un portrait de famille, celui d'un vieux gentilhomme hollandais, à un prix dérisoire. C'est alors qu'il trouve sur son paillasson un numéro du journal *L'Information Juive*, qui risque de le faire passer pour Juif, hypo-

---

(1) Une version différente de cet article est parue en 2009 dans la revue *Plurielles* n° 14 consacrée au thème des *Frontières*.

thèse d'autant plus dangereuse que le fichier des abonnés du journal a été remis à la préfecture. Commence alors une enquête pour savoir qui est l'autre Robert Klein, un homonyme qui, apparemment, tente d'utiliser le marchand de tableaux comme une sorte de paravent. Commence aussi la poursuite fascinée de ce double insaisissable, de ce *Doppelgänger* juif, qui induit un questionnement sur une identité devenue incertaine, à la frontière de soi et de l'Autre. Une frontière mortelle à une époque où sévissent les lois de Vichy, et où cet Autre est promis à l'exclusion, à la déportation et à la mort. Mais, et c'est la force de l'œuvre, c'est une frontière qui se révèle, de séquence en séquence, impossible à délimiter. Enquête policière d'où émerge progressivement une interrogation sur les origines, le film est inscrit dans le triple registre de l'Histoire, du récit fantastique et de la parabole.

UN FILM DANS L'HISTOIRE

Monsieur Klein de Losey sort en salle le 27 octobre 1976, c'est-à-dire près de trois ans après la traduction française de *La France de Vichy* de Robert Paxton (1973) et près de cinq ans après *Le Chagrin et la Pitié* qui, en 1971, fut le premier film français à ébranler le mythe d'une France unanimement résistante. Un film qui fut aussi l'un des tout premiers à évoquer à la fois le destin juif en France sous l'Occupation et les responsabilités de l'État français.

Un lien presque organique existe entre les deux films puisque le personnage central du film de Losey, Robert Klein, aux prises avec son identité, porte le même nom que le personnage interviewé dans le film de Marcel Ophüls, un mercier qui pendant l'Occupation avait cru bon de préciser par petite annonce qu'il s'appelait Klein mais qu'il n'était pas juif. Autre élément de jonction entre les deux œuvres, la présence de Claude Lévy qui sera conseiller historique sur le film de Losey. Claude Lévy délivre dans la partie centrale du *Chagrin et la Pitié* un long témoignage qui est en grande partie centré sur la rafle du Vel d'Hiv[2]. Il fut en 1967, avec Paul

(2) Pour le rôle novateur du film de Marcel Ophüls, en ce domaine comme en tant d'autres, je me permets de renvoyer à mon article « De Vercors à Ophüls. Le chagrin, le silence, la parole. » in *La Shoah, témoignages, savoirs, œuvres*, Annette Wieviorka et Claude Mouchard (dir.), Vincennes, Presses Universitaires de Vincennes, 1999.

Tillard, l'auteur d'un livre intitulé *La Grande Rafle du Vel d'Hiv,* livre qui, à l'époque de sa sortie, suscita peu d'écho.

Il faut encore rappeler que dans le sillage mémoriel du *Chagrin*, commencent à sortir des films et des livres portant sur les années noires, *Les Violons du bal* de Michel Drach en 1973, *Les Guichets du Louvre* de Michel Mitrani et *Lacombe Lucien* de Louis Malle en 1974. Chez un certain nombre d'écrivains français, s'opèrent des retours de mémoire où ils évoquent le sort des Juifs en France pendant la guerre, tel Romain Gary qui, dans *La Vie devant soi* (1975), fait revivre à Madame Rosa l'épisode de la rafle.

CONSTRUIRE UNE MÉMOIRE DE LA RAFLE

C'est dire que dans les années 1970, au moment où Losey tourne *Monsieur Klein*, il s'agit moins de commémorer que de construire une mémoire, celle de la rafle du Vel d'Hiv, événement symbolique, emblématique d'un statut, celui des Juifs, et d'une politique, celle de Vichy. Un événement qui jusque-là n'est pas inscrit dans la mémoire nationale mais qui n'a pas non plus de place centrale dans la mémoire juive en France, une mémoire qui demeure essentiellement centrée sur les commémorations du ghetto de Varsovie.

En fait, dans le film de Losey, le spectateur va assister à une double construction. D'une part, et aux dépens de toute réalité historique, il assiste à la construction matérielle du lieu qui va représenter le Vélodrome d'Hiver[3]. Il voit des ouvriers clouer des gradins, transporter des planches, mettre des pancartes dans un lieu à ciel ouvert. Et l'on peut dire que les images de construction du Vel d'Hiv fonctionnent comme une sorte de métaphore du travail mémoriel du film. D'autre part, le spectateur est confronté à une construction filmique complexe. Le film se présente, en effet, comme le déroulement de deux histoires parallèles. L'une est imprévisible, c'est celle d'un individu, Robert Klein, que l'on prend pour un Juif, ce dont il se défend. L'autre est inéluctable, c'est celle du groupe des victimes juives, recensées, fichées, mises hors société, promises à un destin mortel. Robert Klein, identifié à tort ou à raison à ce groupe, échappera ou non à ce destin,

(3) Bâtiment qui, dans la réalité, fut construit en 1909 et détruit en 1957.

ce qui ne changera rien au déroulement de ce moment de l'Histoire. Le croisement puis le recoupement d'un destin individuel et d'un destin collectif se trouve donc au centre de l'œuvre.

QUAND DEUX FILMS SE CROISENT

Une lecture attentive de l'image fait ainsi apparaître que le film de Losey est constitué de deux films de facture différente.

Le premier film, qui donne son nom à l'œuvre, est centré sur le protagoniste, Robert Klein, aux prises avec son double et avec l'étau des lois raciales qui se resserre autour de lui. Un film en quelque sorte *classique*, une palette chromatique riche bien que froide, une reconstitution de l'époque avec une intrigue à dimension psychologique, même si la psychologie du personnage principal reste énigmatique, mettant en jeu des protagonistes variés et identifiés dont le rôle est tenu par une panoplie d'acteurs prestigieux, Alain Delon, Suzanne Flon, Jeanne Moreau, Michel Lonsdale.

Et puis venant croiser ce premier film, il y a un autre film qui procède par séquences annonciatrices de la rafle. Ce second film est constitué de séquences morcelées, au début des sortes de flashs qui durent quelques secondes puis se font de plus en plus longs et qui relèvent d'une esthétique propre. Ils sont identifiables à leur tonalité, à la musique inquiétante qui les accompagne, à la coloration blafarde de l'image, au rythme mécanique des gestes des protagonistes : fonctionnaires anonymes, commissaires en imperméables, gendarmes dont les pèlerines se gonflent comme des ailes de chauve-souris, personnages sans nom et presque sans visage qui s'affairent en troupe et se croisent comme des marionnettes dans des espaces vides, toujours pris dans des cadrages très larges dont semble sourdre l'angoisse.

Dans un grand bureau semblable à une ruche, des fonctionnaires s'agitent devant une carte, dont le spectateur comprendra qu'il s'agit d'un plan de Paris. Quelques séquences plus loin, il entend énoncer par ces fonctionnaires la durée des trajets entre République et Saint-Lazare, Opéra et Bastille. Il voit une salle emplie de fichiers. Et c'est la reconstitution à l'image de ces groupes de fonctionnaires indifférenciés, anonymes, qui peut, peut-être, rendre compte de la dimension impersonnelle, bureaucratique et inhumaine du crime qui se prépare.

Ces séquences énigmatiques et glacées, sans lien avec les scènes précédentes, pourraient apparaître comme des digressions dans le récit alors que, par un prodigieux travail de montage, elles en constituent la structure fondamentale, le spectateur ne le comprendra que plus tard. Car le spectateur se trouve dans la même situation d'aveuglement que les victimes. Il ne comprend pas ce qu'il voit, c'est à peine s'il voit, ou s'il sait qu'il voit. En une séquence *impossible,* Robert Klein protagoniste de « l'autre film» regarde à travers sa fenêtre qui donne sur une cour. À cette séquence succède une image d'échafaudages et de gradins. Cet effet de montage par contiguïté, suggère, contre toute logique narrative, que ce sont bien les préparatifs de la rafle que Monsieur Klein regarde, qu'il a sous les yeux et ne voit pas. De même, ce n'est que rétrospectivement que le spectateur comprendra qu'il s'agissait de la préparation et de la répétition générale de la rafle. Et ce n'est donc que rétrospectivement que cette histoire, vécue dans la confusion et l'incompréhension par les victimes puis par le spectateur, peut prendre une cohérence tragique.

Progressivement, « ce film dans le film » va se styliser. On a souvent et lyriquement évoqué le ballet des hélicoptères dans *Apocalypse Now* de Coppola en 1979. On a peut-être moins remarqué quelques années auparavant, chez Losey, l'aspect chorégraphique de la ronde des tractions-avant et des pèlerines noires dans un Paris silencieux, désert, et comme en attente. Dans les dernières séquences du film, le ballet des voitures noires, prises en plongée, qui tournent dans les rues désertes sera remplacé par la ronde des autobus verts qui déchargent les victimes de la rafle, reculent, repartent, se suivent dans une sorte de frénésie rythmique.

À ce moment qui est le nœud de l'œuvre, les deux films se rejoignent. Le destin de Robert Klein, arrêté par deux inspecteurs français, embarqué dans un de ces autobus, vient rejoindre celui des victimes juives, avec lesquelles il est conduit au Vel d'Hiv. Le spectateur a reconnu le stade entouré de barbelés, les gradins qu'il a vu construire, dominés par les immenses lettres alphabétiques qu'il a vu clouer et sous lesquelles se presse la foule, tandis que des haut-parleurs diffusent des listes de noms, dont celui de Monsieur Klein. Nous n'avons plus qu'un seul film. La rafle du Vel d'Hiv, qui couvre les dernières scènes, était ainsi annoncée, préparée, *filée,* dès les premières séquences.

SAISIR L'ESSENCE D'UNE PÉRIODE. REFUSER LA RECONSTITUTION HISTORIQUE

Le rapport à l'Histoire obéit chez Losey à deux approches qui peuvent sembler contradictoires et qui se révèlent pourtant complémentaires.

D'une part, Losey est très soucieux d'exactitude sur le plan psychologique. Par exemple, pour la reconstitution de la rafle, on a vu qu'il avait pour conseiller historique Claude Lévy, qui conjugue un savoir historique et la mémoire d'un très jeune homme qui a vécu cette époque. Michel Ciment[4] raconte aussi comment Losey consulte les membres de l'équipe qui avaient de cet événement une expérience personnelle ou familiale. Il s'adresse à des organisations juives qui lui fournissent des figurants. Mais, ainsi qu'il le raconte, dès les premiers jours du tournage, les figurants les plus âgés renoncent à jouer car ils sont trop bouleversés, le passé leur reste trop proche.

Losey a lu les journaux de l'époque pour se pénétrer d'une atmosphère et d'une mentalité que reflètent, par exemple, un spectacle de cabaret antisémite[5] ou la visite de Robert Klein au directeur de *l'Information juive*. Il témoigne d'un grand souci d'exactitude concernant les chansons de l'époque, l'ameublement ou les vêtements des protagonistes. La reconstitution, de ce point de vue, est précise et érudite. La spoliation des œuvres d'art et des biens juifs (sujet très peu évoqué à l'époque sauf dans les romans de Modiano) est représentée à la fois dans la scène d'ouverture où Robert Klein impose le prix qu'il veut à son client et dans l'une des scènes finales où tous ses biens sont mis sous séquestre car il est soupçonné d'être juif.

---

(4) Michel Ciment, *Le Livre de Losey. Entretiens avec le cinéaste,* Paris, Stock, 1979.

(5) Le numéro de cabaret antisémite a souvent été utilisé au cinéma pour peindre la mentalité de toute une société face au nazisme. On peut penser au très beau *Cabaret* de Bob Fosse (1972) ou à certaines séquences dans *L'Œuf du serpent* d'Ingmar Bergman (1977).

Mais en même temps, le film prend de grandes libertés avec les dates et les lieux. La mise en scène signifie avec insistance que le film n'est pas une reconstitution historique. On peut ainsi relever de nombreux éléments de prise de distance envers l'Histoire (très vite, trop vite, qualifiés *d'erreurs*) : la rafle, qui eut lieu le 15 et le 16 Juillet 1942, est tournée en plein hiver, ce qui est aussi signifié par les vêtements des protagonistes. Il n'est pas fait mention des Juifs étrangers qui en furent les principales victimes. Le Vélodrome d'Hiver apparaît sous la forme d'un stade ouvert alors que c'était un bâtiment couvert et fermé. Mais surtout, ce stade est entouré de barbelés, surmonté d'un mirador, prolongé par des quais où stationnent des wagons à bestiaux dans lesquels on pousse les victimes.

Rafle, internement, déportation, les diverses étapes de l'itinéraire des victimes sont ici condensées en un même lieu. Un processus de condensation qui est faux d'un strict point de vue de succession historique, mais qui est cependant juste et fortement signifiant dans ce qu'il fait comprendre d'un destin. Car pour les victimes, ce destin mortel se noue en ce lieu et non en Allemagne, comme l'ont cru pendant trop longtemps beaucoup de Français.

DES MÉCANISMES D'EXCLUSION UNIVERSELS

Ces « inexactitudes » permettent de renvoyer et de faire écho à d'autres réalités historiques. Ce stade ouvert pourrait être aussi celui de Santiago du Chili où, en 1973, ont été entassées les victimes de Pinochet, et c'est pourquoi seule une partie des figurants du film de Losey porte l'étoile jaune. Dans ses entretiens avec Michel Ciment, Losey explicite d'ailleurs cette référence. Il raconte qu'il avait le projet de reconstituer un événement précis du stade de Santiago, celui où l'on coupe les mains du musicien Victor Jara. Losey tourne donc une transposition de cette scène avec un personnage de musicien juif incarné par Ivry Gitlis auquel on arrache son violon pour le casser. Mais il ne gardera pas la scène au montage, car la *greffe* était trop explicite, dit-il.

Ce qui est sûr, c'est que la mise en scène se réclame d'une double ambition. L'une consiste pour Losey à redonner mémoire de cet événement bien précis que fut la rafle du Vel d'Hiv en tentant de saisir *l'essence de cette période*. Mais il veut aussi resituer l'événement dans une dimension universelle visant à dénoncer les mécanismes d'oppression, d'exclusion, de persécution où qu'ils soient perpétrés. Il lui faut mettre en écho le passé et le présent. Et Perec ne faisait pas autre chose qui, dans les mêmes années, en 1975, situait l'île W, métaphore concentrationnaire, près de la Terre de Feu, au large des côtes du Chili.

Enfin, le film porte très fortement la trace de l'expérience du maccarthysme qui a si profondément marqué Losey que *Monsieur Klein* peut se lire comme une parabole portant sur les mécanismes d'exclusion autant que comme un regard lucide porté sur un moment de l'Histoire de France.

> Ce film n'est pas une reconstitution précise de la Grande Rafle. C'est une tentative pour saisir l'essence de cette période et des événements qui s'y sont produits sous la forme d'un apologue documenté, en guise d'avertissement[6].

DÉSTABILISER LE SPECTATEUR

Monsieur Klein est-il juif ?

Peut-être. En tous cas, en fonction des critères établis par la loi française. Ou peut-être pas. L'impossibilité de répondre à cette question invalide l'existence d'une différence présentée comme si radicale qu'elle en devient mortelle. Et la force du film vient en partie de cet indécidable qui permet tout un jeu identificatoire, de même qu'il permet de porter sur la persécution, et sur le statut des Juifs, un regard neuf. En un sens, le film est très proche d'un certain nombre de textes littéraires et métaphoriques (*W ou le Souvenir d'enfance* de Georges Perec ou encore *Badenheim 1939* d'Aharon Appelfeld, par exemple). Car le choix de déplacement, spatial, temporel, et ici, dans le cas de *Monsieur Klein*, l'incertitude identitaire, donnent à ces œuvres la capacité de restituer la surprise, l'incompréhension première devant le caractère absurde de ce processus d'exclusion. Si Robert Klein était clairement désigné comme juif, son sort participerait d'une certaine logique, susciterait une compassion en quelque sorte *habituelle*, presque

---

(6) Joseph Losey, *Positif*, n° 186, octobre 1976.

convenue. Le fait qu'il ne le soit pas, ou peut-être pas, restitue à chacune des brimades imposées, un caractère de scandale et d'absurdité, qui a peut-être été comme *apprivoisé* par notre mémoire historique et culturelle. À un moment du film, Monsieur Klein hurle, fou d'indignation :

> On me confisque mes papiers d'identité, ma voiture... On saisit mes tableaux. On m'interdit de vendre ou d'acheter... Plus de bars, plus de trams, plus de restaurants, plus de cinémas... Plus rien. Tout interdit ! Selon eux, je ne peux plus aller nulle part, même pas dans les pissotières !

Ce qu'il décrit, ce sont les impossibilités et les interdictions imposées par le Statut des Juifs. « *Je ne discute pas la loi... mais elle ne me concerne pas!* » ajoute-t-il. Or voici que le film se centre justement sur le moment où une loi criminelle se met à concerner un protagoniste qui pense qu'elle *ne le concerne pas*, le moment où celui-ci voit vaciller la barrière entre lui et l'Autre.

L'AUTRE EST LE MÊME

Qui est cet Autre ? C'est aussi l'un des objets de la quête. En quoi le Klein juif diffère-t-il de son homonyme ? En quoi consiste la différence qu'induit son identité ?

La réponse à cette question est au cœur de la démarche de Losey. Elle est, bien sûr, négative. Et ceci, dès la scène d'ouverture où la femme manipulée comme un animal et *scientifiquement* examinée par un médecin pour savoir si elle est juive, repart avec comme réponse : cas douteux. Pour le reste, le Klein juif, comme son double, est un séducteur. Il a fait de nombreuses conquêtes, il a pour amante Florence, une sorte de châtelaine, il joue du piano, le lecteur croit comprendre qu'il fait de la Résistance. C'est un homme cultivé, fortuné, et sans doute un grand bourgeois.

Or Losey, on le sait, est très attentif au rapport de classe. De *L'Enquête de l'inspecteur Morgan* au *Messager*, sans oublier l'implacable mécanique qui régit *The Servant,* le déchiffrement du monde se présente dans ses films comme le déchiffrement de signes d'appartenance à une classe sociale et comme l'analyse de ce que cette appartenance induit chez les êtres.

Les caractéristiques que le Klein juif présente sont donc, logiquement, des traits qui sont propres, non à une religion ou à un groupe particulier, mais à une classe sociale. Et comme l'écrit très justement Albert Bensoussan[7], la leçon antiraciste du film tient en cette affirmation : *L'Autre est le Même*. Cette affirmation, essentielle dans l'œuvre, induit un trouble qui est aussi de l'ordre du fantastique, confirmé lorsque le chien de l'Autre s'attache à Robert Klein malgré ses rebuffades, quand une photo de l'Autre donnée à développer révèle étrangement ses propres traits, ou lorsqu'il est reconnu par des gens qu'il ne connaît pas. Trouble signifié, sur un autre plan encore, par la multiplication des reflets et des miroirs dans le film, ou par la correspondance tableau/miroir suggérée en filigrane et qui traduit une vacillation entre le registre fantastique et celui de la psychanalyse.

QU'EST-CE QU'ÊTRE JUIF ?

Ce qui est sûr, c'est que le Juif chez Losey semble correspondre à la définition sartrienne, celle d'une condition définie et imposée de l'extérieur, et en particulier par la persécution, mais qui ne correspondrait à aucun sentiment intime, à aucune mémoire, à aucune transcendance. Si l'homme recherché est si insaisissable, c'est qu'il n'a, en fait, de ce point de vue, aucune consistance. Il faudrait s'attarder un instant sur l'épisode de la fête étrange à laquelle Robert Klein assiste, en poursuivant son double. Il arrive ainsi, de nuit, dans une petite gare déserte, celle d'Ivry-la-Bataille. Il est accueilli par un chauffeur énigmatique, passe un pont, c'est-à-dire une sorte de seuil comme dans tous les récits fantastiques. Il se retrouve ensuite dans un château où il participe à un dîner dont les convives sont en robe longue et en smoking dans le cadre d'un cérémonial peu lisible. S'agit-il d'un dîner de famille mettant en scène une classe sociale déjà exsangue ou bien d'une fête religieuse juive ? Dans les deux cas, il s'agit d'une fête spectrale, vidée de sens, ayant la poésie désolée de ce qui meurt, telle la fête relatée dans *Le Grand Meaulnes*. Et lorsque Robert Klein voudra revenir vers ce château, il ne retrouvera qu'une grande bâtisse vide dont les habitants ont disparu ou ont peut-être émigré, absence qui confirme leur étrange statut au confluent de l'Histoire et du rêve.

---

(7) Albert Bensoussan, « Du syndrome de Klein au complexe de Zelig », *Les Cahiers du Judaïsme*, n° 20, 2006.

La question posée par l'identité de l'autre Klein et de ses hôtes énigmatiques semble ainsi se dédoubler à l'infini : Qu'est-ce qu'un Juif ? Qu'est-ce qu'être juif ? Que serait une judéité qui ne serait pas *en creux,* qui aurait un contenu, quel qu'il soit ? Pour Jacques Gerstenkorn[8], l'ambiguïté du statut et du comportement de Monsieur Klein suscite une interrogation sur ce que serait le contenu d'une judéité positive, ou en tous cas sur ce qui en serait, chez Monsieur Klein, la trace et la quête :

> L'identité juive n'est pas seulement incertaine, inversée, indiscernable, elle constitue l'objet même de l'enquête. Monsieur Klein apparaît alors comme l'histoire d'une quête des origines, d'un retour aux sources qui peut s'interpréter comme le retour d'une judéité refoulée. Car rien n'explique la fascination qu'éprouve Robert Klein pour son double juif. Le héros agit contre son intérêt, son comportement échappe progressivement à la rationalité. L'idée fixe qui l'habite s'enracine dans son remords et dans son inconscient. Il serait alors tentant de reconnaître à travers la pulsion qui anime Robert Klein la manifestation de cette étincelle, si chère à la Kabbale, qui peut jaillir des profondeurs de l'assimilation. Les symboles kabbalistiques disposés aux quatre coins de la tapisserie, figurant métaphoriquement le portrait de Monsieur Klein, pourraient ainsi livrer la clé du personnage. Et le mystère de l'œuvre reposerait en dernière instance sur une vision mystique de l'identité juive.

Les symboles kabbalistiques que l'on voit aux quatre coins de la tapisserie sont-ils à prendre au sens littéral, dans leur dimension mystique ? Ne sont-ils pas plutôt à considérer comme le signe de ce que quelque chose ici se donne à interpréter ?

LE PÉCHÉ D'INDIFFÉRENCE

Le film de Losey, tableau historique et sociologique d'une époque, présente de façon évidente une dimension symbolique qui apparaît dès le générique avec l'image d'un vautour transpercé d'une flèche qui reparaît peu après lorsqu'une tapisserie qui représente ce vautour est vendue aux

(8) Jacques Gesternkorn, « À la recherche d'une judéité perdue. *Monsieur Klein* de Losey », *in CinémAction* n° 37, Annie Goldmann (dir.), *Cinéma et Judéité*, Paris, Le Cerf, 1986.

enchères. Au cours de cette vente, le commissaire-priseur décrira et commentera les motifs de la tapisserie :

> Azur... l'indifférence. Blanc... la cruauté. Noir.... l'arrogance... Et Violet... l'avidité : une série à l'infini de cercles concentriques. Dans le rond central est représenté le remords : un vautour, le cœur transpercé d'une flèche qui continue à voler. Dans chacun des quatre angles sont représentés en différentes couleurs les très anciens signes kabbalistiques.

C'est surtout la force de l'indifférence que Losey s'attache à dénoncer. *Azur ... l'indifférence*, dit le commissaire-priseur. L'allégorie semble avoir pris les dimensions de l'Histoire. Dès les premières images, Robert Klein témoigne de cette indifférence, profitant sans haine de la situation désespérée de ses clients. Au début du film, il apparaît peu différent de son ami Pierre, magnifiquement interprété par Michael Lonsdale, bourgeois conformiste, peu courageux, peu scrupuleux, n'hésitant pas à s'enrichir aux dépens de son ami en difficulté ou à dénoncer un Juif à la police, prêtant son concours passif et parfois actif à une politique qu'il ne songe pas même à juger.

La peinture de ce crime d'indifférence culmine pendant la rafle, où les autobus, chargés de Juifs, stationnent dans les rues, sans que les passants interrompent leur marché ou leurs conversations, sans qu'ils jettent un regard sur les victimes entassées sous leurs yeux. Le travail de la police et de l'administration apparaît alors comme un processus anonyme, accompli par des exécutants sans états d'âme, mais tacitement accepté par toute une société.

LA FORCE DE RÉVÉLATION MORALE DE L'IMAGE

Un détour par un film de Fritz Lang, *Fury,* permettrait d'évoquer le statut de l'image dans son rapport à la vérité mais aussi à la prise de conscience morale qu'elle peut induire.

Dans *Fury,* le premier film qu'il tourne aux États-Unis en 1936, Fritz Lang aborde le problème du lynchage mais surtout il développe une réflexion sur le statut de l'image, sur le coefficient de vérité dont elle est porteuse. Le personnage principal du film, Joe Wilson, a été injustement accusé du meurtre d'un enfant. Une foule en colère a attaqué la prison dans laquelle il était détenu et y a mis le feu. Ayant survécu par miracle à l'incendie, alors qu'on le croit mort et ayant juré de se venger, on fait parvenir au tribunal qui juge les lyncheurs, un film tourné par une équipe de télévision, montrant les inculpés (qui s'étaient tous fabriqué de parfaits alibis) en train d'attaquer le commissariat, de brandir des torches enflammées, puis d'empêcher des équipes de secours d'approcher de la prison. Au moment où ils se voient en action et aperçoivent à l'écran leurs propres visages, convulsés de haine, les inculpés s'effondrent et avouent ce qu'ils ont fait et dont, jusque-là, ils n'étaient pas clairement conscients. Ainsi, nous dit Fritz Lang, engageant une réflexion sur l'image qui se révèlera féconde, les images, malgré leur statut accablant de preuves, peuvent mentir. Dans le film, elles montrent et attestent un crime qui légalement n'a pas eu lieu puisque Joe Wilson n'est pas mort. Mais la séquence dit cependant une vérité qui, elle, est bien réelle : le désir de meurtre, et la jouissance du meurtre. Elle a un pouvoir de révélation pour les accusés eux-mêmes.

Dans le cas de *Monsieur Klein* et de la rafle du Vel d'Hiv, le crime a bien eu lieu, c'est un crime d'État. Reste le pouvoir de révélation morale de l'image qui poussera le public français à prendre acte de ce qui fut perpétré puis comme oublié.

Marc Ferro disait à propos de *M le Maudit* de Fritz Lang que l'utilisation du montage parallèle confèrent au récit une forme *qui ne saurait émaner d'un autre art que le cinéma dans l'apport d'une intelligibilité à l'Histoire*. On pourrait dire la même chose du film de Losey, pratiquement dans les mêmes termes. Il donne intelligibilité à l'Histoire, dans l'inconfort et l'inquiétude, car les procédés habituels d'identification sont ici entravés, aussi bien par la froideur de l'image que parce que Monsieur Klein et ses motivations demeure une énigme.

Le cinéma italien et la mémoire de l'Holocauste

Millicent Marcus

Les quinze Juifs romains revenus d'Auschwitz en 1945 étaient comme des fantômes, écrivait Elsa Morante. « *Erano figure spettrali come i numeri negativi, al di sotto di ogni veduta naturale, e impossibili perfino alla commune simpatia. La gente voleva rimuoverli dalle proprie giornate come dalle famiglie normali si rimuove la presenza dei Pazzi, o dei morti*[1]. » Ce n'étaient pas seulement leur apparence ruinée qui rendait ces survivants fantomatiques aux yeux de leurs compatriotes. Si, par fantômes, nous entendons des âmes qui reviennent de l'au-delà pour nous rappeler leurs affaires laissées en suspens – comme dans la mythologie grecque, lorsque les âmes dont les corps n'avaient pas été enterrés erraient sur la terre tels des rappels glauques de l'incapacité de leurs familles à remplir leur devoir, ou encore comme le spectre du père de Hamlet qui incitait le prince danois à le venger – alors le retour des survivants d'Auschwitz avait en effet une fonction mémorielle. Ceux qui revenaient du royaume des morts apportaient des nouvelles qui dérangeaient la fragile tranquillité de la vie de l'après-guerre, qui troublaient la conscience de leurs compatriotes

(1) « Ils étaient des figures aussi spectrales que des nombres négatifs, en dessous de toute vision naturelle et incapables de susciter même la plus banale sympathie. Les gens voulaient les éliminer de leurs journées, comme dans les familles normales on élimine la présence des fous ou des morts », Elsa Morante, *La Storia, Romanzo*, Turin, Einaudi, 1974, p. 377 (Gallimard, 1977, pour la traduction française par Michel Arnaud).

qui avaient acquiescé à un régime ayant institutionnalisé l'antisémitisme et contribué à mettre en œuvre la « Solution finale » pour huit mille des Juifs d'Italie. Peu disposés ou peu préparés à faire face aux conséquences de leur accord tacite au génocide, la plupart des Italiens ont fait la sourde oreille en entendant les rapports de ces messagers fantomatiques. « *Presto, essi impararono che nessuno voleva ascoltare i loro racconti*[2] », conclut Morante. En effet, pas même elle, l'auteure de l'histoire passionnée « du dessous », ne sut redonner aux survivants romains leur propre voix. Cette histoire que l'on n'écouta pas, cette nouvelle qui faisait détourner le regard, n'inspirait que l'indifférence ou carrément le déni, celui-là même que Primo Levi craignait pendant ses longues nuits à Auschwitz et qui a défini la relation de l'Italie à l'Holocauste depuis la fin de la Deuxième Guerre mondiale jusqu'aux années 1980[3].

Ce qui empêche toujours l'Italie de se confronter au rôle qu'elle a joué dans l'Holocauste, c'est précisément son bilan historique – le fait qu'un pourcentage remarquable de Juifs italiens aient survécu aux vingt mois de l'occupation nazie qui débuta après la déposition de Mussolini et la signature subséquente d'un armistice entre le nouveau Premier ministre, Pietro Badoglio, et les Alliés. Grâce aux secours apportés par nombre d'Italiens qui cachèrent des Juifs dans leurs foyers, et grâce aux activités de communautés religieuses locales qui transformèrent des monastères, des couvents et des orphelinats (malgré la neutralité officielle du Vatican) en sanctuaires, environ 80 % de la population juive fut sauvée. De plus, les forces d'occupation italiennes en Croatie, en Grèce et en France déployèrent d'importants efforts afin de protéger les Juifs qui étaient sous leur protection. Cette attitude profondément généreuse et humanitaire envers une minorité persécutée a contribué à soutenir l'image naissante des Italiens comme victimes des machines de guerre nazies et fascistes[4], ou comme combattants héroïques de la Résistance. Tous ces facteurs ont fortement

(2) « Et ceux-ci [les revenants] apprirent vite que personne ne voulait écouter leurs récits », *Ibid*.

(3) Sur ce cauchemar récurent, cf. Primo Levi, *Se questo è un uomo, La tregua*, Turin, Einaudi, 1989, p. 53-54 et p. 191.

(4) On estime, par exemple, à 115 000 le nombre de soldats italiens morts pour avoir été mal équipés et finalement abandonnés par leurs alliés allemands sur le front russe.

contribué au stéréotype des *italiani brava gente*. Mais c'est cette même autoreprésentation qui a empêché les Italiens de reconnaître leur complicité dans les événements qui ont mené à la « Solution finale » pour huit mille de leurs compatriotes. Je pense ici au consentement qu'ils ont donné à un régime qui a formé une alliance avec Hitler en 1938, qui a mené dans la presse une campagne antisémite acerbe et qui a ordonné un système de restrictions raciales qui étaient plus virulentes et dont la portée était plus considérable que ne l'étaient les lois de Nuremberg de leurs voisins du nord. Les Italiens n'ont donc pas à expier des fautes commises pendant l'occupation nazie de 1943-1945, période pendant laquelle leurs actions furent admirables lorsqu'elles n'étaient pas héroïques. Ils doivent plutôt faire face à leur longue acceptation d'un régime dont les injustices incluaient la révocation des droits et des privilèges de la citoyenneté pour une minorité indigène. Comme le président italien Carlo Azeglio Ciampi l'expliquait à un groupe d'étudiants en janvier 2003, « *noi italiani riflettendo sulla Shoah, non possiamo dimenticare che lo sterminio di oltre un quinto degli ebrei italiani... non fu dovuto soltanto alla barbarie nazista : fu reso possibile anche dalle vergognose leggi razziali del 1938*[5] ». Ou, comme l'écrit Fabio Galluccio, « *[l]'olocausto è avvenuto con le leggi razziali. Tutto il resto è orrore che si aggiunge all'orrore. Non aver reagito a quelle e non aver discusso su quelle leggi fa pendere sulla nostra società, sui nostri nonni, padri, madri, su noi stessi una condanna senza appello, senza scusanti*[6] ». Loin d'être le résultat d'une injonction d'Hitler à un partenaire récalcitrant de l'Axe, l'institution du *Leggi razziali* était un geste spontané de la part de Mussolini, pressé de plaire à son allié allemand et recherchant un « autre » racial contre qui l'identité nationale italienne pouvait se consolider de l'intérieur.

---

(5) « Nous, les Italiens, méditant sur la Shoah, ne pouvons oublier que l'extermination de plus d'un cinquième des Juifs italiens n'était pas seulement l'œuvre de la barbarie nazie : cela a aussi été rendu possible par les honteuses lois raciales de 1938. » Cette citation est extraite d'un article paru dans *L'Unità online*, http://www.unita.it/index.asp?SEZIONE_COD=HP&TOPIC_TIPO=&TOPIC_ID=22683

(6) « L'Holocauste était une conséquence des lois raciales. Tout le reste n'est qu'horreur par dessus l'horreur. Ne pas avoir réagi à ces lois et ne pas les avoir débattues a fait pendre au-dessus de notre société, de nos grands-parents, pères, mères, au-dessus de nos têtes, une condamnation sans appel, sans pardon », Fabio Galluccio, *I lager in Italia: La memoria sepolta nei duecento luoghi di deportazione fascisti*, Civezzano, Nonluoghi, 2003, p. 10-11.

Parmi tous les media permettant de démêler cette histoire sordide, c'est la réticence du cinéma italien qui nous surprend le plus. La tradition réaliste étant reconnue pour son courage face aux injustices sociopolitiques du passé et du présent, la réticence des cinéastes à évoquer lois raciales de Mussolini et l'Holocauste qui s'en est suivi a fait l'objet de critiques virulentes . L'historien Niccolò Zapponi, par exemple, trouve singulier que le film inaugural du néoréalisme, *Roma città aperta*, ait « évité de s'aventurer dans la partie la plus misérable et la moins "ouverte" de la ville : le Ghetto[7] ». Paolo Finn note qu'en « cinquante ans de cinéma italien », il y a eu « une production décidément limitée d'œuvres sur ce sujet, » un thème qui constitue « l'un des pages les plus dégoûtantes et les plus dramatiques de notre histoire, *jamais réévaluée de manière adéquate* » (nous soulignons)[8]. Le fascisme, l'antisémitisme et le sort des Juifs sous l'occupation nazie de l'Italie est « un thème absolument déplaisant pour le grand public » selon Finn, car « il aurait soulevé des *questions irrésolues* au sujet de notre embarrassant *passé récent* » (nous soulignons)[9]. Pourtant, n'est-ce pas précisément ce que le *cinema d'impegno* italien, le cinéma engagé, était destiné à faire ? Les cinéastes néoréalistes Rossellini, De Sica et Visconti, dans les années 1940, et leurs successeurs dans la tradition réaliste, les Taviani, Bertolucci à ses débuts, et Pasolini, se délectaient de *temi sgradevoli*, de thèmes désagréables. La psychopathologie fasciste, le chômage de l'après-guerre, le délaissement des aînés, l'exploitation des travailleurs, le destin du sous-prolétariat... lorsqu'ils traitaient de sujets historiques, ils le faisaient afin de rendre le *passato* effectivement *prossimo* – lié au présent, telle une origine significative ; c'était une manière de lire l'histoire, dirait Gramsci, comme on lit « la politique contemporaine, en somme[10] ». Loin d'éviter les problèmes sociaux non résolus, le cinéma italien s'offrait comme le médium idéal pour poser ces questions. L'écran permettait de reconnaître

(7) Niccolò Zapponi, « Fascism in Italian Historiography, 1986-93: A Fading National Identity », *Journal of Contemporary History*, 29, octobre 1994, p. 565. Je remercie Julie Doochin, étudiante en Masters d'histoire à l'Université de Pennsylvanie, d'avoir porté cet article à mon attention.

(8) Cf. le compte rendu de P. Finn du film *Concorrenza sleale* d'Ettore Scola dans *Cinemasessanta*, 4, mars-avril 2001, p. 21-22.

(9) *Ibid*, p. 22.

(10) Antonio Gramsci, *Il Risorgimento*, Turin, Einaudi, 1952, p. 114.

les tensions et les contradictions des fondements de l'identité nationale italienne.

Vu le manque relatif de films sur l'antisémitisme fasciste et sur l'Holocauste en Italie pendant la deuxième moitié du XXe siècle, l'intérêt des réalisateurs ces dernières années est d'autant plus surprenant et digne de mention. Les films qui traitent de la Shoah depuis 1990 incluent *Jona che visse nella balena* de Roberto Faenza (1993), *18.000 giorni fa* de Gabriella Gabrielli (1994), *La vita è bella* de Benigni (1997), *La tregua* de Francesco Rosi (1997), *Il cielo cade* d'Andrea et Antonio Frazzi (2000), *Canone inverso* de Ricky Tognazzi (2000), *Concorrenza sleale* d'Ettore Scola (2001), *Senza confini* de Fabrizio Costa (2001), *Perlasca* d'Alberto Negrin (2002), *La finestra di fronte* de Ferzan Ozpetek (2003), *La fuga degli innocenti* de Leone Pompucci (2004), *Il servo ungherese* de Massino Piesco et Giorgio Molteni (2004), *Hotel Meina* de Carlo Lizani (2007), et *Il giorno della Shoah* de Pasquale Squitieri (2008).

Cette abondance de films sur l'antisémitisme fasciste et sur la « solution finale » ne s'est pas produit *ex nihilo* – il résulte de ce que Fabio Girelli-Carasi a identifié comme l'émergence tardive d'un discours sur la question juive dans l'Italie d'aujourd'hui[11]. Au niveau institutionnel, l'impulsion récente du public visant à inscrire dans la mémoire le sort des Juifs italiens a pris plusieurs formes visibles, dont une loi, votée en 2000, afin de marquer le jour de la libération d'Auschwitz le 27 janvier de chaque année, « Il Giorno della Memoria », et une loi en 2003 mandatant la fondation d'un Museo Nazionale della Shoah à Ferrare.

Comment expliquer cet intérêt soudain pour l'Holocauste après tant d'années de silence relatif ? Ou, pour en revenir à ce que j'ai évoqué plus haut, pourquoi les Italiens des années 1990, acceptant finalement d'être hantés par l'Histoire, sont-ils enfin prêts à accepter le discours inquiétant des émissaires fantomatiques d'Auschwitz ? Afin de répondre à cette

(11) Fabio Girelli-Carasi, « Italian-Jewish Memoirs and the Discourse of Identity », in *The Most Ancient of Minorities*, Stanislao G. Pugliese (dir.), Westport, CT., Greenwood Press, 2002, p. 191-199.

question, j'adopterai une perspective double : à la fois psychanalytique et politico-historique – j'aborderai l'ouverture récente de l'Italie face au récit du génocide nazi à travers la notion freudienne de *Trauerarbeit* (travail de deuil), et je replacerai son processus en rapport avec un ensemble précis de circonstances qui eurent lieu pendant les années 1990.

En termes psychanalytiques, les spectres qui s'approprient notre personne font naître des sentiments de culpabilité et nous poussent d'une manière ou d'une autre à reposer les questions que leur absence soulève. Ils pourraient ainsi être considérés comme des projections psychiques de personnes dont le processus de deuil est demeuré incomplet. Pour Eric Santner, qui a analysé le nazisme et la « solution finale », « dans le contexte d'un traumatisme massif », le deuil est le moyen thérapeutique d'« élaborer et [d']assimiler la réalité de la perte ou du choc traumatique[12] ». Santner soutient que la capacité à construire une identité commune saine dépend d'une volonté culturelle de s'attaquer au traumatisme historique, en d'autres termes, d'entreprendre le processus de deuil collectif. Le but d'un tel *Trauerarbeit*, cependant, doit être double. Dans l'œuvre de Freud, le deuil exige une forme particulière de remémoration qui permet à la libido de se désengager progressivement de l'être disparu. Cette opération est réalisée à travers un processus soigneusement calibré de réinvestissement libidinal ou d'hypercathexis de l'être disparu, ce qui permet à la psyché endeuillée de finalement lâcher prise et de commencer à s'investir dans des objets plus appropriés, selon les règles du principe du plaisir[13]. Lorsque le deuil implique un choc traumatique, le *Trauerarbeit* doit accomplir une tâche supplémentaire : permettre au psyché de faire l'expérience de l'angoisse qui était absente au moment de l'événement, car c'est l'absence même d'une

(12) Cf. Eric Santner, « History Beyond the Pleasure Principle: Some Thoughts on the Representation of Trauma », in *Probing the Limits of Representation: Nazism and the "Final Solution"*, Saul Friedländer (dir.), Cambridge, Mass., Harvard University Press, 1992, p. 144.

(13) La tâche est « accomplie en détail, avec une grande dépense de temps et d'énergie, d'investissement, et, pendant ce temps, l'existence de l'objet perdu se poursuit psychiquement. Chacun des souvenirs, chacun des espoirs par lesquels la libido était liée à l'objet est mis sur le métier, surinvesti et le détachement de la libido est accompli sur lui. » Sigmund Freud, « Deuil et mélancolie », *Métapsychologie*, Paris, Folio-essais, 2005, p. 147-148.

telle angoisse qui est au cœur du traumatisme[14]. Dans l'étude de Santner, les types de manifestations culturelles qui réalisaient les objectifs du deuil freudien sont définis en opposition complète à ce que le chercheur nomme le « fétichisme narratif », c'est-à-dire des représentations qui protègent de l'angoisse en effaçant « les traces du traumatisme ou de la perte qui sont la source même du récit[15]. » En revanche, nous en déduisons que les récits de deuil efficaces repasseront la dévastation et l'horreur sans avoir recours à des expédients tranquillisants.

C'est ainsi que nous pouvons envisager la tendance récente de l'Italie à revisiter l'Holocauste dans les arts, comme un moyen d'entreprendre le travail de deuil nécessaire afin de surpasser le traumatisme. L'avalanche de textes et de films sur le sujet peut être perçu comme une forme de répétition compulsive, d'activité *fort-da*[16], permettant qu'après-coup, grâce à la fonction symbolique, la personne ou la communauté fasse l'expérience – tout en la contenant – de l'angoisse qui avait été réprimée au moment de l'événement. Afin de réaliser l'œuvre du *Trauerarbeit* freudien, la représentation de l'Holocauste italien doit ramener à la vie ses victimes de manière convaincante, raconter leur annihilation, et dénoncer la destruction de l'intégrité et de l'unité de la *comunitas* italienne, dont cette minorité était partie intégrante. Pour reprendre la métaphore de Michele Sarfatti sur le corps politique italien, « [c]eux qui ont décidé de les persécuter ont alors réellement performé un acte de mutilation, déchirant un morceau de la chair vivante de la nation, [...] les Juifs représentaient un os, un muscle, un poumon, en somme, une partie vivante essentielle[17]. » En faisant le deuil des

(14) Pour l'analyse de Freud de la névrose traumatique comme choc naissant de l'absence de l'angoisse nécessaire chez la victime, cf. « Au-delà du principe de plaisir », in *Essais de psychanalyse*, Paris, Payot, 1985.

(15) Santner, *art. cit.*, p. 144.

(16) Cela renvoie aux conclusions importantes auxquelles est arrivé Freud dans son observation de son petit-fils alors que l'enfant inventait un jeu afin de composer avec l'angoisse que lui causait l'absence de sa mère. Faisant sans cesse disparaître son jouet favori (tout en s'exclamant « *fort* », c'est-à-dire « va-t-en »), pour le faire réapparaître (avec l'exclamation « *da* », soit « voilà »), l'enfant mettait en scène symboliquement son sentiment de perte, mais aussi la capacité de reconquérir l'objet de son amour. Cf. Sigmund Freud, « Au-delà du principe de plaisir », in *Essais de psychanalyse*, Paris, Payot, 1985, p. 16.

(17) La condamnation de Michele Sarfatti est citée par Fabio Galluccio, *I Lager in Italia*,

victimes de l'Holocauste, l'Italie compose aussi avec le déclin d'un certain mythe d'une communauté inclusive, avec le chagrin et l'angoisse que de telles pertes impliquent.

Il reste cependant à comprendre pourquoi cet intérêt pour le sort que connurent les Juifs en Italie sous les gouvernements nazi et fasciste se manifeste précisément pendant les années 1990. Pourquoi un discours sur la question juive à ce moment précis de l'histoire, se demande ainsi Girelli-Carasi ? Une hypothèse intéressante relie un tel phénomène à la fin de la guerre froide. L'emprise de l'opposition droite / gauche, le manichéisme idéologique, aurait pu freiner l'historiographie de l'Holocauste[18]. Évidemment, la droite de l'après-guerre répugnait à visiter l'un des chapitres les plus méprisables du fascisme. La gauche quant à elle évitait toute réflexion sur les conséquences des lois raciales et du génocide pour des raisons moins évidentes. Son déni pouvait provenir du besoin de protéger sa lecture de la Seconde Guerre mondiale qui concevait l'antifascisme comme au fondement de la légitimité de la gauche de l'après-guerre. Toute lecture susceptible de mettre à mal le rôle prépondérant de la Résistance – et le destin des Juifs correspondait à une telle menace – devait être ignoré afin de maintenir le prestige et l'autorité de ce récit fondateur[19]. Avec la chute du mur de Berlin en 1989, l'implosion de l'Union Soviétique en 1991 et la dissolution du Parti communiste italien qu'elle provoqua, cette polarisation sur certaines lectures plutôt que d'autres de la Deuxième Guerre mondiale fit place à l'émergence d'autres récits ou, justement, de récits de « l'autre »

Civezzano, Nonluoghi, 2003, p. 32.

(18) Pour les Européens, Annette Wieviorka propose l'explication suivante de la suppression de l'histoire de l'Holocauste durant la guerre froide : l'affirmation par la gauche pour qui le fascisme ne s'était pas terminé avec la Seconde Guerre mondiale, mais avait continué dans tous les régimes non communistes, et l'assertion de la droite que les camps de concentration n'étaient pas exclusivement une pratique des nazis, mais qu'ils étaient bien en vie dans les goulags soviétiques, entrainait que le rôle du *Lager* dans l'extermination des Juifs d'Europe était entièrement ignoré, cf. *Déportation et génocide: Entre la mémoire et l'oubli*, Paris, Plon, 1992, p. 20. Je tiens à remercier Liliana Picciotto d'avoir attiré mon attention sur l'œuvre de Wieviorka.

(19) Cf. Niccolò Zapponi, « Fascism in Italian Historiography », p. 555. Pour un récit anecdotique de la manière dont la Résistance a dominé l'imagination historique (et la pédagogie) italienne, cf. Fabio Galluccio, *I Lager in Italia*, *op. cit.*, p. 9.

qui surgissent de ce passé lourd de signification. Pour la Shoah, c'était enfin comme si un bâillon avait été ôté, et un travail tardif de confrontation avec cet épisode traumatisant de l'histoire nationale italienne pouvait enfin débuter. L'historien Niccolò Zapponi relie cette transformation à ce qu'il appelle un « changement de culture mondial » motivé par « la tendance grandissante à repenser l'événement "fasciste" à partir de la perspective juive ». Pour lui, « afin d'examiner cette question de manière rigoureuse, il faudrait établir de quelle façon, pendant les deux dernières décennies (approximativement), l'Occident dans son entier a repensé son identité par rapport aux massacres nazis[20] ». Soulevant cette problématique, Zapponi reconnaît la nécessité d'une approche comparatiste et internationale à cette question – une approche qui dépasse le périmètre de la présente étude, mais dont le défi, il faut l'espérer, sera relevé par des chercheurs prêts à embrasser ses dimensions mondiales.

Un autre facteur important susceptible d'expliquer le soudain regain d'intérêt pour la question juive sous les régimes fasciste et nazi serait l'afflux d'immigrants de pays du tiers-monde, poussant les Italiens à reconsidérer leurs relations avec « l'autre parmi nous » et à reconnaître à quels extrêmes peut mener l'intolérance. Afin de représenter la continuité entre le passé et le présent de l'intolérance raciale, Ettore Scola réalisa un film saisissant intitulé *'43-'97*. C'est avec cette première blessure que débute le court-métrage, intitulé à dessein *'43-'97*. Il n'est déjà plus nécessaire de préciser le jour et le mois, ni le lieu où se déroule l'action. La plaque d'immatriculation d'un camion affichant un double « S » stylisé, l'escouade de motocyclettes et de gardes, la marche silencieuse de ceux qui avancent docilement avec leurs paquets et leurs baluchons suffisent. Les prises de vue en noir et blanc de Scola saisissent sobrement ce regroupement sous tous ses angles, montrant des logis se vidant pour rejoindre de tristes processions, avançant sous les arcades, au fil des escaliers, au long de couloirs ; la camera alternant entre vues de groupes et gros plans de visages finement sculptés, dont celui d'un vieil homme à barbe blanche et foulard noir, paraissant sorti tout droit d'une gravure. Un petit garçon en particulier revient fréquemment durant cette séquence, incitant le spectateur à le considérer comme le point

(20) Niccolò Zapponi, « Fascism in Italian Historiography », *op. cit.*, p. 550.

de mire de cet événement – les yeux à travers lesquels nous verrons le récit se développer. Avec sa casquette inclinée sur le côté de façon désinvolte et ses pantalons courts, il rappelle l'image connue et poignante de l'enfant juif de Varsovie, dont la photo est entrée dans la mémoire collective en tant que signifiant principal de l'atrocité de l'Holocauste.

Le film passe ensuite à une scène d'intérieur où une femme recouvre un lit pliant d'une couverture. Après l'avoir fait sortir brutalement, le SS disparaît dans l'escalier et la caméra de Scola cadre le lit en un travelling avant pour révéler un garçon qui sort la tête, met ses lunettes et émerge de sa cachette une fois la voie libre. S'évadant par une porte arrière et sautant au sol, le garçon attire l'attention du SS qui se met à ses trousses. La sonorisation de la scène adopte la forme du contrepoint musical : l'évasion s'accompagne d'une partition pianistique animée, alors que la scène du regroupement, montée en parallèle, a pour fond un morceau de violon triste, semblable à une lamentation hébraïque. Durant cette séquence, les personnages italiens demeurent dans un silence complet, où seuls s'entendent les ordres des Allemands : « *Raus* », « *Schnell* ». Il est significatif que la dernière prise de vue de la foule soit le garçon à la casquette qui monte dans le camion et disparaît. Ce garçon qui ne reviendra pas, et cette image demeure gravée dans notre mémoire, même lorsque nous nous réjouirons pour le gamin à la casquette qui parvient à fausser compagnie aux Allemands.

L'enseigne du ciné du coin qui indique au protagoniste la voie de la sûreté. Il s'engouffre dans le cinéma, la femme au guichet feint de ne rien voir, et le poursuivant nazi continue le long de la rue. À l'intérieur, une annonce filmée vante les « victoires écrasantes » des forces allemandes et célèbre la réception des pays de l'Axe « dans les sphères politique et militaire ». Des images d'archives témoignent de la camaraderie entre Hitler et Mussolini, puis font place à un clip du Führer dans un discours hystérique et incendiaire, puis un extrait de la parodie de Charlie Chaplin, *Le Dictateur*, dans lequel il prononce avec frénésie un discours inintelligible. La séquence suivante est un montage d'extraits de films italiens réalisés entre 1945 et 1997, successivement :

1. *Roma città aperta*, Roberto Rossellini, 1945. Pina (Anna Magnani) poursuit un camion nazi qui emporte son fiancé Francesco (Francesco Grandjacquet). Elle est abattue sous les yeux de son fils, Marcello (Vito Annichiarico), du prêtre, Don Pietro (Aldo Fabrizi), et de toute sa communauté.

2. *Ladri di biciclette*, Vittorio De Sica, 1948. Antonio (Lamberto Maggiorani) prend la fuite sur une bicyclette volée, ce qui horrifie son fils Bruno (Enzo Staiola).

3. *I soliti ignoti*, Mario Monicelli, 1958. Dante Cruciani (Totò) expose à sa bande d'incapables le système qu'il a mis au point pour décoder les coffres-forts.

4. *Il sorpasso*, Dino Risi, 1962. Bruno Cortona (Vittorio Gassman) au moment où, surpris par un camion arrivant en sens inverse, il perd le contrôle de sa voiture de sport qui plonge dans un ravin.

5. *Il gattopardo*, Luchino Visconti, 1963. Don Fabrizio, prince de Salina (Burt Lancaster), valse avec Angelica (Claudia Cardinale), signe que l'épouse bourgeoise et cossue de son neveu est parvenue dans les hautes sphères de l'aristocratie sicilienne…

6. *Amarcord*, Federico Fellini, 1974. Rex, navire qui symbolise les prétentions fascistes à la domination mondiale, semble attendre le peuple, et un joueur d'accordéon aveugle demande avec insistance : « Comment est-ce ? ».

7. *Una giornata particolare*, Ettore Scola, 1977. Femme au foyer fasciste, Antonietta (Sophia Loren) avoue son béguin pour Gabriele (Marcello Mastroianni), politicien homosexuel et subversif. Elle lui avoue que : « depuis ce matin je vous observe » tout en pliant sa lessive sur le toit de son appartement.

8. *Ricomincio da tre*, Massimo Troisi, 1981. Marta (Fiorenza Marchegiani) annonce à son petit ami qu'elle est enceinte et ils discutent du nom qu'ils pourraient donner à l'enfant.

9. *Nuovo cinema paradiso*, Giuseppe Tornatore, 1988. Alfredo (Philippe Noiret) explique à Totò enfant (Salvatore Cascio) la philosophie qui le guide dans le choix de ses amis et de ses ennemis.

10. *Palombella rossa*, Nanni Moretti, 1989. Michele Apicella (Moretti) se moque d'une journaliste (Mariella Valentini) parce qu'elle utilise un jargon branché.

11. *Ladro di bambini*, Gianni Amelio, 1992. Dans le compartiment d'un train, Antonio (Enrico Lo Verso) regarde deux enfants miséreux, Rosetta (Valentina Scalici) et Luciano (Giuseppe Ieracitano), qu'il doit accompagner à un orphelinat.

12. *La tregua*, Francesco Rosi, 1997. Alors que les portes d'Auschwitz sont démolies, une marée de survivants se rue vers la liberté. Cette scène épique, filmée en contre-plongée au son d'une musique poignante s'arrête sur un photogramme, figeant l'image des survivants s'élançant vers la liberté.

Divers facteurs ont présidé à la sélection des films intégrés au montage de Scola, le plus évident étant sa préférence personnelle. Un bon nombre de ces extraits provient de films avant-gardistes de l'histoire du cinéma italien de l'après-guerre, d'autres de genres (néo-réalisme, *commedia all'italiana*, *cinema politico*), et de cinéastes (Rossellini, De Sica, Fellini, Antonioni, Moretti, Tornatore, Amelio, les Taviani, Rosi et, bien entendu, Scola)... Plusieurs extraits comportent des enfants, et la plupart mettent en avant leur côté spectaculaire et une réflexion sur le recours à ce spectaculaire.

À la fin du montage, les lumières de la salle de cinéma révèlent, là où devrait être l'enfant rescapé de 1943, un homme aux cheveux blancs qui nettoie ses lunettes. Nous sommes désormais dans le monde de la couleur, mais la trame sonore évoque les années 1940 grâce au son de pas qui martèlent le pavé et au retour de la musique de piano empressé qui accompagnait la poursuite de l'enfant. Un adolescent noir survient en courant dans le cinéma et s'assoit, haletant, dans la rangée derrière le vieil homme. Semblant se reconnaître dans ce fugitif désespéré, le vieil homme lui fait un sourire complice – un sourire de compréhension et de consolation. Tous deux s'enfoncent alors dans leur siège, alors que les lumières s'éteignent et que le générique du film de Scola se déroule à l'écran dans l'écran.

De manière assez évidente, *'43-'97* est un film qui porte sur le lien entre le passé et le présent de l'intolérance raciale, sur la nécessité, voire l'urgence de revisiter l'histoire de l'Holocauste immédiatement, sans quoi la logique de la persécution s'acharnerait sur le nouvel « autre » italien, cette fois issu de l'immigration du tiers-monde. Comme Scola l'écrira dans sa préface au scénario de *Concorrenza sleale*, « le fait de découvrir que l'on est perçu comme "différent" à cause de sa naissance ou de sa race – cela est arrivé dans le passé aux Juifs et aux noirs, et les immigrants et les *extracomunitari* le vivent aujourd'hui[21] ».

Il ne faudrait pas oublier, en examinant l'élargissement culturel du discours sur la question juive en Italie, l'évolution de la position de l'Église. Une série d'événements sous la papauté de Jean-Paul II ont marqué d'importantes avancées dans les relations entre la communauté juive et le Vatican, à commencer par la visite du Souverain pontife à Auschwitz en 1979. Mais l'événement clé dans l'histoire récente de ce processus de guérison a peut-être été la visite de Jean-Paul II dans la grande synagogue de Rome en 1986, à l'invitation du Grand Rabbin Elio Toaff. Premier pape à mettre pied dans un lieu de culte juif, Jean-Paul II a dit des Juifs qu'ils étaient « *nostri fratelli prediletti e, in un certo modo, si potrebbe dire i nostri fratelli maggiori*[22] ». Pendant cette visite importante, le pape a rappelé le travail œcuménique de Jean XXIII, qui avait ouvert Vatican II à la diversité, et a réaffirmé la déclaration de Paul VI intitulée *« Nostra Aetate »*, qui rejetait la longue et virulente accusation de déicide pesant sur le peuple juif. Au mois de mars du Jubilé de l'an 2000, le chemin de la réconciliation mena Jean-Paul au Yad Vachem à Jérusalem, où il déclara que l'Église était « *profondamente rattristata per l'odio, gli atti di persecuzione e le manifestationi di antisemitismo dirette contro gli ebrei da crisitiani in ogni tempo e in ogni luogo*[23] ».

Afin de mieux comprendre ce nouvel impératif, j'aimerais analyser deux films importants réalisés récemment. *Canone inverso – Making Love* (2000) de Ricky Tognazzi et *Concorrenza sleale* (2001) d'Ettore Scola, deux films dont les affiliations génériques ne peuvent être plus dissem-

(21) Ettore Scola, *Concorrenza sleale*, Turin, Lindau, 2001, p. 5.

(22) « Nos frères préférés, pourrions-nous dire, d'une certaine manière, nos frères aînés ».

(23) « Profondément attristée par la haine, les actes de persécution et les manifestations d'antisémitisme perpétrés par des Chrétiens contre des Juifs, en tout lieux et à chaque instant ». Cité dans Marco Politi, « La Chiesa non dimentica gli orrori dell'Olocausto », *La Repubblica*, 24 mars 2000, p. 2.

blables – puisque l'un est un mélodrame pan-européen et transhistorique, tandis que l'autre traite du quotidien et du local de manière comique. Pourtant, tous deux confrontent les conventions du cinéma italien traditionnel aux questions que soulève le témoignage de l'Holocauste.

Le premier, basé sur le roman éponyme écrit par l'écrivain frioulan Paolo Maurensig, recourt très largement aux procédés du grand mélodrame – romantisme prenant, mélange ambigu de passions amoureuses et artistiques, dans la grande tradition romanesque du XIXe siècle – afin de dire l'histoire mouvementée d'un jeune violoniste doué, Jeno Varga[24]. Le film retrace le parcours de Jeno à partir de ses origines humbles dans un petit village tchécoslovaque avant la Deuxième Guerre mondiale, jusqu'à Prague, où il tombe amoureux d'une pianiste de concert juive, Sophie Levi. Il apprend qu'il est le frère bâtard de David van Blau, un aristocrate qui était son meilleur ami et camarade de classe au Collegium Musicum, pour finalement retourner dans sa ville natale qui le verra mourir mystérieusement en 1947.

Étymologiquement, le mélodrame est une pièce de théâtre mise en musique, ce qui en définit la forme *Canone inverso* de deux manières : la musique prédomine et lui procure son aspect le plus spectaculaire grâce à la trame sonore magistrale d'Ennio Morricone. Conformément aux codes génériques du mélodrame, Tognazzi construit le récit en crescendo jusqu'au point culminant du film, qui promet de satisfaire tous les désirs du protagoniste et de résoudre toutes les tensions interpersonnelles du récit. Cette acmé se produit, forcément, dans une salle de concert où Jeno, pour avoir terminé à la tête de sa classe au prestigieux Conservatoire de Prague, peut réaliser son rêve : jouer comme soliste, accompagné de Sophie au piano. Il y a dans le public une série de personnages dont la présence même marque qu'ils ne font plus obstacle au bonheur du couple. Son frère David est là, au balcon, afin de signaler son acceptation de la nouvelle situation familiale de Jeno. Wolf, beau-père de Jeno et supporter infatigable de sa carrière musicale, est présent dans la salle et manifeste la fierté paternelle qu'il mérite pleinement de ressentir pour son beau-fils et ses réussites. Maestro

(24) Paolo Maurensig, *Canone Inverso,* Milan, Mondadori, 1996.

Hirschbaum, renvoyé de son poste de directeur du conservatoire parce qu'il est Juif, semble lui aussi goûter le moment de gloire de son étudiant. Mais l'ultime grand finale de cette scène de concert qui doit résoudre toutes les tensions interpersonnelles conformément à la formule du grand récit du XIXe siècle, ne vient pas. L'histoire avec un grand H domine l'appareil narratif et bloque le mouvement conventionnel qui mène l'intrigue à sa résolution.

La scène débute avec des tambours dont le roulement provoque un sentiment d'excitation et d'anticipation face à l'action à venir. La caméra s'éloigne ensuite afin de révéler l'orchestre dans son ensemble, puis coupe et débute une série de prises discontinues : les mains de Sophie courant sur les touches du piano, le balcon où les camarades de classe de Jeno sont assemblés, le chef d'orchestre, les mains de Sophie à nouveau, avant de passer enfin à Jeno, et finalement à Maestro Hirschbaum dans le public. Le montage est coupé au rythme de la trame sonore de Morricone et la camera révèle que presque tous les éléments du grand finale sont en place, lorsque David apparaîtra parmi l'auditoire de Jeno. Cependant, grâce au montage alterné entre le concert et le parcours frénétique en voiture de David vers le théâtre, l'on comprend que les éléments mélodramatiques de l'intrigue seront bientôt entravés par ceux de l'histoire de l'Holocauste. Des command-cars allemands dépassent la voiture de David lorsqu'il arrive à la salle de concert : l'édifice est encerclé par des officiers SS qui lancent des ordres et rassemblent des gens grâce à l'aide de chiens qui aboient. La musique de Morricone continue de dominer la trame sonore, mais la troublante cacophonie nazie ne peut être ignorée. Dans le théâtre, la performance triomphante de David continue, rendue par des coupes entre son visage plongé dans la concentration, les mains de Sophie sur les touches, son visage ému et approbateur, et les mouvements énergiques du chef d'orchestre qui coordonnent le tout. David apparaît finalement au balcon, suscitant la reconnaissance de Jeno. À l'instant, les nazis pénètrent dans la salle, ce qui entraîne des plans rapides montrant les réactions horrifiées du public face à cet assaut. En plans successifs rapides, l'on voit Sophie saisie par deux officiers, Jeno poussé hors de scène, le balcon de David envahi par des soldats. La dernière prise de vue de ce montage déchirant montre un officier sur la scène, à la place du chef d'orchestre, filmé à partir de la salle qu'il « dirige » au rythme implacable des ordres nazis.

Si le *canone* est une forme en contrepoint, le contrepoint dans cette scène est entre les forces de la culture et ceux de la répression autoritaire. La scène est montée de manière contrapuntique – musicalement, par l'opposition entre la musique de Morricone et le vacarme de l'arrivée des nazis, et visuellement grâce au montage alterné de la salle de concert et du désordre de l'assaut militaire. Cette forme régit également la relation entre les conventions du mélodrame, qui veut qu'à la fin l'intrigue soit résolue, et l'irruption de l'histoire de l'Holocauste, qui défie la loi du genre.

L'héritage de l'antisémitisme européen a également transformé la tradition générique fort différente à l'œuvre dans le film d'Ettore Scola, *Concorrenza sleale*, l'histoire de deux commerçants, Umberto Melchiorri et Leone Della Rocca, dont la compétition devient réellement inégale lorsque les lois raciales de 1938 exigent que Leone, qui est Juif, abandonne son commerce. Le rôle décisif de Scola dans l'évolution du genre de la *commedia all'italiana* est bien connu : on lui doit d'avoir rapproché la comédie cinématographique italienne avec la tradition néoréaliste de l'engagement politique. Avec le récit de *Concorrenza sleale*, Scola marque le passage de la comédie conventionnelle à une comédie subversive qui trouble la complaisance de ses codes génériques en étendant ses limites afin d'y inclure des sujets dérangeants, voire tabous (l'homosexualité dans les années 1970, par exemple, dans *Una giornata particolare*). À cette fin, la première partie de *Concorrenza sleale* s'ancre dans une comédie aimable, une comédie d'intrigues dans un cadre historique. La tournée matinale d'un tramway, lent et désuet, nous mène au quartier Via Ottaviano de Rome, avec ses murailles et sa porte, donnant l'impression d'un monde fermé, insulaire, un *hortus conclusus*, immunisé contre les assauts de l'histoire. À l'intérieur de ce décor, la vie quotidienne commence à s'animer, et Scola reconstruit le train-train avec une attention au détail quasi philologique. La recréation méticuleuse d'un temps révolu est saturée de nostalgie pour un passé paisible, innocencent et de communautaire, c'est l'*Italietta del ventennio* (l'Italie des deux dernières décennies du fascisme). Fidèle aux exigences de la comédie traditionnelle, l'auteur nous offre des gags, de l'humour tarte à la crème, des railleries, de petits accidents sans gravité, telles les syncopes fréquentes du professeur de piano qui se terminent aussitôt qu'arrive le plateau de pâtisseries. La compétition entre les deux marchands semble être elle-même un *running gag* – la version adulte des jeux joués par les fils d'Umberto et de Leone. En fait, la rivalité entre les pères est réduite à une querelle au sujet de slogans publicitaires (qui aurait le droit de se servir du concept de « *tutti al mare*[25] »). C'est la nouvelle génération, celle de Pietruccio et Lele, qui révèle la puérilité du comportement des pères lorsqu'ils appellent la guerre des commerçants la « *battaglia dei mari*[26] », une variation ingénieuse sur le nom du jeu que les garçons joueront plus tard dans le film : « *battaglia navale* ». Fidèle à la tradition de la *commedia all'italiana*, Scola a offert les deux premiers rôles à des acteurs renommés, Diego Abantantuono et Sergio Castellitto, faisant de la *concorrenza* (rivalité) entre Umberto et Leone un face à face entre deux *maschere*[27] dont la familiarité procure une source immédiate de plaisir comique au public.

Tout semble donc procéder selon les normes de la comédie conventionnelle et nos attentes sont comblées pour une fin qui permettra aux pères de mettre de côté leurs enfantillages et de suivre l'exemple de maturité, de sagesse et de solidarité de leurs fils de huit ans. Bien que cette résolution ait ultimement lieu, le fond historique subvertira dans sa complaisance et son équilibre, le dénouement heureux et classique auquel nous nous attendions. Le tournant qui nous mène vers un style génériquement fort différent survient lorsque Umberto, dans une querelle avec Leone, lui assène un coup au-dessous de la ceinture, geste traditionnel de répartie comique. Alors qu'ils échangeaient des insultes se limitant aux normes permises par une rivalité entre petits commerçants, Umberto dépasse la mesure en faisant référence à la « *razza* » de Leone. « *Un ebreo è sempre un ebreo*[28] », conclut Umberto, anéantissant non seulement le sang froid de son rival, mais également l'humour du film même. Comme si cette réplique s'était retrouvée dans le mauvais film, en provenance d'un univers complètement étranger à celui de la *commedia all'italiana*.

(25) « Tout le monde à la plage ».

(26) « La bataille des mers ».

(27) « Monstres sacrés du grand écran ».

(28) « Un Juif est toujours un Juif ».

Avec cette insulte raciste, l'histoire de l'Holocauste pénètre les limites fortifiées du quartier, puisque nous découvrons que ce jour est bel et bien le 6 mai 1938, le point culminant des festivités qui accompagnèrent le pacte entre Hitler et Mussolini, et ses conséquences pour l'avenir en termes de guerre et de génocide. Afin de gâcher encore davantage le plaisir que le spectateur tire du comique du film, Scola nous montre l'échange de regards entre les pères et leurs fils – ces derniers ayant été témoins de la honte de la génération qui avait accepté le fascisme. À ce tournant du film, un certain nombre de détails désuets réapparaissent, représentant désormais des prémonitions terribles des catastrophes à venir. Les fenêtres du tramway qui nous avait si innocemment menés jusque dans le quartier au début de *Concorrenza sleale* sont maintenant décorées d'étendards nazis, et la parade fasciste de mauvais goût qui emplissait les rues aux premiers instants du film a laissé dans son sillage la vitrine brisée du magasin de Leone – une *Kristallnacht all'italiana* dérangeante, malgré son contexte très particulier.

La deuxième moitié du film nous incite à relire les conventions comiques de la première partie à partir de la distance critique que permet l'histoire. Ce doublement de perspective est bien entendu l'ingrédient principal de l'ironie – un procédé devenu évident suite aux fulminations que profère le professeur de lycée antifasciste, Angelo, frère d'Umberto, alors qu'il accorde une note à un devoir qui regorge d'opinions promussoliniennes. Attribuant la note de zéro au travail à cause de son contenu idéologique, Angelo fulmine, « *Dov'è finita l'ironia… E' morta, l'ironia*[29] ». À l'intérieur de la structure humoristique de *Concorrenza sleale* cependant, l'ironie se porte fort bien, grâce aux garçons qui perçoivent l'absurdité des agissements de leurs pères et qui sont très conscients que leurs propres jeux enfantins ne sont que des jeux, alors que leurs aînés prennent au sérieux les singeries ridicules de leur rivalité. Mais plus largement, l'ironie imprègne toute la structure du comique de *Concorrenza sleale*, lorsque l'on examine le contexte macro-historique qui menace de l'avaler. L'heureux dénouement de l'intrigue générationnelle – les pères en viennent à imiter le comportement exemplaire de leurs fils – se révèle être futile face aux forces considérables de l'histoire à l'œuvre. Les jeux comiques, même exécutés

(29) « Où est passée l'ironie ? Elle est morte, l'ironie. »

sur le mode de la conscience ironique, sont malgré tout des jeux, dont les solutions ne valent que dans le domaine du jeu. Au niveau de l'histoire de l'Holocauste, les règles sont draconiennes, les résultats terrifiants, et la ligne séparant le vrai de l'imaginaire est sujette à une violation systématique. En d'autres mots, l'heureux dénouement décrété par le canon de la comédie conventionnelle ne survient pas par *Concorrenza sleale*, car nous sommes en 1938, le lieu est l'Italie, et Leone est Juif. Ces attentes contrecarrées et ce conflit des codes génériques entre comédie et réalisme historique constituent le moyen choisi par Scola pour témoigner de l'antisémitisme fasciste et de l'histoire de l'Holocauste qu'il présage.

Vers la fin du film, alors qu'Umberto rend visite à un Leone malade, leurs fils écoutent leur conversation derrière la porte. « *Ridono, chiacchierano*[30] », rapporte l'un des garçons. « *Si vede che sono cresciuti*[31] », conclut l'autre. On pourrait dire la même chose du cinéma italien, qui a mûri au point de finalement être en mesure de se confronter à ce que Primo Levi a appelé « *Il fatto centrale, la macchia, del nostro secolo*[32] ». Ce faisant, les cinéastes italiens contemporains ont commencé à remédier à l'étrange réticence d'une tradition cinématographique reconnue pour son courage social indéfectible, afin d'accepter le formidable défi moral et représentationnel qu'est témoigner de l'Holocauste.

(30) « Ils rient, ils bavardent ».

(31) « Il semble qu'ils ont grandi ».

(32) « Le fait central, la tache de notre siècle », Primo Levi, *I sommersi e i salvati*, Turin, Einaudi, 1991, p. 10.

La scène traumatique de Sarah Kane

Élisabeth Angel-Perez

« Il pleure. / Donc il vit. » : on se souvient du *cogito* beckettien qui s'énonce entre Clov et Hamm dans *Fin de Partie* et qui inaugure une dramaturgie de la douleur , « la douleur comme lieu du sujet, là où il advient », écrit Julia Kristeva[1]. « Tu es le lieu de ta blessure », déclare Edward Bond dans *La Trame cachée*[2]. On est bien en présence d'écritures du traumatisme, c'est-à-dire d'écritures qui s'efforcent de mettre en mots, en corps, en espaces et en voix, la blessure. Non pas une blessure guérissable, comme la blessure physique, mais une blessure qui renvoie à un événement traumatique responsable d'un effondrement du sens et qui donc, parce qu'il ne s'appréhende pas, parce qu'il ne s'assimile pas, toujours, fait retour.

Théâtre et traumatisme partagent un certain nombre de points communs. Le théâtre est, lui aussi, le lieu de la répétition, de ce qui ne passe pas, de ce qui fait retour et on pourrait dire qu'il a ontologiquement partie liée avec la hantise. En outre, le théâtre (du grec *thea*), c'est la vue et pour le dire avec Peter Brook, il ne fait sens que s'il s'attache à « rendre visible l'invisible » : concours des forces dionysiaques et apolliniennes, il s'emploie à dévoiler ce qui a vocation à rester caché. Par nature, donc, le

---

(1) Julia Kristeva, *Pouvoirs de l'horreur. Essai sur l'abjection*, Paris, Seuil, 1980, p. 165.

(2) Edward Bond, *La Trame cachée*, traduit de l'anglais par Georges Bas, Jérôme Hankins, Séverine Magois, Paris, L'Arche, 2003, p. 159.

théâtre est impudique et exprime sinon un secret, du moins un non formulé. Le théâtre anglais contemporain qui nous intéresse ici s'inscrit dans le sillage d'Edward Gordon Craig et d'Artaud, et peut-être plus qu'un autre, il pense la scène comme lieu où advient un enfoui qui ne peut advenir que là. Le théâtre n'est pas le lieu d'une imitation : « le théâtre serait un bien piètre art s'il se contentait d'imiter », déclare Edward Gordon Craig dans *L'Art du théâtre*, tandis qu'Howard Barker oppose « théâtre » et « art du théâtre » précisément sur la question de l'imitation : « *Le théâtre* reproduit la vie. *L'art du théâtre* invente la vie », écrit-il dans *La Mort, l'unique et l'art du théâtre*. Le refus de la représentation au profit de la « présentification » amène Sarah Kane à élaborer le concept de théâtre « expérienciel » (« *experiencial theatre* »), un théâtre qui refuserait la littérature monument (qui encrypte) au profit de la littérature événement (qui fait advenir). Comme chez Artaud, la scène y est donc pensée comme lieu d'une expérience plus pleine que la vie. Enfin, ce qui caractérise le théâtre c'est que l'expérience – et dans le théâtre qui nous concerne, le trauma – y existe sur le mode collectif. C'est ce que résume efficacement Valère Novarina lorsqu'il affirme que « le théâtre est un lieu de perdition où nous refaisons l'expérience effrayante du chaos, où nous sommes décomposés : le lieu de la défaite humaine, le lieu où nous venons ensemble nous déconstuire : c'est un lieu commun où nous nous rassemblons pour qu'éclatent tous les lieux communs[3] ».

« We come after », déclare George Steiner dans *Langage and silence*. Le théâtre anglais contemporain ne cesse d'interroger la relation entre l'art et la barbarie, l'art et l'horreur ou l'abjection (qui en est, selon Kristeva, la face intime) et fait émerger une poétique de la cendre que l'on peut lire à la lumière des théories du trauma et de la représentation développées par Shoshana Felman, Saul Friedländer, Dominick LaCapra, Cathy Caruth, Vivian Patraka, ou encore Michael Rothberg. Le lieu d'où écrivent ces dramaturges post-brechtiens est résolument post-traumatique : « Je suis un citoyen d'Auschwitz et d'Hiroshima », déclare Edward Bond dans *La Trame cachée*. Porté par des personnages métonymiques, leur théâtre travaille Auschwitz comme paradigme de tous les épisodes génocidaires plus récents, voire de tous les traumatismes (ce qui est à la fois éthiquement et

(3) Valère Novarina, *Lumières du corps*, Paris, POL, 2006, p. 67.

esthétiquement problématique). Le théâtre d'Edward Bond, de Howard Barker ou de Sarah Kane est donc d'après l'effondrement du sens (Auschwitz, mais aussi le Rwanda, la Bosnie, la destruction du World Trade Center, ou encore les attentats de Londres en juillet 2005), autant d'abominations historiques, collectives, publiques qui ricochent sans cesse dans l'intime.

Le « monde moderne » dont parle Hannah Arendt dès l'aube des années 1950, ce monde qui s'origine dans la véritable « image de l'enfer » construite par les nazis, se reconstruit sur la scène de nos dramaturges. On a besoin de cette image, dit Hannah Arendt, pour prendre la mesure de l'humanité. La question de la représentation, au cœur de l'esthétique contemporaine, se pose avec une acuité inégalée. Lorsque, en 1955 dans *Prismes*, Theodor Adorno déclare le poème « barbare » et consacre ainsi la faillite du projet humaniste du langage, il inaugure la réflexion sur la forme qui occupera tout le siècle et au-delà. George Steiner résume la question de l'aporie linguistique et poétique à la faveur de quelques images et formules chocs : « un nazi peut le soir lire Gœthe ou Rilke, jouer des passages de Bach ou de Schubert, et le lendemain matin vaquer à son travail quotidien, à Auschwitz[4] ».

Le langage ne peut plus dire. Ce constat du dépérissement du langage et d'un verbe qui ne serait plus que le fantôme de lui-même, Beckett l'affirme déjà, en 1962, dans *Oh les Beaux jours* :

> Winnie. Les mots vous lâchent, il est des moments où même eux vous lâchent. (*Se tournant un peu vers Willie.*) Pas vrai, Willie ? Pas vrai, Willie, que même les mots vous lâchent, par moment ? (*Un temps. Elle revient de face.*) Qu'est-ce qu'on peut bien faire alors, jusqu'à ce qu'ils reviennent ? Se coiffer, si on ne l'a pas fait, ou s'il y a doute, se curer les ongles s'ils ont besoin d'être curés, avec ça on peut voir venir. (*Un temps*). C'est ça que je veux dire. (*Un temps*). C'est tout ce que je veux dire.[5]

---

(4) George Steiner, *Langage et Silence*, Paris, 10/18, 1969, p. 13.

(5) Samuel Beckett, *Oh les beaux jours*, Paris, Minuit, 1963, p. 30.

Cette fantomisation de la langue hante la littérature dite de l'Absurde : Adamov évoque des mots « usés jusqu'à la corde, réduits à rien », des mots qui sont devenus « des squelettes, des fantômes » ; Ionesco, rappelle encore Steiner, confie à son journal que « (les mots) ne parlent pas[6] ». La disqualification du langage, qu'Adorno déclare clairement, constitue la clef de voûte du système linguistique beckettien et post-beckettien. Il faut donc inventer un nouveau langage scénique qui soit davantage apte à dire le mal : *« Theatre is dead »,* le théâtre n'est plus, assène Martin Crimp dans *Attempts on Her Life*, et il faut donc, comme le propose Galactia dans *Tableau d'une exécution* de Barker, « inventer un nouveau rouge pour tout ce sang. Un rouge qui pue[7]. »

Toutefois, ce nouveau langage tragique doit se penser en dehors de la forme de la tragédie : le nouveau théâtre tragique n'a plus rien à voir avec le « bel animal » et ne s'inspire plus d'un modèle organiciste du théâtre, imité de la vie. Structurellement, le théâtre ne progresse plus de manière téléologique. Plus de linéarité comme dans l'enchaînement exposition, crise, résolution. Dans ce nouveau théâtre tragique, pas de révélation d'un sens, pas de catastrophe au sens hégélien. La structure épouse non pas la dynamique du bel animal mais celle du corps traumatique, hoquetant et bégayant, comme le personnage de Cate dans *Anéantis*, signe de l'indépassable traumatisme : « le théâtre des pitres » et non plus « le théâtre des prêtres », pour le dire avec Jan Kott, auquel Beckett et sa dramaturgie du « moindre » ouvrent la voie. De même, l'Événement de Théâtre d'Edward Bond, le théâtre de la Catastrophe de Barker sont autant de modalités de ce théâtre néo-tragique qui se partage entre les partisans du tout/trop montrer (*opsis*) et les *spectralisateurs* qui absentent l'image et ne donnent plus à voir que le verbe.

Regarder fonctionner l'œuvre de Sarah Kane permet de cerner synthétiquement les grandes lignes de l'esthétique scénique de la scène

---

(6) Cité par Steiner, *Langage et silence*, *op. cit.*, p. 88.

(7) Howard Barker, *Tableau d'une exécution*. Œuvres choisies I, p. 18. « Got to find a new red for all that blood. A red that smells. », *Scenes from an Execution, Howard Barker Collected Plays One*, London, John Calder, 1990, p. 257.

traumatique, et de voir comment montrer, tout montrer, fait du théâtre un lieu d'authentification du trauma. Parce qu'à travers ses personnages, elle construit un sujet-monde, Kane donne également à penser la scène comme le lieu où le politique et le public ricochent dans l'intime. Enfin, les œuvres de la fin donnent à voir l'oblitération : le trauma troue.

PORTÉE ONTOLOGIQUE DE LA SCÈNE

Dès sa toute première œuvre, il apparaît clairement que pour Kane la scène à une portée authentifiante, voire ontologique : montrer la barbarie, c'est faire acte de reconnaissance de la barbarie elle-même. Sarah Kane déclare : « Quand j'ai lu *Sauvés*, j'ai été profondément choquée par la lapidation du bébé. Puis je me suis dit ... si on prétend qu'on ne peut pas représenter quelque chose, alors ... on nie son existence, et ça c'est quelque chose d'extraordinairement borné[8] ». Il faut donc mettre en scène le martyr parce que le martyr, comme l'indique l'étymologie, c'est le témoin, le seul. Edward Bond, avant Kane, avait radicalisé l'expérience en nous entraînant dans la chambre à gaz avec la mère et l'enfant dans *Auprès de la mer intérieure* (p. 17). La scène, prodigieusement problématique pour toutes les raisons que l'on sait et dont Claude Lanzmann se fait l'écho, aborde frontalement la question de l'esthétisation de l'horreur. C'est précisément cette transgression-là qui intéresse les partisans du choc au théâtre. Kane, à propos de ses propres mises en scène de la barbarie (et notamment de la scène du soldat dans *Anéantis*) déclarera : « Pour moi, il s'agit d'une représentation amorale de la violence ... pas un commentaire[9] ». Comme pour Bond avant elle, Kane défie la morale pour fonder l'éthique.

C'est donc pour cela qu'il faut avant tout montrer ce dont on ne peut se relever, c'est-à-dire l'humanité morte. Tout commence, pour les anglophones, avec Beckett et son cri « Tout l'univers pue le cadavre » (*Fin de partie*), ce que *La Classe morte* de Tadeusz Kantor littéralise de

---

(8) « When I read *Saved*, I was deeply shocked by the baby being stoned. But then I thought ... if you are saying you can't represent something, then... you are denying its existence, and that's an extraordinarily ignorant thing to do ». Sarah Kane, in *The Times*, January 1995, cité en avant propos à *Shopping and F***** de Mark Ravenhill, London, Methuen, 1996.

(9) Graham Saunders, *Love me or Kill me. Sarah Kane et le Théâtre*, traduit de l'anglais Georges Bas, Paris, L'Arche, 2004, p. 54.

manière bouleversante au milieu des années 1970, pour se poursuivre avec les images scéniques inouïes de Bond : alors que, dans *The Tin Can People*, l'un des personnages affirme : « Je sais que vous êtes des gens parce que vous avez la forme de cadavres », dans *Naître*, la Mère nourrit les morts comme s'ils étaient ses enfants[10]. Si la mission du théâtre a toujours été de faire entendre la voix des morts (prosopopée), il s'agit dans les textes qui nous occupent ici non pas de faire parler les morts, mais de les écouter se taire.

Lorsqu'elle écrit *Anéantis*, Kane est résolument tournée vers une dramaturgie outrancièrement visuelle qui relève du In-Yer-Face[11] : le verbal n'est utile que s'il choque (c'est le cas de la réplique inaugurale de la pièce : « I've shat in better places than this ») ; lorsqu'il n'est pas indispensable, on s'en passe : « pour moi le langage du théâtre, c'est l'image scénique[12] ». La juxtaposition paratactique d'images scéniques dans la scène 5 en témoigne : *Ian en train de s'étrangler ... Ian en train de chier ... Ian riant comme un dément, etc.*

On le voit, avec *Blasted*, Kane reprend à son compte la technique de « l'aggro-effect » bondien[13] et construit une dramaturgie du choc. Mais l'agression n'est plus, comme chez Bond, un décrochement qui prend par surprise mais un régime de croisière. L'horreur qui passe par le brusque surgissement et par le soudain changement de registre, devient un *modus vivendi*. Ce n'est plus seulement en tant qu'outil postmarxiste de transformation du monde que l'aggro-effect est sollicité, mais en tant que nouvelle modalité du réalisme.

---

(10) Respectivement, « I know you're people because you're corpse-shaped », *The Tin Can People. The War Plays*, London, Methuen, 1985, p. 60 et *Born*, in *Collected Plays Eight*, London, Methuen, 2007, p. 52.

(11) Aleks Sierz a publié un livre pionnier : *In-Yer-Face Theatre*, London, Faber, 2001.

(12) Graham Saunders, *Love me or Kill me. Sarah Kane et le Théâtre*, *op. cit.* p. 90.

(13) Expression fondée sur le modèle du Alienation Effect brechtien et qui vise à déclencher un choc intellectuel et viscéral. Avec l'Événement de Théâtre, le concept d'aggro-effect est une des inventions dramaturgiques de Bond qui dépasse de loin le cadre de la dramaturgie bondienne. On les trouve dans tout le théâtre qui nous intéresse ici et en particulier chez Sarah Kane qui les porte à leur paroxysme.

Montrer, pour Kane, c'est créer un théâtre « expérienciel » (et non expérimental), à la fois pour celui qui est sur scène et pour le spectateur. Le théâtre – et la scène traumatique en particulier – engage le spectateur au moins au niveau de sa responsabilité éthique et la plupart du temps, en tant qu'héritier d'un vécu collectif. C'est en partie ce que Michael Rothberg appelle « réalisme traumatique » :

> Le réalisme traumatique est une tentative de convertir un événement traumatique en objet de savoir et de programmer, et donc de transformer, ses lecteurs de sorte qu'ils soient contraints de se reconnaître dans leur relation à la culture post-traumatique[14].

Je parlerai, pour ma part, de pacte traumatique qui s'établit parce que le traumatisme historique trouve à s'articuler au traumatisme intime. L'œuvre de Kane donne, là encore, matière à comprendre le fonctionnement de ce pacte.

LE MOI-MONDE : COMPULSION DE RÉPÉTITION DANS LA CHAIR

La première pièce de Kane, *Anéantis*, adopte une structure binaire, parabolique, brechtienne : le viol d'une jeune fille épileptique, anorexique et bègue par un quinquagénaire cancéreux dans une chambre d'hôtel à Leeds préfigure la guerre. Le viol inscrit dans la sphère domestique et intime un traumatisme et annonce la bombe qui fait exploser le décor et plonge la chambre d'hôtel dans la guerre et ses abominations (notamment le viol du violeur par un soldat lui-même martyr). La critique, et Kane elle-même, ont largement commenté la structure en deux temps de la pièce qui, à mi-chemin et par surprise, fait exploser la pièce-bien-faite, voler en éclats les trois actes et pulvérise le petit décor et la boîte à l'Italienne :

> À l'origine j'écrivais une pièce sur deux personnes dans une chambre d'hôtel, entre lesquelles il y avait un rapport de pouvoir complètement déséquilibré qui conduisait l'homme plus âgé à violer la jeune

(14) Michael Rothberg, *Traumatic Realism*, Minneapolis, University of Minnesota Press, 2000, p. 9 et 103 (ma traduction).

femme [...]. À un certain moment dans les deux premières semaines de rédaction [en mars 1993], j'ai allumé la télévision. Srebrenica était en état de siège. Une vieille femme regardait la caméra en pleurant. Elle disait « S'il vous plaît, s'il vous plaît, quelqu'un doit nous aider. Quelqu'un doit faire quelque chose. » Je savais que personne ne ferait quoi que ce soit. Tout d'un coup, je n'étais plus du tout intéressée par la pièce que j'écrivais. Je voulais écrire à propos de ce que je venais de voir à la télévision. Alors mon dilemme était le suivant : est-ce que je devais abandonner ma pièce (même si j'avais déjà écrit une scène que je trouvais très bonne) pour passer à un sujet que je trouvais plus urgent ? Lentement, je me suis rendu compte que la pièce que j'étais en train d'écrire parlait déjà de ce sujet. [...] Je me demandais : « Quelle connexion pourrait-il bien y avoir entre un viol banal dans une chambre d'hôtel à Leeds et ce qui se passe en Bosnie ? » Et puis soudain j'ai compris, j'ai pensé : « Bien sûr, c'est évident. L'un est la graine et l'autre est l'arbre[15]. »

Et plus loin :

La tension de la première partie, cette épouvantable tension sociale, psychologique et sexuelle, est presque une prémonition du désastre à venir. Et quand il arrive, la structure se disloque pour lui donner accès...[16]

L'explosion de la bombe, dans laquelle on peut voir, au niveau métatextuel, une véritable métaphore du théâtre et de sa fonction révélatrice, invite le lecteur-spectateur à faire d'*Anéantis* un manifeste du théâtre : pour Kane, le théâtre est une bombe. Il devient donc le lieu d'une révélation traumatique qui établit des liens indissociables entre le trauma personnel et le trauma collectif ou historique : l'un porte l'autre, l'un fomente l'autre.

Le fonctionnement parabolique qui met en regard le sujet intime (lyrique presque dans ces « playpoems » que sont les pièces de Kane) et

(15) Cité par Aleks Sierz dans «"On dirait qu'il y a une guerre" : *Anéantis* de Sarah Kane et le théâtre politique », in Élisabeth Angel-Perez et Nicole Boireau (dir.), *Le Théâtre anglais contemporain*, Paris, Klincksieck, 2006, p. 174-75.

(16) Graham Saunders, *Love me or Kill me. Sarah Kane et le Théâtre*, *op.cit.*, p. 83.

le sujet collectif est au cœur des théâtres de dramaturges comme Edward Bond, Howard Barker, Martin Crimp ou Sarah Kane. La *réplicabilité* entre événement intime et événement politique est la marque de fabrique de l'espace théâtral traumatique. Si, dès *Anéantis*, la correspondance entre l'intime et le politique est on ne peut plus claire, c'est au moment où Kane écrit sa troisième pièce, *Cleansed* (une pièce qui se passe dans les ruines d'un camp de concentration), qu'elle découvre les *Fragments d'un discours amoureux*. Barthes y tisse une comparaison percutante entre l'amoureux malade d'amour et le prisonnier de Dachau :

> La catastrophe amoureuse est peut-être proche de ce qu'on a appelé, dans le champ psychotique, une *situation extrême*, qui est « une situation vécue par le sujet comme devant irrémédiablement le détruire » ; l'image en est tirée de ce qui s'est passé à Dachau. N'est-il pas indécent de comparer la situation d'un sujet en mal d'amour à celle d'un concentrationnaire de Dachau ? L'une des injures les plus inimaginables de l'Histoire peut-elle se retrouver dans un incident futile, enfantin, sophistiqué, obscur, advenu à un sujet confortable, qui est seulement la proie de son Imaginaire ?
> Ces deux situations ont néanmoins ceci de commun : elles sont, à la lettre, paniques : ce sont des situations sans reste, sans retour : je me suis projeté dans l'autre avec une telle force que, lorsqu'il me manque, je ne puis me rattraper, me récupérer : je suis perdu, à jamais[17].

Kane écrit qu'après avoir trouvé cette comparaison très déplacée, elle a compris que les deux situations ont à voir avec la perte de soi :

> Il y a un moment dans *Fragments d'un discours amoureux* où il dit que la situation d'un amoureux en mal d'amour n'est pas sans rappeler celle d'un prisonnier à Dachau. Et quand j'ai lu ça, j'étais stupéfaite ; je me suis dit comment peut-on oser dire que la douleur amoureuse est aussi forte que ça. Mais ensuite, plus j'y pensais, plus je comprenais ce qu'il voulait dire. Il s'agit de perte de soi. Et quand on se perd soi-même, on va où ? Il n'y a nulle part où aller, c'est une sorte de folie en fait. Et en pensant à ça, je faisais le lien avec *Purifiés*. Si on met des gens dans une situation où ils

(17) Roland Barthes, *Fragments d'un discours amoureux*, Paris, Seuil, 1977, p. 60.

se perdent eux-mêmes et si on écrit sur l'émotion de ceux qui se perdent alors on peut faire le lien entre les deux. Tant qu'on n'écrit pas quelque chose comme « Auschwitz 1944 », qui bien sûr serait trop réducteur[18].

L'écriture du trauma devient véritablement écriture du traumatisme : la blessure historique s'ancre dans la chair, tout comme la blessure intime trouve des ricochets multiples dans le monde. Kane construit donc le deuil de soi comme deuil de l'humain, ce qui se met en place, c'est une écriture de soi comme sujet historique traumatique, comme humanité en crise : le sujet lyrique devient un sujet-chorique, un sujet-monde, un sujet qui ne fait plus la différence entre ses propres frontières et le monde[19].

Le sujet chorique se manifeste partout dans l'œuvre : dans l'ubiquité dont il est fait état, bien sûr – « j'ai gazé les kurdes, j'ai assassiné les juifs, j'ai fait sauter les arabes[20] » – mais aussi, de manière plus explicite, dans la confusion intersubjective comme lorsque le personnage retrace un épisode qui ne lui est pas arrivé à elle, mais à sa propre mère : « Ce n'est pas à toi que c'est arrivé. C'est à moi. Mon père est mort avant ta naissance[21] ». Le sujet individuel n'existe donc que dans le collectif, sur le mode du chœur : « we are anathema, the pariahs of reason » (*4 :48 Psychosis*).

Il s'agit là d'une femme en éclats dont le sujet est envahi par le monde : dibboukisé en quelque sorte, le sujet fait entendre des voix qui sont à la fois siennes et autres, et ramène au premier plan la hantise, le retour, la compulsion de répétition propre au fonctionnement traumatique[22]. La chora-

(18) Conversation with Nils Tabert, in Graham Saunders, *Love me or Kill me. Sarah Kane et le Théâtre*, *op. cit*, p. 93.

(19) « And also you no longer know where you stop, and the world starts », déclare Sarah Kane, *ibid.*, p. 111.

(20) Sarah Kane, *4 : 48 Psychose*, traduit de l'anglais par Évelyne Pieiller, Paris, L'Arche, 2001, p. 35. « — I gassed the Jews, I killed the Kurds, I bombed the Arabs, I fucked small children while they begged for mercy ... », *4 : 48 Psychosis*, London, Methuen, 2000, p. 25.

(21) « That didn't happen to you. It happened to me. My father died before you were born. », Sarah Kane, *Crave*. Methuen, 1998 /*Manque*, traduit de l'anglais par Évelyne Pieiller, Paris, L'Arche, 1999, p. 7.

(22) La pièce pionnière est peut-être *Ashes to Ashes* de Pinter qui met en scène Rebecca, 40 ans en 1993 portant les voix des mères à qui on a arraché les bébés sur les quais des gares.

lité du sujet nous invite également à lire les dernières pièces de Kane non pas de manière autobiographique mais comme de véritables pièces politiques. Le théâtre de Sarah Kane propose donc une scène optique qui s'articule autour d'un sujet-monde où l'intime et le politique se répondent. Cependant, le trauma, qui cherche à se dire et pratique une rhétorique de l'excès comme pour gagner un surcroît d'être, inscrit dans le même temps une esthétique contraire, fondée sur le deuil du regard, mais qui sert néanmoins le même enjeu. Alors que la très jeune Sarah Kane exhibe et expose, la Sarah Kane des œuvres de la fin efface tout : le trauma absente; le trauma troue.

TROUÉES

Le mot « trauma », qui a une origine étymologique commune avec le mot « trou », veut dire blessure. La racine indoeuropéenne renvoie à l'idée de « trouée » et ce qui m'intéresse dans le théâtre de Kane et de quelques autres dramaturges au rang desquels Martin Crimp, Caryl Churchill ou, plus récemment, de *Debbie Tucker Green* (*sic*), c'est de voir comment le trauma troue le texte et le visible imposant ainsi de renégocier le pacte de spectacle.

Le théâtre de Kane, comme l'œuvre dramatique de Beckett, met le cap au pire et suit une évolution en entonnoir. De même que Beckett compose d'abord des pièces étoffées où figurent des vestiges de personnages, de fables et de dialogues (*Godot*, *Fin de Partie*) pour progresser inexorablement vers le moindre et ne plus donner à (ne pas) voir que des personnages muets dont seules les voix enregistrées révèlent la présence, Kane met d'abord en scène des personnages nommés, ancrés dans une corporéité exacerbée, In-Yer-Face – Ian a un cancer, il sent déjà le cadavre ; Cate est anorexique et épileptique, Hyppolyte se masturbe avant d'être castré, Grace se fait greffer un phallus, etc… – pour n'en plus donner que des ombres presque anonymes dans les deux dernières pièces : dans *Crave*, A, B, C et M, personnages, dont on ignore le genre, l'âge ou l'appartenance sociale, font sonner leurs voix « dépaysées », pour le dire avec Roland Barthes, des voix qui ne sont plus que l'antimatière du corps au lieu d'en figurer, comme par synecdoque, le méta-corps. Pire encore, dans *4 :48 Psychose*, les lettres font place à l'anonymat complet des tirets qui seuls signalent la prise de parole : dans le pire des cas, le tiret lui-même disparaît si bien qu'on ne sait même plus si la parole est prise. Le texte est là, sur la page – « Juste un mot sur la page et voilà le drame[23] » – sans voix pour le prophétiser : le corps entre dans l'ombre, le seul corps qui demeure est celui du texte. Kane s'érige en Per-se-phone et livre un théâtre à la frontière avec le poème, un théâtre qui met en scène l'effacement de la présence de soi à soi.

Les blessures infligées au corps de chair sur la première scène de Kane – véritable passion – se reportent sur le corps du texte, sa structure, sa syntaxe, son mot, sa lettre et c'est le corps de la langue qui est torturé en lieu et place du corps de chair. Beckett parlait de la nécessité pour l'écrivain d'aujourd'hui de « percer des trous dans la langue » — ce que Jean-Michel Rabaté appelle la « percée anasémique dans la langue[24] », Kane en inscrivant le trauma dans le manque à dire oblitère le sujet et refonde la dimension iconique du texte de théâtre. La torture de la langue à l'image de la torture du corps montre à quel point la passion du corps est relocalisée dans le poétique, dans le corps martyrisé (rendu témoin, donc) du texte. Le texte prend en charge le traumatisme, d'abord, en le coupant – les 24 sections (sexions/coupures) qui marquent les 24 heures de *4:48* sont autant de lacérations, elles-mêmes indiquées sur la page par des lignes pointillées[25] –, ensuite en perçant des trous dans le tissu de la langue pour mettre en scène cette fantômisation, cette dé-faite, ce « je » envahi par le cadavre :

> Regardez moi disparaître
> Regardez moi
> disparaître
>
> regardez moi

---

(23) Sarah Kane, *4 : 48 Psychose*, p. 19. « Just a word on a page and there is the drama », *4: 48 Psychosis*, *op. cit.*, p. 11.

(24) Beckett cité par Jean-Michel Rabaté, *La Pénultième est morte : spectrographies de la modernité*, Seyssel, Champ Vallon, 1993, p. 229.

(25) Cf. les travaux d'Éléonore Obis sur la coupure chez Kane, in « Le Corps en jeu », thèse de doctorat, Université de Paris-Sorbonne, novembre 2011.

regardez moi
            regardez

et au milieu de la page suivante, c'est-à-dire après une page vide qui est aussi une page pleine de blanc :

> C'est moi-même que je n'ai jamais rencontrée, dont le visage est scotché au verso de mon esprit[26]

Le texte se troue de blanc, un blanc qui gagne toujours plus de terrain à mesure que la pièce s'écrit.

Enfin, c'est la torture de la syntaxe qui parachève le martyre : paratactique mais privée de ponctuation, asyntaxique, circulaire, la langue se donne comme une suite de signifiants construite pourtant en système : elle se sérialise, soit sous une forme stichomythique (« B. La vision. / M. La perte. / C. Le chagrin. / A. La perte. / B. Le gain. / ... » – soit sous une forme cyclique, litanique et envoûtante telle que l'aurait souhaitée Artaud :

> brille scintille cingle brûle tords serre effleure cingle
> brille scintille cogne brûle flotte scintille effleure
> scintille cogne scintille brille brûle effleure serre tords
> serre cogne scintille flotte brûle brille scintille brûle[27]

---

(26) *4:48 Psychose*, p. 55.
watch me vanish
watch me
            vanish
watch me
watch me
            watch

It is myself I have never met, whose face is pasted on the underside of my mind »
(*4: 48 Psychosis*, p. 42.)

(27) *4 : 48 Psychose*, p. 39.
flash flicker slash burn wring press dab slash
flash flicker punch burn float flicker dab flicker
punch flicker flash burn dab press wring press
punch flicker float burn flash flicker burn (*4: 48 Psychosis*, p. 29).

L'étape suivante dans le processus d'oblitération attaque l'unité sémantique elle-même : le mot est déconstruit, puis remplacé. Les lettres majuscules, d'abord utilisées pour leur valeur d'acronyme ou d'abréviation (QED, RSVP ASAP, respectivement *Crave* p. 28 et *4:48*, p. 12) viennent brouiller le restant de sens : MNO (*Crave*, p. 32) peut se lire comme un vestige d'alphabet, une ruine de mot, un archéovocable qui laisse supposer un avant du langage. La langue se perd à mesure que le sujet se déconstruit. La langue enfin se réduit en expressions chiffrées, voire en nombres et c'est là sans doute l'état ultime de la dé-faite de la langue de l'après-Auschwitz. La déshumanisation mathématique fait irruption, dès *Crave*, sous forme de séries chiffrées « 1999714424 » (*ibid.*, p. 36), tel le matricule tatoué sur le bras d'un déporté, pour culminer, dans *4 :48*, sous la forme de listes de chiffres chaotiques, puis ordonnés, reproduisant les exercices de concentration pratiqués par les patients des hôpitaux psychiatriques :

100

91

84

81

72

69

58

44

37 38

42

21

28

12

7

(*4 : 48 Psychose*, p. 13)

puis :

100
93
86
79
72
65
58
51
44
37
30
23
16
9
2

(*4 : 48 Psychose*, p. 41)

Le théâtre de Sarah Kane fait émerger non seulement un sujet traumatique, mais aussi une langue théâtrale traumatique. D'abord, outrancièrement visuelle, la scène de Kane authentifie la barbarie ; ensuite, réinvestie dans ce métacorps qu'est la voix, elle travaille la frontière entre théâtre et poème – le poème barbare : ce théâtre où il ne se passe rien que la parole, opère une relocalisation du *drama* (action) et de l'*agôn* (conflit) dans le sujet et dans le langage : « cease this war », écrit Kane dans *4 : 48 Psychose*. La guerre, forme radicale de l'*agôn*, n'a plus lieu entre soi et l'autre, mais entre le je et le moi, dans une lutte aux accents très dickinsoniens (« me from myself to bannish », écrit Emily Dickinson). Porté par l'énergie des contraires, par une lutte incessante entre la folie et la raison, entre l'identité assumée et le sujet réel, le texte existe aussi dans (et grâce à) la tension entre théâtre et poème et, pour finir, entre langage et silence.

Être sans destin, le film : une « question difficile »

Catherine Coquio

> « *I will try for an effect somewhere between color and black-and-white* ».
> Lajos Koltai. Entretien, 8 février 2003[1].
>
> « *J'ai essayé* ».
> Imre Kertész. Entretien. 2008.

Le film de Lajos Koltai adapté du roman d'Imre Kertész a été reçu, le plus souvent, comme un ratage décevant et une mauvaise surprise, au point qu'on s'est demandé ce que Kertész était allé faire dans cette galère-là. Et c'est en Allemagne, pays où son œuvre littéraire avait été la plus appréciée et louée, que le film a été le plus éreinté : on y a sévèrement critiqué le parti-pris esthétisant du film, son sentimentalisme et son conservatisme formel, voire son « kitsch ».

Pour Kertész, la mauvaise surprise fut cette mauvaise réception. Il s'était pleinement investi dans ce projet, avait signé le scénario[2], fait confiance à Koltai, et il s'est montré étonné, concluant que les critiques alle-

---

(1) « J'essaierai de produire un effet quelque part entre la couleur et le noir-et-blanc ».

(2) Imre Kertész, *Être sans destin. Le livre du film,* traduit du hongrois par Natalia et Charles Zaremba, Arles, Actes Sud, 2006.

mands n'avaient pas compris. Puis il a parlé de « fatalité », mais en défendant de plus belle le cinéaste, devenu son ami. Je cite la réponse qu'il a faite à Stéphane Bou qui l'interrogeait en 2008 sur l'adaptation d'*Être sans destin* :

> I.K. C'est une question difficile. J'ai eu le sentiment qu'il faudrait le faire à un moment ou à un autre. J'ai vu des scénarios très mauvais. Je voudrais préciser ce qu'il en est de la position de l'écrivain : un roman est écrit pour l'éternité, un scénario est écrit pour le metteur en scène. C'est la différence, c'est une grande différence. Je n'y comprends pas grand chose. Un roman, c'est un genre avec des mots, je fais un voyage avec des mots, je crée un monde, je ne vois pas de visage, pas de musique, il ne faut pas que ce soit une histoire, il y a d'autres règles. J'ai essayé.
> S.B. : Aimez-vous le résultat ?
> I.K. : Je l'ai vu. Je ne veux pas le rejeter. Au début, nous avions convenu que nous ne ferions pas un film sentimental, mais qu'il faudrait qu'il y ait des sentiments. Il y a peut-être un peu trop de sentiments. Mais le metteur en scène est un ami, c'est un homme formidable, il a réalisé le film avec passion. Le film lui appartient. Le roman m'appartient *(rires)*[3].

La « question difficile » est celle de l'adaptation d'un roman à l'écran, perçu comme un mal nécessaire, mais c'est aussi celle d'une entente entre deux créateurs : ce sur quoi les deux hommes s'étaient entendus – ne pas faire un film « sentimental » – semble avoir viré au quiproquo. La « difficulté » de répondre aux questions sur ce film, et d'en répondre tout court, a doublement à voir avec le « sentiment » : celui qui se trouve « peut-être » par excès dans le film, et celui qui le lie à un « homme formidable » qui a travaillé « avec passion ». Kertész ne veut pas « rejeter » l'œuvre d'un « ami ». Il a « essayé » alors qu'il ne « comprend pas grand chose » au cinéma. Il y a « d'autres règles » et deux œuvres : chacun son genre, chacun son œuvre.

Mais la manière dont l'écrivain répartit les rôles ici n'est pas tout à fait convaincante. Kertész peut d'autant moins rejeter le film qu'il en est le

---

(3) Entretien donné à Stéphane Bou à Berlin lors de la parution de *Dossier K* en 2008, inédit. Je remercie celui-ci de me l'avoir transmis, et de m'avoir aidée par ses remarques dans la réalisation de ce travail.

co-auteur et le scénariste. Le propos sur « l'histoire » à ne pas raconter dans le livre peut étonner chez celui qui s'en remet à « l'esprit du récit[4] » comme à une idole de substitution, adéquate à l'époque, et qui a souvent insisté sur la « linéarité » narrative d'*Être sans destin,* chargée de dire le destin écrasé et l'existence aveugle, rapportant ce modèle linéaire à la musique atonale et sérielle, destinée à « mimer » la « structure » abstraite d'Auschwitz[5]. On aurait d'ailleurs pu imaginer un accompagnement musical respectant ce dispositif, ou emprunté aux compositeurs pour lesquels Kertész a dit son goût – Bach, Beethoven ou Bartók. S'il y a renoncé, c'est qu'avec le film il ne pouvait « créer un monde », et que cette « histoire » à raconter passait au premier plan, visages compris. Mais pourquoi l'écrivain a-t-il « essayé » de composer avec tout cela, bref d'« écrire pour un metteur en scène » ? Et que veut-il dire avec ce « trop de sentiment » ? Le sentiment est-il une question de dosage ? Y aurait-il une fatalité à en faire « trop » dès qu'on compose avec une « histoire », des « visages » et de la « musique » ? Ou n'est-on pas plutôt au cœur de ce que l'auteur nomme lui-même « l'Holocauste comme culture », et de la « catharsis » qu'il appelle de ses vœux[6] ?

La réception de ce film est si contrastée qu'après en avoir pris connaissance on est tenté de dire à son tour : je n'y comprends pas grand chose. Pourtant, ceux qui ont exalté ou éreinté ce film ont semblé très certains, eux, de ce qu'ils avaient vu. Ce n'est pas mon cas, et je soupçonne ne pas être la seule. Car au regard de la célébrité de Kertész on

---

(4) Cf. sur cette notion la thèse de Lucie Campos, *Conscience historique et fiction contemporaine : J.M. Coetzee, J. Kertész, W.G. Sebald,* à paraître chez Garnier. J'y reviens à propos de la divinité de substitution dans « "Dire à Dieu ce qu'on ne peut pas dire aux hommes : alors ils comprendront peut-être." (Imre Kertész) », in « *Trouver à qui parler ?* », *Fixxion, RCFFC,* n° 2, rassemblé par Walter Asholt et Dominique Viart, juillet 2011, http://www.revue-critique-de-fixxion-francaise-contemporaine.org.

(5) « Le XXe siècle est une machine à liquider permanente », in Catherine Coquio (dir.), *Parler des camps, penser les génocides,* Paris, Albin Michel, 1999. Kertész développe cette notion d'atonalité dans *Journal de galère* bien après la parution d'*Être sans destin* encore : le mot désigne une visée éthico-esthétique et non un procédé technique.

(6) Le mot émaille les textes rassemblés dans *L'Holocauste comme culture*, traduit du hongrois par Natalia et Charles Zaremba, Arles, Actes Sud, 2009. Cf. C. Coquio, « La catharsis sous condition : de l'interdit de représentation à l'Holocauste comme culture » in J.-Ch. Darmon (dir.), *La Catharsis en question : littérature et thérapeutique des passions*, Paris, Hermann, 2011.

s'est étonnamment peu exprimé sur ce film, en France en particulier. Un tel désintérêt, embarras ou hostilité, signe sans doute un certain état de la critique française sur ce sujet. Le prêche inspiré de Godard et Rivette sur le « travelling » comme « affaire morale » ou « abjection », puis le dogme lanzmannien contre la représentation, ont longtemps tétanisé la critique, empêchant même de rassembler un corpus au-delà de quelques films balisés. Plutôt que de rendre compte des œuvres dans l'histoire, la réflexion cinéphilique continue souvent de s'appuyer sur quelques textes fondateurs et films marquants, pour exalter ou condamner : le propos moral l'emporte sur l'effort d'historicisation et d'interprétation. C'est dans les études littéraires qu'en France celui-ci a été initié[7], dans un esprit différent de celui des livres d'Annette Insdorf et Judith Doneson aux États-Unis et en Israël (1983 et 1987)[8]. Et il aura fallu attendre le travail de l'anglaise Libby Saxton (2008)[9] pour que toutes ces approches soient décloisonnées.

Or une réception critique d'*Être sans destin* supposait de replacer ce film dans l'histoire d'un genre, et de prendre acte de l'implication active d'un écrivain, afin de saisir la part du canon culturel et celle de l'œuvre. Faute de cela, le film ne pouvait qu'être reçu comme un électron libre, et

---

(7) Les premières études *d'œuvres* cinématographiques sur la Shoah en France ont été conduites par Anny Dayan Rosenman et Philippe Mesnard au début des années 1990. Depuis une douzaine d'années, les études cinématographiques se sont approprié ce champ en rassemblant un canon autour de principes esthétiques et moraux (Jean-Michel Frodon), ou en procédant à de précieuses analyses à caractère monographique et génétique (Sylvie Lindeperg sur *Nuit et brouillard*, Jennifer Cazenave sur *Shoah*), ou en élargissant la perspective vers un « cinéma de la catastrophe » (Sylvie Rollet). Dans les trois cas, on examine les sources écrites et on s'appuie volontiers sur des textes et démarches littéraires. L'institutionnalisation européenne de la mémoire de la Shoah a d'autre part donné lieu à des synthèses pédagogiques : cf. Anne-Marie Baron, *La Shoah à l'écran. Crime contre l'humanité et représentation*, Bruxelles, Éditions du Conseil de l'Europe, 2004. Le livre, actualisé et réimprimé en 2005 et 2006, comporte un chapitre sur *Être sans destin*, dont l'auteur avait fait un éloge vibrant à sa sortie (cf. plus bas).

(8) *L'Holocauste à l'écran* a été traduit en français en 1985. Le livre en est à sa 3e réédition en France (2003). Celui de Judith Doneson *The Holocaust in American Film* (1987) n'est toujours pas traduit.

(9) Libby Saxton, *Haunted Images : Film, Ethics, Testimony and the Holocaust*, London, Wallflower, 2008. C'est cette démarche de décloisonnement et d'historicisation qu'on trouve dans le numéro de la *Revue d'Histoire de la Shoah* dirigé par Georges Bensoussan et Antoine Germa, *Les Écrans de la Shoah*, n° 195, juillet-décembre 2011.

susciter des réactions de rejet ou de reconnaissance, criant au scandale ou au chef-d'œuvre[10]. Le silence s'est vite imposé, suivi d'un oubli consensuel, comme s'il fallait effacer une mauvaise impression ou se débarrasser d'une perplexité. Le sentiment qu'il y a là une anomalie, une complication, donne envie de passer son chemin, et de rendre son tablier de critique.

Je vais essayer de le garder un moment, sans toutefois lui faire un trop gros double nœud. À titre de nœud coulant je précise que malgré un goût très vif et ancien pour les westerns spaghetti, je ne chercherai pas à défendre l'orchestration musicale d'Ennio Morricone, qui tient du parasitage sonore et de l'instrument de torture. Sirupeuse ou tonitruante, elle tire effectivement le film vers le kitsch à chaque intrusion, plus que jamais dans le chant choral qui accompagne les scènes de camp, celle de l'appel en particulier : on est alors tenté de se boucher les oreilles pour ne pas sortir de la salle. Au plan visuel on peut discuter de bien des choses, et s'interroger sur l'esthétisme déclaré de ces images-là où une expérience atroce se communique implacablement pourtant, avec une lenteur hypnotique qui produit un mélange de plaisir esthétique, de compassion terrifiée et d'ennui. Pourtant, les mots « kitsch », « formalisme », et plus encore « conservatisme », me semblent impuissants à rendre compte de la réalité.

Le film est fait de moments d'une faiblesse étonnante, mais d'autres d'une réelle puissance novatrice, moins aisée à identifier que ses défauts, si évidents qu'on peut jeter le bébé avec l'eau du bain. Il n'est en tout cas pas une redite quelconque dans l'histoire du cinéma consacré à la Shoah. Kertész y a effectivement « essayé » quelque chose, prenant comme toujours un risque[11]. On peut parler d' « échec », au sens où l'attente engendrée par le livre est déçue. Mais la violence des réactions dit autre chose qu'une simple déception, phénomène banal dans l'histoire des adaptations. L'essai ne s'annule pas dans l'échec. À l'évaluation des candidats au chef-d'œuvre, survoltée sur ce terrain miné, on peut préférer l'effort de comprendre un essai.

---

(10) J'ai tenté de rendre compte de ces contrastes dans « Au sujet de la réception d'*Être sans destin* de Lajos Koltai : le scandale et l'énigme », in Georges Bensoussan et Antoine Germa, *Les Écrans de la Shoah*, *op. cit*.

(11) Faire de l'existence un jeu risqué relève de ce que Kertész appelle le « génie existentiel » (*Journal de galère*).

Enfin s'il y a échec, il faut le mesurer aux *intentions de l'auteur* – ici de deux –, et non à l'aune d'une norme qu'on tient pour absolue parce qu'il en va de l'Histoire du point de vue éthique, s'empêchant de voir ce que *fait* et *veut faire* une œuvre. Le seul échec clair de ce point de vue est pragmatique : Koltai et Kertész voulaient retenir le public par une forme esthétique tout en visant une ascèse peu propice au succès, ils n'y ont pas réussi. Mais les critiques les plus violentes situent l'échec ailleurs : c'est de faute esthétique qu'il s'agit. Or d'autres y ont vu un « chef-d'œuvre[12] » marquant dans l'histoire des « films sur l'holocauste », un film « imparfait » mais « d'une originalité certaine[13] », « remarquable[14] », « intéressant » et « bouleversant[15] ».

Ces réactions contrastées, significatives en elles-mêmes, font de cette œuvre étrange un objet culturel fascinant à force d'être litigieux, presque un *symptôme culturaliste*, car ces réactions varient aussi de manière spectaculaire selon les identités nationales. Cette douche écossaise encourage à tenter de comprendre l'« essai » en tant que tel. Un écrivain survivant, jouant le jeu du cinéma, ou de l'idée qu'il s'en faisait, a cru pouvoir assumer pleinement une visée *esthétique* sur un sujet où la forme artistique, placée sous haute surveillance, est censée montrer patte blanche en désignant ses limites, au bas mot. Au contraire, ici, la présence et les signes de l'Art saturent l'image et le son d'une manière insolite, embarrassante. Or le co-auteur est un témoin majeur des camps nazis, un écrivain maître de son art et de sa pensée, un ironiste qui n'a pas son pareil pour prendre la « culture de l'holocauste » en flagrant délit de kitsch. Et il s'est autorisé de son expérience et en a argué pour justifier le formalisme du film.

Tout cela complique en effet. Un tel dispositif peut choquer, mais il résiste à la culpabilisation née du système prescriptif que forment les énon-

(12) Anne-Marie Baron, « *Être sans destin*, un film qui donne au cinéma toute sa dignité », *L'Arche*, n° 557, mai 2006.

(13) Anthony Sitruk, « *Être sans destin* », Filmdeculte, 3 mai 2006.

(14) Catherine Axelrad, « *Être sans destin*. Bildungsroman face aux crématoires », *Positif*, avril 2006, p. 87.

(15) Marc Petit, « Le bonheur si je veux », http://forum.fluctuat.net/last_topic.php?config=cinema.inc.

cés sur l'art-après-Auschwitz et la représentation interdite, qu'ils fussent prononcés par Adorno, Godard ou Lanzmann. Le film a été jugé coupable parce qu'il s'est montré, sur la Shoah, étrangement non-coupable, étonnamment naïf dans son désir de beauté, confiant dans les vertus de l'émotion esthétique, alors que Kertész a fait de *La Liste de Schindler* le modèle du film inauthentique et du « kitsch du survivant ».

La critique négative s'est acharnée sur Koltai là où Kertész partageait la signature de l'œuvre : ce partage semblait incompréhensible, ou la critique offensante. Cette *complication esthétique du témoignage* sous l'effet d'une adaptation jouant le jeu de la *représentation* et de *l'esthétisation*, puis cette pauvreté de la controverse avec un écrivain témoin, font apparaître les fragilités d'un système culturel à l'endroit où se rencontrent les valeurs de l'art, la tâche de témoigner et le discours critique. Un ovni oblige à repenser à nouveaux frais la question rebattue de « l'irreprésentable », du point de vue cette fois d'un témoin créateur.

L'écrivain et le cinéaste ont tenté de faire une « pure œuvre d'art » sans renoncer à « dire la vérité sur la vérité », pour reprendre les termes de Kertész, qui dit aussi que le « réel » n'existe que par la « foi », et qu'il se mesure à sa « fécondité artistique[16] ». Le témoignage passe pour Kertész par la création verbale, et celle-ci par la construction distanciée d'une forme idéalement « impassible », qui postule un regard anonyme et surplombant, entre *fatum* et promesse de salut[17]. Cette visée, il semble l'avoir transformée, passant au cinéma, en un *droit souverain à l'esthétique*, l'autorisation du témoin à lui-même devenant un blanc-seing donné à un génial créateur d'images, sans que la composition d'ensemble ne puisse être totalement maîtrisée, au contraire de ce que permet la démiurgie littéraire (« Je voyage avec les mots… […] Je crée un monde »). C'est à cette confiance aléatoire

(16) Formules utilisées par Kertész dans Imre Kertész, *Journal de galère*, Arles, Actes Sud, 2010.

(17) Le jeu de l'art avec l'apocalypse est explicite dans les journaux et les textes de fiction. J'ai tenté d'en traiter certains aspects dans « *Apocalypsis cum figuris*. Messianisme et témoignage du camp », in Vincent Ferré et Daniel Mortier (dir.), *Littérature, histoire et politique au XXe siècle : hommage à Jean-Pierre Morel*, Paris, Le Manuscrit, 2010, p. 191-210 ; et « Envoyer les fantômes au musée ? Critique du kitsch concentrationnaire par deux rescapés : Imre Kertész, Ruth Klüger », *Sismographie des terreurs, Gradiva*, n° 5, 2007, p. 39-51.

dans un langage visuel inconnu que le film doit l'intermittence de sa réussite et ses étranges défauts.

La disparité des critiques, puis la surprise de Kertész illustrent une évidence : la qualification de kitsch, éminemment subjective, le devient d'une manière outrancière à propos de la Shoah, dont l'objectivité accablante exaspère les subjectivités, ou cristallise les sensibilités, produisant des conflits, mais aussi des rencontres inattendues. Si celle-ci est digne d'intérêt, c'est que la subjectivité du *survivant* qu'est Kertész rejoint ici celle de *l'héritier*[18] qu'a voulu être Koltai, chacun à l'échelle hongroise *et* internationale, dans un objet *mixte* jusque dans son statut d'œuvre-témoignage. Les positions respectives de Kertész et Koltai, l'un né en 1929, l'autre en 1946, l'un juif et l'autre pas, l'un écrivain l'autre cinéaste, composent une paire pleine de significations imbriquées qui donne à penser le fameux « passage de témoin » dans un processus créateur à propos d'une histoire qui problématise l'art autant que le kitsch.

S'il en va bien des ambiguïtés de « l'Holocauste comme culture », on peut se poser une question : comment un auteur si pénétré de ces ambiguïtés, et même ultra-sensible au kitsch en matière de camp et de survivance[19], a t-il pu y prêter le flanc ? Le kitsch, est-ce ce visiteur indésirable qui revient par l'image et le son quand toute entrée lui a été bouclée dans un texte ? Est-ce l'enfant terrible de l'art excité par ce qu'on interdit à son père, et qui monte au créneau dès qu'il est question d'« irreprésentable » ? Si la vigilance d'un auteur a pu être ainsi levée, est-ce que le médium s'y prêtait, ou que le romancier n'y comprenait « pas grand chose » ? À moins que les juges sévères n'aient eux-mêmes rien compris ? Comment un récit de déportation conçu et écrit *contre* un certain kitsch a-t-il pu donner lieu à une telle équivoque sur l'écran ? Où est passée sa magistrale ironie où s'ancrait le contrat de confiance entre l'auteur et les lecteurs ? Kertész y a-t-

(18) Sur cette notion d'héritier, je renvoie à mon texte « Les bourreaux en héritage. Remarques sur le témoin et l'héritier à propos des *Bienveillantes* », in Luba Jurgenson et Alexandre Prstojevic, *Des témoins aux héritiers,* Paris, Pétra, 2012.

(19) La question du kitsch, centrale dans les essais, parcourt aussi les fictions. J'ai tenté d'analyser sous cet angle *Le Chercheur de traces* dans « Envoyer les fantômes au musée ? [...] », *art. cit.*

il renoncé, ou s'est-elle cachée quelque part, là où personne ne l'aurait vue ?

Avec Auschwitz c'est le domaine entier de la culture et de l'art qui s'est vu frappé de suspicion : Kertész le sait mieux que personne, lui qui a parlé, dans son « Discours de Stockholm » (2002), de la « ligne infranchissable » qu'Auschwitz traçait entre lui et la « littérature[20] ». Mais le scénariste d'*Être sans destin* a aussi comparé la sentence d'Adorno sur la poésie barbare après Auschwitz à une « boule puante morale qui empoisonne inutilement un air déjà suffisamment vicié[21] ». En donnant carte blanche à Koltai et Morricone, il faisait un pied de nez à la « voix de fausset » d'Adorno – qui l'avait du reste initié au *concept* d'atonalité plus qu'à la musique de Schönberg. On connaît sa réponse au « chœur des puristes, casuistes et détenteurs du dogme de l'Holocauste » qui avaient éreinté Benigni : dans « À qui appartient Auschwitz » (1998), il rend hommage à un artiste qui, né en 1952, a eu à cœur de « revendiquer ce funeste héritage », avait le *droit* de le faire avec les moyens de la « fable » et de « l'humour », et l'a fait avec « un goût sûr, irréprochable[22] ». Si on la sonde vraiment, l'empathie de Kertész avec le travail « passionné » de Koltai fait pénétrer ce que sa démarche a d'audacieux et libre, mais aussi de généreux.

On aura compris que mon objet ici n'est pas « l'adaptation ». Je ne me livrerai pas à l'analyse comparée du livre, du scénario et du film, dont je ne parlerai qu'à travers les discours qu'ils ont suscités : ce qui m'intéresse est l'imbroglio des intentions d'auteurs et des commentaires critiques. J'évoquerai sous cet angle la genèse du film, sa réception, puis

---

(20) Ce discours de réception du Nobel est reproduit sous le titre « Eurêka » dans *L'Holocauste comme culture*.

(21) Imre Kertész, *Dossier K*, Actes Sud, 2008, p. 106.

(22) « Est-il possible ? Est-il permis ? Avec humour, avec les ressorts de la comédie ? » La fable de Benigni, répond Kertész, n'est pas consolatrice mais fidèle en esprit parce qu'elle montre comment « le deuil recouvre le jeu et le gâche », et on comprend que ce jeu « s'appelle aussi civilisation, humanité, liberté ». À l'opposé de ce qui a lieu à la fin de *La Liste de Schindler*, le « on a gagné ! » du petit garçon dans les bras de sa mère retrouvée a « la valeur d'une douloureuse élégie ». Le film a la « précision simple des bonnes tragédies » (« À qui appartient Auschwitz ? », traduit à la *NRF* en 1999 (n° 551), repris dans Philippe Mesnard, *Consciences de la Shoah*, Paris, Kimé, 2000, p.148-155, et dans Imre Kertész, *L'Holocauste comme culture*, *op. cit.*, p. 228).

les « réponses » de l'écrivain. La « question difficile » de l'adaptation me conduira à la « question délicate » du « bonheur » : car c'est là que la volonté d'esthétisation avait pris sa source, et c'est là sans doute que ce film « très beau, trop beau[23] », garde tout son sens.

ÊTRE SANS DESTIN, UN FILM HONGROIS, OU QU'EST-CE QU'UN « FILM SUR L'HOLOCAUSTE » ?

Le film signé de Koltai et Kertész est un long-métrage de 2h15, tourné en Hongrie, en hongrois, avec des acteurs hongrois jusque-là inconnus ailleurs. Il est sorti en Hongrie, en Allemagne et au Royaume-Uni en 2005, puis en France et aux États-Unis en 2006. Le directeur de la photographie, Gyula Pados, avait une longue expérience de chef opérateur dans le cinéma hongrois et hollywoodien. Ennio Morricone, qui a signé sa musique, venait de faire celle de *Kill Bill*, et de deux films de Giuseppe Tornatore dans lesquels Koltai était le chef opérateur (*La Malena,* et *la Légende du pianiste sur l'océan*).

Le film a, comme on le sait, été réalisé à partir d'un scénario rédigé par Kertész[24], lui-même adapté du roman paru en Hongrie en 1975, *Sorstalanság*[25]. Malgré quelques distorsions, ajouts et ellipses[26], l'histoire reprend de près celle du livre, qui racontait le parcours de Köves Györgi ou Gyurka, adolescent de 14 ans emmené de Budapest où il vivait avec son père et sa belle-mère, vers Auschwitz ; il est transféré au bout de trois jours à Buchenwald, où il tombe malade et manque de mourir, jusqu'à la libération du camp par les Américains. Alors que l'un d'eux lui propose de l'emmener – c'est une des scènes ajoutées au livre –, il choisit de retourner dans

(23) L'expression est de Gábor Eröss, *art. cit.* p. 96.

(24) Imre Kertész, *Être sans destin. Le livre du film,* Arles, Actes Sud, 2006

(25) Imre Kertész, *Être sans destin*, Arles, Actes Sud, 1997 (pour la traduction française).

(26) Certaines scènes du livre sont supprimées ou resserrées, comme la première journée à Auschwitz, et celle où Gyurka, peu avant d'être arrêté, discute avec une voisine, une jeune fille juive aussi, qui cherche désespérément le sens de sa judéité (chapitre 3). Dans le roman, Köves lui dit, à l'aide d'un conte, que l'étoile qu'on leur fait porter ne dit rien d'une quelconque vocation du peuple juif, et que tout cela n'a pas de sens, provoquant ainsi les pleurs de la jeune fille. Dans le film elle dit seulement : « Mais pourquoi nous haïssent-ils ? » La question de la conscience de la judéité est donc en partie effacée.

sa ville natale, traverse Dresde en ruines – autre scène ajoutée – et retrouve à Budapest d'anciens voisins qui le pressent d'oublier ce qu'il a vécu. La voix-off résume en quelques phrases le « moment cathartique » du roman : l'adolescent réalise que ce qu'il a vécu comme beaucoup d'autres est dorénavant le matériau de *sa* vie unique, qu'il lui faudra vivre avec, et affronter avec elle aussi la perspective du bonheur. Un « bonheur » qu'avait ressenti par éclats le déporté lui-même – en particulier dans l'état de « musulman », tout près de la mort, dont l'avait fait revenir le désir de « vivre encore un peu dans ce beau camp de concentration ». Les critiques du film n'ont cessé de revenir à cette phrase, déjà souvent glosée lors de la parution du roman.

Le film s'appuyait sur un texte détonant et subversif, devenu prestigieux : c'est ce roman, découvert et traduit après la chute du Mur, avec les deux autres de sa « trilogie du sans destin » (*Le Refus* et *Kaddish pour l'enfant qui ne naîtra pas*), qui a valu à l'auteur sa célébrité en Europe de l'Ouest, couronnée en Allemagne par le prix Hans Sahl et par le prix Nobel de littérature (2002). Celui-ci a conféré à Kertész dans son pays une autorité qu'il n'avait pas jusque-là, et a soudain rendu possible la production du film[27]. Mais le projet existait auparavant, et il a succédé à d'autres. Agacé par les premières propositions qui lui arrivaient[28], Kertész a pris le parti de rédiger lui-même son scénario, et de le confier à Lajos Koltai, chef opérateur depuis longtemps apprécié en Hongrie et, depuis une vingtaine d'années, à l'étranger.

Le tournage s'est déroulé pendant deux ans à proximité de Budapest, dans un décor de baraques reconstitué en grandeur réelle et à l'air libre, ce qui a suscité des protestations locales. Il donné lieu à un documentaire intitulé *Koltai napló* (*Journal de Koltai*)[29], projeté à la télévision

(27) Les premiers montages financiers ayant échoué, la Fondation pour le cinéma hongrois a décidé en février 2003 de soutenir le projet.

(28) Dans ses divers entretiens, Kertész a dit avoir d'abord refusé toute adaptation, puis refusé catégoriquement un premier scénario, qui fonctionnait par flash-back à partir du retour d'un rescapé juif sur les lieux de son enfance (dans l'un des scénarios ce visiteur était devenu un violoniste américain).

(29) András et Klára Muhi, *Koltai napló, 2001-2003 (Le Journal de Koltai)*, Budapest, Muhi Productions, 2004. Projeté à la *Hungarian Film Week* en février 2004 (« Szemle »).

en février 2004, où l'on voit Koltai et Kertész parler de leur travail et le distinguer du « cinéma de l'Holocauste ».

Être sans destin a été produit pour moitié par l'État hongrois[30] : le gouvernement hongrois était alors de gauche[31]. Le budget – 17,5 millions de dollars – a été le plus important de toute l'histoire du cinéma hongrois, et sa gestion a donné lieu à un scandale financier qui a fragilisé sa réception nationale. Son coût s'explique par un très grand nombre d'acteurs (150), une technologie digitale destinée à imiter les images d'archive, et un grand nombre de copies produites (30), chiffre unique dans l'histoire du cinéma hongrois.

L'acteur principal, Marcell Nagy (né en 1991), était alors inconnu ; les critiques les plus réservés ont fait l'éloge de son jeu, des variations expressives de son regard, qui, d'abord neutre, presque vide, gagne en intensité au fil des jours passés au camp.

Koltai est d'une autre génération que Kertész : né dans l'immédiat après-guerre, il a grandi avec la censure molle du régime de Kádár, « la baraque la plus gaie du Goulag ». À l'âge où Kertész avait été envoyé à Auschwitz, Koltai tournait son premier film en super 8. Entré dans la prestigieuse École de Théâtre et de Cinéma de Budapest[32], il retint l'attention d'István Szabó, alors jeune réalisateur, dont il devint le directeur de la photographie. Entre 1979 et 2003 ils ont fait ensemble 14 films, dont certains primés,

---

(30) L'État hongrois a versé un milliard de forints. Une loi était passée en Hongrie en 2004, destinée à encourager les investissements étrangers et les coproductions.

(31) La présence du thème dans le cinéma hongrois ne signifie pas pour Kertész que la société hongroise en ait pris acte – méfiance que semblent confirmer non seulement la résurgence de l'antisémitisme, mais les récentes actions menées par les milices d'extrême droite contre certains villages tsiganes en Hongrie, et le projet gouvernemental actuel de les rassembler en camps de travail (juillet 2011).

(32) L'École de Budapest produisait avant la chute du Mur une vingtaine de longs métrages de fiction par an, mais elle avait réussi à « se hisser au rang des cinématographies majeures » (Jean-Pierre Jeancolas, « Le cinéma hongrois : l'explosion », *Budapest entre l'Est et l'Ouest, Critique*, n° 517-518, p. 548-558.)

comme *Mephisto*[33] et *Colonel Redl*[34], puis *Hanussen*, film sur le voyant officiel du régime nazi (1988). Réclamé aux États-Unis dès 1987 par Luis Mandocki[35], Koltai suit Szabó à Hollywood dans sa carrière américaine[36], avec entre autres *Sunshine* (1999), qui évoque la montée de l'antisémitisme et l'extermination des Juifs en Hongrie. En 2001, il collabore avec G. Tornatore et E. Morricone sur *Malèna* (où il est nominé pour l'Oscar de la meilleure cinématographie en 2003), et avec Menno Meyes sur le film *Max*, qui évoque la jeunesse d'Hitler, ses ambitions de peintre et son amitié avec le galeriste juif Max Rotthman. Avec *Être sans destin* Koltai réalise en 2005 son premier film – avant de revenir à une production américaine (*Evening)*.

Comme on le voit, la question du nazisme est loin d'être étrangère à Koltai avant sa rencontre avec Kertész. Elle était du reste présente depuis longtemps dans le cinéma hongrois, qui n'a cessé de représenter l'histoire nationale[37] – Seconde Guerre mondiale, période stalinienne et même révolution de 1956 – plus librement que n'ont pu le faire les cinémas tchèque, polonais, russe. Dans l'immédiat après-guerre, la barbarie nazie est évoquée avec une crudité qu'on retrouvera rarement ensuite, consignant sans fard l'effondrement des valeurs humaines au camp, mais aussi après[38].

D'après Gabor Eröss, qui a consacré une thèse au cinéma hongrois, « quarante années de cinéma auront préparé le terrain pour *Être sans*

(33) Oscar du meilleur film étranger en 1982, année où il a travaillé aussi sur *Le Temps suspendu* de Péter Gothár.

(34) Prix du jury à Cannes en 1985.

(35) Par Luis Mandocki dès 1987 (*Gabi*, puis *La Fièvre d'aimer*, 1990).

(36) Koltaï est le directeur de la photo pour les films de Szabo : *Meeting Vénus* (1991), *Sunshine* (1999), *Taking sides – Le Cas Furtwängler* (2001), *Being Julia* (2004), *Rokonok* (2006).

(37) Cf. Jean-Pierre Jeancolas, *L'Œil hongrois. Quatre décennies de cinéma à Budapest 1963-2000*, Magyar Filmunió, 2001 ; *Cinéma hongrois : le temps et l'histoire*, *Théorème*, 7, 2003 ; Gábor Eröss (Institut de sociologie de l'Académie de Budapest), *L'Art de l'histoire. Sociologie culturelle comparée de l'image-passé : représentations de l'Histoire et de la Mémoire dans le cinéma français et hongrois*, *1958-2002*, ELTE/EHESS, 2005.

(38) Dans *Two Half-Time in Hell* de Zoltán Fábri, des déportés hongrois dans un camp de travail nazi jouent au football avec leurs gardiens en l'honneur de l'anniversaire de Hitler. Dans *Somewhere in Europe* (1947) de Géza Radványi, un groupe d'orphelins de guerre se rassemblent pour survivre et deviennent des pillards cyniques.

destin », qui obéit au genre déjà constitué du « cinéma de témoignage » ou du « récit de vie de “petites gens”[39]. » Le propos est discutable si l'on s'en réfère à ce que Kertész dit de ce cinéma : très peu de choses, ou du mal – avec une exception pour *Ah, ça ira !* de Jancsó[40]. Pour le reste il hausse les épaules : le cinéma hongrois sous le régime communiste ne s'attaquait pas aux vrais problèmes, ou bien il manquait d'imagination ou d'authenticité, comme du reste l'ensemble des « films sur l'holocauste[41] ».

Dans le documentaire du tournage *Journal de Koltai* (*Koltai napló*), Kertész oppose à toute la production hongroise sur le sujet le souvenir intense qu'il a gardé des premières scènes d'un film réalisé par une rescapée polonaise de Birkenau, dont il ne cite pas le nom, mais où l'on reconnaît *La Dernière étape* de Wanda Jakubowska (1948) : « il pleut le matin à Birkenau, les prisonnières sont très fatiguées, elles se mettent à remuer lentement, en avant et en arrière, d'une manière tout à fait incroyable. Ce que fait Spielberg à l'opposé est inauthentique : tout le film manque de crédibilité[42]. » On retrouve des mouvements collectifs de ce type, presque chorégraphiques, dans *Être sans destin*. Car au-delà du lointain souvenir de Kertész, Koltai, sorti de l'École de Budapest, connaissait forcément bien ce film, qui faisait partie des « classiques » sur Auschwitz en Europe de l'Est, et sur lequel Béla Balasz avait écrit des textes élogieux que Stuart Liebman réédita en 1996[43].

(39) G. Eröss, « “Représenter l'irreprésentable” ? *Être sans destin* et le cinéma hongrois face à l'holocauste », *Positif*, avril 2006, p. 92. Le « témoignage », associé à la « biographie » et au « document », n'est pas ramené à la conception particulière qu'en a Kertész, d'où certaines analyses en porte-à-faux dans cet article par ailleurs précieux.

(40) Dans l'entretien avec M. Ciment dans *Positif*, Kertész fait l'éloge de ce film mais dit surtout son goût d'enfant pour les films de guerre américains (cf. plus bas). Au *Matricule des anges*, disant la désaffection du grand public pour la littérature, il constate que l'art se fraie toujours un chemin, et cite I. Bergman et F. Fellini (« Le galérien sans qualité », entretien avec J. Goude dans *Le Matricule des anges*, n° 118, nov-déc 2010, p. 49.)

(41) L'éloge de *La vie est belle* de R. Benigni ne fait pas exception : c'est la puissance symbolique de la fable qu'il y exalte : la représentation réaliste du camp, elle, échoue – « par bonheur » ajoute Kertész. (« À qui appartient Auschwitz ? » *L'Holocauste comme culture*, *op. cit.* p. 151-160.)

(42) Propos de Kertész dans *Koltai napló*, traduits par moi de l'anglais.

(43) Cf. « Béla Balázs on Wanda Jakubowska's *The Last Stop*: Three Texts », traduits par Zsuzsa Berger et Stuart Liebman (*Slavic and East European Performance*, n° 3, 1996).

Or le film de Jakubowska, loin d'être le « film d'expiation » polonais dont parle Godard[44], et sans être le « film définitif sur Auschwitz » qu'y voyait Insdorf[45], semble avoir fondé un genre au point de faire de la réalisatrice polonaise, aux yeux de certains, la « mère des films sur l'Holocauste[46] ». On voit ainsi combien la notion protoplasmique de « film sur l'Holocauste » peut relever elle-même du quiproquo, et devenir une « question difficile ». Outre la postérité d'un film de témoignage dans le domaine de la fiction, on trouve à l'origine un mélange d'« authenticité extraordinaire » lié au lieu du tournage (Insdorf) et un parti-pris d'esthétisation que Jakubowska assumait en des termes assez proches de ceux de Kertész : trouver un public supposait d'atténuer une part de l'horreur et de styliser les scènes de camp.

Le crédit gagné à « l'authenticité » est un point important pour Kertész. Mais celui-ci a de l'authenticité une vision à lui, qui, on le voit, lui fait associer la « crédibilité » à « l'incroyable » à propos de ce film-hapax de Jakubowska qui a parfois été critiqué lui aussi pour son irréalisme.

---

(44) Jean Luc Godard, *Histoire(s) du cinéma, III*, Gallimard, 1998, p.83.

(45) Anette Insdorf, *Indelible Shadows. Film and the Holocaust* (1983), Cambridge, Cambridge University Press, 2002, p. 20 et 144.

(46) Cf. Hanno Loewy : « The Mother of all Holocaust Films ? Wanda Jakubowska's Auschwitz Trilogy», *Historical Journal of Film, Radio and Television,* n° 2, 2004, p. 179-203. Cf. sur ce point le précieux article de Stéphane Bou, « Note sur *La Dernière étape* de Wanda Jakubowska », qui accompagne l'entretien de celle-ci par Stuart Liebman, « "Je me suis toujours retrouvé à l'épicentre des événements". Un entretien avec Wanda Jakubowska », in *Les Écrans de la Shoah, op. cit.,* (version originale dans *Slavic and East European Performance,* n° 3, 1997). De S. Liebman, cf. « Les premières constellations du discours sur l'Holocauste dans le cinéma polonais », dans A. de Baecque et Ch. Delage (dir.), *De L'histoire au cinéma*, Bruxelles, Complexe, 1998 (rééd., 2009, p. 193-216). En France, Annette Wieviorka avait dès 1992 attiré l'attention sur ce film dans *Déportation et génocide. Entre la mémoire et l'oubli* (« *La Dernière étape* : un film entre témoignage et fiction », *Pluriel,* 1995, p. 293-312). Cf. aussi Philippe Mesnard, *Témoignages en résistance*, Stock, 2007, p. 87-91 ; Claudine Drame, *Des films pour le dire. Reflets de la Shoah au cinéma (1945-1985),* Metropolis, 2007, p. 80-93. Aux États-Unis, outre les pages du livre d'A. Insdorf (p. 144-148), cf. Ilan Avisar, *Screening the Holocaust*. Indiana Univ. Press, 1988, p. 35-38; Marek Haltof, « The Monstruosity of Auschwitz in W. Jakubowska's *The Last Stage* (1948) », in W. A. Myers (dir.), *The Range of Evil : Multidisciplinary Studies of Human Wickedness*, Inter-Disciplinary Press 2006, p. 269-276.

QU'EST-CE QU'UN « FILM SUR L'HOLOCAUSTE » ? LE TÉMOIGNAGE COMME TRANSGRESSION

« La fidélité réside dans les détails et non nécessairement dans la ressemblance objective[47] », a dit Kertész à propos de Roberto Benigni. Ce parti-pris ne pouvait qu'arranger Koltai qui, désireux de créer une œuvre tout en visant lui aussi la fidélité, dut en voir la garantie dans cette collaboration. « This film will be different from the Holocaust movies[48] », disait-il en février 2003. *« Wir wollten keine Holocaust-Film drehen »,* dira Kertész après la sortie, un tel projet étant «insurmontable[49] ». Au départ, il y a donc un repoussoir assez vague (le « Holocaust movie » ou « Holocaust-film ») et une « différence » fondée sur le choix du témoignage. Mais le mobile de chacun était autre : Kertész voulait « essayer » de transposer à l'écran son livre ; Koltai, qui signait là *son* premier film, voulait faire une œuvre de témoignage par témoin interposé, un témoin qui était aussi un artiste et un penseur : « a highly unique thinker, but also a great performer[50] », dit-il à propos de Kertész en 2003. En « performer », Kertész s'est donc chargé du scénario – présenté un peu vite par l'éditeur français comme « une œuvre à part entière », au contraire de ce que l'auteur a dit lui-même[51]. Le « livre du film » est rédigé à la manière d'un écrivain plus que d'un scénariste : il n'est pas disposé sur deux colonnes, dialogue d'un côté et indications de l'autre. Celles-ci portent sur le décor, les vêtements du « Garçon » et surtout sur l'esprit dans lequel doivent être tournées les scènes. On y reconnaît certes l'auteur, mais dans sa préface Kertész distingue fortement le « travail du romancier », qui consiste à « créer son propre univers clos à l'aide de moyens linguistiques », de celui du

---

(47) « À qui appartient Auschwitz », *op. cit.* p. 157.

(48) Interview de L. Koltai par Catherine Portuges, 8 février 2003, *art. cit.*

(49) "Wir wollten keine Holocaust-Film drehen. Den kann man gar nicht drehen, das geht gar nicht, so übermächtig ist das", entretien avec Gerrit Bartels, *Die Tageszeitung*, juin 2006. («Nous ne voulons pas tourner un film sur l'Holocauste. C'est impossible à tourner, tout à fait impossible, tellement c'est fort. »)

(50) Entretien cité par Catherine Portuges, « Personal Interviews with Lajos Koltai, Budapest, 8 février 2003 et 10 février 2004 », Budapest, Magyar Filmszemle/Hungarian Film Week, *op. cit.* « Un penseur tout à fait unique mais aussi un véritable artiste. »

(51) « Un scénario n'est pas une œuvre d'art où la langue prédomine ». [...] On ne retrouve rien dans le film de la radicalité relative à la langue qui caractérise l'œuvre originale » (Michel Ciment, « Entretien avec Imre Kertész. L'itinéraire d'un être où l'Holocauste est frôlé », *Positif*, avril 2006, p. 89.)

scénariste, qui revient à « remettre un chèque en blanc au metteur en scène et à ses collaborateurs afin qu'ils le libellent avec leur art et leur savoir-faire ».

Il développera ce point dans un entretien au *Monde* paru peu avant la sortie en France[52] : on ne peut, y dit-il, comparer un scénario à un roman mûri durant quinze ans, mais une « strate romanesque » peut, elle, être « transposée au cinéma : celle qui raconte comment un adolescent est méthodiquement spolié de sa personnalité naissante ». Évoquant le défi que s'était assigné son roman, Kertész affirme la séduction nécessaire d'une langue pourtant appliquée à dire une expérience de dépossession radicale. Le roman devait, dit-il, « inventer une langue » restituant « un état où il est interdit de se confronter à soi-même » parce qu'on vous a « confisqué jusqu'à l'idée même de votre propre histoire » ; cette langue devait « éviter la pose littéraire » et pourtant séduire le lecteur, même si sur ce sujet l'écriture ne peut que blesser, et doit le faire : « il faut que les mots [...] entrent dans la chair », mais le roman « doit "plaire" au sens où le lecteur doit vouloir tourner la page. C'est un piège dans lequel on l'attire pour qu'il soit réceptif ».

Le film doit donc lui aussi blesser et séduire le spectateur, le piéger avec des images, mais l'invention d'une langue est alors l'affaire de l'autre. Toutes les « strates romanesques » n'y sont pas « transposables », mais d'autres éléments interviennent dans le processus de création. Kertész en a fait état en préfaçant son scénario : « en tant que scénariste, l'écrivain se surprend à être plus disert et plus personnel ; il peut accorder davantage de place à certains détails autobiographiques, à des souvenirs ou à des anecdotes qu'en tant qu'écrivain il a évités avec la plus grande rigueur ». Sorti de « l'univers clos » de l'œuvre littéraire, l'écrivain redonne voix à ce qui de l'expérience avait été écarté comme trop personnel ou anecdotique. La perspective de l'adaptation fait lâcher du lest sur l'impératif du témoignage selon Kertész : la « mortification » du biographique dans l'œuvre, en direction d'une forme chargée de faire penser l'expérience historique. Cette résurgence du biographique ne signifie pas que le film « représente » l'holocauste, ni même qu'il s'agisse d'un « film sur l'holocauste ». La deu-

(52) « Briser de l'intérieur les limites de la langue », *Le Monde*, 10 juin 2005. Florence Noirville lui demandait : « Comment peut-on adapter un roman aussi analytique et distancié ».

xième partie du « livre du film », où commencent les scènes de camp, est précédée d'un avertissement :

> La représentation de l'Holocauste, la représentation visuelle, sensible, pour ainsi dire "réaliste", des camps de concentration nazis se heurte à un interdit consensuel. Il est impossible d'imaginer la destruction industrielle de six millions d'hommes, et il ne faut pas la rendre imaginable. Leurs souffrances sont indescriptibles et inimaginables.

Un tel propos semble contredire le film, qui a été perçu comme une transgression de cet interdit. Et de fait Kertész assume ensuite cette transgression au nom du témoignage :

> Si, à notre tour, nous transgressons cet interdit, nous ne pouvons le justifier que par la fiabilité du témoignage. Nous signalons que notre objectif n'est pas de produire une représentation de l'Holocauste, mais de suivre le cheminement d'une âme, et celui-ci passe inévitablement par l'univers concentrationnaire. Renonçant à l'illusion d'authenticité – car il est impossible d'être authentique –, nous nous efforcerons au moins d'être fidèle, nous tendrons vers cette solennité austère et réservée qui, nous l'espérons, sied au deuil de millions d'hommes.

La représentation n'est pas l'objectif du film mais un mal nécessaire au témoignage visuel. Son objet n'est pas « l'Holocauste » mais « l'univers » où passe « inévitablement » l'âme qui « chemine » sous l'effet de la politique raciale nazie. Seul ce chemin est « imaginable », comme celui d'une « âme » uniquement. Le décor et les accessoires importent peu : « l'absurdité de ces objets et vêtements, dit le scénariste, dépasse l'imagination des accessoiristes ». À « l'authenticité » impossible, Kertész substitue une « fidélité » de ton et de style : la « solennité austère et réservée » vers quoi l'œuvre ne peut que « tendre ». Être fidèle, c'est « tendre » vers le recueillement du deuil inimaginable, la prière impossible pour les morts. La *forme* se cherche en direction du *rituel,* qui conduit l'image vers le noir et blanc : « Tout est un peu lacunaire, un peu grossi, un peu tragique, un peu comique, d'abord alerte, puis, à mesure qu'il se fatigue, de plus en plus gris. [...] L'image est comme un long soupir plaintif ». On se souvient qu'évoquant la fausse victoire de l'enfant dans *La Vie est belle*, Kertész parlait de « douloureuse élégie » : de la fable du jeu tragique au témoignage de l'extinction d'un homme, un pas a été franchi. La mémoire du camp fait parler de « l'âme » et de la vie belle, toujours, mais de plus en plus bas.

Impropre à représenter l'immensité des souffrances vécues, le film retrace le « cheminement d'une âme » dans les contrées où elle est interdite : l'image trace des figures, émet des signes, réserve ses pleurs, retient ses plaintes. L'Holocauste n'est pas « représenté » mais « frôlé[53] », et cette approche aveugle fait pousser un « soupir plaintif ». Le rite funéraire lui-même ne peut avoir lieu, ni la prière être prononcée. Tout passera par la vie qui s'éteint, vacille et clignote dans le corps et le regard d'un « Garçon » : son « âme » en chemin vers sa mort. La « solennité austère » conviendra peut-être, mais ce n'est pas sûr : « nous l'espérons », dit Kertész pour deux. Deux hommes ont « essayé » d'être fidèles en visant la « solennité austère et réservée » qui « sied » à un deuil impossible.

Koltai a endossé le chèque et posé son libelle, mais il est resté « fidèle » au scénario, qui respectait lui-même la linéarité du roman, chargée d'exprimer la dilatation du temps comme aliénation radicale. Cet accord a été négocié. Kertész a dit avoir voulu « absolument sauver » le « développement lent et le caractère inexorable de la progression dramatique » : « cette lenteur est selon moi une des forces du roman. Dans le film, il fallait montrer que le temps n'appartient plus au jeune protagoniste, et désormais à ceux qui l'ont déporté [...][54]. » L'idée ne semblait pas « séduisante » à Koltai, qui, d'abord réticent, a accepté et présenté ainsi son projet :

> Ce film sera linéaire, sans nœud dramatique majeur, traçant le chemin d'un garçon qui, à la fin, est détruit par son expérience. La séquence d'ouverture se fera dans de belles couleurs d'un magnifique automne d'Europe centrale, et progressivement cela s'affadira jusqu'au noir et blanc au fur et à mesure que nous verrons les effets de son expérience

---

(53) Tel est le titre donné par Michel Ciment à l'entretien avec Kertész reproduit dans *Positif*, *op. cit*.

(54) *Ibid.*

s'inscrire dans sa psyché. [...] J'essaierai de produire un effet quelque part entre la couleur et le noir et blanc[55]. »

Au début, il y a donc un espoir de fidélité, un effort pour tendre par l'image et le son vers un rite de deuil tout en racontant lentement une « histoire ». La composition en trois temps – départ du père et arrestation à Budapest ; sélection à Auschwitz et transfert à Buchenwald ; séjour à l'infirmerie de Buchenwald et retour à Budapest – respecte l'idée d'un « cheminement » ou d'un « drame à stations[56] ». La règle du « pas à pas » fait que la caméra adopte le point de vue subjectif du déporté jusqu'à la dernière extrémité possible, tirant de cela des effets expressifs et dramatiques qui constituent le langage novateur de Koltai. Anne-Marie Baron en a résumé ainsi les principes :

> récit linéaire sans flash back et sans images d'archives, voix-off pour le récit autobiographique, dialogues brefs, point de vue purement subjectif du jeune narrateur avec quelques rares images objectives, restriction de champ à ce qu'il voit et presque rien d'autre. Plongées ou contre-plongées. Plus ou moins floues, plus ou moins absurdes et incompréhensibles. On entend comme lui des bribes de dialogues. La durée des plans mesure l'intensité des expériences ou la précision des souvenirs. [...] L'enfant est ici la mesure de toutes choses. [...] Ce qu'il retient de chaque expérience est limité, désensibilisé, dépourvu de sens[57].

Sa caméra prend parfois de la distance pour regarder d'ailleurs – de loin et d'en haut, sans que ce point de vue devienne « objectif » pour autant : il émane plutôt d'un sujet lointain, ou absent. C'est à ces moments-là que les effets d'abstraction et de formalisation sont les plus sensibles, les plus

(55) Je traduis. Interview avec Catherine Portuges le 8 fév 2003, cité dans « Imre Kertész and the filming of *Sorstalansag* (*Fatelessness*) », in Louise O. Vasvari & Steven Tötösyde Zepetnek (dir.), *Imre Kertész and Holocaust Literature*, Comparative Cultural Studies, Purudue University Press, 2005.

(56) L'expression, utilisée dans *Journal de galère*, revient dans l'entretien avec Michel Ciment dans *Positif*, *op. cit*.

(57) Anne-Marie Baron, « *Être sans destin*, un film qui donne au cinéma toute sa dignité », *L'Arche*, n° 577, mai 2006.

voyants aussi, comme si *l'effet* esthétique naissait de ce regard lointain, lui-même invisible, auquel le spectateur est par moments invité. Mais la caméra revient toujours au visage du jeune déporté, le n° 64921, dont le regard atone finit par exprimer l'épuisement et l'angoisse, mais surtout la souffrance majeure : la faim. Ce que le livre n'évoquait que par litotes devient un motif entêtant : posé en mineure lors du repas familial – le Garçon dit qu'il a « terriblement » faim, puis renonce à manger pour signifier sa tristesse au père réquisitionné – il gagne en puissance et occupe tout l'espace imaginaire lorsqu'au camp, ravagé, le jeune efflanqué observe un gros gardien allemand s'empiffrer, et déglutit, se nourrissant par le regard – un regard où passe un éclair de folie quand l'homme se détourne pour manger en paix[58].

LA « QUESTION DÉLICATE » DE L'INCARNATION

« Le livre et le film, a dit Kertész à Michel Ciment, évoquent la progression d'une âme à travers les camps de concentration[59] ». L'accord entre les deux hommes a reposé sur une relation de confiance entre l'aîné et le cadet, l'un écrivain, l'autre cinéaste, l'un survivant, l'autre héritier de la Shoah, tous deux hongrois passés l'un à Berlin, l'autre à Hollywood. Le film de Koltai est une œuvre hongroise, malgré son financement européen et l'intervention-éclair de Morricone, qui écrivit la musique en une nuit sur le tournage. Si insolite que cela paraisse, les trois hommes semblent s'être parfaitement entendus. Dans un entretien donné avec le jeune acteur, Koltai prête à Kertész cette phrase étrange : « il y a une chose, et nous pensons la même tous les trois ».

La critique a fait voler en éclats ce trio idyllique. Véritable symptôme culturaliste, ce film a provoqué un scandale politique en Hongrie, une claque adornienne en Allemagne, un enthousiasme effréné aux États-Unis, un dialogue de sourds en France[60]. J'évoquerai seulement ici, à titre de symptôme ultra-français, l'article que Jacques Mandelbaum a consacré

---

(58) Catherine Axelrad a analysé les ressorts de cet usage du regard aussi à propos d'un motif plus discret, mais fondamental au regard de l'effort de rituel et de ce regard invisible : celui de la prière (cf. plus bas).

(59) Michel Ciment, « Entretien avec Imre Kertész », *Positif*, *op. cit.*, p. 90

(60) Je renvoie à l'article mentionné plus haut, « Au sujet de la réception d'*Être sans destin* de Lajos Koltai : le scandale et l'énigme », *art. cit.*

au film à sa sortie, dans *Le Monde* : Koltai y est balayé d'un revers de main au nom des fameux « débats » sur la représentation – le mot vire à l'antiphrase –, auquel Lajos Koltai a cru pouvoir rester sourd. Mandelbaum, pour qui l'esthétisation de l'univers des camps « passe les limites du supportable », rappelle à l'ordre ce chef opérateur indûment sorti de son rôle :

> Si l'on peut à la rigueur admettre la stylisation affichée du prologue au désastre situé à Budapest (composition picturale des cadres, tonalités chaudes du registre des couleurs, orchestration symphonique...), l'esthétisation non moins prononcée de l'univers des camps (passage au noir et blanc, exaltation de la beauté funèbre du paysage, maquillage expressionniste des acteurs, lyrisme des chœurs, hiératisme glacé du martyre) passe en revanche les limites du supportable. Travers des chefs opérateurs qui franchissent le cap de la réalisation, cette tendance esthétisante – qui fabrique de la beauté, de la jouissance et du spectaculaire à partir de l'avilissement et de la déshumanisation – est particulièrement malvenue s'agissant de la représentation d'une telle réalité[61].

Certes, admet-il, les « aspects iconoclastes » du roman, ceux qui prêtent au déporté le sentiment de la « beauté » et celui de la « joie », auraient pu « justifier cette mise en scène ». Mais les nuances du texte disparaissent dans cette « exposition littérale », et ce problème, « en dépit des nombreuses polémiques qui ont déjà marqué cette question si délicate, n'a visiblement pas effleuré le cinéaste. » La faute de Koltai n'est donc pas seulement de « fabriquer de la jouissance et du spectaculaire » à partir de la « déshumanisation », mais d'incarner à l'écran les « aspects iconoclastes du roman », eux-mêmes dès avant polémiques : faire de belles images là où une écriture, déjà litigieuse, ironisait sur la « beauté » et le « bonheur ».

Mandelbaum émet au fond ce que beaucoup d'autres critiques ont dit, en particulier en Allemagne : mise en images, l'ironie du roman ne pouvait que disparaître, il ne fallait pas « essayer ». Mais ce qu'il concède avant attire l'attention et étonne : comment les « aspects iconoclastes » du roman pouvaient-ils « justifier cette mise en scène » sans que les mots

(61) « Une insupportable stylisation de la déportation des Juifs », *Le Monde*, 3 mai 2006.

« beauté » et « bonheur » ne donnent lieu sur l'écran à une « exposition littérale », à une incarnation ? Toute image « iconoclaste » est un paradoxe : une représentation visuelle peut-elle détruire une icône – ici « l'enfer » du camp – sans en créer d'autres – ici la « beauté » du camp aux yeux du mourant qui veut y « vivre encore un peu », après qu'un regard invisible, entre deux nuages, s'est posé sur lui ? Comment « mettre en scène » ce que voit un déporté qui va à la mort ? Ou, plus difficile encore, comment représenter le regard d'un dieu absent sur ses créatures ? Fallait-il renoncer, et s'en tenir à Rivette, Daney et Lanzmann ?

Se pourrait-il que Koltai n'ait pas été « effleuré » par ce problème ? Pour ce qui est de Kertész en tout cas, le journaliste s'est arrêté en route dans la tâche de *lecteur* dont il se réclame. S'il avait pris acte de la signature de Kertész et lu son scénario, il se serait rendu à l'évidence : ces questions ont été non pas effleurées, mais posées et réglées par un libre choix. Dans le « livre du film », le « débat » sur la représentation est évoqué en toutes lettres, voire en lettres de feu : l'avertissement liminaire de la partie sur les camps, on l'a vu, prend acte de « l'interdit consensuel » de représentation – allusion claire aux propos de Lanzmann ; mais on se souvient aussi qu'avant d'assumer sa transgression au nom du témoignage, Kertész ajoute autre chose : « Il est impossible d'imaginer la destruction industrielle de six millions d'hommes, et il ne faut pas la rendre imaginable ». Cette phrase aurait dû être lue et prise à la lettre par les critiques.

Le film ne cherche pas à « rendre imaginable » la destruction de millions d'hommes, mais à trouver le ton qui « sied » à cette perte, tout en représentant autre chose. Les images tentent de témoigner d'*une* expérience de dépersonnalisation lente, sans oublier la mort de millions d'hommes. Kertész l'a dit et écrit plusieurs fois : on peut fort bien « expliquer » Auschwitz, pas l'« imaginer » : « Le camp de concentration est imaginable exclusivement comme texte littéraire, non comme réalité (même – et peut-être surtout quand on le vit)[62] ». Interrogé sur cette phrase il répondait récemment ceci :

(62) Dans « À qui appartient Auschwitz », Kertész cite cette phrase tirée de son *Journal de galère*, in *L'Holocauste comme culture*, *op. cit.* p. 152.

> Un auteur ne devient pertinent, juste, que lorsqu'il arrive à dire simplement, en peu de mots, la couleur jaune des brassards d'Auschwitz. Nul besoin d'être exhaustif. Quand j'écrivais *Être sans destin,* c'est à cette règle que j'essayais de me conformer. En dire le moins possible, pour en suggérer davantage. Je refusais de m'attacher aux faits historiques. Mon intention était d'épargner le lecteur, de ne pas l'entraîner dans ce marécage de laideurs qu'est Auschwitz. Ce n'est pas de ce côté-là qu'il me fallait aller. Au contraire, je voulais témoigner en démontant les mécanismes ayant conduit à Auschwitz et faire ressentir la peur abstraite intrinsèque au régime totalitaire[63].

« Exclusivement comme texte littéraire », ou, selon d'autres termes prononcés ailleurs, comme « négativité culturelle » dont la « forme » doit « venir à bout[64] ». C'est *dans* le matériau artistique seul que l'expérience peut être « imaginée », donc transmise. La « forme » doit retenir l'attention d'autant plus qu'elle évoque ce que l'expérience a de plus repoussant, car l'art est un jeu savant qui nous permet d'imaginer le réel, tout horrible qu'il puisse être, avec quelque *plaisir* : celui, ici, de penser un « régime » au-delà du « marécage de laideurs », c'est-à-dire d'abstraire ce qu'il faut néanmoins ressentir (« ressentir la peur abstraite ») en choisissant parmi les « faits historiques » le détail sensible qui dira le tout (« la couleur jaune des brassards »). Sans quoi le lecteur ne tournera pas la page, le spectateur fermera les yeux.

L'imagination du camp est une trahison fatale, qu'il faut compenser par une fidélité au sujet, laquelle suppose de construire une « forme » créatrice de « force spirituelle ». Car « les poètes sont des législateurs », dit Kertész, citant de mémoire Shelley *via* Camus[65]. Mais la *réalité* de la « destruction industrielle », elle, reste inimaginable, pour le survivant aussi bien, qui doit partir de ses seules capacités pour penser ce qu'il a

---

(63) « Le galérien sans qualité », entretien avec Jérôme Goude, *Le Matricule des anges,* n° 118, novembre-décembre 2010, p. 47.

(64) « Le XXe siècle est une machine à liquider permanente », *art. cit.* p. 89.

(65) La phrase, avec cette double référence, apparaît dans *Journal de galère*, puis dans la conférence sur « La pérennité des camps », in *L'Holocauste comme culture, op. cit.*

vécu : sa mémoire et sa langue, toutes deux chevillées au corps, seules clés de sa « vie invivable à vivre ». Si Auschwitz se « retire » dans une « transcendance inaccessible » (*Un autre*), la langue, elle, ne perd jamais sa réalité. Évoquant Auschwitz et après, Kertész parle toujours de « destin » à regagner ; il place la vie sous un « regard » sans lequel l'existence ne peut pas prendre forme – une forme narrative, car les anciens dieux ont été remplacés par « l'esprit de récit », qui fait raconter aux hommes, aujourd'hui comme hier, des histoires de Bien et de Mal[66].

Tout cela signifie que le contrat éthico-esthétique passé avec Koltai n'était pas de type « réaliste », mais *métaphysique*, voire *théologique*. Dans l'œuvre de Kertész, comme chez Benjamin – marxisme en moins ! – une théologie cachée actionne la représentation de l'histoire. *Journal de galère* montre que l'expérience de trente ans d'enfermement – dans le système communiste cette fois – a donné lieu à cette construction symbolique vitale : en de sombres temps, l'homme séparé des siens ne peut s'adresser à eux qu'en passant par un tiers, en plaçant la vie de tous, bourreaux et victimes, sous le regard d'un « Dieu » qui, mort depuis Nietzsche, inspire à l'artiste des *kaddish* ironiques. C'est en termes théologiques que Kertész pense la tâche du témoignage, de l'art, de la vie ; et c'est de cet imaginaire surplomb qu'il tire son éthique, mais aussi son ironie, sa distance, sa forme : son esthétique[67].

La « question difficile » de Kertész n'était donc pas comment représenter le camp, mais comment, au cinéma, faire voir le camp à la fois du point de vue de l'enfant, et sous un regard d'en haut, afin que l'image d'une « âme » parvienne ainsi aux spectateurs ? C'est-à-dire : comment témoigner à l'écran ? Comment raconter une expérience vécue tout en mimant le retrait du réel dans l'inaccessible ? Existe-t-il un langage cinématographique adéquat à l'ironie métaphysique du témoin des camps ?

L'ironie existe au cinéma comme ailleurs. Mais elle a ses propres règles et Kertész, il l'a dit, n'y « comprend pas grand-chose ». Son affaire

---

(66) Cf. « La pérennité des camps », in *L'Holocauste comme culture*, *op. cit.*

(67) J'ai évoqué ce point dans « Dire à Dieu ce qu'on ne peut pas dire aux hommes. Alors ils comprendront peut-être. (Imre Kertész) », in *Trouver à qui parler*, *art. cit.*

à lui, c'est la « langue merveilleuse » qui l'a enfermé à Budapest, et les « plaisirs infâmes de l'écriture ». Son ironie, c'est la « forme impassible » qui crée de la distance entre les créatures et leur vie, et qui permet aux hommes de se comprendre par Dieu interposé. Dans le savoir-faire esthétique de Koltai, dans son esthétisme, Kertész a dû voir, sinon une aubaine, une réponse possible à la question qu'il se posait : celle du regard impassible *sous* lequel placer le corps souffrant du Garçon, son visage creusé, son esprit écrasé. Il ne faut pas s'étonner de voir la caméra de Koltai, au camp, abandonner le point de vue du héros pour observer soudain d'en haut la « danse » des déportés sur la place de l'Appel, ni prendre les brutales « prises de distances » de la caméra pour des caprices formels[68].

L'esthétisme de ces scènes n'a rien de gratuit, car l'abstraction formelle est devenue la langue du témoin – ou plutôt celui-ci s'y « essaie ». Si la beauté s'exhibe et ne lâche jamais prise dans ce film, c'est qu'elle y est devenue un langage codé : chaque (belle) image est la figure du destin, signe tracé par la créature dans le vide, en direction d'un dieu absent. Au camp plus qu'ailleurs l'abstraction esthétique s'impose, car l'image doit se projeter à distance extrême du réel pour allégoriser l'expérience historique. Mais c'est toujours bien de celle-ci qu'il s'agit. Du réel, le film témoigne en faisant de chaque (belle) image du camp à la fois une figure abstraite et une plainte : une prière sans destinataire. Kertész a utilisé les « belles images » de Koltai de manière ironique, comme des signes tracés en direction d'un réel « inaccessible ».

Mais faisant cela, il semble n'avoir pas vu qu'il rendait son ironie elle aussi inaccessible. En donnant son approbation au génie photographique de Koltai, Kertész jouait aussi le jeu de Hollywood. Et puisqu'il fallait séduire le public tout en lui infligeant le pus et la vermine du déporté, pourquoi pas les choraux d'Ennio Morricone ? Mais est-il vraiment possible

(68) Où Gabor Eröss voit à tort une incohérence. « Lors de cette même scène, la caméra rompt avec la cohérence du film-mémoire et de la position du narrateur : l'équipe de Koltai monte sur une grue pour filmer cette "danse" des déportés. À cette plongée s'ajoute une série de prises de vue à travers les barbelés, autant de prises de distance dont on ne trouve pas la justification dans le "projet" initial de Kertész et de Koltai, auquel le travelling d'accompagnement et les plans subjectifs correspondraient mieux », in *Représenter l'"irreprésentable"*, *art. cit.*, p. 96.

de ne voir dans ce film, à l'extrême opposé de Mandelbaum, qu'un « chef-d'œuvre » salutaire, où la musique de Morricone elle-même est « inspirée », où le lyrisme est « retenu » ? « Art optique des costumes rayés, symphonie humaine et chorégraphie des rangées d'hommes alignés[69] », certes, tout cela a du sens, ou plutôt signe un monde absurde où « tout le monde joue », où « des rites s'installent », où tout tourne à la comédie et à l'allégorie », avec quelques « moments de grâce », intenses, où les « relations humaines sont comme épurées ». Mais d'où vient l'assurance qui fait dire à la pédagogue : « on ne le répétera jamais assez, seul l'art peut transcender l'horreur » ? Le lecteur de Kertész tressaille de voir ainsi kitschiser ses propos sur la « catharsis », oubliant « l'ombre profonde » du « malheureux XXe siècle ».

La « question délicate » revient dans la réception « littéraire » du film par Marc Petit, qui se concentre sur la question de la représentation du « bonheur » au camp[70] et sur celle, qu'on pourrait dire « positive », du nom de la revue qui l'a menée à bien. Dans le dossier informé et nuancé rassemblé par *Positif*, Gabor Eröss replace le film dans l'histoire du cinéma hongrois, Catherine Axelrad mène une subtile analyse de ses aspects novateurs[71] et Kertész y donne un entretien précieux à Michel Ciment[72]. Il dit avoir voulu « offrir une matière littéraire » à Koltai sans « toucher au système clos du roman » – trop prudemment peut-être – et retrace la frontière entre le roman et le film[73]. Puis, à l'incontournable question de l'esthétisation – le « grain brut » de l'écriture, dit Ciment, a donné lieu à une « recherche esthétique dans l'image », « c'est la beauté qui est chargée d'exprimer l'horreur », Kertész répond ceci :

---

(69) Anne-Marie Baron, « *Être sans destin*, un film qui donne au cinéma toute sa dignité », *L'Arche*, n° 577, mai 2006.

(70) « Le bonheur si je veux », www.fluctuat.net, mai 2006.

(71) Catherine Axelrad, « *Être sans destin*. Bildungsroman face aux crématoires » (p. 86-87), interview de Kertész par Michel Ciment (p. 89-90) et Gabor Eröss, « Représenter "l'irreprésentable" ? [...] », *art. cit.*, p. 91-96.

(72) Michel Ciment, « L'itinéraire d'un être où l'Holocauste est frôlé », entretien avec Imre Kertész, *Positif*, dossier *Hongrie, cinéma et histoire*, n° 542, avril 2006, p. 88-90. L'entretien a été réalisé à Paris le 8 février 2006 et traduit de l'allemand par M. Wachendorff.

(73) « Le roman a quelque chose d'abstrait, alors que le film est très sensuel », dénué de la « radicalité relative à la langue qui caractérise l'œuvre originale », car l'enjeu était de « traduire le langage romanesque en langage cinématographique par d'autres moyens ».

> En effet, nous avons beaucoup discuté de ce problème. La beauté du film peut sembler en contradiction avec mon principe d'écriture. Mais je pense que Koltai se sert de la beauté pour émouvoir. Et le but recherché était bien de bouleverser, exprimer des sentiments, sans tomber dans le sentimentalisme. Quand quelque chose est vraiment beau, cela suscite des émotions. J'estime que, par ce biais-là, Koltai a créé quelques scènes inoubliables. L'utilisation de la lumière, ou encore ces habits à rayures des prisonniers témoignent à mon avis d'un emploi exceptionnel du langage cinématographique[74].

Invité à revenir sur sa transgression de l'interdit de représentation, Kertész répond avoir voulu non « représenter l'Holocauste au cinéma, ce qui est impossible », mais « montrer les stades d'une Passion, l'itinéraire d'un être où l'Holocauste est frôlé, car il fait partie de cette vie, une vie qui se dirige vers cet état que j'appelle "être sans destin" ». Il n'en insiste pas moins sur « l'authenticité » réaliste du film et raconte un « incident sur le tournage ». Visitant le décor de l'hôpital, il a été saisi par sa ressemblance avec ce qu'il avait vu : « c'était si oppressant de réalité que j'ai dû partir », dit-il, ce fut une « expérience terrifiante » que de retrouver « confondus » ce qu'il avait vécu et ce qu'il avait écrit, alors qu'il pensait avoir « digéré » ce passé par son livre, en vertu du « métabolisme » propre à l'écrivain. Or cet « apaisement intérieur » n'était qu'une « apparence », conclut-il.

LE BEAU, LE BONHEUR ET LE KITSCH

Dans les autres entretiens donnés après la sortie du film, trois questions reviennent de manière lancinante : la représentation, l'esthétisation, le bonheur. Kertész répond patiemment, répétant ce que disait déjà son scénario, mais en accentuant ou en développant certains points[75]. Dans l'entretien avec François Busnel en avril 2005[76], peu avant la sortie du film en France, Kertész approfondit sa pensée.

---

(74) « L'itinéraire d'un être où l'Holocauste est frôlé », *Positif,* avril 2006, p. 90.

(75) Je renvoie ici à mon article « La réception d'*Être sans destin* de Lajos Koltai : le scandale et l'énigme », in *Les Écrans de la Shoah, op. cit.,* p. 587-619.

(76) « Entretien avec Imre Kertész » par François Busnel, *Lire,* avril 2005.

La question du « bonheur » suscite la réponse la plus intéressante : ce « paradoxe, dit Kertész, fait partie du mythe de l'Holocauste ». Mais il remonte de l'idée à l'expérience qui l'a engendrée : « une certaine forme de bonheur existait, dans les camps, oui : quand nous ressentions la chaleur d'un rayon de soleil, lorsqu'une aube magnifique se levait sur le camp… » Et à côté de ce « bonheur végétatif », né d'une simple « pause » dans le système de destruction de l'individu, et que chacun éprouvait, il y avait un autre bonheur, qu'il connut au moment d'approcher de près sa propre mort :

> Dans ces moments-là, vous oubliez tout ce qui vous entoure, y compris les SS, il n'y a plus que vous et la mort, face à face. Voilà de quoi il était question. C'était à la fois terrible et heureux. Mais ce bonheur-là est pire que tous les malheurs, et c'est ce que j'ai voulu montrer à travers les scènes de mon roman. Il est peut-être pire de dire qu'on a ressenti du bonheur que de montrer en détail les horreurs qui se sont déroulées au camp.

Allant plus loin encore, Kertész revient au film et associe la question du « bonheur » à celle du « beau », livrant comme au passage la clé de cette transposition. Le cinéma de fiction, dit-il, peut rendre compte de ce « bonheur » mieux qu'un documentaire où les images seraient dures et cruelles, car l'identification du spectateur au héros fait qu'on se laisse emporter. Si l'on entend bien ce qui est dit ici, c'est donc à *l'image de fiction* qu'a été confiée l'expression du bonheur « végétatif », mais aussi celle du bonheur « terrible ». Or ainsi confié à l'écran, ce « dire-pire » du bonheur devenait une autorisation à esthétiser l'horreur. *Montrer* ainsi le « bonheur » de vivre et de mourir au camp sans pouvoir mettre ce mot entre guillemets, ni le faire surgir dans un texte « comme un scandale » supposait que les images du camp soient belles *sans rien cacher de sa réalité*. C'est pourquoi Kertész insiste sur le fait que Koltai n'ait pas « cherché à truquer » :

> Il a fait reconstruire en Hongrie le camp de Buchenwald et a laissé une grande place à la beauté de la nature qui entourait le camp sans jamais rien cacher de la brutalité propre à la vie quotidienne dans le camp. Cela fait ressortir l'absurdité de ce sentiment de « bonheur ». J'ajoute que ce sentiment de « bonheur », transporté à l'écran, permet également de

ne pas tomber dans le sentimentalisme kitsch de *La Liste de Schindler* de Spielberg, par exemple.

L'incarnation du « sentiment de "bonheur" » suppose aussi de faire sentir son « absurdité » qui, à l'écran, passe par l'exhibition du camp dans toute sa « brutalité ». Or cette coexistence du brutal et du beau devient aussi un paradoxe mythique. Ce paradoxe semble réactualiser à contre-temps l'oxymore du « beau dans l'horrible », qui faisait parler d'« art pur » à Baudelaire en 1863. Mais il se passe autre chose lorsque Kertész parle de « pure œuvre d'art » à propos de Koltai. L'esthétisation de l'horreur a un sens nouveau. Kertész trace ici clairement la frontière entre le film de Koltai et les *holocaust movies,* et il le fait plus que jamais en *témoin*.

Le reste de l'entretien précise encore ce qu'il en est du beau à l'aide du repoussoir qu'est *La Liste de Schindler*. Kertész revient à son roman, insistant sur la mutation du langage qui s'effectue dans une œuvre, où les mots adviennent et signifient différemment. Le mot « bonheur », dit-il, « arrive dans le roman comme une espèce de révolte », son apparition est programmée dès le début, puis il « éclate comme un scandale ». On est aux antipodes, dit Kertész, de l'image des survivants marchant en pleine lumière vers ce qui est présenté comme leur avenir. Cette image finale n'est belle, dit-il, que « quand on réinvente les camps » et non « quand on connaît le prix à payer pour qui est sorti des camps et a survécu ». Cette réinvention du camp par l'image, c'est cela le kitsch.

Mais la beauté des images est le seul lieu, semble-t-il, où puissent se rencontrer cette sensation de « bonheur » propre au déporté, bonheur qui est pire que tous les malheurs, et le bonheur du spectateur, celui du piège esthétique. Qu'elle ait ou non atteint son but, la beauté insistante, ostentatoire, des images de Koltai devait être, du point de vue de Kertész, l'équivalent de l'ironie profonde du roman : comme le bonheur au camp, la beauté du film est *à l'image du* moment « terrible et heureux » de la mort au camp.

Au fur et à mesure de ses entretiens, Kertész se montre lui-même pris dans une ambivalence mémorielle liée à la question de « l'esthétisation ». Son expérience est depuis longtemps devenue texte littéraire : le texte qui lui a donné forme l'en protège désormais, le scénario a donc pu accueillir le surplus biographique que « l'univers clos » du roman avait rejeté. Mais cet écran a été crevé un jour par la reconstitution des baraques. Cela signifie que le réel angoissant est toujours tapi quelque part où la mimésis vient les réveiller. C'est là aussi la marque d'une « authenticité » dont il peut se prévaloir, et ce qui lui fait répéter que Koltai « n'a pas truqué ». Il fallait que le réel soit là *et* que le film soit « beau », qu'il y ait un bonheur des images comme il y avait eu plaisir de la langue. Le jeu virtuose de Koltai avec la couleur et les formes est ce par quoi Kertész a cru pouvoir trouver un équivalent de la « forme souveraine » : de quoi piéger le spectateur. C'est pourquoi devant ses juges allemands il persiste et signe, mi-sérieux, mi-narquois : *Être sans destin*, le film, est une « pure, une simple œuvre d'art », et c'est aussi une œuvre « pragmatique ». Le film « très beau, trop beau » voulait incarner le dire-pire du bonheur.

*
* *

À la fin de l'entretien donné au *Matricule des anges*, Kertész voit dans certaines œuvres cinématographiques un démenti aux pronostics sur la disparition de l'art. L'art n'est sans doute plus une consolation métaphysique, le temps n'est plus où l'on pouvait passer une journée dans une arène à assister à une tragédie de Sophocle, mais l'art trouve toujours sa voie : « dans l'art cinématographique, on voit de temps en temps apparaître de vrais créateurs : un Federico Fellini ou un Ingmar Bergman, par exemple. Alors, restons confiants[77]. »

En voyant le film de Koltai nous perdons un peu de notre confiance, non tant quant à l'art comme consolation métaphysique, que quant au pouvoir de l'art, en général, de représenter les camps de concentration nazis sans tomber dans le kitsch. Il est temps de reposer la question par laquelle je commençais : comment un auteur si sensible au kitsch a-t-il pu prêter à cette accusation ? Que dit Kertész du kitsch lorsqu'il en parle ?

---

(77) « Le galérien sans qualité », art. cit.

Mark Donskoï, *Raduga (L'Arc-en-ciel)*, 1944 (photographie de plateau).

Wanda Jakubowska, *Ostatni Etap (La Dernière étape)*, 1948 (photographie de tournage).

Piero Della Francesca, *Battesimo di Cristo*
(Le Baptême du Christ), vers 1450, Londres, National Gallery.

Frank Beyer, *Jakob, der Lügner (Jacob le menteur),* 1975 (photographies de plateau).

Joseph Losey, *Monsieur Klein*, 1976 (photographies de plateau).

Joseph Losey, *Monsieur Klein*, 1976 (photographie de plateau).

Le cinéma italien et la mémoire de l'Holocauste

Ettore Scola, *Concorrenza sleale*
(Concurrence déloyale), 2001 (photogramme).

Lajos Koltai, *Sorstalanság (Être sans destin)*, 2005 (photographies de plateau).

Claude Lanzmann, *Shoah,* 1985 : Abraham Bomba (photogramme).

Claude Lanzmann, *Shoah,* 1985 : Henryk Gawkowski (photogramme).

Claude Lanzmann, *Shoah,* 1985 : Raul Hilberg (photogramme).

Claude Lanzmann, *Shoah,* 1985 (photogramme).

> Je considère comme kitsch toute représentation qui ne contient pas de manière implicite les conséquences éthiques d'Auschwitz, selon lesquelles l'Homme avec un grand H – et avec lui la notion d'humanité – a pu sortir sain et sauf d'Auschwitz. [...] Je considère également comme kitsch les représentations qui ne sont pas capables – ou disposées – à comprendre les liens organiques qui existent entre notre vie publique, notre vie privée dénaturées et la possibilité de l'holocauste [...]. À part cela, je considère bien sûr comme kitsch tout ce qui est kitsch[78].

Mais il y a des degrés différents de kitsch. Le plus radical, le plus fatal, tient à la survivance elle-même. Dans *Dossier K*, Kertész ironise sur le « chemin » qui l'a mené d'Auschwitz à Stockholm, et sur l'idée d'un « but » :

> Ce sera l'accomplissement de l'histoire, seulement ce ne sera pas une histoire de récompense à la Job, comme tu le penses peut-être, mais celle d'un kitsch ordinaire, l'histoire de la réussite d'un pauvre type. Chaque histoire particulière est kitsch, parce qu'elle échappe à la règle. Chaque survivant ne témoigne que d'un vice de fonctionnement particulier. Seuls les morts ont raison, personne d'autre[79].

Ce qui est kitsch, du point de vue du survivant, c'est son propre récit tourné vers le but, c'est le caractère téléologique du témoignage, qui fait du récit une histoire de « kitsch ordinaire ». *Être sans destin*, le film, nous raconte bien une « histoire particulière », mais le centre de gravité du film n'est pas la leçon de la fable, trop vite égrenée à la fin. Il est dans le regard que pose le déporté mourant sur les cadavres qui l'entourent, indistincts des objets, puis sur le trou de nuages dans le ciel, où un autre regard apparaît, aussi méconnaissable que le sien. « Dans les camps et les prisons,

---

(78) « À qui appartient Auschwitz », *L'Holocauste comme culture, op. cit.*, p. 154. Kertész critique « la cacophonie absurde du kitsch gros comme un dinosaure de Spielberg et du débat stérile qui entoure le mémorial de Berlin ». Il imagine un parc de l'Holocauste pourvu d'un terrain de jeux où les Berlinois se promèneront, abîmés dans des méditations philosophiques, « tandis que la 48 239e personne interviewée par Spielberg nous susurrera – ou nous hurlera – à l'oreille le récit de ses souffrances ».

(79) Imre Kertész, *Dossier K, op. cit.* p. 131.

a dit un jour Kertész dans une conférence consacrée au désir de patrie, le désir de survivre projette d'étranges mirages sur le ciel indifférent[80]. »

Racontant « l'itinéraire d'un être où l'Holocauste est frôlé », le film confie à l'image trop belle le « dire-pire » du bonheur : si Kertész défend la « pure, simple œuvre d'art » de son ami, c'est que l'excès de beauté y fait bien entendre le « soupir plaintif » d'une « âme » : celle d'un enfant-homme qui, à l'heure où les cuisiniers de Buchenwald font chauffer la soupe de rave, voudrait « vivre encore un peu dans ce beau camp de concentration ».

Ce soupir-là, qui dit qu'un tel bonheur est pire que tous les malheurs, nous l'entendons bien dans le film, trop bien peut-être, si bien que même les choraux saugrenus de Morricone ne parviennent pas à le recouvrir. Et le trouble souvenir que nous avons des yeux maquillés de Marcell Nagy, pas plus que les jeux de lumière insistants de Koltai, n'efface rien des regards nus du « Garçon » sur ce qui lui arrive d'abject. Car le « jeu », comme l'a dit Kertész à propos de Benigni, signifie « civilisation » et « humanité », et depuis longtemps nous savons jouer ce jeu-là.

Mais peut-être ne voulons-nous pas entendre de tels soupirs au cinéma. Peut-être voulons-nous ignorer ce jeu terrible du beau, qui partout insiste au nom de sa promesse de bonheur, promise au « kitsch ordinaire ».

---

(80) « Patrie et pays », *L'Holocauste comme culture*, *op. cit.* p. 142.

La Shoah
Théâtre et cinéma aux limites de la représentation

Shoah
(Claude Lanzmann, 1985)

Shoah et la résistance

Jean-Pierre Esquenazi

LE RÉCIT D'ABRAHAM BOMBA

Au début de la seconde époque du film de Claude Lanzmann *Shoah*, se situe ou peut-être surgit le témoignage d'Abraham Bomba. Il succède à celui de Franz Suchomel, ancien gardien de Treblinka, qu'il a donc peut-être croisé durant sa non-existence de prisonnier de ce même camp. Son témoignage dure un peu plus de treize minutes ; la durée de la séquence restitue semble-t-il la durée de l'interview, même si la présence de quelques coupes peut laisser supposer que la coïncidence n'est pas tout à fait exacte. Elle se déroule dans un salon de coiffure à Tel Aviv. Bomba continue de couper les cheveux d'un client pendant que Lanzmann l'interroge en anglais. L'on y voit aussi d'autres coiffeurs et clients. On n'est pas certain qu'ils comprennent la narration de Bomba en raison de la langue employée. Le coiffeur met beaucoup d'application dans son travail, application dont il ne se départira qu'à la fin de la séquence dans un moment dont nous reparlerons. Cette séquence, parmi d'autres, est pour moi exemplaire de l'entreprise de Lanzmann, que je voudrais commenter en m'appuyant sur une notion proposée par la philosophe états-unienne Judith Butler, celle d'acte de résistance.

Nous ne voyons pas Claude Lanzmann : mais il ne cesse pas d'interroger, voire de reprendre Abraham Bomba. Comme l'écrit Shoshana

Felman, « en tant qu'interviewer, Lanzmann ne sollicite pas de grandes explications de l'Holocauste, mais des descriptions concrètes de détails particuliers et de petits faits apparemment triviaux[1] ». C'est ce comportement qui détermine son attitude durant l'interview. La question des limites des camps, de durée, de dénomination, de dimension des lieux semble l'obséder. L'interrogation de Bomba n'échappe pas à la règle : il pose des questions comme « Comment vous ont-ils choisi ? », « Était-ce un matin ? », « C'était loin ? », « C'est ce que les Allemands appelaient le boyau ? », « Pendant combien de jours avez-vous travaillé à l'intérieur même des chambres à gaz ? », « Quand [les femmes] pénétraient dans la chambre à gaz, étiez-vous déjà là ou n'entriez vous qu'après elles ? », « Combien de femmes traitiez-vous en une seule journée ? » Avec ces questions, Lanzmann poursuit son travail de délimitation ou de démarcation des camps compris comme des lieux matériels : déjà apparente dans la manière dont il filme les lieux aujourd'hui inexpressifs où s'est déroulée l'extermination, la facture de ses questions aux témoins en est la poursuite sous forme orale. L'une des questions les plus récurrentes concerne sa propre localisation quand il explore Treblinka ou un autre lieu de l'extermination. « Là où je suis, j'aurais été dans le camp ? », demande-t-il sans cesse. C'est ce que j'avais identifié comme le système de l'Arpentage[2] qui guide une part importante de la mise en scène. Le but en a été exprimé d'une façon claire par Shoshana Felman : « Ce ne sont pas les grandes généralisations, mais les détails concrets qui se traduisent en une vision et nous aident à affronter l'impact aveuglant de l'événement[3] ». Retrouver la factualité de l'événement est un objectif essentiel du film : en tant que non-événement comme l'écrit Felman, qu'événement impossible à imaginer ou même à formuler, dire le fait aussi précisément qu'il est possible est un moyen d'obliger les témoins oculaires et les spectateurs du film devenus à leur tour témoins de la Shoah à braver sa réalité.

Les réponses de Bomba sont effectivement aussi exactes que possibles. Le rescapé ne se soustrait pas à ces questions. Ses souvenirs sont clairs :

---

(1) Shoshana Felman, « À l'âge du témoignage », in Bernard Cuau, Michel Deguy, Rachel Ertel *et alii*, *À propos de Shoah*, Paris, Belin, 1990, p. 71.

(2) Jean-Pierre Esquenazi, « Qu'est-ce que tu as vu à Chelmno ? *Shoah*, un monumentaire », in *CINéMAS*, vol. 12, n°1, p. 153, 156 *sq*.

(3) Shoshana Felman, « À l'âge du témoignage », *op. cit.*, p. 72.

toujours impassible, toujours continuant à couper les cheveux d'un client lui-même imperturbable, il décrit ou raconte avec précision : « Ils regroupèrent un certain nombre de "Juifs du travail" et demandèrent aux coiffeurs de se déclarer… J'étais coiffeur depuis pas mal d'années… Ceux qui venaient de ma ville Czestochowa et des environs le savaient… Ainsi ai-je été choisi et à mon tour j'ai désigné d'autres coiffeurs que je connaissais… ».

Abraham Bomba est filmé soit en plan américain, soit en gros plan. On le voit presque toujours en train d'accomplir son travail. Parfois la caméra saisit le coiffeur directement, parfois elle enregistre son reflet. Les mouvements de Bomba devant ce miroir ont parfois l'effet curieux de déformer ou de dédoubler son image : le miroir est en deux parties et chacune des deux ne transmet pas exactement de la même façon son reflet. Ces plans du miroir interviennent au début de la séquence. Ils annoncent involontairement sa fin et l'apparition d'un autre Abraham Bomba.

La factualité des énoncés de Bomba le renforce dans son rôle de témoin. Ainsi que l'écrit Renaud Dulong, « le corps du témoin présentifie l'événement en établissant une continuité physique entre le passé et le présent de la rencontre[4] » : ici le rôle tenu par le corps filmé d'Abraham Bomba dans son activité la plus quotidienne est consolidé par la sobriété scrupuleuse du discours. Il devient lui-même une « pièce à conviction » selon l'expression de Dulong.

Cependant, quelque chose dans la scène apparaît presque incompréhensible. La froideur des questions de Lanzmann, à laquelle répond l'impassibilité de Bomba, la banalité du décor, l'indifférence des clients comme des autres coiffeurs tranchent avec l'horreur de la description. Cette troublante étrangeté se concrétise une première fois quand Lanzmann demande : « Qu'avez-vous éprouvé la première fois que vous les avez vues entrer [ces femmes] nues ? ». Abraham Bomba répond : « J'ai senti que… par conséquent… je devais faire ce qu'ils me disaient de faire : couper les cheveux de telle sorte que ça ressemble à un coiffeur qui fait son travail pour une femme et j'ai dit que je devais leur faire une coupe de manière à retirer autant de cheveux que possible … »

Mais cette réponse élude évidemment la question posée. Le récit de Bomba se poursuit. Lanzmann pose encore quelques questions. Il revient

(4) Renaud Dulong, *Le Témoin oculaire*, Paris, Édition de l'EHESS, 1998, p. 192.

à la charge plus de quatre minutes plus tard : « Mais je vous ai demandé “qu’avez-vous éprouvé la première fois que vous avez vue ces femmes nues avec les enfants, qu’avez-vous ressenti”, vous n’avez pas répondu ». Cette fois Bomba s’efforce de répondre : « Vous savez “ressentir” là-bas… C’était très dur de ressentir quoi que ce soit. Imaginez : travailler jour et nuit parmi les morts, les cadavres… Vos sentiments disparaissaient… ». Il est toujours impassible, poursuivant sa coupe. La caméra se rapproche de lui, passant de son reflet dans le miroir à son visage en gros plan. Il dit alors : « Je vais vous raconter quelque chose ». La phrase est étonnante. Ne nous racontait-il rien jusque-là ? Que faisait-il sinon raconter ? Pourquoi serait-ce maintenant qu’il commence à raconter ? Shoshana Felman[5] explique cette étrangeté de la façon suivante : Abraham Bomba a subi une expérience inhumaine. La déshumanisation que les nazis faisaient subir aux déportés ne pouvait conduire qu’à la mort. Mais Bomba avec quelques autres s’en est sorti. Le silence, la léthargie, la plongée dans la vie quotidienne ont été nécessaires à sa restauration dans l’humanité. Plus que l’oubli, la volonté d’oubli lui a permis de survivre. Aussi la personne qu’il est devenu n’a pas réellement participé à son premier récit. Il s’est contenté d’énumérer les traces constituées dans sa mémoire de sa non-existence dans les camps. Mais pour *raconter* ce qui s’est passé, il faut être un humain, replonger effectivement dans son propre passé, adopter le point de vue que l’on avait alors. Pour le dire plus savamment, l’activité narrative est un acte qui implique l’engagement d’une personne dans l’énonciation du récit. C’est pour cela que, comme l’écrit Shoshana Felman, il est tellement difficile de parler de l’*intérieur* de l’Holocauste. Car à l’intérieur, il n’y a que douleur extrême, les bourreaux ayant fait tout ce qu’ils ont pu pour éliminer l’humanité de leur victime.

Il est perceptible que l’insistance de Lanzmann a contrarié son interlocuteur. Après son annonce d’un prochain récit, rapidement, il sort de sa « léthargie ». Il redevient une personne et se mue en narrateur : « Je vais vous raconter une histoire… ». L’histoire est terrifiante. Elle concerne un collègue coiffeur de Bomba qui travaille dans la chambre à gaz aux côtés de ce dernier et voit y entrer sa femme et sa sœur. Cette fois, Bomba s’effondre ; il ne peut poursuivre. La caméra s’approche dans un zoom qui le cerne en très gros plan. Il continue d’abord sa coupe, mais est bientôt obligé

(5) Shoshana Felman, « À l’âge du témoignage », *op. cit.*, p. 72-82.

de s'arrêter. Les larmes lui viennent aux yeux. Il veut échapper à la caméra, reprendre son travail, redevenir le coiffeur qui a réussi à écarter le souvenir ou plus exactement le sentiment du souvenir. Au bout d'une longue minute Lanzmann demande : « Continuez Abe. Vous le devez… Il le faut ». Abraham Bomba fait signe qu'il ne veut pas ; il ajoute : « trop affreux… »

Abraham Bomba est-il devenu un témoin de l'intérieur ? Je ne le crois pas : c'est plutôt l'homme qu'il est devenu qui aujourd'hui pleure devant la scène insoutenable qu'il a racontée. Lanzmann voudrait qu'il surpasse le chagrin de l'homme qu'il est devenu et redevienne le locuteur impassible de visions lointainement enregistrées dans sa mémoire. Mais la spécificité de la Shoah ou de toute expérience dont on peut dire qu'elle est *inhumaine*, c'est-à-dire qu'elle répudie la fidélité à notre commune humanité en traitant l'autre comme un non-humain, ne peut pas être dite tout simplement parce que le langage n'a pas de place pour ce type d'expérience : « Il est donc en réalité impossible de témoigner de l'intérieur de l'altérité », selon la juste expression de Shoshana Felman[6]. Dans cette séquence ou plus exactement dans ce moment de la séquence, Lanzmann réussit à accomplir la tâche qu'il s'est donné, du moins telle que la formule Felman : le film transmet à la fois « le pathos et le détachement » et provoque un « choc affectif » que tout spectateur peut ressentir[7].

Au bout d'un long silence où Abraham Bomba tente d'échapper à la caméra sans y parvenir, l'homme réussit à dominer son émotion et à revenir d'abord à son travail puis à son dialogue avec Lanzmann. Dans ses ultimes mots, il cherche cependant à clore l'entretien. Ce regard impliqué qu'il a un instant porté sur son terrible passé l'a épuisé. Mais il constitue pour le spectateur une expérience très importante, sur laquelle nous allons maintenant réfléchir.

Renaud Dulong montre dans son ouvrage sur le *Témoin oculaire,* que « non seulement un témoignage n'a de sens que dans un contexte judicatif, mais de plus son format implique l'attente d'un jugement énonçant ce qui fut ressenti de ce qui fut vécu[8] ». Dans le cas du témoin de l'inhumanité, nous

---

(6) *Ibid*, p. 87.

(7) *Ibid*, p. 99.

(8) Renaud Dulong, *Le Témoin oculaire*, *op. cit.*, p. 139.

avons vu que ce dernier ne peut pas témoigner sans tenir à distance son propre récit ; il doit le formuler comme une sorte de ouï-dire particulier, puisque l'autre dont il répète l'expérience n'est rien moins que lui-même en tant que victime de l'inhumanité. Le dire de l'inhumanité transforme aussi la position du juré qui n'a pas, en effet, à formuler de jugement. Il n'y a rien à dire de l'inhumanité sauf qu'elle est inhumaine. Aucun jugement n'est nécessaire. De ce point de vue, le négationniste se met immédiatement hors du jeu humain tel que la logique testimoniale l'induit, puisque lui voudrait discuter ou juger une éventuelle relativité de l'inhumanité : ce qui explique qu'il est possible en pays démocratique de rédiger des lois contre de telles déclarations.

On peut se demander alors quel est le rôle du juré, en l'occurrence du spectateur du film. Je trouve à nouveau la réponse chez Shoshana Felman qui écrit : le film veut faire de nous des témoins, « nous faire contemporains de l'ébranlement, du déplacement, du procès de désorientation[9] » suscités par l'événement de la Shoah tel que le film *Shoah* l'expose.

La scène du récit par Abraham Bomba du fonctionnement de la chambre à gaz de Treblinka transmet exactement cette exigence : nous voyons d'une part le récit détaché d'un homme qui a dû se séparer affectivement de ce qui s'est passé pour survivre, d'autre part le désespoir absolu quand aujourd'hui cet homme doit évaluer ce qui s'est passé. Comment ne pas comprendre à la fois la factualité du camp, l'inhumanité qu'elle implique, et le désespoir de cet homme notre semblable ? Devenir contemporains de la Shoah comme événement est impossible ; mais *être contemporains de l'abîme ouvert dans la vie des hommes qui en ont été victimes est la proposition du film de Lanzmann*. De ce point de vue, accepter d'être des témoins et pas seulement des spectateurs du film, c'est résister au discours négationniste en refusant cette perpétuation de l'injure faite aux Juifs et donc à l'humain en général. Pour le mieux comprendre, je voudrais faire un détour par l'analyse de l'acte discursif de résistance par la philosophe Judith Butler.

LA RÉSISTANCE SELON JUDITH BUTLER

Dans *Le Pouvoir des Mots*[10], Judith Butler s'interroge sur le pou-

---

(9) Shoshana Felman, « À l'âge du témoignage », *op. cit.*, p. 129.

(10) Judith Butler, *Le Pouvoir des mots*, Paris, Éditions Amsterdam, 2004.

voir du discours injurieux. Elle critique la conception de ce dernier qui implique que le sujet de la parole injurieuse est le seul responsable de l'injure qu'il profère. La philosophe marque qu'une injure est fondamentalement une parole historisée : toute insulte est en effet d'abord répétition d'une formule[11], formule qui tient sa valeur offensante d'un contexte historique. Si l'on peut dire injurieusement « espèce de juif » et si « espèce de normand » n'apparaît pas comme une injure, c'est parce que nous nous mouvons dans un monde où « espèce de juif » a acquis cette signification. De telle sorte que celui qui énonce « espèce de juif » ou toute autre formule du même ordre se réfère implicitement à une strate discursive enracinée dans une longue histoire de haine et de violence. « L'insulte raciste est toujours une citation[12] » : ce dont le sujet du discours de haine est responsable est « de la répétition de ce discours, de son renforcement et de l'établissement de nouveaux contextes de haine et d'injure[13] ». En agissant de cette façon le discours injurieux tente de prolonger l'autorité de cette strate discursive à une situation actuelle ; cependant cette extension n'est pas garantie par l'acte injurieux lui-même. Sa validité, ou sa félicité si l'on emploie le terme proposé par Austin, dépend de la réplique qu'on lui oppose. Dans cette perspective, il ne suffit pas d'examiner le passé de l'injure, ce contexte historique sur lequel elle se fonde ; il faut encore observer son effet sur l'homme injurié et le cadre social où il se trouve.

Ici, Judith Butler critique aussi bien Foucault que Bourdieu[14] sur la question du déterminisme : selon elle, les deux auteurs français accordent au discours une puissance qu'il ne possède pas. D'après la philosophe, il manque à la fonction énonciative foucaldienne une fonction interprétative ou réplicative qui en circonscrive les effets. La raison pour laquelle le discours du pouvoir n'est pas si puissant doit être cherchée dans la faille ouverte par l'énonciation toujours dédoublée qu'implique tout discours injurieux. Parce que l'historicité du langage excède toujours celle du sujet[15], le discours injurieux est soumis à une pétition de principe : il suppose la

(11) *Ibid.*, p. 60.

(12) *Ibid.*, p. 132.

(13) *Ibid.*, p. 59.

(14) *Ibid.*, p. 60 et p. 222-223.

(15) *Ibid.*, p. 60.

fusion d'une histoire, celle de cette forme d'injure, avec une situation, celle où est énoncée l'injure. La faille entre historicité et situation n'est recouverte et ne demeure dissimulée qu'à la condition que celui auquel est adressée l'injure reste muet : alors, le champ significatif de l'injure peut s'étendre ou se répandre dans de nouveaux territoires.

Mais, écrit Judith Butler, « le discours n'est pas seulement défini par le contexte social [d'où il tire sa signification], il est aussi marqué par sa capacité à rompre avec ce contexte[16] ». Si celui auquel s'adresse l'injure parvient à déplacer par sa réponse le contexte historique injurieux, il réussit dans le même temps à détacher l'injure du contexte auquel elle doit son pouvoir.

Alors, l'injure et la strate discursive injurieuse sont nues, au lieu qu'elles puissent se conforter l'une l'autre dans une mutuelle justification. Le sujet de l'insulte devient soudain mis en demeure « d'assumer la responsabilité de l'histoire qu'il dissimule[17] ». Et le contexte historique qui a naturalisé ce type de discours injurieux est exposé dans ses fondements et aussi ses limites. La réplique dévoile combien le caractère prétendument performatif de l'injure suppose la référence à des classifications seulement acceptées si l'on continue de prêter attention à un système de normes spécifique.

La réplique devient alors un acte de résistance non seulement à l'injure mais plus encore au système d'où elle tire sa puissance performative. La forclusion des normes, le silence qui les entoure, à l'intérieur ou à l'abri duquel un ensemble de préjugés perdure, est sinon abolie du moins questionnée. La réplique refuse le silence et questionne le contexte : « On ne peut s'opposer aux limites tracées par la forclusion qu'en les retraçant[18] ». Il me semble que l'on ne peut pas mieux définir l'acte cinématographique qu'est le film *Shoah* de Lanzmann que par cette volonté de « retracer des limites ». En accumulant les descriptions aussi détaillées que possible de la factualité des camps, *Shoah* refuse les idées abstraites et générales derrière lesquelles s'abrite l'antisémitisme. Plus encore, en parvenant dans des séquences comme celle du récit d'Abraham Bomba, à

(16) *Ibid.*, p. 77.

(17) *Ibid.*, p. 90.

(18) *Ibid.*, p. 219.

faire voir l'inhumanité à laquelle a été soumis un homme et l'humanité de gestes simples auxquels désespérément il se raccroche, il ouvre un espace de résistance face au discours raciste. Je voudrais conclure en en proposant une description.

DES TÉMOINS DE SECONDE GÉNÉRATION

À quoi résiste ou réplique exactement *Shoah* ? Comment espère-t-il que cette réplique sera à son tour reprise, assumée, entérinée ? Quel espace de réception veut-il constituer ? Tentons d'esquisser des réponses à ces questions.

Claude Lanzmann a dit à plus reprises qu'il ne voulait pas faire un film historique. L'on voit plusieurs fois Raoul Hilberg dans le film ; et il est certain que le savoir accumulé par Hilberg et d'autres historiens était nécessaire au cinéaste pour construire son film et interroger les témoins. Si le savoir historique est indispensable, il n'est pas cependant ce que vise le narrateur de *Shoah*. Car le discours de l'objectivité est incapable de rendre compte de l'Holocauste ; telle est du moins, me semble-t-il, une thèse que défend le film. L'objectivité historique suppose un espace consensuel qui reconnaît l'épistémologie propre aux sciences sociales, au sein de laquelle sont discutés ses résultats. Mais l'Holocauste est un objet qui semble échapper aux chercheurs, comme le démontre la prolifération du négationnisme venu d'historiens vindicatifs qui feignent de placer le débat à l'intérieur du cadre historique.

Le recours systématique au témoignage oculaire et à ses incertitudes constitue la méthode suivie par le cinéaste. Ce faisant, le film déplace la question dans un cadre subjectif. La haine raciale ne peut pas être traitée objectivement (ou seulement objectivement), semble dire le film, parce qu'elle interpelle chacun d'entre nous, quelle que soit sa « race ». Aucune posture d'objectivité n'est une véritable réplique à la haine raciale. Aucune explication biologique de l'inanité du concept de race n'est suffisante face à l'injure « sale nègre » ou « sale juif ». Comme on l'a vu avec Abraham Bomba, la faille entre objectivité et subjectivité ne peut pas être comblée.

Le déplacement de la position de la question par le film est éminemment risqué. À l'énonciation « subjective », on risque toujours de répondre : « C'est juste une opinion, un goût, ça ne compte pas ». Aussi

Lanzmann prend-il ses précautions. Les témoins ne sont pas ménagés. Les questions pleuvent, qui les obligent sans cesse à préciser : le processus de l'Arpentage présent dans tout le film est primordial, qui permet d'éviter ce reproche possible. Mais il est en même temps nécessaire de faire l'expérience de la subjectivité déchirée des survivants. Notre analyse du récit par Abraham Bomba de son existence de coiffeur à Treblinka a montré combien la position du témoin survivant de la Shoah est intenable : entre la distance ou l'éloignement essentiel à la survie et le surgissement de l'émotion, la volonté d'inconscience et la conscience revenue, le drame du survivant est offert au spectateur afin qu'il en soit lui-même témoin. Le film offre dans le même geste le contenu de l'acte de témoignage et la situation déchirée du témoin immédiat, celui qui apparaît dans le film. *Shoah,* comme réplique, déplace la norme objective à laquelle tout événement historique est jaugé en construisant un nouveau contexte fondé sur l'exposition de la déchirure des survivants.

Les témoins deviennent alors surtout les témoins de ce qu'ils sont eux-mêmes devenus. Et nous, spectateurs, ne sommes plus jurés, engagés à juger les faits rapportés par un témoignage, mais à notre tour témoins, et ceci de deux façons différentes. Premièrement, nous sommes témoins séquence après séquence de la souffrance de ces survivants qui ne sont plus ici des Juifs, mais des humains redevenus humains après qu'on a voulu nier leur humanité. Une première fois, en tant que témoin, le film fait appel au sens que chacun possède de sa commune humanité avec les autres humains. Deuxièmement, nous sommes témoins de l'acte de résistance accompli par Lanzmann : le film entier est l'affirmation que chacun doit prendre position face au témoignage de ces témoins survivants. Acceptons-nous de devenir témoins de ces témoins, en affirmant donc que l'humanité n'est pas un attribut qu'un humain peut retirer à autrui sans que chacun des autres humains ne se sente pas lui aussi dépossédé ? Telle est la question posée par le film à son spectateur.

En terminer sans moraliser est difficile. Je dirai que *Shoah* met la barre très haut. Résister partout et toujours aux prescriptions qui condamnent est difficile. Se conduire convenablement autant qu'il est possible demeure une ambition.

Aktion und Tat / Action et acte dans *Shoah* de Claude Lanzmann

Éric Marty

ACTION

Qu'est-ce qui agit ? De quel ordre est cette action ? Que signifie le mot action ? L'action est le premier mot de l'œuvre et semble à ce titre essentiel .

« L'action commence de nos jours
à Chlemno-sur-Ner, Pologne. » (21)[1]

Mot lu, mot écrit, premier mot – si l'on excepte l'épigraphe extraite d'Isaïe[2] - d'un long préambule qui défile silencieusement sous nos yeux avant toute image.

Il faut sans doute tout d'abord considérer ce mot comme on pourrait le faire en le découvrant dans un texte d'Aristote ou de Racine définissant le déroulement d'une tragédie : « La tragédie est représentation

(1) Le chiffre entre parenthèses correspond au numéro de page de l'édition Folio de *Shoah* (1997).

(2) *Et je leur donnerai un nom impérissable*. Isaïe, 56, V.

d'actions et les agents en sont les personnages en action[3]. » Pourtant, le mot d'action chez Lanzmann ne désigne pas les événements qui vont être racontés – dans ce cas on aurait eu : « L'action commence le 7 décembre 1941 à Chelmno-sur-Ner, Pologne » puisque c'est à cette date du 7 décembre 1941 que commença l'extermination de quatre cent mille juifs et cela en deux périodes distinctes : décembre 1941-printemps 1943 et juin 1944-janvier 1945 : ce que les nazis eux-mêmes désignaient sous le terme crypté d'*Aktion*. Nous lisons bien : « L'action commence de nos jours… » Le mot action désigne le récit lui-même qui est action.

L'action, c'est très exactement le processus au présent de la parole et du silence et de leur enregistrement par l'image. Le choix de ce mot est crucial. Tout commencement est crucial car c'est le temps de choisir, choisir à partir de rien. Il faut insister sur ce mot : l'action. Se souvenir que c'est un mot de cinéma aussi. Cri de l'assistant du réalisateur : « Moteur ! Action ! », mot pour dire le passage de l'informe à la forme, de l'attente à la prise de vues, mot appartenant au processus créateur lui-même.

Pourtant si le mot « action » appartient au langage de deux arts, celui du théâtre et celui du cinématographe, il appartient aussi à un troisième art, la poésie. Ce que Stéphane Mallarmé appelle *l'action restreinte*. Or ce troisième sens nous importe car il nous semble que ce mot d'action, tel que nous l'avons d'emblée extrait de l'œuvre de Claude Lanzmann, détermine l'un des enjeux les plus profonds de cette œuvre, comme méditation – poème – sur ce que signifie agir, sur ce qu'est un acte, sur ce qu'est une action.

LE SUICIDE OU L'ABSTENTION

Je voudrais tout de suite aller à une séquence très importante de l'œuvre, située dans la seconde période, à l'un des tournants cruciaux du témoignage de Filip Müller, Juif tchèque, membre du commando spécial d'Auschwitz chargé de retirer les corps morts des chambres à gaz et de les brûler dans les fours crématoires. La question du sens des mots « acte », « action », « agir » s'amorce dans une petite phrase qui conclut l'une de

---

(3) Aristote, *Poétique*, Chapitre VI.

ses premières interventions. Intervention extrêmement impressionnante, témoignage nu.

Filip Müller vient de décrire longuement, précisément, le processus complet du gazage des Juifs, tandis que de longs plans-séquences en caméra à l'épaule parcourent le sol des chemins enneigés d'Auschwitz jusqu'à pénétrer dans les ruines du crématoire III et de ses vestiaires. On voit sur l'écran son visage, puis, comme dans une fuite éperdue, angoissée, une poursuite sans poursuivants, un travelling violent, rapide parcourt le camp, le long des barbelés jusqu'à l'entrée. Là, dans un lent zoom arrière, la caméra recule et s'éloigne, semblant s'écarter par l'unique voie de chemin de fer des bâtiments d'Auschwitz, puis, enfin, après un dernier plan panoramique de champs et de forêts, elle revient en plan fixe sur le visage de Filip Müller.

Il parle alors de manière générale des Juifs arrivés jour après jour au camp après un long et infernal voyage dans des wagons à bestiaux et condamnés, pour la plupart, dès leur arrivée, à être gazés. Filip Müller dit de sa voix lente, de sa voix au timbre minéral et profond, parfois caverneux, souvent exclamatif, au ton dramatique aussi comme une clameur, à propos de ces gens :

> *« Leur parler n'aurait eu aucun sens. »* (185),
> *après avoir expliqué, de la même voix, la décision qu'il prend de renoncer à les prévenir de ce qui allait leur arriver :*
> *« En réalité,*
> *ces gens étaient déjà presque exterminés*
> *avant même la chambre à gaz. »* (185)

Ce « ne rien faire », ce « non agir », le neutre auquel Filip Müller concède sa volonté et qui pèse si lourd dans sa voix, doit être compris dans son sens le plus profond. D'abord sur un mode négatif. Et puisqu'il a été question de Mallarmé, citons-le dans sa définition de l'action, l'action restreinte : il nous vient en aide, même si sa prose un peu précieuse et contournée jure avec l'intenable simplicité des récitants de *Shoah* :

Le suicide ou l'abstention, ne rien faire, pourquoi ? – Unique fois au monde, parce qu'en raison d'un événement toujours que j'expliquerai, il n'est pas de Présent, non – un présent n'existe pas... Faute que se déclare la Foule, faute – de tout[4].

Ce que Mallarmé appelle « l'événement toujours que j'expliquerai », et qui, dans le « toujours », énonce le caractère inexorable de l'événement – la mort –, ce que Mallarmé circonscrit dans cette impossibilité pour la « Foule » de se déclarer – les Juifs qui ayant voyagé dix ou douze jours, affamés, sans une goutte d'eau, qui sont incapables de *parler* –, tout cela que Mallarmé nomme si précisément, prend un sens particulier au regard du propos de Filip Müller qui vient de faire l'aveu du néant qui entoure tout agir au moment qu'il décrit :

« Leur parler n'aurait eu aucun sens. »

C'est donc ce que Mallarmé appelle « l'abstention ». Nous voilà confrontés à l'événement, au Neutre monstrueux, car tout est déjà quasiment accompli avant les faits – « ces gens étaient déjà presque exterminés avant même la chambre à gaz » – , et où l'agir, l'action, l'acte ont été par avance réduits à leur propre impossibilité. Nous sommes face à l'événement où l'agir humain est éliminé. Tel est l'événement qu'on appelle : extermination.

Mais à côté de l'abstention, il y a aussi, selon Mallarmé, le suicide : « Le suicide ou l'abstention, ne rien faire, pourquoi ? ». À côté de l'abstention, s'offre à Filip Müller, en effet, l'occasion du suicide qu'il raconte et qu'il *profère* – tant alors la parole n'est plus un récit mais *un drame* – dans la suite de son témoignage.

C'est à un autre moment. Plus tard. Après de nombreux autres récits, propos, descriptions. Moment extrême du film. Des Juifs tchèques, ses compatriotes, sont entrés dans la chambre à gaz, ils chantent la *Hatikva*[5].

---

(4) Stéphane Mallarmé, « L'action restreinte », Paris, Gallimard, coll. « Bibliothèque de la Pléiade » (texte établi par Bertrand Marchal), 2003, p. 217

(5) La *Hatikva* est un chant juif qu'on entend par ailleurs dans *Shoah* chanté par des Juifs

Filip Müller alors s'arrête de raconter, il s'arrête de parler, il pleure et demande à ce que l'entretien soit interrompu :

> *« Arrêtez, je vous en prie ! »* (234)
> Lanzmann ne cède pas à la demande, il continue de filmer,
> Alors, presque aussitôt, Filip Müller reprend :
> *« C'est à mes compatriotes que cela arrivait...*
> *et j'ai réalisé*
> *que ma vie n'avait plus aucune valeur.*
> *A quoi bon vivre ?*
> *Pour quoi ?*
> *Alors je suis entré avec eux*
> *dans la chambre à gaz,*
> *Et j'ai résolu de mourir.*
> *Avec eux.* » (234)

Or, c'est à ce moment-là précisément que le sens du mot « acte » ou du mot « action », jusque-là étroitement enserré par les tenailles atroces de l'alternative mallarméenne – l'abstention ou le suicide –, celle de la restriction pure, c'est à ce moment-là que le sens du mot s'ouvre à l'essentiel. Non qu'une solution concrète soit miraculeusement trouvée, car « l'événement toujours » pour reprendre l'expression de Mallarmé, n'a pas cessé d'être dans son impassibilité monstrueuse. Mais, c'est que le sens du mot « acte » s'ouvre soudain à quelque chose qui est son sens le plus profond et où *agir* devient possible en dépit du *toujours* de l'événement.

CE N'EST PAS UN ACTE

En effet, alors que Filip Müller est entré dans la chambre à gaz, résolu à mourir avec ces Juifs qui sont ses compatriotes, alors qu'il a donc pris la résolution du suicide, un petit groupe de femmes s'approche, et parmi elles, l'une se détache du groupe et dit ceci qui est réellement l'ouverture au sens intime du mot acte :

---

grecs de Corfou dans une bouleversante séquence du film. Ce chant n'est pas signalé dans le livre (234). Aujourd'hui hymne national israélien, et dès 1940, chant des résistants du ghetto de Varsovie.

« Tu veux donc mourir.
Mais ça n'a aucun sens.
Ta mort ne nous rendra pas la vie.
Ce n'est pas un acte. » (235)

En allemand, puisque Filip Müller donne son témoignage en allemand :

« Das ist keine Tat[6] » (235)

Ici, la femme, cette femme juive qui va mourir gazée, qui va être brûlée, réduite à jamais en cendre et en fumée – « Boucle de Juif, tu ne seras pas grise » écrit Paul Celan – , dit l'essentiel. Elle dit :

« Das ist keine Tat ».

Alors le sens du mot *acte* trouve son sens le plus profond et le plus inaperçu jusque-là. Le mot même d'*acte* nous apparaît entièrement réfléchi par cette communication foudroyante, ce dialogue entre celles qui sont déjà au seuil de la mort et Filip Müller qui a cru qu'il pourrait les rejoindre sans s'entendre répliquer ceci :

« Das ist keine Tat ».

Ce qui est crucial alors c'est le renversement qui soudain a lieu. Alors que, comme on s'en souvient, à propos d'autres Juifs, à propos de Juifs inconnus qui allaient être gazés, Filip Müller nous disait, disait à Claude Lanzmann :

« Leur parler n'aurait eu aucun sens »,

voilà que tout se renverse. Ce sont *eux* qui parlent, c'est l'une d'entre eux qui prend la parole et qui dit quelque chose d'essentiel, qui délivre, qui lui délivre la possibilité même du sens qui semblait à jamais *restreint* (« ma vie n'avait aucune valeur »), sous la forme d'une formule qui le fait reculer : *« Das ist keine Tat »,* et qui résout d'une manière décisive l'alternative entre l'abstention « faute qu'une Foule se déclare » (*leur parler n'aurait eu aucun sens*) et le suicide « faute – de tout » (*j'ai résolu de mourir*).

---

(6) Nous citons ici la transcription de la version allemande de *Shoah*, Berlin, Claassen, 1986.

La parole de cette femme, de cette femme juive, est pourrait-on dire, dans une première approximation, la parole angélique par excellence. Car c'est elle – cette parole – qui oblige l'homme à reculer, qui l'oblige à s'extraire du royaume de la mort et le contraint à retourner chez les vivants, transfigurant soudain l'homme en une figure orphique, une figure d'Orphée, et dont alors le film de Claude Lanzmann est tout entier habité.

Ce retour du royaume des morts, cette extraction fulgurante redéfinit pourtant considérablement l'orphisme, brise même le *toujours déjà* qui, chez les Grecs, paralyse toute possibilité d'agir, puisqu'ici le message énoncé introduit la possibilité même de l'acte, *à l'encontre* de l'événement, à l'encontre de son « toujours déjà » inexorable et neutre.

Si on peut considérer la parole de la femme juive qui va mourir comme parole angélique, ce n'est pas dans un registre strictement religieux. Si on peut l'appeler ainsi, c'est parce que dans cette parole, la parole elle-même se fait messagère. Messagère de quoi ? Du langage lui-même. L'énoncé angélique – *ce n'est pas un acte* – est un message qui en effet dévoile le sens d'un mot, le mot *acte*. Messagère du langage au sens où dans son propos le langage dévoile une dimension de secours inespérée.

C'est une femme juive qui le prononce, et qui, tout à l'inverse de l'Eurydice grecque, ne réclame nullement de l'homme que l'homme la sauve, elle ne demande nullement à l'homme que l'homme la ramène à la surface de la Terre, à l'air libre. Non. C'est à lui, l'homme, à qui elle dit de reculer, de remonter vers les vivants, porteur maintenant de cette parole nourricière qui, comme une manne, va le nourrir et le sauver.

L'EMPREINTE

« Leur parler n'aurait eu aucun sens », disait l'homme et voilà que l'une d'entre eux, énonce un message qui vient du plus profond de l'expérience humaine, du plus profond de l'expérience juive, du plus obscur des temps aussi – le mois de mars 1944 –, du plus obscur des lieux aussi – le crématoire II d'Auschwitz. Ce que nous entendons, nous, de cette parole lumineuse, ce n'est pas seulement la signification prodigieuse de cet énoncé – *Das ist keine Tat* – mais c'est aussi *l'acte* de le dire. Ce que nous entendons et voyons face à l'image exceptionnellement intense de ce moment particulier du témoignage de Filip Müller, c'est le *dire* lui-même comme *acte*, comme odyssée inouïe qui lui a permis de retentir jusqu'à nos oreilles et devant nos yeux grands ouverts, car cet acte de parole – qui aurait dû à jamais s'évanouir avec la femme qui la prononce, avec cette femme déjà nue, la tête sans doute rasée, avec la fumée et les cendres –, nous la recevons entièrement, intégralement, comme événement persistant, dans le présent radical qui a été le temps de sa profération.

Nous découvrons ici la fonction d'empreinte de l'événement que recèlent la voix ou le visage du témoin, empreinte en quoi l'événement s'assure de sa persistance, empreinte, référent vivant de l'événement. Ici, ce n'est pas l'empreinte de la magie maléfique du « Rien. Ni personne. Jamais[7] », celle du Nuit et Brouillard, *Nacht und Nebel* wagnero-nazi, ce n'est pas l'empreinte de l'évanouissement de l'événement comme fait, c'est au contraire l'empreinte de l'événement immémorial d'une parole. Et c'est, dans sa restitution par la voix, par la clameur et la brûlure qui s'échappent du visage-masque de Filip Müller, toute l'odyssée de cette parole qui nous parvient. Car on ne doute pas un seul instant que ce ne soit les mots mêmes de la femme juive, et dans l'écho immense du silence dans lequel ils résonnent, que ce ne soit là aussi l'effet même de la caverne souterraine profonde et obscure de la chambre à gaz où ils ont été proférés.

Le témoin assure alors une autre tâche que celle d'une évocation du passé. Le témoin est celui qui porte dans son corps même l'empreinte toujours vive de l'événement. Et c'est parce que l'empreinte est l'événement toujours vif, que c'est dans la douleur même que cette empreinte s'expose comme une cicatrice qui saigne. Et c'est pourquoi en effet, comme Abraham Bomba, Filip Müller est tout près de renoncer à parler car sa propre voix le déchire, car sa propre voix est l'empreinte, blessure, le néga-

---

(7) « Alors, ils nous dirent de tout nettoyer, là où deux mille personnes environ s'étaient déshabillées en plein air, de tout emporter, de tout évacuer, et cela, en une seconde ! Des Allemands, d'autres qui se trouvaient là, des Ukrainiens, commencèrent à hurler, à cogner pour que nous portions plus vite les paquets sur notre dos, encore plus vite vers la place centrale, où il y avait d'immenses tas de vêtements, de chaussures, etc. En un éclair, tout était vide comme si rien n'était arrivé. Rien. Ni personne. Jamais », Abraham Bomba (73).

tif vocal de ce qui a eu lieu depuis la tentation de l'abstention, depuis celle du suicide jusqu'à ce moment de grâce au cœur même des ténèbres où une femme prononce ces paroles de vie :

« Ce n'est pas un acte »,

et l'oblige à sortir de la chambre à gaz où il était entré.

Avec le témoignage d'Abraham Bomba nous avions eu une première explication de l'événement comme ce qui ne cesse pas d'être, bien qu'il soit révolu : l'événement dure parce qu'il est une intensité négative – pur neutre destructeur – qui ne se réalise et ne demeure que sous la forme en effet persistante de l'empreinte. Avec celui de Filip Müller, nous avons une seconde explication sur l'événement qui ne cesse d'être, bien que révolu. Explication strictement inverse : intensité positive, celle du langage dans sa toute présence, surgissant dans la caverne obscure de la mort et de l'extermination, pour s'exposer dans une communication humaine.

LA PROMESSE ET LE SUICIDE

Quoi qu'il en soit, nous commençons mieux à comprendre le sens et la portée du premier mot, du mot sur lequel s'ouvre *Shoah* : l'Action. « L'action commence de nos jours… ». Oui, l'action fondamentale du film, au sens dramaturgique et cinématographique du terme, c'est la parole, c'est l'acte de parole qui, au cœur même du néant, au cœur même de la destruction de toutes choses essentielles, de toute vie, où la destruction elle-même est promise à l'effacement, au cœur même du processus d'abolition du langage lui-même, le langage dit encore quelque chose.

Le message de la femme juive est donc si essentiel qu'elle interdit à l'homme le suicide auquel il avait consenti faute de tout, et elle le force à reculer.

Pour mieux comprendre alors ici la valeur d'acte de cette parole, valeur d'acte où se nouent impératif et appel, il nous faut faire une parenthèse et prendre un second exemple qui est le négatif de celui de Filip Müller, l'exemple d'Adam Czerniakow, président du conseil juif du Ghetto de Varsovie, qui, lui, à la différence de Filip Müller, se suicide. Se suicide le 23 juillet 1942.

Dans le cauchemar éveillé que fut le Ghetto de Varsovie, Czerniakow a noté mille et une choses qui parfois vont jusqu'à faire songer aux plus étranges fragments des *Illuminations* d'Arthur Rimbaud :

« Une fanfare devant un salon funéraire
Un corbillard conduit par des cochers ivres
Un enfant mort qui court ça et là. » (260)

en anglais : *« a band playing in front of a funeral parlor, / a hearse with drunken drivers, / a dead child running around the ground »* dans la restitution qui nous en est faite par son témoin américain. C'est Raul Hilberg qui dans le film de Claude Lanzmann est le témoin de Czerniakow, et qui cite avec une sorte de fascination les mots extraits du journal du mort.

Si Czerniakow se suicide, c'est qu'il a demandé quelque chose au bourreau. Il n'a pas demandé au bourreau d'être lui-même épargné, il n'a pas non plus demandé la grâce pour les hommes et les femmes du ghetto, il a été beaucoup plus raisonnable. Il n'a pas en effet non plus demandé la grâce pour les orphelins du ghetto juif de Varsovie, il a simplement demandé *la promesse* – même s'il savait par avance qu'elle serait creuse –, la simple *promesse* que ces orphelins ne seraient pas transférés pour Treblinka. Eh bien, même cette promesse, il ne n'obtient pas.

Alors, ajoute Raul Hilberg, qui résume à ce moment-là le journal de Czerniakow :

« Si même le mot lui est refusé,
alors que conclure ? » (273)

et c'est bien parce que même le mensonge ne lui pas accordé comme viatique, qu'alors Czerniakow se suicide.

On comprend à cet instant ce que signifie une situation, ce que signifie un monde d'où le langage lui-même se serait retiré, semble-t-il à tout jamais, jusque dans sa forme la plus déchue mais aussi la plus humaine – le mensonge –, et qui est la situation et le monde auxquels Czerniakow voit soudain toute réalité se réduire brutalement après des mois et des mois d'action où agir aura finalement signifié la gestion de la mort au service des nazis. Le suicide est alors en effet la seule issue.

Mais, en retour, on comprend peut-être mieux ainsi pourquoi Filip Müller ne se suicide pas, pourquoi il renonce à mourir, pourquoi cette parole qu'on lui a dite le maintient en vie, et pourquoi il la conserve en soi comme une parole talismanique qu'il nous délivre plusieurs décennies après, à partir de l'écran coloré d'une image où il figure. On comprend le lien inouï que le film de Claude Lanzmann tisse patiemment entre le langage et le vivant, entre la trace, la parole et la vie, entre l'action et la formule.

LE CHŒUR

Shoah est bien cette immense méditation poétique sur la signification transcendantale du mot *acte* que peu à peu nous découvrons, sur la signification du mot acte et donc sur la possibilité effective d'agir. Nous avons vu que l'une des interventions essentielles du film sur ce point était celle d'une femme promise à la mort. Cette femme, nous l'avons dit, énonce un message qu'on a qualifié de message angélique. Or il faut noter quelque chose dans le témoignage de Filip Müller, une légère modification dans sa parole. Il dit d'abord, alors qu'il est donc entré dans la chambre à gaz :

> *« Un petit groupe de femmes s'est approché*
> *Elles m'ont regardé*
> *et m'ont dit : »*

Dans le premier temps du souvenir, la parole n'est pas celle d'une seule femme, mais de tout un chœur féminin. Mais Lanzmann l'interrompt, il veut savoir si Filip Müller est bien présent dans la chambre à gaz, s'il a bien franchi le seuil. Et quand Filip Müller reprend son récit, les choses ont changé, au lieu de « elles m'ont dit », il y a « l'une d'elles m'a dit… » La première image, celle du groupe féminin est magnifique, car c'est le surgissement du chœur, d'une parole totale, celle de la communauté. Cette image surgit évidemment du fait que le suicide envisagé par Filip Müller était précisément pour lui l'unique manière de rejoindre le peuple, la communauté qui s'était soudain constituée par le chant sioniste, ce que Mallarmé appelle la « Foule ». L'image du chœur renvoie précisément à cette possibilité que la Foule se déclare, et que la parole cesse d'être vaine.

Cette femme qui s'extrait du chœur est comme la voix chorale de ce groupe féminin, et dont la féminité est ici également comme la marque de l'humanité qui persiste, malgré l'anéantissement des personnes, des sexes, des genres, à maintenir cette différence des sexes comme ultime manifestation du vivant.

> Elle ajoute un message au message :
> *« Tu dois sortir d'ici,*
> *Tu dois témoigner de notre souffrance,*
> *Et de l'injustice*
> *qui nous a été faite. »* (235)

La femme n'énonce pas seulement la formule soustractive du mot « acte » – « Ce n'est pas un acte» – elle ajoute un impératif qui est un appel et un ordre : « Tu dois sortir d'ici. ». Ici, c'est-à-dire la chambre à gaz. Ici, c'est-à-dire Auschwitz.

Ce n'est pas le Dieu de Moïse qui parle alors mais c'est une femme qui parle avec le langage du Dieu de Moïse. Ce Dieu qui a enjoint à Moïse – Moïse le bègue, celui dont la langue est empêchée – la sortie d'Égypte : « Tu dois sortir d'ici ». Ce n'est pas le Dieu de Moïse qui parle parce que comme le dit Claude Lanzmann dans son film – unique intervention de sa part – et cela après avoir lu la lettre du rabbin de Grabow, Jacob Schulmann du 19 janvier 1942 appelant le Créateur à l'aide :

> *« Le Créateur de l'univers n'est pas venu en aide aux*
> *Juifs de Grabow.*
> *Avec leur rabbin,*
> *ils ont tous été tués*
> *dans les camions à gaz de Chelmno,*
> *quelques semaines plus tard. »* (125)

Le Dieu de Moïse n'est pas venu en aide non plus aux Juifs tchèques avec lesquels Filip Müller a voulu un moment mourir mais c'est avec son langage – avec *le* langage – que des Juifs parlent à un autre Juif et lui confient une mission :

« Tu dois sortir d'ici,
Tu dois témoigner de notre souffrance,
Et de l'injustice qui nous a été faite. »

Le « tu dois » *(« Du must von hier raus »)* n'est pas un impératif catégorique de l'universel abstrait mais peut-être en fait purement germanique qui, né dans l'Allemagne de Kant, a fait naufrage, c'est un murmure du langage lui-même qui se dévoile dans le dialogue d'êtres humains sur le seuil même qui sépare les vivants et les morts, une femme et un homme et que relie le langage manifesté dans son essence de parole. Ce murmure est un appel qui devient ordre et évidence car nous l'avons sous les yeux, devant nous, cet homme à qui le langage a parlé pour lui dire : « Tu dois sortir d'ici. »

Soit donc l'événement – tel que les nazis l'ont voulu – appartient au champ neutre du réel sans failles, du réel recouvrant et il s'abolit dans son accomplissement, ne provoquant que stupeur, magie du « Rien. Ni personne. Jamais », ne provoquant qu'abstention ou suicide, faute de tout. Cet événement est alors un événement sans sujet, impassible : c'est l'essence même de l'extermination antisémite tout entière présente dans la volonté qu'elle inspire à ses protagonistes anonymes, volonté qu'il faut bien appeler « d'indifférence ». Soit l'événement ne parvient pas à cette parfaite et monstrueuse impassibilité, à cet accomplissement abolissant, parce qu'un sujet – un sujet minuscule, anonyme lui aussi – peut encore y faire trace depuis le néant, y faire trace depuis l'événement.

L'événement abolissant n'est plus un événement sans sujet. Une trace, une infime empreinte vient en quelque sorte en maîtriser la neutralité monstrueuse. Cette trace, cette empreinte, ce « repère éblouissant », c'est la marque du sujet aux yeux de qui un acte est possible : « sortir d'ici ».

On comprend mieux alors peut-être le sens de l'expression « de nos jours » – « L'action commence de nos jours » – dans la phrase d'ouverture du film : car ce « de nos jours » est l'amorce d'un temps inouï, du temps persistant à l'état pur, du temps poétique par excellence, s'il est vrai que seule *la parole* à son amplitude la plus forte ouvre, dans les moments d'abîme, le langage à un monde qui nous soustrait à l'alternative de l'abstention ou du suicide. A l'action impossible, l'action qui est praxis, cette scène oppose une autre possibilité, non plus celle de l'action, mais celle de l'acte, non plus celle de la praxis, mais celle de la *poiesis*.

AGIR ET COMBATTRE

La question de *l'acte* n'a de sens poétique, métaphysique, transcendantal que parce qu'il a aussi et d'abord un sens concret parfaitement défini par le témoignage de Filip Müller. Il faut d'ailleurs dire que si l'exception d'une messagère interrompt l'événement dans son processus de Moloch abolissant, c'est qu'il s'est passé en effet quelque chose de concret. Ce n'est pas seulement qu'il s'agit de compatriotes tchèques dont le chant émeut jusqu'aux larmes Filip Müller et le décide à pénétrer dans la chambre à gaz avec eux. Si quelque chose se passe entre la femme juive et Filip Müller, si d'ailleurs les Juifs ont pu chanter en entrant dans la chambre à gaz, c'est que ceux-ci ont bénéficié d'un moment de grâce inexplicable, car il est vraisemblable que, sinon, arrivant comme les autres d'un interminable voyage dans des wagons à bestiaux, épuisés, sans avoir pu manger ni boire pendant plusieurs jours, ils auraient été déjà exténués et incapables de parler comme c'était le cas des autres Juifs croisés par Filip Müller au seuil de la chambre à gaz. :

> « *Imaginez les enfants.*
> *Ils suppliaient leurs mères, ils criaient :*
> *"Maman, par pitié, de l'eau, de l'eau !"*
> *Et les adultes aussi, qui n'avaient pas bu depuis des jours,*
> *avaient la même obsession.*
> *Leur parler n'aurait eu aucun sens.* » (185)

Avec l'arrivée dans la chambre à gaz de cet ensemble singulier de Tchèques, venus du ghetto de Theresienstadt, près de Prague, quelque chose de surprenant a lieu. Aucun d'eux n'est gazé à son arrivée à Auschwitz, ils ont gardé leurs bagages avec eux, et on apprend qu'ils ont été mis en quarantaine pour six mois. Ce long sursis énigmatique sera sans suites. Car il n'y a pas d'énigme. Si ces Juifs ont été maintenus en vie, c'est pour qu'ils témoignent auprès des leurs restés au ghetto que les rumeurs sur les chambres à gaz sont fausses, et que grâce à ces informations le ghetto reste calme[8].

Six mois après leur arrivée à Auschwitz, ils vont donc être conduits à la chambre à gaz du crématoire II :

> *« A peine les gens étaient-ils descendus des camions*
> *qu'ils furent aveuglés par des projecteurs*
> *et durent, par un corridor, gagner l'escalier*
> *qui débouchait dans le vestiaire.*
> *Aveuglés, à la course.*
> *Ils étaient roués de coups.*
> *Qui ne courait pas assez vite était battu à mort*
> *par les SS.*
> *C'est une violence inouïe qui fut déployée contre eux. »* (232)

S'ils subissent le même sort que les autres Juifs, coups, hurlements, sauvagerie, ces Juifs ont néanmoins, si l'on peut dire, bénéficié d'un moment de sursis qui explique que parmi eux, une femme ait eu la force de parler, qu'elle ait eu la ressource physique de transmettre le message à Filip Müller : « Tu dois sortir d'ici. ».

Mais précisément, ces Juifs tchèques d'où s'extrait la femme qui lui dit cela, jouent un autre rôle dans la méditation de l'œuvre de Lanzmann sur le sens du mot « acte », et cela avant que cette scène n'ait lieu, avant donc que le sens du mot « acte » soit redéfini de part en part.

Dans une séquence précédente du film, ce groupe nous est décrit par un autre protagoniste de *Shoah* sous l'angle de la question de l'agir. Ce groupe en effet, parce qu'il est écarté du processus automatique d'extermination, est l'objet *d'un projet d'action* au sens strictement politique du terme. Ce projet d'action fait l'objet dans *Shoah* d'une longue séquence narrative qui croise plusieurs témoignages, plusieurs paroles. Ruth Elias,

---

(8) « Les SS les incitaient à écrire à leurs proches restés à Theresienstadt pour leur dire qu'ils étaient ensemble, etc. » (221).

l'une des déportées de Theresienstadt qui échappa au gazage, Rudolf Vrba, personnage extraordinaire, l'un des responsables de la résistance juive à l'intérieur du camp, et Filip Müller donc, qui, comme on le sait maintenant, est le témoin de leur mort. C'est à cause du sursis dont bénéficient ces Juifs tchèques que Vrba envisage en effet de monter avec eux un noyau de résistance puis, dans la certitude où il se trouve qu'ils vont être finalement éliminés, projette de susciter avec leur aide, une révolte :

> « *Pour la première fois, voici dans le camp*
> *des gens en relativement bonne condition physique,*
> *qui ont gardé une sorte de moral,*
> *qui sont promis à la mort*
> *selon le processus classique d'exécution.*
> *Et ils vont le savoir.*
> *On ne réussira pas à les abuser.*
> *Et c'est peut-être le moment d'agir !*
> *Et l'action bien sûr*
> *Devra partir d'eux,*
> *Car d'autres aussi sont en danger de mort imminente :*
> *Les hommes du commando spécial du crématoire,*
> *périodiquement liquidés.*
> *Ceux-ci sont prêts,*
> *si les Tchèques, avant le gazage, attaquent les SS,*
> *à se joindre à eux.* » (227)

Le mot *action* retrouve ici l'un de ses sens, l'un de ceux que nous n'avons pas évoqués, le sens politique. Ce que veut Rudolf Vrba, c'est l'agir politique, c'est l'acte au sens politique. Cet acte malheureusement échoue.

Il se heurte d'abord à un premier obstacle, le suicide de Freddy Hirsch, juif allemand émigré à Prague, « chef spirituel » de ces Tchèques avec qui il a été déporté et que Vrba qualifie de « personnalité exceptionnelle » (222). Alors que Vrba vient de lui expliquer son plan d'action et que ce dernier lui a demandé une heure de réflexion, il se suicide car il ne supporte pas l'idée d'être directement responsable par cette révolte de la mort inéluctable des enfants du groupe[9].

Le second obstacle, plus décisif, c'est le refus de la Résistance politique au sein d'Auschwitz de permettre et de soutenir cette révolte. Rudolf Vrba qui a conçu l'acte, qui l'a préparé méticuleusement, qui l'a pensé et l'a fondé en termes de vérité politique, conclut alors ceci, une fois l'échec avéré :

> « *Il m'était clair dès lors*
> *que la Résistance n'avait pas pour but la révolte,*
> *mais la survie.*
> *La survie des membres de la Résistance.* » (235)

La réflexion sur le sens du mot « agir » prend alors un autre tour qui renforce notre analyse précédente et lui confère une perspective nouvelle. Et pour bien comprendre cet autre tour, il faut faire le constat que le processus d'extermination spécifique des juifs est précisément ce qui divise le mot agir, et au-delà du mot agir, le langage lui-même, le monde même de manière absolue.

Pour les non-juifs d'Auschwitz, pour ceux qui dirigent la Résistance à l'intérieur du camp, la question primordiale, sachant que toute révolte est vouée à l'échec, à la mort, est d'améliorer les conditions de vie des déportés afin que les déportés meurent moins. Meurent moins de faim, de maladie, d'épuisement, de froid. Et ils réussissent parfois à obtenir de minuscules améliorations et donc à faire baisser très légèrement le nombre de morts naturelles à Auschwitz. Or, une telle réussite est catastrophique pour les juifs car si la population au travail demeure toujours constante, c'est-à-dire si l'arrivée, si le flot de nouveaux déportés parvient à compenser les morts du camp, alors il n'y a nul besoin de puiser parmi les Juifs pour combler un déficit qui n'existe pas et, si l'on a pas besoin de Juifs pour occuper ce rôle alors il faut les gazer tout de suite, y compris ceux que leur aptitude au travail aurait pu sauver des chambres à gaz.

(9) Bien sûr, révolte ou pas, ces enfants allaient mourir, mais ce que ne supporte pas Freddy Hirsch, c'est d'être, lui, par l'action, la cause concrète de leur mort, ce qu'il ne supporte pas, c'est d'être l'intermédiaire de leur mort.

Dans ces conditions, tout acte rencontre ici sa limite objective puisque, quel qu'il soit, il ne peut que *diviser*, et, comme nous l'écrivions : diviser alors le camp, le langage, le monde et cela de manière absolue.

Mais Rudlof Vrba nous permet d'aller plus loin encore dans la compréhension du monde de la mort, du monde de l'extermination, de sa structure profonde, de signification essentielle, de la restriction absolue où il place l'homme face à l'agir. Et il nous faut citer à nouveau ses paroles fondamentales, amère conclusion de son échec à agir politiquement :

> « *Il m'était clair dès lors*
> *que la Résistance n'avait pas pour but la révolte,*
> *mais la survie.*
> *La survie des membres de la Résistance.* »

Cette réflexion est fondamentale car elle définit parfaitement l'acte en tant qu'il est pris dans la sphère du politique, c'est-à-dire dans une logique organisationnelle. Dans cette logique-là, l'acte – l'acte politique – ne peut avoir pour objet la transformation du réel mais sa perpétuation, sa propre perpétuation. On dira alors que, dans le contexte d'Auschwitz, le politique ne peut être que ce qui reproduit l'ordre car le politique modifie le monde mais, pour ce faire, il prend appui sur le monde qu'il modifie. Le politique comme tout organisme vivant n'inclut pas la mort dans ses hypothèses d'action. La Résistance parce qu'elle est un organisme, ne peut ici avoir pour but que sa propre reproduction. Or ici, on le voit, cette reproduction suppose l'extermination des Juifs.

> La seule action désormais envisageable, c'est l'évasion :
> « *Je pris donc un parti,*
> *qualifié par eux [la Résistance] d'anarchique et individualiste :*
> *m'évader.* » (235)

Ici ce n'est pas une femme qui va mourir et qui dit à l'homme « tu dois sortir d'ici », c'est face à un silence, le silence de la Résistance d'Auschwitz, que Rudolf Vrba conçoit la possibilité d'un acte :

> *« Quant à moi,*
> *je pensais que si je réussissais à m'évader*
> *et à transmettre la vérité*
> *en haut lieu et à temps,*
> *cela pourrait être utile.*
> *Je parviendrai peut-être à apporter de l'aide du dehors. »* (236)

L'acte essentiel, l'acte unique, l'acte possible au cœur de l'impossible revient à une seule et même formule : sortir d'ici. La sphère de l'agir est à ce point étroite que, de quelque côté qu'on se tourne, elle ne contient plus qu'une seule possibilité : « transmettre la vérité », « témoigner ». Si l'événement monstrueux ne laisse aucune place à la possibilité ordinaire de l'action, si l'action elle-même au sens ordinaire ne peut, comme on vient de le voir, que reproduire les conditions de possibilité de l'extermination, si donc la mort est le premier et le dernier mot de l'événement, son alpha et son oméga, alors en effet, la seule action possible est celle à laquelle aboutissent Filip Müller et Rudolf Vrba, et dont *Shoah* est en quelque sorte l'accueil définitif : sortir et dire.

Comme l'explique Richard Glazar, cet autre extraordinaire protagoniste du film, qui lui fut déporté à Treblinka :

> *«De même qu'il était normal que derrière chacun de ceux sur qui*
> *se refermait la porte de Treblinka*
> *il y ait la Mort, il doive y avoir la Mort,*
> *car personne ne devait,*
> *jamais, pouvoir porter témoignage.*
> *Et cela, après les trois premières heures à Treblinka,*
> *je le savais déjà. »* (78)

L'échec de l'action – comme action politique et militante – renvoie à toute la problématique moderne du sujet contemporain, celui du XXe siècle : dans quelle mesure puis-je faire de l'exception que je représente le lieu d'un universel susceptible de transformer le monde ? C'est la problématique du sujet politique qu'ici Rudolf Vrba incarne totalement. Dans le camp, ce sont en effet les Juifs, par la destination finale à laquelle ils sont promis, qui constituent tout à la fois l'exception (exception sur le régime ordinaire des autres, l'horrible routine concentrationnaire) et l'universel politique (ce n'est qu'à partir de leur situation particulière qu'agir est envisageable). Le rôle de Rudolf Vrba est de convaincre la population ordinaire du camp (non juive) qu'elle doit se rallier à l'exception pour accéder à un universel politique, que c'est l'exception qui contient les conditions de possibilité d'une émancipation collective. Ce sont ses chefs politiques, ceux de la Résistance, qu'il s'agit de convertir à l'Agir. Son échec est total. La politique a tranché au profit d'une autre lecture de l'universel, l'universel quantitatif, celui qui s'identifie pleinement avec la majorité humaine, celle qui n'est pas confrontée au processus d'extermination, et donc dont la mort n'est pas absolument donnée d'avance.

On comprend alors tout le sens de cette longue séquence de *Shoah*. Nous sommes dans l'univers tragique. L'exception ne parvient pas à se transmuer en un universel collectif, rassemblant avec elle *l'humanité*. L'exception demeure enfermée dans sa minorité, impuissante à communiquer aux autres la vérité qu'elle porte.

Pourtant, l'exception n'est pas vouée à l'impuissance de l'abstention ou du suicide. La scène centrale avec Filip Müller nous en convainc. Si l'action *(Aktion)* est refusée, un acte *(Tat)* est toujours possible, si la *praxis* se révèle un leurre, simple reproduction de l'état des choses, la *poiesis*, elle, est réellement transformation du monde, maîtrise des ténèbres hitlériennes transmise lumineusement jusqu'à nous par l'œuvre de Claude Lanzmann.

Shoah, documentaire, œuvre d'art et fiction du réel

Rémy Besson

Shoah est un film dont le sujet est à la fois le génocide des Juifs (1941-1945[1]) et la mémoire de celui-ci durant les années 1970 et au début des années 1980[2]. Il ne contient pas d'image en mouvement qui soit contemporaine de la première période, mais uniquement des images tournées durant la seconde (1975-1985). Aucune musique et voix-off explicative n'ont été ajoutées. En fait, seules les paroles des témoins polonais[3], des Juifs persécutés[4], des Allemands persécuteurs, d'un procureur[5], d'un courrier de la résistance polonaise[6] et d'un historien[7] sont données à entendre lors d'entretiens menés par Claude Lanzmann. Sur les quelques quatre-vingt tournages

(1) Ici strictement défini comme la mise à mort des Juifs en un lieu fixe par le gaz entre décembre 1941 et novembre 1945.

(2) On reprend ici les termes de Raul Hilberg in Sylvaine Pasquier (propos recueillis par), « Raul Hilberg : "un acte majeur" », *L'Express*, n° 2225, 24 février 1994, p. 92.

(3) Principalement des paysans et des cheminots vivants aux abords des anciens camps d'extermination.

(4) Dont certains sont des membres des *Sonderkommandos*.

(5) Alfred Spiess, le procureur du procès dit de Treblinka.

(6) Jan Karski.

(7) Raul Hilberg.

(trois cents heures de film seize millimètres) menés principalement entre 1978 et 1979[8], des extraits d'environ trente entretiens ont été intégrés à ce film d'une durée de plus de neuf heures[9].

Dans le cadre de cet article, il s'agit de se demander quels termes ont été utilisés afin de désigner ce film depuis 1985. Pour poser la question de manière tout à fait frontale : *Shoah* est-il prioritairement considéré comme étant une fiction ou un documentaire ? Au-delà de ce seul film, cette étude de cas invite à réfléchir aux choix des mots utilisés pour renvoyer à une production culturelle. Pourquoi et avec quelles conséquences sont-elles identifiées comme des documentaires ou des « œuvres d'art » ou « œuvre de fiction » (sic) ? L'usage d'un de ces mots exclut-il celui de l'autre ? Cette appellation varie-t-elle dans le temps et en fonction de ceux qui en parlent ? La manière dont la forme visuelle a été réalisée est-elle prise en compte ? Afin de tenter de répondre à cette dernière interrogation, la réalisation du film – des tournages au montage – sera présentée. Par la suite, le temps de la diffusion sera considéré à partir d'une étude de la première réception (1985-1987), puis du temps long des références faites au film (1987-2012). Ce choix d'une approche diachronique conduit à identifier différentes appellations de la part de l'équipe du film, des journalistes, des critiques et des chercheurs en sciences humaines et sociales. Ainsi, se succéderont dans le cours de l'argumentation une étude de la forme, une prise en compte de la réception en France et aux États-Unis depuis la sortie en salle jusqu'au temps présent.

LES CHOIX DE MISE EN SCÈNE LORS DES TOURNAGES

Le principal choix du réalisateur lors des tournages a été, selon ses propres mots, de tenter de faire *revivre*[10] le passé à ceux qu'il nomme les *protagonistes* du film. Il ne s'agissait pas pour lui d'enregistrer des souvenirs, mais de mettre en œuvre une *réincarnation* du passé au présent. Pour cela,

---

(8) On se base sur les différents décomptes disponibles dans les archives de *Shoah*, disponibles à l'United States Holocaust Memorial Museum.

(9) Plusieurs chiffres peuvent être donnés en fonction du découpage que l'on opère au sein des entretiens filmés et montés avec les témoins polonais.

(10) Les termes en italiques sont ceux qui correspondent au vocabulaire utilisé par le réalisateur.

avec son équipe, il a construit des dispositifs filmiques et *mis en scène* des entretiens avec les *revenants*[11] et certains témoins polonais et allemands. Il a ainsi loué un salon de coiffure, proposant à Abraham Bomba, qui coupait les cheveux des femmes à leur entrée dans les chambres à gaz du camp de Treblinka, de couper ceux d'un homme pendant l'entretien. Il a filmé le retour de Simon Srebnik, l'un des seuls survivants du *Arbeitsjuden* du camp d'extermination de Kulmhof (Chelmno). La première séquence du film montre ce dernier chantant, à la fin des années 1970 sur la rivière Ner, où les nazis le forçaient à chanter en 1944. Une locomotive a été louée, afin que Henrik Gawkowski conduise à nouveau un train aux abords de la gare de Treblinka. Toujours à la fin des années 1970, Jan Piwonski, l'aiguilleur polonais de la gare de Sobibor, a fait avec Claude Lanzmann les quelques mètres qui séparaient la gare du site du camp d'extermination de Sobibor. Si les conditions de réalisation ont pu être choisies par l'équipe du film, en accord avec ces témoignants, d'autres entretiens se sont déroulés dans des cadres plus contraints[12]. Quand une caméra visible a été utilisée, les anciens persécuteurs refusèrent le plus souvent de témoigner[13] et dans tous les cas de participer à des mises en scène élaborées[14]. Enfin, dans le cas des témoins polonais[15], ces derniers ont été filmés sur un mode plus proche du reportage. Claude Lanzmann dit ne pas les avoir rencontrés auparavant et ne pas avoir voulu connaître leur histoire. Pour autant, à plusieurs reprises, des choix de mises en scène forts ont été opérés. Ainsi, un nombre important de Polonais catholiques sont réunis devant une église afin de discuter avec Simon Srebnik, la fin de la messe et le passage d'une procession étant intégrés à la mise en scène.

UNE SECONDE MISE EN RÉCIT : LE MONTAGE

Entre septembre 1979 et 1985, ces paroles et ces corps filmés ont été montés, par Claude Lanzmann et Ziva Postec, avec des plans tournés

---

(11) Terme que le réalisateur préfère à celui de « survivants ».

(12) Ainsi, avec la plupart des persécuteurs allemands, le réalisateur-interviewer a filmé en caméra cachée, l'angle de prise de vue étant plus difficile à déterminer et les *protagonistes* ne connaissant pas l'existence du dispositif.

(13) Ainsi que cela s'avère être pour Franz Oberhauser.

(14) Comme c'est le cas, par exemple, pour Franz Grassler dans le film. Dans d'autres entretiens tournés, mais non montés, le même type de dispositif a été mis en place.

(15) À certaines exceptions près, citées ci-dessus.

en Pologne, principalement à Varsovie et sur les sites des anciens camps d'extermination, en Allemagne et aux États-Unis[16]. Le rapprochement de ces lieux et de ces paroles constitue une des dimensions de ce que Simone de Beauvoir a participé à nommer dès 1985 la valeur *poétique* de *Shoah*[17]. Ainsi à ces dispositifs, mis en place lors du tournage, s'ajoutent un certain nombre de choix narratifs opérés lors du montage : tel ou tel entretien se trouvant exclu du montage, tel ou tel thème non retenu, telle ou telle question coupée. La version définitive comporte plus de cent vingt interventions différentes[18]. Certains protagonistes n'apparaissent qu'une fois, un court instant et d'autres à de multiples reprises. Claude Lanzmann et sa monteuse sont revenus à plusieurs reprises sur la complexité de la structure du film. Si le choix des extraits et l'ordonnancement de ces derniers au sein du film constituent une partie du travail de montage, et participent de l'architecture du film, cette opération ne se limite pas à la mise bout à bout de témoignages. Il s'agissait de construire une forme intégrant de multiples emboîtements de récits qui impliquait un montage très précis des paroles des protagonistes. Ziva Postec explique ainsi :

> J'ai fait de la dentelle, c'est-à-dire que j'ai reconstitué ce que les gens disaient très longuement. Je l'ai raccourci et j'ai remonté la phrase. En mettant comme je le disais tout à l'heure des silences entre les paroles [inaudible] j'ai mis du son sur les autres bandes, [bien que] comme ça dans le film on ne s'en rend[e] pas compte[19].

LES APORIES DE LA DÉFINITION DU TERME « DOCUMENTAIRE »

En partant du constat d'une mise en intrigue se situant à deux niveaux, celui du tournage des entretiens et celui du montage du film, il est

---

(16) Dans une moindre mesure, des plans tournés en Grèce, en Israël et en Suisse sont également intégrés au film.

(17) Simone de Beauvoir, « La Mémoire de l'horreur », *Le Monde*, 29 avril 1985.

(18) On reprend ici le nombre de chapitres dans le DVD de *Shoah*.

(19) Ziva Postec, Rémy Besson (propos recueillis par), séance du séminaire *Pratiques historiennes des images animées* de Christian Delage à l'Ecole des hautes études en sciences sociales du 17 mars 2009. Enregistrement vidéo et retranscription en possession de l'auteur.

possible de poser la question de l'articulation entre fiction et documentaire. On est d'abord tenté de regarder le film, de lire le texte intégral publié (chez Fayard puis en Folio), de visionner chaque séquence, d'observer les plans un par un, en somme de chercher à déterminer ici la part du documentaire, là, la part de la fiction[20]. Il ressort de cette observation l'hypothèse que l'entretien mené par Lanzmann est un « document » constitutif de la part documentaire du film, tandis qu'en menant le montage, avec lui, Ziva Postec travaille à créer la partie fictionnelle de cette forme hybride. Pourtant, une autre interprétation est possible. Dans celle-ci, c'est la mise en scène des entretiens qui correspond à la création d'un dispositif fictionnel[21]. À l'inverse, la pratique du montage de Ziva Postec apparaît comme proche de celle d'autres monteurs de films considérés comme des documentaires. Cette seconde hypothèse conduit donc à postuler que c'est dans le montage de *Shoah* que réside la part documentaire et que les entretiens mis en scène sont la part de fiction du film. Ces hypothèses antithétiques renvoient à une même aporie, celle de la définition du terme documentaire appliqué à un film[22]. On sait que ce mot, en usage depuis les années 1920, n'a jamais reçu une définition menant à un consensus *a minima* et que, au contraire, les termes concurrents se sont accumulés. Ainsi, dans un ouvrage publié en 2008, Guy Gauthier fait usage de la série de termes suivants : cinéma de l'expérience, non-récit, soit *non fiction* en anglais, document fictionnalisé, cinéma du réel, document visuel, cinéma-vérité, documentaire de création, docucu, réalisme poétique, documentaire romancé, réalité mise en scène, fiction à partir de la réalité, fiction-documentaire, documentaire-fiction, docu-drame et enfin cinéma direct à vocation documentaire[23].

---

(20) Cf. Rémy Besson et Audrey Leblanc, « La Part de l'introduction », *Conserveries mémorielles* [en ligne], #6 | 2009, mis en ligne le 26 décembre 2009, consulté le 2 mai 2011. http://cm.revues.org/336

(21) Cette objection est notamment formulée par Isabelle Veyrat-Masson, *Télévision et histoire, la confusion des genres*, Bruxelles, De Boeck, 2008, p. 80-81.

(22) François Niney a particulièrement travaillé ces questions, *L'Épreuve du réel à l'écran*, Bruxelles, De Boeck, 2002 et plus récemment *Le Documentaire et ses faux-semblants*, Paris, Klincksieck, 2009.

(23) L'auteur note en introduction, « L'histoire du cinéma, ou plus exactement l'histoire du système Théorie/Histoire/Critique qui a escorté l'histoire des films, est riche en débats multiples, jamais résolus, plus ou moins durables, quelquefois productifs. L'opposition classique documentaire/fiction détient en ce sens une sorte de record », in Guy Gauthier,

Dès lors, le « documentaire » en tant que concept – et par là même celui de la fiction – se trouve-t-il invalidé ? Faut-il faire le constat qu'il n'y a que des films (sous-entendu que des fictions) ? Dans le cadre de l'étude de *Shoah*, il semble possible de poser la question en des termes différents. On se propose ici d'opérer un déplacement en abandonnant l'étude de la forme pour celle des discours produits sur le film. Pour le dire autrement, la question se situe moins au niveau des images – que l'on invitait un peu vainement plus haut à regarder avec précision – qu'à celui des discours portant sur celles-ci.

« FICTION DU RÉEL »

On peut commencer par se demander quel terme Claude Lanzmann et Ziva Postec utilisent eux-mêmes pour désigner le film qu'ils ont réalisé ? De manière identique, depuis 1985 jusqu'à aujourd'hui, ils parlent chacun de « fiction du réel ». Ainsi, le réalisateur lors d'un entretien accordé aux *Cahiers du cinéma* en 1985, indiquait : « *Shoah*, c'est une fiction du réel ». Puis, au sujet de ceux qui parlent dans le film :

> Ce sont les protagonistes du film [...] pas les personnages d'une reconstitution, parce que le film n'en est pas une, mais d'une certaine façon, il a fallu transformer ces gens en acteurs. C'est leur propre histoire qu'ils racontent. Mais la raconter ne suffisait pas. Il fallait qu'ils la jouent [...][24].

De la même manière, la monteuse écrit en 1987 :

> Pour moi *Shoah* n'est ni un documentaire, ni un film de fiction, mais plutôt une fiction sur le réel. Une tragédie dont la structure permet aux protagonistes de reconstituer la tragédie vécue dans leur propre chair[25].

Le Documentaire, un autre cinéma, Paris, Armand Colin, 2008, p. 5.

(24) Claude Lanzmann, « Le lieu et la parole », in Michel Deguy (dir.), *Au sujet de Shoah*, Paris, Belin, 1990, p. 301. Originellement publié dans *Les Cahiers du cinéma*, no 374, juillet-août 1985, p. 21. Entretien réalisé par Marc Chevrie et Hervé Le Roux.

(25) Ziva Postec, « Le Montage du film Shoah », daté par l'auteur d'août 1987, [en ligne], consulté le 2 mai 2011. http://www.zivapostec.com/Shoah.php

En 2007, pour Jean-Michel Frodon, Claude Lanzmann précise :

Il y a une « écriture », il faut une écriture, des choix, certains et pas d'autres. Au tournage et au montage. […] *Shoah* n'est certainement pas l'enregistrement, au son et à l'image, d'une réalité préexistante. Il n'y avait rien. La réalité il a fallu la créer, de bout en bout. La mise en scène, elle commence là. Elle commence dès la première image du film. Simon Srebnik dans la barque […] *Shoah,* ce ne sont pas des informations mises bout à bout, c'est une construction…

À propos des tournages, Ziva Postec déclare deux ans plus tard :

Au fond, tous ces personnages qui viennent après dans le film revivent, et comme c'est un film qui se passe au présent sur un passé, j'appelle ça une fiction sur la réalité[26].

Au sujet de la mémoire et du montage, elle précise :

C'est un film sur la mémoire en somme. La mémoire, elle n'est pas toujours juste, notre mémoire à tous elle trahit, parce que [quelquefois] on se souvient de [quelque] ou [d'une] chose qui n'existe pas, qu'on croit avoir vécue et on la transforme, surtout avec le temps, donc les faits… On les a pas mis ensemble, c'est-à-dire qu'il y a les Juifs… peu à peu ils sont ensemble… les Juifs, les Polonais… et on se dit : tiens j'ai déjà entendu ça, mais un peu différemment. C'est vraiment aussi pour vérifier la mémoire de chacun et c'est l'une des raisons pour lesquelles on peut appeler ça une fiction sur la réalité, parce qu'on n'a pas fait un film sur l'extermination telle qu'elle s'est passée exactement, parce qu'on ne sait pas… c'est un revécu[27].

Un dernier exemple. Il s'agit de l'émission de France 2, *Le Cercle de Minuit,* présentée par Laure Adler et consacrée le 22 avril 1997 à la question « Comment filmer l'histoire ? » Les participants sont invités à

(26) Ziva Postec, *op. cit.*, 2009.

(27) *Ibid.*.

chercher la forme la plus adaptée pour rendre compte du passé. De manière sous-jacente, c'est la question des rapports entre les catégories – que chacun[28] s'accorde à trouver trop restreintes – de fiction et de documentaire qui est posée. Claude Lanzmann commente alors un extrait de *Shoah*, correspondant à l'arrivée de la locomotive conduite par Henrik Gawkowski en gare de Treblinka. Au moment du retour sur le plateau, il demande lui-même s'il s'agit là de fiction ou de documentaire, et conclut qu'il s'agit d'une « fiction de réel ». Cette nouvelle catégorie rend compte d'un souci commun aux membres de l'équipe du film de se défaire des termes préexistants.

SHOAH EST UNE ŒUVRE D'ART

Une étude de réception dans les médias généralistes, lors de la sortie en salle, fin avril-début mai 1985, permet de comprendre dans quelle mesure ce choix d'une nouvelle catégorie va se trouver intégré ou non aux articles portant sur le film. Le 26 avril 1985, le fil de l'Agence France Presse portant sur le film de Claude Lanzmann s'ouvre ainsi :

> Il a fallu plus de dix ans à Claude Lanzmann pour réaliser *Shoah,* un long film de 9h30 sur le génocide juif pendant la seconde guerre mondiale, un chef-d'œuvre qui a la poésie puissante d'une cantate ou d'une méditation, en même temps qu'il apporte des témoignages exceptionnels sur cette tragédie[29].

Le terme de fiction de/du réel ne se retrouve pas repris et c'est celui de chef-d'œuvre que Françoise Maupin, la rédactrice, a choisi. Il semble cependant que le refus du terme « documentaire » par l'équipe du film ait joué dans les premières dénominations. Quatre jours avant la sortie de la première partie de *Shoah*, Claude Lanzmann est l'invité du journal de 13h de TF1. Un extrait du témoignage de Franz Suchomel est diffusé, puis un échange a lieu sur le plateau entre Yves Mourousi, Claude Lanzmann

(28) Claude Lanzmann, Laure Adler la présentatrice, Jacques Rancière, Arnaud des Pallières le réalisateur de *Drancy Avenir*, les critiques Jean-Michel Frodon (*Le Monde*), Serge Kaganski (*Les Inrockuptibles*) et Jérome Clément (le programmateur d'Arte).

(29) Françoise Maupin, « "Shoah" de Claude Lanzmann : la mémoire du génocide juif (sortie 30 avril) », dépêche AFP, 26 avril 1985.

et le critique cinéma de la chaîne, Alain Beverini. Ce dernier ne prend la parole qu'à la fin de l'entretien pour insister sur la valeur cinématographique du film et expliquer que *Shoah* vaut avant tout par sa mise en scène. De manière assez catégorique, il ajoute : « le film n'est pas un documentaire, le film n'est pas un mélodrame sur l'Holocauste, je crois même plutôt que c'est l'anti-*Holocaust.* » Un nombre conséquent d'articles publiés dans les jours qui suivent excluent également cette étiquette. Dans *Libération*, par exemple, il est noté tout à fait explicitement que « *Shoah* est un film, pas un documentaire[30] ». *Le Matin* signale que *Shoah* « n'est absolument pas un documentaire [… mais] un film, un "vrai"[31] » ; Jean-Francis Held, pour *L'Événement du jeudi,* indique qu'« il eût été futile, voire indécent d'en raconter l'histoire sur le mode documentaire[32] » et dans *L'Humanité* Bernard Frederick précise sur le ton de l'avertissement : « mais attention, *Shoah*, n'est pas un documentaire, un constat juridique. C'est une œuvre d'art. Un requiem[33]. »

Les deux principaux arguments servant à appuyer cette idée sont l'absence d'images d'archives et l'absence de commentaire en voix-off. Ni documentaire donc, ni fiction. Les termes choisis pour le caractériser sont : « œuvre monumentale[34], » « œuvre de non-fiction[35] », « film monumental[36] », « monument[37] », « film-monument[38] » ou encore « voyage

(30) Annette Levy-Willard et Laurent Joffrin, « *Shoah*, dix ans d'autopsie d'un génocide », *Libération*, 25 avril 1985.

(31) Isabelle Nataf, « Six millions de morts par le détail », *Le Matin*, 29 avril 1985.

(32) Jean-Francis Held, « *Shoah,* ou l'épopée de la solution finale », *L'Évènement du jeudi*, 2 mai 1985.

(33) Bernard Frederick, « Shoah », *L'Humanité*, 6 mai 1985.

(34) Robert Chazal, « Les Juifs devaient acheter leur billet pour Treblinka… », *France Soir*, 29 avril 1985.

(35) Patrice Carmouze, « *Shoah* : Voyage au bout de l'enfer », *Le Quotidien de Paris*, 29 avril 1985 ; Jeanine Baron, « Questions au silence », *La Croix*, 13 mai 1985.

(36) Patrice Carmouze, *loc. cit.*

(37) Annette Levy-Willard et Laurent Joffrin, *loc. cit.*

(38) Patrice Carmouze, *loc. cit.* Annette Levy-Willard et Laurent Joffrin, *loc. cit.*; Valérie Jacques-Pierre Amette (propos recueillis par), « *Shoah* : un monument contre l'oubli », *Le Point*, 29 avril 1985 ; Marie-Noëlle Tranchant, « À propos de *Shoah*. Claude Lanzmann : vision des abîmes », *Le Figaro*, 30 avril 1985.

obligatoire[39]. » *Shoah* est alors résolument présenté comme appartenant au domaine de l'art. Pour être tout à fait précis, un double axe – forme cinématographique d'une part et sujet historique d'autre part – est maintenu dans la plupart des articles. Les journalistes notent d'un côté que *Shoah* propose un récit minutieux de la destruction des Juifs d'Europe, et que d'un autre côté, le réalisateur a inventé une forme au-delà du documentaire et de la fiction. Cette idée que le film « n'est ni une fiction, ni un documentaire » se retrouve dans la tribune publiée par Simone de Beauvoir dans *Le Monde* du 29 avril 1985, qui se termine sur ces mots : *Shoah* est « une grande œuvre. Un pur chef-d'œuvre[40]. » Cet article qui sera repris comme préface de la version publiée des paroles du film constitue une borne importante de cette première identification du film comme œuvre.

LA RÉCEPTION DU FILM COMME DOCUMENTAIRE

Les premiers articles publiés dans la presse américaine sont le fait de journalistes du *New York Times* et du *Washington Post*. Le 1er mai 1985, Richard Bernstein commence son article ainsi : « un film documentaire de 9h 30, portant sur la destruction des Juifs d'Europe durant la Seconde Guerre mondiale, sorti cette semaine à Paris est acclamé par les critiques qui l'ont appelé *un chef-d'œuvre* et *un monument contre l'oubli*[41]. » Le 10 juillet 1985, Leslie Bennets, annonçant la prochaine diffusion du film à New York, écrit : « *New Yorker Films* a conclu un arrangement afin de distribuer *Shoah*, un documentaire épique de Claude Lanzmann, qui a passé dix ans de sa vie à le réaliser[42]. » Le 20 octobre 1985, le sous-titre du photogramme mis en exergue de la critique de Richard Bernstein est le suivant : « Des habitants d'un village proche d'Auschwitz apparaissant dans *Shoah*, le documentaire sur l'Holocauste de 9h 30 de Claude Lanz-

---

(39) Yvan Levaï, « Shoah », *VSD*, 2 mai 1985. Le terme de « film-fleuve » est utilisé par les critiques qui refusent l'hagiographie: Jean-Paul Grousset, « Shoah », *Le Canard enchaîné*, 2 mai 1985 et Jean-Francis Held, *loc. cit*.

(40) Simone de Beauvoir, *loc. cit*.

(41) Richard Bernstein, « Interview Film Documents Holocaust », *International Herald Tribune*, 14 mai 1985. Dans le corps du texte il utilise également le terme de « documentary ». Les traductions en anglais sont de l'auteur.

(42) Leslie Bennets, « Holocaust Film *Shoah* is coming to New York », *New York Times*, 11 juillet 1985, section C, p. 15.

mann[43]. » Enfin, le 24 octobre 1985, l'article de Dena Kleiman s'intitule, *Un nouveau documentaire sur l'Holocauste attire une audience motivée*[44]. Le point commun à l'ensemble de ces articles est l'usage du terme « documentaire » pour désigner le film de Claude Lanzmann. Dans le *Washington Post*, l'usage du même terme se retrouve sous la plume de Paul Attanasio le 3 et le 22 novembre chez Richard Cohen[45]. Les seuls termes différents sont celui de « chef-d'œuvre » par George F. Will[46] et celui « d'histoire orale » par Vincent Canby[47]. Les critiques parues dans le *New York Times* et le *Washington Post* sont aussi élogieuses que celles publiées dans la presse française, mais rendent compte d'une autre perception du film. *Shoah,* aux États-Unis, en 1985, n'est pas présenté comme une œuvre d'art, mais bel et bien comme un film documentaire. Cela peut en partie s'expliquer par l'influence moins importante de l'équipe du film sur la réception et par l'extension plus large du terme « documentaire » aux États-Unis. Dans tous les cas, cette catégorie n'a pas été remise en cause.

LA LISTE DE SCHINDLER OU LE REFUS DE LA FICTION

Afin d'appréhender la suite de l'évolution de l'usage des termes de fiction et de documentaire au sujet de *Shoah*, l'article publié par Claude Lanzmann dans *Le Monde* du 3 mars 1994 peut être utilisé. Ce texte, intitulé « Holocauste, la représentation impossible[48] », est rédigé au moment de la diffusion en salle du film de Steven Spielberg *La Liste de Schindler*. En introduction, le réalisateur indique qu'il « aime bien ses [autres] films »,

(43) Richard Bernstein, « An Epic Film About The Greatest Evil Of Modern Times: An Epic Film About the Holocaust », *New York Times*, 20 octobre, section H, p. 1.

(44) Dena Kleiman, « New Holocaust Documentary Draws Motivated Audience », *New York Times,* 24 octobre 1985, section C, p. 21.

(45) Paul Attanasio, « Shoah : The Courage of Remembrance », *Washington Post*, 3 novembre 1985, section H, p. 1 et Richard Cohen, « Miraculously, They Still Can Cry », *Washington Post*, 22 novembre 1985, section A, p. 23.

(46) George F. Will, « Continuing Atrocity : And continuing resistance », *Washington Post*, 14 novembre 1985, section A, p. 23. Dans un article publié à la fin du mois de novembre, Charles J. Gans présente le film comme « a controversial French film », ce qui constitue la seule appellation nuancée dans le *Washington Post*.

(47) *New York Times*, 23 octobre 1985.

(48) Jean-Michel Frodon note que ce titre est du journal et non du réalisateur, Jean-Michel Frodon (dir.), *Le Cinéma et la Shoah*, Paris, Cahiers du cinéma, 2007, p. 24.

qu'il croit « totalement à la sincérité et à l'honnêteté de Spielberg » et qu'il juge qu'il a « fait un travail sérieux ». Une fois notés ces éléments, qui fonctionnent comme autant de cadres donnés à la polémique, les critiques commencent. Elles sont au nombre de huit, correspondant généralement chacune à un paragraphe de l'article. Premièrement, Claude Lanzmann identifie des thèmes dont il juge qu'ils ont été traités de manière ambiguë[49]. La deuxième critique porte sur le point de vue choisi par Spielberg, soit celui de Schindler. « C'est le monde à l'envers », écrit-il plus loin, voulant ainsi signifier que le spectateur est conduit à s'identifier à un Allemand et non aux Juifs. Ensuite, comparant *La Liste de Schindler* à la série télévisée *Holocauste*, Lanzmann affirme : « il y a un interdit de la représentation », et dans le même paragraphe, il explique que toute fiction correspond à une transgression et à une trivialisation du génocide, remettant en cause sa radicale unicité, le « cercle de flamme, la limite à ne pas franchir parce qu'un certain absolu d'horreur est intransmissible ». Au paragraphe suivant, il assimile les reconstitutions fictives proposées par Spielberg à la création d'archives visuelles, indiquant : « si j'avais trouvé un film existant – un film secret parce que c'était strictement interdit – tourné par un SS et montrant comment 3 000 Juifs, hommes, femmes, enfants, mouraient ensemble, asphyxiés dans une chambre à gaz du crématoire 2 d'Auschwitz, si j'avais trouvé cela, non seulement je ne l'aurais pas montré, mais je l'aurais détruit. Je ne suis pas capable de dire pourquoi. Ça va de soi. »

Une fois énoncé son refus du point de vue choisi, de la fiction et de l'archive, Lanzmann en arrive à une critique liée directement à *Shoah* (point 5)[50]. « Il a fait un *Shoah* illustré », écrit-il. Ce n'est pas du tout de plagiat que Lanzmann accuse Spielberg, mais d'avoir permis une « consolante identification », car « les images tuent l'imagination », nécessaire quand on regarde *Shoah*. Sixièmement, il critique ce qu'il nomme « la mode des justes », qui tend à permettre une identification salvatrice à la figure du héros et qui conduit à ne pas prendre conscience de ce que fut la

(49) Il cite les cas de la police juive et des Conseils juifs.

(50) Il prend comme exemple la crémation des corps à Plashow, mise en scène par Spielberg, considérant qu'il s'agit d'une version illustrée de la séquence durant laquelle M. Zaidl et I. Dugin expliquent qu'ils ont déterré les corps des Juifs enterrés à Ponari.

Shoah. Septièmement, il reproche à Spielberg d'avoir fait un « mélodrame kitsch », visant à permettre une catharsis, à produire des larmes. Enfin, il refuse la fin du film, « l'hypothèse d'un happy ending », qui selon lui vise à créer implicitement un lien entre le génocide des Juifs et la création de l'État d'Israël.

Ce texte fut le point de départ d'une polémique qui verra schématiquement s'opposer ceux qui défendent le point de vue du réalisateur de *Shoah* et ceux qui se sentent plus proches des choix faits par Spielberg[51]. La radicalité des prises de position dans le cadre d'une telle polémique n'a laissé que peu de place aux positions intermédiaires. Pour autant, il ne s'agit pas d'interpréter uniquement la polémique autour de la *Liste de Schindler* à l'aune des critiques du réalisateur de *Shoah*. En effet, si ses propos ont bien servi de déclencheur, le débat n'a pas concerné les huit points posés, et si la référence à *Shoah* a été constante, elle n'a pas toujours été centrale. Il semble que deux questions se soient imposées : celle de l'articulation entre possibilité de reconstituer (Spielberg) ou refus de la reconstitution (Lanzmann) et, surtout, celle du rapport à la fiction[52]. Dès lors, le double qualificatif de « chef-d'œuvre » et de « fiction du réel », apposé à *Shoah* en France, devient moins directement lisible. Un nombre important d'écrits font de *Shoah* une référence mobilisée en opposition aux fictions. Le film de Claude Lanzmann, tout en étant toujours considéré comme un « chef-d'œuvre » va être de plus en plus souvent décrit comme un « documentaire ». Ainsi, par exemple, dans les *Cahiers du cinéma* d'avril 1994 : « *Shoah* est un film exemplaire, une document(aire) historique, *Schindler's List* est un film qui exemplifie, qui fictionne à l'intérieur de l'Histoire[53]. »

---

(51) À ce sujet, on renvoie aux travaux de Jacques Walter, *La Shoah à l'épreuve de l'image*, Paris, Presses Universitaires de France, 2005 et Jacques Walter, « *La Liste de Schindler*, un procès sur l'américanisation de la Shoah », in Olivier Dard, Hans-Jürgen Lüsebrink (dir.), *Américanisations et anti-américanismes comparés*, Villeneuve d'Ascq, Presses Universitaires Septentrion, 2008, p. 149-161.

(52) La question du refus de l'archive ne sera centrale qu'après les déclarations de Godard en 1998 et la polémique autour des textes de Georges Didi-Huberman et de Clément Chéroux dans le catalogue de l'exposition "Mémoire des camps".

(53) Camille Nevers, « Schindler's List : One + One », *Cahiers du Cinéma*, n° 478, avril 1994, p. 50.

On peut également citer Guy Gauthier qui revient sur la polémique au moment de la sortie de *La Liste de Schindler*.

> [Q]uand il n'y a pas de document filmé sur des événements de pareille portée, la reconstitution tend à remplacer le document, et la fiction outrepasse ses limites. Alain Resnais (*Nuit et brouillard,* 1956) et Claude Lanzmann (*Shoah,* 1985), qui ont choisi le documentaire sur la base de documents, ont proscrit toute image reconstituée sur ce lieu de l'horreur : pour eux, la reconstitution ne peut que banaliser[54].

De même, pour Anne-Marie Baron :

> [S]i le documentaire est jugé digne de traiter de la Shoah, comme l'ont montré Claude Lanzmann et Alain Resnais, la fiction, elle, est suspecte de futilité[55].

Pour ces deux auteurs, *Shoah* est considéré comme un documentaire par opposition aux fictions. Enfin, ayant acquis une notoriété mondiale, le film en vient même parfois à représenter symboliquement le film documentaire *d'auteur*, tandis que le film de Spielberg serait destiné au grand public. On peut prendre comme exemple extrême la mention de *Shoah* dans la série américaine *Sex and the city* (1999). Après quelques minutes d'un épisode qui traite évidemment d'autres sujets, la voix-off indique : « Cette nuit-là, Miranda [une des héroïnes de la série] était épuisée par sa soirée de gala. Elle venait de passer quatre heures dans le noir avec Ethan [un jeune réalisateur] à regarder un des grands classiques des documentaires sur l'Holocauste, *Shoah*[56]. » Ledit Ethan prend ensuite la parole : « Et *Shoah* est tellement meilleur que ce film de patronage, *La Liste de Schindler*. Dans la narration, aucun film ne peut espérer atteindre l'horreur de l'expérience. Je veux dire, seul le documentaire arrive presque à capturer la vérité. En fait

(54) Guy Gauthier, *Le Documentaire, un autre cinéma, op. cit.*, p. 20.

(55) Anne-Marie Baron, *La Shoah à l'écran : crimes contre l'humanité et représentation,* Bruxelles, Conseil de l'Europe, 2004, p. 13.

(56) Pour une présentation plus détaillée, cf. Rémy Besson, « Shoah, Sex and the City », *Cinémadoc* [en ligne], mis en ligne le 1er mai 2011, consulté le 2 mai 2011. http://culturevisuelle.org/cinemadoc/2011/05/01/shoah-sex-and-the-city/

tout le concept de la fiction au cinéma, c'est bidon… tu vois[57]. » D'après le ton laudateur d'Ethan, il semblerait possible de remplacer le terme « documentaire » par celui de « chef-d'œuvre », mais c'est bien par opposition à celui de « fiction » que la référence au premier terme semble s'imposer.

LES SCIENCES SOCIALES ET LE FILM DOCUMENTAIRE

Parallèlement aux débats qui se déroulent dans la presse généraliste et à la référence qui s'impose dans les médias, d'autres auteurs, au premier rang desquels se trouvent les chercheurs en sciences sociales, se sont appropriés le film. Les historiens ont eu tendance à le rapprocher de leur pratique de l'histoire orale. Il s'agit alors de resituer la sortie du film – 1985 en salle, 1987 à la télévision – dans ce que Pierre Nora a appelé le moment-mémoire[58]. En effet, la réalisation, puis la diffusion du film ont été contemporaines du développement des collectes de témoignages, notamment au sein de l'Université de Yale et à l'Institute of Contemporary Jewry de l'Université Hébraïque de Jérusalem[59]. Débuté en 1973, le projet du film a également été contemporain de la crise de l'histoire comme récit objectif et de l'émergence de l'histoire de la mémoire. L'ensemble de ces éléments a conduit à une réception de *Shoah* comme documentaire. Cette acception se retrouve chez l'historien François Hartog. Dans le chapitre intitulé « Le témoin et l'historien » de son ouvrage *L'Evidence de l'histoire*, il écrit :

> Lanzmann s'est opposé avec constance aux historiens et à ce qu'il nomme leur « point de vue surplombant ». Avec *Shoah,* il a justement voulu « réhabiliter le témoignage oral ». C'est en effet un film de témoins et sur le témoignage, mais pas sur les survivants et leur destin, sur la « radicalité de la mort » plutôt[60].

(57) *Ibid.*

(58) Pour une synthèse sur le sujet, on renvoie à un texte du biographe de Pierre Nora, François Dosse, intitulé *Historiser les traces mémorielles*, conférence prononcée à Tallin en novembre 2005, en ligne, consulté le 2 mai 2011. http://www.ihtp.cnrs.fr/historiographie/spip.php%3Farticle56.html

(59) Sur ce dernier point, cf. notamment Yehuda Bauer, *They Chose Life, Jewish Resistance in the Holocaust*, New York, American Jewish Committee, 1973, p. 61.

(60) François Hartog, *Évidence de l'histoire: ce que voient les historiens*, Paris, Gallimard, 2007, p. 263. L'auteur écrivait également: « Organisatrice de la vaste entreprise éditoriale

Pour qualifier *Shoah*, ces termes sont également utilisés par des auteurs spécialistes du cinéma tel que Michel Chion qui fait usage de l'expression « monument documentaire[61] », Isabelle Veyrat-Masson qui considère la « série *Shoah* » comme un documentaire[62] ou encore Libby Saxton qui au sujet de *Shoah* parle du « réel du témoignage oral[63] ».

LE RÉCENT RÉCIT CINÉPHILE ET LE CHEF-D'ŒUVRE

Par opposition à l'usage de ces termes, d'autres chercheurs – qui par ailleurs critiquent les positions de Claude Lanzmann quant à la question des archives visuelles – considèrent que *Shoah* est un « film extraordinaire » et ne font pas usage du terme documentaire[64]. Il convient donc de ne pas céder trop hâtivement à une vision linéaire de l'usage des termes, qui voudrait qu'à « fiction du réel » ait succédé le mot de « documentaire ». Ainsi, par exemple, dans le dossier pédagogique rédigé par Jean-François Forges pour l'Éducation nationale et destiné à tous les lycées de France, les formules utilisées sont respectivement : « œuvre[65] », « œuvre d'art[66] », « chef-d'œuvre[67] » et « œuvre créatrice d'humanité[68] ». L'auteur précise également, revenant en cela au terme du réalisateur :

---

des *Lieux de mémoire*, la notion [de mémoire] résultait d'abord d'un diagnostic porté sur le présent de la France. Dans le même temps, sortait *Shoah* (1985) de Claude Lanzmann, ce film extraordinairement fort sur le témoignage et les "non-lieux" de la mémoire », *Régimes d'historicité*, Paris, Seuil, 2003.

(61) Michel Chion, *Un art sonore, le cinéma,* Paris, Cahiers du cinéma, 2003. Il s'agit de la seule référence à *Shoah* dans l'ouvrage.

(62) Isabelle Veyrat-Masson, *Télévision et histoire, op. cit.* La chercheuse pose par ailleurs la question de la fiction et de la mise en scène dans *Shoah*.

(63) Libby Saxton, « Anamnesis Godard/Lanzmann », *Trafic*, n° 47, automne 2003, p. 65.

(64) Enzo Traverso, *Le Passé, modes d'emploi. Histoire, mémoire, politique*, Paris, La Fabrique, 2005, p. 69.

(65) Jean-François Forges, *Shoah de Claude Lanzman. Le cinéma, la mémoire, l'histoire*, Centre National de la Documentation Pédagogique (CNDP), 2001. Six occurrences, p. 12, p. 13, p. 14, p. 34 : deux fois, p. 36.

(66) *Ibid.*, six occurrences, p. 12 : deux fois, p. 13, p. 21, p. 35, p. 37.

(67) *Ibid.*, quatre occurrences : p. 7, p. 12, p. 13, p. 27.

(68) *Ibid.*, p. 30.

> Le film de Claude Lanzmann n'entre dans aucune des catégories habituelles des œuvres cinématographiques : ce n'est pas un documentaire, ce n'est pas un film de fiction, ce n'est pas un film historique, même s'il transmet de l'histoire avec une rigueur incomparable[69].

De même, dans les récents écrits cinéphiles portant sur le film, le terme de documentaire reste absent. Ainsi, dans la postface de l'édition du texte de *Sobibor, 14 octobre 1943, 16 heures*, Arnaud Desplechin fait usage alternativement des expressions, « œuvre[70] », « art cinématographique le plus pur[71] », « grande œuvre[72] », « chef-d'œuvre[73] », « art poétique[74] », « œuvre de la pensée[75] », « l'art le plus précieux[76] » pour désigner *Shoah*. Dans l'ouvrage qu'il a coordonné, *Le Cinéma et la Shoah*, Jean-Michel Frodon qualifie *Shoah*, « d'épopée tragique[77] », de « chef-d'œuvre[78] » et « d'accomplissement paroxystique[79] » de la modernité du cinéma[80]. De nouveau, le terme de documentaire est absent. Enfin, on peut également citer la légende des extraits commentés du film qui sont intégrés depuis 2005 à l'exposition principale du Mémorial de la Shoah à Paris : « Extrait de *Shoah* réalisé par Claude Lanzmannn (1985) [...]. Travail de journaliste, d'historien et de cinéaste, *Shoah* est également une œuvre artistique et un film de référence. »

---

(69) Jean-François Forges, « Shoah (extraits) », in *Dossier Shoah (extraits)*, Paris CNDP, 2001, p. 2.

(70) « Postface », in Claude Lanzmann, *Sobibor: 14 octobre 1943, 16 heures*, Paris, Cahiers du cinéma, 2001, p. 55 et 58.

(71) *Ibid.*, p. 56.

(72) *Ibid.*, p. 58.

(73) *Ibid.*, p. 58 et 60.

(74) *Ibid.*, p. 59.

(75) *Ibid.*, p. 60.

(76) *Ibid.*, p. 70.

(77) Jean-Michel Frodon, « Chemins qui se croisent », in Jean-Michel Frodon (dir.), *Le Cinéma et la Shoah*, *op. cit.*, p. 14.

(78) *Ibid.*, p. 25.

(79) *Ibid.*, p. 23.

(80) Jean-Michel Frodon fait également usage à plusieurs reprises du terme plus neutre de « film ».

CONCLUSION

Présenté comme une « fiction du réel » par l'équipe du film, reçu comme une « œuvre d'art » en France, comme un « documentaire » aux États-Unis, le premier temps de la réception de *Shoah* (1985-1987) a principalement vu ces trois termes s'imposer. Si Claude Lanzmann et Ziva Postec ont argumenté leur choix d'une nouvelle catégorie, l'usage des termes « d'œuvre » et de documentaire n'est jamais expliqué. Ces mots relèvent – et à ce titre révèlent – un impensé. Suite à la polémique autour de *La Liste de Schindler*, le terme de « fiction du réel » a perdu de sa lisibilité, le film étant alors plus souvent qualifié de documentaire. Ce terme a également eu tendance à s'imposer chez certains chercheurs, alors que celui de « chef-d'œuvre » prenait une place centrale chez la plupart des critiques de cinéma. De nouveau, les éléments expliquant ces choix restent incertains. Le plus souvent, l'usage d'un de ces mots est lié aux présupposés de chacun des auteurs et au contexte historiographique contemporain de l'article. On notera que si le terme documentaire est rarement dépréciatif[81], l'usage constant de termes hagiographiques conduit à un refus du terme « documentaire », comme si les auteurs voulaient signifier qu'il s'agit d'un film plus important qu'un « simple » documentaire.

En définitive, pas plus qu'une étude de la forme, l'appréhension des *discours* portant sur le film ne permet d'apporter une réponse nette à la question initiale. Cela permet de mieux comprendre l'explicite laissé dans le titre de cet article : *Shoah*, documentaire, œuvre d'art et fiction. Il ressort de cette étude de cas qu'en fonction de la période et des auteurs considérés, le film de Claude Lanzmann peut être perçu comme un documentaire, un chef-d'œuvre, une fiction du réel, dénominations le plus souvent exclusives les unes des autres, dont chaque occurrence propose une articulation inédite entre fiction et documentaire. Déterminer à quelle catégorie le film appartient a finalement moins d'intérêt et de sens que de comprendre à travers l'usage de ces différents termes comment il a été conçu, puis perçu. Fiction de réel, il est présenté comme résultant à la fois de dispositifs filmiques construits et d'un montage élaborés. Documentaire, il est le plus souvent rapproché de la pratique du témoignage ou d'une fonction commé-

---

(81) Un film pouvant être à la fois un documentaire et un chef-d'œuvre.

morative. L'accent est alors mis sur le contenu du film au détriment de la forme. Œuvre, il est interprété comme relevant du domaine de la création. Le contenu est alors souvent moins mis en avant que les choix formels. La distinction entre œuvre et documentaire rend ainsi compte d'une difficulté à penser ensemble dimension documentaire et artistique. Cet article aura simplement essayé de désabsolutiser l'usage de chacun de ces termes. Il se veut enfin, au-delà du seul cas de *Shoah*, un appel à penser la porosité et la continuité entre les genres et à refuser tout *a priori* dans l'usage des termes pour désigner une production culturelle.

Bibliographie / sitographie

ABZUG, Robert H., « Facing Survivors in Fiction and Film », The Simon Wiesenthal Center, Museum of Tolerance Online, Multimedia Learning Center, 1997, URL : http://motlc.wiesenthal.com/site/pp.asp?c=gvKVLcMVIuG&b=395137,

ADORNO, Theodor W., *Prismes : critique de la culture et société* (1955), trad. de l'allemand par G. Rochlitz et R. Rochlitz, Paris, Payot, 1986, 247 p.

ADORNO, Theodor W., *Dialectique Négative* (1966), trad. de l'allemand par G. Coffin, J. Masson, O. Masson, A. Renaut et D. Trousson, Paris, Payot, 1992, 421 p.

ADORNO, Theodor W., « Lettre ouverte à Rolf Hochhuth », in *Frankfurter Allgemeine Zeitung*, n° 132 (supplément), 10 juin 1967, repris dans *Notes sur la littérature*, trad. de l'allemand par S. Muller, Paris, Flammarion, 1984, p. 421-428

AGAMBEN, Giorgio, *Ce qui reste d'Auschwitz* (1998), trad. de l'italien par P. Alfieri, Paris, Rivages, 1999, 233 p.

AGDE, Günter, *Kämpfer. Biographie eines Films und seiner Macher*, Das Neue Berlin, 2001, 207 p.

ALBERA, François, « De Caligari à Hitler... et quelques autres... », in Jacques Aumont, Bernard Benoliel (dir.), *Le Cinéma expressionniste : de* Caligari *à Tim Burton*, Rennes, Presses universitaires de Rennes, La Cinémathèque française, coll. Le Spectaculaire, 2008, p. 103-126

ALTERMAN, Aline, *Visages : de* Shoah, *le film de Claude Lanzmann*, Paris, Cerf, coll. Passages, 2006, 353 p.

AMERY, Jean, *Par-delà le crime et le châtiment : essai pour surmonter l'insurmontable* (1966), trad. de l'allemand par F. Wuilmart, Arles, Actes Sud, coll. Lettres allemandes, 1994, 165 p.

APITZ, Bruno, *Nackt unter Wölfen*, Halle, Mitteldeutscher, 1958, 514 p., *Nu parmi les loups*, trad. de l'allemand par Y-P. Loreilhe et L. Lacombe, Paris, Les Editeurs réunis, 1961, 415 p.

APPELFELD, Aharon, *Badenheim 1939* (1979), trad. de l'hébreu par A. Pierrot, Paris, Belfond, coll. Littératures étrangères, voix juives, 1986, 172 p.

ARENDT, Hannah, *Auschwitz et Jerusalem*, trad. de par S. Courtine-Denamy, Paris, Deuxtemps Tierce, 1991, 262 p.

ARON, Raymond, *Mémoires*, Paris, Julliard, 1983, 778 p.

ARON, Raymond, *Le spectateur engagé* : Entretiens avec Jean-Louis Missika et Dominique Wolton (1981), Paris, Pocket, 1983, 350 p.

AVISAR, Ilan, « The Holocaust as Narrative: Story and Character in the Representation of the Concentration Universe », in Yehuda Bauer (dir.), *Remembering for the future: Working papers and addenda*, Oxford, Pergamon Press, vol. 3, 1989, p. 2313

AVISAR, Ilan, *Screening the Holocaust. Cinema's Images of the Unimaginable*, Bloomington and Indianapolis, Indiana University Press, 1988, 226 p.

AXELRAD, Catherine, « *Être sans destin*. Bildungsroman face aux crématoires », in *Positif*, dossier « Hongrie : cinéma et histoire », n° 542, avril 2006, p. 86-87

BAECQUE, Antoine (de), *"La Question humaine" de Nicolas Klotz écrit par Elisabeth Perceval*, Paris, ACRIF et CIP, coll. *Dossier pédagogique pour lycéens et apprentis au cinéma en Île-de-France*, 2007, URL : http://www.acrif.org/data/site/pdf/DP%20LQH.pdf

BAECQUE, Antoine (de), « L'histoire qui revient. La forme cinématographique de l'histoire dans *Caché* et *La Question humaine* », in *Annales. Histoire, sciences sociales*, novembre - décembre 2008, n° 6, p. 1289

BALAZS Béla, « Béla Balázs on Wanda Jakubowska's *The Last Stop*: Three Texts », trad. par Z. Berger et S. Liebman, in *Slavic and East European Performance* vol. 16, n° 3, automne 1996

BANAJI, Ferzina, *France, Film, and the Holocaust: From Genocide to Shoah*, Basingstoke, Palgrave Macmillan, 2012, 204 p.

BANASZKIEWICZ, Wladyslaw, GIZYCKI, Jerzy, GRZELECKI, Stanislaw *et alii, La Cinématographie Polonaise*, trad. par J-C. Birau, Varsovie, Polonia, 1962, 192 p.

BARKER, Howard, *Scenes from an Execution*, in *Collected plays 1*, London, John Calder, New York, Riverrun Press, 1990, 305 p., *Tableau d'une exécution*, in Œuvres choisies I, trad. par J-M. Déprats, Paris, Editions théâtrales, Montpellier, Maison Antoine Vitez, 2010, 142 p.

BARKER, Howard. *Death, the One and the Art of Theatre*, London, Routledge, 2004, *La Mort, l'unique et l'art du théâtre*, trad. de l'anglais par E. Angel-Perez et V. Kamphommala. Besançon, Solitaires Intempestifs, 2008, 128 p.

BARON, Anne-Marie, « *Etre sans destin*, un film qui donne au cinéma toute sa dignité », in *L'Arche*, n° 557, mai 2006

BARON, Anne-Marie, *La Shoah à l'écran : crimes contre l'humanité et représentation* (2004), Strasbourg, Conseil de l'Europe, 2005, 119 p.

BARON, Lawrence, *Projecting the Holocaust into the Present: The Changing Focus of Contemporary Holocaust Cinema*, Lanham, Rowman et Littlefield, 2005, 307 p.

BARTELS, Gerrit, « Entretien avec Imre Kertész », in *Die Tageszeitung*, juin 2006

BARTHES, Roland. *Fragments d'un discours amoureux*, Paris, Seuil, coll. Tel quel, 1977, 280 p.

BARTOV, Omer, *Murder in Our Midst: The Holocaust, Industrial Killing, and Representation*, Oxford, Oxford University Press, 1997, 251 p.

BARTOV, Omer, *The « Jew » in Cinema. From* The Golem *to* Don't Touch My Holocaust, Bloomington, Indiana University Press, coll. The Helen and Martin Schwartz lectures in Jewish studies, 2005, 374 p.

BAUER, Yehuda, *They chose life: Jewish Resistance in the Holocaust*, New York, American Jewish Committee, Institute of Human Relations, 1973, 61 p.

BAUER, Yehuda, *Repenser l'Holocauste* (2001) trad. de l'anglais par G. Brzustowski, Paris, Autrement, coll. Frontières, 2002, 290 p.

BAUMAN, Zygmunt, *Modernité et holocauste* (1989), trad. de l'anglais par P. Guivarch, Paris, La Fabrique, 2002, 285 p.

BAXANDALL, Michael, *L'Œil du Quattrocento : l'usage de la peinture dans l'Italie de la Renaissance* (1972) trad. de l'anglais par Y. Delsaut, Paris, Gallimard, 1985, 245 p.

BEAUVOIR, Simone (de), « La Mémoire de l'horreur », in *Le Monde*, 29 avril 1985

BECKER, Annette, *Devenir Lemkin, devenir Karski : de messagers de la Shoah à icônes mondiales*, Paris, Fayard, à paraître en 2014

BECKER, Jurek, *Jakob le menteur* (1969), trad. de l'allemand par C. Sebisch, Paris, Les Éditeurs Français Réunis, 1975, 285 p.

BECKER, Wolfgang *et al.* (dir.), *Die Zeit des Nationalsozialismus im deutschen Spielfilm 1945 bis 1955. Abschlußbericht zum Forschungsprojekt der Stiftung Volkswagen*, Osnabrück, Universität Osnabrück, 1986, 4 tomes

BECKETT, Samuel, *En attendant Godot*, Paris, Editions de Minuit, 1952, 167 p.

BECKETT, Samuel, *L'Innommable* : roman, Paris, Éditions de Minuit, 1953, 212 p.

BECKETT, Samuel, *Fin de partie*, in *"Fin de partie" suivi de "Actes sans paroles"*, Paris, Editions de Minuit, 1957, 127 p.

BECKETT, Samuel, *Happy Days*, London, Faber and Faber, 1961, 48 p., *Oh les beaux jours*, trad. de l'anglais par l'auteur, Paris, Éditions de Minuit, 1963, 89 p.

BENHAMOU, Anne-Françoise (dir.), *OutreScène, la revue du Théâtre National de Strasbourg*, dossier « Sarah Kane », n° 1, février 2003, 98 p.

BENJAMIN, Walter, « Thèses sur la philosophie de l'Histoire », in « Poésie et révolution », in Œuvres II, Paris, Denoël, 1971

BENJAMIN, Walter, « Réflexions théoriques sur la connaissance », in *Paris, capitale du XIXe siècle. Le Livre des passages*, trad. de l'allemand par J. Lacoste d'après R. Tiedemann, Paris, Cerf, 1993, p. 494.

BENJAMIN, Walter, « Sur le concept d'histoire » (1940), trad. de l'allemand par M. de Gandillac et P. Rusch, in Œuvres III, Paris, Gallimard, coll. Folio essais, 2000, p. 427-443

BENJAMIN, Walter, *Sens unique* (1928) précédé de *Une enfance berlinoise* (1933, 1935), trad. de l'allemand et préface par J. Lacoste, Paris, U.G.E., 2000, 190 p.

BENSOUSSAN, Albert, « Du syndrome de Klein au complexe de Zelig » in *Les Cahiers du Judaïsme* n° 20, 2006, p. 62-67

BENSOUSSAN, Georges et WISTRICH, Robert-S. (dir.), *Revue d'Histoire de la Shoah*, dossier « Antisémitisme et négationnisme dans le monde arabo-musulman : la dérive », n° 180, janvier-juin 2004, 476 p.

BENSOUSSAN, Georges et GERMA, Antoine (dir.), *La Revue d'Histoire de la Shoah*, dossier « Les Écrans de la Shoah : La Shoah au regard du cinéma », n° 195, juillet-décembre 2011, 664 p.

BESSON, Rémy et LEBLANC, Audrey, « La Part de l'introduction », in *Conserveries mémorielles*, n° 6, 2009, mis en ligne le 26 décembre 2009, consulté le 2 mai 2011, URL : http://cm.revues.org/336.

BESSON, Rémy, « Shoah, Sex and the City », in *Cinémadoc*, mis en ligne le 1er mai 2011, consulté le 2 mai 2011, URL : http://culturevisuelle.org/cinemadoc/2011/05/01/shoah-sex-and-the-city/

BETTELHEIM, Bruno, *Le Cœur conscient* (1960), trad. de l'américain par L. Casseau, Paris, Robert Laffont, coll. Pluriel, 1972, 335 p.

BLOCH, Marc, *L'Étrange défaite* : témoignage écrit en 1940 (1946), Paris, Gallimard, coll. Folio histoire, 1990, 326 p.

BLOCK, Gay et DRUCKER, Malka, *Rescuers: Portraits of Moral Courage in the Holocaust*, New York, Holmes and Meier, 1992, 255 p.

BOBROWSKI, Johannes, *Le Moulin à Levine : trente-quatre phrases à propos de mon grand-père* (1964), trad. de l'allemand par L. de Goustine, Paris, Seuil, 1966, 250 p.

BOND, Edward, *Saved*, London, Methuen, coll. Methuen modern plays, 1965, 123 p., *Sauvés*, in *Les Noces du pape / Sauvés*, trad. par J. Hankins, Paris, L'Arche, 1997, 240 p.

BOND, Edward, *The Tin Can People*, in *The War Plays: a trilogy. Part one: Red Black and Ignorant. Part two: The Tin Can People*, London, New York, Methuen, coll. Metheun new theatrescript, 1985, 51 p., *La Furie des nantis*, in *Pièces de guerre. Première partie : Rouge noir et ignorant. Deuxième partie : La Furie des nantis*, trad. de l'anglais par M. Vittoz, Paris, L'Arche, 1994, 97 p.

BOND, Edward, *Commentary on the War Plays* (1991), in *Plays 6*, London, Methuen, coll. Methuen contemporary dramatists, 1998, 408 p., *Commentaire sur les "Pièces de guerre"*, in *Commentaire sur les "Pièces de guerre" suivi de "La Paix" et de "Notes sur le postmodernisme"*, trad. de l'anglais par G. Bas, M. B. Durif, L. Hémain et M. Vittoz, Paris, L›Arche, 1994, 224 p.

BOND, Edward, *At the Inland Sea: a Play for Young People*, London, Methuen, coll. Metheun modern plays, 1997, 81 p., *Auprès de la mer intérieure : une pièce pour les jeunes gens*, trad. par C. Cullen et S. Seide, Paris, L'Arche, coll. Scène ouverte, 2000, 96 p.

BOND, Edward, *The Hidden Plot: notes on theatre and the state*, London, Methuen, 2000, *La Trame cachée : notes sur le théâtre et l'État,* trad. de l'anglais par G. Bas, J. Hankins et S. Magois, Paris, L'Arche, 2003, 320 p.

BOND, Edward, *Born*, in *Plays 8*, London, Methuen, coll. Methuen contemporary dramatists, 2006, 222 p., *Naître*, trad. de l'anglais par M. Vittoz, Paris, L'Arche, coll. Scène ouverte, 2006, 90 p.

BONNEFOY, Claude, *Ronceraille*, Paris, Seuil, coll. Écrivains de toujours, 1978, 189 p.

BOSCH, Frank, « Holokaust mit *K*. Audovisuelle Narrative in neueren Fernsehdokumentationen », in Gerhard Paul (dir.), *Visual History. Ein Studienbuch*, Göttingen, Vandenhoeck & Ruprecht, 2006, p. 317-332

BOSSY, Jean-François, *Enseigner la Shoah à l'âge démocratique : quels enjeux ?*, Paris, Armand Colin, coll. Débats d'école, 2007, 182 p.

BOSWELL, Matthew, *Holocaust Impiety in Literature, Popular Music and Film*, Basingstoke, Palgrave Macmillan, 2011, 224 p.

BOU, Stéphane et THORET, Jean-Baptiste, « Entretien avec Nicolas Klotz et Elisabeth Perceval », in *Charlie Hebdo*, 12 septembre 2007, n° 795, p. 12-13.

BOUCHERON, Patrick, « *Toute littérature est assaut contre la frontière* : note sur les embarras historiens d'une rentrée littéraire », in *Annales, Histoire, Sciences Sociales*, dossier « Savoirs de la littérature », 65e année, n° 2, mars - avril 2010, p. 441-447

BOUTEILLE-MEISTER, Charlotte, « Se souvenir de 14-18 : « intermédialité » et mise en jeu du feuilleté de la mémoire dans le spectacle *La Grande Guerre* de la compagnie *Hotel Modern* », in Christophe Gauthier, David Lescot et Laurent Véray (dir.), *Une guerre qui n'en finit pas : 1914-1918, à l'écran et sur scène*, Paris, Complexe, 2008, p. 193-208

BRESSON, Robert, *Notes sur le cinématographe*, Paris, Gallimard, coll. Blanche, 1975, 139 p.

BUBER, Martin, *Les Récits hassidiques* (1928), trad. de l'allemand par A. Guerne, Paris, Rocher, coll. Gnose, 1963, 744 p.

BUFFET, Cyril, *Défunte DEFA : histoire de l'autre cinéma allemand,* Paris, Cerf, Condé-sur-Noireau, Corlet, coll. 7e Art, 2007, 359 p.

BUSNEL, François, « Entretien avec Imre Kertész », in *Lire,* n° 334, avril 2005, p. 105-106

BUTLER, Judith, *Le pouvoir des mots : politique du performatif*, trad. de l'anglais par C. Nordmann, Paris, Editions Amsterdam, 2004, 287 p.

CAMPOS, Lucie, *Fictions de l'après : Coetzee, Kertész, Sebald : temps et contretemps de la conscience historique*, Paris, Classiques Garnier, 2012, 424 p.

CAMUS, Albert, *La Peste* (1947), Paris, Gallimard, coll. Folio, 2012, 271 p.

CARMOUZE, Patrice, « *Shoah* : Voyage au bout de l'enfer », in *Le Quotidien de Paris*, 29 avril 1985

CARROLL, James, *Constantine's Sword: The Church and the Jews* : a History, Boston, Houghton Mifflin, 2001, 756 p.

CARUTH, Cathy, *Unclaimed Experience: Trauma, Narrative, and History*, Baltimore, London, John Hopkins University Press, 1996, 154 p.

CAZENAVE, Jennifer, *Genèses des figurations de la femme dans Shoah : voix féminines et représentations de l'Holocauste* (1946-1985), thèse soutenue en 2011, dirigée par Eric Marty et Samuel Weber, Université Paris 7, 327 p.

CERF, Juliette et LEGROS, Martin, « Barbare, l'entreprise ? », entretien avec Nicolas Klotz, in *Philosophie magazine*, novembre 2007, n° 14, p. 15

CESARANI, David, *Eichmann: His Life and Crimes*, Londres, William Heinemann, 2004, 458 p., *Adolf Eichmann*, trad. de l'anglais par O. Ruchet, Paris, Tallandier, 2010, 556 p.

CHAMBERLIN, Brewster et FELDMAN, Marcia (dir.) *The Liberation of the Nazi Concentration Camps 1945 : Eyewitness Accounts of the Liberators,* Washington DC, Government Printing Office, 1987, 214 p

CHEROUX, Clément (dir.), *Mémoire des camps : photographies des camps de concentration et d'extermination nazis (1933-1999)*, catalogue de l'exposition tenue à Paris, Hôtel de Sully, du 12 janvier au 25 mars 2001, organisée par l'association Patrimoine photographique, Paris, Marval, 2001, 246 p.

CHION, Michel, *Un art sonore, le cinéma* : histoire, esthétique, poétique, Paris, Cahiers du cinéma, 2003, 478 p.

CIECHANOWSKI, Jan, *Defeat in Victory*, New York, Doubleday, 1947, 397 p.

CIMENT, Michel (dir.), *Positif*, dossier « Joseph Losey : *Monsieur Klein* », n° 186, Octobre 1976

CIMENT, Michel, *Le Livre de Losey, entretiens avec le cinéaste*, Paris, Stock, 1979, éd. définitive, Paris, Ramsay, 1985, 486 p.

CIMENT, Michel, « L'Itinéraire d'un être où l'Holocauste est frôlé », entretien avec Imre Kertész, trad. de l'allemand par M. Wachendorff, in *Positif*, dossier « Hongrie : cinéma et histoire », n° 542, avril 2006, p. 88-90

COATES, Kristen, « Hyperreality in "Inglourious Basterds": Tarantino's Interwoven Cinematic World in 1940s France », in *The Film Stage*, mis en ligne le 26 juin 2010, URL: http://thefilmstage.com/2010/06/26/the-classroom-hyperreality-in-inglourious-basterds-tarantinos-interwoven-cinematic-world-in-1940s-france/

COCKS, Geoffrey, *The Wolf at the Door: Stanley Kubrick, History, & the Holocaust*, New York, Peter Lang, 2004, 338 p.

COHN, Dorrit, *Le Propre de la fiction*, Paris, Seuil, Coll Poétique, 2001, 263 p.

COLOMBAT, André Pierre, *The Holocaust in French Film*, Metuchen (NJ.) Scarecrow Press, 1993, 435 p.

COMTE-SPONVILLE, André, *Petit Traité des grandes vertus*, Paris, Presses Universitaires de France, coll. Perspectives critiques, 1995, 391 p.

COQUIO, Catherine (dir.), *Parler des camps, penser les génocides*, actes du colloque tenu en mai 1997, à la Sorbonne, intitulé « L'Homme, la langue, les camps », Paris, Albin Michel, coll. Bibliothèque Albin Michel des idées, 1999, 680 p.

COQUIO, Catherine, « Envoyer les fantômes au musée ? Critique du kitsch concentrationnaire par deux rescapés : Imre Kertész, Ruth Klüger », in *Gradiva*, dossier « Sismographie des terreurs », n° 5, 2007, p. 39-51

COQUIO, Catherine, « *Apocalypsis cum figuris*. Messianisme et témoignage du camp », in Vincent Ferré et Daniel Mortier (dir.), *Littérature, histoire et politique au XXe siècle : hommage à Jean-Pierre Morel*, Paris, Le Manuscrit, coll. L'esprit des lettres, 2010, p. 191-210

COQUIO Catherine, « Dire à Dieu ce qu'on ne peut pas dire aux hommes ; alors ils comprendront peut-être. (Imre Kertész, *Journal de galère*) », in *Revue critique de fixxion française contemporaine*, n° 2 « Trouver à qui parler ? », juillet 2011, p. 52-77

URL : http://www.revue-critique-de-fixxion-francaise-contemporaine.org/rcffc/article/view/fx02.06/200

COQUIO, Catherine, « La catharsis sous condition : de l'interdit de représentation à "l'Holocauste comme culture" », in Jean-Charles Darmon (dir.), *Littérature et thérapeutique des passions : la catharsis en question*, actes du colloque tenu en juin 2010, à l'ENS de Paris, Paris, Hermann, 2011, p. 195-238

COSTA-GAVRAS, « *Amen* de Costa-Gavras écrire sur l'indicible », entretien avec Costa-Gavras et Jean-Claude Grumberg, in *Synopsis,* n° 18, dossier « Polar, les bons scénars », mars - avril 2002

COULT, Tony, « Notes and Commentary on *At the Inland Sea* », in Edward Bond, *At the Inland Sea: a Play for Young People*, London, Methuen, coll. Metheun modern plays, 1997, 81 p., « Commentaire sur *Auprès de la mer intérieure* », trad. de l'anglais par G. Bas, in Edward Bond, *Auprès de la mer intérieure : une pièce pour les jeunes gens*, Paris, L'Arche, coll. Scène ouverte, 2000, 96 p.

CRAIG, Edward Gordon, *Die Kunst des Theaters*, trad. de l'anglais par M. Magnus, Berlin, Leipzig, H. Seemann Nachfolger, 1905, *On the Art of the Theatre*, London, William Heinemann, 1911, *De l'art du théâtre*, Circé, coll. Penser le théâtre, 2004, 222 p.

CRIMP, Martin, *Attempts on her Life*, London, Faber and Faber, 1997, 80 p., *Atteintes à sa vie*, in *Le Traitement, Atteintes à sa vie*, trad. de l'anglais par C. Pellet et M. Pellet, Paris, L'Arche, coll. Scène ouverte, 2002, 205 p.

CUAU, Bernard, DEGUY, Michel, ERTEL, Rachel, FELMAN, Soshana *et alii*, *Au sujet de Shoah : le film de Claude Lanzmann*, Paris, Belin, coll. L'Extrême contemporain, 1990, 316 p.

CZERNIAKOW, Adam, *Carnets du ghetto de Varsovie (6 septembre 1939 - 23 juillet 1942)*, trad. du polonais par J. Burko, M. Elster et J-C. Szurek (1996), Paris, La Découverte, 2003, 282 p.

DANEY, Serge, « Le travelling de *Kapo* », in *Trafic*, n° 4, automne 1992, p. 5-19

DANEY, Serge, *Persévérance, entretien avec Serge Toubiana,* Paris, P.O.L, 1994, 171 p.

DANTE ALIGHIERI, *La Divine Comédie* : L'Enfer (1472), trad. de l'italien par J. Risset, Paris, Garnier Flammarion (n° 725), 1985, 380 p.

DEBRAY, Régis et DESFONS, Pierre, « Vie et mort de l'image », entretien avec Jean-Luc Godard diffusé sur Arte le 14 octobre 1995, retranscrit in *Jean-Luc Godard par Jean-Luc Godard* , Cahiers du cinéma, 1998, vol. 2, p. 430

DEGEN, Michael, *Nicht alle waren Mörder : Eine Kindheit in Berlin*, Munich, Econ, 1999, 331 p.

DELAGE, Christian (commissaire d'exposition), « Filmer les camps, de Hollywood à Nuremberg : John Ford, Samuel Fuller, George Stevens », exposition tenue à Paris, Mémorial de la Shoah, du 10 mars au 31 août 2010, URL : http://www.memorialdelashoah.org/upload/minisites/filmer_les_camps/index.html

DELBO, Charlotte, *Aucun de nous ne reviendra* (1965), in *Auschwitz et après*, vol. 1, Paris, Les Éditions de Minuit, 1970, 184 p.

DERRIDA, Jacques, *Poétique et politique du témoignage* (extrait des *Cahiers de l'Herne* n° 83, 2004), Paris, L'Herne, 2005, 81 p.

DIDI-HUBERMAN, Georges, *Images malgré tout*, Paris, Éditions de Minuit, 2003, 235 p.

DOBROSZYCKI, Lucjan et KIRSHENBLATT-GIMBLETT, Barbara, *Image Before My Eyes: A Photographic History of Jewish Life in Poland Before the Holocaust* (1977), d'après l'exposition tenue en 1976, au Jewish Museum de New York, New York, Schocken Books, 1995, 269 p.

DOMARCHI, Jean, DONIOL-VALCROZE, Jacques, GODARD, Jean-Luc, KAST, Pierre, RIVETTE, Jacques, ROHMER, Eric, « Hiroshima notre amour », in *Les Cahiers du cinéma*, n° 97, juillet 1959, 18 p.

DONESON, Judith E., *The Holocaust in American Film*, Philadelphie, New York, Jerusalem, the Jewish publication society, 1987, 262 p.

DOSSE, François, « Historiser les traces mémorielles », conférence prononcée à Tallin en novembre 2005, consulté le 2 mai 2011, URL : http://www.culturahistorica.es/dosse/historiser_les_traces_memorielles.pdf

DOUGLAS, Lawrence, *The Memory of Judgment. Making Law and History in the Trials of the Holocaust,* New Haven, London, Yale University Press, 2001, 318 p.

DRAGON, Szlama, TAUBER, Henryk et FEINSILBER, Alter, « Les survivants des Sonderkommandos au procès de Cracovie en 1946 », in Georges Bensoussan, Philippe Mesnard et Carlo Saletti (dir.), *Des Voix sous la cendre*, Paris, Calmann-Lévy, Mémorial de la Shoah, 2005, p. 183-237

DRAME, Claudine, *Des films pour le dire : reflets de la Shoah au cinéma (1945-1985),* Genève, Metropolis, 2007, 383 p.

DUFREIGNE, Jean-Pierre et FESTRAETS, Marion, « Pie XII et les nazis : le film choc », in *L'Express,* mis en ligne le 21 février 2002, URL : http://www.lexpress.fr/informations/pie-xii-et-les-nazis-le-film-choc_647446.html

DULONG, Renaud, « Un témoin est-il en position d'accuser ? », in Jean-Philippe Schreiber (dir.), *Oralités, les usages de la parole des gens en sciences humaines, actes du séminaire Prosopopée I* , Université libre de Bruxelles, 2004, 132 p.

DULONG, Renaud, *Le témoin oculaire : les conditions sociales de l'attestation personnelle*, Paris, Édition de l'EHESS, 1998, 237 p.

EAGLESTONE, Robert, et LANGFORD, Barry, (dir.), *Teaching Holocaust Literature and Film*, Basingstoke, Palgrave Macmillan, 2007, 170 p.

EBBRECHT, Tobias, « History, Public Memory and Media Event », in *Media History*, vol. 13, n° 2-3, 2007, p. 221-234

EBBRECHT, Tobias et STEINLE, Matthias, « Dokudrama in Deutschland als historisches Ereignisfernsehen : eine Annäherung aus pragmatischer Perspektive », in *MEDIENwissenschaft*, n° 3, 2008, p. 250-255

EBBRECHT, Tobias, *Geschichtsbilder im medialen Gedächtnis : Filmische Narrationen des Holocaust*, Bielefeld, Transcript, 2011, 351 p.

EBERT, Roger, « Quentin Tarantino glouriously basterdizes World War Two », entretien avec Quentin Tarantino, in *Chicago Sun-Times*, mis en ligne le 17 août 2009, URL : http://rogerebert.suntimes.com/apps/pbcs.dll/article?AID=/20090817/PEOPLE/908179997

EISNER, Lotte H., *L'Ecran démoniaque : Influence de Max Reinhardt et de l'expressionnisme*, Paris, André Bonne, 1952, 186 p., *The Haunted Screen : Expressionism in the German Cinema and the Influence of Max Reinhardt*, trad. de l'anglais par R. Greaves, Berkeley, University of California Press, 1990.

ELSAESSER, Thomas, « A propos de *Sterne* de Konrad Wolf », in *1895*, n° 58, 2009, p. 11-30

EMMANUEL, François, *La Question humaine*, Paris, Stock, coll. Littérature Française, 2000, 105 p.

ENGEL, David, « The Western Allies and the Holocaust, Jan Karski's Mission to the West, 1942-1944 », in *Holocaust and Genocide Studies,* vol. 5, n° 4, 1990, p. 363-380

ERENS, Patricia, *The Jew in American Cinema*, Bloomington, Indiana University Press, 1984, 455 p.

EROSS, Gábor, « Représenter l'irreprésentable ? *Etre sans destin* et le cinéma hongrois face à l'holocauste », in *Positif*, dossier « Hongrie : cinéma et histoire », n° 542, avril 2006, p. 91-96

EROSS, Gábor, *L'Art de l'histoire. Sociologie culturelle comparée de l'image-passé : représentations de l'Histoire et de la Mémoire dans le cinéma français et hongrois, 1958-2002*, thèse soutenue en 2003, dirigée par Jacques Aumont et Anna Wessely, EHESS et Université Eötvös Loránd de Budapest, Lille, ANRT, 2009.

ERTEL, Rachel, *Dans la langue de personne : Poésie yiddish de l'anéantissement*, Paris, Seuil, coll. La Librairie du XXe siècle, 1993, 215 p.

ESQUENAZI, Jean-Pierre, *Film, perception et mémoire*, Paris, L'Harmattan, 1994, 255 p.

ESQUENAZI, Jean-Pierre, « Qu'est-ce que tu as vu à Chelmno ? *Shoah*, un monumentaire », in *CINéMAS*, vol. 12, n° 1, 2001, p. 147-165

ESQUENAZI, Jean-Pierre, *La Vérité de la fiction*, Paris, Hermès-Lavoisier, 2009, 201 p.

ESSLIN, Martin, « *Vérité* et documentation, une conversation avec Rolf Hochhuth », in *Au delà de l'absurde*, trad. de l'anglais par F. Vernan, Paris, Buchet-Chastel, 1970, p. 171-172

EZRAHI Sidra, « After Such Knowledge, What Laughter? », in *Yale Journal of Criticism*, vol. 14, n° 1, Spring 2001, p. 304-306

FEIGELSON, Kristian et VALKOLA, Jarmo (dir.), *Cinéma hongrois : le temps et l'histoire*, Paris, Presses Sorbonne Nouvelle, coll. Théorème 7, 2003, 260 p.

FELMAN, Shoshana, « In an Era of Testimony : Claude Lanzmann's Shoah », Yale French Studies, n° 79, 1991, p. 39-81

FELMAN, Shoshana et LAUB, Dori, *Testimony: Crises of Witnessing in Literatrure, Psychoanalysis, and History*, New York, Routledge, 1992, 294 p.

FERRO, Marc, « *La Liste de Schindler*, de Steven Spielberg : un nazi saisi par la grâce », in *Le Monde Diplomatique*, n° 480, mis en ligne mars 1994, consulté le 2 mai 2011, URL : http://www.monde-diplomatique.fr/1994/03/FERRO/309

FINN, Paolo, « *Concorrenza sleale* di Ettore Scola », in *Cinemasessanta*, n° 42, mars - avril 2001, p. 21-22

FLEISCHER, Alain, *Réponse du muet au parlant*, Paris, Seuil, 2011, 187 p.

FONTENAY, Élisabeth (de), « Timeo Wajda et Korczak ferentem », in *Le Messager européen*, vol. 4, Paris, Gallimard, 1990, p. 246-247 et 249-250

FORGES, Jean-François, *Shoah de Claude Lanzmann. Le cinéma, la mémoire, l'histoire*, distribué avec le DVD « *Shoah* (Extraits) : un film de Claude Lanzmann », Centre National de la Documentation Pédagogique, Arts et Culture, Ministère de l'Education nationale, coll. L'Eden Cinéma, 2001, 127 p.

FOX, Thomas C., *Stated Memory: East Germany and the Holocaust*, Rochester, Camden House, coll. Studies in German literature, linguistics, and culture, 1999, 177 p.

FREUD, Sigmund, « Au-delà du principe de plaisir » (1920) in *Essais de psychanalyse*, Paris, Payot, 1985, p. 7-78

FREUD, Sigmund, « Le créateur littéraire et la fantaisie » (1908), in *L'Inquiétante étrangeté et autres essais*, trad. de l'allemand par B. Féron, Paris, Gallimard, coll. Folio Essais, 1988, p. 29-46

FREUD, Sigmund, « Deuil et mélancolie » (1917), in *Métapsychologie*, La Flèche, Gallimard, coll. Folio Essais, 2005, p. 145-171

FRIEDLÄNDER, Saul, *Reflets du nazisme*, Paris, Seuil, 1982, 138 p.

FRIEDLÄNDER, Saul (dir.), *Probing the Limits of Representation: Nazism and the Final Solution*, Cambridge, London, Harvard University Press, 1992, 407 p.

FRIEDLÄNDER, Saul, *Les années de persécution, l'Allemagne nazie et les Juifs, 1933-1939* (2008), trad. de l'anglais par M.-F. de Palomera, Paris, Seuil, 2012, 529 p.

FRIEDLÄNDER, Saul, *Les années d'extermination, l'Allemagne nazie et les Juifs, 1939-1945* (2008), trad. de l'anglais par P-E. Dauzat, Paris, Seuil, 2012, 1028 p.

FRIEDLER, Eric, SIEBERT, Barbara et KILIAN, Andreas, *Zeugen aus der Todeszone, das jüdische Sonderkommando in Auschwitz*, Lüneburg, zu Klampen, 2002, 412 p.

FRIEDMAN, Lester D., *The Jewish Image in American Film*, Secaucus, New Jersey, Citadel Press, 1987, 260 p.

FRIEDRICH, Jörg, *Der Brand. Deutschland im Bombenkrieg 1940-1945*, Berlin, Propyläen, 2002, 591 p.

FRODON, Jean-Michel (dir.), *Le Cinéma et la Shoah* : un art à l'épreuve de la tragédie du 20e *siècle*, Paris, Cahiers du cinéma, coll. Cahiers du cinéma Essais, 2007, 408 p.

FRODON, Jean-Michel, « Chemins qui se croisent », in Jean-Michel Frodon, (dir.), *Le Cinéma et la Shoah : un art à l'épreuve de la tragédie du 20e siècle*, Paris, Cahiers du cinéma, coll. Cahiers du cinéma Essais, 2007, p. 11-26

FUCHS, Elinor (dir.), *Plays of the Holocaust. An International Anthology*, New York, Theatre Communications Group, 1987, 340 p.

GALLUCCIO, Fabio, *I lager in Italia: La memoria sepolta nei duecento luoghi di deportazione fascisti*, Civezzano, Nonluoghi, 2003, 226 p.

GARÇON, François, « Le documentaire historique au péril du docufiction », in *Vingtième Siècle : revue d'histoire*, n° 88, octobre - novembre 2005, p. 95-108

GARDIES, André, « Le narrateur sonne toujours deux fois », in André Gaudreault et Thierry Groensteen (dir.), *La Transécriture* : pour une théorie de l'adaptation : littérature, cinéma, bande dessinée, théâtre, clip, actes du colloque tenu en août 1993, à Cerisy, Angoulême, Centre National de la Bande Dessinée, 1998, 280 p.

GARY, Romain (Emile Ajar), *La Vie devant soi*, Paris, Tallandier, coll. Le cercle du nouveau livre, 1976, 269 p.

GAUTHIER, Guy, *Le Documentaire, un autre cinéma* (1995), Paris, Armand Colin, coll. Armand Colin Cinéma, 2008, 428 p.

GELY, Véronique, « Pour une mythopoétique : quelques propositions sur les rapports entre mythe et fiction », Université de Paris X Nanterre, Bibliothèque comparatiste, *Vox Poetica*, mis en ligne le 21 mai 2006, URL : http://www.vox-poetica.org/sflgc/biblio/gely.html,

GESTERNKORN, Jacques, « A la recherche d'une judéité perdue. *Monsieur Klein* de Losey», in CinémAction, dossier « *Cinéma et judéité* », n° 37, janvier 1986

GILMAN, Sander L., *Jewish Self-Hatred: Anti-Semitism and the Hidden language of the Jews*, Baltimore, Johns Hopkins University Press, 1986, 461 p.

GILMAN, Sander L. et KATZ, Steven T. (dir.), *Anti-Semitism in Times of Crisis*, New York, Londres, New York University Press, 1991, 406 p.

GILMAN, Sander L., *The Jew's Body*, New York, Londres, Routledge, 1991, 303 p.

GIRELLI-CARASI, Fabio, « Italian-Jewish Memoirs and the Discourse of Identity », in Stanislao G. Pugliese (dir.), *The Most Ancient of Minorities*, Westport, Greenwood Press, 2002, p. 191-199

GODARD, Jean-Luc, *Histoire(s) du cinéma : introduction à une véritable histoire du cinéma la seule la vraie*, Paris, Gallimard, Gaumont, 1998, 4 vol.

GODARD, Jean-Luc, *Jean-Luc Godard par Jean-Luc Godard*, Paris, Cahiers du Cinéma, L'Étoile, 1998, 2 vol.

GOJAWICZYNSKA, Pola, *Dziewczeta z Nowolipek* (1935), Rytm, 2012, 288 p.

GOUDE, Jérôme, « Le galérien sans qualité », entretien avec Imre Kertész, in *Le Matricule des anges*, n° 118, novembre-décembre 2010, p. 42-50

GRAEF, Ortwin (de), LISKA, Vivian et VLOEBERGHS, Katrien, « Introduction: The Instance of Trauma », in *European Journal of English Studies*, vol. 7, n° 3, décembre 2003, p. 247-255

GRAMSCI, Antonio, *Il Risorgimento* (1949), in Maria Corti (dir.), *Opere di Antonio Gramsci*, vol. 4, Turin, G. Einaudi, 1952, 235 p.

GROSSMAN, David, *Voir ci-dessous : Amour* (1986), trad. de l'hébreu par J. Misrahi et A. Barak, Paris, Seuil, coll. Points, 1995, 623 p.

HAENEL, Yannick, *Cercle*, Gallimard, coll. Folio, 2007, 547 p.

HAENEL, Yannick, *Jan Karski* (2009), Gallimard, coll. Folio, 2011, 193 p.

HAGGITH, Toby, et NEWMAN, Joanna, *Holocaust and the Moving Image: Representations in Film and Television Since 1933*, London, Wallflower Press, 2005, 317 p.

HALTOF, Marek, « The Monstrosity of Auschwitz in W. Jakubowska's *The Last Stage* (1948) », in William A. Myers (dir.), *The Ranges of Evil: Multidisciplinary Studies of Human Wickedness*, Oxford, Inter-Disciplinary Press 2006, p. 269-276, URL : http://www.inter-disciplinary.net/publishing/id-press/ebooks/the-ranges-of-evil/

HALTOF, Marek, *Polish Film and the Holocaust: Politcs and Memory*, New York, Berghahn Books, 2011, 274 p.

HAMBURGER, Käte, *Logique des genres littéraires*, trad. de l'allemand par P. Cadiot, préface de Gérard Genette, Paris, Seuil, 1986, 312 p.

HAMON, Philippe, « Un discours contraint » (1973), in *Littérature et réalité*, Paris, Seuil, Points Essais, 1982, p. 119-181.

HANSEN, Miriam, *Babel and Babylon : Spectatorship in American Silent Film*, Cambridge, Harvard University Press, 1991, 377 p.

HARTMAN, Geoffrey (dir.), *Holocaust Remembrance : the Shapes of Memory*, Oxford, Blackwell, 1994, 306 p.

HARTOG, François, *Régimes d'historicité : présentisme et expériences du temps* (2002) Paris, Seuil, coll. La Librairie du XXIe siècle, 2003, 257 p.

HARTOG, François, *Evidence de l'histoire : ce que voient les historiens* (2005), Paris, Gallimard, coll. Folio Histoire, 2007, 356 p.

HASAN-ROKEM, Galit et DUNDES, Alan (dir.), *The Wandering Jew: Essays in the Interpretation of a Christian Legend*, Bloomington, Indiana University Press, 1986, 278 p.

HAUSNER, Gideon, *Justice à Jérusalem, Eichmann devant ses juges* (1966), Paris, Flammarion, 1966, 666 p.

HEINICH, Nathalie, « Les limites de la fiction », in *L'homme, Revue française d'anthropologie* n°175-176, juillet-décembre 2005, p. 57-76

HELD, Jean-Francis, « *Shoah*, ou l'épopée de la solution finale », in *L'Événement du jeudi*, 2 mai 1985

HERMLIN, Stephan, « Auschwitz ist unvergessen » in Äußerungen. 1944-1982, Berlin, Weimar, Aufbau-Verlag, 1983, p. 85-89

HEYMANN, Danielle et BEHAR, Henri, « Un entretien avec Steven Spielberg », in *Le Monde*, 22 février 1994

HILBERG, Raul, *Perpetrators Victims Bystanders, the Jewish Catastrophe, 1933-1945*, Harpercollins, 1992, 340 p.

HILBERG, Raul, *La Politique de la mémoire*, trad. de l'anglais par M.-F. de Paloméra, Paris, Gallimard, coll. Arcades, 1996, 212 p.

HILDESHEIMER, Wolfgang, *Sir Andrew Marbot*, trad. de l'allemand par M. Kaltenecker, Paris, JC Lattès, 1984, 249 p.

HIRSCH, Joshua, *Afterimage: Film, Trauma, and the Holocaust*, Philadelphia, Temple University Press, 2003, 213 p.

HOCHHUTH, Rolf, *Le Vicaire*, trad. de l'allemand par F. Martin et J. Amsler, avant-propos d'Erwin Piscator, Paris, Seuil, 1963, 315 p.

HOLUJ, Tadeusz, *Koniec naszego swiata*, Kraków, Wydawnictwo Literackie, 1965, 376 p.

IAMPOLSKI, Mikhaïl, « The road to Jerusalem », in Paul Willemen (dir.), *The Films of Amos Gitai: A montage*, London, BFI, 1993, p. 21-22.

IDEL, Moshe, *Golem: Jewish Magical and Mystical Traditions on the Artificial Anthropoid*, Albany, State University of New York Press, 1990, 323 p.

INGRAO, Christian, *Croire et détruire : les intellectuels dans la machine de guerre SS*, Paris, Fayard, 2010, 521 p.

INSDORF, Annette, *Indelible Shadows, Film and the Holocaust*, New-York, Random House, 1983, 293 p. ; traduction adaptée et actualisée, « L'Holocauste à l'écran », préfacé par Elie Wiesel, trad. de l'anglais par M. Rosenbaum, in Guy Hunebelle (dir.), *CinémAction*, n° 32, Paris, Le Cerf, 1985, 192 p.

JANKÉLÉVITCH, Vladimir, *L'imprescriptible. Pardonner ? Dans, l'honneur et la dignité*, Paris, Seuil, 1986, 103 p.

JEANCOLAS, Jean-Pierre, « Le cinéma hongrois : l'explosion », in *Critique*, dossier « Budapest entre l'est et l'ouest », n° 517-518, juin - juillet 1990, p. 548-558

JEANCOLAS, Jean-Pierre, *L'œil hongrois : quatre décennies de cinéma à Budapest 1963-2000*, Budapest, Magyar Filmunió, 2001, 324 p.

JUREIT, Ulrike et SCHNEIDER, Christian, *Gefühlte Opfer. Illusionen der Vergangenheitsbewältigung*, Stuttgart, Klett-Cotta, 2010, 253 p.

JURGENSON, Luba et PRSTOJEVIC, Alexandre (dir.), *Des témoins aux héritiers. L'écriture de la Shoah et la culture européenne*, actes du colloque tenu en juin 2009, à Paris, EHESS, intitulé « Des témoins aux héritiers. Une histoire de l'écriture de la Shoah », organisé par le Centre de Recherches sur les Arts et le langage, Paris, Pétra, 2012, 389 p.

KA-TZETNIK, *Beit ha-bubot*, Tel-Aviv, Dvir, 1953, 315 p. ; *The House of Dolls*, trad. de l'hébreu par M. M. Kohn, New York, Simon and Schuster, 1955 ; *Maison de filles*, trad. de l'anglais par F. Max, Paris, Gallimard, coll. L'air du temps, 1958, 335 p.

KAES, Anton, *Deutschlandbilder. Die Wiederkehr der Geschichte als Film*, Munich, Text und Kritik, 1987, 264 p.

KANE, Sarah, « Avant-propos », in Mark Ravenhill, *Shopping and F***ng*, London, Methuen, 1996, 96 p.

KANE, Sarah, *Blasted*, in *Blasted and Phaedra's love*, London, Methuen, coll. Metheun modern plays, 1996, 103 p., *Anéantis*, trad. de l'anglais par L. Marchal, Paris, L'Arche, coll. Scène ouverte, 1998, 84 p.

KANE, Sarah, *Phaedra's love*, in *Blasted and Phaedra's love*, London, Methuen, coll. Metheun modern plays, 1996, 103 p, *L'Amour de Phèdre*, in *Manque, L'Amour de Phèdre*, trad. de l'anglais par S. Magois, Paris, L'Arche, coll. Scène ouverte, 1999, 119 p.

KANE, Sarah, *Cleansed*, London, Methuen, coll. Metheun modern plays, 1998, 45 p., *Purifiés*, trad. de l'anglais par E. Pieiller, Paris, L'Arche, coll. Scène ouverte, 1999, 66 p.

KANE, Sarah, *Crave*, London, Methuen, 1998, 49 p., *Manque*, in *Manque, L'Amour de Phèdre*, trad. de l'anglais par E. Pieiller, Paris, L'Arche, coll. Scène ouverte, 1999, 119 p.

KANE, Sarah, *4.48 Psychosis*, London, Methuen, 2000, 43 p., *4.48 Psychose*, trad. de l'anglais par E. Pieiller, Paris, L'Arche, 2001, 56 p.

KANTOR, Tadeusz, *La Classe morte*, in *Kantor 1*, Paris, CNRS, coll. Arts du spectacle, 2005, 283 p.

KARSKI, Jan, « Polish Death Camp » in *Collier's Weekly*, 14 octobre 1944, p. 18-19

KARSKI, Jan, « My Visit to the Warsaw Ghetto » in *The American Mercury*, novembre 1944, p. 567-577

KARSKI, Jan, *Story of a Secret State*, Boston, Houghton Mifflin, 1944, 391 p., *Mon témoignage devant le monde : histoire d'un État secret*, Paris, SELF, 1948, 356 p.

KARSKI, Jan, « Discours prononcé à Washington, le 12 mai 1994 », archives de Yad Vashem

KARSKI, Jan, « Foreword », in Ewa Kurek, *Your life is Worth mine: How Polish Nuns Saved Hundreds of Jewish Children in German-occupied Poland, 1939-1945*, New York, Hippocrene Books, 1997, 255 p.

KARSKI, Jan, « Franklin Delano Roosevelt, un leader du monde », in *Les Temps Modernes*, dossier « Le Rapport Karski », n° 657, janvier - mars 2010, p. 11-22

KATZ, Ephraim, *The Film Encyclopedia* (1979), New York, Harper Perennial, 1994, 1496 p.

KATZ, Jacob, *Out of the Ghetto: The Social Background of Jewish Emancipation, 1770-1870*, Cambridge, Harvard University Press, 1973, 271 p.

KERNER, Aaron, *Film and the Holocaust: New Perspectives on Dramas, Documentaries, and Experimental Films*, New York, Continuum Publishing Corporation, 2011, 344 p.

KERTESZ, Imre, *Kaddish pour l'enfant qui ne naîtra pas* (1990), trad. du hongrois par N. Zaremba-Huzsvai et C. Zaremba, Arles, Actes Sud, 1995, 156 p.

KERTESZ, Imre, *Etre sans destin* (1975), trad. du hongrois par N. Zaremba-Huzsvai et C. Zaremba, Arles, Actes Sud, 1997, 366 p.

KERTESZ, Imre, « À qui appartient Auschwitz ? » (1998), trad. du hongrois par N. Zaremba-Huzsvai et C. Zaremba, in *La Nouvelle Revue Française*, n° 551, septembre 1999, p. 223-230

KERTESZ, Imre, *Le Refus* (1988), trad. du hongrois par N. Zaremba-Huzsvai et C. Zaremba, Arles, Actes Sud, 2001, 348 p.

KERTESZ, Imre, *Etre sans destin : le livre du film : scénario original de l'auteur tiré de son roman* Etre sans destin, trad. du hongrois par N. Zaremba-Huzsvai et C. Zaremba, Arles, Actes Sud, 2005, 191 p.

KERTESZ, Imre, *Dossier K* (2006), trad. du hongrois par N. Zaremba-Huzsvai et C. Zaremba, Arles, Actes Sud, 2008, 204 p.

KERTESZ, Imre, *L'Holocauste comme culture : discours et essais* (1993), trad. du hongrois par N. Zaremba-Huzsvai et C. Zaremba, Arles, Actes Sud, 2009, 276 p.

KERTESZ, Imre, *Journal de galère* (1992), trad. du hongrois par N. Zaremba-Huzsvai et C. Zaremba, Arles, Actes Sud, 2010, 275 p.

KHERROUBI, Aïcha (dir.), *Le Studio Mejrabpom ou l'aventure du cinéma privé au pays des bolcheviks*, catalogue du festival tenu en octobre - décembre 1996, à l'auditorium du Musée d'Orsay, Paris, Réunion des Musées Nationaux, la Documentation française, 1996, 195 p.

KLÜGER, Ruth, *Refus de témoigner : une jeunesse*, trad. de l'allemand par J. Etoré, Paris, éditions Viviane Hamy, 1997, 317 p.

KONIGSBERG, Ira, « *Our Children* and the Limits of Cinéma : Early Jewish Responses to the Holocaust », in *Film Quarterly*, vol. 52, n° 1, automne 1998, p. 7-19

KOPKE, Christoph, « Heil Kräuter. Der gute Mensch in Hitlers Bunker ? Die Rolle des Arztes Günther Schenck im *Untergang* », in *Frankfurter Allgemeine Zeitung*, 20 septembre 2004, p. 38

KOPPEN, Manuel, « Von Effekten des Authentischen : Schindlers Liste : Film und Holocaust », in Manuel Köppen et Klaus R. Scherpe (dir.), *Bilder des Holocaust*.

Literatur, Film, Bildende Kunst, Cologne, Weimar, Vienne, Böhlau, 1997, p. 145-170

KORCZAK, Janusz, *Le Journal du ghetto*, trad. du polonais par Z. Bobowicz, Paris, Robert Laffont, coll. Pavillons, 1998, 288 p., introduit par Betty Jean Lifton, Robert Laffont, coll. Pavillons poche, 2012, 196 p.

KOTT, Jan, « *Le Roi Lear*, autrement dit *Fin de Partie* », in *Shakespeare notre contemporain*, trad. du polonais par A. Posner, Paris, Julliard, 1962, 274 p., Paris, Payot, coll. Petite Bibliothèque Payot, 1978, 310 p.

KRACAUER, Siegfried, *De Caligari à Hitler : Une histoire psychologique du cinéma allemand* (1947), Paris, Flammarion, 1987, 373 p.

KRISTEVA, Julia, *Pouvoirs de l'horreur : essai sur l›abjection*, Paris, Seuil, coll. Tel quel, 1980, 247 p.

KUHLBRODT, Dietrich, *Deutsches Filmwunder. Nazis immer besser*, Hambourg, Konkret Literatur, 2006, 199 p.

KUNTZEL, Heinrich, « Der Faschismus: seine Theorie, seine Darstellung in der Literatur », in Hans-Jürgen Schmitt (dir.), *Die Literatur der DDR. Hansers Sozialgeschichte der deutschen Literatur*, Munich, Deutscher Taschenbuch, 1983, vol. 2, p. 461

LaCAPRA, Dominick, *Representing the Holocaust: history, theory, trauma*, Ithaca, London, Cornell University Press, 1994, 230 p.

LACOUE-LABARTHE, Philippe, *La Fiction du politique*, Paris, Christian Bourgois, coll. Détroits, 1988, 187 p.

LANGER, Lawrence L., *Preempting the Holocaust*, Yale, Yale University Press, 1998, 222 p.

LANZMANN, Claude, « Le lieu et la parole », entretien réalisé par Marc Chevrie et Hervé Le Roux, in *Les Cahiers du cinéma*, n° 374, juillet-août 1985, p. 18-23

LANZMANN, Claude, *Shoah,* Paris, Fayard, 1985, 220 p., préfacé par Simone de Beauvoir, Paris, Librairie générale française, coll. Livre de poche, 1986, 248 p.

LANZMANN, Claude, « À propos de *La Liste de Schindler*, dernier film de Steven Spielberg : Holocauste, la représentation impossible », in *Le Monde*, 3 mars 1994

LANZMANN, Claude, *Sobibor: 14 octobre 1943, 16 heures*, trad. de l'hébreu par F. Kaufmann, Paris, Cahiers du cinéma, coll. Cahiers du cinéma-récit, 2001, 110 p.

LANZMANN, Claude, *Le Lièvre de Patagonie : mémoires,* Paris, Gallimard, 2009, 557 p.

LANZMANN, Claude, « Les cent vies de Claude Lanzmann », in *Nouvel Observateur*, 5 mars 2009, in *Le Nouvel Observateur*, Bibliobs, URL : http://bibliobs.nouvelobs.com/essais/20090306.BIB3071/les-cent-vies-de-claude-lanzmann.html

LANZMANN, Claude, « *Jan Karski* de Yannick Haenel : un faux roman », in *Les Temps Modernes*, dossier « Le Rapport Karski », n° 657, janvier - mars 2010, p. 2, p. 11-22

LAQUEUR, Walter, *Le terrifiant secret* : la Solution finale *et l'information étouffée* (1980), trad. de l'anglais par A. Roubichou-Stretz, Paris, Gallimard, 2010, 287 p.

LAUB, Dori, « Bearing Witness, or the Vicissitudes of listening », in Dori Laub, Shoshana Felman (dir.), *Testimony : Crises of Witnessing in Literature, Psychoanalysis, and History*, London, New York, Routledge, 1992, p. 204-224

LEGGEWIE, Claus et MEYER, Erik, « *Ein Ort, an den man gerne geht* ». *Das Holocaust-Mahnmal und die deutsche Geschichtspolitik nach 1989*, Munich, Carl Hanser, 2005, 400 p.

LE LIONNAIS, François, *La Peinture à Dora*, Paris, L'Échoppe, 1999, 21 p.

LEVI, Primo, *Se questo è un uomo* (1958), *La tregua* (1963), Turin, Einaudi, 1989, 354 p., *Si c'est un homme*, trad. de l'italien par M. Schruoffeneger, Paris, Julliard, 1987, 265 p., *La Trêve*, trad. de l'italien par E. Joly,

Paris, Bernard Grasset, 1966, 253 p.

LEVI, Primo, *I sommersi e i salvati* (1986), Turin, Einaudi, 1991, 181 p., *Naufragés et rescapés quarante ans après Auschwitz*, trad. de l'italien par André Maugé, Paris, Gallimard, coll. Arcades, 1989

LEVI, Primo et DEBENEDETTI, Leonardo, *Rapport sur Auschwitz*, trad. de l'italien par C. Petitjean, édition critique de Philippe Mesnard, Paris, Kimé, coll. Le sens de l'histoire, 2005, 111 p.

LEVY, Bernard-Henri, « Godard est-il antisémite ? », in *Le Point*, « Le bloc-notes de Bernard-Henri Lévy », mis en ligne le 8 avril 2010, URL : http://www.bernard-henri-levy.com/godard-est-il-antisemite-le-point-du-8-avril-2010-4735.html

LEVY, Bernard-Henri, « Godard est-il antisémite? Pièces et documents inédits autour de quatre films inaboutis », in *La Règle du jeu*, mis en ligne le 13 novembre 2010, URL : http://laregledujeu.org/2010/11/13/3346/godard-est-il-antisemite-pieces-et-documents-inedits-autour-de-quatre-films-inaboutis/

LEVY, Bernard-Henri, « BHL acteur de Godard? (Premier épisode) », in *La Règle du jeu*, mis en ligne le 15 novembre 2010, URL : http://laregledujeu.org/2010/11/15/3349/bhl-acteur-de-godard-premier-episode/

LEVY, Bernard-Henri, « Godard, acteur pour BHL? (Deuxième épisode) », in *La Règle du jeu*, mis en ligne le 16 novembre 2010, URL : http://laregledujeu.org/2010/11/16/3361/godard-acteur-pour-bhl-deuxieme-episode/

LEVY, Bernard-Henri, « Pas un dîner de Gala (Troisième épisode, 1999) », in *La Règle du jeu*, mis en ligne le 17 novembre 2010, URL : http://laregledujeu.org/2010/11/17/3373/pas-un-diner-de-gala-troisieme-episode-1999/

LEVY, Claude et TILLARD, Paul, *La Grande Rafle du Vel d'Hiv (16 juillet 1942)*, Paris, Robert Laffont, 1967, 271 p.

LEVY-WILLARD, Annette et JOFFRIN, Laurent, « *Shoah*, dix ans d'autopsie d'un génocide », in *Libération*, 25 avril 1985

LICHTNER, Giacomo, *Film and the Shoah in France and Italy*, Portland, Vallentine Mitchell & Co Ltd, 2008, 244 p.

LIEBMAN, Stuart, « Les premières constellations du discours sur l'Holocauste dans le cinéma polonais », in Antoine de Baecque et Christian Delage (dir.), *De L'histoire au cinéma* (1998), Paris, Complexe, CNRS IHTP, coll. Histoire du temps présent, 1998, p. 193-216.

LIEBMAN, Stuart, « Historiographie et cinéma de l'Holocauste », in Jean-Michel Frodon (dir.) *Le Cinéma et la Shoah : un art à l'épreuve de la tragédie du 20e siècle*, Paris, Cahiers du cinéma, 2007, p. 231-243

LIFTON, Betty J., *Janusz Korczak, le roi des enfants* (1988), trad. de l'anglais par R. Travail, Paris, Robert Laffont, 1989, 404 p.

LIFTON, Betty J., « Introduction », in Janusz Korczak, *Le Journal du ghetto*, trad. du polonais par Z. Bobowicz, Paris, Robert Laffont, coll. Pavillons poche, 2012, p. 22-30

LINDEMANN, Albert S., *Esau's Tears: Modern Anti-Semitism and the Rise of the Jews,* Cambridge, Cambridge University Press, 1997, 568 p.

LINDEPERG, Sylvie, *Les Ecrans de l'ombre : la Seconde guerre mondiale dans le cinéma français, 1944-1969*, Paris, CNRS, 1997, 443 p.

LINDEPERG, Sylvie, *Nuit et brouillard : un film dans l'histoire*, Paris, Odile Jacob, 2007, 288 p.

LITTELL, Jonathan, *Les Bienveillantes*, Paris, Gallimard, 2006, 903 p.

LOEWY, Hanno, « The Mother of All Holocaust Films ? Wanda Jakubowska's Auschwitz Trilogy », in *Historical Journal of Film, Radio and Télévision*, vol. 24, n° 2, 2004, p.179-204.

LOSHITZKY, Yosepha, *Spielberg's Holocaust: Critical Perspectives on*

Schindler's List, Indiana, Indiana University Press, 1997, 250 p.

LOSHITZKY, Yosepha, *Identity Politics on the Israeli Screen*, Austin, University of Texas Press, 2001, 226 p.

MAECK, Julie, *Montrer la Shoah à la télévision, de 1960 à nos jours*, d'après sa thèse soutenue en 2007, sous le titre *Voir et entendre la destruction des Juifs d'Europe : histoire parallèle des représentations documentaires à la télévision allemande et française*, Université libre de Bruxelles, Paris, Nouveau Monde, 2009, 428 p.

MARCUS, Millicent, *Italian Film in the Shadow of Auschwitz*, Toronto, University of Toronto Press, 2007, 187 p.

MARGALIT, Avishai, *L'Ethique du souvenir* (2002), trad. de l'anglais de C. Chastagner, Paris, Climats, 2006, 218 p.

MARTY, Eric, « L'Usage des noms, *Shoah* de Claude Lanzmann », in *Le Débat*, décembre 2010

MAURENSIG, Paolo, *Canone Inverso*, Milan, Mondadori, coll. Scrittori italiani, 1996, 172 p.

MAZOWER, Mark, *No Enchanted Palace: the end of Empire and the ideological origins of the United Nations*, Princeton, Oxford, Princeton University Press, 2009, 236 p.

MENDELSOHN, Daniel, « *Inglourious Basterds* : When Jews Attack », in *Newsweek*, mis en ligne le 13 août 2009, URL : http://newsweek.com/2009/08/13/inglourious-basterds-when-jews-attack.print.html

MESNARD, Philippe, *Consciences de la Shoah. Critique des discours et des représentations*, Paris, Kimé, 2000, 574 p.

MESNARD, Philippe, « Entre histoire et littérature, écrire la catastrophe », in Zalmen Gradowski, *Au Cœur de l'enfer*, trad. du yiddish par B. Baum, édition dirigée par Philippe Mesnard et Carlo Saletti, Paris, Kimé, coll. Le sens de l'histoire, 2001, p. 7-32.

MESNARD, Philippe et KAHAN, Claudine, *Giorgio Agamben à l'épreuve d'Auschwitz* : témoignages, interprétations, Paris, Kimé, coll. Le sens de l'histoire, 2001, 133 p.

MESNARD, Philippe, *Témoignage en résistance*, Paris, Stock, coll. Un ordre d'idée, 2007, 479 p.

MESNARD, Philippe, « Des affinités cinématographiques entre sexe et nazisme », in *Témoigner entre Histoire et Mémoire*, Bruxelles, Paris, Fondation Auschwitz, Kimé, n° 103, avril-juin 2009, p. 114-129

MESNARD, Philippe, *Primo Levi : Le Passage d'un témoin* (biographie), Paris, Fayard, coll. Doc. témoignages, 2011, 617 p.

MEYRINK, Gustav, *Der Golem, ein Roman von Gustav Meyrink*, Leipzig, K. Wolf, 1915, 308 p., *The Golem*, trad. par M. Mitchell, introduit par Robert Irwin, Sawtry, Dedalus, Riverside, Ariadne, 1995

MICHEL, Johann, « La représentance comme ontologie historique », in actes du colloque « *La Mémoire, l'histoire, l'oubli* 10 ans après », tenu en décembre 2010, à l'Amphithéâtre de la Faculté de théologie protestante de Paris, co-organisé par l'EHESS et le Fonds Ricœur, à paraître.

MIKOS, Lothar, « Amphibischer Film versus transmediale Erzählung. Zu den komplexen Wechselbeziehungen von Film und Fernsehen », in Thomas Schick, Tobias Ebbrecht, *Kino in Bewegung : Perspektiven des deutschen Gegenwartsfilms*, Wiesbaden, VS Verlag, 2011, p. 137-154

MINTZ, Alan, *Popular Culture and the Shaping of Holocaust Memory in America*, Washington, University of Washington Press, 2001, 208 p.

MITRY, Jean, *Histoire du cinéma : art et industrie, V, Les années 40*, Paris, Jean-Pierre Delarge, coll. Encyclopédie universitaire, 1980, 652 p.

MONDZAIN, Marie-José, « La Shoah comme question de cinéma », in Jean-Michel Frodon, (dir.), *Le Cinéma et la Shoah : un art à l'épreuve de la tragédie du*

20e siècle, Paris, Cahiers du cinéma, coll. Cahiers du cinéma Essais, 2007, p. 29-36

MORANTE, Elsa, *La Storia, Romanzo*, Turin, Einaudi, 1974, 661 p., *La Storia*, trad. de l'italien par M. Arnaud, Paris, Gallimard, 1977, 615 p.

MORGAN, Michael L., *On Shame*, London, New York, Routledge, 2008, 129 p.

MOSSE, George L., *Fallen Soldiers: Reshaping the Memory of the World Wars*, New York, Oxford, Oxford University Press, 1990, 264 p.

MUCKENBERGER, Christiane et JORDAN, Günther, « Sie sehen selbst, Sie hören selbst... » : Die DEFA von ihren Anfängen bis 1949, Marburg, 1994, 460 p.

MULLER, Filip, *Trois ans dans une chambre à gaz* (1979), trad. de l'allemand par P. Desolneux, préfacé par Claude Lanzmann, Paris, Pygmalion, 1980, 242 p.

NANCY, Jean-Luc, « La représentation interdite » in Jean-Luc Nancy (dir.), *L'Art et la mémoire des camps, représenter, exterminer*, Paris, Seuil, coll. Le Genre humain, 2001, 134 p.

NEVERS, Camille, « Schindler's List : One + One », in *Les Cahiers du Cinéma*, n° 478, avril 1994, p. 50

NEWMAN, Richard et KIRTLEY, Karen, *Alma Rosé. Vienna to Auschwitz*, Portland, Amadeus Press, 2000, 407 p.

NINEY, François, *L'Épreuve du réel à l'écran* : essai sur le principe de réalité documentaire (1999), thèse soutenue en 1999, Université Paris 3, Bruxelles, De Boeck, 2002, 347 p.

NINEY, François, *Le Documentaire et ses faux-semblants*, Paris, Klincksieck, 2009, 207 p.

NIV, Kobi, *Life Is Beautiful, but not for Jews: Another View of the Film by Benigni*, Metuchen N.J., Scarecrow Press, 2003, 107 p.

NOAKES, Jeremy et PRIDHAM, Geoffrey (dir.), *Foreign Policy, War and Racial Extermination*, in *Nazism 1919-1945: A Documentary Reader*, vol. 3, Exeter, Exeter University Publications, coll. Exeter studies in history, 1988, 640 p.

NOIRVILLE, Florence, « Briser de l'intérieur les limites de la langue », entretien avec Imre Kertész, in *Le Monde*, 10 juin 2005

NORA, Pierre (dir.), *Les Lieux de mémoire*, Paris Gallimard, 1997, 3 vol.

NOVARINA, Valère, *Lumières du corps*, Paris, POL, 2005, 188 p.

NYISZLI, Miklos, *Médecin à Auschwitz : souvenirs d'un médecin déporté*, trad. et adapté du hongrois par T. Kremer, Paris, Julliard, 1961, 253 p.

OCKMAN, Joan, SAFDIE Moshe, SHALEV, Avner et WIESEL, Elie, *Yad Vashem, Moshe Safdie, the Architecture of Memory,* Baden, Lars Müller, 2006, 135 p.

OMBROSI, Orietta, « La dialectique de l'idée de catastrophe dans la pensée de W. Benjamin », in *Archives de Philosophie*, n° 69 / 2, été 2006, p. 279.

ORZESZKOWA, Eliza, *Nad Niemnem* (1888), Wroclaw, Ossolineum, 1957, 296 p.

PALDIEL, Mordecai, *The Righteous Among the Nations : Rescuers of Jews During the Holocaut,* préfacé par Elie Wiesel, Harper, 2007, 608 p.

PANNE, Jean-Louis, *Jan Karski : le « roman » et l'histoire*, Saint-Malo, Pascal Galodé éditeurs, 2010, 187 p.

PASQUIER, Sylvaine, « Raul Hilberg : *un acte majeur* », entretien avec Raul Hilberg, in *L'Express*, n° 2225, 24 février 1994, p. 92

PATRAKA, Vivian M., « Fascist Ideology and Theatricalization », in Janelle G. Reinelt, Joseph R. Roach (dir.), *Critical Theory and Performance*, Ann Arbor, University of Michigan Press, 1992, p. 336-349

PATRAKA, Vivian M., *Spectacular suffering. Theatre, Fascism, and the*

Holocaust, Bloomington, Indiana University Press, 1999, 159 p.

PAUL, Gerhard, « Holocaust : Vom Beschweigen zur Medialisierung », in Gerhard Paul, Bernhard Schoßig (dir.), Öffentliche Erinnerung und Medialisierung des Nationalsozialismus. Eine Bilanz der letzten dreißig Jahre, Göttingen, Wallstein, 2010, p. 15-38

PAVEL, Thomas, *Univers de la fiction*, Paris, Seuil, coll. Poétique, 1988, 216 p.

PAXTON, Robert O., *La France de Vichy : 1940-1944*, trad. de l'anglais par C. Bertrand, Paris, Seuil, coll. L'Univers historique, 1973, 375 p.

PEREC, Georges, *W ou le Souvenir d'enfance*, Paris, Denoël, coll. Les Lettres nouvelles, 1975, 220 p.

PEREC, Georges, « Robert Antelme ou la vérité de la littérature », in *L.G., une aventure des années soixante,* Paris, Seuil, 1992, p. 92-93

PERRIER, Jean-Louis, « *Hotel Modern*. S'imaginer Auschwitz », entretien avec Pauline Kalker, Arlène Hoornweg et Herman Helle de la compagnie *Hotel Modern*, in *Mouvement*, n° 41, hiver 2006, p. 92-95

PICART, Caroline Joan, *The Holocaust Film Sourcebook*, Westport, Greenwood Press, 2004, 2 vol., 447 et 544 p.

PICART, Caroline Joan, et FRANK, David A., *Frames of Evil: The Holocaust As Horror in American Film*, Carbondale, Southern Illinois University Press, 2006, 186 p.

PIEGAY-GROS, Nathalie, *Introduction à l'intertextualité,* Paris, Dunod, 1996, 186 p.

PINTER, Harold, *Ashes to Ashes*, London, Faber and Faber, 1996, 64 p., *Ashes to Ashes* in "*La Lune se couche" suivi de "Ashes to Ashes", "Langue de la montagne", "Une soirée entre amis" et autres textes*, trad. de l'anglais par E. Kahane. Paris, Gallimard, 1998, 138 p.

PISCATOR, Erwin, *Le Théâtre politique*, trad. de l'allemand par A. Adamov et C. Sebisch, Paris, L'Arche Editeur, 1962, 283 p.

PISCATOR, Erwin, *Avant-propos* in Rolf Hochhuth, *Le Vicaire*, trad. de l'allemand par F. Martin et J. Amsler, avant-propos d'Erwin Piscator, Paris, Seuil, 1963, p. 11-15

PLASSARD, Didier, *L'Acteur en effigie : figures de l'homme artificiel dans le théâtre des avant-gardes historiques. Allemagne, France, Italie*, Charleville-Mézières, Institut international de la marionnette, Lausanne, L'Âge d'homme, Institut International de la marionnette, 1992, p. 371 p.

PLUNKA, Gene A., *Holocaust Drama : the Theater of Atrocity*, Cambridge, Cambridge University Press, 2009, 454 p.

POLIAKOV, Léon, « Le dossier Kurt Gerstein », contenant le rapport de Kurt Gerstein du 5 mai 1945, in *Le Monde Juif* n° 1 (36), janvier - mars 1964, p. 13-14

POLITI, Marco, « La Chiesa non dimentica gli orrori dell'Olocausto », in *La Repubblica*, 24 mars 2000

PORTUGES, Catherine, « Personal Interviews with Lajos Koltai, Budapest, 8 février 2003 et 10 février 2004 », Budapest, Magyar Filmszemle/Hungarian Film Week

PORTUGES, Catherine, « Imre Kertész and the Filming of *Sorstalansag* (*Fatelessness*) », in Louise O. Vasvari et Steven Tötösy de Zepetnek, *Imre Kertész and Holocaust Literature*, Purdue University Press, coll. Comparative Cultural Studies, 2005, p. 182-195

POSTEC, Ziva, « Le Montage du film Shoah », daté par l'auteur d'août 1987, consulté le 2 mai 2011, URL : http://www.zivapostec.com/Shoah.php

POZNANSKI, Renée, *Propagandes et persécutions, la Résistance et le « problème juif » 1940-1944,* Paris, Fayard, 2008, 785 p.

RABATE, Jean-Michel, *La Pénultième est morte : spectrographies de la modernité*, Seyssel, Champ Vallon, coll. L'or d'Atalante, 1993, 233 p.

RANCIERE, Jacques, *Le spectateur émancipé,* Paris, La Fabrique, 2008, 145 p.

RAPHAEL, Frederic, « Inglourious Basterds? *You have no idea* », in *Commentary,* octobre 2009, p. 65

REIMER, Robert C., et REIMER, Carol J., *Historical Dictionary of Holocaust Cinema*, Metuchen, Scarecrow Press, 2012, 247 p.

RENTSCHLER, Eric, *The Ministry of Illusion: Nazi Cinema and Its Afterlife*, Cambridge, Harvard University Press, 1996, 456 p.

RICŒUR, Paul, *Temps et Récit : L'Intrigue et le récit historique* (1983), *La Configuration dans le récit de fiction* (1985), *Le Temps raconté* (1985), Paris, Seuil, coll. Points Essais, 1991, 3 vol.

RICŒUR, Paul, *Essais d'herméneutique II : du texte à l'action*, Paris, Seuil, 1986, 409 p.

RICŒUR, Paul, *La Mémoire, l'histoire, l'oubli*, Paris, Seuil, coll. L'Ordre philosophique, 2000, 675 p., coll. Points Essais, 2003, 689 p.

RIVETTE, Jacques, « De l'abjection » in *Les Cahiers du Cinéma*, n° 120, juin 1961, p. 54-55

ROLLET, Patrice, *Passages à vide : ellipses, éclipses, exils du cinéma*, Paris, POL, 2002, 231 p.

ROLLET, Sylvie, *Une éthique du regard : le cinéma face à la Catastrophe, d'Alain Resnais à Rithy Panh*, Paris, Hermann, 2011, 273 p.

ROSEN, Alan, « 'Teach Me Gold': Pedagogy and Memory in *The Pawnbroker* », in *Prooftexts*, vol. 22, n° 1-2, hiver-printemps 2002, p. 77-117

ROTH, Philip, *Everyman,* Boston, Houghton Mifflin, 2006, 182 p., *Un homme*, trad. de l'anglais par J. Kamoun, Paris, Gallimard, 2009, 181 p.

ROTH, Philip, *Nemesis*, Boston, New York, Houghton Mifflin Harcourt, 2010, 280 p.

ROTH, Philip, *The Humbling*, London, J. Cape, 2009, 140 p., *Le Rabaissement*, trad. de l'anglais par Marie-Claire Pasquier, Paris, Gallimard, 2011, 121 p.

ROTH, Philip, *Indignation*, Boston, Houghton Mifflin, 2008, 233 p., *Indignation*, trad. de l'anglais par Marie-Claire Pasquier, Paris, Gallimard, 2012, 237 p.

ROTHBERG, Michael, *Traumatic Realism: the demands of Holocaust representation*, Minneapolis, University of Minnesota Press, 2000, 323 p.

ROVIT, Rebecca et GOLDFARB, Alvin, *Theatrical performance during the Holocaust: texts, documents, memoirs*, Baltimore, Johns Hopkins University Press, 1999, 350 p.

SAINT-PIERRE, Michel (de), « La Dernière Étape », in *Témoignage Chrétien*, 20 octobre 1942

SANTNER, Eric, « History Beyond the Pleasure Principle: Some Thoughts on the Representation of Trauma », in Saul Friedländer (dir.), *Probing the Limits of Representation: Nazism and the 'Final Solution'*, Cambridge, Harvard University Press, 1992, p. 144, p. 143-154

SARRAZAC, Jean-Pierre (dir.), assisté de C. Naugrette, H. Kuntz, M. Losco et D. Lescot, *Lexique du drame moderne et contemporain*, Belval, Circé, 2005, 253 p.

SAUNDERS, Graham, "*Love me or Kill Me": Sarah Kane and the Theatre of Extremes*. Manchester, New York, Manchester University Press, coll. Theatre : theatre-practice-performance, 2002, 207 p., "*Love me or Kill me" : Sarah Kane et le théâtre*, trad. de l'anglais par Georges Bas, postfacé par Edward Bond, Paris, L'Arche, 2004, 318 p.

SAXTON, Libby, « Anamnesis Godard / Lanzmann », in *Trafic*, n° 47, automne 2003, p. 48-66.

SAXTON, Libby, *Haunted Images : Film, Ethics, Testimony and the Holocaust*, London, New York, Wallflower, 2008, 162 p.

SCHAEFFER, Jean-Marie, *Pourquoi la fiction ?*, Paris, Seuil, 1999, 346 p.

SCHAEFFER, Jean-Marie, et HEINICH, Nathalie, *Art, création, fiction : entre sociologie et philosophie*, Paris, Jacqueline Chambon, 2004, 217 p.

SCHENK Ralf (dir.), *Das Zweite Leben der Filmstadt Babelsberg. DEFA-Spielfilme 1946-1992*, Berlin, Henschel, 199 4, 559 p.

SCHIEBER, Elke, « " Vergesst es nie – Schuld sind sie ! " Zur Auseinandersetzung mit dem Völkermord an den Juden in Gegenwartsfilmen der DEFA », in Thomas Möller et Gabriele Horcher (dir.), *Die Vergangenheit in der Gegenwart : Konfrontationen mit den Folgen des Holocaust im deutschen Nachkriegsfilm*, actes du colloque tenu en décembre 1999, à Frankfurt am Main, organisé par le groupe Cinematographie des Holocaust et Deutsches Filminstitut, Munich, Vertrieb Edition Text + Kritik, 2001, 96 p.

SCHOLEM, Gershom, *Les Grands courants de la mystique juive : la Merkaba, la Gnose, la Kabbale, le Zohar, le sabbatianisme, le hassidisme*, Paris, Payot, coll. Bibliothèque scientifique, 1950, 432 p.

SCHOLEM, Gershom G., *Kabbalah*, New York, Dorset Press, 1974, Jerusalem, Keter, 1974, 492 p.

SCHULTZ, Sonja M., « Die harmonische Leinwand. Filmische Stereotypen bei der Darstellung von Nationalsozialismus und Holocaust in aktuellen deutschen Produktionen », in Ralf Schenk, Erika Richter, Claus Löser (dir.) *Apropos : Film 2005*, Berlin, DEFA-Stiftung, Bertz + Fischer, 2005, p. 76-88

SCHUMACHER, Claude, *Staging the Holocaust. The Shoah in drama and performance* Cambridge, Cambridge University press, 1998, 372 p.

SCHUTZ, Sonja M., *Der Nationalsozialismus in Film. Von Triumph des Willens bis Inglorious Basterds*, Berlin, Bertz + Fischer, 2012, 560 p.

SCHWEITZER, Ariel, *Le Cinéma israélien de la modernité*, Paris, Montréal, L'Harmattan, coll. Champs visuels, 1997, 275 p.

SCHWEITZER, Ariel, DE BONIS, Maurizio G. et SPAGNOLETTI, Giovanni (dir.), *Il cinema israeliano contemporaneo*, Venezia, Marsilio Editori, coll. Saggi Marsilio, Nuovocinema / Pesaro, 2009, 269 p.

SCOLA, Ettore, *Concorrenza sleale* : un film, Turin, Lindau, 2001, 187 p.

SEESSLEN, Georg, *Quentin Tarantino gegen die Nazis : Alles über* INGLORIOUS BASTERDS, Bertz+Fischer, Berlin, 2010, 264 p.

SEGHERS, Anna, *La Septième Croix*, trad. de l'allemand par F. Delmas, Paris, Gallimard, 1947, 338 p.

SEMLER, Christian, « Die angemaßte Opferrolle », in *die Tageszeitung*, 17 août 2010

SEMPRUN, Jorge, *L'Écriture ou la vie*, Paris, Gallimard, coll. Folio, 1996, 396 p., coll Folioplus classiques, 2012, 429 p.

SERENY, Gitta, *Au fond des ténèbres : de l'euthanasie à l'assassinat de masse, un examen de conscience* (1974), trad. de l'anglais par Colette Audry, Paris, Denoël, 1975, 406 p.

SEYMOUR, Gene, « Tarantino's Inglourious Basterds: Riot on the Western Front », in *Historynet.com*, mis en ligne le 21 août 2009, URL : http://www.historynet.com/inglourious-basterds-riot-on-the-western-front.htm

SIERZ, Aleks, *In-Yer-Face Theatre: British Drama Today*, London, Faber and Faber, 2001, 274 p.

SIERZ, Aleks, «'On dirait qu'il y a une guerre': *Anéantis* de Sarah Kane et le théâtre politique », in Élisabeth Angel-Perez et Nicole Boireau (dir.), *Le Théâtre anglais contemporain*, Paris, Klincksieck, 2007, p. 174-175

SKLOOT, Robert, (dir.), *The Theatre of the Holocaust (vol. 1) : Four plays*, Madison, University of Wisconsin Press, 1982, 116 p.

SKLOOT, Robert, (dir.), *The Theatre of the Holocaust (vol. 2): Six plays*, Madison, University of Wisconsin Press, 1999, 424 p.

SKLOOT, Robert, (dir.), *The Theatre of Genocide, Four Plays about Mass Murder in Rwanda, Bosnia, Cambodia, and Armenia*, Madison, University of Wisconsin Press, 2008, 232 p.

STEINER, George. *Language and Silence* (1967), New Haven, Yale University Press, 1998, 426 p., *Langage et silence,* trad. de l'anglais par L. Lotringer, G. Durand, L. et D. Roche, J.-P. Faye, J. Fanchette, Paris, 10/18, 1999, 282 p.

STEINLE, Matthias, « Geschichte im Film: Zum Umgang mit den Zeichen der Vergangenheit im Dokudrama der Gegenwart », in Barbara Korte, Sylvia Paletschek (dir.), *History Goes Pop. Zur Repräsentation von Geschichte in populären Medien und Genres*, Bielefeld, Transcript, 2009, p. 147-165.

STEINLE, Matthias, « Le passé du troisième Reich dans le « Dokudrama » du présent allemand », in *Témoigner entre histoire et mémoire*, n° 108, juillet - septembre 2010, p. 88-102.

STERN, Anne-Lise, « Sois déportée… et témoigne ! Psychanalyser, témoigner : double-bind ? », in Annette Wieviorka et Claude Mouchard (dir.), *La Shoah : témoignages, savoirs, œuvres*, Saint-Denis, Presses Universitaires de Vincennes, Orléans, Centre de recherche et de documentation sur les camps d'internement et la déportation juive dans le Loiret, 1999, 396 p.

STYRON, William, *Le Choix de Sophie*, trad. de l'anglais par M. Rambaud, Paris, Gallimard, Coll. Du monde entier, 1981, 630 p.

SUSSEX, Elizabeth, « The Fate of F3080 », in *Sight and Sound, International Film Quarterly*, vol. 53, n° 2, printemps 1984, p. 96.

TADIE, Jean-Yves, et TADIE, Marc, *Le Sens de la mémoire*, Paris, Gallimard, 1999, 355 p.

TAYLOR, Ella, « Quentin Tarantino: The *Inglourious Basterds* Interview », in *The Village Voice*, mis en ligne le 18 août 2009 : http://www.villagevoice.com/2009-08-18/news/quentin-tarantino-the-inglourious-basterds-interview/2/

TAYLOR, Charles, « Violence as the Best Revenge », in *Dissent*, vol. 57, n° 1, hiver 2010, p. 106.

TESSARECH, Bruno, *Les Sentinelles*, Paris, Grasset, 2009, 377 p.

TORRES, Tereska, *Unerschrocken : auf dem Weg nach Palästina, Tereska Torres Filmtagebuch von 1947*, Köln, DuMont, Berlin, Jüdisches Museum, coll. Zeitzeugnisse aus dem Jüdischen Museum Berlin, 2004, 147 p.

TORRES, Tereska, *Les Maisons hantées de Meyer Levin*, Paris, Phébus, 2005, 190 p.

TOUBIANA, Serge et PIEGAY, Baptiste, *Exils et territoires : le cinéma d'Amos Gitaï*, Paris, Arte, Cahiers du cinéma, 2003, 198 p.

TRAVERSO, Enzo, *Le Passé, modes d'emploi. Histoire, mémoire, politique*, Paris, La Fabrique, 2005, 136 p.

TROM, Danny, La P*romesse et l'obstacle. La Gauche radicale et le problème juif,* Paris, Le Cerf, 2007, 263 p.

VATTER, Christoph, *Gedächtnismedium Film. Holocaust und Kollaboration in deutschen und französischen Spielfilmen seit 1945*, Würzburg, Königshausen & Neumann, 2009, 352 p.

VEYRAT-MASSON, Isabelle, *Télévision et histoire, la confusion des genres*, Bruxelles, De Boeck, Bry-sur-Marne, INA, 2008, 224 p.

VENEZIA, Schlomo, *Sonderkommando. Dans l'enfer des chambres à gaz*, en collaboration avec Marcello Pezetti et Béatrice Prasquier, préface de Simone Veil, Paris, Albin Michel, coll. Essais doc., 2007, 264 p.

WAJCMAN, Gérard, *L'Objet du siècle*, Lagrasse, Verdier, 1998, 253 p.

WAJCMAN, Gérard, « "Saint Paul" Godard contre « Moïse » Lanzmann ? », in *Le Monde*, 3 décembre 1998

WAJCMAN, Gérard, « De la croyance photographique », in *Les Temps modernes*, n° 613, mars-avril-mai 2001, p. 65

WALKER, Janet, *Trauma Cinema: Documenting Incest And The Holocaust*, Berkely and Los Angeles, University of California Press, 2005, 251 p.

WALKER, John (dir.), *Halliwell's Film Guide*, New York, Harper Perennial, 1995, 1231 p.

WALLANT, Edward L., *The Pawnbroker*, New York, Harcourt, Brace and World, 1961, 279 p.

WALTER, Jacques, *La Shoah à l'épreuve de l'image*, Paris, Presses Universitaires de France, 2005, 285 p.

WALTER, Jacques, « *La Liste de Schindler*, un procès sur l'américanisation de la Shoah », in Olivier Dard, Hans-Jürgen Lüsebrink (dir.), *Américanisations et anti-américanismes comparés*, Villeneuve d'Ascq, Presses Universitaires Septentrion, 2008, p. 149-161

WARDI, Charlotte, « Le cliché de la déshumanisation des victimes de la Shoah ou la fascination du mal », in Jean Gillibert et Perel Wilgowicz (dir.), *L'Ange exterminateur*, Bruxelles, Université de Bruxelles-Cerisy, 1993, 383 p.

WEINRAUB, Bernard, « Writer Takes Jews to Task for "Kill Bill" », in *New York Times*, 17 octobre 2003

WEISS, Peter, *Discours sur la genèse et le déroulement de la très longue guerre de libération du Vietnam : illustrant la nécessité de la lutte armée des opprimés contre leurs oppresseurs, ainsi que la volonté des États-Unis d'Amérique d'anéantir les fondements de la révolution*, trad. de l'allemand par J. Baudrillard, Paris, Seuil, 1968, 268 p.

WEISS, Peter, *L'Instruction : Oratorio en onze chants* (1965), trad. de l'allemand par J. Baudrillard, Paris, L'Arche, coll. Scène ouverte, 2000, 254 p.

WEISS, Peter, *Du palais idéal à l'enfer ou du facteur cheval à Dante*, trad. de l'allemand par E. Kaufholz-Messmer, Paris, Kimé, coll. Détours littéraires, 2000, 114 p.

WELZER, Harald (dir.), *Das soziale Gedächtnis. Geschichte, Erinnerung, Tradierung*, Hamburg, Hamburger Edition, 2001, 349 p.

WELZER, Harald, MOLLER, Sabine et TSCHUGGNALL, Karoline, « *Opa war kein Nazi* ». *Nationalsozialismus und Holocaust im Familiengedächtnis*, Frankfurt-am-Main, Fischer-Taschenburg, 2002, 249 p.

WENDERS, Wim, « President Evil ou le mal de chez nous », in *Trafic*, n° 53, 2005, p. 39-53

WESTPHAL, Anke, « Daher kommen wir », entretien avec Hirschbiegel, in *Berliner Zeitung*, 11 septembre 2004, p. 31-33

WIEVIORKA, Annette, *Déportation et génocide : entre la mémoire et l'oubli*, Paris, Plon, 1992, 506 p., Hachette, coll. Pluriel, 1995, 506 p.

WIEVIORKA, Annette, *L'Ere du témoin*, Paris, Plon, 1998, 185 p., Hachette, coll. Pluriel, 2002, 185 p.

WILDT, Michael, « "Der Untergang": Ein Film inszeniert sich als Quelle », in *Zeithistorische Forschungen / Studies in Contemporary History*, Online-Ausgabe, n° 2, 2005, H. 1, mis en ligne le 17 janvier 2010, URL : http://www.zeithistorische-forschungen.de/16126041-Wildt-1-2005

WISTRICH, Robert S., *Antisemitism: The Longest Hatred*, New York, Pantheon Books, 1991, 341 p.

WOLF, Fritz, « Der Weitererzähler. Fernsehen und Geschichtserzählung », in *Jahrbuch Fernsehen*, Marl, Grimme Institut, 2004, p. 28-44

WOLFRUM, Edgar, « Neue Erinnerungskultur. Die Massenmedialisierung des 17. Juni 1953 », in *Aus Politik und Zeitgeschichte*, B 40-41, 2003, p. 33-39

WOOD, E. Thomas, et JANKOWSKI, Stanislaw M., *Karski: How one Man Tried to Stop the Holocaust,* préfacé par Elie Wiesel, New York, John Wiley, 1994, 316 p.

WOOD, E. Thomas, « Le compte-rendu de la relation Karski-Lanzmann », site de Philippe Sollers pileface.com/Sollers, mis en ligne le 13 avril 2010, URL : http://www.pileface.com/sollers/article.php3?id_article=1001

WORMS, Frédéric, « Vie, mort et survie dans et après *La Mémoire, l'histoire, l'oubli* », in actes du colloque « *La Mémoire, l'histoire, l'oubli* 10 ans après », tenu en décembre 2010, à la Faculté de théologie protestante de Paris, à paraître.

YABLONKA, Hannah, *The State of Israel vs. Adolf Eichmann,* New York, Schocken Books, 2004, 319 p.

YOUNG, James E., « The Biography of a Memorial Icon: Nathan Rapoport's Warsaw Ghetto Monument », in *Representations,* dossier « Memory and Counter-Memory », n° 26, printemps 1989, p. 69-106

ZAPPONI, Niccolò, « Fascism in Italian Historiography, 1986-1993: A Fading National Identity », in *Journal of Contemporary History*, n° 29, octobre 1994, p. 565

ZELIZER, Barbie, *Remembering to Forget: Holocaust Memory Through the Camera's Eye*, Chicago, University of Chicago Press, 2000, 300 p.

ZELIZER, Barbie, (dir.), *Visual Culture and the Holocaust*, New Brunswick, Rutgers University Press, 2000, 364 p.

Filmographie

La filmographie présentées ci-dessous ne mentionnent que les œuvres citées dans les textes du présent recueil.

ADLER, Laure (dir.), entretien avec Jérome Clément, Jean-Michel Frodon, Serge Kaganski, Claude Lanzmann, Arnaud des Pallières, Jacques Rancière, in *Le Cercle de minuit* : « Comment filmer l'histoire ? », France 2, le 22 avril 1997 (émission)

ALDRICH, Robert, *The Dirty Dozen* (*Les Douze salopards*), Grande-Bretagne, États-Unis, 1967

AMELIO, Gianni, *Il Ladro di bambini* (*Les Enfants volés / The Stolen Children*), Italie, France, Suisse, 1992

ARCAND, Denys, *Les Invasions barbares*, Canada, France, 2002

BACON, Yehuda, mis en ligne le 5 mars 2009, consulté le 11 août 2012, URL : http://www.youtube.com/watch?v=zidNvLUPSt0 (entretien filmé)

BAIER, Jo, *Stauffenberg* (*Opération Walkyrie / Opération Valkyrie*), Allemagne, 2004

BAIER, Jo, *Nicht alle waren Mörder* (*Ce n'étaient pas tous des assassins*), Allemagne, 2006

BALLMANN, Herbert, *Der Prozess wird vertagt* (*Le Procès est renvoyé*), Allemagne (RDA), 1958

BARBASH, Uri, *Me'Ahorei Hasoragim* (*Au-delà des murs / Beyond the Law*), Israël, 1985

BECK, Walter et KASPRZIK, Hans-Joachim (dir.), *Wolf unter Wölfen* (*Loup parmi les Loups*), Allemagne (RDA), 1964

BEN-DOR NIV, Orna, *Aretz Hadasha* (*Un nouveau pays / New Land*), Israël, 1994

BENIGNI, Roberto, *La Vita è bella* (*La Vie est belle / Life Is Beautiful*), Italie, 1997

BERGMAN, Ingmar, *The Serpent's Egg* (*L'Œuf du serpent*), Allemagne (RFA), États-Unis, 1977

BERNSTEIN, Sydney, *Memories of the Camps* (*F3080*), Grande-Bretagne, États-Unis, 1985

BERTRAM, Hans, *Feuertaufe* (*Baptême du feu / Baptism of Fire*), Allemagne, 1940

BEYER, Frank et APITZ Bruno, *Nackt unter Wölfen* (*Nu parmi les Loups* / Naked Among the Wolves), Allemagne (RDA), 1963

BEYER, Frank et BECKER, Jurek, *Jakob, der Lügner* (*Jacob le menteur / Jacob the Liar*), Allemagne (RDA), Tchécoslovaquie, 1975

BEYER, Frank et BECKER, Jurek, *Wenn alle Deutschen schlafen*, Allemagne, 1994

BLOCK, Gay et DRUCKER, Malka, entretien avec Jan Karski, 1991, v. BLOCK, Gay et DRUCKER, Malka, *Rescuers: Portraits of Moral Courage in the Holocaust*, New York, Holmes & Meier, 1992, 255 p.

BLUMENBERG, Hans-Christoph, *Die Letzte Schlacht : Berlin, April 1945* (*La Dernière bataille / The Bunker Australia*), Allemagne, 2005

BLUMENBERG, Hans-Christoph, *Die Kinder der Flucht* (*Les Enfants de la déroute*), Allemagne, 2006

BONDARTCHOUK, Sergueï, *Sudba cheloveka* (*Le Destin d'un homme / Fate of a Man*), URSS, 1959

BOSCH, Roselyne, *La Rafle* (*The Round Up*) France, Allemagne, Hongrie, 2010

BRELOER, Heinrich, *Speer & Er* (*Speer & Er: The Devil's Architect / Speer & Hitler : l'architecte du diable*), Allemagne, 2005

BUCZKOWSKI, Leonard, *Zakazane piosenki* (*Chansons interdites*), Pologne, 1947

BUNUEL, Luis et DALI, Salvador, *Un chien andalou*, France, 1929

CANTET, Laurent, *Ressources humaines* (*Human Resources*), France, Grande-Bretagne, 1999

CAPRA, Frank, *Mr Smith Goes to Washington* (*Monsieur Smith au sénat*), États-Unis, 1939

CAPRA, Frank, *Why we fight, 1: Prelude to War* (*Pourquoi nous combattons, 1 : Prélude à la guerre*), États-Unis, 1942

CASTELLARI, Enzo G., *Quel maledetto treno blindato* (*Une poignée de salopards / The Inglorious Bastards*), Italie, 1978

CAVANI, Liliana, *Il Portiere di notte* (*Portier de nuit / The Night Porter*), Italie, 1974

CHAPLIN, Charlie, *The Pawnshop* (*Charlot chez l'usurier*), États-Unis, 1916

CHAPLIN, Charlie, *Modern Times* (*Les Temps modernes*), États-Unis, 1936

CHAPLIN, Charlie, *The Great Dictator* (*Le Dictateur*), États-Unis, 1940

CHOMSKY, Marvin J. (dir.), *Holocaust* (*Holocaus: The Story of the Family Weiss / Holocauste*), États-Unis, 1978

CLOUZOT, Henri-Georges, *L'Assassin habite… au 21* (*The Murderer Lives at Number 21*), France, 1942

COLES, John D., BUSHNELL, Candace et STAR, Darren, *Sex and the City*, saison 2, épisode 6 « The Cheating Curve », États-Unis, 1999

COPPOLA, Francis Ford, *Apocalypse Now*, États-Unis, 1979

COSTA, Fabrizio, *Senza confini*, Italie, 2001

COSTA-GAVRAS, *Amen*, France, Allemagne, Roumanie, 2002

CURTIZ, Michael, *Casablanca*, États-Unis, 1942

DE SICA, Vittorio, *Ladri di biciclette* (*Le Voleur de bicyclette / Bicycle Thieves*), Italie, 1948

DEBRAY, Régis, « entretien avec Jean-Luc Godard », Arte, le 14 octobre 1995 (entretien filmé)

DESPLECHIN, Arnaud, *La Sentinelle* (*The Sentinel*), France, 1992

DONSKOI, Mark, *Raduga* (*L'Arc-en-ciel / The Rainbow*), URSS, 1944

DONSKOI, Mark, *Nepokoryonnye* (*Tarass l'indompté / The Taras Family*), URSS, 1946

DRACH, Michel, *Les Violons du bal* (*Violins at the Bal*), France, 1974

DRAZAN, Pavel, *Sonderkommando: The Living Dead of Auschwitz*, Grande-Bretagne, 2009

EGOYAN, Atom, *Ararat*, Canada, 2001

EGOYAN, Atom, *Calendar*, Arménie, Canada, Allemagne, 1993

ESRAIL, Raphaël et ERNOT, Isabelle (dir.), *Mémoire demain : témoignages de déportés*, avant-propos de Simone Veil, France, prod. par l'Union des Déportés d'Auschwitz, Paris, Hatier, 2009 (dvd-rom)

FABRI, Zoltan, *Két félidő a pokolban* (*Deux mi-temps en enfer / Two Half-Times in Hell / The Last Goal*), Hongrie, 1963

FAENZA, Roberto, *Jona che visse nella balena* (*Années d'enfance / Look to the Sky*), Italie, France, Hongrie, 1993

FARBERBOCK, Max, *Aimée & Jaguar* (*Aimée und Jaguar / Aimée et Jaguar*), Allemagne, 1999

FAROCKI, Harun, *Bilder der Welt und Inschrift des Krieges* (*Images du monde et inscription de la guerre*), Allemagne, 1988

FAROCKI, Harun, *Aufschub* (*En sursis*), Allemagne, 2007

FELLINI, Federico, *Amarcord*, Italie, France, 1974

FERRARIO, Davide, *La Strada di Levi*

(*Le Voyage de Primo Levi* / *Primo Levi's Journey*), Italie, 2006

FINKIEL, Emmanuel, *Voyages* (*Tracks*), France, Pologne, Belgique, 1999

FIRESTONE, Renée, « Holocauste rescue and aid provider Jan Karski Testimony », entretien avec Jan Karski, USC Shoah Foundation Institute, États-Unis, 10 mars 1995 (entretien filmé)

FORD, Aleksander, *Ulica Graniczna* (*La Vérité n'a pas de frontière* / *Rue de la frontière* / *Border Street*), Pologne, 1948

FOSSE, Bob, *Cabaret*, États-Unis, 1972

FRANKENHEIMER, John, *The Holcroft Covenant* (*Le Pacte Holcroft*), Grande-Bretagne, 1985

FRAZZI, Andrea et FRAZZI, Antonio, *Il Cielo cade* (*The Sky is Falling*), Italie, 2000

FREDERSDORF, Herbert B. et GOLDSTEIN, Marek, *Lang ist der Weg* (*Le Chemin est long* / *Long is the Road*), Allemagne, États-Unis, 1949

FRIEDLER, Eric, *Sklaven der Gaskammer. Das Jüdische Sonderkommando in Auschwitz. Aus der Todeszone*, Allemagne, 2001

FRUCHTMANN, Karl, *Kaddisch nach einem Lebenden*, Allemagne (RFA), 1969

FRUCHTMANN, Karl, *Zeugen. Aussagen zum Mord an einem Volk* (*Témoins. Déclarations sur la mort d'un peuple* / *Witnesses: Statements on the Murder of A People*), Allemagne, 1981

FRUCHTMANN, Karl, *Ein einfacher Mensch* (*Un Homme simple*), Allemagne, 1986

FRUCHTMANN, Karl, *Die Grube* (*La Fosse*), Allemagne, 1995

FRUCHTMANN, Karl, *Ein einzelner Mord* (*Un meurtre particulier*), Allemagne, 1999

FRUCHTMANN, Karl, *Zeugen : Aussagen zum Mord an Einem Volk*, mis en ligne le 1er juin 2010, consulté le 11 août 2012, URL : http://www.youtube.com/watch?v=j6jVN9IBxqY&list=PL5E5AF2872F8A4E8D&index=13&feature=plpp_video

GABRIELLI, Gabriella, *18.000 giorni fa*, Italie, 1993

GATTI, Armand, *L'Enclos* (*O Grada* / *Enclosure*), Yougoslavie, France, 1961

GERRON, Kurt, *Theresienstadt* : Ein Dokumentarfilm aus dem jüdischen Siedlungsgebiet (*Der Führer schenkt den Juden eine Stadt* / *The Führer Gives the Jews a City*), Allemagne, Tchécoslovaquie, 1944

GIBSON, Mel, *The Passion of the Christ* (*La Passion du Christ*), États-Unis, 2004

GITAI, Amos, *Kedma*, Italie, Israël, France, 2002

GODARD, Jean-Luc, *Une femme mariée*, France, 1964

GODARD, Jean-Luc, entretien avec le groupe Dziga Vertov, ZDF, juillet 1970, collection André S. Labarthe

GODARD, Jean-Luc, GORIN Jean-Pierre, MIEVILLE, Anne-Marie, *Ici et ailleurs* (*Jusqu'à la victoire : Méthodes de pensée et travail de la révolution palestinienne* / *Here and Elsewhere*) France, 1976

GODARD, Jean-Luc, *Histoire(s) du cinéma* : Toutes les histoires, 1 A, France, 1988

GODARD, Jean-Luc, *Histoire(s) du cinéma : Une histoire seule, 1 B*, France, 1989

GODARD, Jean-Luc, *Histoire(s) du cinéma : Seul le cinéma, 2 A*, France, Suisse, 1997

GODARD, Jean-Luc, *Histoire(s) du cinéma : Fatale beauté, 2 B*, France, 1997

GODARD, Jean-Luc, *Histoire(s) du cinéma : La Monnaie de l'absolu, 3 A*, France, 1998

GODARD, Jean-Luc, *Histoire(s) du cinéma : Une vague nouvelle, 3 B*, France, 1998

GODARD, Jean-Luc, *Histoire(s) du cinéma : Le Contrôle de l'univers, 4 A*, France, 1998

GODARD, Jean-Luc, *Histoire(s) du cinéma : Les Signes parmi nous, 4 B*, France, 1998

GODARD, Jean-Luc, *JLG/JLG, autoportrait de décembre* (*JLG by JLG*), France, 1994

GODARD, Jean-Luc, *Eloge de l'amour* (*In Praise of Love*), France, Suisse, 2001

GODARD, Jean-Luc, *Notre musique* (*Our music*) France, Suisse, 2004

GODARD, Jean-Luc, *Film socialisme*, France, Suisse, 2010

GODET, Fabienne, *Sauf le respect que je vous dois* (*Burnt out*), France, 2005

GOTHAR, Péter, *Megáll az idő* (*Le Temps suspendu / Time stands still*), Hongrie, 1982

GOURI, Haim, EHRLICH, Jacques et BERGMAN, David, *Ha-Yam Ha'Aharon* (*La Dernière mer / The Last See*), Israël, 1984

GRIFFITH, David W., McCUTCHEON, Wallace, *Old Isaacs, the Pawnbroker*, États-Unis, 1908

GROSS, Natan et GOSKIND, Shaul, *Undzere Kinder* (*Nos enfants / Our Children*), Pologne, 1947

HAENEL, Yannick, « Yannick Haenel riposte à Claude Lanzmann et Annette Wieviorka », entretien avec Yannick Haenel, in *Médiapart*, mis en ligne le 26 janvier 2010, URL : http://www.mediapart.fr/journal/culture-idees/260110/yannick-haenel-riposte-claude-lanzmann-et-annette-wieviorka (entretien filmé)

HANEKE, Michael, *Caché* (*Hidden*), France, Autriche, Allemagne, Italie, États-Unis, 2005

HANEKE, Michael, *Funny Games US*, États-Unis, France, Grande-Bretagne, Autriche, Allemagne, Italie, 2007

HARLAN, Veit, *Jud Süß* (*Le Juif Süss / Jew Süss*), Allemagne, 1940

HARLAN, Veit, *Kolberg* (*Burning Hearts*), Allemagne, 1945

HASLER, Joachim, *Chronik eines Mordes* (*The Story of a Murder*), Allemagne (RDA), 1965

HIPPLER, Fritz, *Der Ewige Jude : Ein Filmbeitrag zum Problem des Weltjudentums* (*Le Péril juif / The Eternal Jew*), Allemagne, 1940

HIRSCHBIEGEL, Oliver, *Der Untergang* (*La Chute / Downfall*), Allemagne, Italie, Autriche, 2004

HITCHCOCK, Alfred, *Sabotage* (*Agent secret*), Grande-Bretagne, 1936

HITCHCOCK, Alfred, *Spellbound* (*La Maison du Dr Edwardes*), États-Unis, 1945

HITCHCOCK, Alfred, *Rope* (*La Corde*), États-Unis, 1948

HITCHCOCK, Alfred, *North by Northwest* (*La Mort aux trousses*), États-Unis, 1959

HURWITZ, Leo, *Strange Victory*, États-Unis, 1948

HURWITZ, Leo et LAWSON, Peggy, *The Museum and the Fury*, États-Unis, 1956

JAKUBOWSKA, Wanda, *Nad Niemnen*, Pologne, 1939

JAKUBOWSKA, Wanda et SCHNEIDER, Gerda, *Ostatni Etap* (*La Dernière étape / The Last Stage*), Pologne, 1948

JAKUBOWSKA, Wanda, *Spotkania w mroku* (*Encounters in the Dark*), Pologne, Allemagne (RDA), 1960

JAKUBOWSKA, Wanda, *Koniec naszego swiata* (*La Fin de notre monde / The End of Our World*), Pologne, 1964

JAKUBOWSKA, Wanda, *Zaproszenie* (*The Invitation*), Pologne, 1985

JANCSO, Miklós, *Fényes szelek* (*Ah, ça ira / Sparkling Winds / The Confrontation*), Hongrie, 1969

JAUBERT, Alain, *Auschwitz l'album la mémoire*, France, 1984

JUNG-ALSEN, Kurt, *Die Bilder des Zeugen Schattmann* (*Les Tableaux du témoin Schattmann*), Allemagne (RDA), 1972

KARMAKAR, Romuald, *Das Himmler Projekt* (*The Himmler Project*), Allemagne, 2000

KARMAKAR, Romuald, *Land der Vernichtung*, Allemagne, 2004

KASSOVITZ, Peter, *Jakob The Liar* (*Jakob le menteur*), France, États-Unis, Hongrie, 1999

KLAPISCH, Cédric, *Peut-être*, France, 1999

KLINE, Herbert et LEVIN, Meyer, *My Father's House* (*La Maison de mon père / Bayit Avi*), Palestine, 1947

KLOTZ, Nicolas et PERCEVAL, Elisabeth, *Paria* (*Un ange en danger*), France, 2000

KLOTZ, Nicolas et PERCEVAL, Elisabeth, *La Blessure* (*Nus / The Wound*), Belgique, France, 2004

KLOTZ, Nicolas et PERCEVAL, Elisabeth, *La Question humaine* (*Heartbeat Detector / The Human Question*), France, 2007

KLUGE, Alexander, *Abschied von Gestern (Anita G.)* (Anita G. / Yesterday Girl), Allemagne (RFA), 1966

KNOPP, Guido, *Hitler - Eine Bilanz* (*Hitler, un bilan / Hitler: A Profile / The Rise and Fall of Adolf Hitler*), Allemagne, Australie, 1995

KNOPP, Guido, *Hitlers Helfer* (*Les Complices d'Hitler / Hitler's Henchmen / Hitler's Generals*), Allemagne, I, 1996, II, 1998

KNOPP, Guido, *Hitlers Krieger* (*Les Guerriers d'Hitler*), Allemagne, 1998

KNOPP, Guido et DREYKLUFT, Friederike, *Holokaust*, Allemagne, 2000

KOLLER, Xavier, *Gripsholm*, Allemagne, Suisse, Autriche, 2000

KOLTAI, Lajos et KERTESZ, Imre, *Sorstalanság* (Être *sans destin / Fateless*), Hongrie, Allemagne, Grande-Bretagne, Israël, 2005

KOLTAI, Lajos, *Evening* (*Le Temps d'un été*), États-Unis, Allemagne, 2007

KOWALSKI, Lech, *East of Paradise* (*À l'est du paradis*), France, 2005

KRAMER, Robert, *Notre nazi* (*Our Nazi*), France, Allemagne (RFA), 1985

KUHN, Siegfried, *Die Schauspielerin* (*The Actress*), Allemagne (RDA), 1988

KUNERT, Joachim, *Das Zweite Gleis* (*The Second Track*), Allemagne (RDA), 1962

LANG, Fritz, *M* (*M le Maudit*), Allemagne, 1931

LANG, Fritz, *Fury* (*Furie*), États-Unis, 1936

LANZMANN, Claude, *Shoah*, France, 1985

LANZMANN, Claude, *Un vivant qui passe* (*A Visitor from the Living Europe*), France, Allemagne, 1999

LANZMANN, Claude, *Sobibor, 14 octobre 1943, 16 heures* (*Sobibor / Sobibor, Oct. 14, 1943, 4 p.m.*), France, 2001

LANZMANN, Claude, *Le Rapport Karski*, France, 2010

LEONE, Sergio, *Il Buono, il brutto, il cattivo* (*Le Bon, la brute et le truand / The Good, the Bad and the Ugly*), Italie, Espagne, Allemagne (RFA), 1966

LEVIN, Meyer, *The Illegals / Lo Tafhiduno* (*Les Illégaux / Cargaison juive / The Voyage of the Unafraid / The Real Exodus*), États-Unis, Palestine, 1947

LEVY, Dani, *Meschugge* (*La Girafe / The Giraffe*), Allemagne, Suisse, États-Unis, 1998

LEVY, Dani, *Mein Führer : Die wirklich wahrste Wahrheit über Adolf Hitler* (*Mon Führer - La vraie véritable histoire d'Adolphe Hitler / Mein Führer: The Truly Truest Truth About Adolf Hitler*), Allemagne, 2007

LEWIS, Jerry, *The Day the Clown Cried,* États-Unis, 1972

LEY, Raymond, *Eichmanns Ende : Liebe, Verrat, Tod* (*La Fin d'Eichmann : amour, trahison, mort / Eichmann's End*), Allemagne, 2010

LIBSKER, Ari, *Stalags: Holocaust and Pornography in Israel,* Israël, 2008

LIZZANI, Carlo, *Hotel Meina*, Italie, France, Serbie, 2007

LORD, Peter et PARK, Nick, *Chicken Run*, États-Unis, 2000

LOSEY, Joseph, *Blind Date* (*L'enquête de l'inspecteur Morgan / Chance Meeting*), Grande-Bretagne, 1959

LOSEY, Joseph, *The Servant*, Grande-Bretagne, 1963

LOSEY, Joseph, *The Go-Between* (*Le Messager*), Grande-Bretagne, 1970

LOSEY, Joseph, *Monsieur Klein* (*Mr Klein*), France, Italie, 1976

LUBIN, Siegmund, *The Book Agent*, États-Unis, 1897

LUMET, Sidney, *The Pawnbroker* (*Le Prêteur sur gages*), États-Unis, 1964

MAETZIG, Kurt, *Ehe im Schatten* (*Mariage dans l'ombre / Mariage dans les ténèbres / Marriage in the Shadows*), Allemagne, 1947

MALLE, Louis, *Lacombe Lucien,* France, Allemagne (RFA), Italie, 1974

MANDOKI, Luis, *Gaby: a True Story* (*Gaby*), États-Unis, Mexique, 1987

MANDOKI, Luis, *White Palace* (*La Fièvre d'aimer*), États-Unis, 1992

MARTIN, Paul, *Glückskinder* (*Lucky Kids*) Allemagne, 1936

MAZURSKY, Paul, *Ennemies: History of love* (*Ennemies : une histoire d'amour*), États-Unis, 1989

MEYJES, Menno, *Max*, Hongrie, Canada, Grande-Bretagne, 2002

MIHAILEANU, Radu, *Train de vie* (*Train of Life*), France, Belgique, Pays-Bas, Israël, Roumanie, 1998

MINISTÈRE DE L'INFORMATION, *Les Camps de la mort*, mai 1945

MITRANI, Michel, *Les Guichets du Louvre* (*Black Thursday*), France, 1974

MITROVIC, Zica, *Die Zeugin aus der Höller* (*Témoin de l'enfer / Witness Out of Hell*), Allemagne (RFA), Yougoslavie, 1967

MOLL, James, *The Last Days* (*Les Derniers jours*), États-Unis, 1998

MONICELLI, Mario, *I Soliti ignoti* (*Le Pigeon / Big Deal on Madonna Street*), Italie, 1958

MORETTI, Nanni, *Palombella rossa* (*Red Lob*), Italie, France, 1989

MOSKALYK, Antonin, *Dita Saxovà*, Tchécoslovaquie, 1968

MOUTOUT, Jean-Marc, *Violence des échanges en milieu tempéré* (*Work Hard, Play Hard*) France, Belgique, 2003

MUHI, András et MUHI, Klára, *Koltai napló, 2001-2003* (*Journal de Koltai*), Hongrie, 2004

MUNK, Andrzej, *Pasazerka* (*La Passagère / The Passenger*), Pologne, 1963

MURNAU, Friedrich W., *Nosferatu, eine Symphonie des Grauens* (*Nosferatu le vampire / Nosferatu, a Symphony of Horror*), Allemagne, 1922

NEAME, Ronald, *The Odessa File* (*Le Dossier Odessa*), Grande-Bretagne, Allemagne (RFA), 1974

NEGRIN, Alberto, *Perlasca* : un eroe italiano (*Perlasca: The Courage of a Just Man*), Italie, France, Suède, Hongrie, 2002

NELSON, Tim Blake, *The Grey Zone*, États-Unis, 2001

OPHULS, Marcel, *Le Chagrin et la Pitié* (*Le Chagrin et la Pitié : chronique d'une ville française sous l'Occupation / The*

Sorrow and the Pity), France, Suisse, Allemagne (RFA), 1969

OZPETEK, Ferzan, *La Finestra di fronte* (*La Fenêtre d'en face / Facing Window*), Italie, Turquie, Portugal, Grande-Bretagne, 2003

PALLIÈRES, Arnaud (des), *Drancy avenir*, France, 1997

PAN, Rithy, *S21, La Machine de mort Khmère rouge*, France, Cambodge, 2003

PASOLINI, Pier Paolo, *Salò o le centoventi giornate di Sodoma* (*Salo ou les 120 journées de Sodome*), Italie, France, 1975

PEZZETTI, Marcello et PICCIOTTO, Liliana, *Memoria*, Italie, 1997

PIESCO, Massino et MOLTENI, Giorgio, *Il Servo ungherese* (*The Hungarian Servant*), Italie, 2004

PODMANITZKY Félix (von), *Wieder aufgerollt : Der Nürnberger Prozess* (*Le Procès de Nuremberg / The Nuremberg Trials*), Allemagne (RFA), 1959

POLANSKI, Roman, *The Pianist* (*Le Pianiste*), France, Pologne, Allemagne, Grande-Bretagne, 2002

POMPUCCI, Leone, *La Fuga degli innocenti* (*La Fuite des innocents / Hidden Children*) Italie, 2004

PONTECORVO, Gillo, *Kapo*, Italie, France, Yougoslavie, 1960

PREMINGER, Otto, *Exodus*, États-Unis, 1960

RADVANYI, Géza (von) et BALAZS, Béla, *Valahol Európában* (*Quelque part en Europe / Somewhere in Europe / It Happened in Europe*), Hongrie, 1948

RENOIR, Jean, *La Règle du jeu* (*The Rules of the Game*), France, 1939

RESNAIS, Alain, *Nuit et brouillard*, France, 1955

RESNAIS, Alain, *Le Chant du styrène*, France, 1958

RESNAIS, Alain, *Hiroshima mon amour*, France, Japon, 1959

RICHEBE, Roger et ACHARD, Marcel, *Domino*, France, 1943

RIEFENSTHAL, Leni, *Triumph des Willens* (*Le Triomphe de la volonté / Triumph of the Will*, Allemagne, 1935

RISI, Dino, *Il Sorpasso* (*Le Fanfaron / The Easy Life*), Italie, 1962

ROSI, Francesco, *La Tregua* (*La Trêve / The Truce*), Italie, France, Allemagne, Suisse, 1997

ROSSELLINI, Roberto, *Roma, città aperta* (*Rome, ville ouverte / Rome, Open City*), Italie, 1945

ROSSELLINI, Roberto, *Germania anno zero* (*Allemagne année zéro / Germany Year Zero*), Italie, 1948

ROSSIF, Frédéric, *Le Temps du ghetto*, France, 1961

ROTH, Eli, « Stolz der nation » / « Nation's Pride » / « La Fierté d'une nation », in *Inglourious Basterds*, États-Unis, Allemagne, 2008

RUNZE, Ottokar, *Der Vulkan* (*Le Volcan / The Volcano*), Allemagne, France, 1999

SCHLESINGER, John, *Marathon Man*, États-Unis, 1976

SCHUBEL, Rolf, *Gloomy Sunday : Ein Lied von Liebe und Tod* (*Gloomy Sunday / The Piano Player*), Allemagne, Hongrie, 1999

SCOLA, Ettore, *Una giornata particolare* (*Une journée particulière / A Special Day*), Italie, Canada, 1977

SCOLA, Ettore, *1943-1997*, in *I corti italiani*, Italie, 1997

SCOLA, Ettore, *Concorrenza sleale* (*Concurrence déloyale / Unfair Competition*), Italie, France, 2001

SEEMANN, Horst, *Levins Mühle* (*Levin's Mill*), Allemagne (RDA), 1980

SINGER, Bryan, *X2* (*X-Men 2*), États-Unis, 2003

SPIELBERG, Steven, *Schindler's List* (*La Liste de Schindler*), États-Unis, 1993

SPIELBERG, Steven, *Saving Private Ryan* (*Il faut sauver le soldat Ryan*), États-Unis, 1998

SQUITIERI, Pasquale, *Il Giorno della Shoah*, Italie, 2008

STAUDTE, Wolfgang, *Die Mörder sind unter uns* (*Les Assassins sont parmi nous* / *Murderers Among Us*), Allemagne (RDA), 1946

STAUDTE, Wolfgang, *Sowjetische Zone* (*Rotation*), Allemagne (RFA), 1949

STAUDTE, Wolfgang, *Der Untertan* (*Le Sujet de sa Majesté* / *Le Sujet de l'empereur* / *Pour le roi de Prusse* / *The Kaiser's Lackey* / *Man of Straw* / *The Subject*), Allemagne (RDA), 1951

STEMMLE, Robert A., *Affäre Blum* (*L'Affaire Blum*), Allemagne (RFA), 1962

STEVENS, George, *Nazi Concentration Camps*, États-Unis, 1945

STEVENS, George, *A Place in the Sun* (*Une place au soleil*), États-Unis, 1951

STEVENS, George, *The Diary of Anne Franck* (*Le Journal d'Anne Frank*), États-Unis, 1959

STRAUB, Jean-Marie et HUILLET, Danièle, *Nicht versöhnt oder Es hilft nur Gewalt wo Gewalt herrscht* (*Non réconciliés ou seule la violence aide* où la violence règne / *Not Reconciled or Only Violence Helps Where Violence Rules*), Allemagne (RFA), 1965

STROMAN, Susan, *The Producers*, États-Unis, 2005

STURGES, John, *The Great Escape* (*La Grande évasion*), États-Unis, 1963

SUSO RICHTER, Roland, *Nichts als die Wahrheit* (*Rien que la vérité, l'horreur ne finit jamais* / *After the Truth*), Allemagne, États-Unis, 1999

SUSO RICHTER, Roland, *Dresden* (*Dresde 1945, chronique d'un amour* / *Dresden : The Inferno*), Allemagne, 2006

SZABO, István, *Mephisto*, Allemagne (RFA), Hongrie, Autriche, 1981

SZABO, István, *Oberst Redl* (*Colonel Redl*), Yougoslavie, Hongrie, Autriche, Allemagne (RFA), 1985

SZABO, István, *Hanussen*, Hongrie, Allemagne, Autriche, 1988

SZABO, István, *Meeting Venus* (*La Tentation de Vénus*), Hongrie, Grande-Bretagne, Japon, États-Unis, 1991

SZABO, István, *Sunshine*, Allemagne, Autriche, Canada, Hongrie, 1999

SZABO, István, *Taking sides* (*Taking sides: Le Cas Furtwängler*), France, Grande-Bretagne, Allemagne, Autriche, 2001

SZABO, István, *Being Julia* (*Adorable Julia*), Canada, États-Unis, Grande-Bretagne, Hongrie, 2004

SZABO, István, *Rokonok*, Hongrie, 2006

TARANTINO, Quentin, *Pulp Fiction*, États-Unis, 1994

TARANTINO, Quentin, *Kill Bill*: vol.1, États-Unis, 2003

TARANTINO, Quentin, *Kill Bill*: vol.2, États-Unis, 2004

TARANTINO, Quentin, *Inglourious Basterds*, États-Unis, Allemagne, 2008

THALHEIM, Robert, *Am Ende kommen Touristen* (*Et puis les touristes* / And Along Come Tourists), Allemagne, 2007

THOMPSON, John-Lee, *The Guns of Navarone* (*Les Canons de Navarone*), Grande-Bretagne, États-Unis, 1961

TLALIM, Asher, *Al Tigu Le B'Shoah* (*Don't Touch My Holocaust*), Israël, 1994

TOGNAZZI, Ricky, *Canone inverso - Making Love*, Italie, 2000

TORNATORE, Giuseppe, *Nuovo Cinema*

Paradiso (*Cinema Paradiso*), Italie, France, 1988

TORNATORE, Giuseppe, *La Leggenda del pianista sull'oceano* (*La Légende du pianiste sur l'océan / The Legend of 1900*), Italie, 1998

TORNATORE, Giuseppe, *Malèna* (*Malena*), Italie, États-Unis, 2000

TROISI, Massimo, *Ricomincio da tre* (*I'm Starting from Three*), Italie, 1981

TROTTA, Margarethe (von), *Rosenstrasse*, Allemagne, Pays-Bas, 2003

TRUFFAUT, François, *Le Dernier Métro* (*The Last Metro*), France, 1980

VEICZI, János, *Zwischenfall in Benderath* (*Trojaner / Un incident à Benderath*), Allemagne (RDA), 1956

VERTOV, Dziga, *Tri pesni o Lenin* (*Trois chants pour Lénine / Three Songs About Lenin*), URSS, 1934

VIET, Hans-Erich, *Die Stunde der Offiziere* (*L'Heure des officiers*), Allemagne, 2004

VILSMAIER, Joseph, *Comedian Harmonists* (*The Harmonists*), Allemagne, Autriche, 1997

VILSMAIER, Joseph, *Marlene*, Allemagne, Italie, 2000

VILSMAIER, Joseph, *Die Gustloff* (*La Gustloff*), Allemagne, 2008

VISCONTI, Luchino, *Il Gattopardo* (*Le Guépard / The Leopard*), Italie, France, 1963

VISCONTI, Luchino, *La Caduta degli dei (Götterdämmerung)* (*Les Damnés / The Damned*), Italie, Allemagne (RFA), 1969

WACHSMANN, Daniel, *Hamsin* (*Eastern Wind*), Israël, 1982

WAJDA, Andrzej, *Samson*, Pologne, 1961

WAJDA, Andrzej et HOLLAND, Agnieszka, *Korczak*, Pologne, Allemagne, Grande-Bretagne, 1990

WANGENHEIM, Gustav (von) et IVENS, Joris, *Bortzy* (*Les Combattants / Fighters / The Struggles / Der Kampf*), URSS, Allemagne, 1936

WEGENER, Paul et RYE, Stellan, *Der Student von Prag* (*L'Etudiant de Prague / The Student of Prag*), Allemagne, 1913

WEGENER, Paul et GALEEN, Henrik, *Der Golem* (*Le Golem / The Golem / The Monster of Fate*), Allemagne, 1915

WEGENER, Paul et GLIESE, Rochus, *Der Golem und die Tänzerin* (*Le Golem et la danseuse / The Golem and the Dancing Girl*), Allemagne, 1917

WEGENER, Paul et BOESE, Carl, *Der Golem, wie er in die Welt kam* (*Le Golem / The Golem: How He Came Into the World*), Allemagne, 1920

WEISS, Emil, *Falkenau, vision de l'impossible* (*Falkenau, the Impossible*), France, 1988

WEISS, Emil, *Sonderkommando Auschwitz-Birkenau*, France, 2008

WELLES, Orson, *The Stranger* (*Le Criminel*), États-Unis, 1946

WERTMULLER, Lina, *Pasqualino Settebellezze* (*Seven Beauties*), Italie, 1975

WESSEL, Kai et SPERL, Gabriela, *Die Flucht* (*En fuite / March of Millions*), Allemagne, 2007

WIENE, Robert, *Das Cabinet des Dr. Caligari* (*Le Cabinet du docteur Caligari / The Cabinet of Dr. Caligari*), Allemagne, 1920

WOHL, Stanislas et WYSZOMIRSKI, Józef, *Dwie godziny* (*Deux heures / Two Hours*), Pologne, 1957

WOLF, Konrad, *Sterne* (*Etoiles / Stars*), Allemagne (RDA), Bulgarie, 1959

WOLF, Konrad, *Professor Mamlock*, Allemagne (RDA), 1961

WOLF, Konrad, *Ich war Neunzehn* (*J'avais 19 ans / I Was Nineteen*), Allemagne (RDA), 1968

WOOD, E. Thomas, entretien avec Jan Karski, à l'Ambassade de Pologne à Washington, États-Unis, 1996, trois montages différents : *How One Man Tried to Stop the Holocaust* ; *A lord of Humanity* ; *Unable to believe* (entretien filmé)

WORTMANN, Sönke, *Das Wunder von Bern* (*Le Miracle de Berne* / *The Miracle of Bern*), Allemagne, 2003

YORK, Eugen, *Morituri*, Allemagne, 1948

YOUNG, Robert M., *Triumph of the Spirit*, États-Unis, 1989

ZINNEMANN, Fred, *High Noon* (*Le Train sifflera 3 fois*), États-Unis, 1952

Théâtrographie

La théâtrographie présentées ci-dessous ne mentionnent que les œuvres citées dans les textes du présent recueil.

ATLAN, Liliane, *Monsieur Fugue ou le mal de terre*, 1964

BARKER, Howard, *Scenes from an Execution* (*Tableau d'une exécution*), Londres, Hackney Empire, 2007

BARNES, Peter, *Laughter : I Auschwitz, II Ivan le Terrible*, Royal Court Theater, Londres, 1978

BECKETT, Samuel, *En attendant Godot*, mis en scène par Roger Blin, Paris, Théâtre de Babylone, 1953

BECKETT, Samuel, *Fin de partie*, mis en scène par Roger Blin, Londres, Royal Court Theatre, 1957

BECKETT, Samuel, *Happy Days* (*Oh les beaux jours*), mis en scène par Alan Schneider, New York, Cherry Lane Theatre, 1961

BOND, Edward, *Saved* (*Sauvés*), mis en scène par William Gaskill, Londres, Royal Court Theatre, 1965

BOND, Edward, *The Tin Can People* (*La Furie des nantis*), mis en scène par Nick Philippou, Birmingham, Bread and Circus Theatre, Midlands Art Centre, 1984

BOND, Edward, *At the Inland Sea: a Play for Young People* (*Auprès de la mer intérieure : une pièce pour les jeunes gens*), mis en scène par Geoff Gillham, Birmingham, Big Brum Theatre in Education Company, Broadway School, Aston, 1995

BOND, Edward, *Naître* (*Born*), mis en scène par Alain Françon, Avignon, 2006

BRENTON, Howard, *H.I.D.* (*Hess is Dead*),

CRIMP, Martin, *Attempts on her Life*, Londres, Royal Court Theatre, 1997

DELBO, Charlotte, *Qui rapportera ces paroles ?*, 1966

GRADOWSKI, Zalmen, *Une voix sous la cendre*, mis en scène par Alain Timar, Avignon, Théâtre des Halles, 2009

GROUPOV, *Anathème*, mis en scène par Jacques Delcuvellerie, Avignon, 2005

GRUMBERG, Jean-Claude, *L'Atelier*, Théâtre de l'Odéon, 1979

HOCHHUTH, Rolf, *Le Vicaire*, mis en scène par Erwin Piscator, Berlin, Théâtre de la Freie Volksbühne, 1963, puis traduit par Jorge Semprun, adapté par Peter Brook et mis en scène par François Darbon Paris, Théâtre de l'Athénée, 1963

HOTEL MODERN, *De Grote Oorlog* (*La Grande Guerre*), Rotterdam, Rotterdamse Schouwburg, 2001

HOTEL MODERN, *Kamp*, Rotterdam, Rotterdamse Schouwburg, 2005

KANE, Sarah, *Blasted* (*Anéantis*), mis en scène par James Macdonald, Londres, Royal Court Theatre, 1995

KANE, Sarah, *Phaedra's love* (*L'Amour de Phèdre*), mis en scène par Sarah Kane, Londres, Gate Theatre, 1996

KANE, Sarah, *Cleansed* (*Purifiés*), mis en scène par James Macdonald, Londres, Royal Court Theatre, 1998

KANE, Sarah, *Crave* (*Manque*), mis en scène par Vicky Featherstone, Edinburg, Traverse Theatre, 1998

KANE, Sarah, *4.48 Psychosis* (*4.48 Psychose*), mis en scène par James Macdonald, Londres, Royal Court Theatre, Londres, 2000

KANTOR, Tadeusz, *La Classe morte*, Cracovie, Galerie Krzysztofory, 1975

KERTESZ, Imre, *Kaddish pour l'enfant qui ne naîtra pas*, mis en scène par Joël Jouanneau, Paris, Théâtre Ouvert, 2004

KIFT, Roy, *Camp Comedy*, Legnica (Pologne), 2012

KIPPHARDT, Heinar, *Bruder Eichmann*, Munich, Bayerisches Staatsschauspiel/Residenztheater, 1983

KOPS, Bernard, *Dreams of Anne Frank*, Londres, Polka,1992

LEVI, Primo, *Se questo è un uomo* (*Si c'est un homme*), d'après son récit, mis en scène par Primo Levi, Turin, Théâtre Carignano, 1966

LIEBERMAN, Harold et LIEBERMAN, Edith, *Throne of Straw* (*Trône de paille*), USA, 1978

MAAYAN, Dudi, *Arbeit macht frei vom Toitland Europa* (*Le Travail libère de la terre mortelle de l'Europe*), Israël, 1993

MARGULIES, Donald, *The Model Apartment*, Los Angeles, Theatre Center, 1988

NAUZYCIEL, Arthur, *Jan Karski, mon nom est une fiction*, mis en scène et adapté par Arthur Nauzyciel, d'après le roman de Yannick Haenel, Avignon, Opéra-Théâtre, 2011

NELSON, Tim Blake, *The Grey zone*, New York, MCC Theater de New York, 1996

PINTER, Harold, *Ashes to Ashes*, Londres, The Ambassadors Theatre, 1996

REZNIKOFF, Charles, *Holocauste* (1975), mis en scène par Claude Régy, Paris, Théâtre de la Colline, 1998

SACHS, Nelly, *Eli: Ein Mysterienspiel vom Leiden Israels* (1950) (*Mystery Play of Suffering of Israel*)

SCHEVILL, James, *Cathedral of Ice* (*Cathedrale de glace*), 1975

SCHILLER, Friedrich von, *Kabale und Liebe* (*Cabale et amour*), Franfort-sur-Main, 1784

SCHILLER, Friedrich von, *Die Jungfrau von Orleans* (*La Pucelle d'Orléans*), Leipzig, 1801

SOBOL, Joshua, *Ghetto*, Haifa Municipal Theatre, 1984

STEINER, George, *The Portage to San Cristobal of A. H.* (*Le transport de A. H.*), adapté à la scène par Christopher Hampton, Londres, 1982

SZAJNA, Jozef, *Replika*, Biennale de Venise, 1972

TABORI, George, *Les Cannibales*, Berlin, 1969

VINAVER, Michel, À la renverse,

WEISS, Peter, *Die Ermittlung : Oratorio in 11 Cantos* (*L'Instruction : Oratorio en onze chants / The Investigation: Oratorio in 11 Cantos*), simultanément à Berlin Ouest, Cologne, Essen, Munich, Rostock, 1965

WINCELBERG, Shimon, *Resort 76*,

Présentation des auteurs

ÉLISABETH ANGEL-PEREZ
Élisabeth Angel-Perez est professeur à l'université de Paris-Sorbonne et co-directrice de l'équipe d'accueil Voix Anglophones : Littérature et Esthétique (EA4085). Son domaine de recherche est le théâtre anglais contemporain. Elle est notamment l'auteur de *Voyages au bout du possible : Les théâtres du traumatisme de Samuel Beckett à Sarah Kane* (Paris, Klincksieck/Les Belles Lettres, 2006) et elle a co-signé avec Alexandra Poulain *Endgame : Le théâtre mis en pièces* (Paris, PUF/Cned, 2009). Elle a également dirigé ou co-dirigé de nombreux volumes collectifs comme *Howard Barker et le Théâtre de la Catastrophe*, (Paris, Éditions Théâtrales, 2006), *Le Théâtre anglais contemporain 1985-2005* (Paris, Klincksieck, 2007), ou *Hunger on the Stage* (Newcastle, Cambridge Scholars Publishing, 2008) et *Arcadias* (*Sillages Critiques* 13-2011), Tennessee Williams (*Etudes Anglaises*, 1-2011) ou *Tombeau pour Beckett* (Paris, Aden, 2013). Elle a, en outre, traduit des pièces et écrits théoriques de Martin Crimp, Caryl Churchill, Howard Barker, Nick Gill ou encore de David Mamet.

OMER BARTOV
Omer Bartov est titulaire de la chaire John P. Birkelund Distinguished Professor of European History à Brown University aux États-Unis. Il a fait son doctorat à Oxford en 1983, puis il a enseigné à Harvard, Princeton et à la Berlin American Academy. Il a reçu plusieurs prix et bourses (NEH, Guggenheim, etc.). Il est membre de l'American Academy of Arts and Sciences. Parmi ses principaux livres, on trouve : *The Eastern Front*, 1941-45 (1985), *Hitler's Army* (1991, édition française 1999), *Murder in Our Midst* (1996), *Mirrors of Destruction* (2000), *Germany's War and the Holocaust* (2003), *The "Jew" in Cinema* (2005) et *Erased* (2007). Son nouveau livre, *The Voice of Your Brother's Blood : Buczacz, Biography of a Town* paraîtra en 2014 chez Simon and Schuster.

ANNETTE BECKER
Professeure à l'Université de Paris-Ouest Nanterre La Défense et membre senior de l'Institut Universitaire de France, Annette Becker partage son travail entre les deux guerres mondiales et deux institutions, l'Historial de la Grande Guerre et le Mémorial de la Shoah. Elle s'intéresse avant tout aux drames des civils, occupés, déportés, assassinés, au concept de génocide et à la mémoire des conflits, en particulier telle que la pratiquent des artistes contemporains, comme Jochen Gerz, Natacha Nisic ou Pierre Buraglio. Derniers livres parus : *Apollinaire, une biographie de guerre, 1914-1918-2009*, Paris, Tallandier, 2009 ; *Les Cicatrices rouges, 14-18, France et Belgique occupées*, Paris, Fayard, 2010 ; avec Anne Bernou, Cahiers *Miklos Bokor*, William Black et Co/INHA, 2011 ; avec Octave Debary (dir.), *Montrer les violences extrêmes (théoriser, créer, muséographier)*, Créaphis, 2012, et *Devenir Lemkin, devenir Karski : de messagers de la Shoah à icônes mondiales* (à paraître, Fayard, 2014).

RÉMY BESSON
Rémy Besson est post-doctorant à l'Université de Montréal où il coordonne le projet *Archiver à l'*époque du numérique. Il est par ailleurs chargé du cours sur les rapports entre histoire et cinéma. Il a effectué un doctorat en histoire à l'École des hautes études en sciences sociales ayant pour objet la mise en récit du film *Shoah* de Claude Lanzmann. Il a principalement travaillé à partir des archives du film disponibles au Musée Mémorial de l'Holocauste (Washington), ainsi qu'avec les archives de Jan Karski, de Raul Hilberg et sur les écrits publiés au sujet de *Shoah* entre 1985 et 2012. Il est associé à l'Institut d'histoire

du temps présent (CNRS), a été doctorant invité à NYU (UMI Transition – CNRS) et à l'Université de Varsovie. Il a publié des articles et des recensions dans *Vingtième Siècle*, *Conserveries Mémorielles*, Études *Photographiques* et sur *Culture Visuelle*. Il a notamment publié, avec Audrey Leblanc (dir.), « La Part de fiction dans les images documentaires », *Conserveries Mémorielles*, n° 6, *Bulletin de l'IHTP*, n°89, décembre 2009, [en ligne] URL : http://cm.revues.org/331, « Le Rapport Karski. Une voix qui résonne comme une source », Études Photographiques, n°27, mai 2011, [en ligne] URL : http://etudesphotographiques.revues.org/index3178.html

CHARLOTTE BOUTEILLE MEISTER
Charlotte Bouteille-Meister enseigne les études théâtrales à l'Université Paris-Ouest Nanterre. Elle a soutenu en 2011 un doctorat sur la représentation de l'actualité dans le théâtre en français pendant les guerres de religion (1554-1629). Elle est l'auteure d'un autre article sur la compagnie Hotel Modern : « Se souvenir de 14-18 : intermédialité et mise en jeu du feuilleté de la mémoire dans le spectacle "La Grande Guerre de la compagnie Hotel Modern" » (*in* C. Gautier, D. Lescot et L. Véray (dir.), *Une guerre qui n'en finit pas. 1914-2008, à l'*écran et sur scène, Paris, Complexe, 2008).

CHRISTIAN BIET
Christian Biet est professeur d'Histoire et esthétique du théâtre à l'université de Paris-Ouest Nanterre La Défense et membre de l'Institut Universitaire de France. Spécialiste de la littérature du XVIIe siècle, de l'histoire des idées et des questions relatives au théâtre, principalement de l'Ancien Régime, il est l'auteur de nombreux articles et ouvrages dont *Les Miroirs du Soleil* (Gallimard, coll. « Découvertes », 1989 et 2000), *Moi, Pierre Corneille* (Gallimard, coll. « Découvertes », 2006) ; des éditions du *Cid,* de *Cinna* (Le Livre de poche, 2001, 2003), de *Cartouche et les voleurs*, de M.-A. Legrand (Lampsaque, 2003). Ses principaux travaux portent sur l'esthétique du théâtre et sur les questions juridiques et économiques et leur réfraction dans la littérature : *Œdipe en monarchie, tragédie et théorie juridique à l'Âge classique* (Klincksieck, 1994). Dernièrement sur l'histoire et l'esthétique du théâtre : *Qu'est-ce que le théâtre ?* (avec Ch. Triau, Gallimard, coll. « Folio essais inédit », 2006 ; direction de *Théâtre de la cruauté et récits sanglants* (France XVIe-XVIIe siècle), coll. « Bouquins », Laffont, 2006 ; *Tragédies et récits de martyre* (France, fin XVIe-début XVIIe siècle), dir. Ch. Biet et M.-M. Fragonard, Classiques Garnier, 2009 ; *Le Théâtre du XVIIe siècle*, dir. Ch. Biet, éditions L'Avant-Scène, 2009.

STÉPHANE BOU
Chargé de séminaire au Master Inasup/ENS Cachan/Ecole des Chartes. Critique. Cofondateur de la revue de cinéma *Panic*. Animateur sur France Inter de l'émission « Pendant les travaux, le cinéma reste ouvert ». Auteur avec Élisabeth de Fontenay d'*Actes de naissance* (Seuil, 2011) ; coordinateur avec François Angelier du *Dictionnaire des assassins et des meurtriers* (Calmann-Levy, 2012). Il travaille à un livre d'entretien avec Saul Friedländer sur la représentation du nazisme (à paraitre au Seuil en 2013).

MAGALI CHIAPPONE-LUCCHESI
Magali Chiappone-Lucchesi est actuellement doctorante en études théâtrales à l'Université Sorbonne-Nouvelle – Paris 3 où elle prépare une thèse sur Charlotte Delbo sous la direction de Catherine Naugrette. Elle a dernièrement publié les articles suivants : « La volonté d'une "vérité de théâtre" : à propos des *Hommes* de Charlotte Delbo », in *Théodore Balmoral* n° 68, printemps-été 2012 ; « L'intrusion de Giraudoux dans l'écriture de Charlotte Delbo », in Christiane Page (dir.), *Écritures théâtrales du traumatisme - écritures de la résistance,* Presses Universitaires de Rennes, 2012 ; « Le témoignage théâtral de Charlotte Delbo : du double au testament » in *Etudes Théâtrales* n°51 ; « Le geste de témoigner : un dispositif pour le théâtre », in Georges Banu, Catherine Naugrette et Jean-Pierre Sarrazac (dir.), Louvain-La-Neuve, décembre 2011. Par ailleurs, elle écrit des chroniques sur le spectacle vivant et travaille dans une maison d'édition théâtrale.

CATHERINE COQUIO
Professeure de littérature comparée à Paris Diderot Paris 7, membre du CERILAC, Présidente d'Aircrige. Elle a édité plusieurs collectifs sur la violence politique et la littérature de témoignage, dont *Parler des camps, penser les génocides*, Albin-Michel, 1999 ; *L'Histoire trouée. Négation et témoignage*, L'Atalante, 2003. Auteure de *Rwanda. Le réel et les récits*, Belin, 2004 ; *L'Art contre l'art. Baudelaire, le « joujou » moderne et la « décadence »*, Valongues, coll « Méthode ! » n°6, 2006 ; et avec Aurélia Kalisky de *L'Enfant et le génocide. Témoignages sur l'enfance pendant la Shoah*, Bouquins-Laffont, 2007 ; *La Question animale. Entre sciences, littérature et philosophie*, 2011 (avec L. Campos, J.P. Engélibert, G. Chapouthier).

ANNY DAYAN ROSENMAN
Maître de conférences à l'Université Paris 7-Denis Diderot, UFR LAC (Lettres Arts, Cinéma), Anny Dayan Rosenman travaille sur le témoignage et sur les modalités d'écriture de l'Histoire en littérature et au cinéma. Auteur de nombreuses études sur Vercors, Patrick Modiano, Romain Gary, Georges Perec, Marcel Ophüls, Joseph Losey ou Claude Lanzmann, elle a publié : *Le Survivant, un écrivain du XXe siècle*, Textuel, 2003 (co-dirigé avec Carine Trévisan) ; *La Guerre d'Algérie dans la mémoire et l'imaginaire*, Éd. Bouchène, 2004 (co-dirigé avec Lucette Valensi) ; *Les Alphabets de la Shoah. Survivre. Témoigner. Écrire*, CNRS Éditions, 2007 ; *Piotr Rawicz, un témoin transgressif*, Kimé, à paraître 2013 (co-dirigé avec Fransiska Louwagie).

ANTOINE DE BAECQUE
Antoine de Baecque est professeur d'histoire du cinéma à l'université de Paris-Ouest Nanterre La Défense. Il a travaillé sur la Nouvelle Vague, ses figures (Truffaut, Godard, Rohmer), la cinéphilie, et sur les rapports entre cinéma et histoire (*L'Histoire-caméra*, Gallimard, 2008).

JEAN-PIERRE ESQUENAZI
Jean-Pierre Esquenazi est professeur à l'Université Lyon 3, sociologue, auteur de nombreux articles et livres, dont récemment *Sociologie des œuvres*, Armand Colin ; *La vérité de la fiction*, Hermès Lavoisier ; *Les Séries télévisées*, Armand Colin ; *Le Film noir. Histoire et significations d'un genre populaire subversif*, CNRS.

JEAN-MICHEL FRODON
Jean-Michel Frodon est journaliste et critique de cinéma, écrivain et enseignant. Il a notamment travaillé au *Monde* et dirigé les *Cahiers du cinéma*. Il écrit aujourd'hui sur slate.fr. Il est rédacteur en chef du site artsciencefactory.fr. Il est professeur associé à Sciences Po Paris, Professorial Fellow au département de Film Studies de St. Andrews et enseignant à la Film Factory de Sarajevo. Parmi de nombreux ouvrages il est notamment l'auteur de *La Projection nationale*, *Conversation avec Woody Allen*, *Hou Hsiao-hsien*, *Au Sud du cinéma*, *Horizon cinéma*, *Le Cinéma chinois*, *Le cinéma et la Shoah*, *Robert Bresson*, *La Critique de cinéma*, *Le Cinéma d'Edward Yang*, *Le Cinéma français de la Nouvelle Vague à nos jours*.

LUBA JURGENSON
Luba Jurgenson, maître de conférences à Paris-Sorbonne/CIRCE, co-directrice du séminaire Récit, Fiction, Histoire à l'EHESS/CRAL, co-responsable des collections Poustiaki (Verdier) et Usages de la mémoire (Petra). Champ de recherches : la mémoire des violences de masse en Europe centrale, orientale et en ex-URSS. Auteur de *L'Expérience concentrationnaire est-elle indicible ?* (Le Rocher, 2003), *Le Goulag en héritage* (co-dir., collectif, Petra 2007) *Création et tyrannie* (Sulliver, 2009), *Des Témoins aux Héritiers, l'écriture de la Shoah et la culture européenne* (co-dir., collectif, Petra, 2012), maître d'œuvre et co-traductrice de l'édition complète des *Récits de la Kolyma* de Varlam Chalamov et des témoignages de Julius Margoline.

ALAIN KLEINBERGER
Alain Kleinberger, maître de conférences HDR en études cinématographiques à l'Université Paris-Ouest Nanterre La Défense, est l'auteur d'une vingtaine

d'articles et communications sur le sujet et publie en 2013 chez Kimé une version complétée de sa thèse : *The Dark deadline. La Shoah : le cinéma aux limites de la représentation*.

MILLICENT MARCUS
Millicent Marcus est professeur à Yale University. Elle est l'auteur de *Italian Film in the Shadow of Auschwitz*, Toronto, University of Toronto Press, 2007 et de plusieurs ouvrages sur le cinéma italien : *Italian Film In The Light Of Neorealism*, Princeton University Press, 1987 ; *Filmmaking By The Book, Italian Cinema and Literary Adaptation*, The John Hopkins University Press, 1993 ; *After Fellini. National Cinema in the Postmodern Age*, The John Hopkins University Press, 2002.

ÉRIC MARTY
Professeur de littérature contemporaine à l'Université Paris 7 Denis Diderot, auteur de nombreux essais sur Roland Barthes, René Char, André Gide. Il a publié *Bref séjour à Jérusalem*, Gallimard, 2003 ; *Une Querelle avec Alain Badiou, philosophe*, Gallimard, 2006 ; *Pourquoi le 20e siècle a-t-il pris Sade au sérieux ?*, Seuil, 2011.

PHILIPPE MESNARD
Philippe Mesnard est professeur de Littérature générale et comparée à l'Université Blaise Pascal de Clermont-Ferrand 2, chercheur permanent au CELIS (EA 1002) et directeur de la Fondation Auschwitz (Bruxelles). Il dirige également le programme « Sens en résistance » au Collège international de philosophie (Paris). Il est rédacteur en chef de la revue quadrimestrielle *Témoigner entre Histoire et Mémoire* et dirige, aux éditions Kimé, la collection « Entre Histoire et Mémoire ». Dernières publications : *Primo Levi. Le passage d'un témoin*, Biographie, Paris, Fayard, 2012 (Prix de l'Académie-Française 2012 ; Prix Biographie *Le Point* 2012) ; *Primo Levi. Una vita per immagini*, Venise, Marsilio, 2008 ; *Témoignage en résistance*, Paris, Stock, 2007. Il a été commissaire de plusieurs expositions internationales sur la représentation des victimes (2005), sur Primo Levi (2007, 2010), sur la Belgique : *Belgique 1914-1945 : Parcours de témoins au cœur de la tourmente* (2012).

SUSAN RUBIN SULEIMAN
Susan Rubin Suleiman est professeure de littérature française et de littérature comparée à Harvard University. Auteure de plusieurs livres – y compris en français *Le roman à thèse ou l'autorité fictive*, PUF, 1983, et *Retours : Journal de Budapest*, Éd. Bleu Autour, 1999 – et d'une centaine d'articles, elle a publié dernièrement *Crises of Memory and the Second World War*, Harvard University Press, 2006 (*Crises de mémoire: récits individuels et collectifs de la Deuxième Guerre mondiale*, Presses Universitaires de Rennes, 2012), et a co-dirigé avec Christie McDonald le volume collectif *French Global: A New Approach to Literary History*, Columbia University Press 2010 (à paraître en français aux Editions Garnier, 2013).

ARIEL SCHWEITZER
Historien de cinéma, critique et enseignant (Paris 8-Saint Denis, Université de Tel-Aviv), Ariel Schweitzer est l'auteur du livre *Le cinéma israélien de la modernité* (Paris, 1997/ Tel-Aviv, 2003) et le coordinateur de l'ouvrage *Il cinema israeliano contemporaneo* (Venezia, Marsilio Editori, 2009). Critique aux *Cahiers du cinéma*, il est également le traducteur en hébreu de *Notes sur le cinématographe* de Robert Bresson et le commissaire des rétrospectives consacrées entre autres à Robert Bresson, Jean-Luc Godard, Amos Gitaï, David Perlov et Uri Zohar. Son livre *Le Nouveau Cinéma israélien* va paraître en 2013 aux éditions Yellow Now.

MATTHIAS STEINLE
Matthias Steinle est maître de conférences en Cinéma et Audiovisuel à l'université Sorbonne Nouvelle – Paris 3. Il a suivi une triple formation en études cinématographiques et audiovisuelles, études germaniques et histoire à Mayence, Marburg et Paris. Il a soutenu une thèse de doctorat en cotutelle sur « Regards croisés entre les deux Allemagnes dans le film

documentaire, 1949-1989 » (*Vom Feindbild zum Fremdbild*, UVK, 2003). Ses recherches actuelles portent sur l'utilisation d'images d'archives et la migration d'images.

FRANK STERN

Frank Stern est professeur des universités et dirige depuis 2004 l'axe de recherche « Visuelle Zeit- und Kulturgeschichte » au département d'histoire contemporaine de la faculté d'Histoire et d'Etudes culturelles de l'Université de Vienne. Auparavant, il a dirigé le centre d'études allemandes et autrichiennes de l'Université Ben Gourion du Néguev en Israël. Professeur invité à Columbia University New York, à Georgetown University Washington, à l'Université Humboldt de Berlin et, en été 2013, lauréat de la chaire Franz-Rosenzweig à l'Université de Kassel. Principaux centres de recherche : histoire culturelle juive en Allemagne et Autriche, histoire contemporaine et histoire culturelle visuelles, histoire du cinéma, notamment le cinéma de langue allemande en exil et film noir, l'actualité du cinéma juif international, cinéma de la DEFA. Organisateur de rétrospectives du cinéma de langue allemande et du cinéma israélien ainsi que sur des thèmes comme les milieux de vie juifs, la domination nationale-socialiste et l'antisémitisme. Conseiller pour la création de scénarios et de projets de film. Président du ciné-club juif de Vienne. Parmi ses publications : *„Dann bin ich um den Schlaf gebracht..."*. *Ein Jahrtausend Jüdisch-deutsche Kulturgeschichte*, Berlin, Aufbau Verlag, 2002; (dir.), *Filmische Gedächtnisse: Geschichte - Archiv – Riss*, Mandelbaum-Verlag, Wien, 2007; (dir.) : *Feuchtwanger und Exil. Glaube und Kultur 1933-1945. „Der Tag wird kommen"*, Oxford, Bern, New York, Peter Lang, 2011.

Index

G

M

X

Y

Z

Remerciements

Le colloque international à l'origine de cet ouvrage n'aurait pas pu voir le jour sans le soutien de l'équipe de recherche HAR-EA 4414 (projet SETH) Histoire des Arts et des Représentations dirigée par Christian Biet, l'ANR, la Fondation pour la Mémoire de la Shoah (Paris), la Fondation Auschwitz (Bruxelles), l'École Doctorale « 138 Lettres, Langues, Spectacles » et l'UFR PHILLA de l'Université Paris Ouest Nanterre La Défense.

Il a bénéficié, pour son organisation, de l'aide très précieuse de Sara Harvey.

Les éditeurs adressent encore leurs plus vifs remerciements à Christian Biet pour la confiance qu'il n'a cessé de leur témoigner au cours de cette entreprise.

Enfin, ils remercient particulièrement Claire Couët qui a bien voulu prendre en charge les annexes bibliographiques et iconographiques, la filmographie, la théâtrographie et la réalisation de l'index.

Crédits photographiques
(par ordre d'apparition)

Paul Wegener, *Der Golem*, 1915
© Collections Cinémathèque française – DR

Sidney Lumet, *The Pawnbroker*, 1964
© Collections Cinémathèque française © DR

Sidney Lumet, *The Pawnbroker*, 1964
© Collections Cinémathèque française – DR

Andrzej Wajda, *Korczak*, 1990
© Collections Cinémathèque française – DR

Andrzej Wajda, *Korczak*, 1990
© Collections Cinémathèque française – DR

Quentin Tarantino, *Inglourious Basterds*, 2008 © DR

Quentin Tarantino, *Inglourious Basterds*, 2008 © DR

Quentin Tarantino, *Inglourious Basterds*, 2008 © DR

Quentin Tarantino, *Inglourious Basterds*, 2008 © DR

Quentin Tarantino, *Inglourious Basterds*, 2008 © DR

Quentin Tarantino, *Inglourious Basterds*, 2008 © DR

Costa-Gavras, *Amen*, 2002
© Collections Cinémathèque française – DR

Costa-Gavras, *Amen*, 2002
© Collections Cinémathèque française – DR

Une femme mariée, Jean-Luc Godard.
© 1964 Gaumont / Columbia Tristar Films (France)

Alain Resnais, *Nuit et brouillard*, 1955
© Collections Cinémathèque française – DR

Gillo Pontecorvo, *Kapo*, 1960
© Collections Cinémathèque française – DR

Emmanuel Finkiel, *Voyages*, 1999
© Collections Cinémathèque française – DR

Nicolas Klotz, *La Question humaine*, 2007
© Sophie Dulac Distribution

Kamp © Hotel Modern

Kamp © Hotel Modern

Kamp © Hotel Modern

Kamp © Hotel Modern

Kamp © Hotel Modern

Kamp © Hotel Modern

Anathème, 2003 © Le Groupov

Anathème, 2003 © Le Groupov

Siedlungsplan von Theresienstadt, plan de Theresienstadt
© DR

Tim Blake Nelson, *The Grey Zone*, 2001 © DR

Primo Levi, *Se questo è un uomo*, 1966 © DR

Claude Lanzmann, *Le Rapport Karski*, 2010
© Why Not Production

Meyer Levin, *The Illegals / Lo Tafhiduno*, 1947
© Steven Spielberg Jewish Film Archive

Mark Donskoï, *Raduga*, 1944
© Collections Cinémathèque française – DR

Wanda Jakubowska, *Ostatni Etap*, 1948
© Collections Cinémathèque française – DR

Piero Della Francesca, *Battesimo di Cristo*
© The National Gallery, Londres, Dist. RMN-Grand Palais / National Gallery Photographic Department

Frank Beyer, *Jakob, der Lügner*, 1975
© Collections Cinémathèque française – DR

Frank Beyer, *Jakob, der Lügner*, 1975
© Collections Cinémathèque française – DR

Joseph Losey, *Monsieur Klein*, 1976
© Collections Cinémathèque française – DR

Joseph Losey, *Monsieur Klein*, 1976
© Collections Cinémathèque française – DR

Joseph Losey, *Monsieur Klein*, 1976
© Collections Cinémathèque française – DR

Ettore Scola, *Concorrenza sleale*, 2001 © DR

Lajos Koltai, *Sorstalanság*, 2005
© Films sans frontières

Lajos Koltai et Imre Kertesz, *Sorstalanság*, 2005
© Films sans frontières

Claude Lanzmann, *Shoah*, 1985 © Why Not Production

Claude Lanzmann, *Shoah*, 1985 © Why Not Production

Claude Lanzmann, *Shoah*, 1985 © Why Not Production

Claude Lanzmann, *Shoah*, 1985 © Why Not Production

Achevé d'imprimer en janvier 2013 dans les ateliers des Presses Littéraires
à Saint-Estève - 66240 • D. L. : 1er trimestre 2013 • N° d'imprimeur : 22146
Imprimé en France